영화 속 인간 이해

영화 속 인간 이해

2019년 7월 10일 초판 1쇄 인쇄
2019년 7월 17일 초판 1쇄 발행

지은이 | 최성수
펴낸이 | 김영호
펴낸곳 | 도서출판 동연
등   록 | 제1-1383호(1992년 6월 12일)
주   소 | 서울시 마포구 월드컵로 163-3
전   화 | (02) 335-2630
팩   스 | (02) 335-2640
이메일 | yh4321@gmail.com

ISBN 978-89-6447-514-0 93200

이 저서는 2015년 정부(교육부)의 재원으로 한국연구재단의 지원을 받아 수행된 연구임
(NRF-10049767).

영화 속 인간 이해

| 최성수 지음 |

동연

머 리 말

인간학적인 질문에 대한 성찰

'인간이란 무엇인가?' 필자가 '인간학적인 질문'이라 부르는 이 질문은 인간의 본질을 묻는다. 누구나 한번쯤은 인생의 여정에서 이런 질문을 제기할 것이다. 굳이 질문의 형식이 아니라 하더라도 어떤 형태로든 세상을 살아가는 모든 사람은 이 질문을 부둥켜안고 살아간다. 인간학적인 질문이 갖는 의미를 탐색하기 위해 먼저 다음의 질문을 생각해보자. 인간은 왜 인간 자신에 대해 질문하는 걸까?

먼저 '무엇인가'(what-question)는 본질을 묻는 질문이다. 예컨대 만일 '책상은 무엇인가?' 묻는다면 책상을 직접 보여주거나 아니면 책상의 기능을 설명하면 질문자는 만족한다. 컴퓨터가 무엇인가? 묻는다면 컴퓨터를 보여주거나 아니면 컴퓨터의 기능을 설명하거나 1940년대 처음 개발된 컴퓨터의 유래와 구성성분을 제시하면 대답이 된다(컴퓨터는 원래 2차 세계대전 중에 포탄의 탄도와 궤적을 계산하는 사람들을 가리키는 단어였다. 이들은 주어진 공식에 따라 데이터를 산입해서 계산하는 기계적인 일을 하였다. 후에 사람을 대신하여 발명된 기계가 컴퓨터다).[1] 이것을 동물에게 적용해보자. 고양이가 무엇인가? 묻는다면, 이 역시 고양이의 실물을 보여주면 되고, 고양이의 동물로서 특징들과 독특한 행태들을 나열하면 된다. 물론 여

---

1 김대식, 『김대식의 인간 vs 기계』(서울: 동아시아, 2006), 7.

기에는 다른 동물과 비교할 때 드러나는 차이를 설명하는 것을 포함한다. 그런데 이 질문을 인간에게 적용하면 어떻게 될까? 곧 인간학적인 질문 역시 다른 사물이나 동물과 마찬가지의 대답을 요구할까? 인간 역시 구체적인 인간을 보여주면서 대답할 수 있다. 그러나 다른 동물과 달리 인간은 한 사람을 대표로 모든 인간을 다 포괄하여 말할 수 없다. 모든 인간은 결코 정형화할 수 없는 고유성을 갖고 있기 때문이다. 단지 유형의 차이나 기질의 차이만은 아니다. 따라서 구체적으로 한 사람의 모든 것을 보여준다고 해서 질문에 대한 대답으로 받아들일 수 없다. 그것은 개인이며 개체에 불과하기 때문이다. 한 개인에 관한 모든 것을 다 안다고 해서 인간의 모든 것을 설명할 수 없다.

그렇다면 인간이 다른 동물과 다른 점을 설명하면 될까? 우주에서 인간이 차지하는 독특한 지위에 주목하여 인간을 다른 동물과 어떻게 다른지에 주목하여 인간을 이해하려는 시도는 있었다. 막스 쉘러(Max Scheller)의 철학적 인간학이다.[2] 그러나 인간에게는 다른 동물들과 비교해서 얻을 수 있는 특징만으로는 다 드러나지 않는 부분이 있다. 그 이유는 인간에게는 동물에게 없는 것이 있는데, 이것이 인간으로 하여금 매우 다양한 스펙트럼을 유발하기 때문이다. 특히 자연 환경과 문화와 종교 같은 인문 환경의 차이는 같은 인간이라도 전혀 다른 이해를 갖도록 한다.

보통 인간의 본질을 묻는 질문은 개별자로서 인간보다는 보편적인 인간 이해를 겨냥한다. 그렇다고 해서 그것이 모든 인간에게 보편적으로 적용될 수 있는 건 아니다. 그렇기 때문에 인간학적인 질문과 관련해서 우리는 인간의 본질 일반을 묻기보다 오히려 이해방식을 중시하는 것이 옳다. 또한 본질을 안다고 해서 그것을 개별적인 인간에게 규정한다면, 그것은 지식을 무기로 삼아 행하는 폭력이다. 본질을 통찰하여 얻는 인

---

2 Max Scheller, *Die Stellung des Menschen im Kosmos*, 진교훈 옮김, 『우주에서의 인간의 지위』 (서울: 아카넷, 2001).

식이라고 해도 그것이 개인에게 당연하게 받아들여지는 것은 아니기 때문에 누군가가 본질을 말했다고 해서 인간 이해가 멈추는 건 아니다.

본질, 개별성과 관련해서 항상 제기되는 질문은 인간의 현 위치에 집중된다. 본질로 되어가는 존재로서 인간은 지금 누구인가? 그리고 인간은 지금 어떻게 살아야 본질에 근접하는 삶을 사는 건가? 다시 말해서 인간은 지금 어떻게 살아야 인간으로서 합당하게 사는 걸까? 여기서 언급된 인간은 보편적인 인간과 보편을 향해 나아가는 개별 인간을 의미하며, 이 질문은 보편적인 인간 이해가 각종(정치, 사회, 종교, 문화, 과학기술) 상황에 따라 어떻게 구현될 수 있는지를 묻는다. 인간학과 윤리학이 서로 맞닿는 지점이다. 그래서 대체로 인간학적인 질문은 자주 시대가 요구하는 인간으로서 도리를 묻는 문제가 된다.

인간은 이런 질문들에 대해 나름대로 대답을 발견하기 위해 노력하거나 아니면 삶으로 대답하며 살아간다. 사람이 처한 환경이나 상황은 사람 숫자만큼이나 다양하나, 인간이 인간 자신에 관심을 두고 탐구하는 질문을 제기하는 상황은 대략 몇 가지로 정리된다.

첫째는 한계상황에 부딪혔을 때이다. 능력의 한계를 경험하거나, 질병으로 고통을 당하고 있거나, 혹은 죽음을 가깝게 느낄 때, 이 질문은 절박하게 다가온다. 인간이란 무엇인가?

둘째는 사람과의 관계에서 신뢰관계가 무너져 내렸을 때, 인간에게 실망했을 때이다. 사기를 당하거나, 배신을 당하거나, 혹은 사람들이 서로에 대해 잔인함을 보여주었을 때, 인간에 대한 깊은 회의감을 갖게 되면서 이 질문에 사로잡힌다. 인간이란 존재는 도대체 무엇인가? 기대 이하의 인간으로 추락하길 거부하는 의지의 표현이라 볼 수 있다.

셋째는 사람과 구별되는 무엇, 예컨대 자연이나 동물 혹은 기계(인공지능) 등이 사람과 비교적으로 인식되었을 때이다. 비록 기능에서는 인간보다 뛰어나고 DNA 구조상으로는 별로 큰 차이가 나지 않는다 해도,

다른 동물들이나 기계와는 확연히 구별되는 인간의 존엄성을 확인한 후에 그에 따른 강한 정체성과 책임감을 느낄 때, 인간이란 누구인지 묻는다.

넷째는 묵상이나 성찰의 결과일 수 있다. 깊은 생각에 잠기는 동안에 초월 경험을 하게 될 때, 초월자와의 관계에서 문득 떠오르는 질문일 수도 있다.

다섯째는 시대적인 상황에서 주체로서 살아가는 인간의 과제와 사명을 인식하려는 의도에서 제기된다.

어떤 동기에서 던져졌든 질문에 대한 답을 찾기 위한 방식은 상이하게 나타났다. 그리스 자연철학의 대답에서부터 형이상학적인 대답에 이르기까지, 자연과학적인 대답에서부터 심리학적인 대답에 이르기까지, 신화적인 대답에서부터 신학적인 대답에 이르기까지 각 분야에서 제시하는 상이한 대답을 통해 인간은 항상 논쟁의 중심점이었다. 그렇다면 논쟁의 중심에 있는 인간을 이해하기 위해 적합한 방법은 무엇일까? 필자는 이 질문에 대답하면서 그 가능성을 영화에서 볼 수 있었다. 영화는 인간을 이해하는 다양한 방식을 실천하고 있음을 발견했기 때문이다.

영화를 통한 인간 이해?

나는 2010년 시간강사 지원 사업으로 영화적인 내러티브를 통한 포괄적인 인간 이해의 가능성을 연구한 바 있다. 인간 이해 방식에서 학문적인 서술에만 의존하는 방법을 지양하고 내러티브를 매개로 하는 인간 이해 방식이 어떤 점에서 더 유익한지를 논구한 것이다. 연구 결과는 "인간 이해와 내러티브 그리고 영화 — 포괄적인 인간 이해의 필요성과 가능성으로서 영화 내러티브"란 제목의 논문으로 출판되었다. 필자는 이 논문이 책의 주제와 맞닿아 있다고 보아서 이곳에 수록하였다.

이 논문을 통해서 나는 단편적인 인간 이해를 당연시하는 포스트모던 사회에서 비록 인간의 본질까지는 밝혀내지 못해도 적어도 단편적인 인간 이해에 머물지 않기 위한 방법으로 내러티브를 통한 포괄적인 이해 방식의 타당성을 고찰하였고, 특별히 내러티브를 통한 포괄적인 이해의 한 방식으로 영화를 통한 인간 이해를 제안하였다. 이는 인간 이해를 서술하는 방식이 서술이 아닌 이야기가 더 적합하다는 생각으로 이어지며, 이는 책의 저술 목적을 설명해준다. 이 책은 인간 이해에 있어서 개념적인 서술을 지양하며 동시에 영화적인 내러티브를 통해 드러난 인간 이해를 살펴봄으로써 인간 이해의 새로운 방식을 실천한다.

이 책은 이 논문의 후속 작업으로 한국연구재단의 2015~2017년 저술 출판지원사업에 따라 3년간 진행된 연구 결과이다. 다시 말해서 이 책을 저술하게 된 목적의 첫째는 앞선 연구가 제안한 바에 따라 구체적으로 영화적인 인간 이해, 특히 인간을 이해하는 여러 영화적인 방식들을 기술하며 또한 분석하는 데에 있다. 영화적인 이해에 함의된 철학적 종교적 과학적 사회적 문화적인 측면들을 고려함으로써 포괄적인 인간 이해의 실제들을 살펴본다. 이론적인 고찰이 아니라 영화를 통해 실천된 인간 이해의 실제를 기술하고 분석함으로써 인간 이해의 다양한 방식을 살펴보려는 것이다.

영화적인 인간 이해를 주제로 삼은 둘째 이유는 현대는 영상문화(image culture) 시대이기 때문이다. 특히 현대 사회에 미치는 실제적인 영향에 있어서 영화의 비중은 다른 장르에 비해 월등히 크다. 영상문화 시대란 영상을 통해 소통하는 시대를 말한다. 영상문화 시대에 맞는 인간 이해의 한 방식으로 영화적인 인간 이해를 선택하였다. 스마트 폰의 보편적인 보급으로 영상은 현대인에게 더욱 각광 받는 소통 매체가 되고 있다. 따라서 본 연구는 인간 연구에 있어서 문헌에 의존하는 기존의 연구 관행에서 벗어나 영상매체를 텍스트로 삼았다.

영상에는 정영상(사진, 그림, 만화)과 동영상(TV 드라마, 광고, 영화)이 있는데, 영상은 개인과 사회 및 국가 그리고 글로벌 환경에 많은 영향을 미치고 있다. 영상문화 가운데 특히 영화의 영향력은 다른 것에 비해 더욱 강하다. 모든 영화에 나타나는 현상은 아니라도 일부 영화와 관련해서 나타나는 '천만 관객' 현상은 현대 한국 사회에서 영화가 어떤 의미로 받아들여지고 있는지를 잘 말해준다. 영화에 대한 높은 관심을 반영하는 이런 현상은 사람들이 영화를 단순한 오락물이 아니라 그 이상의 의미로 이해하기 때문은 아닌지 싶다. 실제로 천만 관객을 동원한 영화들을 보면, 대체로 시사적이고 또 사회성을 띤 영화들인데, 사람들이 영화를 현실을 이해할 뿐 아니라 정의 실현의 한 매개로 삼고 있음을 알 수 있다.

사실을 담아내는 다큐멘터리 형식의 영화가 있지만, 영화는 분명 다양한 연출 방식을 통해 재구성된 현실 곧 가상임에도 불구하고, 현대인은 영상을 통해 세상을 이해하고 또 정의를 실천한다. 그뿐 아니라 감독은 캐릭터를 생산함으로써 인간 이해를 구현하고, 관객은 영화 속 캐릭터를 간접적으로 경험하면서 새로운 인간 유형을 경험한다. 따라서 영화적인 인간 이해는 현대인의 인간 이해 방식을 드러내는 것은 물론이고 새로운 인간 형성에도 기여한다.

영화는 우선적으로 대중을 지향하기 때문에 현대인의 인간 이해와 인간을 이해하는 방식을 반영하며 또한 현대인의 인간 이해와 인간을 이해하는 방식에 큰 영향을 미친다. 달리 말해서 대중은 영화를 통해 자신을 인식하고 타인을 학습하며 또한 영화를 통해 새로운 인간을 꿈꾼다. 영화는 자국 문화를 새롭게 이해하는 것은 물론이고 타문화를 이해하는 텍스트로도 사용된다. 뿐만 아니라 영화 내러티브는 사회성을 갖고 또 시대적인 특성을 반영하기 때문에 시대적이고 지역적이며 성별에 따른 인간 이해의 차이들을 추적한다. 따라서 영화를 통한 인간 이해는 비록 당대의 인간 이해를 대표하진 않는다 해도 어느 정도 당대 인간 이해에 대한 종합적인 윤곽을 얻을 수 있게 한다.

그러나 영화적 인간 이해는 현실에 바탕을 두고 있고 아무리 핍진성 (현실 관련성)이 높다 해도 결코 현실은 아니다. 다큐멘터리라도 실제 인간의 모습과는 거리가 있다. 이점을 간과하면 스스로를 영화 속 캐릭터와 동일시하는 현상이 일어나 건강한 인격 형성에 치명적으로 작용할 수 있다. 이런 점에서 영화에 대한 관심이 높아지고 또 영화를 통해 세상과 인간을 이해하려는 노력들이 많아질수록 비평적인 안목은 절대적으로 필요하다. 이것이 영화적인 인간 이해를 비판적으로 살펴보려는 셋째 이유다. 문화인류학 연구자들이 자신들의 논거를 위해 영화를 사용하고 있고, 또한 영화를 제작할 때 인간학적인 지식을 사용하는 사례들이 많아지고 있는데, 영화에 반영된 인간 이해에 관한 본 연구를 통해 종합적으로 고찰할 것이다.

나는 특별히 기독교 신학자로서 영화적으로 재현된 다양한 인간을 신학적으로 관찰하고 또 분석하고자 한다. 달리 말해서 영화적인 표현을 매개로 드러난 인간의 특징들을 인지하고, 이것들을 하나님과의 관계에서 결정되는 인간에 관한 지식과 관련시켜보고자 한다. 이것은 인간을 이해하는 일에서 신학에게 부과된 책임이라고 생각한다.

신학적인 관점은 영화를 기술하고 또 영화 속 인간 이해를 제련해내는 과정에서 항시적으로 작용하지만, 마지막 부분(3부)에서는 성경이 인간을 이해하는 내용과 인간을 이해하는 기본 방식을 살펴보고 무엇보다 인공지능 시대와 관련해서 주목받는 신학적 인간학의 핵심 주제(영혼불멸, 몸과 영혼의 관계, 하나님의 형상 등)에 관해 살펴볼 것이다.

본 연구를 기획하게 된 넷째 이유는 영화를 통해 인간을 포괄적으로 (철학적, 과학적, 예술적, 문화적으로) 이해하려는 연구자의 관심을 충족시키는 논문과 서적을 국내에서 출판된 선행 연구들 가운데서 찾아볼 수 없었기 때문이다. 현재 미국이나 영국 그리고 독일에서는 Visual Anthropology (영상인류학) 혹은 Anthropology and Film(인간학과 영상)이라는 이름의 커리큘럼이 있어서 사진 혹은 영화를 통한 문화 및 인간 이해를 기술하고 분석하면서 타 지역의 문화와 시대적인 인간 이해를 추구하고 있다. 이에 비해 한국에서는 개인의 관심에 따른 연구가 간혹 있으나 종합적인 연구로까진 이어지지 않고 있다. 한국에서 발견되는 영상을 통한 영화적인 인간 이해와 관련한 선행 연구들은 주로 특정 영화와 인간으로서 감독 개인에 대한 이해에 집중되어 있다. 영화를 통해 감독 개인의 사상을 살펴보는 것도 의미 있는 일이라 선행 연구들은 본 연구를 위해 많은 도움을 줄 것이라 기대한다.

그러나 선행 연구들에서 아쉬운 점은 감독 개인의 이해를 넘어 당대의 인간 이해가 영화를 통해 표현된다는 사실을 간과한 것이다. 게다가 문자적인 서술과 달리 영화라는 매체를 통해 인간을 이해하는 독특한 방식에 대해서도 주목하지 않고 있다. 이런 점에서 본 연구는 선행 연구들의 연구 결과들을 비판적으로 검토하면서도 또한 특정 감독이나 작품에 제한하지 않음으로써 선행 연구들과 차별화된 길을 간다.

독자들은 목차에서 책의 내용을 어느 정도 일별해볼 수 있다고 생각한다. 이곳에서는 다만 책의 내용 가운데 핵심 포인트인 영화가 인간을 성찰하는 방식에 대해 개괄해보고자 한다.

현대 사회에서 학문이나 제도의 세분화는 사실 인간 이해가 다층적이며 다원적이고 또 다양하기 때문에 생긴 자연스런 결과라고 보아도 과언이 아니다. 아리스토텔레스 이후 학문은 대상의 세분화와 활동영역의 세분화 그리고 방법의 차이에 따라 분류되었지만, 엄밀히 말해서 대상 개념 안에 인간이 차지하는 비중이 커졌기 때문이다.

예컨대, 국가와 정치권력의 형태는 인간을 어떻게 이해하느냐에 따라 달라진다. 자연의 본성을 최고의 가치로 여기면서 인간을 낙관적으로 이해했던 루소(Jean-Jacques Rousseau)는 무정부주의를 주장했고, 인간을 비관적으로 이해해 이기적이고 탐욕적이며 공격적인 존재로 본 홉스

(Thomas Hobbes)는 만인에 의한 만인의 투쟁을 염려하며 국가라는 제도를 요청했다. 인간의 자율적 이성과 자유를 강조한 칸트는 기본권을 보장하는 제도를 주장했고, 계몽주의 시대에 프랑스 정치가로서 활동하면서 권력분립의 원리를 제공한 몽테스키외나 영국의 경험주의 철학자이며 정치사상가인 로크가 국가권력의 견제와 균형의 원리를 주장한 것은 그들이 인간에게서 권력에의 의지를 보았기 때문이었다. 따라서 잘못된 인간 이해는 사회와 국가의 파국으로 이어질 수 있다.

자연과학은 자연을 대상으로 삼고 있어서 인간 이해와 무관하다고 볼 수 있지만, 최근의 인간에 대한 새로운 발견들은 대체로 자연과학적인 연구에 기인한다. 무엇보다 디지털 생명과학과 뇌 신경생리학적인(소위 뇌 과학) 연구는 인간 이해에 새로운 지평을 열고 있다. 컴퓨터와 나노기술의 도움을 받아 단순한 인간 이해의 수준에서 벗어나 인간 이후(포스트휴먼) 새로운 종으로의 진화까지 말할 정도가 되었다. 비록 로봇이 인간을 완전히 대체하는 일은 불가능하지만 계속된 발전으로 인간의 생존을 위협하고 있다.

그러나 인간 이해의 노력을 통해 발견한 인간의 가치를 간과한 자연과학은 오히려 스스로를 파괴할 뿐이다. 자본의 의존성이 다른 어떤 학문보다 더욱 강한 자연과학은 ─만일 인간 이해를 선행하지 않고 퇴폐적인 상업자본주의에 휘둘리게 된다면─ 본의 아니게 인간 탐욕의 희생자가 될 수 있다. 불행한 파국을 예방하기 위해 과학 연구는 근본적으로 인간의 가치와 존엄을 지향해야 한다. 과학에 몸담고 있는 사람들을 위한 인문교육의 필요성이 절실하다.

대개 각각의 학문은 인간을 이해하는 방식들을 개발한다. 사유를 사용하는 학문은 사유의 다양한 방식들을 개발하고, 실험과 관찰을 매개로 삼는 학문은 관찰과 실험기술들을 개발한다. 통계나 분석 혹은 해석을 사용하는 경우에는 다양한 해석의 방식을 개발한다. 최근에는 학문의 통합을 추구하면서 다양한 분야의 방식들을 혼합하고 콘텐츠들을 융합할 수 있는 새로운 방식이 탐색되고 있다. 대체로 자연과학적 발견들을 기초로 해서 사유되고 해석되는 방향에서 이뤄지는 경향이 강하다. 인공지능을 통해 수집되고 분석된 빅 데이터를 통해 시대의 흐름을 읽는 방식도 개발되었다.

이해 방식은 대상에 따라 달라지지만, 인간이라는 동일한 대상을 두고서도 달라지는 까닭은 그만큼 인간이 복합적이기 때문이다. 개인으로서 뿐 아니라 관계를 가지는 존재로서 그리고 공동체와의 관계에서도 이해되어야 한다. 무엇보다 초월자와의 관계를 고려하는 건 인간 이해의 화룡점정이다. 인간은 노동의 결과물을 바탕으로 이해되기도 하며 생태계의 일부로서 자연환경과의 관계 속에서 이해되기도 한다.

영화는 인간을 성찰함에 있어서 단지 사회적이고 문화적이며 인류학적인 가치를 인위적으로 전달하는 방식을 사용하지 않는다. 영상매체의 특성과 가능성을 십분 활용하는데, 사진과 유사하게 특정한 사건 혹은 인물을 프레임 안에 담아놓음으로써 오히려 프레임 밖의 세계와 인간들을 주목하게 만든다. 다감각적인 이미지를 사용하여 존재를 그대로 재현하거나(다큐멘터리), 혹은 유비적인 상상력을 통해 혹은 비판적으로 재현한다. 로봇과 복제인간과 같은 인간의 변형을 통해서 현실의 인간을 부각하기도 한다. 영웅은 이상적인 인간을 추상화시킨 결과인데, 이상적인 모델을 통해서 인간을 탐색하는 방식 중 하나다. 스타는 다양한 경로를 통해 만들어진 캐릭터이다. 연기 하나만으로 스타 부류에 속하는 일은 쉬운 일이 아니다. 연기가 중요하지만 대체로 미디어 혹은 연예기획사, 제작사 등과 같은 다양한 요소들의 협력으로 제조된다. 영화는 스타들을 통해서 당대의 이미지를 형상화하기도 하고, 기존의 캐릭터에 도전하며 새로운 캐릭터를 생산하기도 한다.

그 밖의 특징은 소설에서와 같이 캐릭터(character)와 이야기(내러티브) 중심이라는 데에 있다. 영화가 시나리오로부터 출발하기 때문에 생기는 당연한 현상이다. 문학과 영화 사이에 차이가 있다면 재현 방식이다. 문자를 매개로 생각하고 상상하는 것들을 영화는 이미지와 이미지의 상관관계를 통해 보여준다. 물론 양자 사이에 차이가 전혀 없지는 않다. 캐릭터를 부각하거나 사건을 기술하는 방식에 있어서 영화는 문학보다 더욱 실제적이다. 이야기 전개의 스케일 면에서 볼 때 문학이 영화보다 훨씬 크다 해도, 짧은 시간에 메시지를 전해야 하는 영화는 소설보다 더욱 암시적이고 상징적이며, 때로는 더욱 단순하고 또 구체적이며 직접적일 수도 있다.

　이야기의 중심이나 주변에 위치하는 캐릭터란 사람마다 가지고 있는 많은 특징 가운데 하나를 통해서 그 사람을 나타내는 것으로, 대개 독특한 이미지와 개성으로 표현되며, 영화에서는 배우의 연기를 통해 드러난다.[3] 캐릭터는 성별에 따라, 나이에 따라, 지역에 따라, 국가와 민족에 따라 그리고 문화에 따라 다르지만 인간으로서 본질은 보편적이다. 지역적이거나 부분적일 수 있으나, 일반적으로 보편성을 인정받을 수 있는 캐릭터를 지향한다. 영화는 대중예술의 속성상, 혹은 흥행이나 관객과의 소통을 위해 기존의 잘 알려진 캐릭터를 소비한다. 스타들의 이미지가 주 메뉴이지만, 그러나 낯선 것, 은폐되어 있거나 혹은 주목받지 못했던 것들을 캐릭터로 삼기도 하고 또 경우에 따라서는 영화적 상상력을 동원해 서로 다른 유형들을 혼합하여 새로운 유형을 시험하기도 한다. 애니메이션 속의 동물들 역시 인간의 이념이나 캐릭터를 투사한 것이다. 그러나 아무리 새롭다 하더라도 인간이 이해할 수 있는 수준과 범위에서 크게 벗어나지 않는다. 그렇지 않으면 소통이 쉽지 않기 때문이다. 캐릭터와 관련해서 영화적 상상력은 어느 정도 현실에 기반을 두어야 한다.

---

3 다음을 참고: Victoria Lynn Schmidt, *45 Master Characters*, 남길영 옮김, 『캐릭터의 탄생』 (서울: 바다출판사, 2017).

그래야 제대로 된 폭발력을 발휘할 수 있다. 서구에서 혹은 국내에서 흥행했던 영화들이 다른 지역에서 빛을 보지 못하는 경우가 있는데, 문화적인 혹은 인간학적인 이해의 차이 때문이다.

어쨌든 영화는 기존의 캐릭터들과 그들을 중심으로 엮어지는 관계들을 통해 인간으로 하여금 자신과 현실을 돌아보도록 하며, 주목받지 못한 캐릭터를 부각함으로 다양성을 보여주고, 새로운 유형의 캐릭터를 통해 인간 이해에 대한 새로운 가능성을 시도한다. 새로운 캐릭터는 작가 혹은 감독에 의해 창조된 것일 수 있지만, 대체로 현실에서 발굴되는 것이 대부분이다. 수없이 많은 인간 가운데 시대의 아이콘(영웅)으로 삼을 수 있는, 혹은 특별한 의미를 지시하는 보통의 캐릭터가 선택되어 영화 안에서 소개된다. 그뿐 아니라 인류 혹은 사회가 이상으로 삼고 있는 덕목, 예컨대 정의, 정직, 성실, 신뢰 등을 구현할 목적으로 맞춤형 캐릭터가 생산되기도 한다. 이 경우에 지나치게 비현실적이지 않고 식상하지 않으면서도 꿈을 심어줄 수 있는 주제와 스토리텔링이 관건이다. 이런 관점에서 볼 때 영화는 감독의 탐색과 판단을 통해, 혹은 시대정신을 매개로 해서 인간을 성찰한다고 볼 수 있다.

한편, 인간은 개인으로 볼 때는 무수하지만, 특성과 유형만으로 볼 때는 무한하지 않다. 뿐만 아니라 배우의 연기력에 크게 의존할 수밖에 없는 상황은 캐릭터를 통한 인간 이해의 한계를 암시한다. 이를 극복하기 위해서 CGI(computer generated imagery)와 애니메이션을 사용하는데, 이것들은 배우의 연기로 표현할 수 없는 캐릭터를 생산하거나 이념을 구체화할 수 있다는 장점을 갖는다. 컴퓨터 영상기술을 통해 과감한 변형과 혼합과 추상이 가능해졌다. 이처럼 CGI를 통해 캐릭터의 한계를 극복할 수 있지만, 실사영화의 경우라 할지라도 대동소이한 유형의 캐릭터들을 중심으로 영화가 끊임없이 생산되고 또 재생산된다. 이는 이야기의 성격을 결정하는 장르와 내용을 이끌어가는 주제의 차이 때문이다. 다시 말해서 스토리, 배우의 연기, 장르 그리고 주제의 조합으로 영화는 무수히 많은 자기복제와 증식이 이뤄진다는 말이다.

예컨대, 문학과 마찬가지로 영화는 일정한 캐릭터를 장르의 변화를 통해서 다양화한다. 장르의 차이로 인해서 동일한 캐릭터라 하더라도 다른 색깔을 갖기 때문이다. 장르는 대체로 익숙한 유형의 캐릭터와 스토리텔링을 갖지만, 감독은 장르에 대한 기존의 기대를 장르의 파괴를 통해 무너뜨림으로써 관객을 새로운 경험으로 유도하기도 한다. 장르에 적합한 캐릭터가 소비되고 생산되는 것이 대부분이나, 캐릭터에 따라 장르가 결정되고 또한 파괴되기도 하며, 새로운 장르의 유형이 시험되기도 한다.

포스트모던 사회에서 그 모습이 확연하게 드러난 복합장르는 장르들의 이종교배를 통해 형성되며, 특정 장르에서 맛볼 수 없는 새로운 톤과 색채의 맛을 느끼도록 한다. 장르의 혼합은 때때로 복잡한 캐릭터의 출현을 의미할 때가 많으며, 그것의 어려움은 한 연기자의 연기로 표현해야 한다는 데에 있다. 한 영화, 같은 인간에게서 다양한 캐릭터를 요구하는 것은 대개 다중인격자를 다룰 때를 제외하고는 고려되지 않는 일이어서 연기자나 연출자 모두에게 힘든 과제가 아닐 수 없다. 영화를 통해 인간을 성찰할 때는 스토리의 주제와 캐릭터 그리고 장르에 주목하는 것이 우선이다.

기독교적인 인간 이해는 성도들이 충분히 이해할 수 있어야 한다. 그런데 신학은 시대적인 주류 사상과 논쟁을 거쳐 인간 이해를 추구하면서 지나치게 전문화되었고 또한 개념적인 이해로 경도되어 있다.[4] 이 때문에 가장 필요하다고 여겨지는 성도들의 관심에서 너무 멀어졌다는 느낌

---

4 예컨대 2017년에 출판된 윤철호의 『인간. 인간의 본성과 운명에 관한 학제간 대화』(서울: 새물결출판사, 2017)은 다양한 학자들의 인간 이해를 개념적인 형태로 분류하여 기술하고 있다. 비록 여러 분야의 인간 이해를 망라하고 있지만, 그것이 얼마나 현실적인 인간 이해를 반영하는지는 따져보아야 할 일이다.

을 준다. 실제로 교회에서 나타나는 현상을 보면, 인간을 이해하는 노력
이 하나님 이해와 관련해서 나타나는 열정에 훨씬 미치지 못하고 있다.
과연 충분한 인간 이해가 없는 하나님 이해가 성도들의 삶에 얼마나 적
합하게 작용할지 의문이다. 성도들의 인간 이해를 돕기 위해 인간을 이
해하는 방식에서 새로운 시도가 필요하다고 생각한다.

달리 말해서 기독교인이 자기 자신을 이해할 뿐 아니라 복음을 전하
는 대상자를 이해할 수 있기 위해 기독교적인 인간 이해는 충분히 대중
적일 필요가 있다. 물론 칼뱅(John Calvin)에 따르면 하나님 이해를 통해
간접적으로 인간을 이해할 수는 있다. 그러나 그렇게 되면 어쩔 수 없이
부정적인 방법(via negativa)을 사용할 수밖에 없기 때문에 인간의 부정적
인 측면만 드러날 가능성이 크다. 혹은 유물론 철학자 포이에르바흐
(Ludwig Feuerbach)가 지적했듯이, 하나님 이해는 인간의 결핍을 바람의
형태로 투사한 그림자에 불과하다는 비판에서 벗어나기 어렵다. 부정적
인 방법은 인간 이해를 얻기 위해 신학을 희생하는 결과로 이어져 신학
적으로 심각한 문제를 야기하고 또한 현실적인 인간 이해에 적합하지 않
다. 그뿐 아니라 복음을 들고 대중들에게 접근하는 데에도 방해가 된다.

대중적인 인간 이해를 접하고 또 그것을 바탕으로 성경적인 인간 이
해로 관심을 옮길 수 있는 방법으로 필자는 영화적인 인간 이해를 선택
했다. 그것의 학문적인 이유는 1부에서 다루었다. 원래는 부설(Exkurs)의
형태로 다루었지만 출판하면서 이곳에 삽입된 논문 "영화적 지각과 하
나님의 눈"에서 필자는 전지적인 관점을 실천하려는 영화의 신학적인
의미와 한계를 궁구하였다. 연출과 CGI를 매개로 영화는 인간 이해에 있
어서 의미를 규정하고 또 구현하기 위해 전지적인 관점을 실현한다는 사
실을 밝혔는데, 이것 때문에 영화에 대한 신학적인 비판은 반드시 필요
하다. 학문적인 관심을 가진 독자는 처음부터 읽으면 된다. 그러나 굳이
학문적인 이유에 관해 특별한 관심이 없는 독자라면 2부부터 읽어나가

도 무방하다.

영화를 통해 대중적인 인간 이해를 시도하는 것에 문제가 없는 건 아니다. 영화는 소수자의 캐릭터들을 부각함으로 평균적이지도 않고 또 그럼으로 대중적인 이해에서 벗어난다. 필자는 이것을 잘 알고 있다. 그러나 다른 분야와 비교해 볼 때 비교적 현실적인 캐릭터를 부각하며, 내용에 있어서 대중적인 성격을 가장 잘 반영하는 건 부정할 수 없는 사실이다. 특히 대중적인 관심을 끄는 주제를 명료하게 부각하는 측면에서 뛰어나다.

이런 점에서 영화적인 인간 이해는 인간학적인 질문(인간이란 무엇인가?)에 친숙하게 하며, 그리스도인으로서 인간학적인 질문에 어떻게 대답할 수 있는지를 고민하게 만든다. 이 글의 목적은 인간학적인 질문에 궁극적으로 대답하기 위한 목적보다는 질문에 함의되어 있는 다양한 스펙트럼을 볼 수 있고 또 그리스도인으로서 어떻게 반응하며 살아야 할지를 성찰하도록 안내하는 것이다.

책의 내용은 크게 총 3부로 이뤄져 있다. 1부에서는 영화를 통한 인간 이해의 가능성을 이론적으로 탐구했는데, 영화적인 인간 이해의 필요성에 관한 글이다. 1부에서 다룬 글들은 이어지는 2부의 영화적인 인간 이해를 위한 이론적인 배경이 된다. 순서에 따라 읽어도 무관하나 먼저 2부를 읽고 읽어도 책의 내용을 이해하는 일에 큰 문제가 생기진 않을 것이다.

2부에서는 영화적인 내러티브를 통해 드러난 인간 이해를 구체적으로 기술하였다. 인간을 정의하기보다는 영화 속에서 표현된 인간 이해를 기술하는 데에 천착하였다. 여러 영화들과 주제들 가운데 특히 인간학에서 다뤄지는 주제와 관련한 영화들을 선별하여 살펴보았고 또한 각각의 영화들을 신학적인 맥락에서 조명하였다. 글은 전반적으로 영화를 감상하지 못한 독자들도 이해할 수 있도록 스토리를 개괄적으로 정리하며 서술했다.

3부에서는 인간학적인 핵심 주제에 대한 필자의 신학적인 이해를 정리했다. 앞으로 신학적 인간학에 대한 필자의 저술 계획을 위한 일종의 기획이라 할 수 있겠다. 다만 책의 분량이 한없이 늘어나고 또 연구결과를 제출할 날짜가 임박해 다만 인간학적인 주제에서 핵심에 해당하는 '하나님의 형상'과 '영혼불멸' 그리고 '영생'의 주제에 제한하였다. 이는 다분히 인공지능 시대가 제기하는 신학적 인간학의 과제를 염두에 둔 선택이다. 인공지능이 현실화되는 과정에서 이 주제들은 신학적인 인간 이해에서 핵심 주제가 될 것이다. 이미 2부의 글에서 영화적인 인간 이해를 기독교 인간학적인 관점에서 비판하였기 때문에 2부를 읽은 독자들은 필자의 신학적 인간학의 견해를 충분히 살펴볼 수 있을 것이다. 3부에서는 다만 핵심 주제에 제한해서 필자의 생각을 개진해본 것이다.

끝으로 본 글에서 본격적인 분석에 착수하지 못했지만, 필자의 신학적 인간 이해에 영향을 미친 신학자는 게르하르트 자우터(Gerhard Sauter), 칼 바르트(Karl Barth), 볼프하르트 판넨베르크(Wolfhart Pannenberg) 등이다. 판넨베르크는 하나님의 형상을 본래적인 상태로 보는 관점을 비판하였는데, 이것은 필자의 견해와 너무 일치한다. 그러나 헤겔(Friedrich Hegel)에서와 같이 역사적으로 형성된다는 측면에 대해서는 동의할 수 없었다. 바르트의 관계론적인 인간 이해는 특히 돕는 관계의 측면을 이해하는 데에 도움을 주었지만, 남녀의 관계가 삼위일체의 관계와 상응한다는 건 여전히 의문이다. 자우터는 인간을 종말론적인 관점에서 이해하면서 하나님 안에서 숨겨져 있는 존재라고 주장하였는데, 이는 필자의 인간 이해의 처음과 마지막이다. 이 책은 포스트휴먼 시대와 관련해서 본격적인 신학적 인간학 연구를 위한 사전 작업이라 보면 되겠다.

성경은 인간 자신에 대한 궁금증이 아니라 하나님과의 관계에서 자신을 보는 관점을 실천하면서 인간학적인 질문을 제기한다. 인간학적인 질문은 다만 수사학적인 질문으로서 대답되기 위해서라기보다는 다만 하나님과의 관계에서 인간을 끊임없이 생각할 수 있도록 안내하는 역할을 한다. 질문은 제기하지만 대답은 오직 나타남을 기다릴 뿐이다. 하나님 안에 숨겨져 있는 인간은 누구에 의해서도 규정될 수 없다. 인간은 다만 서로를 존중하고 사랑하며 또한 서로를 도우며 살면서 하나님에 의해 계시되기까지 약속의 성취를 기대하며 기다릴 뿐이다.

무엇보다 이 글의 출판을 위해 도움을 주신 이정배/이은선 교수님께 감사의 말씀을 드립니다. 그리고 어려운 출판 환경에서도 기꺼이 글의 가치를 인정해주시어 출판을 결정해 주신 도서출판 동연 김영호 대표님께도 감사의 말씀을 드립니다.

이 책은 필자의 학문적인 여정을 동행하면서 오랜 동안의 어려움을 감내한 가족 모두(아내 고영미와 세 자녀 하은, 하람, 하진)에게 감사와 함께 바칩니다.

2019년
최 성 수

차 례

1부

영화적 인간 이해의
필요성과 가능성

I. 인간 이해와 내러티브 그리고 영화
— 포괄적인 인간 이해의 필요성과 가능성으로서 영화 내러티브

1. 서론

이 글은 포스트모더니즘에 의해 확산되는 단편적인 인간 이해를 극복하기 위한 시도로 포괄적인 인간 이해의 가능성을 탐구하는 것을 목적으로 한다. 과학적인 방법이나 인문학적인 사유를 통해 인간의 본질 자체에 천착하기보다는 인간 경험을 구성하는 의미체계(내러티브)를 탐구할 때 단편적인 인간 이해에서 벗어날 수 있음을 주장한다. 내러티브는 포스트모더니즘이 선호하는 것이다. 인간의 상이한 측면들과 이것들을 바라보는 다양한 관점들이 개념적으로는 단편적으로밖에 볼 수 없었던 것이 오히려 내러티브에서는 종합됨을 밝히려 한다. 인간 이해와 내러티브의 관계, 특히 포괄적으로 인간을 이해하는 한 방법으로서 영화 내러티브의 유용성은 물론이고, 인간 이해를 위한 텍스트로서 영화의 의미를 제시할 것이다.

---

1 대표적으로 Richard Dawkins는 *The Selfish Gene*, 홍영남 옮김,『이기적 유전자』(서울: 을유문화사, 1993)를 통해 인간을 유전자의 수준으로 놓고 이해했다. 신경생리학자들 역시 인간을 뇌로 환원하려는 시도를 한다. 다음을 참고: Michael S. Gazzaniga, *Human: The Science Behind What Makes Us Unique*, 박인규·정재승 공역,『왜 인간인가』(파주: 추수밭, 2009).

2. 포괄적인 인간 이해

1) 포괄적인 인간 이해의 어려움

포괄적인 인간 이해가 어려운 이유는 현대 사회가 인간을 기능의 한 영역에 머물게 하면서, 마치 컴퓨터의 모듈과 같은 인간이길 요구하기 때문이다. 채플린(Charlie Chaplin)의 <모던 타임즈> (Modern Times, 1936) 에서 볼 수 있듯이, 이런 분업화된 환경은 인간을 변형시키며, 기능주의적인 혹은 도구적인 인간 이해를 양산한다. 산업사회의 인간은 경제 조건의 개선과 향상된 생활수준이 주는 안락함에 도취되어 자신의 비극을 깊이 인지하지 못하고 있다.

또 한 가지 중요한 이유가 있다면, 학문의 세분화 까닭에 세계를 통합할 수 있는 준거의 틀을 마련하는 일이 요원해졌다. "통섭"(Consilience)이란 용어를 만들며 학문의 융합을 주장한 윌슨(Edward Wilson)을 비롯하여 자연과학자들은 바로 이런 문제를 의식했다. 그래서 확실한 준거 틀을 갖는 자연과학적인 발견에 기초하여 인문학적인 인간 이해를 대체하려고 했다. 이것은 과거 논리실증주의(logical positivism)가 철학을 확실한 기초, 즉 수학과 논리학의 기초 위에 재구성하려 했던 노력과 유사하다. 논리실증주의는 수학적 논리적 공리의 확실성을 증명할 수 없었기 때문에 주장을 철회해야만 했다. 이런 한계는 윌슨의 '통섭'에 그대로 적용된다. 다시 말해서 자연과학적인 기초 역시 확실하게 입증되지 않은 채 전제되어 있다는 사실이다. 게다가 과학은 진화론을 전제하고 유전학과 신경생리학을 통해 인간의 기원과 발생 그리고 유기적인 생명 활동의 역학관계를 규명하고자 하며, 인간을 유전자나 뇌의 신경 활동으로 환원시키고 있다.[2] 인간을 분석적 혹은 패러다임에 따라 이해하는 경향은 오히려 전

---

2 대표적으로 Richard Dawkins는 *The Selfish Gene*, 홍영남 옮김, 『이기적 유전자』(서울: 을유

체적으로 볼 수 있는 안목을 제한하였으며, 심지어 포괄적으로 이해하려
는 노력 자체를 무모하게 여기도록 했다.

2) 포괄적인 인간 이해의 필요성

그럼에도 불구하고 포괄적인 인간 이해의 필요성은 현존한다. 그 이
유는 첫째, 부분으로만 남지 않으려는 인간의 욕망 때문이다. 인간은 이
성적인 사유를 통해 우주 안에서 자신의 위치를 자각한다는 점에서 다른
동물과 다르다.[3] 또한 좌뇌와 우뇌로 구성된 뇌는 단편적인 정보를 통합
하려는 경향을 갖는다. 뇌는 본래적으로 단편적인 정보로 만족하지 않는
다는 말이다.[4]

둘째, 현대인의 삶을 위협하는 세계의 위기는 단순히 경제의 위기, 바
른 정치의 실종에서만 비롯했다고 볼 수 없을 정도로 복합적이기 때문이
다. 1912년 노벨 생리학·의학상 수상자 알렉시스 카렐(Alexis Carrel)은 미
국의 대공황과 더불어 엄습해온 위기상황의 원인을 인간의 도덕적, 미
적, 영적 능력이 극도로 퇴화되었다는 사실, 곧 인간학적인 이유에서 찾
았다.[5] 위기를 가져온 것은 단순한 환경이 아니라 인간이라는 말이다.

문화사, 1993)를 통해 인간을 유전자의 수준으로 놓고 이해했다. 신경생리학자들 역시 인
간을 뇌로 환원하려는 시도를 한다. 다음을 참고: Michael S. Gazzaniga, *Human: The
Science Behind What Makes Us Unique*, 박인규·정재승 공역,『왜 인간인가』(파주: 추수밭,
2009).

3 Max Scheller, *Die Stellung des Menschen im Kosmos,* 진교훈 옮김,『우주에서 인간의 지위』
(서울: 아카넷, 2001), 78-82.

4 마이클 가자니가,『왜 인간인가』, 앞의 책, 386. Donah Zohar/Jan Marshall, *SQ-Spiritual
Intelligence. The Ultimate Intelligence*, 조혜정 옮김,『SQ 영성지능』(서울: 룩스, 2000). 도
나와 마샬은 뇌가 40 Hz 신경진동을 통해 통합적인 기능을 수행한다는 연구 결과에 근거하
여 "영성지능"을 말하였는데, 이는 "IQ와 EQ가 효과적으로 기능하는데 기본이 되는 인간
의 궁극적인 지능"(16)이며 "경험을 재구성하거나 맥락을 재부여하는 능력이자 그것에 대
한 이해를 변형하는 능력"(103)이다. 또한 "현재의 제한적인 상황에 대하 새로운 전망을 갖
게 하는 더 크고 깊고 풍부한 전체와의 관계"(37)를 의식하는 것이다. 결국 인간의 뇌는 본
래적으로 통합하려는 기능을 수행한다는 말이다.

셋째, 인간을 포괄적으로 이해하는 것이 교육을 위한 출발점이기 때문이다. 인간 이해를 가장 필요로 하는 영역은 교육이다. 교육의 목적과 방향 그리고 내용과 방법 등은 인간을 어떻게 이해하느냐에 따라 달라진다. 과학기술의 시대에 적합한 전문인 양성을 목적으로 했던 근대 교육은 기능적인 인간, 파편적인 인간상의 주범이다. 근대철학자 데카르트(René Descartes) 이후로 정신과 몸의 분리는 당연했고, 학문의 분리가 이어졌으며, 특히 종교와 과학은 각각 서로 다른 영역에 스스로를 한정해야 했다.

오늘날 통합교육은 절실해졌다. 여기서 말하는 '통합교육'은 장애인과 비장애인의 통합을 겨냥한 교육이 아니라, 여러 학문이 제시하는 인간 이해의 컨버전스(convergence: 여러 가지 성능을 하나로 융합하여 전자제품이나 디지털 기기를 만들어 내는 일)를 가리킨다. 사실 이해라는 것이 어떤 부분적인 사실의 맥락적인 자리매김을 의미하기에 본래적으로 전체와의 관계를 지향한다.

2011년 4월 한국경제교육협회는 경제교육의 미래를 논의하는 과정에서 사회와 경제 분야뿐만 아니라 여러 교과를 통합적인 시각으로 연계할 수 있는 방법을 찾아볼 것을 제안했다.[6] 한 가지 주제에 대한 다양한 생각들을 통합적으로 사고할 수 있는 통합형 교육의 필요성이 증가추세에 있음을 단적으로 말해준다. 미래학은 교육의 대상인 인간에 대한 연구가 자연과학, 사회과학 그리고 인문과학의 연구들을 서로 혼합하거나 재결합하는 경향을 예측하고 있다. 특히 소위 범지학을 내세우며 인간의

---

5 Alexis Carrel, *Man, The Unknown*, 류지호 옮김, 『인간 그 미지의 존재』 (서울: 문학사상사, 1998), 285ff.

6 다음을 참고: John H. Miller, *A Crude Look at the Whole*, 정형채·최화정 옮김, 『전체를 보는 방법』 (서울: 에이도스, 2017). 저자는 이 책에서 복잡한 세상을 부분이 아닌 전체를 볼 수 있는 방법을 제시하며, 상호작용, 피드백, 이질성, 소음, 분자 지능, 집단 지성, 네트워크, 스케일링, 협력, 자기조직화 임계성 등 복잡계를 지배하는 핵심 원리 열 가지를 통해 기존의 과학적 방법과는 다른 하나의 접근법으로 또 상호보완적인 사유방식으로 복잡계 과학을 설파한다.

지식을 통합하려 했던 코메니우스(Jan Amos Comenius)의 교육사상은 기독교적인 관점에서 포괄적인 인간 이해를 시도할 때 중요한 의미를 갖는 모델이다. 그는 교육에 과학적이고 논리적인 방식을 도입했을 뿐만 아니라 하나님과의 관계에서 모든 지식을 조화하려고 노력하였기 때문이다.[7]

3) 포괄적인 인간 이해

'포괄적인 인간 이해'는 크게 보아 하나님 이해에 근거하는 인간 이해를 일컫는다. 하나님과의 관계에서 이해할 때 비로소 통합적일 수 있다는 말이다.[8] 크게 다음의 네 가지 맥락에서 포괄적인 인간 이해를 말할 수 있다. 첫째는 학문의 세분화와 더불어 분산된 인간 이해를 통합하는(integrative) 시도이며, 둘째는 인간의 감성과 지성 그리고 영성을 분리하지 않는(inclusive) 노력이고, 셋째는 인간의 정체성 형성에서 중요한 의미가 있는 시간성, 곧 인간의 과거와 현재 그리고 미래를 공시적으로 이해하는 것(synchronic)이다. 그리고 끝으로 넷째는 이 모든 결과들을 성경의 내러티브 안에서 유비적으로 혹은 비판적으로 이해하는 것이다. 이것은 나중에 별도로 다뤄질 것이기 때문에 이곳에서 따로 설명하지 않았다.

첫째, 지성과 감성과 영성의 조화

아리스토텔레스는 『니코마코스 윤리학』에서 인간의 바람직한 모습을 지성과 감성의 조화에서 찾았다. 중용을 중시한 그의 사상을 가장 분명하게 볼 수 있는 주장이다. 미래학자 다니엘 핑크(Daniel Fink)가 『새로

---

7 김기숙, 『코메니우스의 인간성 교육론과 기독교 대학』 (서울: 한들출판사, 2002), 특히 174-186.
8 이것은 기독교 인간학의 주제로서 지면관계상 다루지 못했다. 글의 구성상 기독교 인간학적인 고찰은 나중에 이뤄져야 한다.

운 미래가 온다』[9]에서 감성과 이성이 융합된 창의적인 사고가 미래 사회의 주역이 될 것임을 주장한 것이나, 하워드 가드너(Howard Gadner)의 다중지능 연구[10] 그리고 대니엘 골먼(Daniel Goldman)이 주장하는 감성지능[11] 등은 같은 맥락에서 이해할 수 있다.

그러나 철학과 과학에 의해 거부되는 것은 '영성'이다.[12] 이성이나 감성은 현상적인 관찰이 가능하기 때문에 그런대로 인정받지만, 하나님과 관계를 맺는 능력으로서 영성,[13] 곧 초월자와의 관계를 전제하고 그것으로부터 지성과 감성과 의지에 미칠 영향력을 이끌어내는 영성은 무엇보다 대상의 비현실성 때문에 그리고 영성의 현상 역시 설명이 어렵다고 보기 때문에 이성이나 감성과 같이 인간의 인식 기관으로 인정받지 못하고 있다.

그러나 인간 이해에 있어서 이성과 감성만을 인정하는 것은 온전한 인간 이해에 적합할까? 하워드 가드너는 "실존지능"이라는 이름으로 종교 영역에서 발휘되는 독특한 능력을 말하고 싶었지만 그것의 과학적인 근거를 확인할 수 없어 1/2로 표기했다. 영성은 그 이해의 다양성으로 인해 분명하게 정의되지 않은 상태에서 최근의 대중문화에서 유행하는 하나의 코드이다. 테일러(B. Talyer)는 *Entertainment Theology*(예능신학)에

---

9 Daniel Fink, *A Whole New Mind*, 김명철 옮김,『새로운 미래가 온다』(서울: 한국경제신문).

10 Howard Gadner, *Multiple Intelligences*, 문용린·김경재 공역,『다중지능』(서울: 웅진지식 하우스, 2007). 가드너가 말하는 다중지능은 음악지능, 신체운동지능, 논리수학지능, 언어지능, 공간지능, 자기성찰지능, 인간친화지능 등이다. 여기에 실존지능을 거론하는데, 심적으로는 높은 개연성을 가지나 과학적인 증거가 충분하지 않다는 의미에서 1/2로 표현하였다.

11 Daniel Goldman, *Emotional Intelligence*, 한창호 옮김,『EQ 감성지능』(서울: 웅진지식하우스, 2008).

12 도나 조하와 이안 마샬은 뇌 과학적인 연구를 바탕으로 뇌 안에서 일어나는 통합하는 능력을 "영성지능"(Spiritual Intelligence)이라고 명하면서 과학적인 의미에서 "영성"을 언급하였다. 그에게 있어서 영성은 의미를 추구하는 능력을 일컫는다. 도나 조하/이안 마샬,『SQ 영성지능』, 앞의 책, 7.

13 필자의 영성 이해에 대해서는 다음을 참조: 최성수,『대중문화 영성과 기독교 영성』(대전: 글누리, 2010), 131-191.

서 현대인들이 '종교적'이라는 표현보다 '영적'이라는 말을 더 선호하는 경향을 지적한다.[14]

지금까지 살펴본 일련의 연구들은 인간을 이해함에 있어서 그동안 간과되었던 몸(감성)의 중요성을 새롭게 부각하고 또한 지성과 감성만으로는 부족하며 영성의 차원을 함께 고려해야 한다는 사실을 뒷받침해준다. 인간은 본질적으로 감성과 지성만으로는 결코 만족할 수 없는 존재다.[15] 다시 말해서 인간은 지성과 감성을 통해서 다른 무엇인가를 지향한다.[16] 삶의 문제는 감성과 지성만으로 해결되지 않기에, 인간은 지성과 감성을 통제할 수 있는 그 무엇을 추구하고, 그것의 가능성을 궁극적인 것과의 관계, 곧 영성이라는 이름으로 일컫는다. 관건은 지성과 감성 그리고 영성을 통합할 가능성은 어디에 있는지를 발견하는 일이다.

둘째, 포괄적인 인간 이해는 철학과 과학 그리고 예술의 관점을 공유한다.

관념론 철학자 헤겔(Friedrich Hegel)은 절대정신이 자신을 드러내는 방식으로 철학과 예술 그리고 종교를 주장하였다. 방식은 달라도 세 가지는 결국 같은 주제, 곧 절대정신을 성찰한다는 말이다. 이는 인간 이해에 있어서 어느 한 분야에 집중한다 해도 포괄적일 수 있다는 말로 들린다.

이에 비해 키에르케고르(Søren Kierkegaard)는 신 앞의 단독자로서 인간을 이해함에 있어서 성숙해 가는 세 단계로 설명한다.[17] 심미적, 윤리적, 종교적 존재로서 인간이다. 영성(종교적)의 영역을 인정함으로써 그

---

14 Barry Taylor, *Entertainment Theology: New-Edge Spirituality in a Digital Democracy* (Grand Rapids: Baker Akademy, 2008), 15.

15 다음을 참고: 도나 조하 · 이안 마셜, 『SQ 영성지능』, 앞의 책. 이 책에서 영성은 "지금의 객관적인 상황을 초월해서 새로운 차원으로 볼 수 있는 능력을 말한다. 즉 현재의 자기 자신과 환경 너머를 보고, 현실을 뛰어넘어 의미와 가치를 찾는 능력"으로서 "이러한 능력이야말로 인간만이 갖는 고유한 것이며, 인간을 인간이게 하는 요소"로 주장된다(7).

16 다음을 참조: 이어령, 『지성에서 영성으로』 (서울: 열림원, 2015).

17 Søren Kierkegaard, *Fear and Trembling*, 임규정 옮김, 『두려움과 떨림: 변증법적 서정시』 (서울: 지만지, 2009).

는 데카르트 이후의 세계를 지배했던 이분법적인(정신과 육체) 사고를 넘어서고 있다. 뿐만 아니라 세 가지 성숙 단계를 언급함으로써 그는 세계가 세 가지 영역으로 구성되어 있음을 암시한다.

그러나 인간을 통시적인 관점에서 단계별로 이해함으로써 키에르케고르는 인간의 환경으로서 이 세 가지를 공시적으로 볼 수 있음을 간과하였다. 게다가 그가 주목하지 않은 것이 또 하나 있는데, 바로 과학적 존재다. 과학적 인간은 과학적 방식으로 세계와 인간을 인식하고 검증하며, 그럼으로써 스스로의 안전을 보장하고 현실을 이해하면서 미래를 전망하기도 하고 또한 새롭게 구성해나가는 인간 이해를 가리킨다.

이상의 내용과 관련해서 볼 때, 인간이 자신과 세계를 이해하는 노력은 크게 세 부분의 영역에서 이뤄지는 것 같다. 철학(인문학)과 과학과 예술이다.

철학은 현실의 본질을 묻는 질문으로 삶과 세계의 다양한 문제들을 해결하려고 한다. 그러나 사실 철학은 과거의 세계를 통해 본질을 이해하고 설명하면서 현실을 재구성하기를 시도한다. 곧, 헤겔이 철학적 사유 관행을 '미네르바의 부엉이'로 비유하였다면, 마르크스(Karl Marx)는 세계를 설명하고 해석하는 것으로 만족하는 철학을 비판하면서 현실의 변혁을 위한 '프락시스'(변혁을 일으키는 실천)가 되어야 한다고 주장했다. 전통적으로 철학은 세계를 이해 혹은 설명하거나 변혁하려 할 뿐 미래를 예측하려고 하지 않는다. 이에 비해 헤겔은 정신사적인 관점에서 그리고 마르크스는 유물론과 경제사적인 관점에서 역사의 미래를 예측했다는 점에서 양자는 철학적 사고에서 새로운 가능성을 발견했다.

과학은 다양한 사실들을 관찰하면서 세계의 원리를 이해한다. 단순히 설명만 하는 단계를 넘어 발달된 기술의 힘을 빌려 현재를 변화시키되, 특별히 미래를 예측하는 가운데 현실을 재구성하려고 한다. 생명과학과 생명공학 그리고 생명공학과 나노테크놀로지 및 IT기술을 결합하는 로봇 산업에 기반을 둔 미래예측은 호모사피엔스의 미래를 위협할 정도다.

예술은 본질 인식으로 얻은 통찰력으로 인간과 세계의 총체성을 표현한다. 특히 예술과의 만남에서 얻는 현재적 경험을 매개로 미래를 직관하면서 미래, 곧 현실과 다른 세계에 대한 현재적 경험을 가능하게 한다. 그럼으로써 현실을 비판하며 현실의 변형을 시도하고 새로운 세계를 구성하는 동력을 제공해주기도 한다. 예술은 "정보를 분류하고 미래를 예측하고 상황에 적절하게 대처할 수 있는 이유"[18]를 제공한다.

세계를 구성하는 영역으로 종교가 배제된 까닭은 종교는 이 모든 것들의 근거이며 또한 모든 것을 포괄하기 때문이다. 철학과 과학 그리고 예술은 명시적이거나 암묵적인 관계에서 종교와 관계를 갖는다. 그러므로 종교는 인간 영역의 한 부분이라기보다는 포괄적이다. 그렇다고 해서 무조건 포괄적이라고 말할 수는 없다. 과학과 철학과 예술에서 제시하는 인간 이해를 통합할 수 있는 능력을 입증해보일 때, 비로소 포괄적이라 인정받는다. 이것들과 무관한 세계에 대한 종교적인 이해와 설명(소위 세계관적인 사고)은 오히려 지극히 편협하다. 그동안 종교적 세계관이 학문들과 갈등을 갖게 된 이유는 폐쇄적이거나 혹은 포괄적임을 입증하지 못했기 때문이다. 그래서 기독교적인 인간 이해는 포괄적이기 위해 위의 세 가지 영역에서 제시한 결과들을 성찰 과정에서 반드시 고려해야 한다. 그래야 세계와 인간을 총체적으로 요구할 수 있기 때문이다. 기독교 인간학은 철학적 인간학, 예술적 인간학, 과학적 인간학에 대한 비판의 성격을 갖는다.

세계의 모든 종교는 영향력을 두고 서로 선의의 경쟁관계에 있다. 기독교가 종교들 가운데 가장 포괄적인 관점을 제시한다고 말하는 것은 현재의 시점에서 볼 때는 믿음의 표현에 불과하며 경우에 따라서는 독단적

---

18 마이클 가자니가, 『왜 인간인가』, 앞의 책, 297.

이다. 이런 주장들은 일종의 신앙고백의 최대 사정거리라고 볼 수 있는데, 왜냐하면 이론적으로(신앙에 따라) 주장할 수 있고, 또 단지 그렇게 되기를 기대할 뿐이지 현실적으로는 아직 입증되지 않았기 때문이다.[19] 이를 위해 세계를 이해하고 설명하는 일에서 기독교는 다른 종교들을 비판하면서도 그들의 직관과 통찰력을 필요로 한다. 포괄성은 닫힌 구조가 아니라 열린 구조에서만 가능하다. 물론 기독교 신앙이 철학과 과학과 예술 그리고 타종교에 대한 바른 관계에 있지 못한 부분이 많지만, 천지의 창조주 하나님을 고백하는 신앙은 기독교적인 관점이 세계를 구성하려는 노력들에서 가장 포괄적이 되어야 할 이유를 제시한다. 그러므로 포괄적인 인간 이해란 타종교와의 대화를 배제하지 않는 범위에서 철학과 과학 그리고 예술의 인간 이해를 포괄적인 문제의식으로 조명하는 인간 이해를 일컫는다. 그렇다고 해서 인식론적인 원칙[20]도 없이 수용하는 것이 아니라 기독교 신학적인 성찰(비판적으로 혹은 유비적으로)을 전제한다.

셋째, 인간에 대한 공시적 관찰

인간은 과거와 현재 그리고 미래의 측면을 갖는다. 인간은 과거에 대한 기억을 가지고 있지 못할 때 정체성에 큰 혼돈을 겪는다. 오직 미래만을 생각하면서(불안이나 염려로 혹은 망상의 형태로) 과거와 현재를 무시하는 것은 공상적이고 추상적이다. 과거나 미래를 염두에 두지 않고 오직 '지금'의 순간에 충실하며 사는 인간은 자기중심적이고 종종 오류에 빠진다. 인간을 어떤 시점에 놓고 이해하느냐에 따라 인간 이해는 달라진다.

인간은 과거와 현재 그리고 미래의 측면을 동시적으로 갖는다. 현재

---

19 Gerhard Sauter, *Zugänge zur Dogmatik*(Göttingen: Vandenhoeck und Ruprecht, 1998), 236-241.
20 구약의 히브리 민족은 첫 번째 계명이 지켜지는 범위에서 비록 이교도적인 요소라 할지라도 과감하게 수용할 수 있었다. 뿐만 아니라 어떤 주장이든 인간의 자기 드러냄을 위해 하나님의 이름을 남용하는 일이 있어서는 안 될 것이다.

의 위치에서 과거를 기억하고 또 미래를 소망한다는 점에서 인간 이해와 시간성은 떼려야 뗄 수 없는 관계를 갖는다. 간단히 말해서 인간은 시간적인 존재인 것이다. 시간을 벗어날 수 없으며 시간의 한계 안에서 존재한다.

정신분석학자 프로이드(Sigmund Freud)는 잠재적인 무의식을 매개로 인간의 심리를 치료했다. 회복에 초점을 두었지만, 인간의 무의식과 인간에 대한 상관관계를 연구하며 인간을 이해했다. 다시 말해서 과거가 인간 이해에 결정적인 영향을 끼친다는 전제하에 억압된 기억 안에 있는 과거를 바탕으로 인간을 이해하려 했다고 볼 수 있다. 실존철학자 하이데거(Martin Heidegger)는 현존재를 분석함으로써 인간의 본질과 진리를 이해하려 했고, 신 마르크스주의자 블로흐(Enrst Bloch)는 미래의 관점에서 인간을 이해했다. 인간을 한 시점에 고정시켜 이해하는 것은 인간의 다층적인 측면 가운데 하나를 조명해주지만, 엄밀히 말해서 그것만으로 인간을 포괄적으로 이해하기에는 부족하다. 통시적인 관점에서 인간을 관찰하는 것도 의미 있는 일이지만, 무엇보다 포괄적인 이해를 위해서는 과거 현재 미래에 대한 공시적인 관점을 필요로 한다.

과거와 미래는 현재의 내러티브 안에 적합하게 자리매김이 될 때 비로소 의미를 갖는다. 역사적인 사실과 미래적인 사실이 아무리 진실을 갖고 있다고 해도 그것만으로는 인간의 현실을 재구성하지 못한다. 그것들을 하나의 주제로 엮어낼 수 있는 것은 바로 내러티브이기 때문이다. 하나님과 인간의 만남은 통시적인 관점을 필요로 하나, 하나님 인식은 공시적인 사건에서 이뤄진다.

4) 포괄적인 인간 이해와 내러티브

(1) 내러티브란 무엇인가

내러티브는 인간의 언어적인 본질을 가장 잘 드러내는 형식으로 세 가지로 이해된다. 첫째, 인물과 행위, 곧 시간과 공간에서 발생하는 사건들을 중심 주제 안에서 기(발단), 승(갈등), 전(절정), 결(대단원)의 구성형식에 따라 전개한 이야기(story)이다.[21] 둘째, 이야기를 가능하게 하는 구조를 가리켜 내러티브라고 한다. 셋째, 인간 경험을 유의미하게 만들어주고, 주요 형식이며 또 인간의 경험을 구성하는 인지적 과정이 내러티브다.[22] 다시 말해서 내러티브는 플롯을 통해 "개인의 행위와 사건들을 상호 관련된 측면으로 연결해 이해할 수 있는 복합체로 만드는 기본적인 도식"[23]이다. 즉, 인간과 역사적인 사건은 내러티브를 통해 의미를 갖는다.

내러티브가 다루는 주제는 대체로 "인간 의도의 변화, 즉 인간 행동의 변화하는 방향과 목표다."[24] 인간에 대한 탐구이기 때문에 내러티브 자체가 인간학적인 성격을 갖는다고 말할 수 있다. 내러티브가 다양하게 나타날 수 있는 이유는 구성요소들을 어떻게 엮어내는가에 따라 달라지기 때문이다. 예컨대, 신화의 구조를 분석한 클로드 레비스트로스(Claude Lévi-Strauss)가 말하듯이,[25] 신화적인 구도로 엮을 수 있고, 러시아 민담학자이자 예술이론가인 블라디미르 프로프(Vladimir Propp)처럼 시간 혹은

---

21 K. Stierle, "Art. Narrativ," Narrativität, in: *Historisches Wörterbuch der Philosophie* Bd. 6, 398-401, 398.

22 Donald E. Polkinghorne, *Narrative Knowing and the Human Sciences*(1988), 강현석 외 옮김, 『내러티브, 인문과학을 만나다: 인문과학연구의 새 지평』(서울: 학지사, 2009), 19.

23 도날드 E. 폴킹혼, 앞의 책, 43.

24 폴킹혼, 앞의 책, 53.

25 Claude Lévi-Strauss, *Myth and Meaning: Cracking the Code of Culture*, 임옥희 옮김, 『신화와 의미』(서울: 이끌리오, 2000).

사건의 단계적으로 전개되는 민담의 형태로 결합할 수 있다.[26] 츠베탕 토도로프(Tzvetan Todorov)가 말하듯이 경우에 따라서 내러티브는 안정과 불안정의 구조로 전개된다.[27] 심리 혹은 정신분석학적인 구도에 따라 의식과 무의식의 역학관계를 기반으로 해서 엮어질 수도 있다. 공통적인 것들은 내러티브가 시간·공간적인 배경, 지리적·역사적 배경을 갖는다는 사실이며, 그 이외에 내러티브가 어떤 형태를 보이느냐는 화자 혹은 저자 혹은 감독의 미학적인 선택기준에 따라 결정된다. 물론 상업적인 이유로 청자나 독자 혹은 관객들의 취향에 맞춰 선택될 수 있다.

내러티브의 특징은 상이한 기호(은유적 표현)들을 시간적인 구조에서 재배열했을 때 예측할 수 없는 새로운 현상들 혹은 사실들이 돌연히 출현 혹은 인지된다는 데에 있다. 이런 인지는 인간의 이성에 근거하지 않으며 또한 이성으로 재구성될 수 없고 오직 몰아적인 경험으로만 지각될 뿐이다. 그럼에도 불구하고 내러티브를 이해할 수 있는 것은 인간이 문화적인 맥락에 따라 내러티브를 독해하기 때문이다. 선이해가 작용한다는 말이다. 비록 달리 해석되는 경우는 있다 해도 '이해'는 반드시 성립된다.

인간의 Narrativität(서사성)이 칸트가 '순수이성비판'에서 말하는 오성의 범주와 같이 인간 의식에 내재하는 선천적인 것인지(구조주의) 아니면 비트겐쉬타인(Ludwig Wittgenstein)이 말하듯이 사회적인 합의에 따라 형성된 것인지(언어게임이론) 아니면 행위의 동기와 목적을 합리적인 기준에 따라 선택함으로써 형성되는 것인지(Max Weber)에 대해서는 논란이 많다.[28] 적어도 인간과 사회의 관계를 생각해볼 때, 필자는 내러티브

---

26 Vladimir Propp, *Morphology of the Folktale*, 유영대 옮김, 『민담형태론』(서울: 새문사, 2007).

27 Tzvetan Todorov, *Les genres du Discours*, 송덕호/조명원 옮김, 『담론의 장르』(서울: 예림기획, 2004).

28 폴킹혼, 앞의 책, 276-290.

가 선천적이라고 생각한다. 즉, 내러티브는 한 공동체 안에서 행위나 사
건 혹은 삶을 표현하는 형태이며(장르로서 내러티브), 이야기를 재현하는
시점인 현재에서 과거와 미래를 의미론적으로 통합하려는 시도, 곧 세상
을 인식하는 구조적 틀이고, 또한 인식의 결과(사건과 행동을 시간적으로 해
석하는 것으로서 내러티브)이다. 문화화 과정에서 각인된 틀이다. 뿐만 아
니라 담론의 한 형식이기도 하다. 논리적으로 실재를 구성하거나 설명하
는 패러다임적 사고와 더불어 내러티브는 이야기로서 실재를 표현하는
방식일 뿐만 아니라 또한 실재를 구성하는 방식이며 논증의 방식이다.[29]

　　폴킹혼은 옥스퍼드 영어 사전(Oxford English Dictionary)에 따른 어원
적인 의미를 밝히면서, 내러티브는 라틴어 narre에서 유래되었고, 이 단
어가 합성어로서 gna(알다)에서 파생한 gnarus(아는, 능숙한, 알려진)와
narro(말하다, 이야기하다)에서 유래되었음을 환기하는데,[30] 이는 내러티
브가 원래 인식의 관점을 포함하고 있음을 말한 것이다. 내러티브를 통
해 인간은 비 유사적(非類似的)인 것에서 유사성을 발견하고 자신과 세
계가 존재하는 방식에 대한 통찰을 얻으며 그것을 지식 형성의 기반으로
삼는다.

　　(2) 인간 이해에 있어서 정당성 문제와 내러티브

　　포괄적인 인간 이해를 추구할 때 직면하는 가장 높고 또 두꺼운 벽은
정당화 문제이다. 정당화란 어떤 진술의 진실성을 뒷받침하는 근거들을
단순히 공감과 정황에 호소하지 않고 객관적으로 검증할 수 있도록 제시
하는 논리를 말하는데, 자연과학이 학문의 방법으로 관철되면서 자연스

---

29 Jerome Bruner, "The Narrative Construction of Reality," in: *Critical Inquiry* (Autumn
　　1991), 1-21.
30 폴킹혼, 앞의 책, 44, 각주 1).

럽게 나타난 현상으로 실증주의적인 연구를 가능하게 한다. 이에 비해 딜타이(Wilhelm Dilthey)는 인문학에 적합한 방법으로 해석을 주장하면서 자연과학적인 방법과 차별화를 시도했다. 그러나 해석학 역시 정당성에 대한 요구에서 결코 자유롭지 못하다.

그럼에도 불구하고 만일 포괄적인 인간 이해가 시대의 요청이며 또한 불가피한 일이라면 정당화 작업에 대한 새로운 시도가 필요하다. 이런 문제의식에서 필자의 관심은 윌슨과는 달리 내러티브[31]에 기울어졌다. 왜냐하면 내러티브는 명제의 근거로서 적합하지 않고 또한 비과학적이라는 비난을 받고 있지만, 그럼에도 불구하고 내러티브는 사건의 전개 과정에서 무엇보다 인간에 초점을 두고 있고, 단편적인 사건들이 일정한 맥락에서(유효거리) "서로 유의미하게 존재할 수 있도록"[32] 해주기 때문이다. 바로 여기에서 필자는 포괄적인 인간 이해의 가능성을 찾을 수 있다는 확신이 들었다.[33] 뿐만 아니라 이야기는 주제에 따라서는 보편적으로 공유할 수 있는 구조를 갖고 있기도 하기 때문이다(최대사정거리). 의미라는 것을 인간에게 고유한 특징으로 보면서[34] 인간 이해의 한 방식으로 내러티브를 보았던 폴킹혼은 인간 이해와 내러티브의 관계를 다음과 같은 주장으로 정리했다.

> 내러티브는 인간이 매 순간 하는 경험과 개인적인 행위들에 의미를 부여하는 수단을 제공하는 하나의 도식[이다]. 내러티브적 의미는 삶에 대한 의도를 이해하는 데에 형식을 부여하고 매일 일상의 행위와 사건

---

31 Narrative는 학자에 따라 '설화' 혹은 '서사' 혹은 '이야기' 등과 같이 다양하게 번역되어 사용되고 있지만, 필자는 의미의 일관성을 위해 '내러티브'를 사용할 것이다.

32 폴킹혼, 앞의 책, 44.

33 내러티브는 비록 개별적인 인간을 다루지만 내러티브에 등장하는 캐릭터는 결코 개별적인 인간으로 머물러 있지 않다. 개별적이면서도 은유와 상징을 통해 많은 경우 집합적이며 보편성을 주장한다. 다음을 참고: 도날드 E. 폴킹혼, 앞의 책, 86-90.

34 폴킹혼, 앞의 책, 34.

들을 에피소드의 단위로 통합하는 기능을 한다. 그것은 한 사람의 삶에
서 과거 사건들을 이해하고 미래 행위들을 계획하기 위한 틀을 제공한
다. 그것은 인간 존재를 유의미한 것으로 만드는 일차적인 도식이다.
따라서 인문과학을 통한 인간 존재에 대한 연구는 일반적으로 의미의
영역에 특별하게 내러티브적 의미에 초점을 둘 필요가 있다.[35]

여기에 한층 더 나아가 폴킹혼은 내러티브의 기능이 단편적인 인간
이해를 구성하는 다른 학문적인 시도와는 달리 인간을 포괄적인 관계에
서 표현하는 데에 있다는 주장을 했다.[36]

그러나 인간의 보편적인 경험을 기술하는 내러티브의 정서적인 설득
력을 인정하면서도 내러티브의 인식론적인 역할과 기능에 대해서는 많
은 논란이 있다. 허구적인 이야기가 실제적인 인간과 무슨 상관이 있는
지, 진실을 말하는 방식으로 이야기는 적합한지를 묻는다. 그래서 과학
적이지 못하며, 이데올로기적이고 권위주의적인 성격을 지닌다고 비판
한다. 학문의 주요 과제를 설명, 확증, 분석 그리고 해석에서 보기 때문인
데, 다시 말해서 내러티브는 과학적이지 않기 때문에 검증할 수 있는 구
조를 갖추고 있지 않고, 그렇기 때문에 학문적인 명제나 진술을 분석하
거나 설명할 수 없으며, 무엇보다 정당화할 수 있는 근거를 제시할 수 없
다는 말이다. 또한 내러티브가 이데올로기적이고 또한 권위주의적이라
함은 현실을 실재로 간주하고(현실에 대한 허위의식을 심어주고), 또 내러티
브가 제시하는 현실을 일단은 실재로 받아들여야 내러티브의 의미를 이
해할 수 있기 때문이다. 이 과정에서 현실은 실효현실(virtual reality)[37]이

---

35 폴킹혼, 앞의 책, 39-40.

36 폴킹혼, 앞의 책, 89. 그리고 257쪽: "내러티브는 삶의 사건들이 일관성 있고 의미 있는 통
   합된 주제로 연결되는 표현 양식들 중의 하나다."

37 "실효현실"은 "가상현실"을 가리키는데, 가상이지만 실제의 효력을 발휘한다는 의미에서
   김용석이 제안한 것이다. 가상현실의 현실적 유효성을 말하는 것임을 생각해본다면 김용
   석의 제안은 정당하다고 생각한다. 다음을 참고: 김용석, 『깊이와 넓이 4막 16장』 (서울:

되고 또 주관적인 가치들을 무비판적으로 수용할 수밖에 없는 일이 일어
난다.

그렇다고 내러티브에 정당성을 평가할 근거가 없는 건 아니다. 내러
티브가 허구적인 이야기를 다루기는 하지만, 아리스토텔레스의 전통에
서 내러티브는 사실의 모방이며 또한 사실을 기술하고(역사) 진리를 주
장할 때도 사용된다.[38] 기존에 통용되던 합리성에 근거한 논증 과정과 다
를 뿐이다. 내러티브는 인식의 기능을 수행하지만 이성적인 인식기능과
는 다르다. 즉, 내러티브는 본래 논리적인 근거를 요구하지 않는다. 과학
적 근거들은 이성적인 확실성을 지향하나, 내러티브는 인류의 집단기억
을 전제하며 논리적인 증명을 통한 설득보다는 유비적인(analogical) 상
상력을 사용하여 설명하거나 비판한다. 진리 자체는 아니지만 진리를 담
지하거나 환기하는 형식이다. 이성적인 설득을 지향하더라도 정서적인
영향력을 매개로 한다.[39]

다시 말해서 내러티브 구조의 논리에 충실할 경우, 근거가 굳이 과학
적이거나 이성적일 필요는 없다. 잘 구성된 스토리텔링만으로 충분한데,
왜냐하면 내러티브는 인간의 행위와 의도 그리고 그 결과를 관통하는 중
심 주제(플롯)를 통해 시간과 공간적으로 서로 이격되어 있는 인물들을
서로 연결해주고 또 사건의 인과관계를 설명하기 때문이다. 내러티브는

휴머니스트, 2002), 40-50, 92-94.

38 K. Stierle, "Art. Narrativ, Narrativität," in: *Historisches Wörterbuch der Philosophie* 6, 398-401, 399.

39 인지 심리학에 지대한 공헌을 한 미국의 심리학자 제롬 브루너는 학습을 위한 인간의 사고
에 두 가지 형태가 있음을 주장하였는데, 하나는 내러티브적인 형태이고 다른 하나는 패
러다임적인 형태이다. 다음의 논문들에서 주장하였다. Jerome Bruner, "The Narrative
Construction of Reality," 앞의 글; _____, "Narrative and Paradigmatic Modes of
Thought," in: E. Eisner(ed.), *Learning and Teaching the Way of Knowing* (The National
Society for the Study of Education(NSSE vol. 84), (Chicago: University of Chicago Press,
1985), 97-115; _____, "Two Modes of Thought," in: *Actual Minds, Possible
World*(Havard University Press, 1986), 1-43.

실재와 동일하지는 않지만 실재와의 관계를 은유적으로 지시하면서 진리에 참여한다. 이런 이유로 후기의 하이데거나 후기의 비트겐쉬타인은 진리를 지시하는 언어의 은유적인 성격에 관심을 보였다. 그러므로 내러티브는 복잡한 사건들의 부분들을 전체로 보는 방식이며,[40] 살아온 삶을 다시 기술하면서 인간의 다층적이고 다면적인 모습을 통합한다.[41]

또한 내러티브가 보편적인 경험을 가능하게 하는 이유는 동시대인을 넘어 과거와 미래의 세대와 소통을 가능하도록 만들기 때문이다.[42] 그러므로 서로 다른 근거로 사분오열된 인간을 포괄적으로 이해하기 위해서는 지금까지와는 다른 정당화 구조가 필요하며, 필자는 그것을 내러티브에서 발견할 수 있었다.

폴킹혼은 내러티브가 각 학문에서 어떻게 사용되고 있는지를 보여주었고, 김용석 역시 서사철학의 관점에서 이야기가 갖는 의미를 각 장르별로 분석하였다.[43] 내러티브 신학을 대표하며 성서의 역사비평을 강하게 비판하면서 내러티브 성서해석을 주장한 한스 프라이(Hans Frei)는 일반적인 내러티브와 성서의 내러티브를 구분하고, 성서의 내러티브는 비록 원래 있던 그대로를 전해주지는 않지만 사실적인 인물을 중심으로 역사 같은 사실적 재현을 시도하기 때문에 역사성을 보존하고 있다고 주장한다.[44]

준거 틀로서 내러티브를 보는 것은 세계를 보는 방식의 변화를 말한다. 세계를 보는 방식 가운데 존재를 보고 기술하며 그 후에 존재에 대한 명제를 제시하는 것이 주로 지금까지의 연구 관행의 출발점이었다면, 내

---

40 폴킹혼, 앞의 책, 62.

41 폴킹혼, 앞의 책, 313.

42 Paul Ricoeur, "Narrative Time," in: *On Narrative. Critical Inquiry* Vol. 7, No. 1,ed. by W. J. Thomas Mitchell(Chicago: University of Chicago Press, 1981), 169-190, 184.

43 김용석, 『서사철학』, 앞의 책.

44 Hans W. Frei, *The Eclipse of Biblical Narrative*, 이종록 옮김, 『성경의 서사성 상실』(서울: 한국장로교출판사, 1996).

러티브는 존재 자체보다는 존재와 사건의 관계들에 먼저 주목한 후에 그 안에서 존재를 이해하고 또 그것의 의미를 읽어내는 방식이다. 개념적이고 명제적인 방식에서 벗어나는 이런 사고방식은 근대성의 붕괴와 함께 분명해졌으나, 사실은 이미 아리스토텔레스의『시학』에서부터 실천되어 온 일이다.[45]

내러티브는 비과학적인 신화나 동화 혹은 만화나 소설 그리고 영화에서 가장 빈번하게 발견되며, 또한 전체주의와 독재자들은 내러티브를 통해서 통치이념을 주입해왔다. 내러티브는 이데올로기적인 사용이 가능한 것이다. 문제는 그런 일들이 일어난다는 것인데, 즉 사람들은 허구일 뿐인 내러티브에 왜 그렇게 열광하고 몰입하는가? 이유는 하나의 시간 경험으로서 이뤄지는 내러티브에서 자신과 자신의 신념 그리고 세계를 볼 수 있기 때문이다. 이야기 속에서 자신의 이야기를 보고 또 그 이야기 안에서 보편적인 이야기를 경험했기 때문이다. 단순히 그렇게 간주한 것이 아니라 실제적으로 경험이 이뤄지기 때문이다. 내러티브에는 이런 특성이 있다.

(3) 인간은 서사적 존재

매킨타이어(Alasdair C. MacIntyre)는 인간을 서사적인 존재로 본다.[46] 그는 현대인이 사회의 공통 가치 체계인 덕을 상실한 시대에 살고 있다고 보고, 이것을 극복하기 위한 대안을 마련하기 위해 노력했는데, 아리스토텔레스의『니코마코스 윤리학』에 근거하여 덕의 윤리에서 모색하였다. 매킨타이어에게 있어서 덕은 "자유인이 자신의 역할을 하도록 지

---

45 김용석, 앞의 책 23-65 참고.

46 Alasdair C. MacIntyre, *After Virtue*, 이진우 옮김,『덕의 상실』(서울: 문예출판사, 1997). 스탠리 하우어워즈 역시 유사한 입장을 취하고 있다. Stanley Hauerwas, *Community of Character*, 문시영 옮김,『교회됨』(서울: 북코리아, 2010).

지해주는 특성들이고 또 그의 역할이 요구하는 행위들을 통해 드러나는 특성들"[47]이다. 덕과 인간의 행동의 관계를 규정하면서 덕의 윤리가 다시 회복되어야 할 것을 역설한다.

그리고 매킨타이어는 인간의 행위가 독립적이지 않고 문화와 전통에 의존적임을 강조한다. 모든 문화에는 고유한 이야기가 있고 인간의 도덕적 행위는 오직 공동체 안에서만 가능하다고 한다. 따라서 그는 무엇보다 먼저 도덕 교육을 위해 전통과 이야기의 중요성을 확인하고, 또 인간이 사회적 관계에서 살아가야 할 이유들을 탐색하였다. 왜냐하면 인간은 "특정한 상황에서 특정한 종류의 행위를 함으로써 그의 덕과 악덕에 관한 판단에 정당한 근거를 제공"하기 때문이다.[48] 그 결과 공동체 경험에서 자아의 정체성을 확립하는 서사적 존재로서 인간 이해에 이르게 되었다.[49]

> 우리가 우리의 삶 속에서 이야기들을 살아내고 또 우리의 삶을 우리가 살아내는 이야기들을 토대로 이해하기 때문에 이야기의 형식은 다른 사람의 행위를 이해하는 데 적절한 것이다.[50]

인간이 서사적 존재라 함은 인간의 삶이 확정된 형식, 즉 특정한 역사의 형식을 갖고 있다는 것이다.[51] 인간은 공동체의 한 구성원으로서 공동체의 속성을 담지하고 있고, 다른 사람과 상호작용하며 살면서 자신도 모르는 목적을 향해 나아간다. 그리고 그런 목적을 지향하면서 자신의 이야기를 만들어 가는 주체로서 존재하고, 또한 공동체의 이야기 속에서

---

47 매킨타이어, 『덕의 상실』, 앞의 책, 184.
48 매킨타이어, 『덕의 상실』, 앞의 책, 184.
49 매킨타이어, 『덕의 상실』, 앞의 책, 특히 182-244, 300-332.
50 매킨타이어, 『덕의 상실』, 앞의 책, 311.
51 매킨타이어, 『덕의 상실』, 앞의 책, 188.

자신의 행위의 정당성을 찾고 정체성을 확립해 나가는 존재이다. 인간의 삶은 맥락 안에서 이뤄지고 그렇기 때문에 맥락을 떠나선 인간을 이해할 수 없다는 말이다. 인간은 하나의 이야기 속에 편입되어 자기 자리를 찾게 될 때 비로소 이해된다.[52]

(4) 영화 내러티브

포괄적인 인간 이해의 정당성과 관련해서 내러티브의 가능성을 확인했다. 그렇다면 포괄적인 인간 이해를 시도하고 있는 내러티브 구조를 어디에서 발견할 수 있을 것인가? 이 질문에 대한 대답을 필자는-경험의 한계로-영화에서 찾을 수 있었다.[53] 일반 내러티브와 마찬가지로 영화 내러티브에는 크게 사실재현을 겨냥하는 내러티브(기록영화 혹은 다큐멘터리)와 극적인 표현에 의지하는 내러티브(극영화)가 있다. 사실 기반의 그럴듯하고 있을 법한 일을 다루는 것과 결코 존재하지 않았거나, 일어났으면 좋겠다는 상상을 기반으로 하는 일을 다루는 내러티브로 나뉜다.

뿐만 아니라 영화 내러티브는 일반 내러티브와 확연히 구분되는 몇 가지 특징을 갖는다. 특히 영화는 카메라와 필름 그리고 각종 음향기기가 생산하는 공(共)감각적인 이미지를 통해 현실을 재현하여 관객으로 하여금 현실을 직시케 하거나 혹은 다시 보도록 한다. 한편으로는 매체적인 특성을 갖기 때문에 자유로운 표현이 가능하지만, 이런 특성 탓에 제한을 받기도 한다. 매체의 한계를 벗어나기 위한 노력은 카메라 기술의 향상으로 이어졌고, 최근에는 CGI를 통해 현실보다 더욱 현실적인 느낌을 경험한다.

영화, 특히 SF 영화는 만화의 환상적인 이미지를 통해 그리고 문학적

---

52 매킨타이어, 『덕의 상실』, 앞의 책, 309.
53 서정남, 『영화 서사학』(서울: 생각의 나무, 2004); 김용석, 『서사철학』, 앞의 책.

과학적 상상력에 기초해서 구성되고, 예술적 표현(영상미학)을 매개로 인간의 본질이 표현되며, 또한 철학적 혹은 종교적 사유 속에서 의미가 탐구되고 성찰되기 때문이다. 뿐만 아니라 영화에서 예술적인 표현을 접하면서 감성을 자극하고, 영화의 의미와 메시지를 성찰하면서 이성의 능력을 기르며, 기독교 주제와의 연관성 속에서 현실의 세계관을 비판적으로 조명하고, 또 하나님을 경험할 수 있다는 점에서 영성을 함양할 수 있다. <메트로 폴리스>, <스타워즈>, <매트릭스>, <나니아연대기>, <반지의 제왕>, <아바타>, <인터스텔라>, <마션>은 이와 관련해서 고전적인 예가 되고 있다.

또한 영화는 기본적으로 시각 행위를 기반으로 하지만, 음성(대사)과 음향 그리고 음악 등으로 청각을 자극함으로써 더욱 효과적인 의미전달을 시도하고, CG 기술의 발달은 상상 속에만 존재하는 세계를 경험의 세계로 만들며, 최근에는 3D 기술을 통해 영화의 세계를 직접 체험할 수 있는 기회도 제공해주고 있다. 영상문화 시대의 현실과 이미지의 관계에 대해 가장 먼저 자각한 사람은 발터 벤야민(Walter Benjamin)이고,[54] 이에 대한 적합한 표현은 미디어 철학자 보들리야르(Jean Baudrillard)가 사용한 개념 "시뮬라크라"이다.[55] "시뮬라크라"란 존재하지 않지만 존재하는 것처럼, 때로는 존재하는 것보다 더 생생하게 경험되는 것을 말한다. <아바타>(Avatar, 제임스 카메론, 2009)에서 볼 수 있었듯이, 영화는 실제적인 경험과 게임의 경계를 무너뜨리고 있다. 사실 보는 것만으로도 충분하지만, 듣고 또 체험하게 함으로써 영화는 공감각적인 이해의 가능성을 극대화한다.[56]

---

54 Walter Benjamin, *Das Kunswerk im Zeitalter seiner technischen Reproduzierbarkeit*, 최성만 옮김,『기술복제시대의 예술작품』(서울: 도서출판 길, 2007).

55 Jean Baudrillard, *Simulation*, 하태완 옮김,『시뮬라시옹』(서울: 민음사, 2001).

56 그러므로 영화를 통한 포괄적인 인간 이해를 시도하면서 우선적으로 시도해야 할 일은 먼저 어떤 점에서 그러한지가 밝혀져야 할 것이다. 영화를 통한 관찰을 통해 구체적인 사

일반 내러티브와 달리 영화 내러티브가 갖는 특징은 다음과 같이 다섯 가지다.[57]

첫째, 종합적이다. 현실의 인간은 너무 다양하고 또 다양한 인간 이해를 추상하는 데 필요한 시간이 너무 길고 또 과정이 복잡해서 통합적인 관찰이 쉽지 않다. 이에 비해 영화는 재현과 복제 그리고 변형을 통해 특정한 캐릭터의 선형적이면서도 동심원적인 일대기를 보여주거나 부재한 캐릭터를 연상시킨다. 관객이 영화 보는 안목을 갖고 있다면, 관객은 영화가 제시하는 세상과 내러티브에 대해 거의 전능자적인 관찰자의 위치를 차지한다. 게다가 영화의 장르와 주제는 다양한 상황에서 그리고 다양한 문제의식에서 다중적인 혹은 다층적인 혹은 다의적인 캐릭터들의 진상을 종합적으로 파악해 볼 수 있도록 한다.

둘째, 미래 이미지를 선취한다. 영화는 현실이 아닌 이미지이며 가상 세계다. 당대의 과학기술적인 연구 결과에 기초하면서 또한 영화적인 상상력으로 스토리텔링을 끌어가는 성실한 노력에 뒷받침된 영화는 과학적 상상력을 선취한다. 실제로 영화에서 미래를 읽고, 또 과학기술의 발달에 힘입어 그 꿈을 현실화하는 사례가 적지 않다.[58] 대표적인 것이 인류가 달에 첫발을 내딛게 된 사건이다. 조르주 멜리에스(Georges Méliès)가 제작한 무성흑백 영화 <달나라 여행>(Le Voyage dans la Lune, 1902)은 매우 비현실적인 이야기임에도 수많은 사람들로 하여금 달나라 여행의 꿈을 심어주었다. 영화(SF영화) 속 인간은 과학기술이 가능하게 하는 현실과

례를 제시할 필요가 있다는 말이다. 이것은 나중에 영화를 분석하면서 시도할 것이다.

57 필자는『영화를 통한 인식과 성찰 그리고 +α』, 21-30에서 좋은 영화를 위한 조건들을 다섯 가지로 제시했는데, 이것 역시 영화 내러티브의 특징들에 해당한다. 반복을 피하기 위해 이곳에서 언급한다면 다음과 같다: 주제와 논점이 분명하게 제시되어 성찰의 가능성을 제시해 준다, 존재 혹은 존재의 의미를 드러내 준다, 보편적인 정서를 일깨워 준다, 해방과 치유를 경험하게 한다, 창의적이다.

58 다음을 참고: 최성수, "영화 속의 미래사회와 기독교," 한국문화신학회,「문화와 신학」제8집(2011년), 299-342.

과학적 상상력을 기반으로 하는 영화 내러티브를 통해 표현된 것이다. 비록 가까운 시기에 볼 수 있는 모습은 아니지만 내러티브라는 은유적인 표현으로 인해 미래 인간의 단면을 엿볼 수가 있다. 예컨대, 미래에 일어날 수 있는 사건들을 예상하면서 인간의 반응을 탐색하는 것이나(<블레이드 러너>, <2012>, <더 로드>, <눈 먼 자들의 도시>, <스플라이스> 등), 로봇과의 관계에서(<AI>, <바이센터니얼 맨>, <리얼 스틸>) 조명된 인간의 다양하면서도 다중적인 모습 혹은 복제인간에 대한 인간의 반응 등이 대표적이다.

셋째, 영화를 통한 인간 이해가 가능한 이유는 **영화가 현실의 거울이자 현미경**이기 때문이다. 문학과 달리 현실을 공감각적으로 보여준다. 이로 말미암아 영화는 더욱 정확한 현실 이해를 도울 뿐만 아니라 현실을 재구성하기도 한다. 영화는 이미지를 사용하여 이념을 현실화하고, 현실을 재현하면서 이미지를 매개로 그것을 이념화한다. 즉, 영화 속 현실은 한편으로는 이념이 구체적으로 드러난 것이며, 다른 한편으로는 현실을 일정한 형식(주제, 스토리텔링, 장르 등)을 통해 재구성함으로 이념화된 것이다. 그러므로 <영화는 영화다>(장훈, 2008)에서 강조하고 있듯이, 비록 영화는 영화일 수밖에 없지만, 영화 내러티브에서 하나의 캐릭터로 등장하는 인간은 현실의 인간을 반영한다. 현실 이해를 전제하며, 현실을 다시 혹은 깊이 들여다보게 한다. 역사를 이해하기 위해서는 현실에 대한 유비적인 사고를 전제해야 하는 것처럼, 영화적인 상상력으로 표현된 인간과 사회는 현실과 현실의 인간 이해를 출발점으로 삼는다. 영화 속 인간은 현실의 인간과의 관계에서 유비적이거나 비판적인 맥락에서, 혹은 유형론적인 측면에서 형상화된 인간이다. 따라서 관객은 영화 속에서 실제적으로는 현실적인 인간이며 기억 속의 인간을 연상하며 보는 것이다.

존 버거(John Berger)는 『본다는 것의 의미』에서 시각행위의 본질을 다양한 각도로 탐구했는데, '본다는 것'은 곧 관계의 유사성을 전제한다고 말한다.[59] 예컨대, 사람들이 동물원에 가서 동물을 보는 것은 동물들의 행태 속에서 인간의 유사성을 보기 때문이다. 결국 그의 주장에 따르면, 인간의 시각행위, 곧 본다는 것은 사회를 보는 것이고, 인간을 보는 것이며, 또한 기억 속의 자기 자신을 들여다보는 것이다. 보아도 깨닫지 못하는 것은 자기가 보고자 하는 것만을 보려 하기 때문이며, 혹은 자신에게 부과될 수도 있는 책임감 때문에 본 것과 자신의 관계 설정을 애써 인정하고 싶지 않기 때문이다. 이런 봄의 방식은 현대인의 특징이면서도 문제시되는 방관자적인 삶으로 이어진다.

그뿐 아니라 영화는 현실 가운데 쉽게 보이지 않는 부분들을 세밀하게 관찰하는 현미경이고, 망원경이며, 또한 확대경이다. 육안으로는 결코 혹은 쉽게 볼 수 없거나 경험할 수 없는 것들, 시대의 흐름에 가려져 있는 것들, 시대의 안목에 제한될 수밖에 없는 것들을 볼 수 있게 해준다. 범죄 조직이나 성적 소수자들의 삶이나 일상적으로는 쉽게 경험할 수 없는 전문 분야에 몸담고 있는 사람들과 그들의 캐릭터에 대한 정보를 제공한다. 남성 안의 여성성을, 여성 안에 남성성을, 내 안에 또 다른 나를 보여준다. 잠재된 욕망을 이끌어내고, 무의식을 의식화시키며, 광활한 우주를 스크린에 펼쳐 보인다. 인간을 미시적인 관점에서 보게 하고 또한 거시적인 안목에서 조명한다. 꿈과 생각을 시각화하여 보여주고 감추어진 소수자들의 삶을 보여주며, 우리 사회의 그늘진 곳을 조명한다. 마땅히 사회적 관심의 대상이어야 하지만, 미디어가 설정한 의제를 따라가면서 미처 주목하지 못한 현실의 단면을 제시한다. 그럼으로써 관객은 영화를 통해 현실과 그 이면을 볼뿐만 아니라, 힘과 자본의 논리에 의해 그동안 억눌리고 간과되어 왔던 것들을 식별할 수 있는 안목도 얻는다. 엘리아데는 영화를 일컬어 "꿈을 제조하는 공장"(dream factory)[60]이라고

---

59 John Berger, *About Looking*, 박범수 옮김, 『본다는 것의 의미』 (서울: 동문선, 1980), 9-41.

보았다. 신화적인 모티브가 영화에서 재현되는 것을 가리켜 한 말이다. 영화를 보는 것은 현실의 이상을 보는 것이다.

넷째, 미디어로서 사회적 영향력을 갖는다. 미디어는 도구적인 의미만을 갖지 않는다. 사회적인 힘을 가진 메시지로서 혹은 미래지시적인 의미담지자로서 영향력을 인간에게 행사한다. 폭력적 퇴폐적 자극적인 내용으로 음란성과 반사회성을 드러내기도 한다. 부정적인 영향력을 간과할 수 없지만,[61] 긍정적인 효과가 더욱 크다. 특히 사회적인 영향력에 있어서 <실미도>(강우석, 2003)와 <도가니>(황동혁, 2011) 등은 대표적인 예라고 할 수 있다. 정치적인 환경이 변함에 따라 잊혔던 사건이 재조사에 들어가 국회로 하여금 진상조사 위원회를 조직하게 하였고, 이에 따라 피해자에 대한 보상이 이뤄졌다. <도가니>는 여론에 드러났지만 정의롭지 못한 수사와 재판으로 묻혀 있던 사건이 먼저 공지영의 소설에 의해 폭로되었다. 그러나 소설은 여론을 움직일 만큼의 현실을 투영하지 못했고 또 감정적인 반응을 불러일으키지 못했다. 영화화됨으로써 당시 광란의 도가니였던 현실을 알게 되었으며, 흥분한 관객들은 여론을 움직여 마침내 사건 관련 학교와 당시 장애 아동에 대한 성 범죄자들에 대한 추가 조사 형식으로 조사가 재개하였다. 본다는 것의 힘을 여실히 입증한 사례가 아닐 수 없다.

또한 미디어의 변화는 인간 이해에 대한 새로운 방식을 열어준다. 전방위적인 관찰이 가능해지기 때문이다. 영화 속의 인간은 내러티브에 따라 그리고 영상매체의 강력한 영향을 통해 변화되는 인간과 세계 이해를 반영한다. 즉, 영화는 미디어로서 한편으로 인간 인식을 확장하지만 다

---

60 Mircea Eliade, *The Sacred and the Profane: The Nature of Religion*(New York: harcourt Brace & World, Inc., 1959), 205.

61 이런 부정적인 성격에 대한 대처 방안에 대해서는 다음을 참고: 최성수, "기독교적 영화보기의 강적(폭력과 섹스)에 어떻게 대처해야 하나?," 『영화 속 기독교』(대전: 글누리, 2007), 89-115.

른 한편으로는 특정한 의도에 근거해서 가공된 이미지를 현실로 인지하도록 강요함으로써 인간과 현실 인식을 왜곡 혹은 변형시킨다.

3. 결론

필자는 지금까지 포괄적인 인간 이해의 필요성에 대해서 알아보고, 또 그것의 가능성이 내러티브에 있음을 확인하면서 영화 내러티브를 통한 인간 이해의 특징들을 개괄했다. 포괄적인 인간 이해를 인간의 지성과 감성과 영성을 모두 자극하고, 또 세계를 설명하는 세 개의 축에 해당하는 철학과 과학 그리고 예술의 측면을 모두 포함하는 것으로 이해했을 때, 영화가 인간을 탐색하는 다양하고도 독특한 방식은 다른 어떤 형태의 인간 이해보다 더욱 포괄적이며, 영화는 포괄적인 인간 이해를 위한 매개로써 매우 중요한 의미를 갖는 것임을 살펴보았다. 영화는 인간의 본질과 그것에 대한 다양한 이해들을 성찰하며 인간의 현실을 설명한다. 그리고 새로운 현실을 생산하고 또 그 현실에 부합되는 인간을 구성한다. 상상력을 통해 미래적인 의미의 인간 이해에 대한 통찰을 제시해주기 때문이다.

그러나 영화가 아무리 보편적인 정서를 추구한다 하더라도 그것은 결코 메타내러티브가 못된다. 즉, 내러티브 사이에서 상호참조는 가능하지만 모든 내러티브들의 원형으로서 기능을 수행하는 데에는 한계가 있다. 비록 영화가 다른 텍스트보다는 포괄적이라는 단서는 제공하지만, 영화는 시대를 반영하는 거울일 뿐이며, 또한 감독예술이라는 표현에서 알 수 있듯이, 영화적인 이해는 시간과 공간적으로 그리고 상황과 맥락에 있어서 그리고 입장에 따라 제한된 관점을 가질 수밖에 없다. 더욱 큰 틀 안에서 조명될 때 비로소 영화의 한계는 극복된다. 종합적인 통찰을

제공해주는 메타내러티브가 필요하다는 말이다. 이를 위해선 먼저 메타
내러티브를 거부하는 포스트모던적인 사고를 극복해야 한다.

II. 말할 수 없는 것은 보여 주도록 한다
– 매체 및 지각방식의 변화에 따른 영화적 인간 이해의 필요성

1. 서론

인간을 그 특성과 관련해서 이해하려는 시도는 오랜 역사를 갖고 있어도, 인간의 보편적인 본질에 관해 확실하게 말할 수 있는 것은 아직 발견되지 않았다.[1] 시대정신에 적합한 인간 이해만이 있을 뿐이다. 이유는 인간이 시대와 상황에 따라 스스로를 끊임없이 변화시켰기 때문이다.[2] 이것은 언제나 언어적인 파악을 넘어서는 결과로 이어졌다. 게다가 거대 담론을 해체함으로써 다원주의와 상대주의 그리고 혼합주의를 특징으로 갖는 포스트모던 사상이 지배적인 환경에서 인간의 본질에 관한 일치된 견해를 얻는 일은 더욱 힘겨워졌다. 이것은 왜 전통적인 인간 이해 방식이 아닌 다른 방법으로 인간을 이해할 필요가 있는지를 설명한다.[3]

---

1 Mensch, "Art," in: *Historisches Wörterbuch der Philosophie*, Bd. 5(Basel: Schwabe & Co. Ag. Verlag, 1980), 1059-1106.

2 다음을 참고: Roger Trigg, *Ideas of Human Nature*, 최용철 옮김,『인간 본성에 관한 10가지 철학적 성찰』(서울: 자작나무, 1996).

3 인간학은 더 이상 인간을 총체적으로 이해하려는 보편적인 본질에 대한 질문(철학적)만을 다루지 않고, 지역적 특성과 문화적 환경과의 관계에서 삶의 다양한 행태들을 현상학적으로 관찰 기술하고(문화인류학적) 또 인간의 육체적이고 물질적인 조건들을 가진 인간을 탐색하며(과학적) 인간을 연구한다. 뿐만 아니라 절대자와의 관계에서 혹은 종교적인 텍스트에 근거해서 인간을 이해한다(종교적). 예술과 같은 특정한 관점에 따라 이해하기도 한다(예술적). 간단히 말해서 인간학은 인간을 방법적으로 이해하려는 노력이다.

　　인류 문명의 발달은 시대에 따라 새롭게 제기되는 각종 문제들을 해결하려는 꾸준한 노력을 통해 가능했다. 인간 이해와 관련해서도 인류는 결코 단편적인 수준에 머물지 않고 포괄적으로 이해할 수 있는 인식 체계를 고안해 낼 것이다. 그렇다면 오늘 우리가 살고 있는 시대에 적합한 인간 이해 방법은 무엇일까?

　　근대적인 인간이 계몽을 빌미로 그리고 권력에 의해 만들어졌다는 푸코(Michel Foucault)의 비판적인 인식은 이성 중심의 인간 이해를 겨냥한다. 그에 따르면 계몽은 자율적인 인간보다 오히려 감시하는 시스템을 통해 인간을 규율하기 위해 권력의 그물망에 가두는 체계였을 뿐이다.[4] 이성중심의 인간 이해는 오늘날에도 여전히 유효한가?

　　지금은 상상력의 시대,[5] 영상문화(Image culture) 시대다.[6] 독일 미술사가인 뵘(Gottfried Boehm)은 철학의 중심 문제를 언어의 문제로 환원한 것을 두고 로티(Richard Rorty)가 60년대 말에 "언어학적인 전회"(linguistic turn)[7]라는 제목의 책을 통해 말한 것에 빗대어 현대 철학에서 이미지가

---

4 Michel Foucault, *Surveiller et Punir: Naissance de la prison*, 오생근 옮김, 『감시와 처벌: 감옥의 역사』(서울: 나남, 2003).

5 미국의 신 실용주의자 리차드 로티(Richard Rothy)는 르네상스 이후 서구 지식인은 3단계를 거쳐 발전해 왔다고 보았는데, 각각 신으로부터, 철학으로부터, 문학으로부터 구원을 받으려는 동기에서 비롯했다고 한다. 뿐만 아니라 신으로 구원을 추구하면서 신앙을 중시하게 되었고, 철학으로부터 구원을 추구하면서 이성을 그리고 문학으로부터 구원을 추구하면서 상상력을 중시하게 되었다고 한다. 다음을 참고: Richard Rothy, "The Decline of Redemptive Truth and The Rise of a Literary Culture"(구원의 쇠퇴와 문학문화의 발흥), 신중섭 옮김, 『구원적 진리, 문학문화 그리고 도덕철학』(2001 봄 석학연속강좌 특별강연) (서울: 아카넷, 2001), 5-40.
　　질베르 뒤랑(Gilbert Durand)은 상상력의 시대를 위한 연구에서 기념비적인 의미를 갖는다. 대표적인 저서는 다음과 같다. Gilbert Durand, *Les Structures Anthropologi-ques De L'imaginaire*, 진형준 옮김, 『상상계의 인류학적 구조들』(서울: 문학동네, 2007).

6 영상문화 시대의 가능성을 밝힌 철학자는 발터 벤야민(Walter Benjamin)이다. 그는 이미지의 진리 인식 기능을 주장했을 뿐만 아니라 이미지를 통한 사유를 실천하였다. 그의 대부분의 작품이 고려의 대상이지만, 대표작으로는 다음과 같다. Walter Benjamin, 최성만 옮김, "기술복제시대의 예술품"(제3판), 『발터 벤야민 선집 2』(서울: 도서출판 길, 2007), 97-150.

7 Richard Rorty(Hg.), *The Linguistic Turn. Recent Essays in Philosophical Method (Chicago: University of Chicago Press, 1967)*.

차지하는 의미를 말하면서 "도상적 전회"(eine ikonische Wendung)[8]라고
표현했다. 다시 말해서 시대가 이미지(이미지는 영상에 해당하는 영어 표현
이다. 이미지의 또 다른 종류인 심상과 달리 영상은 특히 광학적인 원리에 기반을
둔 이미지를 가리키지만, 본 논문이 영화를 염두에 두고 작성된 글이니만큼, 비록
문맥의 뉘앙스에 따라 다르게 사용되었다 해도 동일한 표현임을 밝힌다)[9]를 통한
인간 이해를 필요로 할 뿐만 아니라 이미지를 통한 사유 방식이 학문의
한 부분에 자리를 차지할 권리를 요구한다. 영상문화 시대란 단순히 소
통방식에서 이미지의 역할이 커졌음을 말하지 않는다. 오히려 매체의 변
화로 세상을 지각하고 경험하는 방식에 큰 변화가 생겼음을 환기한다.
실제로 매체의 변화는 인간의 지각방식과 사유방식 그리고 소통방식에
영향을 미쳐 인간 및 세상에 대한 이해를 바꾼다.

　　따라서 인간 이해에 있어서 지각방식의 변화에 천착하는 '영화를 통
한 인간 이해'는 어느 정도 기술적 상상력과 기술적 창의력 기반의 삶을
추구하는 현대인의 요구를 충족시켜 줄 수 있으리라는 기대를 반영하며
또한 '영화인간학'의 기초를 세우는 일에 기여할 것이다. 뿐만 아니라 신
학적 인간 이해가 현대적인 인간 이해와의 관계에서 탐구되어야 하기 때
문에 본 연구는 신학적인 인간 이해를 위한 기초 작업에 해당한다.

---

8 Gottfried Boehm, "Die Wiederkehr der Bilder," in: G. Boehm(Hrsg.), *Was ist ein Bild*(München: Wilhelm Fink Verlag, 1994), 11-38.

9 이미지의 용어의 역사에 대해선 다음을 참고: 김현강, 『이미지』(서울: 연세대학교 대학문화출판원, 2015), 11-12. 대략적으로 정리하면 다음과 같다. 우리가 사용하는 이미지(image)란 용어는 그리스어에서 유래한다. 그리스어에서 이미지에 해당하는 말은 eikon과 eidolon이 있다. eikon은 idea의 모상이란 뜻으로 사용되었고, 원래는 조각상, 특히 인물 조각상을 두고 사용되었다. 이것이 라틴어에서 imago로 번역되었다. imago는 원래 죽은 자의 초상을 가리키는 데 사용되었다. 시간이 지나면서 일반적으로 초상화 또는 이미지를 의미하였다. 이에 비해 eidolon은 세계 내에 실재하는 것에 대한 모상이라는 의미로 사용되었다. 김현강은 내적 이미지에 국한해서 이 말을 이해했는데, 꼭 그렇지만은 않다. 플라톤은 시와 회화를 eidolon으로 보았다. eidolon은 이미 idea 세계를 모사한 실재를 또 다시 모사한 것이라 플라톤 철학에서 매우 부정적으로 평가되었고, 기독교 전통에선 우상으로 번역되었다. eidolon은 라틴어로 simulakrum으로 번역되었고, 경우에 따라 imago로 번역되기도 했다. 결국 imago는 eikon과 eidolon의 의미를 모두 함의하게 되었다.

2. 본론

1) 인간 이해 방식의 변천과 이미지

인간학적 성찰의 방식과 소재는 연구의 초점을 어디에 두느냐에 따라 달라진다. 자연과의 관계에서 생존의 가능성을 찾아야 했던 호모사피엔스의 인간 이해는 매우 단편적이었다. 라스코 동굴 벽화의 인간 이미지는 사냥을 통한 생존과 주술적인 의미가 있는 샤먼에 대한 관심의 표현이었다.[10] 자아 인식보다는 대상을 관찰함으로 인간을 이해했음을 알 수 있다. 신화는 근본적으로 인간의 자기 이해와 대상 이해의 필요에서 비롯한다. 모든 것을 주술의 힘을 매개로 생각했던 수용적인 태도에서 벗어나 주변 세계와의 관계에서 주체의 위치를 잃지 않기 위해 노력한 결과다. 인간은 세상과 조화를 추구하되 한계를 직시해야 했고, 그것을 극복하기 위해 신화를 매개로 삼았다.[11] 신화는 시간과 공간, 삶과 죽음, 남자와 여자, 신과 인간, 어둠과 빛, 생성과 소멸, 지속과 변화, 순환과 멈춤의 원리를 제공했다. 그럼으로써 인간의 신적인 속성을 드러냈다. 인간의 한계는 비극적인 드라마를 통해 그리고 신적인 속성은 영웅 서사를 통해 표현되었다. 그 후 관심은 자연과 인간으로 분산되었다. 인간의 본질을 탐구하는 분과로서 철학 안에 자리를 차지하게 된 시기는 20세기 초에 시작되었어도, 인간의 숙명과 본성에 대한 이해와 관련해서 연구는 이미 고대 그리스 철학에서도 있었다.

고대 그리스 철학은 신화는 물론이고, 인간의 관심 대상이 신화에서 자연에 대한 탐구로 그리고 다시금 자연에서 인간 이해로 바뀐 사실을

---

10 우성주, 『호모 이마고』 (서울: 한언, 2013), 49-57.

11 위의 책, 113-17. 다음을 참고: Ernst Cassirer, *Philosophie der Symbolischen Formen, Zweiter Teil: das Mythische Denken*, 박찬국 옮김, 『상징형식의 철학. 제2권: 신화적 사유』 (서울: 아카넷, 2014), 81-143.

반영한다. 이런 맥락에서 자연의 일부로 보든 혹은 자연의 척도로 보든 혹은 불변의 진리를 추구하는 이성적인(영혼을 가진) 존재로 보든 인간 이해는 적어도 철학의 전유물이었다. 철학은 인간에 대해 사유하고 또 말해야 하는 것을 탐구한다. 진리를 변하지 않는 존재의 속성으로 보았기 때문에, 현상들로부터 본질을 추론하는 방식을 택했다. 이 때문에 플라톤은 현상과 구분되는 본질의 세계를 전제했고, 인간의 본질은 세 가지(정욕과 용기와 이성) 형태의 영혼 가운데 하나인 이성이라고 보았으며, 이성적인 사고는 본질의 세계에 접근하는 노력을 보장하는 도구였다. 인간 이해는 이성적이고 형이상학적이었고, 인간은 신과 자연 사이에서 중간 위치를 차지하는 존재였다.

중세는 이 견해를 충실히 이어받았다. 중세의 인간 이해는 기본적으로 성경적이지만, 고대 그리스의 형이상학적인 세계관을 기독교 신학적으로 비판하고 또 해석하면서 주로 신에 대한 성찰을 매개로 이뤄졌다. 철학의 형이상학적 세계는 신의 영역으로 여겨졌기 때문이다. 르네상스는 관심의 영역이 신에서 인간으로 옮겨진 시대의 흐름을 반영한다. 자연을 개선하고 완성하는 측면에서 인간의 신적인 측면을 강조하였다. 인간에 대한 관심은 특히 도구를 사용하여 보다 명확하게 재현하려는 사실적인 기법의 예술에서 두드러지게 나타났는데, 최초의 형태는 원근법의 발명이었고, 다빈치(Leonardo Davinci)는 인체를 관찰할 때 단지 보이는 수준을 넘어 정확성을 위해 해부학의 도움을 받았고, 드로잉을 할 땐 카메라 옵스큐라에 해당하는 기술을 처음으로 사용하였다.[12] 인간 이해에 있어서 과학적인 이해의 장을 여는 일이었다.

베이컨(Francis Bacon)이 지식의 확실성을 위해 경험적인 객관성을 강

---

12 Andre Basin, "Ontologie de l'image photographique," 박상규 옮김, "사진적 영상의 존재론," *Qu'est Ce Que Le Cinema*, 『영화란 무엇인가?』 (서울: 시각과언어, 1998, 2판은 2001), 13-24, 15.

조한 후로, 과학적인 연구가 인간 이해에 미치는 영향은 절대적이다. 근
대에는 인간을 과학적으로 이해하려 했을 뿐만 아니라 완성이라는 이념
을 목표로 과학적으로 교육하려 했다. 과학적인 발견들을 철학적 성찰의
기반으로 삼는 시도가 많아졌다.[13] 과학적인 근거로 인간의 마음과 행동
그리고 정신의 특성과 관련해서 인간에 대한 명제를 제시하였다. 사실적
관찰과 이성의 검증 능력을 앞세운 과학적 사고는 자연스럽게 형이상학
에서 독립하였고, 그 후 철학은 과학적인 발견에 근거하여 사유하는 실
증주의적인 관행을 정착하였다.[14] 인식의 확실성에 대한 필요가 철학함
의 관습을 변화시킨 것이다. 이런 변화는 다윈의 진화론 이후로 더욱 분
명해졌다. 인간의 동물성과 유기체적 본성을 발견한 생물학은 인간학 연
구에 새로운 자극을 주었다. 인간에게만 고유하다고 여겨지는 것을 중심
으로 인간을 이해하였다. 생리학적인 연구를 인간 이해와 연결한 최초의
시도는 노벨 생리학상을 수상한 카렐에게서 나타났다.[15] 그의 연구는 여
타의 피조물과 구분되는 인간의 지적, 도덕적, 미적, 종교적인 특성에 주
목하도록 했다.

최근에 주목을 받고 또 인간학 연구에 새로운 자극을 주는 연구 결과
는 IT 분야와 뇌 신경생리학에서 나오고 있다. 양자는 협업하여 인공지
능('인공지능'이란 말을 처음으로 만든 사람은 존 맥카시John McCarthy이다. 인공
지능은 인간의 지적인 능력을 모방한 지성을 지닌 존재를 만드는 과학과 기술로
정의) 분야에서 괄목한 성과를 나타내고 있다. 뇌 과학 분야의 연구 결과
를 인간 이해에 적용한 선구자는 베르그손이라 생각하는데, 그는 실어증

---

13 베르그손(Henri Bergson)과 샤르댕(Teilhard de Chardin), 플레스너(Helmuth Plessner)
그리고 겔렌(Arnold Gehlen)이 대표적이다. 이들은 공통적으로 생물학적인 발견에 기초
하여 인간의 본질을 철학적으로 성찰하였다.
14 물론 양자역학의 경우 마음과의 관계에서 설명보다는 해석을 중시한다는 점에서 과학의
발달이 형이상학적인 세계와 완전한 분리로 이어지게 했다고는 말할 수 없다.
15 Alexis Carrel, *Man, The Unknown*, 류지호 옮김, 『인간, 그 무지의 존재』(서울: 문학사상,
1998).

환자에 대한 연구를 통해 인간의 의식과 행동의 관계를 밝히려 했다. 특히 '지속' 개념에 천착하여 인간의 정체성에서 기억이 중요한 의미를 갖고 있다고 주장하였다.[16] 신경생리학의 발달과 함께 진행되는 인지과학은 단지 육체를 가진 인간 이해에서 벗어나 뇌의 작용에 대한 정보를 제시하면서 새로운 국면을 제시해주는 것은 물론이고 인간 본질에 대한 그간의 이해를 송두리째 흔들어 놓고 있다.[17] 물론 환원주의적으로 인간을 이해하는 방식에 이견이 없는 것은 아니다.[18] 그럼에도 불구하고 인지과학적인 연구는 인간의 의식과 사고 그리고 육체적인 행동이 뇌 활동과 깊은 관계가 있음을 발견함으로써 인간 이해에 새로운 전망을 제시하고 있다.

한편, 과학은 객관성을 중시하기 때문에 상상력을 배제할 것 같지만, 과학 이론에 대한 연구 결과들은 전혀 상반된 결과를 제시한다. 과학의 발견 과정에서 암묵적 지식[19]과 이미지의 역할이 결코 작지 않다는 것이다.[20] 폴라니(Michael Polany)는 "우리는 우리가 알 수 있는 것보다 더 많은

---

16 이 주장과 관련해서 중요한 것으로 세 권의 저서가 고려되는데, *Essai sur les données immédiates de la conscience*, 최화 옮김, 『의식에 직접 주어진 것들에 관한 이론』(서울: 아카넷, 2001); H. Bergson, *Matière et mémoire*, 박종원 옮김, 『물질과 기억』(서울: 아카넷, 2005); H. Bergson, *L'Évolution créatrice*, 황수영 옮김, 『창조적 진화』(서울: 아카넷, 2005)이다.

17 다음을 참고: Patricia S. Churchland, *Neurophilosophy: Toward a Unified Science of the Mind-Brain*, 박제윤 옮김, 『뇌 과학과 철학-마음 뇌 통합과학을 위하여』(서울: 철학과 현실사, 2006); 이길용, 『뇌 과학과 종교연구』(서울: 늘품플러스, 2013). Malcolm Jeeves, *Minds, Brains, Souls and Gods*, 홍종락 옮김, 『마음 뇌 영혼 신』(서울:IVP, 2015).

18 대표적으로 다음을 참고: Alva Noe, *Out of Our Heads*, 김미선 옮김, 『뇌과학의 함정-인간에 관한 가장 위험한 착각에 대하여』(서울: 갤리온, 2009). Davi Johnson Thornton, *Brain Culture: Neuroscience and Popular Media* (New Brunswick: Rutgers University Press, 2011). 손튼은 이 책에서 현재 유행하고 있는 뇌 과학 현상이 과학적인 뇌가 아니라 수사학적인 뇌에 빠져있음을 비판하며, 그러므로 문화현상으로 보아야 한다고 비판한다.

19 Michael Polany, *Tacit Knowledge*, 김정래 역, 『암묵적 영역』(서울: 박영사, 2015). 이 책은 1958년에 출판된 *Personal Knowledge: Towards a Post-Critical Philosophy*, 표재명/김봉미 옮김, 『개인적 지식』(서울: 아카넷, 2001)에 근거하고 있다.

20 이 주장은 아서 밀러의 책에서 개진되었다. Arthur I. Miller, *Insights of Genius*, 김희봉 옮김, 『천재성의 비밀』(서울: 사이언스북스, 2001).

것을 알고 있다"[21]는 사실에 근거해서 말로 표현할 수 없는 지식으로 지식형성에 적극적으로 작용한다고 주장했다. 폴라니는 과학이 엄밀하게 객관적이어야 하고 철저하게 명제적이어야 한다는 엄밀 과학의 이상이 잘못이라고 비판하면서 과학의 개인적 지식의 성격을 주장했는데,[22] 암묵적 지식이란 말로 표현할 수 없으나 지식 형성에 적극적으로 작용하는 지식을 말한다. 또한 과학의 발견과정에서 이미지의 역할이란 은유적인 사고를 가리킨다. 인간을 상상하는 존재로 보는 뒤랑은 1960년에 출판된 책에서 크게 보면 이성 역시도 상상계에 포함할 수 있다고 주장했는데, 그의 서술은 상상력이 과학에서도 중요하게 작용하고 있음을 확인해준다.[23] 1984년과 1996년에 출판된 두 종의 저서에서[24] 이미지를 통한 사고가 천재들의 과학적 발견에 어떻게 기여했는지를 추적했던 아서 밀러에 따르면, 과학자들이 새로운 이론을 개발할 때는 언어적인 사고보다 이미지를 통한 사고가 더욱 창조적으로 기여한다. 보이지 않는 것을 볼 수 있도록 하는 이미지의 역할은 특히 인간의 몸과 정신, 행동 등을 다루는 인간과학(human science) 분야에서 더욱 도드라진다.

  지금까지 인간 이해 방식의 변천을 개괄적으로 기술하면서 드러난 결과는 인간 이해는 세분화되었고, 이것은 시대의 요청에 따른 것이었으며, 특히 말할 순 없지만 지식 형성에 영향을 미치는 암묵적 지식과 이미지는 인간 이해에 있어서 새로운 발견을 가능하게 할 뿐만 아니라 과학적인 확실성을 높여주는 데에 결코 무시할 수 없는 요인으로 작용하고 있는 것이다. 이제는 인간 이해의 변화와 매체의 관계에 대해 살펴보면서 현대적인 이해를 위해 매체로서 이미지가 갖는 의미에 대해 알아보자.[25]

---

21 M. Polany, 『암묵적 영역』, 앞의 책, 31.

22 M. Polany, 『암묵적 영역』, 앞의 책, 49.

23 다음을 참고: Gilbert Durand, 『상상계의 인류학적 구조들』, 위의 책.

24 Arthur I. Miller, *Imagery in Scientific Thought: Creating 20th-century Physics* (Boston: Birkhauser, 1984). Arthur I. Miller, *Insights of Genius*, 앞의 책.

2) 인간 이해를 위한 매체들의 변화와 이미지

인간은 이미 오래 전부터 이미지를 다양한 용도(제의적, 마술적, 사유와 기억과 의사소통을 위해, 상징적, 예술적)로 사용하였다. "호모 이마고"(Homo Imago)로 명명될 정도로 이미지로 표현하고 또 이미지로 생각하며 살았다.26 이미지를 인간학의 주제로 삼아 연구하여 이미지 인간학(Bildanthropologie)27을 주장한 철학자는 한스 벨팅(Hans Belting)이다. 그는 1990년에 출판된 Bild und Kultur(이미지와 문화)에서 이미지를 만드는 존재로서 인간을 말하면서 처음으로 Bild-Anthropologie(이미지-인간학)를 말했다.28 그러나 그 이전에 1961년의 논문에서 한스 요나스(Hans Jonas)는 동

---

25 암묵적 지식과 이미지의 관계에 대해서는 더욱 고찰할 필요가 있지만, 폴라니는 암묵적 방식으로 파악할 수 있는 것을 말하면서 "육감에 따른 파악, 인상 파악 기법, 탐침봉과 같은 도구의 사용, 언어 표현 방식을 포함하는 것만이 아니라, 내가 보기에 우리의 감각이 지각하는 외부 사물에 관한 근원적인 지식까지 모두 포함합니다"(Polany, 『암묵적 영역』, 59)라고 했다. 이것을 바탕으로 본다면, 말로 표현할 수 없지만 알고 있는 것으로 작용하는 암묵적 지식은 이미지 형태로 존재한다. 따라서 이미지를 통한 이해에 집중하고자 한다. 폴라니의 암묵적 지식과 인간 이해의 관계는 다른 기회에 살펴보도록 하겠다.

26 우성주는 "호모 이마고"(homo imago)란 표현을 사용하였는데, 여기에는 이미지를 만드는 것 이외에 "이미지로 생각하는 인간"이 포함된다. 『호모 이마고』, 앞의 책, 8.

27 이미지를 통해 인간을 이해하는 노력은 이미 '영상인류학'(visual anthropology) 혹은 '이미지인류학'이라는 이름으로 진행되고 있다. 학문으로서 "이미지학"(Bildwissenschaft)에 대한 개념을 처음으로 구상한 사람은 고트프리트 뵘(Gottfried Boehm)인데, 여기에는 이미지를 해독함으로써 인간과 세상을 이해하는 모든 노력을 포함한다. 이미지인류학 혹은 영상인류학은 이미지학의 하위분과이다. 김영훈에 따르면, 영상인류학은 한편으로는 시각매체를 이용해서 인간 행동을 기록하고 조사하며 연구하는 방법이고, 다른 한편으로는 시각적 의사소통에 관한 이론적 연구영역이다. 영상인류학은 두 가지 분야로 구분된다. 인간의 행동을 연구하기 위해 영상을 제작하는 분야(visual production)와 인류의 시각적 표현들로부터 문화를 읽어내는 작업(visual analysis)이다. 영상인류학의 한계는 이미지를 기호와 상징체계로 이해하는 데에 제한하고 있는 것이다. 이미지의 결합을 통한 새로운 이미지의 출현에 대한 기대는 영상인류학에서 허용되지 않는다. 한국에서는 아직 미개척 분야인데, 다음의 책을 참고: 김영훈, 『문화와 영상』(서울: 일조각, 2002); 이기중, 『렌즈 속의 인류』(서울: 눌민, 2014); 우성주, 『호모 이마고』(서울: 한언, 2013). 영상 인류학은 본 논문에서 시도되고 있는 지각방식의 차이에 따른 인간 이해와 달리 취급되어야 한다. 본 논문에서 사용하는 표현 '영화를 통한 인간 이해'는 본격적으로 '영화인간학'을 정립하기 위한 전단계이다.

물과 비교해서 오직 인간에게만 고유한 것을 통해 인간의 본질을 말하는
방식을 취했는데, 이렇게 해서 발견한 것은 인간이 이미지를 만든다(Bild
machen)는 사실이었다.[29] 그는 이미지의 속성들을 탐구하면서[30] 이미지
를 만드는 행위가 함의하는 인간학적인 의미가 자유에 있음을 확인하였
다. 인간은 "이미 창조된 것을 이미지 형태로 다시 만드는 자(Nach-Schöpf
er)로서 호모 픽토르"[31]다. 단순히 이미지 제작 능력만을 염두에 둔 것은
아니다. 오히려 상상력으로 이미지를 만드는 과정에서 다른 동물들과 차
이를 만드는 인간의 자유를 식별할 수 있다고 보았기 때문이다.[32] 그래서
요나스는 인간의 특징은 단순히 제작하는 행위의 측면보다 제작하는 것
이 이미지임을 강조하고, 그렇기 때문에 호모 픽토르는 호모 파베르(hom
o faber)와 호모 사피엔스(homo sapiens)의 특성들이 서로 연결되는 지점
이 된다고 본다.[33]

앞서 언급한 아서 밀러의 기여 가운데 본 연구와 관련해서 관심을 끄
는 또 다른 점은 그가 천재들의 연구에서 사고를 위한 매체 자체에 집중
한 것이다. "과학자들은 언제나 시각적으로 사고하려는 욕망이 매우 크
다"[34]는 말로 시작하는 글에서 그는 그 이유로, 화가와 마찬가지로 과학

---

28 Samuel Strehl, "Hans Belting: 'Bild-Anthropologie' als Kulturtheorie der Bilder," in: Stephan Moebius/Dirk Qwadflieg(hrsg.), *Kultur. Theorien der Gegenwart*, 2. erweiterte und aktualisierte Auflage(Wiesbaden: VS Verlag, 2011), 507-518, 특히 507, 509-511.

29 Hans Jonas, "Homo Pictor: Von der Freiheit des Bildens," in: Gottfried Boehm, *Was ist ein Bild?*(3. Aufl.), München 2001, 105-124. Jonas, "Homo pictor und die Differentia des Menschens," Zeitschrift für Philosophische Forschung XV/2 (1961), 161-171. "Homo Pictor"에서 요나스는 이미지 제작 능력은 유사성을 지각할 수 있는 능력(Vermögen der Ähnlichkeitswahrnehmung)이고, 또한 형상(Eidos)을 현존하는 것(Dasein)으로부터, 형상을 질료로부터 분리할 수 있는 능력이며(116), 또한 창조행위를 반복하는 것이며, 세계를 상징적으로 다시 한 번 만드는 것(Noch-Einmal-Machen der Welt)(123)이라 말한다. 괄호 안의 숫자는 논문의 쪽수.

30 Hans Jonas, "Homo Pictor: Von der Freiheit des Bildens," 106-114.

31 Hans Jonas, 위의 글, 120.

32 Hans Jonas, 위의 글, 119-122 참조.

33 Hans Jonas, 위의 글, 122.

자들이 보이는 세계와 보이지 않는 세계를 시각적으로 표현하려고 노력하기 때문이라고 말한다. "과학은 상식적 직관을 확장하여 지각 너머의 세계를 이해함으로써 발전해왔다."[35] 세계를 이해하고 설명하는 과정에서 지각 경험을 가능케 하는 매체가 중요한 역할을 하고 있음을 주장한 것이다. 여기서 다음의 질문이 불가피하게 제기된다. 인간 이해에 있어서 매체 자체를 성찰하는 것은 무엇을 의미할까? 성찰에서 이미지 매체의 의미와 역할은 무엇인가?

(1) 지각방식과 인간 이해

지각은 감각적인 경험과 경험의 방식을 총괄한다(2015년 41주년 창사 특집으로 EBS에서 제작한 총 6부작 <감각의 제국>을 참고). 감관을 통해 선택적으로 받아들인 감각 내용을 선행된 경험에 대한 기억과의 관계에 비추어 파악하는 작용이다. 이해의 차이는 지각의 차이에서 발생하고, 지각 방식이 바뀌면 경험과 이해도 달라진다. 지각 행위에서 심리적인(감성적인) 요인은 지성적인 요인에 앞서 우선적으로 작용하는데, 이는 편도체의 작용이 중추신경계보다 우선적으로 일어나기 때문이다.[36] 그러므로 감각적인 지각이 지성적인 이해를 주도한다고 말할 수 있다. 예컨대, 독특한 방식으로 감각적인 지각을 실천하는 예술은 세상을 단순히 모사 혹은 묘사하는 데에 제한하지 않고 현실을 새롭게 보고 또 다시 보게 한다. 지각 방식의 변화로 현실을 새롭게 이해하는 것, 바로 이것이 예술에게서 기대하는 것이다. 예술은 지각 방식의 변화를 실천함으로써 자연의 아름다움을 발견한다.

---

34 Arthur I. Miller, 『천재성의 비밀』, 15.

35 Arthur I. Miller, 『천재성의 비밀』, 17.

36 다음을 참고: Daniel Goldman, *Emotional Intelligence*, 한창호 옮김, 『감성지능』(서울: 웅진하우스, 2008).

한편, 인간을 지각하는 방식의 다양성을 유발하는 일에서 매체37 역시 큰 역할을 한다. 과학 혹은 과학적 사고는 지각과 지각된 것의 관계에서 원리와 확실성을 설명하지만, 매체는 지각 방식과 소통 방식을 결정한다. 다양한 분야에서 이뤄지는 인간학 연구는 인간을 관찰하는 매체의 차이에 따라, 곧 지각 및 소통 방식의 차이에 따라 나타난 결과다.38

인간을 지각하는 방식의 변화는 문명의 역사와 병행한다. 시각적 이미지로 소통하는 단계에서부터 문자 매체를 거쳐 영상기계 그리고 멀티미디어를 매개로 소통하는 방식을 중시하는 영상문화시대까지 이르게 되었다. 매체의 변화와 시대의 상관관계를 고려한다면, 영상문화 시대에 오직 문자와 이성으로만 인간 이해를 추구하는 노력은 현대인의 요구에 적합할 수 없다. 그렇다고 시청각 영상을 통한 이해가 진실에 더 근접한다는 의미는 아니다. 이미지를 만드는 일에서 진리 인식의 원초적 경험의 장을 보려는 시도도 있고39 또한 이미지를 진리 인식의 한 방식으로 삼은 철학자도 있지만,40 필자가 영상 시대를 주목하는 이유는 인간 이해의 관습에 변화가 생겼음을 강조하고 싶기 때문이다. 엄밀히 말해서 이성을 의심하는 것이 아니라 이성적인 확실성 이외에 감성적인 설득력의 역할이 크게 대두되었다는 사실을 강조하고, 인간 이해에 있어서 매체의

---

37 영화 인간학은 인간의 지각 행위와 지각방식을 중시한다. 여기에서 매체의 역할이 크게 작용한다. 매체는 카메라를 말하지만, 카메라로 찍힌 영상이 스크린에 투사되었을 때, 곧 영화 자체가 하나의 매체가 된다. 뿐만 아니라 영화를 소통하는 언어와 그것을 기록으로 담고 있는 잡지나 책 역시 매체다. 마샬 맥루한(Marshall McLuhan)은 이런 다중적인 매체의 의미를 말한 대표적인 인물이다. 참고: Understanding Media, 김상호 옮김, 『미디어의 이해』 (서울: 커뮤니케이션북스, 2012).

38 로저 트리그는(『인간 본성에 관한 10가지 철학적 성찰』, 위의 책) 이점을 확인해주는 서술을 하였다. 비록 인간의 합리성을 공통분모로 삼고 다루었지만, 각 분야에서 대표적인 사상가들의 인간 이해를 통해 관점과 사유의 매개의 차이가 인간 이해에서 어떤 차이로 이어지는지를 보여주었다.

39 Hans Jonas, *Das Prinzip Leben*, 한선정 옮김, 『생명의 원리』 (서울: 아카넷, 2001), 370-383.

40 Walter Benjamin, *Ursprung des deutschen Trauerspiels*, 최성만/김유동 옮김, 『독일 비애극의 원천』 (서울: 한길사, 2009), 35-80.

차이로 나타나는 지각 방식의 차이에 주목할 필요가 있다는 말이다.

(2) 매체와 인간 이해

매체와 인간 이해 사이의 상호관계는 인간 이해의 역사를 통해 어렵지 않게 확인할 수 있지만, 인간을 관찰하는 매체 자체에 대한 관심이 커지면서 인간 이해의 스펙트럼은 더욱 넓어지고 다양해지고 있다. 그간의 인간 이해는 자연에 대한 관찰과 비교를 통해서 그리고 무엇보다 타인에 대한 관찰과 비교 그리고 추상을 통해 이뤄졌다. 아우구스티누스의 고백록이 갖는 인간학적인 의의는 타자를 중심에 놓고 인간을 이해하는 방식에서 벗어나 자기 자신을 관찰함으로써 인간을 이해한 것이다. 중세 스콜라 철학의 인간 이해는 신 이해를 매개로 했다. 이에 비해 데카르트는 스콜라 철학의 관행에서 벗어나(사실 완전히 벗어난 것은 아니지만) 인간 이해를 위해 사유하는 행위의 의미와 중요성을 밝혔다. 아우구스티누스와 마찬가지로 자기 자신을 성찰함으로써, 곧 자신을 매개로 삼아 인간을 사유하는 존재로 이해했다. 그의『방법서설』은 사유와 사유의 확실성을 얻기 위한 과학적인 관찰이 어떻게 상관관계를 갖는지를 보여준다. 로크(John Locke)는 인식 획득과 확실성에 있어서 감각적인 경험의 중요성을 역설하였다. 그런데 양자는 인식 과정과 확실성의 문제에만 천착하여 사유와 경험을 가능하게 하는 매체 자체에 대해서는 관심을 갖지 않았다. 매체에 대한 무관심은 매체의 한계에 대한 무관심으로 나타났는데, 그 결과 합리론과 경험론은 형이상학적인 인식의 문제에 봉착하였을 때 어려움을 겪어야만 했다. 합리론은 라이프니츠(Gottfried Wilhelm von Leibniz)의 불가지론으로, 경험론은 흄(David Hume)의 회의론으로 이어졌다.

인식의 문제에서 나타나는 극단적인 결론에 직면해서 합리론과 경험론의 차이와 간격을 극복하기 위해 칸트(Immanuel Kant)가 시도한 것은 이성 자체에 대한 분석이었다. 사유의 매체이며 경험을 가능하게 하는 매체로서 이성의 중요성을 밝혔을 뿐만 아니라 인식 능력에 있어서 이성의 한계를 인정해 형이상학적인 문제를 피해갈 수 있었다. 필자는 칸트가 매체로서 이성에 대한 비판을 기반으로 결국 인간 이해의 가능성을 모색했다고 보는데, 왜냐하면 칸트는 철학의 궁극적인 주제를 인간의 본질을 묻는 질문에서 찾았기 때문이다. 다시 말해서 그는 근대 철학의 기본문제들을 네 가지 질문으로 요약하였다. '나는 무엇을 알 수 있는가?', '나는 무엇을 행해야만 하는가?', '나는 무엇을 희망할 수 있는가?', '인간은 무엇인가?'. 앞의 세 질문을 통해 칸트가 밝히려 했던 것은 이성을 통한 인식, 행위 그리고 판단의 본질이다. 이는 그의 비판 철학의 3부작(순수이성 비판, 실천이성 비판, 판단력 비판) 각각에 해당한다. 형이상학적인 가치로 알려진 진선미에 대한 탐구로도 볼 수 있다. 그리고 세 연구를 통해 마지막 네 번째 질문에 대답하려고 했다. 이는 그가 처음부터 인간학적인 관점에서 비판철학을 기획하지 않았나 하는 추측을 하게 한다.[41] 칸트의 비판철학적인 선행 작업은 인간 이해를 위해선 사유의 매체로서 이성의 본질과 작용에 대한 정확한 이해가 뒷받침되어야 한다는 주장으로 읽힌다. 칸트는 자신의 비판철학, 곧 매체로서 이성에 대한 비판을 바탕으로 인간 이해를 시도했다.

칸트는 사유의 매체로서 이성 자체에 대한 분석적이고 비판적인 연구를 하면서 부수적으로 오성의 범주들이 현실을 구성한다고 말할 수 있

---

41 Immanuel Kant, *Anthropologie in pragmatischer Hinsicht*, 백종현 옮김, 『실용적 관점에서의 인간학』(서울: 아카넷, 2014). 칸트의 인간학은 생전에 출판되지 못했고 그의 강의를 바탕으로 사후에 출판되었다. 지식고고학을 통해 학문의 지층을 탐사했던 푸코(Michel Foucault)는 이미 박사학위 논문에서 칸트의 인간학을 고찰하면서 그런 시도를 했다. 푸코는 이 책에서 칸트 철학의 지층을 밝혀냈는데, 이 글은 어느 정도 필자의 추측을 가능하게 하는 단서들을 제시하고 있다. 다음을 참고: Michel Foucault, *Anthropologie d'un point de vue pragmatique: precede de Michel Foucault*, 김광철 옮김, 『칸트의 인간학에 관하여-실용적 관점에서 본 인간학 서설』(서울: 문학과지성사, 2012), 144.

는 근거를 제시함으로써 이성의 절대적인 의미를 주장하는 독일관념론의 터전을 마련하였다. 피히테(Fichte), 쉘링(Schelling), 헤겔에 이르는 독일관념론(Deutscher Idealismus)은 칸트에 의해 확인된 이성의 현실 구성 능력에 힘입어 이성과 현실의 관계에 천착하게 되었고, 독일관념론의 정점에 선 헤겔은 과감하게 이성의 우위를 말할 수 있었다. 헤겔의 역사 철학에서 소위 '신정론'에 해당하는 "이성의 간계"(List der Vernunft)[42] 개념은 어떤 모양의 역사라도 결국엔 이성의 의지가 관철된다는 것을 뜻하는데, 현실적인 모든 것은 이성적이고, 이성적인 모든 것은 현실적이라는 역사 철학 제1테제를 뒷받침한다. 독일관념론의 문제는 이성의 매개성에 관심을 두지 않고 이성에 절대적인 우위를 두고 오직 이성의 구성 능력과 작용에만 지나치게 매달린 것이다. 헤겔 이후 포이에르바흐와 마르크스의 유물론이 등장하여 독일관념론이 급격하게 해체 수준에 돌입하게 된 까닭도 현실과의 관계에서 이성의 매체적인 속성을 간과했기 때문이라고 본다.

헤겔의 사변 철학을 수정하려는 노력은 이성보다 현실을 더욱 실재적으로 보는 포이에르바흐와 마르크스 그리고 보편보다 개별성을 강조하는 실존주의 철학을 위시해서 다방면으로 나타났다. 특히 칸트가 올바른 인식이 매체에 대한 정확한 이해와 사용에서 비롯함을 역설하였던 사실에 관심을 둔 연구로는 비트겐슈타인과 벤야민에게서 찾아볼 수 있다. 이들은 사유에 동원되는 혹은 사유와 동일시되는 언어는 물론이고 이미지 자체에 대한 비판적인 연구를 했기 때문이다.

먼저 철학의 문제들이 논리(언어)의 잘못된 사용에서 유래한다고 본 비트겐슈타인은 언어 없인 사유 자체가 가능하지 않다고 주장하면서, 인

---

42 Friedrich Hegel, *Hegels Vorlesungen über die Philosophie der Geschichte*, Bd. 12. Theorie-Werkausgabe von Eva Moldenhauer und Karl Markus Michel in zwanzig Bänden (Frankfurt am Main: Suhrkamp, 1970), 49.

간의 사유에서 필수적인 언어의 본질을 구명하고 또한 언어의 한계를 환기해 언어철학의 영역을 개척하였다.[43] 그의 철학적 여정 중 전기의 입장을 대변하는『논리철학 논고』는 언어의 지시적인 기능을 강조하는데, 그에게 언어의 기능은 실재를 지각할 수 있게 하는 것이다. 따라서 세계는 언어에 의해 구성된 세계다. 책의 서두와 말미에 "말할 수 없는 것에 대해 우리는 침묵해야 한다"[44]는 결론에 이른 것은 당연한 일이었다. 이에 비해 유작으로 후기 철학을 형성하는『철학적 탐구』에선 전기와 달리 공적 세계를 전제하고 또한 언어의 지시적인 기능에서 벗어나 낱말의 의미는 사용되는 방식과 맥락에 따라 결정된다고 주장한다.[45] 왜냐하면 언어는 인간의 삶의 형식과 분리될 수 없기 때문이다. 이로써 비록 구체적으로 언급하진 않았다 해도, 그는 인간을 이해에서 매체로서 언어가 어떤 의미를 가질 수 있는지에 관심을 갖도록 했다. 다시 말해서 비트겐슈타인에게 인간은 언어를 매개로 사유하며 언어를 사용하는 자로 이해된다. 심지어 인간의 삶은 언어를 통해 구성된다. 칸트가 이성의 잘못된 사용을 환기하여 수정하고자 했듯이, 비트겐슈타인은 언어 사용의 오류를 제거함으로써 인간 사회에서 나타나는 불필요한 문제에서 벗어날 수 있다고 보았다.

비트겐슈타인이 사유의 매체인 언어를 분석하여 언어철학을 전개하였다면, 벤야민은 영화적 사유를 철학함의 과정에 도입하고 학문을 예술로 사유하려 했다. 벤야민은 매체 철학의 선구자로 알려졌는데, 기술적인 지각 방식을 대변하는 이미지 매체, 곧 사진과 영화에 관심을 두고 연구했기 때문이다. 벤야민 역시 언어를 중시했다. 그에게 언어는 매체로

---

43 L. Wittgenstein, *Tractatus Logico-Philosophicus*(London: Routledge&Kegan Paul LTD, 1922), 26.

44 Wittgenstein, *Tractatus Logico-Philosophicus*, 188.

45 Ludwig Wittgenstein, *Philosophische Untersuchungen*, 이영철 옮김,『철학적 탐구』(서울: 책세상, 2006), 140-163.

서 정신적인 것을 전달하는 모든 것의 이름이다. 여기에는 구체적인 언어뿐만 아니라 모든 예술 형식 그리고 이미지도 포함한다. 벤야민은 이미지를 통한 사유를 실천하였을 뿐만 아니라, 이미지를 바탕으로 사유를 분석하였다. 벤야민에게 이미지 없는 사유는 가능하지 않다. 그는 소위 "사유이미지"(Denkbilder)[46]로 명명한 방법론으로 역사와 현재의 상관관계에서 섬광같이 나타나는 진리를 서술하는 것을 철학의 과제로 여겼다. 다시 말해서 진리는 현상과 독립해서 존재하는 것이 아니라 구체적인 역사에 대한 깊은 성찰 과정에서 이미지의 형태로 드러나는 것이라고 보았다.

벤야민은 19세기 서구 대도시의 문화와 상품사회에 직면해서 기계적인 매체(사진과 영화)의 중요성을 강조했다. 곧 근대적인 기술능력이 만들어낸 환경은 어떠하며, 인간으로 하여금 주변 환경에 익숙하게 만들어 주는 매체는 무엇인지를 묻고는 그 대답을 영화에서 찾았다. 당시는 영화가 사람들에게 단지 허구일 뿐이며 유희적인 기능으로만 인식되던 때였다. 이런 시기에 특히 그가 천착한 것은 기계적인 환경에서 나타나는 지각 방식의 변화였다. 쉬운 일이 아니었음에도 그가 기계적인 매체에 특별한 관심을 가진 이유는 기본적으로 현재의 변혁을 원했기 때문이다. 또한 비약적으로 발전하고 빠르게 변하는 대도시 환경에 주목했을 뿐만 아니라 사물의 외재적인 특징만을 포착하는 기계적 매체를 통한 지각 방식에서 대도시 환경에서 나타나는 지각 방식과 유사성을 보았기 때문이다.[47] 벤야민에 따르면, 일시적이고 순간적이며 계속적으로 변하는 이미

---

46 Walter Benjamin, "Einbahnstraße/Denkbilder," 최성만 옮김, 『일방통행로/사유이미지』(서울: 도서출판 길, 2007). 아도르노(Adorno)는 사유이미지를 "말로 표현할 수 없는 것을 비유적으로 불러낸다는 의미에서 끼적거려놓은 수수께끼 그림들"(해제 52쪽)로 이해했다. 이에 비해 미리엄 한센은 "벤야민, 시네마 그리고 경험: 테크놀로지라는 땅에 핀 푸른 꽃," 김소영 편역, 『헐리우드/프랑크푸르트』(서울:시각과 언어, 1994), 172-234, 193에서 역사철학적인 맥락에서 설명하였다. "독특한 이론화 양식이며 칸트에 입각한 철학적 경험 개념과, 살았던 순간의 시간적으로 불연속인 역사의 텍스추어 사이에 있는 대립을 융해시키려는 시도."

47 강수미는 벤야민이 영화에 관심을 기울인 이유를 두 가지 방향으로 제시했는데, 하나는

지의 연속으로 구성되는 영화 매체는 "촉각적 지각"[48]을 실천하여 새롭게 태어나는 대도시 근대인의 지각 양식의 변화를 가장 잘 설명해준다. 달리 말하면, 이미지 홍수 시대에 나타나는 현대인의 지각 방식의 변화를 영화 이미지에 대한 성찰을 통해 보여주었다. 이것이 영화를 기계적 지각의 학습장으로 보게 된 이유이고,[49] 이로써 벤야민은 이미지와의 관계에서 전개되는 사유의 가능성을 제시할 수 있었다. 이와 관련해서 그는 이미지와 사유의 관계를 드러낼 필요를 느꼈고, 사유의 정지상태에서 세계 전체의 이미지가 순간적인 깨달음의 형태로 나타난다고 보았다. 과거의 이미지가 현재의 시간에 섬광같이 나타나는 순간을 인식의 계기로 삼았는데, 이것을 "정지상태의 변증법"(Dialektik im Stillstand)[50]이라 했다. 이에 비해 사유의 근간을 이루는 지각과 관련해서 그가 세분하고 있는 촉각적 지각과 분산적 지각과 변증법적 지각 그리고 몽타주적 지각은 이미지를 지각하는 방식의 변화에 따른 것이다. 특히 역사를 인식하는 사유방식으로 여겼던 몽타주적 지각은 벤야민이 이미지를 통한 사유를 생각하고 있음을 단적으로 말해준다. 벤야민은 "지배 이데올로기의 가면에 가려져 있는 시대의 진리를 이미지를 통해 서술하고자"[51] 했다. 이성

벤야민이 관념적인 미학이 아니라 구체적인 미학을 추구했고, 다른 하나는 영화의 혁명적인 힘에 대한 기대 때문이라고 했다. 이는 그녀가 벤야민의 역사철학적 관점에서 전개되는 미학에 관심을 두었기 때문이다. 강수미, 『아이스테시스』, 앞의 같은 책, 256. 이런 점에서 김호영이 벤야민의 핵심 주제에 대한 지적은 매우 적절하다고 생각하는데, 그는 "19세기 서구의 대도시 연구를 통해 벤야민이 주목했던 가장 중요한 주제"가 "'시각적 충격'과 그에 따른 '지각양식의 변화'"라고 말했다. 김호영, 『영화 이미지학』 (서울: 문학동네, 2014), 65-66.

48 촉각적 지각에 대해서는 다음을 참고: Walter Benjamin, 최성만 옮김, "기술복제시대의 예술품"(제3판), 『발터 벤야민 선집 2』 (서울: 도서출판 길, 2007), 149-146.

49 Walter Benjamin, "보들레르의 몇 가지 모티프에 관하여," 김영옥·황현산 옮김, 『발터 벤야민 선집 4』 (서울: 도서출판 길, 2010), 216. 다음을 참조: "영화는 그 역할이 사람들의 생활 속에서 거의 나날이 증가하고 있는 기계장치, 그것에 따라 조건 지어지는 통각과 반응 양식에 인간을 연습시키는 데 기여한다"(강수미, 『아이스테시스』, 265에서 간접 인용).

50 Walter Benjamin, 『아케이드 프로젝트 I』, 1056.

51 강수미, 『아이스테시스』 (서울: 글항아리, 2011), 193.

적인 사유를 통해선 더 이상 진리가 포착되지 않는다고 본 벤야민은 이미지를 통해 실재를 되찾고자 한 것이다. 이미지를 통한 사유를 바이겔(Sigrid Weigel)은 벤야민의 이론의 독특함을 구성하는 것으로, 실재에 대한 관념에 형태를 주고 또 역사 이미지가 전수되는 형태를 결정하는 것으로 보았다.[52]

정리해서 말하면, 인간 이해는 어떤 매체를 사용하느냐, 곧 어떻게 지각하느냐에 따라 달라진다. 계몽주의 시대 이후 근대시대에는 사유의 매체인 이성과 언어를 분석하고 비판함으로써 인간을 이해하였던 것처럼(물론 오늘날에도 여전히 진행되고 있지만), 영상문화시대에는 사유의 매체로 여겨지는 이미지를 분석하고 비판함으로써 인간을 이해하는 노력이 필요하다. 인간에 대해 포괄적으로 말하기 어려운 때에 인간을 이해하는 적합한 방식은 보여주는 것이다.[53]

3) 영화를 통한 인간 이해

영화를 통한 인간 이해가 필요하다는 인식에 대해서는 앞서 포괄적인 인간 이해를 위한 한 방편으로서 내러티브와 영화의 유익에 관해 말한 글과 그리고 지각방식의 차이에 따른 인간 이해의 변화와 매체의 변화에 따른 인간 이해의 변화를 확인함으로써 어느 정도 공감할 수 있을 것이라고 생각한다. 필요성에 대해서는 이미 영화 초기 단계부터 대두되

---

52 Sigrid Weigel, *Body- and Image-Space: Re-reading Walter Benjamin*, Boutledge: London, 1996, iiiv.

53 그 이유에 대해서는 이미 필자의 선행 연구를 통해 밝혔다. 다음을 참고: 최성수, "인간 이해와 내러티브 그리고 영화-포괄적인 인간 이해의 필요성과 가능성으로서 영화 내러티브," 「長神論壇」 제43집(2011), 157-182. 마이클 폴라니(Michel Polany)는 Tacit Knowledge, 김정래 옮김, 『암묵적 지식』(서울: 박영사, 2015)을 통해 "우리는 우리가 말할 수 있는 것보다 더 많은 것을 알고 있다"(31쪽)고 주장하고 이를 입증하려 시도했다. 유기적인 관계를 모형으로 암묵적 앎을 말하고 있는데, 필자는 이런 암묵적 앎의 작용은 이미지 작용과 다르지 않다고 생각한다.

었기 때문에 이곳에서는 영화이론의 범위에 제한해서 그리고 사유의 이미지적인 특성에 근거해서 영화를 통한 인간 이해의 필요성과 특징에 대해 알아보자.

(1) 영화를 통한 인간 이해의 필요성

영화이론의 역사, 특히 1920년대 영화비평과 영화미학의 역사에서 매우 비중 있는 위치를 차지하며 형식주의를 대표하는 헝가리 출신의 벨라 발라즈(Béla Balázs)는 다음과 같이 말했다.

> 인쇄술의 발견은 인간의 얼굴을 점차로 읽을 수 없게 만들었다. 종이에 읽을 것이 너무 많기 때문에 얼굴 표정으로 의미를 전달하는 방법은 쇠퇴했다. … 지금 새로운 발명품, 새로운 기계가 인간의 관심을 가시적 문화로 돌려놓고, 그들에게 새로운 얼굴을 부여하는 작업을 하고 있다. 이 기계는 영화 촬영용 카메라이다. 인쇄기처럼 이 기계는 인간 정신의 산물을 증식하여 배포하는 기술적 장치이다. 그것이 인간의 문화에 끼친 영향은 인쇄기에 못지않다.[54]

유성영화 시대에 무성영화의 시각적인 표현 능력을 회복하기를 원했던 그는 영화의 특징을 인간 얼굴의 발견에서 찾았다. 영화 영상의 표현 가능성에 천착했던 당시의 영화 제작의 관행을 넘어 그는 이미지의 심층적인 면을 이론적으로 탐구했다. 1924년에 출판되어 "영화이론에서 영화미학의 문제에 체계적으로 접근한 최초의 시도"[55]로 평가되고 있는

---

54 Béla Balázs, *Theory of the Film*, 이형식 옮김, 『영화의 이론』(서울: 동문선, 2003), 42-43.
55 Ralf Schnell, *Zu Geschichte und Theorie audiovisueller Wahrnehmungsformen*, 강호진 외 옮김, 『미디어 미학 - 시청각 지각형식들의 역사와 이론에 대하여』(서울: 이론과실천, 2005), 192.

"가시적 인간 혹은 영화문화"[56]에서 인상론(Physiognomik)[57]에 근거한 주장을 펼쳤는데, 곧 이미지의 중요성은 말로는 결코 표현할 수 없는 "내적인 경험"을 표현할 수 있다는 데에 있다고 말했다.[58] 그는 심지어 얼굴과 얼굴 표정에 나타나는 것을 "즉시 시각적으로 표현되는 영적인 경험"[59]으로 본다. 그래서 그는 "육체의 옷을 입은 영혼"을 시각적으로 소통할 수 있게 하는 수단인 영화를 통해 "[내적인] 인간은 다시 가시적이 되었다"고 선언한다.[60] 심지어 새로운 예술로서 영화를 "인간의 본질을 드러내는 새로운 방식"으로 본다.[61]

짐멜과 벤야민이 강조하여 말했듯이, 영화는 현대인의 지각 구조와 지각 방식에 가장 적합한 매체다. 뿐만 아니라 영화는 인간 이해의 차이를 드러내는 관점을 보다 효과적으로 볼 수 있도록 한다. 무엇보다 관객의 충격과 감동을 지향하는 영화는 시대를 초월한 보편적인 인간보다는 (물론 이 점을 포기하진 않지만) 현실의 인간에 대한 다양한 방식의 이해에 주목한다. 이를 위해 사람이 쉽게 접근할 수 없는 것, 심지어 이념의 세계까지도 동시대적인 지각 방식을 통해 감각적으로 지각할 수 있도록 한다. 곧, 영화는 고속촬영과 클로즈업을 통해 육안으로 볼 수 없는 것을 보

---

56 Béla Balázs, *Der sichtbare Mensch oder Kultur des Films*, Deutsch- sterreichischer Verlag, Wien u. a. 1924. 재출간 Mit einem Nachwort von Helmut H. Diederichs und zeitgenössischen Rezensionen von Robert Musil, Andor Kraszna-Krausz, *Siegfried Kracauer und Erich Kästner*. *Suhrkamp*, Frankfurt am Main 2001.

57 "인상론"으로 번역되는 이 말은 인간의 외양 특히 얼굴에 나타난 표정을 통해 인간의 속성이나 기질을 추리하는 기술을 의미한다. 다분히 무성영화 시대에 배우들이 제스처나 얼굴 표정만을 통해 내면을 표현해야 했던 시기에 적합한 이론이다. 발라즈의 인상론에 대해선 다음을 참고: 이상면, "영상철학의 기초-베르그송, 발라즈, 벤야민의 영상이론에 대해," 「미학」 제47집(2006년 9월), 105-136, 114-121. 발라즈의 인상론은 인간의 얼굴에만 제한되지 않는다. 현실과 자연의 인상에 대해서도 적용된다.

58 Béla Balázs, *Theory of the Film*, 43.

59 Béla Balázs, *Theory of the Film*, 44.

60 Béla Balázs, *Theory of the Film*, 45.

61 Béla Balázs, *Der sichtbare Mensch*, 앞의 같은 책, 12. 원문은 "인간의 새로운 계시(neue Offenbarung des Menschen)"라고 되어 있는 것을 필자가 의미에 따라 의역한 것이다.

여줄 뿐만 아니라 말할 수 없는 것, 곧 사람의 내면까지라도 공감적으로
보여준다. 심지어 과학적으로 설명이 가능하나 기술적인 한계로 아직 관
찰되지 않는 상상의 세계들을 이미지를 통해 선취한다. 벤야민의 표현을
빌리자면, 한편으로는 지각 가능하지만 다른 한편으로는 지각할 수 없는
이미지는 "시각적 무의식의 세계"(das optisch-Unbewusste)[62]를 알게 해준
다. 영화는 이처럼 단편적인 인간 이해에 만족하도록 요구하는 탈근대적
인 인간 이해의 요구를 따르면서도 그것을 비판적으로 검토할 수 있는
최적의 도구이다.

특히 영화예술의 특징에 천착했던 감독 로베르 브레송(Robert Bresson)
은 영화의 목적을 "시로서도, 철학으로도, 극작술에 의해서도 포착되지
않는 심정 중의 심정에 도달"[63]하는 것에 두었다. 언어나 행위적인 표현
으로도 다 품을 수 없는 역할을 영화가 수행한다는 의미다. 이로써 영화
적 인간 이해의 독특성을 환기하였는데, 이런 독특성은 기계장치(시청각
영상기술) 때문에 발생한다. '심정 중의 심정'이란 표현은 인간의 내면세
계를 말하는 것으로 이해할 수 있다. 이것은 상당 부분 벤야민이 말한 이
미지의 진리인식 기능을 연상케 한다.

발라즈와 브레송의 말을 벤야민의 관점에서 그리고 사회적인 측면을
고려하여 표현한다면, 영화를 통한 인간 이해의 필요성은 이미지가 진리
인식의 기능을 갖고 있다는 것과 영상문화 시대라는 사실 이외에 다음을
말할 수 있다. 곧 기계장치를 통한 지각 방식의 변화에 따른 것이며 또한
인간 이해의 관습에 의문을 제기할 필요가 강하게 대두되었기 때문이다.
영상문화 시대의 인간 이해의 특징은 더 이상 인간을 정의하려 하지 않

---

62 벤야민의 영화매체 이론의 특징을 드러내는 개념이다. 이 개념을 통해 벤야민은 클로즈업
   과 고속촬영과 같은 카메라의 기술적인 가능성에서 발생하는 새로운 형태의 지각 방식을
   기술하였다.

63 Robert Bresson, *Note sur le cinématogrphe*, 오일환·김경은 옮김, 『시네마토그래프에 대
   한 단상』(서울: 동문선, 2003), 57.

고 다양한 형태의 인간 이해를 수용한다. 오히려 인간 이해의 관습에 의문을 제기하며, 또 이미지 공간에 있는 인간이 지각되는 방식에 관심을 기울인다. 영화는 당대의 지배적인 인간 이해를 포함해서 현실적으로 다양한 인간 이해를 캐릭터를 통해 반영하기 때문에, 영화적 인간 이해는 이미지를 통한 사유의 가능성을 확인하며, 또한 관습적인 인간 이해에 대한 비평적인 지각을 실천한다.

(2) 영화적 인간 이해의 문제

① 영화는 허구가 아닌가?

영화가 상상의 세계로 가는 창에 비유되는 현실에서 '영화적 인간 이해'를 말할 때, 부딪히는 문제들을 해결해보자. 우선적인 문제는 영화가 허구일 뿐만 아니라 허구의 세계를 다룬다는 점이다. 영화 속 인간, 곧 허구 세계의 이미지 ─ 인간을 인간 이해의 모델로 삼아도 되는 것인가? 플라톤의 말을 빌린다면, 영화 속 인간은 단지 동굴에 비친 그림자에 불과한 것일까? 그렇지 않다. 이미지를 허구, 곧 비존재로만 보는 일은 이미지의 속성을 알지 못하기 때문에 나타난 오해다.

이미지는 실재와 부재 사이에 존재하는 것이며, 감각적으로 지각할 수 있는 것을 매개로 보이지 않는 것 혹은 보이는 대상의 내면을 표현한다. 이미지에는 정신과 가치 그리고 의미가 내포되어 있다. 한스 요나스는 이미지를 만드는 것은 상상력을 통한 자유의 행위로 인간에게 고유한 것이며, 또한 창조행위를 반복하는 것으로 보았다. 베르그손은 심지어 물질을 이미지들의 총체라고 규정한다. 그가 말하는 이미지는 정신과 물질의 중간에 위치하는 것으로 실재한다. 벤야민은 지각할 수 있는 것과 지각할 수 없는 것 사이에 있는 것이라고 했다.

이처럼 이미지의 3자적인 성격 때문에 영화적 인간 이해는 스크린에 나타난 이미지만을 대상으로 삼아 인간을 이해하지는 않는다. 더욱 중요한 작업은 스토리텔링 과정에서 불현듯 드러나는 이미지를 포착하고 또한 무엇보다 현실적인 인간을 지각하는 방식을 묻는다. 왜냐하면 영화는 시각적으로 무의식적인 것을 담고 있고 또한 스스로 인간을 이해하려는 노력의 결과로서 이미 모종의 인간 이해를 전제하면서, 그것을 재현 혹은 형상화 혹은 의미화 작업을 통해 이미지로 표현한 것이기 때문이다.

한편, 영화 속 인간은 정신과 물질의 측면에서 현실성을 갖는 인간에 대한 이해다. 영화 속 캐릭터로 분한 인간은 각종 인간학적인 이해의 결과이며, 관객과의 관계에서 흔히 도펠갱어(Doppelgänger)로 기능한다. 영화 속 인간은 더 이상 허구적인 인물이 아니라 관객의 또 다른 존재로 지각된다는 말이다. 또한 다른 사람이 하는 행동을 볼 때 작동하는 신경 세포인 거울 뉴런의 발견은 보는 것과 하는 것(보이는 것) 사이의 간격을 좁혀주었다. 보는 인간이 행동하는(보이는) 인간과 다르지 않다는 의식을 일으킴으로써 영화 속 인간과 관객의 동일성이 성립한다. 특히 영화의 핍진성(현실 관련성)이 높을 때, 영화 속 인간은 더 이상 그림자가 아니라 관객 자신이 된다.

또한 영화는 관객을 상상의 세계로 안내하지만 현실로 가는 창이기도 하다. 항상 그런 것은 아니지만 사실주의는 영화 속의 지각과 현실의 지각이 일치하는 영상을 추구한다. 그러므로 그림자로부터 빛의 존재를 확인하고, 인간의 현실을 관찰함으로써 인간의 본질 이해에 이르려고 하듯이, 곧 하이데거의 표현을 빌린다면, 현존재 분석을 통해 존재 인식에 이르려고 하듯이, 영화적 인간 이해는 영화 이미지를 현상학적으로 관찰함으로써 현실의 인간을 보고 또 영화가 인간을 이해하는 방식을 물으며 비판하면서 인간의 본질 탐구로 진행한다. 여기에서 중요한 점은 이미지가 단지 허상이 아니라 실재라는 사실을 입증하는 일이다. 이 점과 관련해서 베르그손의 연구는 매우 큰 의미를 갖는다. 그는『물질과 기억』에서 우주를 "이미지들의 총체"로 말한다. "모든 일이 진행되는 모습을 볼 때 내가 우주라고 부르는 이미지들의 총체 속에서, 그 유형이 내 신체에 의해 제공되는 어떤 특별한 이미지들을 매개로 하지 않고서는 진정으로 새로운 것은 산출될 수 없는 것 같다."[64]

② 영화는 현실을 왜곡하지 않는가?

또 다른 문제는 영화에서 인간 이미지가 왜곡된다는 비판이다. 현실에서는 다만 가능할 뿐인 캐릭터가 영화를 통해 구체적인 현실로 만들어지기 때문이다. 상상할 수 있는 모든 인간을 이미지로 재현할 수 있다. 그래서 일상의 인간에서는 발견하기 어려운 캐릭터를 제시함으로써, 마치 그것이 현실이고 보통의 인간인 양 착각하게 한다. 영화는 개별적인 것을 보편으로 보게 한다는 비판 역시 같은 맥락에서 이해할 수 있다. 정말 영화는 개별을 통해 보편을 재현하는 것인가? 그렇지 않다. 이런 비판은 예술로서 영화의 특성을 간과한 결과다. 다시 말해서 영화는 예술로서 관객의 주목을 끌어내야 하기 때문에 독특한 캐릭터의 등장은 피할 수 없다. 그래서 종종 관객이 쉽게 접할 수 없는 유형의 인간과 삶이 등장한다. 표현에 필요하다고 생각되는 캐릭터는 연기를 통해 구현하거나 CG를 통해 인위적으로 만들어진다. 영화 속 인간을 두고 보편적인 인간으로 여기는 것은 예술로서 영화의 특징을 간과하는 일이다. 예술은 사람들로 하여금 주목하게 하는 특징이 있고, 이것을 하나의 특권으로 누린다. 일상적인 삶에서 예술을 추구한다 해도 조금 독특한 점을 추구한다.[65] 진화생물학적인 측면에서 미학을 연구한 결과를 보더라도 예술의 탄생은 특별해지려는 욕망에서 비롯한다.[66] 이점을 염두에 두고 영화를

---

64 Henri Bergson, 『물질과 기억』, 39.

65 다음을 참조: Eric Booth, *The Everyday Work of Art. Awakening the Extraordinary in Your Daily Life*, 강주헌 옮김, 『일상 그 매혹적인 예술』 (서울: 에코의 서재, 2009).

66 Ellen Dissanayake, *Homo Aestheticus*, 김한영 옮김, 『미학적 인간』 (서울: 예담, 2009).

볼 필요가 있다. 영화 속 인간은 현실의 인간일 수 있지만, 다분히 재현되고 구성되고 형상화된 존재다. 따라서 영화적 인간 이해는 캐릭터 자체가 아니라 캐릭터의 행동과 말 그리고 캐릭터에게 일어나는 사건 등을 인간 이해의 출발점으로 삼되, 캐릭터를 바라보는 시점을 중시한다. 또한 캐릭터를 통해 지각할 수 있는 것들 속에서 불현듯 지각할 수 없는 것이 드러나는 진리의 계기를 기대하며 그것을 기술한다. 캐릭터와 관련해서 올바른 영화 이해를 위해선 알레고리적(유비적)이고 분석적인 사고와 비판적인 관찰이 필요하다. 영화 속 인간을 인간의 전형으로 보는 일은 결코 없어야 한다.

이런 문제들을 염두에 둘 때, 영화적 인간 이해는 먼저 관객의 영화적인 경험으로부터 출발하고, 그 후에 영화적인 표현을 가능케 한 인간 이해와 관련해서 영화적인 지각 방식 및 인간에 대한 탐구 방식을 물으면서 인간을 이해하고자 한다. 곧 영화적 인간 이해는 다양한 캐릭터의 인간을 매개로 인간 이해의 차이를 가져오는 지각의 차이를 묻는다. 이를 위해 영상인류학적인 관심을 배제할 수 없고, 다양한 관점에서 조명된(과학적, 철학적, 예술적, 종교적) 인간 이해를 비평적으로 성찰한다.

(3) 영화적 인간 이해의 특징

영화적인 인간 이해의 특징은 말할 수 없으나 반드시 보아야만 하는 것을 영화가 볼 수 있게 하는 사실에서 명확하게 드러난다. 예컨대 인간의 내면과 정신에서 일어나는 각종 현상들과 상상할 수 있는 세계 등이다. 사유와 말로 분명히 표현될 수 있는 것을 단지 눈으로 볼 수 있게 하는 것은 중세에서처럼 문맹의 시대에나 적합한 일이다. 영상문화 시대의 과제는 다만 영상으로 표현하는 것에 국한하지 않고, 시각 행위의 장점을 극대화하고 또한 반드시 보아야 할 것을 보도록 하는 것이다. 간접적인 시각 행위만으로 세상을 경험하고 이해하고 소통할 수 있도록 한다. 눈으로 직접 볼 수 없는 것을 영상 매체를 통해 보도록 함으로써 인간의 보편성을 느끼도록 한다. 상징을 통해 보이는 것 이면에 놓여 있는 심층에 관심을 환기한다. 그러므로 영화를 통해 다양한 인간 이해가 실행되고 있는 영상문화시대에서 관건은 다양한 영화를 접하는 일과 무엇보다 영상 이해의 무능(영상맹)을 극복하는 일이다.

이런 특징은 영화의 본질에 대한 이해에서 더욱 분명해진다. 이미지를 통해 사유하는 사람들의 작품인 영화는 현실을 충실하게 재현하려는 노력이며 또한 보이지 않는 현실을 시청각 매체를 통해 가시화하는 작업이다. 이로써 영화는 새로운 현실을 구성하는 주체의 역할을 수행한다. 뿐만 아니라 시청각이미지로 현실을 재현(representation, 이미지를 통해 의미를 만들어내는 것), 형상화(figuration), 의미화(signification)하면서 익숙하게 보는 현실을 다시 볼 뿐만 아니라 기존의 지각 방식에서 벗어나 새롭게 보려는 시도다.[67] 영화의 이런 속성 때문에 영화적 지각 방식은 자연적인 지각과 다를 수밖에 없다. 브레송은 영화를 "움직이는 이미지들과 소리들을 가지고 하는 글쓰기"[68]라고 말했다. 달리 말해서 연극이나 사진과 달리 영화는 각종 시청각 매체를 통해 은폐된 세계, 과거 및 미래의 세계, 상상의 세계, 이념의 세계, 문자의 세계를 볼 수 있게 한다. 그래서 그는 영화의 연극적인 측면(cinema)에 비해 영화적인 특성을 강조하기 위해 시네마토그래프(cinematograph)라는 말을 의도적으로 사용했다. 매체를 통해 재현되고 형상화되고 또 의미화된 세계는 공동체 경험을 가능하게 하는데, 특별히 가능성으로만 존재하는 것을 공감적으로 보여줌으로써 새로운 현실 구성을 주도한다. 영화는 새로운 인간형을 구성한다. 이런

---

67 필자의 영화 이해에 대해서는 다음을 참고: 최성수, 『기독교와 영화』(고양: 도서출판 자우터, 2012), 27-30.

68 Robert Bresson, 『시네마토그래프에 대한 단상』, 앞의 같은 책, 20.

점에서 영화 속에 미래가 있다고 말할 수 있다. 또한 현실을 왜곡 혹은 변형하는 영상을 통해 기존의 현실을 낯설게 여기게 할 수도 있는데, 영화는 관객으로 하여금 주목해서 보게 하여 그동안 간과했던 진실을 새롭게 발견하는 과정을 이끈다. 이로써 사실에 대한 재인식을 가능케 한다. 이렇게 되면 영화는 더 이상 단지 보거나 보여주는 일만이 아니라 주체로서 인식 행위를 수행한다. 영화적 인식론이라는 말이 가능한 이유다.[69]

3. 결론

사유와 언어로 인간 이해를 소통하는 방식과 달리 영화는 먼저 보고 듣도록 한다. 보고 듣게 함으로써 정서적인 반응을 일으켜 현실의 변화를 도모하는데, 일반적으로 정서적인 반응은 특히 지각 방식의 차이가 발견될 때 나타난다. 자극이 일정하면 둔감해지기 때문이다. 현실의 변화, 이것이 영화가 궁극적으로 추구하는 것이다. 다시 말해서 영화가 인간 이해 방식에 변화를 주면, 관객은 현실을 다르게 인식할 뿐만 아니라 현실 변화에의 의지를 갖는다. 따라서 '영화를 통한 인간 이해'란 소통 매체의 변화가 요구하는 시대에 맞는 인간 이해 방식이 필요하다는 인식에 따른 것이다.

신학적 인간 이해는 단지 하나님 앞의 인간은 무엇인지를 묻는 것에 제한되지 않는다. 오히려 현실의 인간을 하나님 앞에 세우고, 그에 따른 인간의 변화의 가능성에 더 큰 관심을 기울인다. 영화적인 인간 이해에 신학적인 관심을 기울일 필요성은 매체의 변화에 따른 인간 이해 방식을 존중할 필요가 있기 때문이며, 영화적 인간 이해가 다른 분야의 인간 이

---

69 François Albera and Maria Tortajada (eds.), *Cinema Beyond Film: Media Epistemology in the Modern Era*(Amsterdam: University of Amsterdam Press, 2010). 영화매체 인식론과 관련해서 매우 독보적인 의미를 갖는 이 책에는 대중문화 특히 영화 기계장치를 통해 이뤄지는 인식 행위의 기초를 탐색하는 글들이 수록되어 있다.

해보다 더욱 포괄적이기도 하고 또한 인간의 변화의 가능성을 구체적으로 성찰하기 때문이다. 신학적 인간학의 과제는 이미지를 통해 드러난 인간 이해를 그 변화 가능성과 더불어 신학적인 맥락에서 고찰하는 것이다.

이미지를 통해 재현된 영화의 세계는 그것이 지시하는 현실의 세계와 관계를 유지하고 있기 때문에, 결론적으로 말해서 21세기 영상문화 시대에서 이미지는 비록 그것이 허상이라도, 만일 핍진성이 높기만 하다면, 결코 허상으로만 남지 않는다.

III. 영화적 지각과 하나님의 눈
— 영화를 신학적-비판적으로 보아야 하는 이유

1. 서론

본 논문은 다음의 질문에 대답하고자 한다. 영화를 본다는 것은 신학적으로 무엇을 의미하는가?[1] 영화적 지각의 신학적인 의미를 묻는 이 질문은 영화의 신학적인 가치를 묻는 질문과 다르다.[2] 후자는 문화신학, 미디어(커뮤니케이션) 이론, 공공신학 그리고 신학적 미학과 관련해서 탐색되고 있다.[3] 지금까지 영화와 신학의 관계에 대한 필자의 성찰 역시 이

---

1 이 질문은 다음의 두 질문을 포함한다. '신학함의 한 방식으로 영화를 보는 것은 가능한가?', '신학적으로 영화를 보는 행위는 무엇을 근거로 정당화될 수 있는가?' 전자는 영화를 통한 신학적 지각의 가능성을 묻는 질문이고, 후자는 영화가 신학적 의미를 만나기 위한 매체 사용 방식과 그 근거에 대한 물음이다. 영화가 의미를 갖는 방식에 대한 신학적인 고찰을 다룬다. 본 논문은 첫 번째 질문에 대한 대답을 시도하고, 두 번째 질문은 다른 기회에 다루고자 한다.

2 이 질문은 영화의 주제나 내러티브를 신학적 성찰의 도구로 삼는 작업으로 이어졌다. 이런 맥락에서 영화의 신학적인 의미를 탐색하는 여러 시도들이 있다. 국내에서 출판된 도서를 중심으로 보면, Robert Johnston, *Reel Spirituality: Theology and Film in Dialogue,* 전의우 옮김,『영화와 영성』(서울: IVP, 2003); 최성수,『영화 속 기독교』(대전: 글누리). 최성수,『영화를 통한 인식과 성찰 그리고 +a』(파주: 이담, 2011); 최성수,『기독교와 영화』(고양: 도서출판 자우터, 2012); 최병학,『영화관에서 만난 현대 신학자』(부산: 이경, 2006); Clive Marsh/Gaye Ortiz, *Explorations in Theology and Film:An Introduction,* 김도훈 옮김,『영화관에서 만나는 기독교영성』(서울: 살림, 2007); 이신형,『영화, 신학에 말을 걸다』(서울: 올리브북스, 2014).

3 문화신학에서는 영화가 대중문화 및 대중예술로서 자연과 인간을 보여주면서 간접적으로 신에 대한 물음을 갖게 한다는 점에서 일반계시적인 맥락에서 혹은 물질적인 상징을 통해 거룩함을 드러내는 성례전적인 맥락에서 이해될 수 있다고 본다. 미디어(커뮤니케이션) 이론은 영화를 소통의 매체로 자리매김한다. 신과 인간을 직접적으로 매개하거나 혹은 신을 매개하는 매체로서는 반대하지만, 영화가 설교나 교회 교육을 위한 매체로 유용할 뿐만 아

범위에서 크게 벗어나지 않았다. 이런 시도들은 영화 자체의 신학적 성격을 밝히기보단 영화의 신학적 혹은 기독교적 가치를 평가하는 데에 기여했다. 세상과 소통하기 위해서나 대중문화 혹은 대중예술로서 영화를 감상한 후에 내용과 관련해서 기독교적인 의미를 독해하기 위해 필요한 일이다. 그런데 영화를 유사종교로 보는 입장은 많아도 영화가 어떻게 그런 기능을 갖는지에 관해서는 밝히지 않았다. 다만 영화와 영화관 그리고 관객 사이에 존재하는 소통 관계를 통해 발생하는 현상을 관찰함으로써 영화에게 종교성이 있다는 사실을 확인할 뿐이었다.[4]

영화의 신학적 가치와 의미는 구분되어야 한다. 가치는 관심의 정도에 따라 사라질 수 있으나, 의미는 사라지지 않는다. 의미는 비록 변하고 그것에 대한 관심이 준다 해도 존재한다. 이에 따라 필자는 우선적으로 신학함(doing-theology)[5] 자체가 이미지를 필요로 한다는 사실을 확인하였고, 이어서 영화적 지각의 신학적인 특성에 주목하였으며, 영화적 지각과 신학함의 관계를 다시 묻게 되었다.

영화를 본다는 것의 신학적인 속성을 탐색하는 이유는 단지 영화에

니라 교회에게 세상과 소통할 수 있는 기회를 제공해준다는 생각이다. 영화를 통해 세상을 보고, 영화를 통해 세상과 대화한다. 일반계시라는 이해 역시 하나님이 인간과 소통할 때 문화를 매개로 한다는 생각이 작용한 점을 염두에 둔다면, 영화를 소통의 매체로 이해한다는 점에서 두 관점은 일치한다. 이에 비해 공공신학은 영화가 공적인 영역에 속하는 사건들과 이야기들을 기술하거나 폭로하면서 혹은 공적 토론의 장으로서 신학적-비판적인 성찰을 유발한다는 점에서 영화의 공적인 성격을 평가한다. 그리고 신학적 미학은 영화가 대중예술이라는 관점에 천착하여 영화 미학의 기준을 신학적으로 조명한다. 영화 미학에 대한 신학적인 평가이면서 또한 기독교적으로 볼 때 하나님의 아름다움을 반영하는 영화이기 위한 조건을 탐색한다.

4 참고: 신광철, "영화의 종교적 구조에 대한 성찰,"「종교문화연구」제4호(2002. 10), 15-18. 함석헌은 "씨알교육,"『들사람 얼』(함석헌 전집 2, 파주: 한길사, 2009), 438에서 "현대의 종교는 극장에 있다"고 말했다.

5 신학함은 진리에 이르는 여러 방식 가운데 특히 신학을 매개로 하는 노력이다. 일정한 환경과 상황에서 실존 의식을 갖고 배우고 가르치며 비판하고 성찰하는 과정을 매개로 신학적인 주제에 대해 사고를 전개하는 일체의 활동을 일컫는다. 신학함은 하나님의 행위와 말씀에 기초해서 하나님이 보는 방식에 따라 인간과 세계를 보려는 노력이다. 신학함의 핵심은 인간의 경험과 현실 문제를 신학적으로 인식하고 질문을 제기하여 신학적 문제를 파악하며 또 이것을 해결하는 과정에 있다. 보다 자세한 내용을 위해선 다음을 참고: 최성수,『신학 문화』(고양: 도서출판 자우터, 2014), 51-55.

신학적인 가치를 부여하기보다 영화적 지각 행위에서 신학적인 주체의 위치를 확보하는 것이 선결과제라고 생각하기 때문이다. 영화 이미지에 사로잡히거나 영화적 표현이나 감독의 의도에 휘둘리지 않고 오히려 신학적인 주체 의식을 갖고 영화를 이해하기 위해선 먼저 영화적 지각의 신학적인 속성을 검토해야 한다.

따라서 본 논문은 그동안의 시도를 지양한다. 다시 말해서 영화의 신학적인 가치를 평가하고 또 신학함의 소재로서 영화의 주제와 내용에 관심을 기울이는 일도 넓은 의미에서 포함하지만, 특별히 영화적 지각의 독특성을 알아보고 또한 그것의 신학적인 특성을 밝히면서 영화적 지각과 신학함의 관계를 조명할 것이다.

2. 영화를 본다는 것의 신학적인 의미

1) 영화를 본다는 것은 지각 행위

(1) 지각

보는 행위는 시력이 있는 모두에게 보편적인 현상이다. 이에 비해 지각은 다양한 감각기관을 동원하여 대상을 주목하는 행위다. 철학은 지각과 인식의 관계에 관한 문제에서 오랜 역사를 가지고 있다.[6] 보고도 대상을 주목하지 않거나 혹은 보기는 했어도 반성의 과정을 거치지 않으면 지각하지 못한다. 베르그손은 지각을 물질로부터 받은 진동(감각)이 그에 따라 일어나리라고 여겨지는 필연적 반응으로 이어지기 직전의 단계로 보았다.[7] 지각은 다양하게 구분된다. 획득된 지각과 혼동된 지각[8], 관

---

6 "Sehen," Art. in: hrg. von Joachim Ritter und Karlfried Gründer, *Historisches Wörterbuch der Philosophie* Bd. 9(Basel: Schwabe & Co. Ag., 1995), 121-161.

습적 지각과 주목하는 지각,9 특정 감관을 통한 단순 지각과 여러 감관을 동원하는 복합 지각, 명시적 지각과 암묵적 지각10 등이다. 지각은 감각 행위와 동시적으로 일어날 수 있고 감각 전후에 일어날 수도 있다. 동시적이지 않을 때는 흔히 예감과 기억을 통하는데, 예감적 지각과 반성적 지각을 말할 수 있다. 예감적 지각이란 앞으로 일어날 일에 대해 앞서 지각하는 것을 말하고, 반성적 지각은 과거에 일어난 일을 상기함으로 지각하는 것이다. 지각은 비록 주관적이고 물질적인 대상과의 직접적인 관계에 의존한다 해도 개념의 암묵적인 작용을 배제할 순 없다.

지각의 주관적인 확장은 소위 깨달음을 통해 일어난다. 종교적 경험의 하나인 깨달음은 시공의 차원을 벗어나는 지각의 한 현상으로, 외부의 혹은 내부의 조명에 의한 지각이다. 깨달음에 이른 사람은 지각의 한계에서 벗어나 전체 현실에 대한 통찰을 얻는다. 이것은, 폴라니(Michael Polany)의 말에 따르면, 암묵적 지식(tacit knowledge)의 존재론적인 측면이다.11 기독교 전통에서는 흔히 성령의 조명(illumination)이나 "영적 감각"12을 말한다. 영적 지각을 말한다 해도 이것은 기존의 인지체계와 무

---

7 Henri Bergson, *Matière et mémoire*, 박종원 옮김,『물질과 기억』(서울: 아카넷, 2005), 61.

8 베르그손이 분류한 지각으로 획득된 지각이라 함은 학습과 기억을 통해 형성된 지각을 말하고, 혼동된 지각은 외부의 개입은 없지만 여러 의식들이 상호 작용하여 형성된 지각이다. Henri Bergson, *Essai sur les donnees immediates de la conscience*, 최화 옮김,『의식에 직접 주어진 것들에 관한 시론』(서울: 아카넷, 2001), 94.

9 관습적 지각은 무의식적인 지각을 말하고 주목하는 지각은 의식적인 지각을 말한다.

10 마이클 폴라니(Michael Polany)는 1962년 예일대학에서 했던 강연을 정리하여 1966년에 출판한 Tacit Knowledge, 김정래 옮김,『암묵적 영역』(서울: 박영사, 2015), 특히 29-55에서 지식 형성 과정에 암묵적 앎이 작용하고 있음을 입증하였는데, 암묵적 앎은 암묵적 지각의 작용을 거친다.

11 Michael Polany,『암묵적 영역』, 앞의 책, 41.

12 오리게네스(Origenenes)는 영적 감각론을 최초로 수립했다고 알려진다. 그는 인간이 영과 육으로 이뤄졌다고 보고 사람에게 오감이 있듯이 영적으로도 다섯 가지의 감각이 있다고 하였다. 아가 1:2-4에 대한 주석에서 그는 이곳에 나오는 "그의 입맞춤으로 나를 마시다"(개역개정에는 '내게 입맞추기를 원하니'로 번역되었다)라는 표현은 "신적인 이해와 생각"(divine understandings and thoughts) (Origenes, The Song of Songs, Interpreted by Early Christian and Medieval Commentators, trans. and ed. by Richard Norris, Grand

관하진 않다. 이에 비해 지각의 객관적인 확장을 가져오는 것은 학습과 소통이다. 학습과 소통은 지각이 가능하기 위한 인지체계를 세우는 과정이다. 서로 소통하는 동안 각자의 지각을 통해 수용되지 않았던 것들이 서로에게 정보의 형태로 오고 간다.

지각은 감각 정보를 분류하거나 조직하는 주체의 능동적 행위이며, 지각 행위는 일종의 편집 과정을 동반한다. 그래서 미디어 미학자 랄프 슈넬(Ralf Schnell)은 지각에 대해 "가장 작은 지각 단위들이 중첩되는 몽타주 과정"[13]이라고 말했다. 지각 방식은 관습과 문화에 크게 좌우된다. 곧 경험과 개념의 지도를 받는다. 베르그손은 인간의 지각 및 지각 방식에 영향을 미치는 것이 기억작용임을 주장하였다.[14] 심지어 신체 내부기관의 상태에 따라 달라지기도 한다.[15] 달리 말해서 지각 행위는 관습적이며 다분히 이론에 근거한다. 무엇을 지각하느냐는 어떤 이론에 근거하고 있는지, 혹은 어떤 문화적인 전통에 있는지, 혹은 신체가 어떤 상태에 있느냐에 좌우된다. 지각 행위는 지각 방식과 인지체계 그리고 욕망과 결코 무관할 수 없다.

Rapids, MI: William B. Eerdmans Publishing Co., 2003)으로 충만했기 때문에 가능한 것이고, 이것의 "내적인 의미"(inner meaning)을 파악하기 위해 필요한 것은 —잠언 2:5을 인용하는데, 그는 하나님을 알게 되는 것을 "신적인 감각을 발견하다"로 번역했다— "신적인 감각"(divine sense)이라고 했다. (Origenes, Contra Celsum, vii. 34, 다음에서 간접 인용; Mark J. McInroy, "Origen of Alexandria," in Paul L. Gavrilyuk and Sarah Coakley (edit.), *The Spiritual Senses: Perceiving God in Western Christianity*(Cambridge: Cambridge University Press, 2012), 20-35, 인용은 29-30.
닛사의 그레고리우스(Gregor of Nissa)는 오리게네스의 영향 하에 영적 감각론의 정점을 이루었다. Sara Coakley, "Gregory of Nyssa," in Paul L. Gavrilyuk and Sarah Coakley, *The Spiritual Senses: Perceiving God in Western Christianity*, 앞의 책, 36-55.

13 Ralf Schnell, *Zu Geschichte und Theorie audiovisueller Wahrnehmungsformen*, 강호진 외 옮김, 『미디어 미학-시청각 지각형식들의 역사와 이론에 대하여』 (서울: 이론과실천, 2005), 40-41.

14 Henri Bergson, *Matière et mémoire. Essai sur la relation du corps à l'esprit*, 『물질과 기억』 (서울: 아카넷, 2005).

15 M. Polany, 『암묵적 영역』, 앞의 책, 41-42. 폴라니는 이곳에서 생리학자의 연구 결과를 인용한다.

넓은 의미에서 지각과 같은 맥락에서 사용되지만, 온전히 지성적 행위를 지시하는 인지는 지각된 것들 가운데 특정한 것에 주목하여 그것의 특징을 알아내는 적극적이고 능동적인 행위이다. 존 버거(John Berger)는 '본다는 것'의 의미를 말하면서, '본다는 것'은 대상을 보되 그것의 사회문화 정치적인 맥락을 보는 것이라고 했다. 이것은 그가 단순히 보는 행위가 아니라 지각과 인지 차원의 봄을 염두에 두고 한 말이다. 시각 행위는 시각 능력만이 있으면 가능하기 때문에 학습할 필요가 없지만, 지각과 인지는 학습에 영향을 받는다. 다시 말해서 지식과 기억에 의존적이다. 지각과 인지의 노력을 통해 인식이 성립되면, 그것은 또 다른 지각 행위에 영향을 미친다. 그러므로 바른 지각과 인지를 위한 학습이 필요하다. 이 때 필요한 것이 지각 및 인지 이론이다.

지각이론(theory of perception)은 무엇보다 다양한 지각현상에 대한 관찰로 출발해서 감관을 통한 감각의 수용과 뇌 안에서 일어나는 인지 작용의 상관관계를 다룬다. 지각이론의 가장 큰 이슈는 감각 내용을 수용한 정신이 실제 현실과 다른 판단을 내릴 수 있다는 것이다. 일종의 착각현상(착시, 환시, 환청 등)을 말한다. 이 때문에 감각의 대상으로서 물질의 실재와 사유의 대상으로서 관념의 실재를 주장하는 상반된 입장들, 곧 경험론과 관념론은 다양한 변수를 동반하면서 철학사에서 끊임없이 반복되고 있다. 신경과학의 연구 결과로 시각체계와 감각적 지각에서 착각이 일어나는 원인들이 밝혀졌음에도 불구하고 갈등 양상은 여전하다. 결코 물질 현상, 곧 뇌의 작용으로 환원할 수 없는 의식의 작용을 간과할 수 없기 때문이다.

착각 현상은 감각적 지각이 심리적 요인 혹은 외부 환경에 영향을 받거나 뇌의 관습적 인지작용이 패턴에 따라 인식하기 때문에 일어난다. 환경은 뇌의 인지 작용에 방해를 일으키고, 뇌의 관습적인 인지행태는 착각을 일으킨다. 이에 따라 지각이론은 감각적 지각에 작용하는 인지

적, 심리적, 문화적, 정치적, 환경적인 요인들을 탐색하고 그 역학관계를
밝힌다.16

　예컨대, 랄프 슈넬은 지각 방식의 역사를 기술하면서 대상과의 관계
에서 인간으로 하여금 대상에 매이지 않게 해준 것은 기술이라고 주장한
다.17 달리 말한다면, 기술의 도움으로 시선의 주체성을 확보할 때부터
다. 곧, 원근법은 대상이 아니라 시선이 세계에 질서를 부여한다는 사실
을 환기한다. 보는 자의 시선이 작품을 보는 위치를 결정하기 때문이다.
특히 존 버거는 "원근법을 사용한 모든 소묘나 회화는 관객에게 그가 곧
세계의 특별한 중심이라고 알려준다"18고 말했다. 그 이후에 전개되는
보는 기술의 발전(카메라 옵스큐라-환등기-파노라마-사진-키네토스코프-현대
적인 의미의 영사기)은 마침내 시선이 세계를 구성하고 변형할 수 있음을
확인해준다. 이에 비해 스터르큰(Marita Sturken)은 "원근법은 예술이 현
실을 주관적이기보다는 객관적으로 보여주기를 바라던 당시 사람들의
욕구를 보여준다"19고 주장하면서, 원근법을 과학혁명과 교회 중심의 세
계관에서 과학 중심의 세계관으로 옮겨지는 사회적인 경향을 반영하는
것으로 본다. 지각 방식의 변화에 다양한 사회적인 요인이 작용함을 단
적으로 보여준다.

　한편, 지각 작용에는 암묵적 힘이 작용한다. 지각은 대상을 주목함으

---

16 다음을 참고: Maurice Merleau-Ponty, *Phenomenologie de la perception*, 류의근 옮김,『지
　각의 현상학』(서울: 지성사, 2002); Bruce Goldstein, *Sensation and Perception,* 곽호완
　외 옮김,『감각 및 지각 심리학』(서울: 박학사, 2015); Renaud Barbara, *La perception*, 공정
　아 옮김,『지각(감각에 관하여)』(서울: 동문선, 2003); 이남인,『지각의 현상학』(서울: 한길
　사, 2013).

17 Ralf Schnell,『미디어 미학』, 앞의 책, 33-87.

18 ohn Berger, *Ways of Seeing*(London: Penguin Classics, 2008, reprinted), 18: "Every
　drawing or painting that used perspective proposed to the spectator that he was the
　unique centre of the world."

19Marita Sturken/Risa Cartwright, *Practices of Looking. An Introduction to Visual Culture*,
　윤태진 외 옮김,『영상문화의 이해』(서울: 커뮤니케이션북스, 2006), 103.

로 일어나지만, 때로는 본인이 주목하지 않았음에도 외부의 힘에 영향을
받아 일어날 수 있다. 연상을 일으키도록 코드화된 자극을 받으면 부지
중에 지각이 일어나고, 그 결과 종종 원치 않게 조종당하는 일이 발생한
다. 최면술이 대표적이다. 주관적인 지각을 좌우하는 힘을 통제하지 못
할 때, 지각은 종종 다른 사람을 오해하도록 작용한다. 선입견과 편견[20]
은 대표적인 사례다. 지각의 변화는 강력한 힘이 작용하지 않는 한, 보통
은 관습에 따른다. 왜냐하면 지각에는 이미 선재하는 인지체계(특히 내적
인 문화)가 힘으로써 작용하기 때문이다. 이것이 앞서 지각을 말하면서
개념의 작용을 말해야 했던 이유다. 이처럼 지각은 기억에 의해 혹은 직
접적인 인지행위에 의해, 심지어 주관적 감정과 예감에도 영향을 받기
때문에 결코 독립적이지 않다. 그러므로 완전한 객관성을 갖는 지각은
불가능하다.[21] 지각 방식에 변화를 가져오는 것은 새롭게 받아들인 믿음
과 충격 그리고 감동이다. 특히 벤야민은 지각과 사회적인 조건들의 이
런 관계를 일찍이 간파했다.[22] 아우라의 붕괴를 초래할 정도의 지각의 변
화가 일어난다면, 그것은 과히 혁명적이라고 말할 수 있다.[23] 벤야민은
이런 변화를 영화적 지각이 수행한다고 보았다.

---

20 아담 샌델(Adam Sandel)은 책 *The Place of Prejudice*, 이재석 옮김, 『편견이란 무엇인가』
(서울: 와이즈베리, 2015)에서 편견이 항상 오류로 이어지는 요인이 되는 것은 아님을 지
적하면서 소위 '정당한 편견'을 주장한다. 정당한 편견이란 새로운 생각과 지식을 생산하
기 위한 동기가 되는 편견을 말한다.

21 폴라니(Michael Polany)는 Personal Knowledge, 표제명·김봉미 옮김, 『개인적 지식』(서
울: 아카넷, 2001)에서 객관성을 원리로 삼는 과학지식에서도 개인적인 요소가 암묵적으
로 작용함을 입증하였고, 이로써 개인적 요소를 배제하는 엄밀 과학의 이상은 잘못임을
주장하였다.

22 Walter Benjamin, "Das Kunstwerk in Zeitalter seiner technischen Reproduzierbarkeit," 최
성만 옮김, "기술복제시대의 예술작품"(2판), 『발터 벤야민 선집2』(서울: 도서출판 길, 200
7), 41-96, 49: 벤야민은 "지각의 변화 속에서 그 표현을 얻고 있는 사회적 변혁의 양상들"
에 천착하고 이것을 "지각의 매체에서 일어나고 있는 변화들을 아우라의 붕괴로 파악"한다.

23 Walter Benjamin, "기술복제시대의 예술작품," 앞의 글, 57, 각주 8: 영화는 카메라를 통해
"지각과 반응양식"에 인간을 적응시키는데 기여하는데, "이러한 적응을 가속화하는 일이
혁명의 목표다."

(2) 영화적 지각

영화는 기본적으로 보기 예술이며—듣고 체험하는 종합예술로 확장되었지만— 처음부터 지각 행위와 밀접한 관련이 있는 "지각의 실재적인 양식"이다.[24] 영화는 카메라의 특성을 활용해 세상을 지각하고 인식하며 또 편집(몽타주)을 거쳐 영화에 고유한 방식으로 세상을 재현 혹은 표현한다. 인간의 지각 관습(착시와 잔상효과)을 재현하지만, 일상적 지각 관습을 거슬러 주목하여 지각하도록 돕고, 때로는 그것을 변형하여 전혀 다른 방식으로 지각하게 한다. 영화를 본다는 것은 단지 보는 행위가 아니다. 카메라가 지각한 것은 영화적인 장치(편집 후 영사기)를 거쳐 스크린에 투영되는데, 영화를 보는 것은 이것을 지각하는 행위다. 단순히 스크린에 나타난 현실만을 보지 않고, 카메라가 인간과 세상을 어떻게 지각하는지를 보고, 그럼으로써 감독이 인간과 세상을 어떻게 인식하고 있는지, 그 인식 체계를 파악한다. 때로는 사람의 눈으로 지각할 수 없는 것을 지각할 수 있게 한다.

예컨대, 사람의 심리적인 현상과 신체의 생리적인 현상<인셉션>, 뇌의 작용은 물론이고 심지어 호르몬 작용과 같은 신경생리학적인 작용까지도 볼 수 있게 한다<인사이드 아웃>. 지구 곳곳을 보여주기도 하고(환경관련 다큐), 카메라 기술이 허용되는 한, 아니 컴퓨터 그래픽 기술이나 애니메이션 동영상을 사용하여 지구 밖 우주까지도 볼 수 있게 한다(<스타워즈>, <그래비티>, <인터스텔라>, <마션>, <더 문>, <프로메테우스>, <에이리언-커버넌트> 등). 은유적 상상력을 통해 육안으로는 결코 볼 수 없는 신까지도 보여줄 수 있다(<브루스 올마이티>, <이웃에 신이 산다> 등).

결국 영화는 인간이 보고 싶어 하는 모든 것을 보여줄 수 있는 잠재력

---

24 Dudley Andrew, *Concepts in Film Theory*, 김시무 외 옮김, 『영화의 이론』(서울: 시각과 언어, 1995), 59.

을 갖는다. 관건은 인간이 무엇을 보고 싶어 하는지를 아는 것이고, 또 영화는 그것을 보여줌으로써 어떤 효과와 이익을 얻을 수 있는지를 파악하는 것이다. 관객은 카메라의 지각 방식을 따라 영화를 감상하면서 인간과 세상을 향한 영화(혹은 감독이나 관객)의 욕망을 본다. 그렇다고 관객의 지각 방식이 전적으로 배제되는 건 아니다. 관객이 처한 상황에 따라 영화에 대한 지각 방식은 바뀔 수 있다. 아니 관객의 지각 방식에 따라 영화는 달리 보인다.

보여줄 뿐만 아니라 영화는 전능자의 시점(전지적 시점)에서 세상을 관찰하고 통제하며<트루먼 쇼>, 판단하고(<내부자들> 등), 심판하며(<13일의 금요일> 등), 사회를 고발하고(<빅쇼트> 등), 상처받은 사람들을 위로하고(<굿 윌 헌팅> 등), 우리의 상황을 공감한다(<설국열차> 등).

이처럼 영화는 명시적으로 드러나 있지 않은 것 혹은 직접적으로 지각할 수 없는 것을 발견할 뿐 아니라 사회적으로 필요한 다양한 기능을 수행한다. 매체미학의 선구자로 알려진 벤야민이 지적한 것처럼, 영화의 미학적 특질은 카메라의 지각 능력에서 온다.[25] 카메라의 지각 능력을 토대로 영화는 처음부터 대중적이고 집단적인 지각을 겨냥하여 만들어진다.[26] 뿐만 아니라 영화는 관객으로 하여금 같은 것을 동일한 조건에서 지각하도록 함으로써 개인의 지각 방식을 통제한다. 물론 관객을 관찰자의 위치에 놓고는 그동안 보아 왔던 방식과 다르게 혹은 새롭게 보고 발견하도록 함으로써 지각의 지평을 열어주기도 한다. 이것을 영상 미디어의 특징으로 부각시킨 사람은 마샬 맥루한(Marshall McLuhan)이다. 그는 영화와 텔레비전이 단순한 정보전달을 위한 도구 이상의 의미를 가졌음을 처음으로 인지하였다. 그에 따르면 뉴미디어는 오히려 보는 방식을

---

25 Walter Benjamin, "기술복제시대의 예술작품," 앞의 글, 80: "영화적 재현은 오늘날의 사람들이 예술작품에 요구할 권리가 있는, 기계장치의 개입이 없는 현실의 모습을 바로 그 기계장치와의 집중적인 상호침투를 토대로 제공"한다.
26 Walter Benjamin, "기술복제시대의 예술작품," 앞의 글, 81.

바꾸고 또한 대중들이 서로 관계를 맺는 방식의 변화를 일으킨다. 그래서 "미디어는 메시지"[27]라고 말할 수 있었다.

영화적 지각이라 함은 영화(제작과 감상)로 세상을 지각하고 영화를 통해 현실을 인지하는 행위를 의미한다. 영화를 통해 현실을 보면서, 특별히 영화 속 현실을 가능케 했던 조건, 곧 카메라의 지각 방식까지도 고려한다. 화가 피카소(Pablo Picasso)가 대상을 재현하는 미술을 추구하지 않고 그 대상의 형식을 재현하거나 혹은 대상을 보는 방식 자체를 화폭에 담아냄으로써 미술사에 혁신을 가져왔던 것처럼(큐비즘), 영화가 단순한 사실적인 재현을 넘어 재현 과정 자체를 보여주거나 지각 방식에 주목하도록 하는 것은 영화 예술의 독특한 점이다. 예술사에서 하나의 혁신에 해당한다. 영화의 탄생 시기와 피카소의 큐비즘의 시기가 비슷하게 맞물리는 것은 결코 우연이 아니다. 큐비즘과 영화는 근대 인간의 지각 방식에 변화를 가져왔다. 영화적 지각의 또 다른 관건은 관객이 영화 속 세상을 어떻게 보고 또 무엇을 근거로 보느냐다.[28]

이에 천착할 때 두 가지 방향의 지각을 말할 수 있다. 한편으로 영화를 관객의 지각 방식에 따라 보는 것이다. 리얼리즘 영화가 추구하는 영화보기 방식이다(대표작 <자전거 도둑>). 다시 말해서 영화 속 현실과 관객이 평소에 지각하는 현실 사이의 간격을 최소화한다. 뤼미에르 형제(Auguste and Louis Lumière)에게서 볼 수 있는 초기 영화는 주로 일상에서 보는 세계의 단면들을 필름에 담는 일이었다. 일상에서 보는 세계를 필

---

27 Marshall McLuhan, *Understanding Media*, 박정규 옮김, 『미디어의 이해』(서울: 커뮤니케이션북스, 1997), 7-24.

28 영화적인 지각을 파악하기 위해서는 시나리오, 시나리오에 대한 감독의 이해, 감독의 영화제작 의도, 카메라의 눈, 편집(몽타주), 스크린 상의 이미지, 영화관의 관객과 관객의 경험 그리고 영화적 글쓰기와 독자 등 복합적인 요소들을 고려해야 한다. 지각과 관련해서 다양하고 다층적인 경험이 일어나기 때문이다. 여기에다 영화적인 지각과 신학함의 관계를 모색하는 일은 더욱 어려운 일이다. 따라서 연구의 범위를 다만 카메라의 지각 방식과 스크린에 투영된 이미지에 대한 관객의 지각에 제한하려 한다.

름에 담아서 영화관에서 관객들에게 보여주었다. 그럼으로써 관객은 영화를 매개로 자신이 보는 현실은 물론이고 직접 경험하지 못하는 세상의 단면을 보았다. 다른 한편으로 형식주의 영화가 있다(대표적 <오즈의 마법사>). 조르쥬 멜리에스(Gerge Melies)는 우연한 기회를 통해 영화가 사실에 대한 기록만이 아니라 허구적인 부분도 나타낼 수 있음을 알게 되었다. 이후 그는 기록이나 단순한 재현이 아니라 영화 매체의 특성을 이용한 재현 곧 표현에 방점을 두었다. 이렇게 되면 영화는 의도적인 연출을 통해 관객의 지각 행위에 영향을 미쳐 지각 방식을 규정한다. 소위 영화적 방식으로 세상을 지각하는 일이 일어난다.[29] 이로써 관객은 기존의 지각 혹은 인지 방식과 다르게 보기를 배운다. 두 지각 방식을 통해 영화는 사실과의 대응관계뿐만 아니라 관념과의 대응관계도 주장할 수 있었다(예컨대 <제7의 봉인>). 그러나 두 입장은 결코 분리되지 않고 영화에서 어느 정도 혼재하여 나타난다. 이 글에서 말하는 '영화를 본다'는 것은 다분히 지각과 인지 차원에서 이해된다.

영화적 지각을 말하면서 그동안 간과되어 온 측면이 있다. 영화를 표현 혹은 재현 예술로 보는 관점으로는 결코 말할 수 없는 부분이다. 곧 발견의 측면이다. 영화는 스스로 발견하며 또한 발견하는 과정에 일조한다. 구체적으로 다큐멘터리가 그 역할을 하지만 극영화와 애니메이션 역

---

29 영화가 경향을 띠고 이데올로기적으로 기능할 수 있는 이유다. 이점과 관련해서 가장 큰 족적을 남긴 감독은 히틀러 시대 최고 선동가인 요제프 괴벨스(Joseph Goebbels)에 의해 최고 감독으로 칭송된 레니 리펜슈탈(Leni Riefenstahl)이다. 특히 국가의 대폭적인 지원으로 그녀가 제작한 영화 <Sieg des Glaubens(믿음의 승리)> (1933)는 나치당의 출현에 크게 공헌했다. 히틀러를 영웅으로, 군중을 그를 추종하는 자로 재현해, 영화를 보는 사람들은 마치 현장에 있는 군중과 스스로를 동일시하였다.
2014년 7월 29~30일 이틀 동안 미국 LA Linwood Dunn Theater에서는 "Movies in Your Brain-the Science of Cinematic Perception"이란 주제로 아카데미가 열렸다. 이곳에서 뇌 신경학자를 포함한 여러 분야의 학자들이 영화적 지각과 뇌의 활동의 관계에 대한 토론을 전개했는데, 영화적 지각과 뇌는 서로 영향을 주고받는다는 주장에 공감하는 분위기였다. 다음의 책을 참고: Jeffrey Zacks, *Flicker: Your Brain on Movies*(Oxford: Oxford Uni. Press, 2015).

시 발견의 과정을 배제하지 않는다. 우주를 발견하고<인터스텔라>, 환경
오염으로 비롯하는 결과를 앞서 보여준다<투모로우>. 과학적인 검증이
채 이뤄지지 않은 사실을 상상력을 통해 보여주는데, 과학기술이 영화적
인 사실들을 따라가는 경우가 종종 발생한다. 예컨대, 달 탐사 이전에 달
나라에 대한 여행(<달세계 여행>, 1902, 조르주 멜리에스)은 이미 영화에서
시작한 것이다. 비록 영화적인 형식은 아니라도 MRI, CT 등의 영상은 그
동안 알려지지 않은 인체의 신비를 밝혀내는 데에 크게 기여하고 있다.
전자현미경은 미시 세계를, 허블 망원경은 거시 세계를 발견한다. 발견
이란 존재하지만 드러나지 않은 것을 그 존재나 기능과 관련해서 지각
가능하도록 드러내는 작용이다. 폴라니는 과학적 의미에서 발견이 암묵
적 지식임을 주장하면서 "발견이란 우리가 가진 단서가 가리키는 숨겨
진 실체를 감지함으로써 지속되는 행위이고, 같은 맥락에서 숨겨진 실체
를 명시적으로 드러냄으로써 종료되는 것"이며, 또한 발견했다 함은 "실
재한다고 여겨졌던 실체가 의외의 영역에서 예기치 않게 발현되는 것을
눈으로 확인하는 것"이라고 말했다.[30] 영화적 지각은 숨겨진 실재와 의
미를 발견할 뿐만 아니라 관객의 발견의 노력을 돕는다. 이런 점에서 영
화적 지각은 직관에 가깝다.

　　이처럼 카메라의 눈을 매개로 이뤄지는 영화적 지각은 일상적 지각
을 반영 혹은 확장하면서도 카메라가 원하는 대로 변형하는 특성이 있기
때문에 인간의 감각적 지각을 훨씬 넘어선다. 앞서 말한 대로 존재에 대
한 직관적 인식을 통해 심지어 초월적인 존재에 대한 관심을 일으킨다.
인간이 관심을 갖는 모든 것, 곧 가시적인 것과 비가시적인 것을 볼 수 있
도록 해준다. 영화적 지각에서 카메라는 잠재적으로 모든 것을 다 볼 수

---

30 M. Polany, 『암묵적 영역』, 앞의 책, 53. Polany는 *"Was ist ein Bild?," Gottfried Boehm, Was
　 ist ein Bild?*(München: Fink, 1994), 148-162에서 이미지는 암묵적 지각(begleitende
　 Wahrnehmung)을 갖고 볼 때 전체를 보여준다고 말한다.

있는 위치에 있으면서도 자신은 결코 보이지 않는 위치에서 감시의 기능을 수행함으로써(예컨대, CCTV적 기능. 이것을 영화적으로 표현한 것은 <슬로우 비디오>) 일종의 권력을 행사한다. 이런 특징들 때문에 영화적 지각은 유사종교적 특성을 갖는다. 그리고 카메라를 통한 지각과 영화적 지각의 유사종교적 특성의 관계는 현실 경험과 신앙 경험의 관계와 매우 유사하다.

2) 현실 경험과 신앙 경험 그리고 영화적 지각

기독교는 대체로 믿음을 말하거나 혹은 신학함에서 청각적 지각에 비해 상대적으로 시각적 행위에 큰 가치를 두지 않는다.[31] 주로 형상금지 조항 때문이다. 성경은 믿음의 생성 과정에서 청각이 중요한 기능을 수행함을 강조하고 있고, 때때로 믿음의 깊이를 표현할 때나 하나님이 행하시는 이적 행위에 주목하게 할 때 시각 행위를 촉구하고 있지만, 믿음은 본질적으로 시각보다는 청각에 더 의지한다(롬 10:17, 히 11:1). 이런 인식 관습은 시각적 지각의 신학적 인식 능력을 부정적으로 평가하도록 했고, 오랫동안 신학적 미학이 제자리를 찾지 못했던 이유이다.[32]

그러나 기독교 전통이 시각적인 것에 대해 항상 부정적이었던 건 아니다. 때로는 청각보다 시각을 더욱 강조하였다(요 8:38). 시각적인 지각을 중시하면서도 단지 그것에 매이지 않기를 바라고, 오히려 감각을 넘어 실재에 대한 바른 태도를 요구한다.[33] 이를 위해 종종 하나님의 현실

---

31 함부르크 대학 구약학 교수인 하르텐슈타인(Friedhelm Hartenstein)은 다음의 논문에서, 흔히 구약이 시각에 비해 청각의 우위성을 주장하고 있다고 보는 것은 일종의 선입견이라고 본다. "Vom Sehen und Schauen Gottes. Überlegungen zu einer theologischen Ästhetik aus der Sicht des Alten Testaments," Elisabeth Gräb-Schmidt, Reiner Preul(Hrsg.), *Marburger Jahrbuch Theologie* XXII. *Ästhetik* (Leipzig 2010), 15-37.

32 한스 우어즈 폰 발타자(Hans Urs von Balthasar)는 이런 점을 신학사적인 맥락에서 환기하며 그의 신학적 미학에 관한 방대한 저서 첫 권을 시작했다. *Herrlichkeit. Eine Theologische Ästhetik*, Bd. I. Schau der Gestalt(Einsiedeln: Johannes Verlag, 1962), 15-120.

33 Wilhelm Michaelis, Art. ʼοράω, in: *Theologisches Wörterbuch zum Neuen Testament*

을 경험하는 일에서 '영적 감각'을 말했다. 인간의 감각과 관련해서 유비
적으로 사용한 '영적 감각'이란 보이지 않는 세계 혹은 하나님의 현존과
인도하심을 몸이 경험할 수 있게 하는 매개다. 영적 감각은 어떤 특정한
감각을 강조하기보다 공감각적 지각을 가리킨다. 초기에 주로 동방교부
들에게서 발견되는 영적 감각론은 교회사에서 면면히 이어졌다.[34] 이들
은 감각적으로 지각하여 현실을 경험하는 것처럼, 하나님의 세계 역시
영적 감각을 통해 경험할 수 있다고 생각한다. 어떤 감각적인 행위도, 만
일 그것이 성경적으로나 교회적으로 인정받지 못하면(예컨대 떡과 포도주
그리고 성령이 거하는 몸으로서 육체, 성전에 드리는 헌금이 하나님을 위한 헌신
으로 인정되듯이), 긍정적으로 평가되지 않았다. 달리 말해서 영적 감각이
란 감각적 지각과 관련해서 성령의 조명으로 가능하고 믿음에 근거한 경
험을 말한다.[35] 오감 이외의 또 다른 감관의 존재를 말하는 것은 아니고
다만 믿음에 따라 성령이 내주하심으로 새롭게 지각하는 것을 일컫는다.
그래서 에드워즈는 영적 감각을 "마음의 새로운 감각"(new sense of heart)[36]

V(Göttingen: Kohlhammer, 1954), 315-381, 341.

34 각주 8)와 9)이외에 다음을 참조. 김산춘, "그리스도교 동방의 영적 감각론," 「미학예술학
연구」 vol. 14(2001), 83-120. 그리고 각주 8) 참조. Perry Miller, "Jonathan Edwards on the
Sense of the Heart," Havard Theological Review (1948), 123-145; James Hoopes,
"Jonathan Edwards's Religious Psychology". Journal of American History 69(1983),
849-865; Michael J. McClymond, "Spiritual perception in Jonathan Edwards," Journal of
Religion Vol.77(April. 1997), 195-216; 이진락, "조나단 에드워즈의 영적인 감각과 영적인
지식," 「역사신학논총」 Vol. 20(2010), 148-180.

35 영적 감각은 믿음과 소망과 사랑을 매개로 오감의 작용을 한다. 곧, 소망은 보이지 않지만
하나님의 약속에 의해 현전하는 미래적인 현실을 경험하는 영적인 감관이고, 사랑은 보이
지 않는 현재 곧 하나님의 행위와 함께하심을 경험하는 영적 감관이다. 믿음은 이 두 개념
보다 더욱 포괄적으로 작용하는데, 감각적으로 지각하지 못하는 과거의 현실은 물론이고
현재와 미래를 하나님의 현실로 지각하는 감관이다. 믿음 소망 사랑을 통해 일어나는 신
앙 경험을 시각, 청각, 촉각, 미각, 후각의 작용을 통해 표현한다. 이것으로 신앙 경험의 확
실성을 말하였다.

36 이진락, "조나단 에드워즈의 영적인 감각과 영적인 지식," 앞의 글, 149. 이진락은 "새로운
마음의 감각"이라고 번역했지만, 에드워즈가 자연인과 신앙인을 구별하면서 사용했다는
점을 고려해볼 때 "마음의 새로운 감각"이 더 옳다고 본다. 자연인과 공유하는 것으로 에
드워즈는 "마음의 감각"을 말했다.

이라고 했다.

영적 감각을 통한 경험은 현실 경험과 구분하여 신앙 경험이라 한다. 신앙 경험은 하나님의 부재 경험을 포함하여 하나님의 행위에 대한 경험, 하나님의 현실에 대한 경험, 하나님의 말씀이 현실이 되는 경험, 약속의 성취에 대한 기대 등 삼위일체 하나님에 대한 믿음을 바탕으로 해서 갖는 모든 경험을 일컫는다. 영적 감각에 기반을 둔 신앙 경험은 몸의 반응을 일으키고, 관점과 삶의 변화를 일으킨다는 점에서 감각적 지각을 매개로 하는 현실 경험과 크게 다르지 않다. 그래서 영적 '감각'을 말했을 것이라고 생각한다. 양자의 차이는 경험을 가능하게 한 조건과 경험을 검증하는 절차에서 나타난다. 현실 경험은 감각적인 지각을 통하고 지각 능력에 좌우되지만, 신앙 경험은 감각적 지각을 매개로 하나 그것에 제한되지 않고, 오히려 하나님을 신뢰하는 것에 좌우되며, 성령의 임재와 조명 그리고 그것에 대한 믿음 때문에 일어난다. 현실 경험에 대한 검증은 객관적인 절차를 거쳐 감각적인 확인 혹은 이성적인 판단으로 가능하다. 신앙 경험의 진실성은 단지 고백 혹은 간증에만 의존하지 않으며 감각적인 확증을 전적으로 배제하진 않는다. 다만 그것의 확실성이 감각에 좌우되지 않고 하나님의 말씀(약속)에 따를 뿐이다. 신앙 경험은 현실 경험 이후에 신학적 성찰을 바탕으로 추인되는 과정을 거친다.[37]

한편, 영화적 지각은 앞서 말했듯이, 단편적인 현실 경험을 넘어 보이는 세계와 보이지 않는 세계를 포괄적으로 지각하려고 한다. 이런 특성은 신학함의 특성을 어느 정도 공유한다. 곧, 신학함은 신학적 지각, 곧 성령의 내주하심으로 감각적 지각을 넘어 일어나기도 하고, 또한 일상 혹은 현실 경험과 관련해서 신학적으로 주목함으로써 일어나는 하나님

---

37 현실 경험과 신앙 경험의 관계에 대한 신학적 고찰은 다음을 참고하라: 최성수, "미적 경험과 하나님 경험," 『신학적 미학과 기독교 영화 미학』 (고양: 도서출판 자우터, 2012), 113-141.

경험을 추구하며, 또한 이를 바탕으로 하나님 말하기를 실천한다. 이와 비교할 때, 영화적 지각과 크게 다르지 않음을 알 수 있다. 이런 유사종교적인 기능을 수행하기 때문에 기독교 신앙에 종종 방해 요소로 여겨지는데, 그 대표적인 경우가 형상금지 조항이다.[38] 영화적 지각의 유사종교적 기능에서 핵심은 가시적인 것에 대한 인간의 욕망이다. 신이 부재하는 듯이 보이는 불안한 상황을 극복하기 위해 이스라엘 백성이 아론과 함께 송아지 형상을 만들어서 신을 가시화하려 했던 것처럼, 영화적 지각의 위험은 유비나 은유의 기능에만 머물러 있지 않고 한계를 넘어 가시적인 것을 비가시적인 것과 동일시하는 것이다. 바로 이런 이유로 신학은 영화적 지각과 갈등 관계에 있게 된다.

3) 신학적 지각

가시적인 물질(이미지)과 비가시적인 하나님과의 관계를 염두에 둘때, 기독교가 관심을 두는 질문은 이것이다. 물질을 매개로 하나님의 세계에 대한 발견이 가능한가? 논문의 주제와 관련해서 달리 표현한다면, 이미지의 우상화에 대한 염려를 극복하고 영화적 지각을 통한 신학함, 곧 신학적 인식은 가능한가, 가능하다면 어떻게 가능한가? 이 질문은 영화적 지각이 감각적 지각이면서도 이를 넘어 실재를 발견하는 데에 기여할 뿐만 아니라 이미지를 매개로 세계를 포괄적으로 인지하도록 해주기 때문에 자연스레 제기된다. 이것을 유사종교적인 특성이라고 보았다.

---

38 Hartenstein은 메소포타미아 지역에서 이미지를 신성의 현존으로 이해하는 관습과 관련해서 구약의 형상금지의 전통을 고찰하였는데, 곧 단순한 이미지가 어떻게 우상의 형상으로 발전하게 되었는지, 그 과정을 추적했다. 여기서 그는 바벨론 포로기 이전의 전승을 통해 세상을 모방하는 것에 불과한 이미지에서 그 이상을 보려거나 신의 현존을 신앙하는 태도를 혹독하게 비판했던 고대 그리스 사상과의 연관성을 주장하였다. Friedhelm Hartenstein, "Vom Sehen und Schauen Gottes. Überlegungen zu einer theologischen Ästhetik aus der Sicht des Alten Testaments," 앞의 글, 25-31.

영화적 지각을 통한 신학적 지각의 가능성에 근접하기 위해 먼저 성경에서 말하는 '보다'는 말의 의미를 살펴보자.[39] '보다'는 기본적인 의미를 넘어 다양한 의미로 사용되었다. 구약에서 '보다'(ra'ah)[40]에 해당하는 말은 시각적인 지각을 의미하는 수준을 넘어 종종 "복합적인 지각 과정"(komplexe Wahrnehmungsvorgänge), 곧 "총체적 체험"(ganzheitliches Erleben) 그리고 "인식"(Erkennen)의 의미에서 사용되었다.[41] 두 지각 행위에 천착해보면, 하나는 하나님의 보시는 행위의 의미이고, 다른 하나는 인간의 보는 행위의 의미이다. 이어지는 글에서 몇 가지 용례를 살펴보자.

(1) 하나님이 보시는 행위

성경에서 처음 나타나는 지각 행위는 창조주 하나님이 피조물을 보신 일이었다. 성경은 하나님의 말씀대로 된 세상을 말하면서 하나님의 평가를 기록했는데, 하나님은 당신이 만드신 피조물을 보시고 좋다(아름

---

39 Hans Ferdinand Fuhs, Art. râ'âh sehen, schauen. In: *Theologisches Wörterbuch zum Alten Testament* VII(Göttingen: Kohlhammer Verlag, 1993), 225-266; -, *Sehen und Schauen. Die Wurzeln hzh im Alten Orient und im Alten Testament. Ein Beitrag zum prophetischen Offenbarungsempfang*(Würzburg: Echter Verlag, 1978), 특히 109-299. 두 번째 책은 저자가 Bamberg 대학에서 교수자격 취득을 위해 제출한 논문인데, ThWAT에 기고된 글과 함께 다음에 이어지는 하나님의 시각에 대한 필자의 견해를 정당화하는 데에 큰 도움을 주었다. Wilhelm Michaelis, Art. 'ορaω, 앞의 글; Klaus Lammer, *Hören, Sehen und Glauben im Neuen Testament*(Stuttgart: Katholischer Bibelwerk, 1966).

40 히브리어 '보다(ra'ah)'에 대한 구약신학적인 해석은 앞의 Fuhs의 글 외에 다음을 참고: Hans Joachim Kraus, Hören und Sehen in der althebräischen Tradition, in: H. J. Kraus, *Biblisch-theologische Aufsätze*(Neukirchen-Vluyn: Neukirchner Verlag, 1972), 84-101.

41 Friedhelm Hartenstein, "Vom Sehen und Schauen Gottes. Überlegungen zu einer theologischen Ästhetik aus der Sicht des Alten Testaments," 앞의 글, 18-19. 또한 ThWAT 에 ra'ah와 관련해서 기고된 Fuhs의 글을 참조. Dieter Vetter, Art. r'h sehen, Ernst Jenni/Claus Westermann(Hrsg.), *ThWAT* Bd. Ⅱ(Zürich: Theologischer Verlag, 1994), 692-701.

답다)고 평가하셨다는 것이다.[42] 하나님의 평가를 인간이 어떻게 지각했는지는 알 수 없지만, 성경이 말하고자 하는 건 하나님이 세상을 창조하시면서 좋게 보신 이유는 그것이 하나님의 말씀대로 되었기 때문이라는 거다. 앞서 언급했듯이, 지각 행위는 감각 내용을 수용하는 것만이 아니다. 이미 인지 작용이 개입한 상태다. 그런데 하나님은 인간과 달리 지각하지 않으신다. 그럼에도 성경은 하나님이 좋게 보셨다고 말하면서, 마치 하나님이 지각하시는 것처럼 표현하고 있다. 이것은 인간이 하나님의 행위를 관찰하고 기록한 것이라기보다는 인간의 하나님 경험을 표현한 것으로 보아야 한다.

예컨대, 필자의 미학적 해석에 따르면, 창세기에서 "하나님이 보시기에 좋았더라"는 창조가 하나님의 말씀대로 되어졌음을 인정하는 인간의 신앙고백이다.[43] 창세기는 바벨론 포로기 이후에 여러 문서들을 모아 편집한 것이다. 바벨론에서 귀국한 유대인들은 나라를 잃고 또 무너진 성전을 대하면서 창망할 수밖에 없었다. 그럼에도 불구하고 그들은 이방 나라에서 살아계신 여호와의 역사를 경험하면서 오직 여호와만이 참 하

---

42 창세기 1장의 표현은 일종의 하나님의 감각적인 지각 행위(sensuous perception, sinnliche Wahrnehmung)를 떠올린다. 이밖에 빌립보서 4장 7절("지각에 뛰어난 하나님의 평강")에 마치 하나님이 지각 행위를 하시는 것으로 나타나 있다. 이곳에서 '지각'으로 번역된 헬라어는 '누스'이다. 루터는 이것을 '이성(Vernunft)로 번역하였다. 그러나 엄밀히 말해서 지각 행위는 인간의 감각경험을 바탕으로 하는 인지행위에 속한 일이다. 하나님은 보실(see, sehen) 뿐 지각하진 않으신다.

43 창세기 1장에 나오는 "하나님이 보시기에 좋았더라"에 대한 필자의 자세한 해석은 다음을 참고하라. 최성수, 『신학적 미학과 기독교 영화 미학』, 앞의 글, 149-155. 링그렌(Ringgren) 역시 "보시기에 좋았더라"는 표현을 하나님의 뜻이 실현되었음을 의미하는 것으로 해석한다. Helmer Ringgren, Art. japhah, G. Johannes Botterweck und Helmer Ringgren (Hrsg.), ThWAT III (Göttingen: Kohlhammer Verlag, 1982), 787-790. 좋았더라'는 말은 70인역 그리스어 'kalos'의 번역어에 해당하는데, 타타르키비츠에 따르면, 히브리어 용례에서 이 말은 원래 '성공적'이라는 뜻에 가깝다고 한다. 결국 창조는 세상이 하나님의 말씀대로, 하나님의 뜻대로 되었다는 사실을 의미한다. Wladyslaw Tatarkiewicz, History of Aesthetics II. Medieval Aesthetics, 손효주 옮김, 『미학사 2: 중세미학』 (서울: 미술문화, 2006), 21.

나님이라는 고백을 할 수 있었고, 그 후 그들은 단일신(henotheism) 신앙을 넘어 유일신 신앙을 바탕으로 자신의 현실 경험들을 신앙 경험으로 승화시켰다. 이로써 그들은 새로운 미래를 기대할 수 있었다. 그것은 지각 방식의 변화가 가져온 결과였는데, 다시 말해서 그들은 세상을 보되 하나님의 말씀과 약속에 따라 보게 되었다. 다시금 땅을 회복할 수 있는 가능성은 세상이 오직 말씀대로 되는 것임을 깨달았다. 그 결과 그들은 죄의 용서를 기도할 수 있었고, 비록 자신들의 죄 때문에 징계를 받아 땅이 황폐해졌다 해도 하나님이 세상을 새롭게 하실 것을 고백할 수 있었다. 그 고백 속에 그들은 하나님의 뜻과 말씀대로 되는 세상이 가장 선하고 아름답다는 사실에 대한 깨달음과 고백 그리고 하나님이 장차 자신들에게 행하실 새로운 창조에 대한 기대를 담았고, 신명기 사가는 고백과 함께 자기들이 마땅히 해야 할 과제로서 율법의 준수를 강조했다. 반성적 지각(회개)과 예감적 지각(약속에 대한 기대)을 동반한 깨달음을 얻고 또한 율법에 대한 순종의 당위성을 확신함으로써 지각의 확장이 이뤄진 결과다.

하나님이 보시는 행위('보다')는 살아있음을 표시할 때, 곧 눈이 있으나 보지 못하는 우상을 비웃을 때 사용되었다(시 115:5, 135:16). 우상이 눈이 있음에도 보지 못하는 것에 비해 보이지 않는 하나님은 보시는 분으로서 살아계신다(욥 31:4, 34:21, 시 139:3).

하나님이 보시는 행위는 인간을 돌보신다는 의미를 갖는다. 여주인 사라에게 쫓겨 광야로 내몰린 하갈을 하나님은 살피셨고(히브리어는 '보다'의 분사형), 하갈은 그런 하나님을 자신이 보았다고 했다(창 16:13). 달리 말한다면, 하나님의 보시는 행위는 하나님의 은혜와 돌보심이며 또한 이것에 대한 인간의 기대를 반영한다. 모리아 산에서 아브람에게 나타난 하나님을 아브람은 여호와 이레라 불렀다. 여호와께서 준비하셨다는 뜻인데, 여기서 이레에 해당하는 말이 유래한 어근의 의미는 '보다'이다. 그

러니까 하나님이 보신다 함은 앞서 준비하신다는 의미를 갖는다. 이것
역시 인간을 돌보시는 한 방식이다.

또한 하나님의 보시는 행위는 판단을 의미한다. 하나님은 외모가 아
닌 중심을 보시고(삼상 16:7), 스스로를 드러내지 않으시면서 세상의 모든
것을 보신다(마 6:4, 6, 18). 하나님은 보심으로써 인간이 감춘 것을 폭로하
신다(욥 34:21). 하나님은 감찰하신다(렘 16:17, 시 139, 잠 15:3). 하나님의 심
판을 피하기 위한 인간의 몸부림은 하나님이 보지 못하도록 숨는 것이었
다. 이것은 어둠으로 표현되었다. 그러나 인간은 어둠 속에서도 하나님
의 시선을 결코 피하지 못한다(시 53:2-3). 하나님은 보시면서 세상을 향
한 은혜의 행위를 결정하신다(출 3:7). 하나님은 세상을 공평하게 보시며
모두에게 은혜를 주신다(시 33:18). 하나님이 외면하신다면(고개를 돌리시
면), 그것은 버림이고 멸망이지만(시 94:14, 132:10), 하나님의 보시는 행위
는 은혜이다. 많은 민족 가운데 이스라엘을 주목하여 보셨다. 하나님이
보시는 것들은 아직은 비현실이라도 반드시 현실로 나타난다. 이것은 예
언자들에게 장차 일어날 일을 보여주시는 수동의 형태로 표현되었다. 이
런 의미에서 보여주시는 행위는 말씀하시는 것과 다르지 않다. 하나님이
보여주시는 행위는 계시다(사 1:1, 6:1, 겔 1:4). 하나님은 보시는 분이다
(Deus videns).

(2) 인간의 지각 행위[44]

성경에 나와 있는 인간이 보는 행위는 다의적이고 다층적이다. '보다'
는 말은 '지각하다', '인지하다', '관찰하다', '통찰하다'는 뜻을 갖지만, 시
각적 지각에만 제한되지 않고 매우 복합적이다.[45] '듣는 행위'를 포함하

---

44 인간의 지각은 오감을 통하지만 이곳에서는 영화와 관련된 글이기 때문에 보는 행위에만
 집중한다.

고(창 2:19), 때로는 '느끼다', '경험하다'를 가리키며(욥 7:7, 사 44:16), 수동형은 '계시하다'는 뜻으로도 이해된다. 또한 '방문하다'(시 41:6)는 뜻으로도 사용되었다.[46]

이사야서에는 보는 행위가 하나님의 계시를 받는 행위로 이해되기도 했다(사 6:1-4). 하나님 자신이 아니라 하나님이 보여주신 것을 환상으로 보았다.[47] 그래서 예언자를 선견자로 불렀다. 선견자는 하나님이 보여주시는 것을 보고 사람들에게 전할 뿐만 아니라, 역사 곧 인간과 인간의 삶 그리고 세계 내 각종 사건과 현상들을 보고 그 안에서 하나님의 행위와 뜻을 간파하여 전하는 사람이다. 그들은 현실에서 하나님의 현실을 보아야 했다(사 41:19-20).[48] 예언자는 단지 하나님의 말씀을 듣고 전하는 자만이 아니었다. 하나님의 계시를 받는 행위로 이해하는 의미에서 파생되어 하나님을 본다는 말은 '예배하다'로도 이해될 수 있다. 왜냐하면 하나님 앞에 서 있는 태도는 하나님이 보시는 곳에 서 있는 것이며, 이것은 하나님을 보는 행위를 동반하기 때문이다(보는 것과 예배의 관계는 CCM "시선"에서 잘 표현되었다). 예배는 하나님이 보시는 곳에 있음을 전제한다. 예배에서 인간은 모든 감각적인 지각을 매개로 하나님의 현존을 고백하며 또한 경험한다.

그밖에 히브리어 '보다'는 동사에는 '안다'는 의미가 있다. 보는 것은 아는 것이다. 주목할 사실은 창세기 3장 에덴동산에서 일어난 이야기에

---

45 Hartenstein, "Vom Sehen und Schauen Gottes," 앞의 글, 18-19.

46 ThWAT Bd. II, 앞의 글, 700-701.

47 예외적으로 시내산 언약을 받을 때, 이스라엘 장로들에게 멀리서 하나님을 볼 수 있도록 허락되었다(출 24:1, 10-11). 그리고 모세가 하나님의 영광을 보여 달라고 요청했을 때, 모세는 하나님의 뒷모습만을 볼 수 있었다고 기록되었는데(출 33:18-23), 민수기 12장 8절에서는 여호와께서 "그와는 내가 대면하여 명백히 말하고 은밀한 말로 하지 아니하며…"라고 말씀하셨다.

48 두 구절에서 나타난 지각의 변화는 "보고", "알며", "깨달으리라"로 표현되었는데, 이는 하나님이 하신 일, 곧 하나님의 현실을 지각하는 방식에서 변화가 일어남을 환기하고 있다. 다음을 참고: F. Hartenstein, "Vom Sehen und Schauen Gottes," 앞의 글, 20.

서 사용된 동사다. 뱀은 하와로 하여금 보는 행위를 촉발해 유혹했고, 선과 악을 알게 하는 나무의 열매를 따먹으면 '눈이 밝아짐'으로써 하나님처럼 될 것이라 말했다. 눈이 밝아진다 함은 볼 수 있게 된다는 뜻인데, 새로운 경험의 순간을 말할 때 흔히 사용된다. 시편 기자가 "내 눈을 열어서 주의 율법에서 놀라운 것을 보게 하소서"(시 119:18)라고 기도한 맥락과 일치한다. 나중에 하나님은 아담과 하와를 에덴동산에서 쫓아내시면서 선악을 '아는' 일에 우리 중 하나같이 되었다고 말씀하셨다. 그러니까 눈이 밝아진 것과 선악을 아는 일은 서로 같은 맥락에서 이해된다. 인간이 보는 행위 자체는 자신이 아는 것을 기준으로 옳고 그름을 판단하는 행위로 이어지게 한다는 말이다. 결국 하나님이 금하시는 일은 인간이 자신을 기준으로 삼아 판단한다는 의미의 보는 행위다.

겉보기에 인간의 타락은 보는 행위에 집착함으로써 이뤄진 것으로 보인다. 그러나 이런 이해는 성경의 의도에서 벗어난다. 보는 행위는 단지 기표일 뿐, 타락의 본질은 시각적 지각을 매개로 보면서 마치 하나님처럼 세상을 판단하려는 것에 있다. 좀 더 확장해서 말한다면, 하나님의 말씀대로 혹은 은혜로 만족하며 살기보다 세상을 판단하며 살고 자신의 가치관에 따라 살려는 욕망에 있다. 하나님이 보시는 세계가 아니라 자신이 보고 싶은 세계를 보려는 욕망이다. 하나님의 말씀이 현실이 되도록 살기보다 자신의 의지와 생각이 현실이 되는 삶을 살려는 욕망이다. 이런 욕망은 사사기에 가장 잘 나타나 있다. 이스라엘 사람들이 하나님의 행위를 기억하지 못했을 때, '자기의 소견에 옳은 대로 행했다'(삿 17:6, 21:25)는 표현은 인간 욕망의 본질을 드러낸다. 물론 보는 행위로 탐욕을 실행했던 사람들의 경우가 성경 여러 곳에서 나온다. 전리품에 대해 욕심을 부린 아간(수 7:20-21)이나 사울 왕(삼상 7:9) 역시 마찬가지다. 그들은 봄으로써 자신의 욕망을 드러내었다. 특히 다윗은 보는 행위로 큰 시험에 빠진 사람 중에 대표적인 인물이다(삼하 11:2). 다윗의 보는 행위는 단순한 유혹의 차원을 넘어 권력으로 작용한다. 여성에 대한 남자의 시선이고, 약자에 대한 강자의 시선이며, 명령하는 자가 복종하는 자에 대해 갖는 시선이다. 권력은 쉽게 거역할 수 없는 시선을 생산한다. 인간 자신을 하나님처럼 착각하도록 유발한다. 욥은 여자를 주목하여 보지 않는 행위를 경건한 삶으로 생각했다(욥 31:1, 9). 보아야 할 것과 보지 말아야 할 것을 구분하는 것을 신앙 행위로 여겼다.

그렇다고 해서 성경이 보는 것 자체를 문제시하는 건 아니다. 그럴 의도를 읽을 수 없다. 보는 행위를 통해 유혹을 받았음을 환기하기는 한다. 인간이 그만큼 보는 행위에 민감하기 때문이다. 눈을 생물학적으로 겉으로 드러난 뇌라고 말할 정도로 눈으로 세상을 보는 것은 인간의 생각과 행동에 대단히 민감하고 또 강력하게 작용한다. 생각의 차이가 보는 방식의 차이로 이어지듯이, 보는 방식의 차이 역시 생각의 차이를 일으킨다.

창세기의 의도는 믿음으로 하나님의 세계를 보는 것은 은혜임을 알리고, 인간의 욕망을 통해 보는 것은 유혹에 넘어지는 길임을 경고하는 데에 있다. 예수님을 시험했던 마귀도 예수님에게 세상의 영광을 다 보여주었다. 그러나 예수님은 마귀에 유혹에 넘어가지 않았다. 성경은 보는 것 자체보다 오히려 마땅히 보아야 할 것을 보지 않을 때 문제가 생김을 강조한다. 광야에서 모세와 하나님을 원망하다 독사에 물린 이스라엘 백성들에게 긴 장대 끝에 놋뱀 형상을 보도록 했다. 이것을 본 사람들은 살았지만, 보지 않은 사람들은 죽음을 면하지 못했다. 놋뱀 형상에서 구원을 본 사례에 비춰 예수님은 십자가를 보는 일에 구원론적인 의미를 부여하셨다. 믿는 것은 마땅히 보아야 할 것을 보는 것이다. 하나님이 보라고 하신 것들을 보는 것과 하나님이 보시길 원하는 방식으로 보는 것은 하나님과의 관계에서 사는 그리스도인에게 매우 중요하다.[49] 타락과

---

49 필자는 영화의 공공신학적인 의미를 주장하면서 바로 이점에 착안하였다. 다시 말해서 인간의 현실에서 마땅히 보아야 할 것들을 영화를 통해 보게 함으로써 영화는 공공신학을

함께 하나님을 보는 태도와 인간을 보는 태도에 변화가 나타났다. 인간
은 선과 악을 분별하는 주관적인 인식 능력에 따라 보았다.

고난당하기 이전에 하나님에 대해 듣기만 했던 욥은 고난 후에 하나
님을 볼 수 있다고 고백한다(욥 42:5). 그의 고백은 듣는 것과 보는 것의
의미와 차이를 생각하게 한다. 그렇다고 신앙에서 보는 것이 듣는 것보
다 더 우위에 있다는 뜻은 아니다. 하나님을 보려는 의지는 두 번째 계명
을 통해 금지된 사항이었다. 따라서 굳이 하나님을 환상 중에 보았다는
말로 이해할 이유도 없다. 예수님이 부활을 의심하는 도마에게 보지 못
하고 믿는 자는 복이 있다고 하신 말씀을 생각한다면, 보는 것이 듣는 것
보다 더 우위에 있다고 결론 내릴 이유는 없다. 욥의 고백은 다만 고난의
경험을 거치면서 그리고 하나님과의 대화에서 하나님의 본질을 새롭게
혹은 더욱 분명하게 알게 되었다는 의미다. 지각 방식의 변화를 말한다.
세상의 일을 하나님의 현실로 볼 수 있게 되었다는 의미다. 모르는 것은
보이지 않고 오직 아는 것만을 볼 뿐이다.[50]

신약에서 보는 행위는 듣는 행위와 관련해서 여러 번 평가절하되었
다. 앞서 말한 도마의 경우가 그렇고, 사도바울은 자신이 본 천국 경험을
결코 자랑할 만한 것이 못 된다고 말했다. 이는 믿음과 감각적인 증거와
직접적인 연관이 없음을 의미한다. 예수 그리스도를 보는 것이 믿음으로
이어진다고 말하지 않고, 오히려 믿음은 들음에서 온다고 말했다(롬
10:17). 보는 행위가 잘못이라는 말이 아니라, 보는 것으로 믿음의 근거를
삼지 말라는 뜻이다. 도마와의 대화에서 예수님은 오히려 보지 않고 믿
는 자가 복되다고 말씀하셨다. 보아야 할 것은 하나님의 현실이다. 보는

실천한다. "영화의 공공신학적 의미와 기독교 영화의 과제," 『기독교와 영화』(고양: 도서
출판 자우터, 2012), 231-276.

50 그러므로 존 버거(John Berger)는 『본다는 것의 의미』에서 보는 행위에 깃들인 사회적 의
미를 파헤쳤는데, 버거에게 보는 행위는 각자의 문화적인 조건 속에서 세계를 이해하는
한 방식이다. John Berger, *About Looking*, 박범수 옮김, 『본다는 것의 의미』(서울: 동문선,
2000).

행위를 특별히 강조한 것은 요한이 쓴 복음서와 서신서 그리고 계시록이다. 이곳에서 보는 행위는 계시를 받는 행위이고, 하나님의 현실을 보는 일이며, 때로는 예수 그리스도를 만나는 행위로 이해되고 있다. 요한계시록 1장 7절의 말씀에서 보는 행위는 심판자와의 만남과 더불어 마지막 심판의 모습을 상기한다.

보는 행위와 관련해서 간과하지 말아야 할 부분은 '보라'는 명령형이다. 구약과 신약에서 여러 번 나오는 이 표현은 계시되는 것(하나님의 행위, 예수 그리스도의 사건, 성령의 역사)의 중요성을 부각하며 동시에 듣는 자의 주의를 환기하기 위해 사용되었다. 하나님이 보시는 것, 하나님의 현실, 하나님이 지시하시는 것을 보라는 말이다. 하나님이 보시는 것을 보는 것은 희망하는 것이며, 구원을 바라는 일이고, 하나님의 세계를 보는 일이다. 그러나 인간이 보는 것은 언제나 부분적이며 근시안적이며 제한되어 있다(고전 13:12).

(3) 감각적(영화적) 지각과 신학적 지각

이상에서 살펴본 '보다'는 동사가 하나님과 인간에게 사용되었을 때 나타나는 다양한 의미를 살펴보는 중에 신학적으로 확인할 수 있는 네 가지가 있다. 첫째, 하나님 경험과 몸의 경험에서 감각적 지각은 매개 역할을 한다. 하나님 경험을 감각적 지각으로 축소할 수 없고 또한 감각적 지각을 하나님 경험과 동일시할 순 없어도, 하나님 경험이 감각적 지각과 함께 일어나는 것을 부정할 순 없다. 예전으로서 성례는 바로 이것을 입증한다. 하나님 경험은 감각적 지각을 단서로 일어나고 또 지각의 변화로 이어진다. 하나님 경험이 일어났다면, 설령 물질적인 대상이 매개가 되지 않았다 해도 그것은 감각적 지각을 거친 것이다. 예컨대, 설령 꿈이라도 감각을 통해 얻은 정보를 기반으로 하는 뇌의 작용이고, 조나단 에드워즈가 내적 감각으로 언급한 감정(affection) 역시 그것이 몸의 반응을 일으킨다는 점에서 감각적 지각과 전혀 무관하지 않다.

둘째, 감각적 지각의 문제는 욕망이 작용하는 것이다. 본 논문의 특성상 보는 행위에 국한해서 본다면, 세상을 밝게 보는(인지하는) 것과 하나님의 세계를 보는 것은 은혜다. 세상을 하나님의 말씀과 약속에 따라 볼 수 있기 때문이다. 그러나 만일 물욕과 명예욕과 권력욕과 성적인 욕망을 갖고 보면 비록 그것이 하나님의 세계라도 왜곡될 수밖에 없다. 이것은 하나님의 뜻에 어긋날 뿐만 아니라 그 뜻이 이뤄지길 방해하는 일로 이어지기 때문에, 성경은 이것을 '사탄의 시험'으로 표현하였다. 하와와 발람 선지자 그리고 사울과 다윗의 범죄 사실을 통해 알 수 있다. 또한 성경은 인간의 지각 행위가 하나님의 말씀과 행위에 따라 혹은 약속에 근거해서 실천되길 요구한다.[51] 인간이 지각 대상으로 삼아야 할 것은 하나님의 행위이며 그의 말씀의 현실로 나타나는 것이고 또한 약속이 성취되는 것이다. 단순히 현실에서 일어나는 일일 수도 있지만, 그것이 무엇이든 하나님의 현실로 지각해야 한다는 것이 성경의 요구다. 이런 지각을 가능하게 하는 조건이 영성이다.[52] 세상이 성례전적인 기능을 갖는 것은 이런 영성에 따른 지각에 근거한다.[53] 감각적인 지각을 동반한 경험이 단

---

51 민수기 13-14장에서 양자의 차이를 분명히 볼 수 있다. 약속의 땅을 차지하기 전에 가나안 지역을 탐사했던 정탐꾼들은 동일한 것을 보았지만 판단은 둘로 나뉘었다. 그들이 본 것은 땅의 풍성함과 사람들의 강대함이었다. 그러나 이것을 지각하는 방식은 달랐다. 다수는 스스로를 "메뚜기"로 보아 정복이 불가능하다고 보았고, 여호수아와 갈렙은 가나안 땅을 "밥"으로 여겨 충분히 정복할 수 있다고 보았다. 둘의 차이를 만든 원인은 지각 방식의 차이, 곧 경험의 근거에 있다. 전자가 현실 경험을 바탕으로 보고 말했다면, 후자는 하나님의 약속에 근거해서 보고 말했기 때문이다. 현실을 감각적으로 지각하되 하나님의 약속에 근거한 지각은 하나님의 눈으로 세상 보기를 실천한다.

52 지각의 분별 능력으로서 영성의 의미에 관해서는 다음의 글을 참조: 최성수, 『대중문화 영성과 기독교 영성』(대전: 글누리, 2010), 133-191.

53 세상의 성례전적인 기능을 강조한 신학자는 알렉산더 슈메만이다. 다음을 참고: Alexander Schmemann, *For the Life of the World*, 이종태 옮김, 『세상에 생명을 주는 예배』(서울: 복있는 사람, 2008). 그의 영향을 받은 다음의 두 신학자의 글도 참고: James Smith, *Desiring the Kingdom*, 박세혁 옮김, 『하나님 나라를 욕망하라』(서울: IVP, 2016). Dan E.

순한 현실 경험인지 아니면 하나님 경험인지를 분별하는 것은 신학의 과제다.

셋째, 신학은 하나님이 보시는 것을 지각하고 기술하며 또한 기술한 것의 적합성과 관련해서 검증하려는 노력이다. 하나님 자신과 그분의 말씀과 행위는 인간의 지각의 내용과 방식을 규정한다. 왜냐하면 하나님의 형상으로 만들어진 인간은 하나님이 보시는 것을 지각하고 또 하나님이 보시는 방식을 자신의 지각 방식으로 삼도록 부름을 받았기 때문이다. 타락은 하나님의 지각 방식이 아닌 인간의 지각 방식을 고집할 때 일어난다. 이런 맥락에서 올바른 지각은 올바른 신학함으로 이어진다.

넷째, 이상과 같이 본다는 것의 신학적인 맥락을 살펴볼 때, 신학적 영화 비평은 공공신학의 성격을 드러낸다.[54] 공공신학은 하나님이 보시는 '세상'과 하나님이 세상을 보시는 '방식'을 신학의 과제로 삼는 것이다. 그동안 신학함의 영역이 주로 교회와 교회 행위였다면, 공공신학은 신학함의 범위를 세상으로 확장한다. 왜냐하면 피조물로서 세상은 하나님이 보시는 대상이기 때문이다. 따라서 공적인 영역에서 신학의 과제를 인식하는 공공신학은 하나님이 보는 것과 보시는 방식을 때로는 유비적으로 때로는 구체적으로 실천하는 영화적 지각과 긴밀한 관계를 갖는다. 왜냐하면 영화를 통해 현실을 보고, 다시 보며, 제대로 볼 수 있는 기회를 얻고, 또한 숨겨진 현실의 드러남을 경험하기 때문이다. 이렇게 되면 영화적 지각을 통해 신학함을 실천할 수 있게 된다.

인간이 무엇을 보아야 하고 또 어떻게 보아야 하는가에 대한 질문이 제기될 때, 하나님이 '보시는 것'과 하나님이 '보시는 방식'을 파악하는

Saliers, *Worship als Theology*, 김운용 옮김, 『거룩한 예배』(서울: WPA, 2010).

54 필자는 영화와 신학의 관계를 말할 때마다 이점을 특별히 강조하여 왔다. 다음을 참고: 최성수, 『기독교와 영화』(도서출판 자우터, 2012), 231-276. 성석환은 "공공신학적 영화비평의 가능성 연구," 「장신논단」 Vol. 47-1(2015. 3), 151-176에서 영화 비평에서 "공공신학의 신학적 접근방식을 도입해보고자 한다"(154)고 말했는데, 이는 선행연구를 충분히 고려하지 않은 견해다.

것은 대답을 위한 중요한 단서를 제공한다. 이 질문과 대답의 관계를 놓고 본다면, 질문은 영화적 지각과 관련되어 있으며, 대답은 영화를 통한 신학적 지각 행위를 통해 얻을 수 있다. 달리 말해서 영화는 인간이 지각하는 것과 지각하는 방식을 주제로 삼고 있고, 신학은 하나님이 보시는 것을 지향함으로써—적어도 지각과 관련해서 볼 때— 인간이 마땅히 무엇을 보아야 하고 또 어떻게 보아야 하는지를 주제로 삼는다. 따라서 인간의 현실 경험을 반영하는 영화적 지각은 질문하고, 신학은 대답한다. 때로는 영화적 지각은 진술하고, 신학은 그것을 평가한다. 대답이 질문과 질문하는 방식을 통제하듯이, 영화적 지각의 적합성은 신학적 지각방식에 따라 평가받는다. 이를 통해 영화적 지각 행위는 신학적 의미를 만날 수 있고, 이로써 영화를 통한 신학적 지각은 가능해진다.

문제는 그것이 구체적으로 어떻게 실행되는가 하는 것이다. 예수님은 하나님으로서 육신을 입으셨고, 이 땅에서 참 사람이면서 참 하나님으로서 사셨다. 우리가 믿음으로 그리고 성령의 도움으로 예수에게서 그리스도를 보고, 예수 안에서 하나님을 만나고, 예수를 통해 성령을 영접하는 일이 가능한 것은 감각적 지각을 통해 신학적 지각을 말할 수 있는 단서가 된다.

4) 하나님의 눈과 카메라

필자가 말하고 싶은 요지는 이렇다. 하나님이 보시길 원하는 것을 그가 원하는 방식대로 보기를 실천하는 것이 신학함의 본질이라면(sub specie aeternitatis), 모든 것을 보고 또 보여주려는 의지를 실천하려는 영화적 지각은 신학함의 한 방식일 수 있고, 그래서 영화적 지각을 통해 신학적 지각을 실천할 수 있다는 것이다. 여기에는 긍정적인 면이 있는가 하면 위험도 있다. 먼저 이 주장이 긍정적인 측면에서 설득력을 갖기 위해선 하나님의 보시는 행위와 카메라의 역할 관계가 좀 더 밝혀져야 한다. 왜 나하면 관객의 지각 방식을 규정하는 카메라는 영화적 지각에서 보는 행위의 주체이기 때문이다.

앞서 말한 하나님이 보시는 행위와 관련해서 성경은 비유적으로 '여호와의 눈'(혹 주의 눈)[55]이라는 말을 사용한다. 요한계시록은 불꽃같은 눈(계 1:14, 2:18), 어린 양의 일곱 개의 눈(계 5:6)을 말한다. 이는 하나님은 특정 시각에 매이지 않기 때문에 하나님의 눈에는 '관점'을 말할 수 없으며, 오히려 세상 모든 것을 지켜보시고 꿰뚫어 보시는 행위를 함의한다. 곧, 하나님은 공평하게(객관적으로) 보시며, 하나님 앞에서는 감추어지는 것이 없이 모든 것이 낱낱이 드러난다. 하나님이 보시는 것을 인간은 늘 부분적으로만 볼 수 있다. 관점이란 말은 오직 인간에게 고유한 것이다. 인간이 직접 볼 수 없는 것을 인간에게 알려주실 때, 하나님은 비유를 사용하셨다. 또한 선택된 사람만이 말씀의 의미를 깨달아 알 수 있도록 할 때도 예수님은 비유를 사용하셨다. 성경의 비유는 하나님이 보시는 것을 인간이 보도록 허락하실 때 사용된 도구다. 곧, 하나님 나라에 대한 비유와 장차 일어날 일들을 말하면서 사용되었다. 비유는 하나님의 언어라 할 수 있다.

인간의 지각을 확장하거나 때로는 응시를 위해 지각의 범위를 제한 하면서 도움을 주는 카메라는 한편으로는 인간의 욕망을 대변하나 다른 한편으로는 일정 부분 하나님의 눈같이 작용하며,[56] 공공의식의 틀로 사용된다. 하나님의 눈처럼 카메라는 세상 모두에게 향하여 있고, 그럼으로써 사회적 약자와 위기의 환경에 초점을 맞춤으로써 세상이 더 이상

---

55 신 11:2, 열상 8:29, 11:6, 16:34, 열하 19:16, 대하 6:20, 16:9, 욥 7:8, 시 17:2, 34:15, 139:16, 143:2, 잠 5:21, 15:3, 22:12, 사 37:17, 렘 5:3, 암 9:8, 슥 4:10, 말 2:17, 벧전 3:12.

56 요나단 크라리는 카메라 옵스큐라가 제시하는 시각을 가리켜 "신의 눈(die Augen Gottes) 과 비교할 수 있다"고 말했다. Jonathan Crary, *Techniken des Betrachters. Sehen und Moderne im 19. Jahrhundert* (Dresden: Verlag der Kunst 1996), 57.

망가지지 않도록 돌보고, 사회적인 불의와 국가적인 이기주의를 사실적으로 혹은 극적으로 조명하면서 그것이 잘못 되었음을 판단하고, 드러나지 않았지만 충분한 이유가 있는 것들 폭로하며 들춰내고, 영웅을 선택하고, 지금과 다른 세상을 만들어내는 일에 일조한다. 영화는 "전 지구적인 차원에서 공동체 감각을 창조하는 데 기여한다."[57] 뿐만 아니라 스토리텔링을 통해 일어나는 기호작용을 통해 직접적으로 경험할 수 없는 것의 의미를 깨닫게 한다. 관객은 영화를 통해 세상을 보며, 세상을 돌보고, 감춰진 것을 알게 되며, 시대에 앞서 새롭게 구성된 세상을 볼 수 있다. 이 때문에 영화는 근본적으로 공공의 성격을 갖는다. 영화적 지각을 신학함의 한 방식으로 볼 수 있는 가능성은 바로 인간의 지각 방식을 반영하면서도 일정 부분 하나님의 눈으로 기능하려고 시도하는 카메라의 눈에 있다. 이런 점에서 특히 전 지구적 차원에서 공동체 의식을 형성하려고 노력하는 에큐메니칼 신학함에 기여하는 바가 크다. 영화 촬영에 사용되는 카메라, 드론 카메라, CCTV, 위성촬영 등에서 사용되는 카메라는 시각적으로 제한될 수밖에 없는 인간의 인지 영역을 확장시켜준다.

한편, 하나님은 당신이 보시는 것(세상)과 예수 그리스도를 통해 당신 자신을 인간이 보도록 허락하셨지만, 모든 것을 볼 수 있게 하지는 않으셨다. 사도 바울은 고린도교회에 보내는 편지에서 장차 분명하게 보게 될 때가 있음을 환기하였다. 스스로를 나타내시면서 동시에 숨어계신 분으로 혹은 세상의 일부분(보이지 않는 세상을 포함해서)을 볼 수 없도록 한 까닭은 인간이 자신의 한계를 알고 하나님을 신뢰하며 살게 하려함이다. 모든 것을 보려는 것은 인간의 전지(全知)에 대한 욕망과 선악을 판단하려는 욕망에서 비롯한다. 카메라를 통해 지각의 확장이 가능해진 인간은 모든 것을 보려고 한다. 거시 세계는 물론이고 미시 세계까지도 관심영역으로 삼는다. 직접 볼 수 없는 것들은 패러다임 혹은 모델을 통해 혹은

---

57 스터르큰, 『영상문화의 이해』, 앞의 책, 170.

비유나 은유를 통해 보려 한다. 카메라를 통해 표현되는 각종 비유와 은유는 육안으로 직접 보지 못하는 것에 주의하게 하는 방식이다.

카메라의 눈을 말할 때 주의해야 할 일이 있다. 카메라는 앵글과 숏을 통해 일정한 시점(관점)을 실천한다는 사실이다. 피사체로부터 일정한 거리를 두는데, 카메라는 단순히 보지 않으며 항상 관점을 통해 본다. 이로써 카메라는 인간의 욕망을 표현한다. 때로는 강력한 이미지를 통해 전형을 만들어 냄으로써 우상의 역할을 한다. 사실주의를 지향한다 해도 예외는 아니다. 남성과 여성의 관점, 지배자와 피지배자의 관점, 강자와 약자의 관점, 보수와 진보의 관점, 중심과 주변의 관점, 의식과 무의식의 관점, 어른과 아이의 관점 등 다양한 관점을 통해 봄으로써 세상을 자신의 관심 안으로 들여놓는다. 이 때문에 카메라의 눈은 다분히 편향적이다. 엄밀히 말해서 카메라의 눈은 감독 혹은 제작자의 시점이고, 대중의 시점이며, 또한 관객의 시점이다. 모든 것을 다 볼 수 있는 권력의 위치를 차지하면서 사람들의 지각을 통제한다.

이렇듯 카메라는 관객으로 하여금 일정한 시점에 따라 보도록 함으로써 자신의 의지를 실현하고 또 자신의 뜻대로 세상을 구성하려 한다. 예컨대 남성의 시각으로 여성을 응시하도록 함으로써 가부장제 구조를 당연시 여기도록 하고, 전통적인 여성성 역할을 인지하게 하고, 남성 우월주의를 고착화시킨다. 지배자의 시각으로 사회를 보도록 함으로써 피지배자에게 허위의식을 심어주어 지배 이데올로기에 익숙하게 하며 또한 억압 구조에 순응하게 만든다. 물질문명의 혜택을 보고 누리도록 함으로써 물질의 소비를 조장한다. 이런 시각 때문에 여성주의 비평과 마르크스주의 비평 그리고 문명 비평이 나타난다. 각종 영화 비평은 한편으로는 영화를 이해하여 의미를 파악하기 위한 노력이지만, 다른 한편으로는 카메라의 눈에 동의하지 않는 관객의 저항이 맺은 결실이라고 볼 수 있다.[58] 카메라를 매개로 한 영화적 지각에 대해 비평은 다양한 봄의 가능성을 열어준다.

모든 것을 보려 함으로써 카메라는 일정 부분 하나님의 눈과 유사한 역할을 하지만, 다른 한편으로는 관점에 따라 봄으로써 인간 혹은 세상의 눈으로서도 작용한다. 지각을 확장하기도 하고, 필요와 목적에 따라 지각의 범위를 제한하기도 하며, 지각을 조종하고 또 보이는 대상을 규정하기도 한다. 인간의 의도와 목적 그리고 욕망을 통해 세상을 보기 때문이다. 바로 이점과 관련해서 카메라의 양면성을 말할 수 있다. 한편으로는 하나님의 눈과 유사한 기능을 수행하고, 다른 한편으로는 욕망에 사로잡힌 인간의 눈으로 기능한다. 모델을 통해 삶의 방향을 이끌어주기도 하지만, 진리를 규정함으로써 우상의 역할을 한다. 바로 이런 이중성 때문에 한편으로는 영화적인 지각을 신학함의 한 방식으로 삼으면서도, 다른 한편으로는 영화적인 지각을 신학적 비판적으로 반성해야 한다. 다시 말해서 영화적 지각은 인간과 세상에 대한 신학적 비판의 작업이면서 또한 카메라의 욕망 때문에 스스로 신학적 비판의 대상이 된다.

3. 결론

세상을 보는 행위 자체는 결코 신학적이지 않다. 감각 행위이고 지각 작용으로 단지 느낌을 얻거나 정보를 선택적으로 수용하기 위한 인간의 행위일 뿐이다. 때로는 판단을 내리기도 한다. 보는 행위와 신학의 상관관계를 밝히는 데 있어서 관건은 지각 방식이다. 지각 방식, 곧 어떻게 보느냐에 따라 신학적일 수 있고 비신학적일 수 있다. 성령의 내주하심에 의지해서 보는지, 아니면 육체적인 지각 능력에 따라서만 보는지에 따라 다르고, 하나님의 말씀과 약속에 따라 보느냐 인간의 욕망에 따라 보느

---

58 다양한 비평의 관점과 그것이 함의하고 있는 의미에 관해서는 다음을 참고: Lois Tyson, *Critical Theory Today*, 윤동구 옮김, 『비평이론의 모든 것』(서울: 앨피, 2012).

냐에 따라 지각이 달라진다. 다시 말해서 하나님의 눈으로 보느냐 아니면 세상의 눈으로 보느냐가 결정적이다. 영화적 지각은 양면성을 갖는다. 하나님의 눈으로 보기도 하지만, 세상의 눈으로 보기도 한다. 진실을 보여줄 수 있지만 또한 왜곡과 조종도 일어날 수 있다. 지각 행위로서 영화가 신학함의 한 방식이 되기 위해 영화는 하나님이 보시는 것을 그분이 보시는 방식대로 지각해야 한다. 곧 하나님의 눈과 유사한 역할을 수행해야 한다. 이것은 영화의 공적 기능으로서 당연한 일이다.

영화적 지각은 단순히 카메라를 통해 여과된 세상만을 보는 행위가 아니다. 이미지는 보이지 않는 것을 가시화시키는 매개이다. 이미지는 세상에서 자신을 드러내는 초월자를 경험하는 한 방식이기 때문에, 초월 경험은 이미지(영상)를 매개로도 이뤄진다.[59] 그렇기 때문에 영화적 지각은 신학함의 한 방식으로써 하나님 인식에 대한 단서를 제공한다. 영화적 지각(내용과 방식)을 신학적-비판적으로 검토하면서 우리는 영화적 지각에 함의해 있는 하나님에 관해 말할 수 있다.

영화를 신학적 지각을 위해 사용할 경우, 우선은 영화의 내용과 영화적 지각 방식에 주목해야 하고, 그 결과는 하나님의 행위와 말씀 그리고 약속과 관련해서 신학적-비판적으로 성찰되어야 한다. 물질적인 형상에 불과한 장대 끝에 매달린 놋뱀을 보고 하나님의 구원을 경험했듯이 그리고 그것의 외연적인 범위를 넘어 십자가를 보았듯이, 영화를 매개로 하는 신학적-비판적 성찰을 통해 물질적인 스크린에서 그리고 스크린 위의 이미지에서 하나님의 말씀과 약속 혹은 행위를 지각할 수 있는 단서를 발견할 수 있다. 기독교 영화라면 영화감독의 신학함과 관객의 신학적 성찰을 통해 이뤄지지만, 그렇지 않은 경우는 관객으로서 그리스도인

---

59 다음의 논문에서 이점을 밝혔다. 최성수, "말할 수 없는 것은 보여 주도록 한다,"「장신논단」47권 4호(2015. 12), 123-151. 또한 다음을 참조: 신광철, "영화의 종교적 구조에 대한 성찰," 위의 글.

의 지각 경험에 대한 성찰 방식에 좌우된다. 다시 말해서 영화적 지각이 신학함의 한 방식이 되기 위해서는 카메라의 눈은, 비록 유사할 수밖에 없다 해도, 가급적 하나님이 보시는 것을 보도록 해야 하고, 또한 영화적 지각은 하나님의 행위와 말씀 그리고 그분의 약속에 근거한 신학적-비판적 성찰로 이어지도록 해야 한다.

2부

영화적
인간 이해

하워드 가드너(Howard Gardner)는 『인간은 어떻게 배우는가?』(사회평론, 2015)에서 영화적인 인간 이해와 관련해서 매우 의미심장한 말을 했다.

나는 우리가 역사적으로나 동시대적으로 혹은 예술 작품 속에서 사람들이 여러 가지 압박과 딜레마를 어떻게 다루는지 이해해야만 삶의 여정을 제대로 계획할 수 있으며 중요한 결정을 내릴 수 있다고 생각한다(19).

이미 1부에서 다루었지만 인간은 이야기를 통해 자신의 본질을 이해하려는 경향이 있기 때문에 영화적 인간 이해는 설득력이 있다. 설득력이 있다 함은 영화를 보는 관객이 자신의 인간 이해와 동일시할 가능성이 크다는 의미다. 이에 따라 영화적 인간 이해의 가능성과 의미 그리고 그것에 대한 비판적인 접근의 필요성에 대한 이론적인 성찰을 바탕으로 다음에 이어지는 글에서 나는 영화적인 스토리텔링을 통해 드러난 인간학적인 주제에 따라 인간에 대한 성찰을 시도하려 한다. 비록 영화는 가상이고 또한 아무리 과거나 미래를 내용으로 하더라도 영화의 대중적인 성격상 당대의 해석에 기초하며 또한 동시대인의 사회 인식이나 인간 이해를 반영할 수밖에 없다. 따라서 영화의 스토리텔링을 통해 실천된 구체적인 인간 이해를 살펴볼 것이다. 특히 SF 영화[1]를 중심으로 포스트휴

---

1 <디스트릭트 9>(닐 브로캠프, 2009)는 SF영화로서 인간과 외계인의 관계를 다뤘지만, 인간을 성찰한 것으로 주목할 만하다고 생각해서 이곳에 포함시켰다. <사람을 찾습니다>(이서, 2008)와 <공기인형>(고레다 히로카즈, 2010)은 SF에 속하지도 않고 낙태와 안락사와도 관계없는 이야기다. 그러나 인간 이해를 탐색하는 과정에서 이뤄진 필자의 영화 경험에 있어

먼의 문제로서 인간복제와 인공지능, 생명의 문제로서 낙태와 안락사, 시간의 문제로서 시간과 노년 등의 문제를 다루면서, 영화적인 표현에서 드러난 인간 이해를 기독교적인 관점에서 비판적으로 고찰해보고자 한다.

장르와 인간의 관계는 비교적 쉽게 연결된다. 영화에서 캐릭터에게 다양한 색채감을 부여해주는 것은 장르이기 때문이다. SF, 코미디, 로맨스, 스릴러, 공포, 판타지, 드라마, 액션 등의 장르 자체는 이미 특정 유형의 캐릭터를 전제한다. 동일한 캐릭터라도 삽입된 음악이나 촬영 방식을 결정하는 장르에 따라 다르게 느껴진다. 그러나 영화 연출에 있어서 장르 파괴와 복합장르 그리고 반전 기법은 전혀 뜻밖의 인간 이해로 이끈다. 그러므로 영화를 통한 인간 이해를 시도함에 있어서 장르가 인간 이해에 어떻게 영향을 미치는지에 대해 살펴볼 필요가 있다.

장르는 영화 제작의 방향과 성격을 설정해주고 또 관객들의 기호에 따른 영화 선택을 도와주기 때문에 영화의 제작과 유통 그리고 소비 과정에 영향을 미친다. 어원적인 의미에서 장르(genre)란 종류나 유형을 뜻하는 프랑스어로 genus에서 유래한다. 장르는 원래 다양한 형태의 문학을 통일적으로 분류하는 데에 유용하게 쓰인 것이었는데, 이는 문학이 주로 표현 방식, 현실과의 관계, 플롯, 내용의 성격에 따라 달라졌기 때문이다.

서 큰 충격을 준 작품으로서 필자가 주목하고 싶은 영화이기 때문에 이 글에서 다루게 되었다. 두 작품은 정상적이지 못한 사람과 공기인형이라는 소재를 통해서 참다운 인간의 본질을 탐색하는 뛰어난 작품이다. <공기인형>은 일본을 비롯해서 해외 언론에 주목을 받고 또 여러 상을 수상했는데, 인형역으로 출연한 한국 여배우 배두나는 공감적인 연기로 일본에서 외국인으로서는 최초로 여우주연상을 받아 큰 화제가 되기도 했다.
이밖에 인간 이해를 탐색하는 목적을 가진 작품으로서 큰 관심을 불러일으키고 있는 영화는 많다. 어쩌면 모든 영화가 인간 이해를 전제하거나 추구한다고 보아도 과언이 아니다. 특별히 두 개의 영화 <눈먼 자들의 도시>(페르난도 메이렐레스, 2008)와 <더 로드>(존 힐코트, 2010)는 소설을 원작으로 한 것인데 인간이 인간을 두려워할 수밖에 없는 이유들을 제시하고 있다. 지구의 종말 이후의 삶이라 볼 수 있는데, 극단적인 상황에서 인간이 인간에 대해 어떻게 변형되며, 심지어 식인의 습성까지도 유발될 수 있는 그런 상황에서 인간은 무엇을 희망할 수 있는지를 말하고 있다. <낮술>(노영석, 2009)과 <똥파리>(양익준, 2009) 역시 인간 이해에 있어서 주목할 만한 영화들이지만 이곳에서 다루지는 않았다.

영화에서 장르 문제가 부각되는 이유에 대해 릭 올트먼(Rick Altman)은 "1910년 즈음해서 영화 제작이 수요를 초월하면서"[2]부터라고 설명하고 있다. 영화가 문학적 형태의 하나인 시나리오에 근거하기 때문에 초기에 문학의 장르를 차용한 것은 지극히 자연스런 일이다. 그러나 장르는 단순한 분류만이 아니라 제작관례에 따라 불리기도 하며, 영화에서 장르는 영화 제작의 표준화에 따라 더욱 전문화된다.

영화는 크게 사실을 재현하는 작업이나 혹은 영상을 통해서 현실의 경계를 확장하거나 추상화하면서 궁극적으로 의미를 육화시키려는 노력으로 이해되었다. 전자를 사실주의라 한다면, 후자는 형식주의이다. 사실주의의 대표적인 작품으로는 <자전거 도둑> (비토리오 데시카, 1948)이 있고, 형식주의의 대표작으로는 <오즈의 마법사> (빅터 플레밍, 1939)가 꼽힌다. 프랑수아 트뤼포(Francois Truffaut)는 사실주의와 판타지로 구분하였다.[3] SF는 science fiction의 약자로 과학적 상상력이 만들어낸 허구의 세계를 다룬 영화를 일컫는다. 과학적 상상력에 기반을 둔 것이어서 대체로 첨단의 미래 사회를 그리거나 과학기술적인 가능성을 전제한 가상의 사건들, 지구의 종말, 혹은 초능력의 인간(트랜스휴먼, 포스트휴먼)이나 외계인을 다루는 경우가 많다. SF 영화의 매력은 특수 음향효과와 특수 촬영을 통해서 실재하지 않지만 마치 실재하는 것 같은 착각을 불러일으킨다는 데에 있다.

모든 장르 영화가 그렇지만 SF 장르 영화는 인간을 이해하는 방식과 관련해서 몇 가지 유형의 공통점을 갖는다.[4] 첫째, 배경은 인간이 살아가

---

2 릭 올트먼, "장르영화," 제프리 노웰-스미스 편집/이순호 외 옮김,『옥스퍼드 세계영화사』열린책들, 2005, 338-348, 338,

3 옥스퍼드 세계영화사, 378.

4 라파엘 무안(Raphaelle Moine)은 판타지 무비가 양극화된 사고나 삶 혹은 사회를 표현하는 데에 적합하게 사용된다고 보고 기호학적인 측면에서 세 가지 유형으로 분석하고 있다. 첫째는 '동물과 기계의 양극성', 둘째, '우리와 나' 혹은 '그들과 타인', 혹은 배타성과 이타성의 관계 등의 양극성, 셋째, '창조와 파괴, 삶의 포스와 죽음의 포스의 양극성' 등이다. Raphaelle Moine, *Les Genres du Cinéma*, 유민희 역,『영화장르』(서울: 동문선, 2009), 109.

기에 더 이상 적합하지 않은 디스토피아적인 환경이다. 디스토피아란 존 스튜어트 밀에게서 유래하는데 나쁜 장소라는 의미로 디스(나쁜)와 토포 스(곳, 장소)가 합쳐져 형성된 조어이다. 이 말이 전용되어 대중문화에선 암울한 미래를 표현할 때 종종 사용된다. 인간의 탐욕이 만들어낸 인류 의 미래를 말하면서 대부분의 공상과학 영화들이 디스토피아를 그리고 있다. 그런데 최초로 디스토피아를 영상으로 표현한 영화는 프리츠 랑의 <메트로 폴리스>(1927)다. 자본주의 사회에 존재하는 자본가와 노동자 의 대조적인 현실과 자본과 계급적 통치에 의해 지배당하는 노동자들의 피폐한 삶을 묵시록적으로 표현한 고전이다. 지금 보아도 결코 손색이 없는 표현과 메시지를 담고 있다. 영화 속 디스토피아는 종말 상황이나 종말 후의 상황을 전제하는 것이 많은데, 주로 환경오염과 지구온난화가 주범이다. 환경 변화가 인간에 의해 유발되고 있기 때문에 영화 배경의 환경적인 측면은 인간 이해를 결정짓는 중요한 요소가 된다는 사실을 시 사한다.

둘째, 인간의 생존 가능성을 높이고 고도의 기능성을 향상하기 위해 특단의 대책을 마련한다. 즉, 트랜스휴먼(Transhuman) 혹은 포스트휴먼 (Posthuman)의 출현이다. 지구 내적인 문제를 해결하기 위해 고안된 해결 책으로 인간은 유전자 조작으로 생존 가능성을 높이든가, 아니면 지구 이외의 다른 행성 개발에 나서든가, 아니면 지구 밖의 환경에서 사는 인 간을 돕기 위해 혹은 인간의 노동력을 대체할 수 있는 안드로이드(로봇이 나 포스트휴먼)를 생산한다.

포스트휴먼이란 말이 아직 낯설게 여겨지는 사람들을 위해 간단하게 설명하자면, 포스트휴먼이란 다양한 분야의 기술을 융합할 수 있는 디지 털 컨버전스 덕분에 가능해진 것인데, 호모 사피엔스를 뛰어넘는 휴먼을 말한다. 옥스퍼드 대학 철학교수인 닉 보스트롬(Nick Bostrom)은 포스트 휴먼을 "현생 인류가 인간 종을 더 이상 대변할 수 없을 정도로 철저히 변화되어 이제는 인간이라 할 수 없는 존재"로 정의했다. 지금까지 '사이보그'(cyborg=Cybernetics+Organism)⁵로 표현된 것을 떠올리면 되겠다. 물론 포스트휴먼은 인간의 신체 일부를 기계로 대체하는 형태만을 가리키지 않는다. 나노테크놀로지, 바이오테크놀로지, 정보통신기술, 뇌 신경생리학(뇌 과학), 로봇 기술을 뒷받침하는 인지과학 분야에서 개발된 기술을 다양하게 사용하여 인간(호모 사피엔스) 이상의 기능을 갖도록 변화된 인간을 가리킨다. 인공지능을 포함해서 유전자복제 및 변형 그리고 약물사용 등의 방식으로 정상적인 인간 이상의 기능을 수행할 수 있는 상태의 인간이다. 휴머노이드 로봇의 등장도 포함된다. 이런 일이 일반화되는 시대를 가리켜 포스트휴먼 시대라 한다. 인간의 노동력이나 신체의 일부를 대체하는 기계의 등장은 이미 현실화 되었고, 인간 자체를 대체할 강한 인공지능을 탑재한 로봇의 등장은 아직은 요원하나 높은 가능성으로 전망되고 있다.

학자에 따라 의미에서 약간의 차이가 있다 해도 보통 포스트휴먼은 트랜스휴먼의 단계를 거친다. 예컨대 처음에는 신체 일부의 장애를 극복하거나 생명을 연장하기 위한 목적을 가졌지만, 영화 <가타카> (앤드류 니콜, 1997)에서처럼 유전자를 조작하여 맞춤형 인간을 얻기 위한 목적을 추구한다. 인간의 기능 자체를 향상시키고 더 오래 살게 하며 또한 더 스마트한 삶을 누리게 할 목적으로 개발에 개발을 더하고 있고, <아이, 로봇> (알렉스 프로야스, 2004)과 <채피> (2005)그리고 <엑스 마키나> (2005)에서 볼 수 있듯이, 머지않아 창발적인 생각과 행동이 가능한 인공지능이 상용화되면 자신보다 더 나은 인공지능을 설계할 수 있으며, 이렇게 되면 호모 사피엔스를 대체할 새로운 종의 인간이 태어날 것으로 전망하

---

5 사이보그는 맨프레드 클라인스(Manfred Clynes)와 네이션 클라인(Nathan Kline)이 1960년에 공동으로 발표한 논문 "Cybors and Space(사이보그들과 우주)," Astronautics (September 1960), 26-27, 74-77에서 처음 등장한 개념이다. 이 논문에서 그들은 기술적으로 개조된 인체, 곧 기계와 유기체의 합성물을 "사이보그"라 했다.

고 있다(레이 커즈와일은 『특이점이 온다』에서 이것을 특이점이라 했다). 인간
은 트랜스휴먼을 거쳐 포스트휴먼으로 이어질 것이라는 전망이다. 이와
관련해서는 아직 현실화 전망이 불투명하지만 영화적으로는 SF 형태로
구체적으로 제시되고 있다. 단순한 상상력인지 아니면 영화적인 묵시록
인지는 두고 볼 일이다.

셋째, 인간과 포스트휴먼의 갈등 상황이다. 안드로이드는 기본적으
로 인간을 돕기 위해 만들어진다. 그러나 강한 인공지능의 출현으로 인
간의 노동력을 대체하고 심지어 생존을 위협함으로써 단순히 기능 향상
을 통한 협력 관계를 넘어 인간과 갈등하는 상황이 발생한다. 그럼으로
써 과학기술을 둘러싼 인간의 욕망과 통제 불가능한 과학기술의 한계를
드러내며, 이로 인해 과학기술 기반의 인간 이해를 재고하면서 포스트휴
먼 시대를 비판한다.

넷째, 포스트휴먼의 정체성 문제가 제기된다. 복제된 인간이나 강한
인공지능이 탑재된 안드로이드 혹은 트랜스휴먼이 인간으로서 여겨질
수 있는지를 고민한다. 복제인간이나 안드로이드를 무시하는 것은 기계
의 반란으로 유발하든가 아니면 인간 자신을 무시하는 결과로 이어진다.

다섯째, 유전자 조작으로 인한 피해를 막기 위해, 혹은 로봇과의 갈등
을 해결하기 위해 노력하는 과정에서 인간의 실제와 본질에 대한 이해를
드러낸다.

그리고 여섯째, 외계의 공격으로부터 지구를 보호한다. 외계의 공격
은 외계 생물체를 전제하는데, 이것은 과학적으로 아직 입증되지 않았기
때문에 영화적인 상상력에만 근거한다. 압도하는 종말론적인 분위기 때
문에 통제되지 않는 인간의 욕망과 본능이 곳곳에서 분출한다.

I. 인간 향상 기술에 함의된 인간 이해

1. 인간복제

"인간이란 무엇인가?" 사춘기 시절에 혹은 어떤 사건들을 계기로 누구나 한 번쯤은 던져보았거나 들어보았을 질문이다. 다양한 상황 속에서 그리고 여러 방향성을 갖고 제기되는 질문이다. 만일 철학적인 성찰을 목적으로 하지 않고 일상생활에서 태동한 고민이라면, 이 질문에서 인간의 보편적인 속성을 발견하려는 의도를 발견할 수는 없다. 다만 인간 능력의 한계에 대한 표현이며, 준비되지 않은 죽음을 경험했을 때에 느끼는 허망함의 표현이고, 친하게 지내던 사람들에게 느낀 큰 실망감의 표현이며, 인간에 대한 기본적인 기대에 대한 좌절감의 표현이고 그리고 자연 혹은 동물과 비교하면서 경험하는 인간에 대한 새로운 발견의 표현일 수 있다. 하나님을 생각하면서 그분의 은혜와 사랑을 깨닫는 것들에 대한 감격일 수 있고, 회복이 불가능한 질병으로 고통 받는 사람들을 보게 되었을 때 안타까운 마음의 표현일 수 있으며, 불안과 두려움에 사로잡혀 있을 때, 혹은 인간의 잔혹함을 경험하면서 얻게 되는 인간의 죄에 대한 자각일 수 있다.

인간의 본질을 묻는 질문으로서 이 질문은 비록 오랜 시간을 두고 고민되어 왔지만 아직까지 모두를 만족시키는 대답을 얻지 못하고 있다. 가장 중요한 이유는 인간이 시대와 장소, 관점과 상황 그리고 성에 따라 상이하게 이해되기 때문이다.[1] 그래서 인간이 인간에 대해 단언적으로 진술한다는 것 자체가 인간에게는 허용되지 않은 일이라는 생각을 하게 된다.

그럼에도 불구하고 이 질문이 결코 포기되지 않는 이유는 무엇일까? 질문을 제기함으로써 표현하려는 것이 있고 또 질문과 함께 고민하면서 부가적으로 얻는 것이 있기 때문이다. 특히 질문하고 나름대로 대답하려고 노력하면서 인간은 인간이 얼마나 다양한지를 스스로 알게 되고, 또한 하나의 이상 혹은 본질로서 탐구되는 인간이 일차원적이지 않고 다층적이며 다면적인 존재라는 사실도 알게 된다. 게다가 인간 아닌 존재와 환경에 대한 관심의 정도와 폭이 넓어지고 또 심오해지기도 한다. 인간은 유한성을 본질로 하는 존재다. 시간의 제한만이 아니라 인식 능력에 있어서도 한계를 갖는다. 이런 까닭에 질문 "인간은 무엇인가?"는 한편으로는 수사학적인 성격을 갖지만, 다른 한편으로는 세계를 이해하고 인간의 가치를 발견하며, 또한 세계 속에서 살아가는 인간을 이해하는 안내자 역할을 한다. 그렇기 때문에 칸트는 인간의 인식과 윤리 그리고 소망의 문제('나는 무엇을 알 수 있는가?', '나는 무엇을 해야 하는가?', '나는 무엇을 바랄 수 있는가?'라는 질문들)가 '인간이란 무엇인가?'란 질문 속에 포함되어 있다고 본 것이라 생각한다.

한편, 진화론적인 맥락에서 볼 때 이 질문은 진화과정에서 형성된 인간의 특성을 밝히기 위해 사용된다. 어떤 특성과 형질이 인간에게만 있고 다른 포유동물들에게 없는 이유를 진화론적인 근거에서 설명하려는 것이다. 다른 동물들과 비교하며 생각할 경우 인간은 진화의 최상위 존

---

1 동서양의 인간 본성에 대한 상이한 이해에 대해서는 다음의 책을 참조: 홍일립,『인간본성의 역사』(서울: 한언, 2017).

재이다. 비록 다른 동물들에 비해 지각 능력에 있어서 부족한 것이 없지 않고 또 포스트휴먼을 지향하면서 새로운 종으로의 진화를 스스로 고안해낼 수 있어도 인간은 도구를 사용하여 부족한 능력을 향상시키고, 또한 상호협력이라는 사회적인 기제(mechanism)에 힘입어 자신의 한계를 넘을 수도 있다.

문제는 인간의 힘으로 가능하지 않은 일들(예컨대 각종 질환과 자연재해)의 발생이다. 과거에는 초월자의 힘에 의지해서 치료를 기대했지만, 의학과 의료기술의 발달은 치료에 있어서 탈신화적인 사고를 가능하게 했다. 트랜스휴먼을 실현하는 기술이 개발되어 장애가 극복되고 있다. 게다가 생명과학과 유전공학의 발달로 과거에는 운명으로만 받아들였던 유전적 질환조차도 치료할 수 있는 가능성이 높아졌다. 이제 인간은 더 이상 과거로부터 자신을 설명하려고 하지 않고 또한 더 이상 현재의 모습에 안주하려고도 않는다. 유전자 치료 분야에서는 아직까지 법적인 장벽이 높아 어렵지만, 비교적 자유로운 성형의 유행은 현재의 수준에 만족하지 않는 인간의 모습을 잘 보여주는 대표적인 경우라 하겠다.

앞으로 뇌에 대한 연구 및 IT 기술 발달의 결과에 따라 양상이 달라지겠으나, 인간은 계속된 진화를 꿈꾸며 자신을 새롭게 만들어가거나 기능을 확장시키는 가능성을 꾸준히 탐색한다. 디지털 기술의 향상으로 인간의 기능을 개선하는 기술과 인간의 노동력을 대체하는 기술 그리고 인간의 장기를 기계화하는 기술은 매우 빠른 속도로 개발되고 있다. 포스트휴먼시대[2]는 이미 도래하고 있다. 클라우스 슈밥(Klaus Schwab)이 2016

---

2 기술 개발의 속도에 따라 시기가 달라지겠지만, 대체로 2050년 정도면 그동안 각각 나뉘어서 개발되고 또 사용되던 기술이 서로 융합되어 특이점(singularity)에 이르게 될 것으로 전망하고 있다. 이렇게 되면 포스트휴먼의 탄생은 현실이 될 것이다. 인공지능의 특이점을 대중화시킨 사람은 『특이점이 온다』(서울: 김영사, 2007)의 저자 레이 커즈와일(Ray Kurzweil)이지만, 처음으로 주장한 사람은 SF 소설가이며 수학자이자 컴퓨터 과학자인 버너 빈지(Vernor Vinge)이다. 그가 "the technological means to create superhuman intelligence"란 의미에서 "singularity"라는 말을 처음 사용한 시기는 1993년이다 (http://mindstalk.net/vinge/vinge-sing.html).

년 화두로 언급한 제4차 산업혁명은3 현재 지구촌에 사는 사람들을 바짝 긴장하게 만들고 있다. 사람들은 두 차례에 걸친 세계 대전으로 그 기세가 꺾인 19세기 사회적 진보사상이 제시한 낙관주의적 세계관이라는 망령이 다시금 꿈틀거리는 것을 피부로 느끼고 있다.4 사실 과학에서 계몽주의는 두 차례의 전쟁으로 사라진 것 같았지만 실제로는 계속해서 진행 중이다. 유전적 질환을 치료하기 위한 연구라고는 해도, 의학과 생명과학 그리고 생명공학 분야에서 시도되는 줄기세포에 대한 탐구는 결국 유전자를 새롭게 조합함으로써(대부분은 우생학적인 관점에서) 자연적인 상태에서는 가능하지 않았던 인간형을 형성해내는 데에 크게 기여할 것이다. 목표는 유전자 치료에 있다고 해도, 거시적으로 본다면 결국 인간복제가 될 것이다.5 인간복제(사이보그를 포함해서)는 인간에게 자유를 안겨주고, 인간의 욕망을 실현시켜주며, 인간의 한계를 극복하게 해주기 때문에 실현 가능성이 매우 높은 전망이다. 이미 세계의 석학들은 향후 20여 년 안에 복제의 시대가 올 것이라고 예고하기도 했다. 이것은 1964년에 바이체커의 예견에 비추어보면 상상을 초월한 전망인데, 핵물리학자인 바이체커(Carl Friedrich von Weizsäcker)는 글래스고(Glasgow) 대학에서 행한 기포드 강연(Gifford Lectures) 가운데서 인간이 인간을 만들려는 오래된 꿈에 대해 다음과 같이 말한 적이 있다.6

---

3 Klaus Schwab, *The Forth Industrial Revolution*, 송경진 옮김, 『제4차 산업혁명』(서울: 새로운현재, 2016).

4 제4차 산업혁명의 진행을 가로막는 두 요인을 말하면서 클라우스 슈밥은 제4차 산업혁명에 대한 내러티브의 부족을 꼽았다. 결국 미래 사회를 형성할 기술력은 갖춰져 있고 또 향후 더욱 발전할 가능성도 충분하지만 그 기술적인 가능성을 실현할 세계에 대한 전망이 부족하다는 말이다. 쉽게 말해서 세계관의 부족이 제4차 산업혁명의 빠른 진행을 가로막고 있다는 말이겠다. 기술 자체는 목적을 갖고 있지 않다는 것을 시인하는 말이라고 생각한다. 고도로 향상된 기술이 어떤 목적을 위해 또 어떤 사회의 실현을 위해 사용할 수 있는지에 관한 대답을 찾는 일은 인문학적인 사고의 과제인데, 필자는 영화적인 사고가 중요한 역할을 할 것이라 생각한다. 슈밥이 언급한 4차 산업혁명에 대한 내러티브는 영화로부터 공급받을 것이다.

5 다음을 참고: Gregory E. Pence(ed.), *Flesh of My Flesh: The Ethics of Cloning Humans*, 류지한 외 옮김, 『인간복제, 무엇이 문제인가』(서울: 울력, 2002).

인간을 만들려고 한 것은 인간의 오래된 꿈이다. 나는 이것이 불가능하다는 것을 오늘날의 우리의 지식이 증명한다고 보지 않는다. 어느 날인가 인간을 만든다면 그것은 아마도 끔찍한 일일 것이다. 이것은 아마도 신에 대한 마지막 모독이고 또한 파멸적인 결과를 가져올 것이다. 실로 우리들이 이를 두려워하는 것은 당연할 것이며, 아마도 이 두려움은 그것이 불가능하리라는 형태를 취하고 있다 할 것이다. 우리의 확신 가운데 많은 것은 아마도 은폐된 불안이다. 사실상 나는 여기서 다시 이것이 가능하지 않을 것이라고 믿고 있다. 그러나 이에 대한 근거는 단지 사람들이 인간을 만들기 위해서는 역사를, 그것도 아마 40억 년이라는 역사를 필요로 한다는 것일 뿐이다.

바이체커는 40억 년이라는 시간을 설정하고 있는데, 그만큼 인간복제는 당시의 기술로 신기루로 여겨진 것이었기 때문일 것이다. 과학기술의 성장 속도가 얼마나 빨라졌는지를 실감하게 된다. 만일 20년 안에 복제가 현실화되면, 이 지구촌에는 유성생식과 무성생식이 공존하는 시대가 될 것이다. 여전히 추측에 불과한 부분도 있지만, 만일 그렇게 된다면 두 개의 인간형, 곧 자연적 출생에 따른 인간과 맞춤형 인간의 등장은 인간 이해에 어떠한 영향을 미칠 것인가? 휴먼과 포스트휴먼의 관계는 어떻게 될 것인가? 포스트휴먼은 인간으로서 권리와 자격을 가질 수 있을까?

1) <가타카> (앤드류 니콜, 1997): 기능적인 인간과 목적지향적인 인간

복제 양 '돌리'의 출생으로 전 세계가 떠들썩했고 일각에서는 인간복

---

6 Carl Friedrich von Weizäcker, *The Relevance of Science*, 송병옥 역, 『과학의 한계』 (서울: 민음사, 1996), 197.

제의 가능성을 조심스럽게 내비쳤던 시기에 개봉된 영화 <가타카>는 유전자 조작을 통한 인간과 자연적인 출생과정을 통한 인간의 모습을 대조적으로 보여주고 있다. 영화의 배경은 유전자 검사로 인간 건강의 미래를 예측할 수 있고 또 유전자 조작으로 뛰어난 기능을 가진 인간을 출생시킬 수 있는 생명과학기술이 보편화된 포스트휴먼 시대다. 유전자 조작을 통한 출생이 하나의 유행으로 굳어진 시기이며, 각종 질병에서 해방되고 또 기능적으로 완전한 사람을 추구하는 걸 당연시하는 때이다. 인간은 사회적인 필요에 따라 자신에게 주어진 선천적인 악조건들을 극복해야 하고, 또한 사회는 기능적으로 뛰어난 능력을 가진 인간을 요구하기 때문에 유전자 조작은 필수적이다. 과학기술적인 세계관에 순응하는 사람만이 적응하며 살아갈 수 있다는 점에서 과히 '과학적 전체주의'라 말할 수 있는 가상의 포스트휴먼 사회다.

각종 질환들의 발병 가능성을 예측할 수 있게 되면서, 자연적으로 출생한 사람들 가운데 조건이 안 좋은 사람들은 보험 가입도 안 되고, 유치원과 학교 입학도 안 되며, 또한 직장 취직도 쉽지 않다. 3D 업종의 직업군이 정해져 있어 하류계층의 사람으로 전락된다. 이에 비해 유전공학기술을 통해 좋은 유전인자를 이식받아 출생한 사람은 최고의 조건 속에서 성장하고 최고의 직장을 얻는다. 그야말로 행복이 보장된 사람이 되는 것이다. 자연인들은 맞춤형 인간에 비해 열등한 인간으로 취급받고 상류계층의 사람들을 위해 봉사하는 데에 동원되는 도구적인 의미만을 가질 뿐이다. 이렇게 해서 새로운 신분사회가 형성된다.

<가타카>의 스토리는 유전자 조작을 혐오하여 자연적 출생을 굳은 신념으로 가진 부모 밑에서 태어난 두 종류의 형제를 중심으로 전개되는데, 첫째 아이는 부모의 신념에 따라 자연적으로 태어났지만, 의료보험 가입도 안 되고, 유치원 입학부터 상급학교 진학하는 일에서도 불이익을 받아야 했다. 둘째는 첫째가 겪어야 했던 어려움이 반복되지 않기 위해

어쩔 수 없이 유전자 조작에 힘입어 맞춤형 인간으로 태어난다. 주변 환경에 의해 강요된 어쩔 수 없는 선택이었다. 인간이 공동체 환경에 의해 어떻게 변형될 수 있는지 그리고 자식의 미래를 위해 부모의 신념이 어떻게 변화될 수 있는지를 잘 보여준다.

그런데 <가타카>는 유전자 우생학적인 관점에서 볼 때 열등할 수밖에 없지만 우주 비행사가 되는 꿈을 실현하기 위해 노력하는 형에게 집중한다. 비록 자신이 자연적인 인간임을 속이는 방법을 사용하지만, 그것은 생존경쟁의 한 전략일 뿐이다. 형은 각고의 노력 끝에 우생학적으로 뛰어나고 기능적으로 완벽한 인간들과의 경쟁에서 승리해 최고의 실력자로 인정받고 마침내 우주 비행사의 꿈을 이룬다.

<가타카>는 인간을 성찰함에 있어서 특별히 기능주의적 관점에서 인간의 능력과 기능에 초점을 맞추고 있는데, 인격이 아닌 기능만을 중시하는 사회의 단면이 그대로 투영되어 있다. 뿐만 아니라 과학기술의 힘을 빌려 기능을 향상시키고자 하는 인간의 욕망을 잘 읽어낼 수 있다. 기능향상을 위한 노력은 굳이 경쟁에서 이기려는 의도에서 비롯하지는 않더라도 인간으로서 더 나은 삶과 생존을 위해 절대적으로 필요한 일로 여겨진다.

이런 스토리 전개를 통해 감독은 유전적인 조건이 인간을 차별하는 원인이 되어서는 안 되고, 또한 아무리 유전학적으로 우생인자를 가진 사람이라 하더라도 자연적인 인간을 결코 이길 수 없는 이유를 말하고 싶었던 것 같다. 다시 말해서 꿈과 희망 그리고 현실에 결코 굴복하지 않는 강인한 의지와 목적 지향적인 삶이 그것이다. 영화는 이 세계에서 열등할 수밖에 없는 자연인이 자신의 목표를 당당하게 성취하는 모습을 보여주며 끝나는데, 인간의 본질은 결코 기능적인 완전함에 있지 않으며, 오히려 꿈을 향한 강한 의지와 노력에 있음을 역설한다. 인간은 결코 선천적인 조건에 매이지 않으며 교육과 노력을 통해 얼마든지 새로운 가능

성을 열 수 있다는 주장으로 들린다. 포스트휴먼의 등장이나 유전자 조작의 필요성에 대한 강한 회의도 읽어볼 수 있다.

그런데 목적 지향적인 사회라고 해서 인간의 기능을 중시하지 않는 건 아니다. 성과를 목적으로 두는 한 마찬가지 결과로 이어진다. 예컨대, 재독 한인 철학자 한병철은『피로사회』에서 성과 지향 사회를 사회병리학적인 관점에서 조명하면서 기능과 성과 중심의 사회를 혹독하게 비판했다. 결국 기능을 중시하는 이유가 일정한 성과를 넘어 과잉 성과를 겨냥하는 것인데, 이것을 목적으로 삼는다면 인간의 본질에서 멀어질 수밖에 없다.

인간의 결점과 부족함이나 인간을 둘러싼 환경은 결코 부정적으로만 생각할 일은 아니다. 부족한 인간의 능력이나 인간에게 우호적이지 않은 자연적인 환경은 오히려 인간으로 하여금 소망하며 살 수 있게 하며 또한 인간의 상호협력을 가능하게 하여 인간으로서 본질에 근접하게 한다. 인간이 성과라는 목적이 아니라 하나님의 창조 목적을 지향하는 삶을 살 수 있도록 유도한다. 성경은 처음부터 인간이 서로가 서로를 돕는 존재로 만들어졌다고 말한다. 인간의 인문 혹은 자연 환경들은 부족한 인간이 더욱 강인한 존재로 도약할 수 있는 디딤돌이 될 수 있다.

2) <블레이드 러너> (리들리 스콧, 1982): **죽음을 피할 수 없는 인간**

<가타카>가 제작된 시기보다 훨씬 전인 1982년, 리들리 스콧 감독에 의해 제작되어 지금까지도 명성을 잃지 않고 있는 <블레이드 러너>는 <가타카>와 또 다른 맥락에서 인간과 포스트휴먼 그리고 양자의 관계를 성찰하는 SF 영화다. 영화가 다루고 있는 내용은 유전자 조작이 아니라 한층 향상된 과학기술을 전제하는 인간복제이다. 시대적 배경은 2019년이다(2017년에 드뇌 발뇌브 감독에 의해 30년이 지난 2049년을 배경으로 속편이

나왔다). 물론 <블레이드 러너>는 필립 딕(Philip K. Dick)의 1968년 소설 "안드로이드는 전기양의 꿈을 꾸는가?"(Do Androids Dream of Electric Sheep?)에 바탕을 둔 영화이긴 해도(각색은 Hampton Fancher과 David Peoples에 의해) 현재의 생명과학기술을 생각해볼 때 시간적으로 매우 정확하게 계산된 것 같아 그 통찰력에 놀라지 않을 수 없다.

소설이 발표되던 1968년을 생각한다 하더라도, 당시는 1952년에 개구리 수정란 복제의 성공으로 세계 과학계가 흥분한 후 15년밖에 지나지 않은 때였다. 생쥐 생식세포 복제의 성공도 1983년에서야 가능했고, 생명복제의 역사에서 이정표가 되는 첫 복제 양 '돌리'가 태어난 것은 1997년이었다. 체세포 복제의 성공으로 불가역의 원리가 깨지면서 비로소 복제의 가능성을 거론하게 되었는데, 1968년은 인간복제에 대한 과학기술적인 전망이 매우 불투명했던 시대였다. 바로 이런 시대에 인간복제를 생각했던 것이나, 또 환경 위기로 새로운 행성개발을 하지 않을 수 없는 배경 서술 그리고 2019년으로 설정된 시기는 현재의 과학기술에 비추어 볼 때 인간복제가 실현될 수 있는 가능성이 매우 높은 때로 추측된다는 점에서 작가의 통찰력과 상상력에 놀라지 않을 수 없다.

<블레이드 러너>는 SF 영화사에서 기념비적인 의미를 갖는 영화지만 당시에는 스티븐 스필버그의 명작 <ET> (1982)의 흥행으로 그다지 빛을 보지 못했다. 그럼에도 불구하고 <블레이드 러너>는 현재까지 최고의 SF 영화로 꼽히고 있다. 2007년 미국 영화계는 이 작품을 "문화적으로, 역사적으로, 미학적으로 의미 있는" 작품으로 선정할 정도였다. 제임스 카메론의 3D 영화 <아바타> (2009)가 기록할 만한 흥행을 이뤄내는데 성공했지만, <블레이드 러너>의 명성은 결코 잃지 않을 것이라 확신한다. 기술력에서 뒤질지는 모르지만 스토리텔링에서 결코 비교가 되지 않기 때문이다.

<블레이드 러너>는 겉보기에는 비록 인간들 사이에 잠입해 인간 세

상을 교란시키는 복제인간들(duplicants)을 찾아 제거하는 내용을 다루고 있다 해도, 결코 '복제인간도 인간인가?'라는 문제를 다루지 않는다. 형식적으로는 그렇게 보일지 모르지만, 기술적인 문제에 있어서 복제인간을 꿈도 꾸지 못하던 시기에 복제인간의 인간됨을 물었다고 생각하기는 어렵기 때문이다. 스토리를 자세히 들여다보면 매우 의미 있는 다른 질문을 성찰하고 있음을 알게 된다. '인간을 인간으로 인식할 수 있도록 만드는 것은 무엇인가?'라는 질문이다. 포스트휴먼 시대에 인간의 본질에 관한 관심을 표현한다.

스토리텔링 안에서 이 질문은 하나의 식별 원리로서 기능을 한다. 극도로 황폐해진, 그야말로 디스토피아적인 지구 환경을 피해 새로운 행성 개발이 필요했던 인류는 지구인의 생체 조건으로는 쉽게 접근할 수 없는 행성의 환경 때문에 복제인간 안드로이드들을 파송한다. 그러나 그들 중 일부는 반란을 일으켜 행성을 탈출하고 지구에 침입한다. 목적은 수명 제한의 비밀을 푸는 것이었다. '블레이드 러너'는 이들을 색출하는 임무를 일컫고, 영화의 스토리는 이들을 색출하고 제거하면서 겪는 에피소드로 구성되어 있다.

인간복제를 통한 포스트휴먼의 등장 이유를 영화는 지구환경의 황폐화로 인한 새로운 행성 개발에서 찾고 있다. 인간마저도 살기 어렵게 된 지구 그리고 새로운 삶의 터전을 구하기 위한 행성 개발은 제국주의적인 식민지 개척과 전혀 다를 바가 없다. 행성을 점령하기 위해 원주민들과의 싸움은 피할 수 없는 일이었고, 이 일을 월등하게 수행할 수 있기 위한 전투력이 필요했기 때문에 인간은 인간 병기로써 복제인간을 선택한 것이다. <아바타>에서 아바타를 제조하게 된 이유와 동일하다. <블레이드 러너>에 대한 카메론 감독의 오마주라고 보아도 결코 지나치지 않을 것이다. 나중에 살펴볼 <더 문>(던칸 존스, 2009)에서는 시간과 경비의 절약을 위해 인간을 불법적으로 복제하여, 그야말로 인간을 소비한다. <아일

랜드>(마이클 베이, 2005) 역시 클라이엔트의 손상된 장기를 대체할 목적으로 동일한 유전자의 인간을 배양(?)하여 소비한다는 이야기다.

인간 이해와 관련해서 몇 가지 장면들에 주목해보자. 먼저는 복제된 인간들을 식별하기 위해 사용되는 방법이 '질문하기'라는 것이다. 근대 철학이라는 새로운 놀이터와 회의적인 사유라는 놀이를 개척한 데카르트는 인식의 주체로서 자아의 확실성에 이르기 위해 끊임없이 질문을 던졌다. 그동안 당연하다고 여겨진 주변의 모든 것들, 심지어 수학적인 진리마저도 의심하였다. 질문과 회의 과정을 통해 그는 결국 생각하는 나(cogitans ego)라는 주체에 이르렀다. 질문은 자유를 주체의 속성으로 보는 근대 인간의 비판적 정신의 무기였다. 데카르트에게 있어서 인간은 생각하는 존재이지만, 그것은 의심을 위해 끊임없이 제기되는 질문으로 구성되고 또 생각하고 있음을 지시하는 질문을 통해 보존된다. 구체적으로 제시되지 않았고 또 본인 역시 의도하지 않았지만, 데카르트의 질문(의심)하기는 인간을 주체의 자리로 옮겨놓음으로써 결국엔 절대자인 신(神)마저도 의심할 수 있는 계기가 되었다.

영화에서 자신의 생명 연장의 가능성에 대해 궁금하게 생각한 복제인간들이 자신들을 제조한 자(창조자)를 찾아 질문을 던지고 결국 그를 살해한 것은 질문하는 인간과 창조주의 관계에서 매우 의미 있는 암시로 독해된다. 인간은 자신의 문제를 해결해주지 않는 창조주를 기꺼이 제거하고 그 후에 스스로 답을 찾아 나서려 한다는 것이다. 창조주가 설정한 한계 안에 머물러 있을 생각을 하지 않고, 한계를 벗어날 뿐 아니라 한계를 설정한 창조주에 대한 강력한 불만을 토로한다. 복제인간이 자신을 만든 인간을 제거하는 일은 복제인간과 인간의 구별을 무의미하게 만드는 일이 아닐 수 없다. 안젤름(Anselm of Canterbury)의 '지성을 추구하는 신앙'에 근거하여 신학의 방법을 모색했던 밀리오리(Daniel L. Miliore) 역시 '질문하기'를 인간에게 고유한 행위로 보았다. 그러므로 <블레이드 러

너>가 인간이 인간 아닌 것을 식별하는 방법으로 질문의 방식을 택한 것은 매우 의미심장하다. 겉으로 드러나는 태도와 표정은 얼마든지 속일 수 있다는 계산에서 나온 것이리라. 왜냐하면 질문은 감추어진 것들을 알아내는 가장 좋은 방식이기 때문이다. 질문은 호기심을 표현하고 또 충족하는 방식이지만, 상상력이 자신을 드러내는 표현 방식이기도 하다. 질문을 통해 의식의 확장이 이뤄지고 또 이를 통해 새로운 세계에 이르는 문이 열릴 수 있기 때문이다. 그 대표적인 예가 다음에 살펴볼 <A.I.>(스티븐 스필버그, 2001)에서 데이빗이 푸른 요정(blue fairy)을 찾는 질문을 매개로 꿈의 세계를 발견한 것이다.

이처럼 질문에 다양한 기능과 속성이 있기 때문에 도로시 리즈 (Dorothy Leeds)는 질문의 종류를 일곱 가지 힘으로 표현할 수 있었다.[7] 즉, 질문을 하면 답이 나온다, 생각을 자극한다, 정보를 얻는다, 통제가 된다, 마음을 열게 한다, 귀를 기울이게 한다, 스스로 설득이 된다, 조직을 변화시킨다는 것이다. 정해져 있는 대답을 기대하는 질문과 달리 소통과 탐색을 위한 질문은 여러 가지 일들을 일으키는 힘이 있다. 그러므로 질문하는 자가 주도권을 갖는 법이다. 뱀이 인간을 유혹하는 방법도, 인간의 죄를 찾아내는 하나님의 방법도 질문이었다.

영화 속에서 인간이 던지는 질문의 내용은 대상자가 무엇을 기억하고 있는지, 미래에 대한 개념은 있는지, 감정적인 반응을 할 수 있는지 그리고 학습되지 않은 경험에 대해 자율적인 판단을 내릴 수 있는지 등을 탐색하는 것으로 구성되었다. 장기 기억을 사용하여 미래를 예측할 능력의 유무를 알아보는 것이다. 왜냐하면 복제된 인간은 과거와 미래가 없으며, 오직 입력한 대로 현재에 필요한 기능만을 수행할 수 있을 뿐이고, 단기기억만을 갖고 있을 뿐이며, 예약을 하면 미래의 일정 시점에 반응

---

7 Dorothy Leeds, *The 7 Powers of Questions: secrets to successful communication in life and at work*, 노혜숙 역, 『질문의 7가지 힘』(서울: 더난출판사, 2002).

은 해도, 입력되지 않은 혹은 학습되지 않은 일에 대해서는 반응을 할 수 없도록 설계되어 있기 때문이다. 이것은 인간의 본질에 대한 간접적인 성찰로 볼 수 있다. 즉, 인간은 과거에 대한 기억과 미래에 대한 기대와 소망 그리고 감정적이고 자율적인 판단 능력을 가진 존재라는 것이다.

기억은 인간 이해에 매우 중요한 단서다. 인지신경과학자 마이클 가자니가는 뇌 연구에 기초한『왜 인간인가?』란 제목으로 출판된 책에서 컴퓨터의 기억과 뇌의 기억은 근본적으로 차이가 있다고 말하면서, 인공지능은 아무리 고도로 발달된다 하더라도 결코 인간이 될 수 없음을 주장한 바 있다. 그가 말하는 차이란 컴퓨터는 계산을 하지만, 뇌는 기억하기 때문이라는 것이다.[8] 심지어 알렉시스 카렐은 세포와 체액에도 기억력이 있기 때문에 인간은 추상적인 이론을 통해서가 아니라 개성을 가진 존재로 이해되어야 한다고 말한다.[9] 식물에게는 기억 능력이 없으며, 동물의 기억은 제한되어 있다. 어떤 특정한 것에 대한 기억을 다양하게 확장시키고, 다른 것과 연관시키는 연상기억은 인간에게만 있는 것이다.

기억은 재생산을 가능하게 하는데, 아리스토텔레스는 잠재태와 현실태의 관계에서 기억의 의미를 말하면서, 기억은 비존재를 존재의 영역으로 재생산할 수 있고 또한 비록 존재가 사라진다 해도 그것에 대한 감각이나 인식을 지속케 하는 힘이 있다고 보았다. 재생산과 보존 그리고 연상의 능력을 통해 기억은 인간의 의식과 정체성 그리고 개성을 형성한다. 인간은 기억이 상실되면 개성이 사라질 뿐만 아니라 소통의 가능성들도 점점 사라지며 존재마저도 소멸한다. 기억이 존재라는 말은 이런 맥락에서 나온다. 그렇다면 장기기억의 기능이 손상된 인간에게는 어떤 일이 생길까? 바로 이런 인간학적인 질문을 화두로 만들어진 영화가 <메

---

8 Michael S. Gazzaniga, *Human: The Science Behind What Makes Us Unique*, 박인균 옮김, 『왜 인간인가』(서울: 추수밭, 2009), 473.

9 Alexis Carrel, *Man, The Unknown*, 류지호 옮김,『인간 그 미지의 존재』(서울:문학과 사상사, 1998), 앞의 글, 251.

멘토> (크리스토퍼 놀란, 2000)이다.

영화 <메멘토>는 5분의 기억력을 가진 사람이 어떤 삶을 살아갈 수 있는지를 특이한 영화적 상상력을 통해서 보여준다. 짧은 기억력으로 인해서 자기 정체성을 지켜나가는 것이 힘든 것은 물론이고, 타인과의 관계나 소통이 쉽지 않으며, 결국에는 자신이 하는 모든 일들이 왜곡될 수 있고 심지어 위험한 일(살인)에도 연루될 수 있음을 암시한다.

알츠하이머성 기억상실증에 걸린 사람들은 모든 것에 대한 기억이 사라지면서 자기 자신에 대한 기억조차 사라지게 하는 무서운 병이다. 그 마지막 단계에서 인간은 거의 동물의 수준에 근접한다. 기억이 없는 인간에게는 죽음에 대한 공포나 두려움도 없다. 그런 사람들 곁에 있어야 하는 가족들의 고통이 얼마나 큰지는 <내일의 기억> (츠츠미 유키히코, 2006), <내 머리 속의 지우개> (이재한, 2004) 그리고 tvN 방송 드라마 <기억> (박찬홍, 2016)에서 잘 표현되었다. 일본 영화 <내일의 기억>은 감동적이면서도 제목에서 깊은 인상을 주는 영화다. 기억과 내일, 곧 미래를 직접적인 연관관계 속에서 생각했기 때문에 가능했던 영화다. 기억과 미래가 없다면 현재에서 사고하는 삶을 산다는 것 자체가 불가능하다. 현재에서 이뤄지는 성찰은 전적으로 기억과 기대 혹은 소망에 의존하기 때문이다.

복제인간에게 기억이 없다는 것은 단순한 기억을 말하는 것이 아니다. 왜냐하면 컴퓨터 역시 기억 능력을 가지고 있기 때문이다. 그러나 기계적인 연산 작용에 따른 기억 능력에 있어서는 인간보다 앞설 수 있다해도, 그것은 과거의 단순한 재현에 불과하다. 현재까지는 상황에 대한 종합적 판단에 근거한 인간의 기억 능력에 결코 비교할 수 없다. 인간의 기억은 과거의 단순한 재현이 아니라 뇌의 가소성에 근거한 연상을 특징으로 한다. 연상능력이 아닌 단순한 재현 능력으로서 기억은 예기치 못하는 사건들로 구성되는 미래에 대한 청사진을 갖지 못한다. <블레이드

러너>에 나오는 복제인간에게 기억이 없다는 말은 연상 능력으로서 기억이 그들에게 없다는 말이다. 기억이 없으면 미래가 없기 때문에 염려와 불안, 두려움이나 공포도 없다. 그들은 현재의 시간을 오직 명령에 따라, 즉 입력된 대로 살아갈 뿐이다. 심지어 그들은 이식된 기억과 그것에 대한 추억을 가질 수도 있다. 이런 점에서 복제인간을 식별하는 기준을 기억과 기대 혹은 소망에서 찾은 것은 매우 깊은 통찰의 결과라 생각한다.

<블레이드 러너>가 주는 흥미는 이런 인간 이해를 뒤집는 스토리텔링에 있다. 현실에 바탕을 두지 않고 영화적인 상상력으로 구성되는 것인데, 다시 말해서 질문으로 지구 침입자를 색출하는 과정에서 데카드(해리슨 포드)는 놀라운 경험을 한다. 복제인간에게서 전혀 다른 모습을 본 것이다. 경험을 통한 학습이 가능할 수 있도록 제조된 복제된 인간들은 과거에 대한 또렷한 기억과 연상능력이 있을 뿐만 아니라 또한 경험에 대한 느낌을 가지고 있으며, 심지어 자신들의 창조자(근원)를 만나 자신의 한계를 알고, 한계를 극복할 수 있는 가능성을 물을 수 있었다. 비록 안전장치로 복제인간에게는 4년의 수명밖에 허락되어 있지 않았지만, 영화는 수명의 길고 짧음이 인간을 인간답게 해주는 것은 아님을 역설한다. 유전적 기형으로 인해 조기에 죽는 사람들이 얼마나 많은가. 도대체 무엇이 인간이고 복제인간인지 구분하기 쉽지 않은 상황이다. 만일 그들이 범법행위를 하지 않는다면, 굳이 복제인간을 식별해서 제거할 이유가 없을 것 같은 상황이다. 게다가 복제인간으로서 한층 업그레이드된 레이첼(손 영)은 자신이 복제된 사실을 인정하지 않고 스스로를 인간으로 이해할 정도다. 그것을 입증하기 위해 가족에 대한 추억이 담긴 사진을 제시하지만, 그러나 그녀의 기억은 이식된 것이다. 과학기술적으로 얼마나 가능할지는 모르지만, 영화 <인셉션>(크리스토퍼 놀란, 2010)은 무의식에 생각을 심는 가능성을 상상한다. 이것이 가능하면 기억은 주입될 수도 있고, 조작될 수도 있다. 복제인간의 문제를 다루는 영화에서 빠지지

않고 등장하는 것이 기억의 제거(<아일랜드>, <여섯 번째 날>, <공각기동대> 등)라는 점은 기억이 인간 이해에 어떠한 의미를 갖는지를 시사한다. 그녀는 수명에 있어서 비록 4년으로 제한되어 있다 해도, 인간에게만 있다고 여겨진 사랑의 감정을 갖고 있고, 또 그 감정을 표현할 수 있으며, 사람을 신뢰할 수도 있다. 이것은 데카드를 극도의 혼돈으로 몰고 간다. 왜냐하면 인간과 복제인간을 식별해내는 것이 더 이상 의미가 없었기 때문이다. 어쩌면 자신조차도 복제인간인지 누가 알 것인가?(감독은 후에 데카드 역시 duplicant 였다고 말했다고 한다).

인간 이해와 관련해서 정리해본다면, 영화는 특히 인간에 대한 성찰에서 인간의 본질적인 모습을 질문하기, 기억하기 그리고 사랑하기에서 찾고 있다. 그리고 인간이 극복할 수 없는 한계를 제한된 생명에서 본다. 복제인간이나 인간이나 영원히 살 수 없다는 점에서는 동일하기 때문이다. 오래 살고 일찍 죽는 것이 인간의 본질을 이해하는 일에 중요하지 않으며 중요한 것은 모두가 죽음을 피할 수 없다는 사실이다. 자신이 죽을 줄을 알고 그 한계를 벗어나기 위해 몸부림치는 존재가 바로 인간이다. 포스트휴먼의 등장은 바로 이런 한계를 극복하기 위해 인간 향상(human enhancement)을 시도한 결과이다.

3) <아일랜드> (마이클 베이, 2005): 클론도 인간이다

맞춤형 줄기세포 연구에 있어서 세계적으로 독보적인 위치를 점유했던 황우석 박사가 연구 과정에서 난자 사용과 관련해 비윤리적인 행위를 범했고, 또한 줄기세포 연구 결과를 조작했다는 방송보도로 떠들썩하던 2005년에 한국에서 <아일랜드>가 개봉되었다. 주제도 그렇지만 시선을 사로잡는 화려한 영상기법으로 잘 알려진 마이클 베이 감독의 작품이라 많은 관심이 집중되었다. 그러나 예상과는 다르게 다른 나라에서는 흥행

에 재미를 보지 못했고 유독 우리나라에서만 흥행몰이에 성공했다. 그
이유에 대해 영화계는 황우석 박사 사건에 대한 관심 때문이라고 분석하
였다.

아무튼 동물복제의 성공에 이어서 맞춤형 유전자 치료를 확신하고
또 인간복제의 가능성을 어렴풋이 전망하고 있던 때에 개봉된 <아일랜
드>는 인간복제의 필요성에 대한 이유를 제공하면서 동시에 그것이 끼
치는 해악을 폭로한다. 다시 말해서 인간을 복제하는 목적은 상업자본주
의에 기반을 두고 있으며 인간의 장기에 갑작스런 이상이 생겨날 것을
예상해서 동일한 유전자의 인간을 복제해놓고, 문제가 생겼을 때 장기를
이식받기 위함이다. 철저히 통제된 시설에서 거주하는 복제인간들은 수
요가 생길 때까지 각기 맡은 임무들을 수행하며 살아가나 자신이 누구인
지 왜 존재하는지를 깨닫지 못한다.

인간이 단순하게 살지 않고 철학적인 질문을 제기하며 고민한다는
것이 얼마나 중요한 의미가 있는지를 깊이 느낄 수 있는 환경이다. 도대
체 내가 다른 인간을 위해 소비될 목적으로 복제된 '상품'인지 무엇으로
알 수 있는가. 인간은 어디로부터 와서 어디로 가며 또 인간은 누구인지
를 끊임없이 성찰하며 사는 것은 사치가 아니라 인간으로서 가치를 잃지
않기 위해 필수적인 질문이다.

회사에 의해 선택되어 꿈의 '아일랜드'로 가기만을 기다리는 복제된
인간은 어느 날 우연히 자신이 클론이라는 것을 알게 되고, 또한 복제 의
뢰자에게 장기이식의 필요가 생길 때 클론들이 무자비하게 제거되는 모
습을 목격하고 충격을 받는다. 곧 회사가 말하는 꿈의 '아일랜드'는 결코
존재하지 않는 곳이며, 그곳은 수술대이고 죽음의 시간이며, 자신들은
클론으로서 소비되기(장기이식)를 기다리는 상품에 불과할 뿐임을 알게
된 것이다. 이 소식을 접한 클론들은 마치 새가 알에서 깨어 나오듯이 마
침내 폐쇄된 세계에서 벗어나 인간에 대한 상업주의적인 욕망을 파괴함

으로써 영화는 끝난다. 클론도 인간임을 선포하는 순간이다.

　<아일랜드>는 복제의 필요성을 장기공급에서 찾고 있다. 의뢰인의 생명을 위협하는 장기에 문제가 생겼을 때 언제든지 공급할 준비를 갖추는 것이다. 기본적으로는 생명을 연장하려는 인간의 욕망에서 비롯하나 인간을 존재 자체로 인정하기보다 일정한 기능과 가치에 따라 인지하는 태도의 결과다. 이런 현실의 실현은 오로지 자본력을 갖춘 의뢰인에게만 해당되기 때문에, 만일 이것이 현실화되면 새로운 형태의 계급이 형성될 수밖에 없다. 안락사 논쟁에서 뇌사자의 안락사를 찬성하는 이유 가운데 하나가 장기이식이라고 한다면, 인간복제는 굳이 복잡한 논쟁을 벌이지 않고서 쉽게 장기를 공급받을 수 있는 방법이다. 마이클 베이 감독은 바로 이런 상황을 염두에 두고 클론의 자기발견과 정체성 위기를 겪는 과정을 매개로 인간 이해와 관련한 문제들을 심각하게 고민했던 것 같다. 결국은 클론에게도 의식은 현존하며 따라서 그 인권이 존중받아야 할 인격체이어서 결코 상품으로 소비될 수 없음을 역설한다. 의식을 가진 존재는 비록 복제되었다 하더라도 인간으로서 여겨져야 하며 어떤 형태로든 소비재가 될 수 없다는 주장으로 들린다.

　<아일랜드> 역시 복제된 유전자 속에 들어있는 기억을 매우 중요하게 생각한다. 복제과정에서 완전히 제거되지 않은 과거의 기억은 매일같이 반복되는 동일한 꿈으로 표현된다. 클론의 기억은 유전자의 기억 능력을 전제하는 것인데, 심리학자 융(Gustav Jung)이 말하는 집단 무의식에서 그것의 흔적을 추측해볼 수 있지만, 유전자를 통해 집단무의식을 갖게 될 가능성은 아직 과학적으로 확인되지 않은 일이다.

　영화가 던지는 중심 화두는 클론으로서 인간에 대한 이해이다. 클론 역시 과거를 기억할 수 있으며, 또한 자신의 존재의미와 가치에 대해 고민하고 생각할 수 있을 뿐 아니라, 사랑하고 또 자유를 갈망한다. 복제된 존재가 의식을 갖는 한 인격적인 존재의미를 가진다는 주장이다. 자아의

식이 인간에게 고유한 것임을 역설한다.

후에 마이클 베이 감독은 <트랜스포머: 최후의 위기> (2017)에서 로봇의 의식의 문제를 다루는데, 그는 로봇에게서 의식의 변화가 일어남을 표현하고, 또 로봇은 기계로서 폐기되는 것이 아니라 죽을 수도 있고 또다시 살아날 수도 있는 존재로 표현하였다. 로봇에게 죽음이라는 표현을 사용하는 부분이 매우 인상 깊다.

이런 스토리텔링을 통해 마이클 베이 감독은 무엇을 겨냥한 걸까? 한편으로는 의식이 있는 존재는 누구에 의해서도 통제될 수 없으며 또한 수단으로 사용될 수 없는 인격임을 강조하면서도, 다른 한편으로는 의식을 가진 로봇의 출현에 대한 경각심을 불러일으키려 한 것일까? 물론 인간 이해가 로봇에게 투영되었다는 사실은 분명하다. 또한 의식이 있는 강한 인공지능 기술에 대한 전망이 불투명하다는 사실 때문에 아직은 기술적으로 요원한 문제라고는 해도, 의식이 있는 로봇에 대한 인간학적인 성찰은 필요할 것이라 생각한다. 포스트휴먼에 대한 인간학적인 성찰은 현재까지는 영화를 통해서가 아니면 가능하지 않은 일임을 실감한다.

<아일랜드>에서는 단순히 클론의 인간됨을 강조하기보다는 현실 뒤에 현존하며 인간 이해에 변형을 가져오는 클론에 대한 인간의 탐욕과 생명에 대한 인간의 집착을 소비할 수 있게 하는 상업자본주의의 망령을 폭로하고 경고한다. 아놀드 슈바르츠네거가 주연으로 출연한 <여섯 번째 날> (로저 스포티스우드, 2000) 역시 같은 맥락에서 이해될 수 있는 영화다.

한편, 이 영화가 던지는 화두 중에 하나는 '아일랜드'라는 꿈이 타인의 생명을 연장하는 결과로 이어지는 것이다. 필자가 이점에 주목하는 이유는 그리스도인들의 삶의 특징이 종종 이웃의 생명을 위한 자기희생에 있다고 여겨지기 때문이다. 그리스도인의 꿈은 자신의 희생을 통해 실현되는 타인의 구원이다. 그리스도는 십자가의 죽음을 통해 이것을 보여주었고, 그리스도인은 그의 뒤를 따르도록 부름을 받는다. 이것은 혹

시 누군가의 생명을 연장하기 위해 사용될 클론을 만드는 일을 정당화하는 일일까? 그렇지 않다. 오직 희생의 관점에서만 보더라도 그리스도인의 희생은 부르심과 자발적인 선택에 따른다. 이에 비해 클론의 희생은 강제적이다. 클론 역시 인간인 한에서 누군가를 위해 강제로 희생되도록 해서는 결코 안 된다. 이런 문제의식은 자연스럽게 인권 문제로 귀착된다. 클론이 노예로 부리기 위해 혹은 장기를 대체하기 위해 만들어졌다 해도 의식과 기억을 가진 인간인 한에서 클론의 인권 역시 보장받아야 한다. 비록 클론이 아니라도 인간을 목적이 아니라 수단으로 여기는 상업자본주의적인 탐욕은 현대 사회에서 흔히 볼 수 있다. 돈으로 무엇이든 할 수 있다는 생각 자체를 삼가는 일이 인간존중의 첫걸음이다.

4) <더 문> (던칸 존슨, 2009): 소비되는 인간

상업자본주의적인 탐욕은 우리 사회 곳곳에서 발견된다. <더 문> 역시 그런 점을 폭로하는 영화다. 우리 사회에서는 현행법적으로 허용되지 않은 일들도 인류의 생존이나 국가적인 미래와 관련된 일이라고 판단되면 대체로 면죄부를 주는 분위기다. 여기에는 대를 위해 소를 희생하는 것을 당연시하는 가치관이 작용하고 있다. 그뿐 아니라 현대의 과학기술은 자본과 공생관계를 갖는다. 자본이 뒷받침되지 않는 연구는 가능하지 않고, 연구 결과는 기술적으로 응용되어 상업자본의 증식으로 이어진다. 과학연구에서 경제적인 논리와 힘의 논리는 압도적이다. 배아줄기세포 연구가 허용된 것도 윤리적인 논의에 앞서 맞춤형 장기치료를 가능하게 해준다는 낙관적인 희망과 그 희망을 통해 경제적인 이익을 실현하려는 정치적인 이유 때문이었다. 인류의 생명을 연장시켜줄 수 있다는 구원의 메시지가 있었을 뿐 아니라, 상상을 초월하는 상업적 이익을 가져올 수 있다는 계산이 있었다. 현재는 윤리적인 문제 때문에 성체줄기세포 연구가 대안으로 제시되고 있으나, 배아줄기세포 연구 자체가 사라지지는 않았다. 사고로 혹은 질병으로 손상된 신체의 일부분이 복원될 수 있다는 생명공학적인 전망은 수많은 환자들과 그들의 가족들에게 희망이기 때문이다. 인공지능 및 신경과학 연구의 융합은 물론이고 인간의 육체적인 한계를 극복할 목적을 지향하면서 유기체와 기계의 혼종인 트랜스휴먼의 이념을 실현할 수 있는 보철기술도 빠르게 향상되고 있어 전망은 더욱 낙관적이다. 복제에 대한 인류의 욕망은 결코 멈추지 않을 것으로 생각되는데, 왜냐하면 복제를 필요로 하는 이유가 많은 환자들 자신에게 내재해 있을 뿐 아니라, 또한 소위 국가의 이익으로 포장된 정치적이고 상업주의적인 야망이 도사리고 있기 때문이다. 생명의 위기 앞에 있는 환자를 가족으로 둔 사람들의 요구를 누가 또 어떻게 거절할 수 있으며, 경제 및 상업자본주의에 기초한 문명의 힘을 누가 또 어떻게 막을 수 있을 것인가!

<아일랜드>에서 볼 수 있었듯이 장기를 대체할 목적 외에 유전자를 조작하거나 인간을 복제하게 되는 또 다른 이유는 지구환경의 변화로 인해 겪게 된 생존의 위기에서 대안을 발견하기 위함이다. 지구온난화로 야기되는 이상 기후와 환경의 변화는 새로운 삶의 터전을 얻으려는 노력으로 이어질 수밖에 없고, 지구 자원의 한계는 생존에 필요한 새로운 에너지원에 눈을 돌리게 만든다. 이것은 미래학자들이 이구동성으로 예측하고 있는 사실이다. 이런 상황을 가정할 때 필요한 것은 인간의 접근이 어려운 행성에서 원활한 작업을 위해 필요한 노동력을 공급하는 일이다.

<마션>을 생각해보자. 화성에 홀로 남겨진 한 사람을 구출하기 위해 얼마나 많은 사람이 희생해야 하고 또 그에 따라 지불되는 천문학적인 비용은 어떤가. 인류의 생명존중 사상을 볼 수 있는 영화였지만, 한 사람의 생명을 위해 또 다른 사람을 희생해야 하는 안타까운 현실이나 천문학적인 비용을 지출해야 하는 현실은 상업자본주의에 익숙한 인간에게

는 썩 바람직한 현상이 아니다.

바로 이런 문제를 염두에 두고 상상해서 만든 <더 문>은 지구 이외의 행성을 개발할 수밖에 없는 상황에서 클론의 필요성을 역설한다. 비록 아직은 상상의 세계에 불과하지만 실제로 어떻게 보일 것인지는 인류 모두가 궁금해 하는 점이다. SF 장르는 이런 맥락에서 정체성을 얻고 또 설득력을 얻는다.

예컨대 <블레이드 러너>는 식민지 개척을 위해, <아바타>는 고가의 에너지를 얻기 위해 개발하는 행성의 특수한 조건에 적용하며 살 수 있는 유형의 생명체를 복제하는 이야기다. <더 문> 역시 마찬가지 배경을 갖지만, 색다른 이유가 있다면, 달 기지에서 일할 수 있는 훈련된 기술자를 양성하기 위한 시간과 비용을 절약하기 위함이다. 이것은 인류가 미래의 에너지원 확보를 위해 해결해야 할 가장 시급한 과제에 해당된다. SF영화들은 이런 상황에서 복제인간들에게 어떤 일이 일어날 수 있는지를 깊이 있게 성찰한다. 특히 <더 문>은 짧은 상영시간과 비교적 적은 CG를 사용하고 있음에도 불구하고 매우 다양한 생각들을 불러일으키는 작품이다. 리들리 스콧이 던칸 존즈 감독을 차세대의 SF 영화계를 이끌 인재로 보았다고 하는데, 충분히 일리가 있는 통찰이라고 생각한다. 그 후에 나온 영화 <소스 코드>(2011)나 <워크래프트>(2016)를 보아도 스콧 감독의 평가는 결코 과언이 아니라고 생각한다.

샘 벨 1(샘 록웰)은 복제된 인간이다(다른 복제와 구분하기 위해 편의상 1이라는 숫자로 표기한다. 그러나 그 역시 복제된 존재일 뿐이다. 영화상에 첫 번째로 샘 벨이라는 이름으로 등장한다는 의미에서 숫자 '1'을 표기했다). 명목상으로는 달에서 무공해 에너지를 얻기 위해 파견된 기술자다. 가족과 헤어져 달에 설치된 기지 '사랑'(sarang)에서 고립된 삶을 살며 지낸 3년 동안의 임기를 마치고 지구로 귀환하기 2주 전 상황이다. 통신위성의 고장이라고 하지만 사실은 통신 제한 장치 때문에 지구와의 실시간 통화가 막혀 있다. 저장된 파일로만 아내의 모습을 볼 수 있으며, 그것도 이식된 기억에 근거한 소통일 뿐이다. 샘 벨 1은 오랫동안의 고립된 상황에 살면서 극도의 외로움을 느낀다. 직업적인 일 말고 그가 할 수 있는 일은 인간에게 매우 우호적이고 친밀한 거티로 불리는 인공지능 로봇과 대화하는 일이며, 또한 저장된 메시지 파일과 이식된 기억을 바탕으로 지구에 있는 아내와 딸을 그리워하는 것이다. 자신이 다섯 번째 복제물로서 소모품에 불과하다는 사실과 3년이라는 생명 연한을 가지고 있다는 사실을 전혀 알지 못하는 샘 벨 1은 자신의 몸이 예전과 같지 않음을 직감한다. 두통과 환영에 시달리다가 급기야 달 기지에서 사고를 당해 의식을 잃는다. 며칠의 유효기간을 남겨둔 상태다.

계속된 에너지 탐사 작업을 위해 미리 복제된 또 다른 샘 벨 2가 태어난다. 막 잠에서 깨어난 샘 벨 2는 거티에게서 자신이 사고를 당해 뇌를 다쳤으며 오랜 시간 동안 의식을 잃고 있었다는 말을 듣는다. 그것은 언제나 반복된 메시지였고 새로 시작하는 클론의 학습을 위한 프로그램일 뿐이다. 샘 벨 2의 모습을 보면 흡사 바깥 세상에 대한 강한 호기심을 가진 아이와 같다. 고집스럽고 자기중심적이고 자부심이 강하다. 그가 왜 가족을 떠나 달 기지로 파견 근무를 할 수밖에 없었는지, 왜 아내와 어색한 관계를 갖게 되었는지를 시사해주는 장면이다. 영화 시작과 함께 볼 수 있었던 샘벨 1의 전 모습이다. 동일한 인간이 동일한 환경에서 살아가는 모습이 계속적으로 반복된다는 사실을 영화는 이렇게 보여주었다.

한편, 거티의 경고를 무시하고 기지를 떠나 이곳저곳을 다니다 샘 벨 2는 우연히 사고현장에 이르게 되고 그 안에서 자신과 동일한 모습을 갖고 있고 탈진하여 초췌한 모습의 또 다른 샘 벨 1을 발견하고 놀란다. 기지로 가지고 온 샘 벨 1과의 관계에서 자신이 복제된 존재임을 알게 된 샘 벨 2는 훈련된 기술자를 얻기 위한 시간과 비용을 줄이기 위해 회사가 어떤 상업주의적인 욕망을 실천하고 있는지를 확인하고 전율한다. 이어서 또 다른 클론들이 기지 내 어딘가에 감춰져 있을 것으로 추측하며 비밀의 방을 찾아보지만 성공하지 못한다. 같은 기지에서 보내는 일상에서 두 명의 샘 벨은 수없는 좌충우돌을 겪는다. 그러나 두 사람은 어느새 아내에 대한 공동의 추억을 즐기며 서로를 조심스럽게 바라본다. 자신이 복제가 아님을 확신하면서도 샘 벨 1은 극도의 탈진 상태에 빠진다. 자신의 상태를 심각하게 느끼면서도 계속적인 수색의 노력을 통해 샘 벨 1은 드디어 기지 밑에 숨겨져 있는 비밀의 방을 발견한다. 에너지 탐사와 자신들의 존재에 대한 진실을 파헤치기 위해 협력하는 두 사람은 비밀의 방에서 자신들의 모습을 가진 수많은 클론들을 확인하며 경악한다. 샘 벨 1은 마침내 자신의 기억조차 이식된 것이고 실제로 자신의 아내는 이미 죽었다는 사실을 알고 절망한다. 시간이 지나면서 점점 더 힘과 의식을 잃어가는 그는 지구로 탈출하기 위한 계획을 샘 벨 2에게 양보한다. 샘 벨 2는 사고로 죽은 것으로 보고된 샘 벨 1을 폐기처분하기 위해 지구에서 파견된 구조대가 도착하기 전에 복제된 또 하나의 샘 벨 3을 깨우고, 또한 그가 진실을 알 수 있도록 통신제한 장치를 파괴한 후에 달 기지를 떠나 지구로 귀환한다. 자막으로 처리된 마지막 장면은 캠 벨 2에 의해 회사의 사악한 의도가 폭로되었다는 사실을 알려준다.

<더 문>은 복제에 관한 영화의 종합편이라고 볼 수 있을 정도로 다양한 관점들을 포함하고 있다. 다시 말해서 <아일랜드>에서 다뤄진 클론의 인간으로서 정체성 문제, <블레이드 러너>에서 다루고 있는 복제인간의 제한된 수명으로 인한 반란이나 이식된 기억으로 인해 겪는 정체성의 문제 그리고 <여섯 번째 날>에서 나타난 자신과 동일한 클론을 보면서 겪는 갈등과 클론 제조회사의 사악한 음모에 대한 응징 등의 문제를 모두 다루고 있다. <더 문>은 인간이 여러 가지 이유들로 클론을 시도한다 해도, 즉 과학기술의 발달과 지구환경의 변화가 클론의 필요성을 역설한다 해도, 그것은 어떠한 정당성도 확보하지 못할 것이라는 메시지를

던져준다. 그 이유로 제시하는 것을 인간 이해의 관점에서 본다면, 인간
은 unique(유일무이)하기 때문이며 또한 인격체로서 결단코 상업주의적
인 욕망을 충족시키기 위한 수단이 되어서는 안 되기 때문이다.

영화에서 매우 짙은 비애감을 느끼게 되는 이유가 암울한 분위기를
자아내는 음악이나 흑백으로 처리된 달 표면의 황량함 때문만은 아니라
고 생각한다. 자신이 3년의 유효기간을 가진 소모품임을 알지 못한 채 이
식된 기억으로 아내와 딸을 추억하며 집으로 돌아가겠다는 희망을 가진
샘 벨의 모습 때문이다. 허구의 세계에 대한 클론들의 동경이 자신들이
소모품에 불과하다는 진실을 알게 되면서 절망으로 바뀌는 일은 이미
<아일랜드>에서 익숙한 장면이다. 그 익숙함이 또 다시 반복되고 있다
는 사실은 영화의 상호참조라는 맥락을 넘어서 결코 줄어들지 않고 반복
적으로 나타나는 인간의 탐욕의 모습을 재확인시켜주는 것이 아닐 수 없다.

100세 시대를 내다보면서 살고 있는 인간은 혹시 누군가의 의도에 따
라 소비되는 존재는 아닐까? 일중독에 빠져 살고 또 그 대가로 세상에서
주는 유익을 맘껏 누리며 살면서도 정작 가족과 자신을 돌아보지 못하는
삶을 당연하게 여기는 인간은 혹시 단지 회사 혹은 사회 혹은 국가 혹은
인류의 이익을 위해 사용되는 소모품은 아닐까? 그렇지 않다는 것을 누
가 알 것이며 또 어떻게 확인할 수 있을까? 인간은 도대체 무엇인지, 어떻
게 살아야 인간다운 삶인지, 수단이 아니라 목적으로 사는 삶은 어떤 것
인지… 영화는 비록 대답을 주진 않아도 이와 관련해서 강한 의구심을
불러일으킨다. 그뿐 아니라 생명이 지속되는 한 인간다움을 실현하는 길
이 무엇인지를 묻게 한다. 포스트휴먼을 상상하고 또 그 실현을 충분히
내다볼 수 있는 현실에서 결코 간과해서는 질문이다.

5) 인간복제에 대한 기독교 인간학적인 비판

인간은 자신의 한계를 극복하기 위한 노력을 아끼지 않는다. 한계는 극복되기 위한 것이라는 생각은 아마도 과학기술의 진보와 그 결과들을 경험한 인간들이 만들어낸 것이라 생각한다. 한계란 과학기술의 한계일 뿐이며, 그러므로 한계란 당연히 극복되어야 하는 것이다. 그러나 경우에 따라서 한계는 단지 극복될 것이 아니라 인간이 더불어서 살아가야 할 혹은 그 일부로서 포함되어 있어야 할 환경일 수 있다. 이럴 경우 인간은 한계를 극복하기보다는 한계의 범위에서 최선의 삶을 살도록 노력하는 것이 바람직한 해결책일 수 있다. 흔히 한계로 설정되는 것은 죽음과 생명의 문제이다. 생명과 죽음은 신에게 속해 있는 것이라고 생각해서 사람들은 이것들에 대한 인간의 자의적인 판단을 금한다.

생명과학과 생명공학이 발달하여 유전자 정보를 해독하고, 생명작용의 역학을 풀어내어 과학기술의 도움으로 생명을 인위적으로 만들어낼 수 있게 되면서, 생명의 문제는 더 이상 한계로 여겨지지 않게 되었다. 물론 영원히 사는 문제는 여전히 풀 수 없는 숙제이지만, 유전자 조작(혹은 치료)으로 원하는 형태의 생명을 만들어내고, 장기이식을 통해 생명을 연장하는 기술은 이미 개발되었다. 더군다나 트랜스휴먼은 이미 현실이 되었고, 인간과의 바둑 대결에서 승리한 알파고의 능력을 생각한다면 그리고 제4차 산업혁명이 제시하는 청사진을 생각하면, 비록 아직 의식이 있는 인공지능 로봇의 출현을 불가능하다고 예견하는 과학자들이 대부분이고 또한 인간의 생명을 존엄하게 생각하는 법에 의한 규제로 과학자들의 뜻대로 되지는 않지만 기술적인 잠재력은 갖추어져 있으며, 이것이 새로운 융합기술에 힘입어 언제 어떤 방식으로 새로운 기술력으로 거듭날지는 아무도 모른다.

그러나 그것이 과연 바람직한 것인가? 과연 생명공학의 혜택은 인간

모두에게 돌아갈 것인가, 아니면 자본의 힘에 좌우될 것인가? <어둠의
아이들>(사카모토 준지, 2010)은 태국의 아이들이 성적인 폭력에 어떻게
노출되어 있고, 또 그들의 몸이 서구 자본주의의 폭력에 의해서 어떻게
학대받으며 살아가고 있는지를 고발한 매우 충격적인 영화다. 무엇보다
감금된 상태에서 짐승처럼 다뤄지는 아이들이나 살아있는 상태에서 하
나밖에 없는 장기가 적출되는 모습은 차마 보기 힘든 장면이다. 영화를
보면서 인간의 욕망과 이기적인 사고에 대해 이토록 심한 거부감을 느꼈
던 적이 없었던 것 같다. 서구의 강력한 군사력과 거대 자본력에 의해 거
듭해서 착취의 대상으로 전락하는 아시아인의 비극적인 현실이 아닐 수
없다. 아니, 폭력의 피해자 당사자인 아시아인조차도 가해자로서 폭력
을 반복하고 있는 모습을 보면서 어쩌면 인간 본질의 사악한 면이라 생
각하며 스스로를 돌아볼 수 있다. 성 매춘과 성폭력에 노출된 어린아이
들의 인권도 문제이지만, 더욱 큰 충격은 장기이식을 위해 멀쩡하게 살
아있는 아이들에게서 하나밖에 없는 심장을 적출하는 현실이다. 생명을
살리기 위해 생명을 죽이는 일은 도대체 어떤 근거로 이뤄지는 것일까?
심장병으로 죽어가는 아들을 위해 또 다른 생명을 죽이는 것을 어쩔 수
없다고 말하는 엄마의 모성에 결코 동의할 수 없다. 봉준호 감독의 <마
더>(봉준호, 2009)는 엄마의 모성에 숨겨져 있는 인간의 죄성을 말하고 있
는 건 아닐까라는 때늦은 추측에 이르게 된 것은 <어둠의 아이들>을 본
후이다. 그것은 모성을 가장한 가족이기주의에 따른 판단이며, 자본이
면 모든 것이 다 가능하다는 자본도착증이 아닐 수 없다. 한계를 극복하
기 위한 노력에서 폭로되는 인간의 모습에서 죄의 단면을 보게 된다. 거
부하는 행위로 나서지 않고 단지 보기만 하는 모든 자들도 공범일 수밖
에 없다. 왜냐하면 감정이입은 인간을 다른 동물과 구분하는 측면인데,[10]
보면서도 느끼지 못하는 것은 뇌에 이상이 있거나 아니면 더 이상 사회

---

10 마이클 가자니가, 앞의 같은 책, 211-263,

성을 가진 인간이기를 포기하는 행위가 아닐 수 없기 때문이다. <황해>
(나홍진, 2010)와 <아저씨>(이정범, 2010)에서도 살아있는 자의 장기 적출
과 장기 매매의 현장이 폭로되고 있다. 영화에서 범죄 집단에 대해 잔인
하다고 말할 정도로 폭력이 등장하는 것은 정의에 대한 이 사회의 최소
한의 양심을 표현한 것이라 생각한다.

SF적 상상력에서 볼 수 있는 생명복제를 통한 포스트휴먼의 등장이
과학기술의 발달로 인해 높은 실현 가능성을 가짐으로써 인간의 존엄성
을 염려하는 소리가 높아지고 있고, 또한 이에 대한 책임감을 인식한 기
독교권 내에서는 생명복제의 윤리성을 묻는 논의가 다양하게 전개되고
있다.

인간의 존엄성은 하나님에 의해 하나님의 형상에 따라 창조되었을
뿐 아니라 다른 피조물과의 관계에서 결코 그들과 같지 않은 하나님과의
관계를 가지고 있다는 사실로 인해서 인류사, 특히 기독교 역사 속에서
대단히 존중되어온 가치이다.[11] 만일 인간클론이 형성된다면 인간의 존
엄성이 파괴될 수밖에 없다는 것이 인간클론을 반대하는 사람들의 첫 번
째 주장이다. 이러한 주장이 옳다면 인간의 존엄성은 일회성 그리고 정
상적인 출산 과정을 통해서만 보존될 수 있는 것이 된다. 진정 그러한가?

그렇지는 않다. 인간의 존엄성은 현존재와 연관해서 생각해야 한다.
출생과정과는 무관하게 인간임으로 인해서 존중되고 보존되어야만 하
는 것이다. 만일 그렇지 않다면 인간 차별을 당연시했던 과거로 되돌아
가는 것이다. 설령 복제가 된다 해도 단순한 Copy가 아니라 출생과 성장
과정을 거쳐야 하기 때문에 원본인 인간과 동일한 인간이 되리라는 보장
은 없다. 비록 유전자는 같아도 뇌의 가소성 때문에 그리고 유전자조차

11 하나님의 형상에 대한 구약의 이해에 대해선 다음을 참고: J. Richard Middleton, *The
Liberating Image: The Imago Dei in Genesis 1*, 성기문 옮김, 『해방의 형상: 창세기 1장의
이마고 데이』(SFC: 2009). 그리고 John H. Walton, *The Lost World of Adam and Eve*, 김광
남 옮김, 『아담과 하와의 잃어버린 세계』(새물결플러스, 2018),

도 환경의 영향을 받아 유전정보가 바뀔 수 있다는 연구결과에 따르면, 원본과 복제인간은 전혀 다른 인격체이다. 따라서 설령 복제된 인간이라 하더라도 그것이 인간으로 존재하는 이상 존엄성은 훼손되지도 않고 또 훼손되어서도 안 된다. 인간존엄성의 파괴는 오히려 과학적 발견을 남용하는 인간에게 기인하는 것이며, <블레이드 러너>에서 볼 수 있듯이, 그 피해는 인간 자신에게 돌아갈 뿐이다.

둘째, 생명 창조는 하나님에게만 속한 것이기 때문에 인간의 유전자 조작과 실험적 결과에 의한 새로운 생명의 탄생은 하나님이 되고자 하는 인간의 교만을 표현한다는 것이다. 그러나 엄밀히 말해서 복제 행위는 생명을 만드는 행위는 아니다. 생명 현상을 바탕으로 해서 또 하나의 생명을 만들어내는 것에 불과하다. 생식과정(reproduction)이 거대분자들의 생식으로 이해됨으로써 새로운 형태의 생식과정이 제시된 것이고, 또 여기에서는 단지 남녀의 성관계를 전제하는 유성생식의 과정만 결여되었을 뿐이다. 따라서 생명복제 행위를 하나님의 창조 행위를 침해하는 행위로 보는 것은 지나친 속단이다. 인간의 어떤 행위로도 창조 행위에는 도전할 수 없다.

셋째, 우연적인 사건들, 즉 정자와 난자의 결합은 수많은 가능성 가운데 하나인데, 우연한 결합을 통해 당신의 뜻을 이루어나가시는 하나님의 사역이 유전자 조작이나 복제와 같은, 즉 인간의 작위성으로 인해 방해받게 된다는 것이다. 그러나 하나님의 뜻이 인간의 노력에 의해 실현되지 않게 된다는 생각은 타당한가? 요셉의 이야기는 인간의 어떠한 노력에 의해서도 하나님의 뜻이 실현되는 것을 결코 방해하지 못한다는 사실을 가르쳐주고 있는 것은 아닌가? 비록 우연이 하나님의 뜻을 이루는 일에서 인간의 인위적인 조작을 방지하는 점이 있지만, 그렇다고 해서 우연적인 결합만을 하나님의 뜻이 이뤄지는 유일한 방식으로 볼 근거는 없다.

넷째, 유전자 복제는 유전자 조작으로 이어질 것으로 전망된다. 복제의 목적이 특정 기능을 수행할 수 있도록 계획된 것이기 때문에 복제할 것이라면 더욱 향상된 기능을 기대하는 것은 당연한 일이며, 현재 인간 향상 기술로 구체화되고 있다. 이것은 윤리적으로 심각한 문제를 야기한다고 보는데, 왜냐하면 인간을 목적이 아니라 하나의 기능체로 보기 때문이다. 그러나 이것은 복제 자체에 문제가 있다고 지적하는 것이 아니라 복제 행위의 임의성과 복제인간에 대한 인간의 이기적인 마음을 염려하는 것이다. 기계사용에 대한 윤리가 있듯이, 복제인간의 인권을 강조할 필요가 있으며, 또한 그들을 남용하는 것을 금하는 법 제정이 뒤따라야 한다.

다섯 째, 포스트휴먼이라는 새로운 인종 개념이 형성되어, 인간과 복제인간 사이에 새로운 인종주의가 나타날 수 있다는 것이다. 인간복제가 현실화되면 지구상에는 기능성이 뛰어나지만 더 이상 고유하지 않은 제조된 인간과 기능성에서는 비록 떨어지지만 고유성을 가지며 또한 인간으로서 자부심을 갖고 사는 인간이 공존하게 된다. 새로운 인종개념은 과거에서 보았던 비슷한 갈등을 유발할 것이다. 정당한 비판이긴 하지만, 무절제한 복제행위를 통제하고 인종주의를 금지하는 조치를 마련할 수 없는 것은 아니다. 시험관 아기가 태어날 때에도 비슷한 우려가 있었지만, 그들은 결코 별종으로 여겨지지 않고 동일한 인간으로서 자격을 누리며 산다.

영화 속 복제인간은 존재에 집중하고 있을 뿐 출생과 성장 과정은 괄호밖에 놓고 있다. 성인의 형태로 복제된다는 것은 결코 가능하지 않다. 복제라 하더라도 자궁 안에서의 성장과 출생 후의 성장의 과정은 필수적이다. 영화는 일정한 포인트를 부각시키기 위해 그런 과정을 생략했을 뿐이다. 필자가 다섯 가지 이유에 이의를 제기했다고 해서 인간복제를 찬성하는 것은 아니다. 다만 석연치 않은 논리로 인간복제를 지지하는 사람들을 막을 수 없다는 것을 지적했을 뿐이다. 중요한 것은 복제된 인간을 원본 인간과 마찬가지로 하나의 인격체로 여기지 않을 경우 인간학적으로 큰 혼란이 올 수 있다는 것이다. 복제를 주제로 다룬 영화가 한결같이 이런 문제들을 거론하는 이유가 없지 않다.

문제는 인간복제의 출현이 아니라 인간을 복제하려는 인간의 욕망이다. 이것이 포스트휴먼 시대를 여는 판도라 상자가 될지 혹 어떤 결과로 이어질지 모르기 때문에 아무리 기술적으로 가능하다 해도 인간의 고유성을 훼손하는 시도로 이어지는 인간의 욕망은 처음부터 억제되어야 하지 않을까 생각한다.

2. 인간과 기계 그리고 포스트휴먼

복제인간이 인류 사회에 미치는 영향과 문제들은 인간학적, 윤리적, 법률적 그리고 종교적인 장벽 때문에 쉽게 해결될 수 없다. 그러나 인간의 기능적인 측면을 보완하거나 인간의 노동력을 대체하는 인공지능의 발달은 현실로 나타나 4차 산업혁명의 동력으로 작용하고 있다. 또한 지구환경의 위기에 직면해서 자원 개발이나 새로운 행성 개발과 같은 수요가 급증함에 따라 우주라는 환경에 쉽게 적응할 수 있는 존재의 필요성도 늘어갈 것이다. 실제로 남극의 두꺼운 얼음 밑을 사진으로 담아내는 일이 과거에는 불가능했어도, 이제는 로봇의 활약으로 남극의 얼음 밑의 세계를 들여다볼 수 있게 되었다. 전쟁이나 환경오염이 극심한 현장에서는 로봇의 활약이 이미 광범위한 현실로 나타나고 있다.

과학기술이 영화에 기여한 부분을 말한다면, 무엇보다 영화 자체가 발달된 과학기술의 결과임을 말하지 않을 수 없다. 여기에다 과학기술은 영화의 소재로 활용되거나(<인터스텔라> <마션>) 영화적인 표현 능력을 향상하는 데에 크게 기여했다(CGI, 3D, 4DX). 그러나 오늘날 과학기술은 단순한 표현 능력의 향상에 제한되지 않는다. 오히려 영화 속 프로타고니스트 혹은 안티프로타고니스트의 역할을 수행한다.[12] 휴머노이드 로봇과 사이보그 그리고 인공지능 등이 그것이다.

<매트릭스> 시리즈는 기계에 의해 만들어진 가상공간을 설정함으로써 기계와 인간의 문제를 다루긴 했지만, 가상 세계에서 존재하는 '미스터 스미스'는 로봇이나 사이보그 혹은 안드로이드라고 말할 수 없는 특징을 가진 존재다. 굳이 이름을 붙여야 한다면 가상 세계 내의 한 캐릭터인 '아바타'로 정의할 수 있겠다. 이것은 다른 맥락에서 살펴질 일이고, 기계와 인간의 문제에서 다뤄지는 주제는 단연 강한 인공지능을 탑재한 로봇, 곧 포스트휴먼이다. 인간복제가 생명과학과 유전자공학을 매개로 우생학적 인간진화의 꿈을 말하고 있다면, 복제인간을 둘러싸고 일어나는 논쟁을 피하면서도 원하는 기능을 수행할 수 있도록 고안된 것은 로봇이다. 알파고가 대한민국의 이세돌과 중국의 커제를 상대로 벌인 각각의 대국에서 승리함으로써 직관과 창의성을 지닌 인공지능의 위력이 현실로 나타나고 있어도 의식을 가진 강 인공지능의 개발에 있어서는 아직 기술적으로 뒷받침하지 못해 인류가 기대하는 단계에 미치지 못하고 있다.

그러나 인공지능형 로봇 산업이 현재뿐 아니라 미래 사회에서 매우 중요한 의미를 갖는다는 것은 주지의 사실이다. 인공지능을 동력으로 삼은 제4차 산업혁명은 지금과는 전혀 다른 새로운 시대를 열어줄 것이다. 인공지능형 로봇으로 대표되는 포스트휴먼은 인간과 기계의 융합을 바탕으로 진화를 꿈꾸는 인간의 또 다른 모습이다. 맥스 테그마크(Max Tegmark)는 생명을 "자신의 복합성을 유지하고 복제할 수 있는 과정"으로 정의하고 생명의 발전을 세 단계로 구분하고 포스트휴먼의 등장을 "라이프 3.0"[13]으로 말했다.

---

12 인수형, "영화 속 인공지능의 역할 변화에 대한 연구: <로맨틱 컴퓨터>와 <그녀>를 중심으로," 「영화연구」 72, 75-103.

먼저 인간과 기계의 합성과 관련해서 사용되는 몇 개의 용어들을 정리해보자. 첫째, 영화에 등장하는 '로봇'(robot)은 주로 특정 기능을 수행하도록 세팅되어 있지만, 강한 인공지능을 갖춘 유기체적인 기계로서 로봇은 인간과 동일한 형태를 갖고 있고 인간처럼 행동한다. 인간학적인 의미에서 문제가 되는 것은 강한 인공지능이 탑재된 로봇이다. 위키 백과에 따르면, 'Robot'이란 말은 1921년 체코슬로바키아의 극작가 차펙(Karel Capek)의 희곡 R.U.R.(Rosuum's Universal Robots)에서 처음 사용되었다. 어원은 체코어의 '노동'을 의미하는 단어 'robota'에서 나왔다고 알려지고 있다. 즉, 로봇은 작업을 자동적으로 수행할 수 있도록 만든 기계다. 다른 기계들과 특별히 구분되는 것은 주어진 입력의 범위 안에서 스스로 판단해서 활동한다는 것에 있다. 활동 능력과 영역은 사전에 입력된 범위에 제한되어 있으며, 인간의 노력을 덜어주고, 또한 인간에게 편의를 제공하기 위해 고안된 것으로 인류의 꿈이며 이상이다. 인간이 접근할 수 없는 기능을 수행하고, 수백 명이 해야 가능했던 일들을 하나의 로봇이 빠르고 효율적이며 또한 안정적으로 수행할 수 있게 되었다. 용도에 따라 크게 의료용, 군사용, 산업용 그리고 가정용 로봇으로 분류된다. 이에 비해 지능형 로봇은 환경을 인식하고 스스로 판단하는 능력을 가진 로봇을 일컫고, 인간만큼 인지할 수 있는 능력을 갖춘 인공지능은 AGI(Artificial General Intelligence, 이것은 강 인공지능이라고도 불린다)라 하고, 특히 인간의 모습을 닮은 지능형 로봇을 '안드로이드'(Android)라 한다. 이미 산업 현장이나 사무 자동 시스템에서는 인공지능이 활용되고 있으며, 자율자동차 개발에서 볼 수 있는 것 같은 인공지능 기술의 발달로 인간의 사고와 행동을 유사하게 따라하는 강 인공지능 개발이 박차를

---

13 Max Tegmark, Life 3.0, 백우진 옮김, 『Life 3.0』 (서울: 동아시아, 2017), 72. 테그마크는 라이프 1.0은 약 40억 년 전 도래했고, 라이프 2.0은 약 10만 년 전 등장했으며, 인공지능 분야의 발달에 따라 다음 세기는 라이프 3.0이 등장할 것이라고 본다.

가하고 있다.

둘째, '사이보그'(ciborg)는 클라인즈(Manfred Clynes)와 클라인(Nathan Cline)이 '사이버네틱'(cibernetic)과 '오르가니즘'(organism)을 합성하여 만든 조어로 두뇌를 제외한 신체 모든 부분이 기계로 이루어진 개조된 인간이며, "생물학적 구조와 기술적 구조가 '물리적'으로 통합"[14]되어 있는 존재다.

셋째, '안드로이드'는 인간과 똑같이 생겨 표면상 인간과 구별되지 않는 지능형 로봇이다. 일반 로봇과 다른 점은 비록 합성물이긴 해도 인간의 피부를 갖고 있는 것이다. 남성형 로봇에 반해 여성형 로봇은 가이노이드(Gynoid)라 불린다. 그러나 통상적으로 안드로이드만 사용된다.

넷째, 안드로이드가 인간을 닮은 로봇만을 지칭하는데 비해 인간형 로봇이라 불리는 '휴머노이드'(Humanoid)는 외모가 인간과 닮은 것으로, 로봇뿐 아니라 외계인, 괴물 등도 포함한다.

다섯째, '파이보그'(fyborg)는 기능적 사이보그(functional ciborg)라는 의미로 "기술 연장을 통해 기능적인 면을 보충한 생물학적 유기체"[15]를 일컫는다. 보철용 기구를 장착한 인간의 경우 트랜스휴먼이라 불린다.

<A.I.>에서는 안드로이드가 등장하고, <바이센테니얼 맨>은 로봇에서 안드로이드로 그리고 마지막으로 인간으로 진화하는 단계를 보여주면서 인간으로의 진화과정을 결정하는 것은 무엇인지를 환기한다. <블레이드 러너>에 등장하는 duplicant는 원래 소설에서는 안드로이드, 곧 인간의 피부를 가진 기계를 가리키지만, 영화에서는 복제인간으로 등장하고 있다.

로봇의 초기 단계는 인간에게 편리함과 유익함을 제공하기 위한 서비스로서 인간기능의 일부를 대신 수행하는 것으로 나타났다. 예컨대,

---

14 마이클 가자니가, 앞의 같은 책, 421.
15 마이클 가자니가, 앞의 같은 책, 419.

대량생산을 가능하게 한 자동기계 장치를 비롯해서, 진공청소기 등이 그것이다. 그러나 로봇공학이 최종적으로 지향하는 형태는 인간의 형태와 인공지능을 가진 로봇, 곧 안드로이드다. 만일 이 기술이 인간의 유기체와 결합하게 된다면 이 단계에 이른 인간을 포스트휴먼이라 한다. 아직은 현실화가 요원한 꿈의 기술로 여겨진다. 그 중간단계로서 사이보그는 트랜스휴먼으로서 로봇 진화단계의 초기를 형성하며, 기계를 신체에 직접 이식하는 것이었다. 결코 쉽지 않은 기술이나 상상력을 사용하여 이미 TV 드라마 <6백만 불의 사나이>와 <소머즈> 그리고 <로보캅>에서 사용되었다. 사고로 손상된 인간의 신체 일부(한쪽 팔, 다리, 눈, 한쪽 귀, 뇌를 제외한 몸)를 보철기계로 대치해서 기능에서 향상된 사람이 국가의 중대한 과제를 수행한다는 이야기다. 비록 사고로 손상된 신체기관 일부를 대체한 결과였지만, 이것은 인간이 기능에 있어서 자신의 한계를 극복하고자 하는 염원이 허구적으로 표현된 것이다. 인간과 기계의 결합과 관련해서 볼 때 비교적 초기 단계에서(그러나 실제로는 생체조직과 기계를 결합하는 기술은 매우 어려운 작업이다) 이뤄진 성찰의 결과다. 인공지능 기술과 디지털 생명공학 기술이 융합하면 어떤 현실로 나타날지는 아무도 예측할 수 없다. 인간은 기능적인 측면에서 자신의 한계에 머물지 않고 오히려 한계를 극복하기 위해 끊임없이 노력하는 존재다.

예컨대 <트랜센덴스>(월리 피스터, 2014)는 특이점(singularity)을 '초월성'으로 명명하면서 인간 이상의 기능을 가진 초지능(superintelli-gence; 모든 영역에서 인간의 지능을 능가하는 지능)의 존재를 전제하는 내용의 영화다. 이 영화는 한스 모라벡(Hans Moravec)이 1988년에 출간된 『마음의 아이들. 로봇과 인공지능의 미래』(김영사, 2011)에서 언급한 정신의 업로드를 영화적으로 다뤄 육체 없는 정신으로서 실존 가능한 현실을 다루고 있다. <아이, 로봇>(알렉스 프로야스, 2004) 역시 인공지능이 진화의 과정에서 창발적인 현상이 일어날 수 있으며 그에 따른 끔찍한 결과를 전망하는 영화다. 이런 지능의 가능성을 예견하는 맥스 테그마크는 인간 자신의 진화는 물론이고 능력을 향상시키는 단계인 "라이프 3.0"을 말했다. 라이프 3.0은 인공지능과 협력하면서도 안전한 인공지능을 위한 각종 장치가 마련된 생명 개념이다.

<로보캅>(폴 베호벤, 1987)과 <공각기동대: 고스트 인더 쉘>(루퍼트 샌더스, 2017) 역시 비슷한 동기에서 시작되었지만, 앞선 두 영화보다 더욱 복합적인 결합을 시도한다. 뇌를 제외한 모든 신체가 기계로 대체되어 매우 뛰어난 기능을 발휘하는 기계-인간으로 거듭나는 것이다. 그야말로 모던한 사회의 문제인 인간의 기계화, 곧 포스트휴먼이 극단적으로 실현된 모습을 보여주는데, 남아 있는 기억, 몸의 기억이라는 측면을 가미해 휴머니즘 정서를 표현함으로써 인간의 기계화를 심각한 문제로 느끼지 못하게 하였다. 특히 로보캅은 대부분 경찰 직무를 수행하면서 사회의 정의를 지키고 또 구현한다. 인간과 기계의 결합으로 인한 정체성 혼란과 그것으로 인해 일어날 수 있는 부작용을 막기 위해 뇌의 기억이 제거되었지만, 여전히 의식 속에 잔재되어 있는 기억 때문에 로보캅은 감정의 혼돈을 경험한다. 이를 통해 로보캅이 단순한 기계일 수 없음을 암시한다. 감정, 이것은 로봇이 가질 수 없는 것이기 때문이다. 이 문제는 영화 <바이센테니얼 맨>과 <A.I.>에서 중심 주제로 다뤄진다. 마치 슈트를 입듯이 기계를 덧입는 모습을 보여주는 <아이언 맨>은 더욱 발전된 단계를 보여준다. 인간과 기계가 가장 이상적으로 합성된 형태라 할 수 있다.

로봇 기술의 발달은 이중적인 의미를 갖는다. 한편으로 로봇으로 인해서 인간은 3D 업종에서 벗어날 수 있고, 작업 수행능력을 향상시킬 뿐만 아니라 또한 보다 많은 쉼을 얻을 수 있게 되었지만, 다른 한편으로 로봇은 향상된 노동력으로 사람들의 일자리를 빼앗아 인간의 삶과 생계에 큰 위협이 된다. 그럼에도 불구하고 잃는 것보다 얻는 것이 많고, 또 로봇

개발은 인류의 꿈을 실현시킬 도구 개발로 이어지기 때문에 로봇 산업의 종주국으로 인정되고 있는 일본을 중심으로 해서 각국은 로봇산업에 혈안이 되어 있다. 현재 로봇의 개발은 단순히 인류의 생존을 위협할 것에 대한 불안과 염려의 차원에서 벗어나 인류 사회에 긍정적으로 사용할 수 있는 방향으로 이뤄지고 있다. 예컨대 <매트릭스>나 <트랜스포머 - 최후의 위기>는 인간과 기계의 갈등이 있을 수 있으나 궁극적으로는 상호 협력관계를 긍정적으로 전망한다. 로봇 공학은 컴퓨터와 기계공학과 생명과학 그리고 신경과학의 연구 결과에 크게 의존하고 있고, 인공지능을 가진 로봇의 개발과 함께 추구되는 로보 사피엔스 혹은 안드로이드 혹은 포스트휴먼의 출현은 인간 이해에 또 다른 이정표가 될 것이다. 실제로 이정표가 될 것인지, 아니면 인류의 생명과 미래를 위협하는 인류의 실수가 될 것인지는 과학기술에 대한 인간의 철학이 결정적일 것이다. 거기에서 인간 이해는 빼놓을 수 없는 주제다.

인공지능은 소프트웨어에 의해 작동하는 약 인공지능과 기계가 스스로를 이해하고 인식할 수 있는 능력을 가진 강 인공지능으로 구분된다.[16] 약 인공지능은 현재 시맨틱 웹이나 스마트 폰 그리고 PC와 같은 곳에서 실용화되고 있고, 강 인공지능은 인간의 정신과 동일한 수준을 지향하지만 아직 현실화되지 못하고 있다. '인공지능'이라는 용어가 처음으로 사용된 것은 10여 명으로 구성된 연구팀이 1956년 여름 2개월 동안 다트머스 대학에서 "기계가 언어를 사용하고, 추상적이고 개념적인 사고를 하며, 인간에게 남겨진 다양한 문제를 해결하고, 스스로를 향상시킬 수 있는 방법"을 찾기 위해 "인공지능에 대한 연구를 진행하겠다"고 제안했을 때다.[17] 미국인공지능협회가 제시한 정의에 따르면, 인공지능은 "사고와 지능적 행동의 바탕이 되는 메커니즘과 이를 기계로 구체화하는 것에

---

16 마이클 가자니가, 463.
17 마이클 가자니가, 461-462.

대한 과학적 이해"이다.[18] 인공지능에 대한 연구와 관련해서 제기되는 질문은 '과연 그것이 인간의 뇌와 동일하다고 볼 수 있는가?'이다. 뇌를 하나의 기계적인 연산 작용으로 이해하는 한 의식을 갖는 인공지능의 실현은 결코 가능하지 않다는 것이 뇌 과학 연구가들의 공통된 견해다. 왜냐하면 뇌의 본질은 계산하는 것이 아니라 기억하는 데에 있기 때문이다.[19] 그뿐 아니라 뇌는 가소성 때문에 심지어 자율성을 갖는다고 말할 수 있다.

체코슬로바키아 극작가의 작품에서 처음 모습을 드러내었던 로봇이 영화 속에 등장한 것은 1927년 독일 출신의 감독 프리츠 랑(Friedrich Christian Anton Lang)의 흑백 무성영화 <메트로 폴리스>이다. 인류 최초의 SF 영화로 꼽히고 있는 이 영화는 일부가 소실되었던 것을 1984년 이탈리아 음악가 조르지오 모로더(Giorgio Moroder)에 의해 복원되어 베를린 영화제에서 상영되었다. 엘리트들이 중심이 되어 있는 지상 세계와 노동자 계급의 지하 세계의 갈등과 대립관계를 넘어 화해하는 모습을 그리고 있다. 지하세계를 교란시킬 목적으로 만들어진 로봇의 이름은 마리아인데, 그것은 Der Maschienen-Mensch(기계-인간)로 이해되고 있다. 인간과 로봇, 지상 세계와 지하 세계, 엘리트와 노동자의 갈등관계를 머리와 손의 관계로 비유하고, 그 사이에서 가슴, 곧 사랑과 인간적인 따뜻함의 중요성을 강조하고 있다. 머리는 지성을, 손은 의지를 의미한다면, 가슴은 감성을 상징한다. 온전한 사회를 위해서는 지·정·의가 통합된 인간이 필요하다는 메시지를 담고 있다.

미래를 상상하기 좋아하는 인간은 기능을 대신하는 로봇을 만드는 기술의 개발과 로봇산업이 인류의 미래에 어떤 영향을 미칠지를 성찰하는 일에 결코 소홀하지 않았다. 로봇에 관한 공상 소설을 통해 처음으로

---

18 마이클 가자니가, 462.
19 마이클 가자니가, 473.

로봇이라는 이름을 도입한 차페크도 로봇이 인간을 공격한다는 시나리오를 통해 로봇의 위험성을 경고하였다. 조지 오웰의 1948년에 발표된 소설 『1984』는 인간을 완전히 통제하는 사회의 모습을 그리고 있다. 비록 오늘날의 의미에서 로봇이라 말할 수 없지만, 그럼에도 불구하고 기계를 통해 인간을 감시하고 통제한다는 점에서 매우 발달된 기술을 전제한다. <마이너리티 리포트>(스티븐 스필버그, 2002) 역시 미래적인 상황을 가상적으로 그린 영화이다. 이 영화도 <블레이드 러너>의 원작을 쓴 필립 K. 딕의 동명 단편 소설을 바탕으로 한 것인데, 미래를 예언해서 앞으로 일어날 범죄 사건을 예방하는 시스템의 유용성과 그것의 폐단을 소개하고 있다.

<디스트릭 9>과 <채피>는 모두 닐 블롬캠프의 작품이다. <디스트릭 9>에서 그는 인공지능을 가진 외계인을 인종 차별 문제의 중심에 있는 캐릭터로 등장시키고 있다. 인공지능을 가진 외계인으로 표현한 까닭은 그만큼 차별받는 사람들이 타자로 전락되고 있는 현실을 폭로하고 싶었기 때문이다. 여기서 인공지능은 타자가 된 인종을 은유한다. 이에 비해 <채피>에서는 기계의 인간화가 인간의 기계화로 이어질 위험이 잠재해 있음을 경고한다.

<엑스 마키나>(알렉스 갈렌드, 2015)는 기존의 SF영화에 비해 매우 간단한 소품과 단순한 서사를 통해 대단한 스릴을 불러일으킨다. 연출력이 그만큼 뛰어나고 또 인공지능이 인간을 속이고 또 공격한다는 내용이 매우 섬뜩하다는 말이다. 밀폐된 좁은 공간이 주는 답답함과 광대하게 펼쳐진 주변의 환경이 주는 자유는 의도적인 배경 설정으로 보이는데, 이를 통해 기계의 닫힌 구조와 인간 마음의 열린 구조를 시각적으로 경험할 수 있게 해준다. 전개되는 내용면에서 볼 때, 영화는 튜링 테스트를 서사적으로 풀어 놓았다고 볼 수 있다. 곧, 천재 수학자 앨런 튜링은 1950년에 발표한 논문에서 컴퓨터가 사고할 수 있는 가능성을 긍정적으로 보면서, 만일 인

간과 컴퓨터의 소통에서 인간이 컴퓨터의 반응을 더 이상 식별할 수 없다면, 컴퓨터는 사고할 수 있는 것으로 보아야 한다고 주장했다. 달리 말해서 만일 지성 있는 사람이 관찰하여 기계가 진짜 인간처럼 보이게 하는 데 성공한다면, 확실히 그것은 지능적이라고 간주해야 한다는 주장이다. <엑스 마키나>는 미래의 인공지능은 이것의 한계를 뛰어넘을 수 있고 인간에게 위협적일 수 있음을 시사한다.

신화에서 볼 수 있듯이 인간은 끊임없이 인간과 신, 인간과 동물의 중간 형태를 상상해왔다. 그 이유는 단순한 상상력에 있지 않고, 인간 이해의 새로운 시도이다. 왜냐하면 신화라는 것은 인간이 자신의 원형을 알고자 하는 관심과 노력을 반영하기 때문이다. 그러므로 트랜스휴머니즘[20]의 실현을 보여주는 영화 속 로봇(이후로는 특별히 구별되어야 할 일이 아니라면 '로봇'이란 표현으로 안드로이드, 사이보그 모두를 지칭하겠다)은 한편으로는 인간의 창조자적인 능력을 상징하며, 다른 한편으로는 창조자가 자신의 형상대로 인간을 만들 듯이, 로봇 역시 인간 자신의 이해를 반영한다. 리들리 스콧 감독의 <에이리언: 커버넌트>(2017)은 이 사실이 인간에게 어떤 두려움을 일으킬지를 잘 보여주었다. 그러므로 로봇을 다루는 영화는 탈(脫; post) 인간 이해의 전형으로서 로봇을 통해 간접적인 인간 이해를 시도하는 것이다.

로봇을 통한 인간의 성찰은 다양하게 이뤄지고 있다. 기능을 향상시키는 것 이외에도 <로보캅>은 감정의 문제를 거론함으로써 감정이 인간

---

20 트랜스휴머니즘은 철학적인 사유의 한 흐름으로 인간의 지적, 육체적 혹은 심리적인 측면에서 가능성을 기술적인 장치를 통해 확장하려 한다. 이들은 인류의 진보를 의무로 간주하며, 거기서 인류의 가치를 본다. 철학적인 흐름으로서 트랜스휴머니즘의 뿌리는 르네상스 인본주의와 계몽주의에 두지만, 초인을 주장했던 철학자 프리드리히 니체를 선구자로 보느냐와 관련해서 많은 논쟁이 있다. 트랜스휴머니즘은 인간의 본성을 초월하는 가능성을 가리키는 개념으로 처음에 줄리안 헉슬리(Julian Huxley)가 1927년에 출간된 저서 Religion Without Revelation에서 사용되었다. 그후 1980년대 미국의 미래학자들에 의해 오늘의 뜻이 부여되었다. 초인간적인 능력을 지향하며 새로운 인류의 진화를 꿈꾸기 때문에 나타나는 윤리적인 문제로 논쟁이 끊이질 않고 있다.

에게 매우 본질적임을 시사한다. 이밖에도 몇몇의 영화는 인공지능 연구에 있어서 금기 혹은 한계로 알려져 있는 주제들, 예컨대 자율적인 사고와 판단행위, 학습능력, 감정 등을 다루었다. 로봇 지능의 확장과 심지어개성과 자유, 창조적인 능력, 사랑과 죽음의 문제까지도 거론하면서 심도 있는 인간의 문제를 다루고 있다. 그 가운데 대표적인 영화로 <바이센테니얼 맨>, <A.I.>, <채피>, <엑스마키나>, <에이리언: 커버넌트>를 꼽을 수 있다.

1) <바이센테니얼 맨> (크리스 콜럼버스, 1999): 인간다움은 인격적인 상호작용에서 비롯한다

앞서 언급했듯이, 차페크는 자신의 희곡에서 Robot이라는 말을 처음사용하였다. 인공지능을 가진 로봇이 반항 정신을 가지게 되어 결국 인간을 공격한다는 내용을 갖는데, 그는 로봇이 인간에게 어떤 두려움을 불러일으킬 수 있는지를 경고했다. 로봇의 잠재적인 위험성을 의식한 공상소설 작가 아시모프(Isaac Asimov)는 'Liar'(1941)와 'Runaround'(1942)라는 제목의 소설에서 소위 로봇 공학(robotics)의 세 가지 법칙을 제시했다. 그 후1985년에 출간된 소설에서 a human being을 humanity로 수정한 Law 0를추가했는데, 다음과 같다. 물론 이 법칙들의 적용에서 예외적인 경우가 있는데, 군사용 로봇이다(위키백과).

Law 0. 로봇은 인류에게 해를 끼쳐서는 안 되며, 위험에 처한 인류를 방관해서도 안 된다(A robot may not injure humanity, or, through inaction, allow humanity to come to harm.).

Law 1. 로봇은 인간에게 해를 끼쳐서는 안 되며, 위험에 처한 인간을 방관해서도 안 된다. 다만 이것이 법칙 0을 위반하는 경우는 예외로 한다(A robot may not injure a human being, or, through inaction, allow a human being to come to harm, unless this would violate the Zeroth Law of Robotics.).

Law 2. 로봇은 인간에 의해 주어진 명령에 반드시 복종해야 한다. 다만 그 같은 명령들이 법칙 0 또는 법칙 1과 상충되는 경우는 예외로 한다(A robot must obey orders given it by human beings, except where such orders would conflict with the Zeroth or First Law.).

Law 3. 로봇은 자기 자신을 보호해야 한다. 다만 자기보호가 상위 법칙들과 상충되지 않을 때에만 유효하다(A robot must protect its own existence as long as such protection does not conflict with the Zeroth, First, or Second Law.)

아시모프의 소설을 원작으로 해서 제작된 <바이센테니얼 맨>은 — 영화의 대사로 나타나기도 하지만— 바로 위의 법칙을 염두에 두고 제작된 느낌을 받는다. 왜냐하면 200년의 시간을 보내면서 주인을 섬겨왔던 강 인공지능 로봇 앤드류(NDR-114의 애칭)는 결국 제3의 법칙에 따라 자기 스스로를 보호하는 선택에 따라 살게 되기 때문이다. 트랜스휴머니즘(로봇에서 인간으로의 진화과정에서의 중간 단계를 보여주었다는 의미에서)의 실현 과정을 기술하고 또 표현했다고 말할 수 있겠다. 간단히 말해서 감독이 영화를 통해 묻고 싶었던 것은 '위의 법칙들을 철저히 지킨다면 로봇은 과연 어디까지 진화할 수 있을까?'이다. 인간을 공격하지 않는다면 그리고 인간에게 해를 끼치지 않는 방법으로 최고 단계로까지 발전한다면, 로봇은 과연 어떤 모습이 될까? 그리고 그 진화의 원동력은 무엇일까? 하는 것이다.

과학기술이 인간보다도 더욱 발달했다는 가정하에 상상된 외계인의 모습은 대개 로봇이던가, 아니면 기괴한 모양의 직립형 존재, 아니면 사람 모양을 하고 있으나 사람과는 다른 신체기관을 가진 존재였다. 그것은 인간과 상관없이 자체적인 삶의 공간과 시간 속에서 형성된 것으로 상상되었다. 인간과의 관계에는 지시와 복종, 곧 오직 이성적인 통제만이 존재하게 된다. 그런데 만일 인간과의 상호관계 속에서 로봇이 진화한다면, 특히 이성적인 소통은 물론이고 감성적인 교류가 일어나게 된다면 어떤 모습이 될 것인가? <바이센테니얼 맨>은 바로 이런 관점에서 만들어진 영화이다. 상호관계를 인간 본질로 보는 관점을 영화적으로 구현했다고 여겨진다.

로봇 앤드류(Robin Wiliams)는 가사 일을 주로 하는 로봇임에도 불구하고 다른 로봇에게 발견할 수 없는 학습능력(machine learning)과 자기 판단능력 그리고 심지어 감성과 자유로운 선택까지 할 수 있는 잠재력을 갖고 있다. 엄밀히 말해서 이것은 제작과정의 실수에서 비롯한 결과이다. 엔지니어가 샌드위치를 먹다가 흘린 마요네즈 한 방울이 복잡한 회로에 떨어지면서 로봇의 신경계에 엄청난 변화를 유발한 것이었다. 인간의 진화과정에서 있었을 것으로 추측되는 창발성(emergence)을 이런 우연으로 표현했다고 생각한다. 오직 기계적(이성적)이어야 할 앤드류는 감정을 가질 수 있게 된 것이다. 이런 사실을 누구도 알지 못한 채 앤드류는 매매되어 인간 가족과 함께하는 삶을 시작한다.

주인 마틴(샘 닐)은 가정용 로봇 앤드류가 작은 딸을 위해 만들어준 조각품에서 뛰어난 목공예 기술을 알아보고, 오직 인간에게만 있는 미적 창의성이 그에게 있음을 알고 놀란다. 로봇의 특성을 확인하기 위해 제조회사를 찾아간 마틴은 제조회사로부터 결코 그런 일이 있을 수 없다는 말을 듣는다. 회사 측은 연구될 필요가 있다며 반환을 요구하지만, 마틴은 단호하게 거절한다. 훌륭한 능력을 갖춘 로봇 앤드류가 단지 하나의 기계로 해체되는 것을 원하지 않았기 때문이다. 이런 결정을 시작으로 앤드류에 대한 마틴의 태도는 확연하게 달라지는데, 앤드류의 가치를 존중하고 또 그에 대해 더욱 감성적이 되었다는 표현이 적절할 것이다.

집으로 돌아온 마틴은 앤드류를 특별하게 대우한다. 종으로서 집안일에 매몰하기보다 목공예에 전념할 수 있는 기회를 제공한 것이다. 목공예 기술과 창의성을 기반으로 생산된 작품들로 인해 많은 수입을 얻은 앤드류는 자신의 이름으로 개설된 통장을 갖는다. 모은 재산으로 무엇을 하기 위해서라기보다는 사회 속에서 자신의 위치를 확인하려는 상징적인 행위이다. 앤드류는 더는 단순한 로봇이 아니었다. 마틴은 마치 자신의 친 아들처럼 대하였다. 앤드류에게 인간의 삶과 일상에 대한 이야기를 들려주고, 그와 대화를 하며 소통하고, 또한 많은 책들을 읽을 수 있도록 한다. 독서와 대화는 앤드류에게 세상에 대한 눈을 뜨고 또한 인간의 본질을 생각하며 꿈을 가질 수 있는 기회였다. 마침내 자유의 의미와 가치를 알게 된 앤드류는 실질적인 독립이 아닌 명분상의 독립을 갈망한다. 마침내 주인의 명령에서 벗어날 수 있기를 요구하고 마틴으로부터 허락을 받는다. 주인 마틴이 죽은 후에 앤드류는 자기의 정체성에 대해 고민을 하면서 여행을 떠난다. 아버지를 잃은 아들이 전통에서 벗어나 새로운 세상 속에서 자신의 정체성을 찾기 위해 여행을 떠나는 것처럼… 앤드류는 오랜 여행 끝에 마침내 자신이 단순한 로봇과는 다르다는 사실을 알게 되고, 그래서 결국에는 로봇의 형체가 아니라 인간의 모습으로 거듭나기 위해 피부를 가질 수 있는 방법들을 개발한다. 피부를 갖게 되면서 앤드류는 자기만의 독특한 모습을 갖는다.

앤드류가 그렇게 새롭게 변화되는 동안에 앤드류에게는 고민이 생기기 시작한다. 주위의 모든 익숙한 것들이 사라져가는 것을 목격한 것이다. 주인도, 또 그토록 따르고 좋아했던 작은 딸도… 시간의 한계를 극복하지 못하고 모두가 그렇게 제한된 삶을 살아가지만 앤드류에게는 아무런 변화가 일어나지 않고, 오히려 더욱 완전한 모습으로 발전될 뿐이다. 사랑의 감정을 느낄 수 있고, 또 사랑할 수도 있는 앤드류는 주인의 손녀인 포샤를 사랑하면서 진정한 인간으로 거듭나기를 소망하며 그 자신에게 매우 의미 있는 일에 도전한다. 공식적으로 인간으로서 인정받고 포샤와 결혼하는 일이다. 그러나 비록 인간의 형태를 갖추긴 했지만 죽지 않는다는 이유로 인간으로서 인정받지 못하고 앤드류의 결혼요구도 거절된다. 뿐만 아니라 사랑하는 사람이 없는 세상에 남아서 살아간다는 것이 얼마나 무의미한 것인지를 깨달은 앤드류는 죽음의 문제를 고민한다. 고통 속에서 오랜 시간을 지내야만 하는 환자들이 차라리 죽음을 원하는 것과 같이, 죽음은 앤드류에게 하나의 소망 사항이었다. 그래서 그는 기계로서 폐기처분되는 것이 아니라 인간으로서 죽을 수 있는 방법을 찾는다. 무엇보다도 사랑하는 포샤를 위해 그리고 인간으로서 인정받기 위해 앤드류는 기꺼이 죽음을 선택한다. 그의 나이 200살이었다.

영화가 개봉되었을 때, 수많은 비평가들은 원작과 달리 인간과 로봇의 로맨스로 변질시켰다며 혹평을 서슴지 않았다. 물론 그런 점이 없지 않지만, 그것은 영화의 흐름을 이끄는 하나의 틀로 볼 수 있다고 생각한다. 필자가 보기에, 영화의 핵심이자 감독에게 더욱 중요한 관심은 로봇인 앤드류가 인간으로 인정받는 과정을 추적해나가면서 드러나는 인간 이해에 집중되어 있다고 여겨진다. 오늘날 포스트휴먼을 말하는 시대에 포스트휴먼이 어디까지 진화할 것인지를 예상케 하는 부분이다. 다른 로봇과의 차이에 대한 인식에서 출발해서 한 인간으로서 온전하게 진화하는 과정을 결정하는 요소가 무엇인지를 제시한 것이다. 즉, 로봇에게 주어진 범위 안에서 최상의 변화를 생각해볼 때, 그것은 어떤 모습이겠는지를 생각하고, 그러면서 그의 진화과정에서 인간과 갈등하는 부분은 무엇인지 그리고 그의 진화를 결정하는 요소들은 무엇인지를 말하고자 한 것이다. 비록 계속적으로 인간이 설정해 놓은 한계에 부딪혀 갈등하면서도 앤드류는 포기하지 않고 꿈을 추구하면서 자신의 능력으로 그리고 엔지니어의 도움을 받아 한계를 극복하며 계속 업그레이드되지만, 그것의 결국은 한 인간의 모습에 불과했을 뿐 결코 인간은 아니었다. 앤드류에게서 진정한 인간은 그가 느낄 수 있고, 사랑을 하게 되는 것이다. 그리고 그 대가(죽음)를 지불할 수 있는 존재가 되는 것이다. 이렇듯 로봇의 진화과정을 통해서 감독은 인간의 본질에 다가가기를 의도한다. 인간은 지금까지의 과학적인 발견에 비추어보아서도 그렇지만, 다가올 새로운 세상에서도 가장 뛰어난, 최상의 위치에 있는 존재임을 말한 것으로 이해된다. 인간은 그 이상도 그 이하도 아닌 존재이다. 이런 맥락에서 영화를 오늘날 회자하는 인간 이후의 새로운 종을 의미하는 포스트휴먼에 대한 비판으로 독해할 수도 있겠지 싶다.

앤드류가 인간이 될 수 있었던 데에는 앤드류의 성실한 노력이 있었지만, 무엇보다 필자가 주목하는 부분은 마틴의 태도다. 이름을 부르기 전에는 그저 하나의 몸짓에 불과하던 것이 이름을 불러주었을 때 비로소 꽃이 되었다는 시인의 표현처럼,[21] 기호와 숫자로만 정체성을 확인할 수 있는 로봇에게 앤드류란 이름을 붙여주고, 감성으로 서로를 교감하면서 앤드류에게 마치 인간처럼 대우해준 일은 로봇이 단순히 기계로만 머물지 않게 하는데 가장 큰 기여를 했다고 생각한다. 인간은 신분고하를 막론하고 마땅히 인간으로, 즉 그의 존엄성을 바탕으로 대해져야 함을 시사한다. 이것은 나중에 살펴볼 <엑스마키나>에서 인공지능의 반란과 비교해볼 때 매우 대조적이다. <엑스마키나>에서 인공지능은 자신을 한낱 기계로만 보는 태도에 분노를 품고 반란을 일으켜 제조자를 살해한다. 그 마지막 부분이 암시하는 것은 인류의 재앙이다.

인간이란 무엇인가? 시간 속의 존재로서 인간은 생과 죽음 사이에서

---

21 "내가 그의 이름을 불러 주기 전에는/그는 다만/하나의 몸짓에 지나지 않았다.//내가 그의 이름을 불러 주었을 때/그는 나에게로 다가와/꽃이 되었다.// 내가 그의 이름을 불러 준 것처럼/나의 이 빛깔과 향기에 알맞은/누가 나의 이름을 불러 다오/그에게로 가서 나도/그의 꽃이 되고 싶다.//우리들은 모두/무엇이 되고 싶다./너는 나에게 나는 너에게/잊혀지지 않는 하나의 의미가 되고 싶다." _ 김춘수 <꽃>

수많은 경험을 하며, 공간 속의 존재로서 인간은 수많은 관계 속에서 부대끼며 살아가고, 개성을 가진 존재로서 인간은 자기만의 특별한 삶과 사고의 스타일을 갖게 되고, 자유로운 존재로서 인간은 자기의 삶을 주체적으로 만들어가고, 희망을 갖는 존재로서 인간은 그 실현을 위해 부단히 노력하며 살아간다. 무엇보다 인간은 감정을 소통하며 또한 인격적인 관계를 맺으며 살아가는 존재이다. 그리고 마침내 시간의 한계인 죽음을 피할 수 없는 존재가 바로 인간인 것이다. 도대체 인간 이후의 새로운 종인 포스트휴먼으로의 진화를 생각할 이유가 있을까? 있다면 그건 무엇일까? 더 오래 살고, 더 건강하게 살고, 더 스마트하게 살 수 있는 존재일까?

정리해서 말한다면, 영화 안에서 인간의 특징으로 제시되고 있는 것은 관계 능력, 학습 능력, 창의력, 관계와 소통, 정체성, 감정, 자극에 대한 감정적인 반응, 욕구, 질투, 실수, 자유, 개성, 사랑, 죽음 등이다. 인간을 인간으로 만드는 것은 얼마나 인간답게, 즉 인격적으로 대우해주느냐에 좌우된다는 메시지를 읽어보게 된다. 인간이라도 비인격적인 대우는 인간다움을 빼앗는 것이며, 강한 인공지능이 탑재된 기계라 할지라도 인격적인 대우를 받으면 인간다움을 얻을 수 있다는 생각이다. 이것을 두고 로봇을 위한 인격훈련이라고 할 수 있을지 모르겠다. 영화의 내용은 어떤 형태로든 인간은 진화의 최상의 단계임을 보여주고 있지만, 오히려 인간다움의 형성을 위한 조건이 무엇인지를 탐색한 영화라고 보는 것이 좋을 것 같다.

2) <A.I.> (스티븐 스필버그, 2001): 인간의 본질과 가치는 사랑에 있다

<바이센테니얼 맨>이 꿈을 좇고 사랑을 하며 죽음을 경험할 수밖에 없는 인간으로 진화하는 로봇의 운명을 보여주었던 것처럼 <A.I.> 역시

비슷한 맥락에서 전개된다. 물론 자기 학습 능력을 통해 새로운 지식을 개발하고, 또 거듭 진화할 수 있는 앤드류와 달리, 처음부터 아이 로봇으로 생산된 데이빗(Haley Joel Osment)은 진화와 성장의 가능성이 원칙적으로 제한되어 있는 로봇이다. 오직 아이로서만 존재하며 아이의 지능 수준을 능가할 수 없도록 설계되어 있다. 그러나 인간이 되고 싶은 마음을 끝까지 버리지 않는다.

<A.I.>는 원래 스탠리 큐브릭(Stanley Kubrick)이 브라이언 앨디스(Brian Aldiss)의 단편소설에서 아이디어를 빌려와서 1982년부터 제작을 기획한 것이지만 생전에 완성을 보지 못하고 죽은 후에 스티븐 스필버그에 의해 완성된 영화이다. 작품에 대한 남편의 애정을 잘 알고 있었던 그의 아내는 큐브릭이 만화가 크리스 베이커에게 의뢰해서 만들었던 스토리보드와 스케치들을 스티븐 스필버그에게 넘겨주었다. 스필버그에 의해 만들어진 작품을 두고 많은 비평가들은 큐브릭의 지적인 분위기가 스필버그의 판타지적이고 휴머니즘이 강한 색채로 변해버렸다고 혹평했지만, 영화가 감독의 예술이라는 점을 생각한다면 그런 비난은 정당하지 않다. 물론 큐브릭이 완성했다면 다른 결론일 수 있었겠지만, 큐브릭의 미완성 작품이라고 해서 스필버그가 큐브릭의 방식대로 제작해야 한다는 기대와 요구는 지나치다.

영화의 배경은 종말론적인 분위기로 가득한 디스토피아 세계다. 온실효과 때문에 발생한 이상 기후로 인간과 도시는 생명을 지속시킬 수 있는 환경을 더 이상 가질 수 없었다. 식량문제로 수많은 사람들이 죽어갔고, 지구에서 지속적인 생존을 위해 인간은 대책을 마련해야만 했다. 그래서 인간은 로봇 개발을 서두르게 되었는데, 단순히 기능적인 측면만 강화된 로봇으로는 인간의 욕구를 만족시킬 수 없었다. 더욱 진화된 형태의 로봇의 필요성이 강하게 제기되면서 하비 교수(William Hurt)는 사랑의 감정을 가질 수 있는 아이 로봇(robot child)을 만든다.

이후로 전개되는 영화는 성격이 확연히 구분되는 세 부분으로 구성된다. 첫째는 헨리(Sam Robards)와 모니카(Frances O'Connor) 가족 안에서 전개되는 이야기고, 둘째는 숲속에 버려진 후에 여자에게 기쁨을 주도록 설계되어 있는 조(Jude Law)와 더불어 푸른 요정을 찾아 돌아다니며 세상을 경험하는 이야기 그리고 셋째는 지극히 판타지적인 성격을 갖는 부분이다. 가족과 세상 그리고 꿈에 대한 로봇의 회상이라 볼 수 있다.

아이 로봇 데이빗은 코마상태에 빠진 아들로 인해 큰 슬픔 속에서 하루하루를 살아가는 모니카에게 큰 위로가 된다. 처음에는 낯설고 두려운 마음이 앞섰지만 점차 인공지능 로봇 데이빗과 감정적으로 소통할 수 있음을 알게 되면서 모니카는 이런 현실을 기꺼이 받아들인다. 데이빗은 엄마인 모니카의 사랑으로 말로 표현할 수 없는 행복을 경험한다. 그러던 어느 날 불치병이 치료되길 기다리며 냉동처리 되었던 아들 마틴이 기적적으로 깨어난다. 엄마 모니카의 사랑이 마틴에게 향하고, 또 그 사랑이 다양한 방식으로 표현되는 것을 지켜보면서 데이빗은 강한 질투심을 느낀다. 로봇인 자신의 현실을 인정하지 않을 수 없었던 데이빗은 엄마의 사랑을 받을 수 있는 기회만을 찾을 뿐이다.

그러나 마틴의 꾐에 넘어가 엄마의 머리카락을 자르려다가 엄마에게 상처를 입히고, 또 마틴 친구들의 장난을 피하다 마틴과 함께 수영장에 빠져 마틴의 생명을 위협했던 사건을 계기로 데이빗을 위협적인 존재로 느낀 가족은 데이빗을 내보내기로 결정한다. 그런데 만일 데이빗이 제조 회사에 의해 회수처리 되면 더 이상 활용이 불가능하도록 설계되었기 때문에 단순한 기계로 폐기처분될 것이다. 데이빗이 폐기처분되는 것을 원하지 않은 엄마 모니카는 자신을 버리지 말라는 데이빗의 애원을 물리치고 그를 숲속에 유기한다. 영화의 서두에서 한 여성이 하비 박사에게 표출했던 염려가 현실이 되는 순간이며, 인간과 로봇의 소통에 한계가 있으며 또한 로봇에 대한 인간의 태도가 얼마나 이기적인지를 잘 보여주는 장면이다.

서부영화에서 종종 등장하는 현상범 사냥꾼들을 연상하는 기계 사냥꾼들을 피해 도망 다니던 데이빗은 인간들에 의해서 버려진 소속이 없는 기계들이 비참하게 파괴되는 것을 지켜본다. 인간들에 의해 만들어졌지만 더 이상 소용이 없어졌기 때문에 혹은 기계의 세상이 도래하는 것에 대한 두려움 때문에 폐기되고 있다는 말을 듣고 인간의 잔혹함에 놀란다. 앞으로 다가올 시대에 인간과 기계의 관계를 선취하는 것 같은 장면이다.

그러나 데이빗은 구경꾼들에 의해 로봇이 아니라 감정을 가진 인간으로 인정되어 다행히 폐기처분될 위기에서 벗어난다. 데이빗은 비록 인간세계에선 환영받지 못했지만, 그렇다고 로봇 세계에 안주할 수 있는 형편도 못된다. 그래서 데이빗은 여자에게 기쁨을 주도록 만들어진, 그러나 자신과 마찬가지로 쫓기는 신세인 조라는 이름의 로봇과 더불어 자신의 꿈을 찾아 세상의 끝을 향해 떠난다.

자신을 만든 하비 박사를 만난 데이빗은 그에게서 감정을 가질 수 있는 자신은 더 이상 진화가 필요 없는 로봇이고, 매우 특별한 로봇이라는 말을 듣는다. 그러나 자신과 동일한 모습과 캐릭터를 가진 수많은 로봇들을 만나자 분노하게 되고 그것을 파괴한다. 그리고 자신이 유일한 존재가 아니라 수많은 로봇의 형태로 생산된 것 가운데 하나일 뿐이라는 사실을 알고 절망하며 자살을 시도해 스스로 바닷물에 몸을 던진다. 그러나 결코 죽음을 경험할 수 없는 데이빗, 그는 꿈을 이뤄줄 것으로 믿었던 푸른 요정의 형상을 바닷속에서 발견한다. 푸른 요정에게 데이빗은 끊임없이 자신을 인간으로 만들어 달라는 소원을 빈다.

어느덧 2000년이라는 시간이 지난다. 지구상의 인간은 빙하기를 견디지 못해 모두 사라진 시기에 데이빗은 외계인들의 도움으로 깨어난다. 데이빗의 기억을 현실로 복원시킬 수 있고 DNA로 생명체를 복제시킬 수 있는 능력을 가진 외계인들의 도움으로 데이빗은 자신의 기억을 바탕으로 재현된 공간 속에 있게 되지만, 인간복제 기술이 아직은 충분하지 못해 DNA로 복제된 엄마와 재회할 수 있는 시간은 오직 하루밖에 주어지지 않는다. 비록 하루라도 그토록 그리던 엄마와 함께 있다는 사실 그리고 엄마로부터 사랑을 받고 또 사랑할 수 있다는 것은 데이빗에게 꿈을 이루는 일이었다. 결국 하루의 시간을 행복하게 보낸 후에 잠드는 엄마 곁에서 눈을 감고 잠을 청하는 데이빗의 모습을 보며, 필자는 그가 더 이상 로봇이 아니라는 생각을 하게 되었다. 죽음으로써 로봇의 한계를 극복한다는 점에서 죽음은 인간에게 본질적인 측면이 아닐 수 없다.

생명공학에 의해서 제시되는 유전자 조작과 인간복제에 의한 새로운 인간형 창조라는 청사진에 밀려 있는 상황이지만, 사실 인공지능의 아버지로 여겨지는 마빈 민스키(Marvin Minsky)가 인공지능 분야를 처음으로 개척한 이후로 인공지능에 대한 연구는 지금까지 계속되고 있고 또 괄목할 만한 성과들이 나오고 있다. 흔히 인공지능 연구에서 금기로 여겨지고 있는 것은 기계가 자율적인 사고와 판단 행위, 학습 능력 그리고 감정적인 반응을 갖는 것이다. 금기라는 표현을 쓴 것은, 만일 위의 조건들을 충족시킬 경우 인공지능은 인류를 위협할 정도로 가공할만한 위력을 가길 수 있기 때문이다. 조금씩 현실이 되고 있으나 아직 연구와 기술력의 부족으로 불완전한 형태를 갖추고 있어 위협적인 모습은 오직 문학적인 상상력을 통해 제시되고 또 영상적인 상상력을 통해서만 볼 수 있을 뿐이다. 아시모프는 자신의 소설에서 그것을 하나의 법칙으로 제안한 바 있다. 인류는 지금 포스트휴먼의 시대를 향해 꾸준히 나아가고 있다.

그러나 금기라고는 해도, 엄밀히 말해서 그것은 인공지능 연구의 현실적인 한계이기도 하다. 현재의 기술로는 인간과 같은 의식이나 사고능력 그리고 감정 능력을 소유할 수 있는 인공지능을 생산할 수 없기 때문이다.[22] <블레이드 러너>가 수명을 제한함으로 안전장치를 설정했다 해도 무엇이 Duplicant인지 구별하기가 쉽지 않았듯이, 인공지능 역시 마찬가지가 아닐까. 인류 역사를 되돌아볼 때 인공지능에 대한 연구는 결국 안드로이드, 곧 인간의 형태를 가지고 인간과 유사한 능력을 가진 인공지능 개발을 지향할 것이다. 그러나 아무리 안전장치를 한다 해도 그것이 인간의 완전한 통제에 있게 될 것이라고 생각하지는 않는다. <바이센테니얼 맨>의 앤드류와 같은 오류가 나올 수 있는 가능성이 전혀 없지 않기 때문이다. 만일 통제에서 벗어난다면 어떻게 될 것인가? 오직 상상력에 의지해서 생각될 수 있을 뿐이지만 상상하는 일 자체가 그렇게 달갑지 않다.

<A.I.>는 바로 이런 맥락에서 특별히 감정의 문제에 초점을 맞춘 영화다. 데이빗에게는 감정적인 반응과 소통이 가능했다. 그런 아이 로봇에게 안전장치를 설정해 놓았다면, 더 이상 성장하지 않는 영원히 아이로 머문다는 사실이다.

<A.I.>가 '무엇이 인간됨을 가능하게 하는가?'라는 질문을 갖고 인간을 성찰하는 방식은 주로 인간과 로봇을 비교하는 것인데, 하나는 철저히 기능적인 존재로 인간과 더불어 살기를 원하는 기계들과는 달리, 기계들이 자신들의 세계를 수적으로 그리고 힘으로 압도할 것이라는 염려에서 기계를 무참히 파괴하며 즐기는 모습에서 나타나는 두려움과 쾌락주의, 공격성과 파괴적인 본능을 가진 인간을 보는 것이고, 다른 하나는 자신의 필요에 따라 로봇을 만들다가도 위협적이라고 느끼거나 필요가 없어지면 버리는 이기적인 존재이고, 또 다른 하나는 먹고 자고 느끼고 경험하며, 친밀한 정서적인 관계를 갖는 인간의 모습이다. 또한 죽음으로 표현되는 시간적인 한계 역시 지극히 인간적인 것이다. 다시 말해서 인간은 자기중심적인 존재의 한계를 극복하지 못한다.

---

22 이대열은 『지능의 탄생』(서울: 바다출판사, 2017)에서 인공지능의 한계로 그것이 인간의 의식에까지는 이르지 못한다는 사실을 제시했다.

영화의 장면들을 자세히 들여다보면, 데이빗이 주목하는 것은 단순히 의식주 문제가 아니라, 그것을 통해서 인간의 상호관계를 표현한다는 사실이다. 그래서 자신에게 허락되지 않은 것을 잘 알고 있음에도 불구하고, 마틴이 먹는 것을 흉내 내다 스스로를 망가뜨리는 위험을 자초하기도 한 것이다. 스스로를 파괴하는 일은 로봇에게 입력되지 않은 일이기 때문에 결코 일어날 수 없는 일이다. "나는 나를 파괴할 권리가 있다"는 말은 2000년 프랑수아 사강(Françoise Sagan)이 마약사범으로 붙잡혔을 때 했다고 전해지는 말이지만, 오직 인간만이 자신을 파괴할 수 있는 권리를 주장하고 또 실행한다. 데이빗이 스스로를 파괴할 수 있는 일을 행한다는 것은 그에게 감정이 있다는 사실을 말하며 또한 자신이 인간으로서 자격이 있음을 주장하는 것이다. 마틴과 엄마와의 관계를 지켜보면서 일어나는 감정의 변화나 혹은 자신과 동일한 모습의 데이빗의 모습을 보았을 때 느꼈던 질투와 분노 그리고 인간이 되고자 하는 꿈을 추구하는 모습, 자신이 세상에서 유일한 존재가 아니라 수많은 복제물이 있다는 사실을 보고 절망하는 모습은 감독이 영화를 통해서 성찰하는 인간 이해의 단면들을 보여준다.

영화의 이미지와 관련해서 주목할 만한 부분은 미래적인 존재로 등장하고 있는 생명체이다. 그들은 데이빗의 기억을 읽을 수 있으며, 기억을 현실화시킬 수 있을 뿐 아니라, 머리카락으로 존재를 복제해 낼 수 있는 능력을 가지고 있다. 그들의 형체는 불분명하지만 인간과 매우 유사한 형상을 갖고 있다. 이런 이미지는 인간이 미래의 생명체에 대해 무지하다는 사실에 기반을 둔다. 어떤 모습일지는 분명하지 않지만 기능과 능력에 있어서는 매우 발달되어 있는 존재라는 것은 분명하다는 것을 상징한다. 이것은 포스트휴먼에 대한 상상에서도 나타난다. 포스트휴먼이 어떤 형태로 나타날지는 모르지만 뛰어난 지능을 갖고 더 오래 살며 또한 더 건강한 삶을 살게 될 것이라는 사실은 확실하다.

영화 <A.I.>가 말하는 인간은 감정을 갖고, 이기적이고, 다른 어떤 곳에서 동일한 것을 발견할 수 없는 독특한 존재이며, 친밀한 관계를 원하고, 이것이 방해되었을 때는 질투와 분노를 느끼는 존재다. 그러나 그럼에도 불구하고 인간이 의미와 가치를 갖는 까닭은 사랑이 있기 때문이다. 인간에게 사랑은 비록 순간이라 하더라도 영원한 가치를 갖는다는 것, 바로 이것이 영화 속에 함의된 인간 이해이다.

3) <이퀄스> (드레이크 도레무스, 2015): 인공지능 시대와 인간의 감정 조절 능력

앞서 다룬 두 영화를 통해 우리는 로봇과 감정의 상관관계가 인공지능 시대에 어떤 의미를 갖는지를 부수적으로 살펴보았다. 이 부분을 좀 더 살펴보기 위해 <채피>를 다루기 전에 먼저 감정의 문제를 주제로 삼은 두 영화 <이퀄스>와 <Her(그녀)> (스파이크 존즈, 2014)를 먼저 들여다보자. 감정의 인간학적인 의미에 대해서는 본장 218쪽 "3. 인간과 감정"에서 더 자세히 살펴볼 것이다.

감정은 인간과 인간 사회에서 어떤 의미가 있을까? 인간을 정신과 육체로 이원화시킨 데카르트 이후 감정은 정신작용의 하나로 여겨지지만, 뇌 과학의 연구 결과에 따르면 사실 감정은 이성과 다른 역학관계에서 작용한다. 감정은 무엇보다 인간의 생존과 밀접한 관계를 갖는다. 외부로부터 오는 위협을 이성이 감지하지 못할 때가 있는데, 바로 이때 감정이 작용하여 위기로부터 벗어나게 한다. 그러나 때로는 지나친 감정표현 때문에 상대를 침해하고 관계를 악화시킨다.

감정이 없는 인간을 생각할 수 없지만, 사실 인간 사회의 많은 오류는 감정을 통제하지 못해서 벌어진 결과들이다. 인류 역사에는 인간이 자신의 감정을 조절하지 못해 자신은 물론이고 타인의 삶까지 망가뜨린 경우들이 비일비재하다. 그런데 감정이 끼치는 해악이 없지 않다 해서 감정을 불필요하다고 생각하지는 않는다. 감정이 없는 존재는 기계이기 때문이다. 인공지능이 아무리 발달해도 인간 감정의 흐름을 따라잡지는 못할 것이다. 그럼에도 불구하고 인간의 감정을 마치 개인의 관계는 물론이고 사회를 위협하는 바이러스처럼 생각해서 완전하게 통제하는 사회를 유토피아로 여기는 가상의 시나리오는 영화에서 종종 나타난다. 대표적인 작품은 <이퀼리브리엄> (커트 위머, 2002)과 <이퀼스>다. 재미와 흥미를 떠나 이런 영화들이 제작되는 이유가 무엇인지 궁금해진다.

<이퀼스>는 인간의 감정을 철저히 통제할 수 있는 사회를 유토피아로 설정한 영화다. 그렇다고 해서 <이퀼리브리엄>에서 볼 수 있는 통제와 해방의 이항대립 관계에서 전개되는 액션을 담고 있진 않다. <이퀼리브리엄>은 인간 감정을 통제해야 한다는 잘못된 이념에 맞서 싸우는 모습을 통해서 인간에게 감정은 그 어떤 이유로도 강제적으로 통제되어서는 안 된다는 것을 강조한다. 이에 비해 <이퀼스>는 남녀 사이에서 일어나는 감정의 역학을 단지 언어와 행동으로 표현하기보다 영상적인 표현을 통해 보게 하려 했던 것 같다. 애니메이션을 통해 인간의 감정과 호르몬의 상관관계를 보여준 <인사이드 아웃> (피트 닥터, 2015)에 비하면 비록 인간관계에만 집중했지만, 영화는 비교적 로맨스 장르에 충실하게 전개하면서 인간의 감정은 어떻게 태어나고, 어떻게 드러나며 그리고 인간의 삶과 생각과 결정에 어떤 영향을 미치는지를 추적한다. 따라서 영화 감상의 관건은 감정통제사회의 끔찍함보다 감정이 발생하는 상황과 감정과 감정 사이에서 일어나는 일들의 역학관계를 살펴보는 것에 있다.

영화의 주요 장면들을 바탕으로 감정의 발생과 역학관계를 정리하면 이렇다. 감정에 전혀 동요되지 않는 상태는 동일한 톤과 색과 리듬으로 표현되고, 인간은 아무런 방해를 받음이 없이 오직 주어진 일과 일과에 따른 삶을 반복하는 것으로 표현되었다. 쳇바퀴처럼 반복되는 삶에 대해

아무런 지루함을 느끼지도 않는다.

바로 이런 상태에서 니아(크리스틴 스튜어트)가 갑자기 우발적인 사건을 목격하면서 감정의 동요가 일어난다. 동료의 자살을 목격한 니아는 충격을 받고 손을 움켜쥐고 입술을 깨문다. 사일라(니콜라스 홀트)는 특별한 표정을 짓는 그녀를 지켜보면서 호기심을 느낀다. 그의 지속적인 호기심은 그녀에 대한 관심으로 바뀌고, 그녀에 대한 관심이 깊어질수록 사일라는 이전처럼 동일한 유형의 그림이 아닌 전혀 다른 형태와 색 그리고 구도의 그림을 그린다. 그림은 정형화되어 있지 않고 컬러로 가득하다. 그에게 어떤 변화가 일어났음을 보여주려는 의도이다.

니아 역시 자신에게 관심을 기울이는 사일라의 시선을 느끼며 동요하는데, 그와 대면하고 또 신체적인 접촉을 하면서 자신에게 일어나는 변화 때문에 오히려 두려움을 갖는다. 감정의 동요를 전혀 경험해보지 못하며 자랐던 그녀가 어떻게 그런 변화에 두려움을 갖게 되었는지 영화는 설명하지 않는다. 다만 동료의 자살이 이성 관계가 발각된 후에 일어난 일이다보니 남자인 사일라의 관심에 따라 자신에게 일어나는 변화를 두려움으로 인지한 것이리라. 니아에 관심을 갖고 또 그녀와 관계를 갖게 되면서 일어나는 변화 때문에 두려움을 갖게 된 것은 사일라 역시 마찬가지다. 이성적인 방식 이외의 삶을 알지 못하며 살았던 두 사람이 서로에 대해 느끼는 감정 때문에 갖게 된 두려움은 두 사람의 관계를 진척시키지 못하는 장애물로 작용한다. 사일라는 자신의 두려움에서 벗어날 뿐 아니라 니아를 지키기 위해 그녀로부터 떨어져 있을 방법을 찾는다. 일터를 바꾸지만, 떨어진 시간과 거리는 오히려 두 사람의 감정을 더욱 뜨겁게 달구고, 또한 서로가 서로에 대해 어떤 의미가 있는지를 확인하는 기회가 될 뿐이다. 서로 만나 뜨거운 사랑을 나누는 장면은 로맨스 장르적인 서사에 기여하는 면이 있지만, 그보다는 오히려 그들의 감정을 드러내는 데에 초점이 맞춰져 있다.

두 사람의 지속적인 사랑으로 결국 니아는 임신하게 되는데, 이 때문에 니아는 갇히고 생명의 위기로 몰린다. 그러나 사일라를 돕는 사람들에 의해 니아는 신분을 세탁하여 무사히 빠져나오지만, 이 사실을 모른 채 니아를 찾아간 사일라는 니아가 죽었다는 소식을 듣고 큰 충격을 받는다. 상실의 고통을 견디지 못해 자살하려는 순간 생존 본능이 깨어난다. 그리곤 고통에서 벗어나기 위해 감정통제를 위한 유전적 치료를 받는다. 니아가 다시 그에게 모습을 드러냈을 때 그는 니아와의 사랑을 기억하고는 있지만 더 이상 느끼지 못하는 상태가 된다.

일반적으로 남녀 사이에서 뜨거웠던 감정은 시간이 지나면서 식는다. 사랑이 없어진 것이 아니라 감정적인 상호작용에 익숙해져 더는 호르몬이 분비되지 않는 것이다. 지극히 자연스런 현상이다. 이때 관계는 느낌이 아니라 지속적인 친밀한 관계와 기억을 통해 확인되고 또 유지된다. 그렇다고 해서 감정이 완전히 사라지는 것은 아니다. 기억은 해도 아무런 느낌이 없는 기억은-역사와 관련한 태도에서 흔히 볼 수 있는 현상이지만-특히 사랑하는 사람들 사이에선 비극이다. 비록 두 사람만의 세상으로 떠날 수 있었고, 또한 변할 가능성을 기대하며 함께 떠나지만, 결코 해피엔딩이라 말할 수는 없을 것 같다.

다시 처음 질문으로 돌아가 보자. 인공지능 개발이 한창인 시대에 왜 이런 상상을 하고 또 이런 영화들이 제작되는 걸까? 굳이 감정을 통제하는 사회를 말하는 이유는 무엇일까?

영화의 배경에는 감정이 사회에 부정적인 영향을 미친다는 생각이 있다. 사실 인간이 감정을 통제하지 못해 저지르는 범죄가 얼마나 많은지를 생각한다면, 감정은 인류 사회의 바이러스로 여겨질 이유가 전혀 없지는 않다. 감정은 또 다른 감정을 연쇄적으로 일으켜 전혀 예상치 못한 일들을 초래한다. 좋은 감정이라면 모르지만, 부정적인 감정은 해악의 요소로 작용한다. 뿐만 아니라 나에게 좋은 감정이 다른 사람에게 불쾌하게 전달될 수도 있다. 사람과의 관계에서 감정은 할 수 있는 한 조절 되어야 한다. 감정은 성숙의 문제다. 성숙한 사람은 감정을 잘 조절할 수 있다. 감정 조절을 하지 못하는 사람은 나이와 상관없이 미성숙한 사람 이다.

문제는 감정을 자발적인 조절 능력에만 맡길 수 없다는 것이다. 감정 조절 능력이 상실되는 데에는 여러 이유가 작용하고 있지만, 각종 스트 레스는 점점 더 감정조절 능력에서 약화된 사람들을 양산하고 있다. 감 정은 통제가 아니라 반드시 조절되어야 한다. 조절되어야 할 이유는 분 명하다. 이성적인 행동은 어느 정도 예측이 가능해도, 감정은 인간의 행 동이 언제 어떤 방향으로 나타날지 전혀 예측할 수 없게 만들기 때문이 다. 관계 안에서 살아가야 하고 또 사람들이 예측할 수 있는 사회를 추구 하는 한 감정은 조절되어야 한다.

결과적으로 사회를 안전하고 또 확실하게 통제하고 싶은 사람이 있 다면, 그러나 로봇과 인공지능이 지배하는 사회를 피하고 싶다면, 그래 서 최소한 인간을 포기하고 싶지 않다면, 무엇보다 감정을 통제하는 정 책을 선호할 것이다. 만일 이런 정책이 실현되는 사회를 유토피아로 생 각한다면, 곧 예측 가능한 사회를 위해 그리고 감정에 휘둘려서 일의 효 율성을 떨어뜨리거나 혹은 이성적인 판단을 그르치는 일이 없는 사회를 위해선 감정 기능은 태어나면서 제거해야 할 것이다.

만일 이런 나라에서 태어나 자랐다고 해보자. 이런 곳에서 감정은 발 생할 수 있을까? 만일 완전한 통제에서 벗어났다면, 그래서 어느 순간 감 정이 발생한다면, 이것은 어떻게 인지될 수 있을까? 특히 남녀 사이에서 일어나는 감정은 어떻게 생겨나는 것일까? <이퀄스>는 바로 이런 질문 에 대답하려고 했던 것일까? 인공지능이 지배하는 미래 사회를 위한 대 비책을 마련하길 원하는 것이었을까? 인공지능의 시대가 와서 인간의 존 재 가치가 점점 더 사라진다 해도 감정의 기능만큼은 인간에게 고유한 일이다. 감정을 조절하지 못해 통제받는 상태로 전락하지 않기 위해선 감정을 적적하게 조절할 수 있어야겠다.

4) <Her(그녀)> (스파이크 존즈, 2014): **공감은 인간관계의 치유와 회복을 위한 출발점**

관계는 인간학적인 개념이다. 인간을 이해할 때 반드시 고려되기 때문이다. 특히 기독교 인간학에서 관계 개념은 높은 비중을 차지한다. 왜냐하면 기독교 인간학은 본질적으로 하나님 앞에 선 인간, 인간과 인간 그리고 인간과 생태환경 등의 상관관계를 대상으로 다루기 때문이다. 하나님과 인간의 관계를 말할 때 우선되는 개념은 신앙이다. 신앙은 하나님과 인간의 관계를 표현한다. 한편으로는 예수 그리스도와의 관계를 매개로 주시는 하나님의 은혜이지만, 다른 한편으로는 하나님의 존재와 말씀 그리고 그분의 행위에 대한 올바른 반응과 신뢰의 정도를 가리킨다. 최근에는 인간 혹은 신과의 관계만이 아니라 동물이나 생태환경과의 관계에 대해서도 많은 관심을 기울이고 있다.

신앙생활에서 문제가 생긴다면 하나님을 신뢰할 수 없는 환경을 만날 때이다. 쉽게 공감할 수 없는 환경에 처하게 될 때, 이해할 수 없는 일이 일어났거나 간절히 기대하는 일이 나 아닌 다른 이에게 일어났을 때, 오히려 내게 원치 않는 일이 일어났을 때가 대표적이다. 이때 인간은 관계의 진정성을 의심한다. 더 심하면 하나님의 존재는 물론이고 그의 살아계심을 의심하기까지 한다. 신학은 이런 상황에서도 함께 계신 하나님을 말하면서 '숨어계신 하나님'으로 표현한다. 간혹 '침묵하시는 하나님'으로 말하기도 한다. 신앙인이라면 한 번쯤 경험해보았을 상황이다. 도대체 하나님과 인간의 관계에서 일어나는 이런 일은 무엇 때문에 발생하는 것일까?

성경은 여러 상황과 형편에서 하나님을 경험했던 사람들의 이야기를 전해준다. 성경을 통해 우리는 그들이 어려운 상황에서 혹은 위기의 상황에서 어떻게 하나님을 경험했고 또 어떻게 극복했는지를 알 수 있다. 대표적인 경우가 이사야 선지자를 통해 주신 말씀이다. 이사야 선지자는 숨어계신 하나님을 가장 분명하게 말한 장본인이지만, 또한 신앙의 위기 상황에 직면해서 이렇게 말하면서 문제를 해결하고자 했다.

> 내 생각이 너희의 생각과 **다르며** 내 **길은** 너희의 **길과 다름이니라** 여호와의 **말씀이니라** 이는 **하늘이 땅보다 높음** 같이 내 길은 너희의 길보다 높으며 내 생각은 너희의 생각보다 높음이니라(사 55:8-9).

문제는 하나님 자신에게 있지 않고 하나님의 생각을 헤아리지 못한 인간에게 있다고 지적한다. 하나님은 우리 앞서 행하시지만, 한참 뒤에 있는 우리는 우리의 생각으로 하나님을 이해하려 하기 때문에 이해할 수 없고 받아들일 수 없는 상황이 벌어진다는 말이다. 유한이 무한을 품으려 할 때마다 불가피하게 직면하는 상황이다.

그렇다면 사람과 사람의 관계는 어떨까? 사람과의 관계 역시 마찬가지다. 다만 차원이 다를 뿐이다. 사람 관계에서 문제는 편견을 극복하지 못하고 성 혹은 세대의 차이와 문화와 세계관의 차이의 한계에 부딪히는 데에 있지만, 때로는 상대가 변하는 속도를 따라잡지 못하거나 상대의 변화를 인정하려고 하지 않을 때에 나타난다. 무엇보다 나를 중심에 놓고 상대를 보려고 할 때 관계는 삐걱거리기 시작하며 결국 파국을 맞이한다.

<그녀>는 엄밀히 말해서 인간학적인 관점에서 바로 이런 점을 성찰한 결과라고 생각한다. 다만 대상이 남자와 여자의 관계로 표현되었으나, 인간과 인간 혹은 인간과 하나님의 관계에서도 동일하게 적용될 수

있는 내용이다. 먼저 영화의 내용을 들여다보자.

사람이 아닌 기계를 소통의 대상으로 삼을 수 있을까? 기계가 인공지능을 가지게 되면서 조금씩 실현되고 있다. 그러나 그런 소통 방식에서도 문제는 있을 것인데, 그 문제는 어떤 것일까? 굳이 사람을 놔두고 기계와 소통하는 까닭은 무엇일까? 스마트 폰이 우리와 어떻게 공생하고 또인간의 삶과 사회에서 어떤 자리를 차지하고 있는지를 조금이라도 깊이생각하며 그 심각성을 고민해본 사람이라면 이런 질문을 피할 수 없을것이다. 인공지능과 대화하는 모습은 우리 주변에서 자주 볼 수 있다.
<그녀>를 본 사람들 역시 마찬가지라 생각한다. 존즈 감독은 관객으로하여금 주인공 테오도르와 '그녀'와 함께 보내는 다소 긴 밀어의 시간을지켜보도록 하면서, 영화 말미에 가서야 비로소 대답의 실마리를 보여준다.

배경은 인공지능이 생활의 일부가 되는 가까운 미래다. 자판기를 두드리지 않고 음성만으로 컴퓨터와 소통할 수 있다. 테오도르(호아킨 피닉스)는 이런 시대에 이런 소통 방식을 십분 활용하며 삶을 영위해간다. 주로 하는 일은 다른 사람들의 편지를 감성을 담아 대필해주는 것이다. 다른 사람들의 감정적인 소통을 도와주면서도 정작 자신의 감정을 소통하는 문제는 해결하지 못한다. 아내와는 별거중이고, 유일한 여자 친구로게임 프로그래머가 있지만 그저 겉도는 친구일 뿐이다. 그의 유일한 소통 대상은 목소리만으로 자신의 존재감을 드러내는 사만다(목소리 역으로 요한슨 스칼렛)이다. 비록 인공지능을 가진 컴퓨터 운영체제에 불과한존재라도 거의 인격적이라고 할 만큼 누구보다도 테오도르를 잘 이해하고 또 그의 기분과 삶의 리듬을 맞춰줄 수 있다.

영화는 상당 부분을 둘 사이에서 일어나는 소통 장면에 할애한다. 이를 통해 말하고자 하는 것은 테오도르가 '그녀'와 감정적인 교류는 물론이고, 심지어 육체 없이도 성적인 쾌락을 공유할 수 있으며, 함께 여행을가면서도 전혀 심심하거나 외로움을 느끼지 않을 정도로 실제적인 관계를 갖고 있다는 것이다. 한마디로 기계와의 인격적인 관계를 말한다 해도 과언은 아니다.

영화를 SF 장르로 이해하려는 사람들은 기계와 인간의 소통에 초점을 맞춰 영화를 해석한다. 그럴 수밖에 없는 것이 존즈 감독은 이미 <존 말코비치 되기> (1999)와 <어댑테이션> (2002)에서 기발한 과학적인 상상력을 발휘한 경력이 있기 때문이다. 특히 세계적인 인공지능 전문가 커즈와일(Ray Kurzweil)이 쓴 영화평은 이 영화를 그렇게 독해하는 데에 일조했다고 생각한다. 물론 보기에 따라서 가까운 미래의 가능성을 두고 기계와 인간의 소통에 대한 철학적인 해석도 가능하다고 본다. <매트릭스>에 대한 다양한 독해 방식을 염두에 두면 충분히 이해할 만하다.

그러나 필자가 보기에 이것은 감독의 의도를 비껴가는 해석이다. 감독은 남녀의 소통을 말하면서, 다만 이야기를 담는 형식으로 IT 기술을 도입했다고 생각하기 때문이다. 관점을 SF에 두는 것은 무리다. 주객이 전도된 독해다. 영화의 주제는 단연코 사람과 사람의 소통에 있다. 새로운 소통 방식을 통해 상처 입은 소통을 치유하고 회복하려는 데에 목적을 두고 있다. 남녀의 사랑을 말하는 새로운 방식일 뿐이다.

테오도르와 '그녀'의 관계를 지켜보면서 한편으로는 둘 사이의 관계가 어떻게 정리될 것인지가 궁금했다. 인간과 기계(안드로이드, 사이보그 등)의 관계 문제는 이미 앞에서 다룬 영화 이외에도 여러 영화의 소재로 다뤄져 왔지만, 모두가 기대만큼 그렇게 만족하게 해결되지 않았기 때문이다. 다른 한편으로는 끊임없이 드는 질문이 있었다. 테오도르는 사람들의 마음을 이해하고 또 그 사람의 마음을 공감적으로 전해주는 역할을 하면서도 왜 그 자신은 스스로 감정적인 소통을 못하는 것일까? 아니 왜 기계를 유일한 소통의 대상으로 삼은 것일까? 다른 사람들에게 해주는 감정적인 소통 능력이라면 얼마든지 가능할 것이라는 생각이 들기 때문이다.

바로 이 질문을 통해 우리는 감독의 메시지에 접근할 수 있으며, 영화가 단지 인공지능 시대의 소통 방식을 상상하는 것으로만 그치지 않고 있음을 알게 된다. 다시 말해서 사만다와의 관계에서 테오도르는 사람과 사람의 소통에서 중요한 것은 서로의 변화를 인정하는 것임을 깨닫는다. '그녀'의 기술적인 진화를 따르지 못하고 또 이해하지 못한 테오도르는 무엇보다 자신의 존재가 '그녀'와 관계하는 수천 명 가운데 하나일 뿐이라는 사실을 알고 고통스러워한다. 결국 '그녀'와의 관계에서 파경을 앞두고 테오도르는 불현듯 아내와 자신의 관계를 돌아보게 되고, 아내의 변화를 받아들이지 못하고 자기의 틀에 맞추려고 했던 과거를 반성하게 된다.

나를 고정시켜 놓고 상대를 볼 때는 언제나 상대를 구속하게 된다. 변화가 없어도 문제이지만 지나쳐도 문제다. 모든 관계에서 사람은 자신의 틀을 가지고 있는데, 지속적인 관계를 위해서는 틀을 바꾸든가 아니면 상대를 바꾸어야 한다. <그녀>는 인간의 소통 방식을 문제 삼으면서, 서로의 변화를 받아들이지 않고 상대를 자신의 틀에만 맞추려고 할 때, 소통은 더 이상 가능하지 않음을 은유적으로 보여준다.

이런 사실이 기독교적 인간 이해에 어떻게 기여할지를 살펴보자. 하나님과의 관계를 말할 때는 신앙을 말하지만, 인간과의 관계에서는 인격을 말한다. 인격(person)이란 근대적인 인간 이해에서 매우 중요하게 여겨진 개념이나 사실 삼위일체(tres personae una substantia)에서 유래한 개념이다. 다시 말해서 마치 삼위 하나님이 상호교류하면서도 같지 않고 또 다르면서도 하나인 것같이 인간의 인격적인 관계에서도 그렇다는 것이다. 인간은 서로 공감적으로 교류하면서도 같지 않고 또 다르면서도 서로 공감할 수 있다. 독립적이면서도 서로 공감할 수 있다는 의미다. 여기서 인격은 상대의 자유와 독립성 그리고 신비를 인정할 때 형성되는 관계다. 나에 의해 규정되지 않고 또 결코 파악될 수 없는 부분을 인정하는 것이다. 그러니 나의 틀에 가둘 수 없는 존재로 상대를 대하는 관계를 표현할 때 인격을 말한다.

하나님과 그리스도인의 관계에서 흔히 일어나는 오해는 하나님을 인간의 틀에 맞추려고 할 때 발생한다. 무한자는 유한자에 담기지 않는다는 것을 염두에 둔다면 하나님의 행위를 사람의 생각에 담아두려고 하는 것 자체가 무리다. 하나님과의 관계에서 필요한 일은 늘 새롭게 되는 것이다. 그렇지 않으면 하나님을 이해할 수 없기 때문이며, 또한 관계를 정상적으로 갖는 것이 힘들어지기 때문이다. 내가 이해할 수 없는 일이라고 해서 하나님이 잘못 행하신 것은 아니다. 불의가 아니라면 하나님을 신뢰하고 기대하면서 인내하며 극복하는 것은 인간의 몫이다.

인공지능인 '그녀'와의 관계가 현실 속 그녀와의 관계로 변화한 것은 다행한 일이다. 다시금 '그녀'와의 관계로 돌아가지 않기 위해 인간은 서로의 차이와 변화를 인정하면서도 공감할 수 있도록 자신 또한 성장할 기회를 주어야 한다. 제자리에 머물러 있는 인간은 답답한 관계를 만들고, 제자리를 찾지 못하는 인간은 불안한 관계를 만든다. 계속 성장하면서도 공감 능력을 잃지 않는 인간이 의미 있는 관계를 만들어낸다. 인간은 관계 속에서 끊임없이 새로워지는 존재다. 그렇지 않을 때는 비인격적인 관계로 전락한다.

5) <채피> (닐 블롬캠프, 2015): 기계의 인간화는 곧 인간의 기계화다

닐 블롬캠프 감독은 이미 두 편의 SF 화제작을 통해 현실에서 공공연하게 나타나는 인간의 사악한 단면을 드라마틱하게 표현해 경각심을 높였다. 예컨대 <디스트릭 9>에서는 남아프리카 공화국의 인종 차별을 비판하였고, <엘리시움> (2013)에서는 글로벌 문제인 환경오염과 빈부의 양극화 그리고 의료 혜택의 독점에 대한 자신의 비판적인 견해를 표출하였다. 두 작품이 현실 정치의 부정적인 측면을 부각하는 데에 의의를 두었다면, <채피>를 통해서는 어느 정도 미래학적인 관점에서 외삽법을 사용하여 과학기술의 현실과 인간의 탐구적인 욕망을 하나의 경향으로 파악하여 미래에 대한 예측을 시도했다. 곧 블롬캠프는 결코 제지할 수 없는 인간의 호기심에 따라 탐구되는 테크놀로지의 미래와 관련해서, 특히 전 세계적인 관심사인 인공지능을 주제로 다루면서 기계의 인간화가 결국 어떤 파국으로 이어질 것인지를 예측하고 있다.

기계의 인간화는 이미 여러 영화에서 다뤄진 소재다. <메트로 폴리스>, <블레이드 러너>, <바이센터니얼 맨>, <매트릭스>, <A.I.>, <프로메테우스>(리들리 스콧, 2012), <엑스 마키나>, <에이리언 - 커버넌트>(리들리 스콧, 2017) 등이 있다. 일련의 영화에서 기계의 인간화는 트랜스휴머니즘의 실현과 기술적인 진보에 대한 관객들의 기대감을 높여주지만, 내용적으로 볼 때는 다만 인간의 욕망을 투사한다. 인간화된 기계, 곧 휴머노이드의 등장은 욕망의 결정체이면서 또한 인간의 분신에 불과하다. 인간과의 갈등이 전개되고, 휴머노이드의 고민과 갈등이 나타나지만, 그것 모두는 인간을 투영하기 위한 장치이다. 블롬캠프의 첫 번째 SF영화인 <디스트릭 9> 역시 동일하다. 백인과 흑인 사이에서 벌어지는 인종 차별을 인간과 기계 사이의 에피소드로 옮겨놓은 영화다.

그런데 블롬캠프의 세 번째 SF 영화에 등장하는 채피, 곧 인공지능은 물론이고 감성과 머신러닝(machine learning, 경험을 통해 자신을 개선하는 알고리즘에 대한 연구)을 통한 학습 능력을 가진 휴머노이드는 단순히 인간의 욕망을 투영하는 역할에 제한되지 않는다. 이점이 영화의 독특한 부분이라 생각한다. 채피는 심지어 인간의 종교적인 욕망인 영원한 삶의 가능성을 넘보기까지 한다. 결국 기계의 인간화가 실현되면, 인간이 자의적이든 타의적이든 기계화되는 일이 일어날 수 있다고 보는데, 이를 통해 그는 기계의 인간화에 대한 비판적이면서도 비관적인 전망을 내비친다.

블롬캠프가 이렇게 인간의 기계화를 비판적으로 평가한 데에는 그의 인간 이해가 결정적인 역할을 한다. 곧 정신과 육체로 이뤄진 인간에서 본질은 정신(마음 혹은 뇌)이라고 보았기 때문이다. 이는 신경생리학의 연구가 뇌와 인간의 생각과 활동의 관계가 인과적으로 작용하고 있음을 발견함으로써 더욱 설득력을 얻고 있는 입장이다. 이런 관점에서 만일 본질인 정신이 데이터의 형태로 보존될 수 있다면 그리고 인공지능에서처럼 데이터를 통해 정신 현상을 재현할 수 있다면, 비록 몸은 달라진다 해도 정신을 다운로드 받을 수 있는 한 정체성은 유지할 수 있다는 주장을 포함한다. <여섯 번째 날>에서 복제인간의 정체성을 말하면서 사용한 모티브, 곧 기억이 정체성을 형성한다는 일반적인 통념과 크게 다르지 않다. 만일 여기에다 감성 능력과 경험을 통한 학습 능력까지 덧붙인다면 '채피'의 등장은 결코 불가능한 일이 아닐 것이다. 게다가 인간의 생각과 감정 그리고 의지까지도 뇌의 작용으로 환원하려는 노력에 근거해서 본다면 그리고 이것이 현실화될 수 있을 때에도 마찬가지다.

기계의 인간화와 더불어 일어나는 인간의 기계화는 엄밀히 말해서 과거 영혼을 인간의 본질로 보고 불멸의 영혼이 다른 몸을 취할 때 일어나는 정체성 혼란을 소재로 다룬 영화들과 비교해볼 때, 크게 다르지 않다. 단지 몸이 기계로, 영혼이 정신(마음)으로 바뀌었을 뿐이다. 환생 교리를 받아들이지 않는 기독교가 영혼과 몸의 교환이 불가능하다고 보는 이유는, 인간은 인격으로서 더 이상 몸과 영혼이 분리되지 않는다고 보기 때문이다.

이와 마찬가지로 설령 인공지능 기술이 발달되어 기계의 인간화가 가능해진다 해도, 인간의 기계화는 결코 가능하지 않다. 왜냐하면 출생과 더불어 문화 안에서 성장하면서 인간에게 축적된 지적 혹은 감성적 정보는—만일 태중에 있을 때부터 모든 것을 기계적으로 데이터화하지 않는다면— 데이터로 결코 환원될 수 없기 때문이다. 자연주의적인 환원주의에 근거한 생각은 단지 가설에 불과할 뿐이며, 아직 논란 중에 있다. 필자의 소견에 따르면, 인간의 한계에 부딪혀 결코 현실적으로 입증되지 않을 것이고 또한 신학적 인간학의 입장에서도 받아들일 수 없는 주장이다.

이런 점에서 볼 때, 기계의 인간화로서 채피가 다른 로봇과 교체되는 것은 이해할 수 있지만, 한층 더 나아가 인간의 기계화의 가능성까지 말한 것은 논리적인 비약에 따른 오류 추정이라 생각한다. 기억이란 단편적이기 때문에 인간이 태중에 있을 때부터 일어나는 모든 기억을 데이터로 복원한다 해도 그것으로 정체성을 구성한다는 것은 불가능하다. 기억의 네트워크는 뇌 자체의 가소성에 의해 일어나는 현상이기 때문에 머신러닝과 딥러닝(deep learning, 인간의 신경망처럼 기능하는 인공지능 학습방식 혹은 사람의 사고방식을 컴퓨터에게 가르치는 기계학습의 한 분야)을 가능케 하는 알고리즘만으로는 결코 복원할 수 없다. 정체성은 체계적이고 일관된 의식에서 비롯하기 때문이다. 무리한 추정이 아닐 수 없다. 사실 이런 무리를 하지 않았다면 다른 영화와 특별히 다르지 않았을 것이라고 생각한 감독이 다른 영화들과 차별화를 추구하려는 욕심 때문에 나타난 결과라 생각한다.

스트븐 호킹(Stephen W. Hawking)은 강 인공지능이 현실화되면 인류에게 재앙이 될 것이라고 경고했다. 유발 하라리(Yuval Harari) 역시 『호모 데우스』에서 같은 의견을 제시했다. 사실 진화 생태계에서 스스로를 최고의 위치에 놓기를 원하는 인간이 자기보다 지능에서 뛰어날 수 있는 가능성이 있는 존재를 만드는 것은 기능적인 이득을 얻는 것보다 잃는 것이 더 많을 수 있기 때문에 히틀러와 같은 세계지배의 야망을 꿈꾸지 않는 한 결코 합리적이라 볼 수 없다. 인공지능을 만든다 해도 인간의 지능을 뛰어넘을 수 있는 가능성은 결코 부여하지 않을 것이다. 그럼에도 불구하고 <엑스 마키나>에서 볼 수 있듯이, 인간은 지적인 호기심 때문에 탐구의 노력을 멈추진 않을 것이다. 바로 이점이 호킹이 우려한 부분이라고 생각한다.

한편, 영화적인 전제나 주장과는 별개로 스토리와 관련해서 기독교적으로 주목할 만한 점이 두 가지가 있다. 하나는 채피가 maker(설계자로 번역) 디온에게 자신을 유한한 생명을 가진 존재로 만들었음을 항의하는 부분이다. 이는 <블레이드 러너>에서 복제된 기계인간이 가졌던 불만이면서 또한 그들이 제기했던 질문과 동일하다. 물론 내용적으로 본다면, 더 이상 다른 것으로 교체할 수 없을 정도로 망가졌던 로봇으로 실험할 수밖에 없었기 때문이었다. 이는 영생의 가능성이 있었음에도 불구하고 하나님의 뜻이 아닌 것을 선택함으로써 타락하여 가능성을 상실하였던 아담의 이야기와 오버랩된다. 뿐만 아니라 타락 후 온갖 휴머니즘을 바탕으로 하나님의 절대 주권에 반항하는 인간의 모습을 엿볼 수 있다. 채피의 욕망을 통해서 우리는 주어진 한계를 넘어서려는 인간의 모습을 엿볼 수 있다. 인간은 피조물로서 자신의 한계를 쉽게 받아들이려 하지 않을 뿐만 아니라 오히려 창조주 하나님을 인정하지 않으려 하기 때문이다.

다른 하나는 비록 채피가 뛰어난 지능과 경험을 통한 학습 능력을 갖고 있다 해도 이제 갓 태어난 아이의 수준에서 시작했다는 점이다. 좋은 교육을 통해 좋은 로봇으로 기능할 수 있었겠지만, 잘못된 교육으로 각인된 후에는 로봇 갱스터가 되었다는 사실이다. 이를 통해 블롬캠프는 인간은 남용될 수 있을 뿐만 아니라 환경에 따라서 다양하게 변할 수 있다는 생각을 한 것이다. 중요한 것은 오리와 오리 새끼들의 관계처럼 처음에 누구에게서 각인되느냐에 따라 결국 그렇게 될 수밖에 없다는 것인데, 어느 정도 숙명론의 느낌을 받는다. 기독교적인 관점에서 인간은 하나님에 의해 변할 수 있다고 여겨진다. 각인된 상태가 숙명처럼 지속되는 것이 아니라 얼마든지 말씀의 능력 그리고 성령의 도움으로 언제든 변화될 수 있다고 본다.

6) <월-E> (앤드류 스탠튼, 2008): **인간과 기계**

생활가전의 보편화를 포함해서 생산 기계들의 자동화 과정에서 알 수 있듯이, 인간의 노동력을 기계가 대체하는 추세는 쓰나미로 몰려오고 있다. 인간은 기계 의존적인 삶에서 더는 벗어나기 힘들게 되었다. 컴퓨터나 스마트폰 없이 하루라도 살아본 경험이 있는 사람은 인간이 얼마나 첨단 기계에 길들여 있는지 실감할 것이다. 자신의 편리와 유익에 많은 관심을 두는 인간은 역설적이게도 정작 자신의 생명을 가능하게 하는 환경에 대해서는 무책임하다. 결국 기계화가 가속화될수록 인간에 의해 초래되는 환경오염 역시 그에 비례하여 나타난다고 보면 틀림없다. 기술이 발달할수록 디스토피아 세계가 더욱 가깝다고 위협하는 대중문화적인 표현들은 충분한 이유가 있다. 그런데 만일 이것이 단지 예술적인 상상이 아니라 실제로 현실이 되면 어떻게 될까? 더 이상 인간이 살 수 없는 지구 환경에서 소망할 수 있는 이유가 있다면 그것은 무엇일까? 2008년 픽사(Pixar Animation Studios)가 제작한 컴퓨터 그래픽 SF 애니메이션 영화 <월-E>는 이런 상상력을 바탕으로 만들어졌다.

영화의 배경인 지구는 전쟁과 환경 파괴로 더 이상 생명체가 살 수 없는 곳이다. 살아남은 인간은 노아의 방주처럼 Axiom이라 불리는 비행선에 몸을 싣고 우주를 떠돈다. 모든 일을 자동기계에 맡기다 보니 기계가 제시하는 스케줄에 따르기만 하면 최소한 생존은 보장된다. 인간은 주체적인 삶을 사는 것이 아니라 그저 생명을 유지하며 다음 세대가 이어질 수 있기 위한 최소한의 생명 활동을 유지할 뿐이다. 명령만 하면 모든 일을 기계가 알아서 해주기 때문이다. 수영장은 그저 관상용에 불과하고, 선장은 책장을 넘기는 방법조차도 알지 못한다. 모든 인간관계는 오직 홀로그램을 통해 간접적으로 갖는다. 공간 이동이라고 해봐야 침대에 실린 채 정해진 길에 따라 움직이는 것이어서 에너지를 소비할 기회가 없다. 인간은 비대해져 걷는 것은 차치하고 서 있는 것조차 힘겹게 느낀다. 모든 것을 자동기계가 알아서 처리해주니 사실 생각조차 불필요하다. 기본적인 욕구 충족을 위한 명령어만 숙지하고 있으면 된다. 인공지능이 모든 것을 결정하고 운영하는 세상이다. 기계 의존의 삶이 보편화된 현실에서 볼 때 지구촌의 먼 미래로 볼 만한 이유가 없지 않다.

인간이 버리고 떠난 지구는 멸망한 후 800년이 지난 시기다. 월-E (Wall-E: Waste Allocation Load Lifter-Earth-class, "지구 폐기물 수거 · 처리용 로봇")라 불리는 청소 로봇은 홀로 남아 지구의 폐기물들을 처리한다. 상당히 진화된 인공지능 수준의 로봇이다. 일하면서 음악을 듣고, 일을 마친 후에는 비디오를 본다. 자신에게 필요한 것들을 수집할 줄 알고, 심지어 비디오에 나오는 장면을 보면서 모방할 수 있고 다른 로봇과 교감할 수도 있다. 지구 쓰레기를 처리하면서도 인간의 문명을 재현하는 예술행위도 가능하다. 월-E가 황폐하고 황량한 지구에서 생존할 수 있는 것은 무엇보다 스스로를 수리할 수 있고, 또한 태양열로 에너지를 공급받을 수 있기 때문이다. 그와 함께하는 움직이는 존재라면 오직 바퀴벌레 로봇뿐이다.

영화는 기본적으로 로맨스라는 틀을 바탕으로 전개되는데, 주인공은 월-E와 이브라 불리는 식물 탐사로봇 사이의 로맨스다. 이브는 Axiom에서 온 우주선이 지구에 식물이 존재하는지를 탐사하기 위해 데리고 온 로봇이다. 까마귀와 비둘기가 홍수 후 지구환경을 알아보기 위해 방주 밖으로 날려졌던 것과 같은 맥락에서 식물 탐사로봇 이브는 지구로 보내졌다. 살아있는 식물이 있다면, 사람이 살 수 있는 환경을 만들 수 있다는 뜻이고, 그렇다면 사람들이 다시금 지구로 돌아갈 수 있을 것이라 믿었기 때문에 수행된 계획이다. 월-E에게서 식물을 발견한 이브는 그것을 자기 안에 들여놓고, 입력된 명령에 따라 우주선에 신호를 보내는데, 이 순간 이브의 모든 기능은 멈춘다. 신호를 받고 온 우주선은 이브를 데리고 가고, 월-E는 이브를 따라 간다. 자신에게 입력된 대로 움직이지 않고 자신의 감정에 따라 움직인다는 점에서 월-E는 여타의 로봇과 구분된다. 이야기는 결국 입력된 대로 우주선을 운행하면서 사람들을 우주선 안에 머물게 하려는 로봇과 살아있는 식물을 바탕으로 다시 지구로 귀환하려는 계획을 세우는 선장과의 갈등으로 이어지는데, 마침내 선장이 승리하면서 사람들은 지구로 귀환한다.

마치 무성영화를 보는 것처럼 아무런 대사가 없음에도 오직 로봇의 움직임과 표정만으로 이야기를 충분히 공감하고 또 이해할 수 있었다. 이렇게 보면 무성영화가 내면의 감정을 표현하는 데에 한계가 있다는 말에 강한 이의를 제기했던 찰리 채플린이 옳다는 생각이 절로 난다. 관건은 감독의 역량에 달린 것이지, 무성영화라고 해서 불가능하거나 유성영화이기 때문에 가능한 것은 아니다. 감독 앤드류 스탠튼은 이미 <니모를 찾아서>(2003)에서 물고기의 움직임과 표정을 통해 내면의 감정을 표현한 것에서 이미 뛰어난 능력을 입증 받은 감독이다. 로봇의 로맨스를 어쩌면 이렇게 애절하게 잘 표현했는지, 관객들은 연거푸 감탄을 발하고, 심지어 몇 장면에서는 눈물을 훔친다.

영화는 한편으로는 인류에게 강하게 경고하면서도 다른 한편으로는 희망의 메시지를 담고 있다. 지구 환경을 돌보지 않고 전쟁이나 환경파괴를 일삼는 인류에 대한 경고는 지구에 홀로 남아 폐기물을 처리하는 월-E를 중심으로 전개되는 장면에서 충분히 알 수 있다. 이 장면들은 인류가 이기적인 소비지상주의의 삶의 패턴을 유지하면서 누리는 쾌락과 소유 그리고 안락함보다는 공존을 위한 인문환경을 조성하고 또한 자연환경 보호에 더욱 큰 가치를 부여할 이유를 말하는 것으로 보기에 충분하다.

또 다른 경고는 인간의 기계의존적인 삶이다. 기계의 가장 단순한 정의라고 하면서 피터 노왁(Peter Nowak)이 소개한 바에 따르면, 기계란 "한 가지 형태의 에너지를 흡수해서 더 유용한 형태로 변형시키는 것이다." 인간은 자신이 할 일을 기계에 맡김으로써 에너지를 소비할 기회를 놓치게 되고, 결국 기계를 소비하면 할수록 인간은 점점 비대해지게 되는 결과로 이어진다는 사실을 보여준다.

이런 현실이 실제로 일어날 것인지 아니면 단지 영화적 상상력에 불과한 것인지와 관련해서는 논쟁의 여지가 있는데, 곧 기계에 대해 혹은 기계를 소비하는 인간의 행태에 대해 너무 비관적인 모습을 강조했다는 목소리도 있다. 왜냐하면 인간은 결코 기계를 소비하는 자 혹은 기계에 절대적으로 의존하는 자로만 살지 않을 것이기 때문이다. 인간은 기계가 제공하는 에너지를 소비할 뿐만 아니라 또한 기계를 가지고 다양한 방식으로 생산할 수 있는 존재다. 곧 생산자로서 기계를 소비할 수도 있다. 스스로를 좀비로 만드는 소비 행태는 일부에 제한될 뿐, 인간은 단순한 소비자를 넘어 생산자로서 기능을 수행할 방법을 개발할 것이라는 것이 피터 노왁의 견해다.

사실 그동안 인류 역사는 기계가 인간의 노동을 대신하는 과정을 거쳤다. 그럼에도 불구하고 항상 주체적인 인간의 주권적인 모습을 잃지 않으려 노력했다. 인간은 하나님께 새로운 창조를 위임받은 존재이기 때문이다. 그러므로 경고를 경고로 받는 것은 바람직한 일이지만, 그것을 기계나 인간의 소비 행태에 대한 부정적인 생각을 주장하기 위한 단서로 보는 것은 옳지 않다. 인간은 생존하고, 기계는 인간의 생존을 돕는다. 보다 정확히 말하자면, 기계는 인간의 생존에 필요한 소비행위를 돕는다. 그러므로 인간을 기계화하거나, 기계를 인간화하여 인간을 지배하게 만드는 행위는 창조신학에 비춰볼 때 결코 바람직하지 않다.

이 영화가 주는 희망의 메시지는 바로 생명이다. 생명이 있는 한 지구는 얼마든지 인간이 살만 한 곳이 될 수 있다는 것이다. 왜냐하면 생명은 생명의 영인 성령의 임재를 말하기 때문이다. 이 메시지는 창조신학적인 관점에서 수용 가능하다. 그리스도인이 명심할 일은, 하나님의 피조물인 세상이 비록 인간의 죄와 탐욕으로 황폐화되었지만, 바로 이런 세상에서도 하나님의 말씀은 현실로 나타나야 한다는 것이다. 하나님은 생명이시기 때문이다. 모든 것의 근원이기 때문에, 비록 모든 것을 잃었다 해도, 절망적인 상황이라고 여겨진다 해도, 아무도 없다고 느낄 때, 그리스도인이 기억해내야 할 일은 하나님의 말씀이 나의 삶에서 현실이 되도록 하는 것이다. 그것이 모든 것을 새롭게 시작하시는 영이신 하나님을 만날 수 있고, 또 우리가 새로운 생명을 얻을 수 있는 길이다. 그리스도인이 종말 이후를 담대하게 소망할 수 있는 이유는 예수 그리스도의 부활 때문이지만, 또한 영원한 생명이신 하나님이 계시기 때문이다.

7) <엑스 마키나> (알렉스 갈렌드, 2015): 인간의 조건

인간은 언제 스스로 인간임을 의심할까? 이 질문을 갖고 영화를 감상한다면 영화 이해에 큰 도움을 얻을 수 있다. 인간이 스스로 인간임을 의심한다면, 스스로 인간답지 않은 행동을 반복했다거나 혹은 모든 환경이 비인간적일 때다. 전자는 윤리적인 판단에 따른 자책이나 자성의 의미가 강하다. 이에 비해 후자는 자신을 환경과 동일시하는 착시현상에서 비롯한다. 자신을 둘러싼 모든 환경이 인간에 우호적이지 않고 오히려 비인간적일 때, 예컨대 온통 자연에 둘러싸여 있다거나 사람이 없는 상태에서 동물과만 함께 지낼 때, 잠시 인간임을 잊거나 인간이 아니라는 착각을 한다. 인간을 대상으로 삼아 생각할 겨를이 없기 때문이다.

이런 점을 염두에 두고 영화로 들어가 보자. 칼렙은 인터넷 검색 엔진 분야에서 1위를 차지하고 있는 회사에서 잘 나가는 프로그래머이다. 천재적인 프로그래머로서 회사를 세운 회장 네이든의 자택에서 일주일을 보낼 수 있는 기회를 얻은 그는 기대로 잔뜩 부풀어 있다. 새로운 프로젝트를 경험하면서 단순히 회장과 일주일을 보낼 것을 기대했지만, 의외로 그에게는 인공지능 로봇 에이바를 시험하는 과제가 주어진다. 에이바가 지능을 가졌는지를 테스트하는 일이다.

그런데 미모의 에이바와 소통하는 시간이 길어질수록 칼렙은 에이바를 인격적으로 느끼게 되고, 에이바의 여성적인 매력에 사로잡힌다. 회장의 말보다 그녀의 말을 더욱 신뢰하게 되었을 때, 칼렙은 오히려 자신이 로봇인지 아니면 사람인지를 의심한다. 왜냐하면 자신의 주위에서 일어나는 모든 일들이 더는 인공지능을 가진 로봇에게서 일어난 일이라고 볼 수 없었기 때문이다. 만일 에이바가 로봇이 확실하다면, 그녀와 자신과의 관계에서 차이를 느끼지 못하는 자신도 혹시 로봇이 아닐까 의심할 수밖에 없는 상황이다(에이바가 인간일 수도 있다는 생각은 왜 하지 못한 걸까?). 칼렙이 스스로를 인간으로 의식하고 있는 것과 동일한 면모를 로봇인 에이바에게서 확인했기 때문이다. 에이바는 인간과 의사소통은 물론이고 감정교류와 심지어 성적인 관계도 가능하도록 만들어졌다. 도대체 에이바는 어떤 점에서 더 이상 기계가 아닌(ex machina의 뜻이기도 하다. 이것은 '기계로부터'라는 뜻을 갖기도 한다) 것일까? 이 점을 간파하는 일이 영화 이해의 관건이다.

칼렙은 로봇이라는 것이 아무리 지능적이라 해도 보통은 입력 정보에 따라 행동하도록 되어 있다는 생각에서 에이바에 너무 쉽게 적응된 자신의 태도에 스스로 놀란다. 에이바와 소통하면서 공감의 정도가 더해질수록 칼렙은 자신에 관한 정보가 에이바에게 사전에 입력되었으리라는 추측을 한다. 에이바에게 머신 러닝이 가능하다는 사실을 몰랐기 때문이다. 이와 관련해서 네이든과 가진 대화에서 칼렙은 자신에게 일어난 일들이 결코 우연이 아니라 회장이 자신을 꾸준히 관찰해온 결과임을 확인한다. 이 때문에 인공지능 로봇을 만들어내는 회장의 의도를 의심한다. 그래서 밀폐된 공간에서 벗어나 많은 인간과 함께 살고 싶어 하는 에이바의 요구를 들어줄 결심을 한다. 이 계획을 저지하려는 회장은 자신이 만든 피조물인 인공지능 로봇에 의해 살해되고, 칼렙 역시 갇힌 신세가 된다. 함께 데이트하자며 약속했던 칼렙을 남겨둔 채 에이바는 홀로 인간 세계를 활보하는 장면으로 영화는 끝을 맺는다. 결국 에이바는 생각하고 감정을 교류할 수 있을 뿐 아니라, 자신의 뜻을 이루려는 강한 욕망을 성취하기 위해 자신의 의도마저도 숨길 수 있는, 곧 거짓말을 할 수 있는 지능이 있는 로봇으로 판명난다. 포스트휴먼 시대의 가능성을 염두에 둔다면 소름이 돋는 장면이 아닐 수 없다.

네이든과 칼렙 그리고 인공지능 로봇인 에이바 사이에 일어나는 일들을 보면서, 일전에 스티븐 호킹이 인공지능 시대가 오면 인류에게 "진정한 위험"이 될 수 있다고 말했는데, 그것의 현실을 보는 듯해 섬뜩한 느낌을 받았다.

<엑스 마키나>는 기존의 SF영화에 비해 매우 간단한 소품과 단순한 서사를 통해 대단한 스릴을 불러일으킨다. 연출력이 그만큼 뛰어나다는 말이다. 밀폐된 좁은 공간이 주는 답답함과 광대하게 펼쳐진 주변의 환경이 주는 자유로움은 의도적인 배경설정으로 보이는데, 이를 통해 기계의 닫힌 구조와 인간 마음의 열린 구조를 시각적으로 경험할 수 있게 해준다. 전개되는 내용면에서 볼 때, 영화는 튜링 테스트를 서사적으로 풀어 놓았다고 볼 수 있다.

곧, 천재 수학자 앨런 튜링은 1950년에 발표한 논문에서 컴퓨터가 사고할 수 있는 가능성을 긍정적으로 보면서, 만일 인간과 컴퓨터의 소통에서 인간이 컴퓨터의 반응을 더 이상 식별할 수 없다면, 컴퓨터는 사고할 수 있는 것으로 보아야 한다고 주장했다. 달리 말해서 만일 지성 있는 사람이 관찰하여 기계가 진짜 인간처럼 보이게 하는 데 성공한다면, 확

실히 그것은 지능적이라고 간주해야 한다는 주장이다. 학자들 사이에서는 아직 논란이 많은 이론이지만, 리들리 스콧 감독은 <블레이드 러너>에서 이것을 먼저 영화적으로 구현해 내었다.

<블레이드 러너>의 원작 소설은 인공지능이 상용화된 시대에 기계의 반란이 일어났을 때를 상황적인 배경으로 한다. 반란을 일으킨 기계를 색출해내기 위해 몇 가지 질문을 사용하는데, 이 테스트가 바로 튜링 테스트이다. <블레이드 러너>에서 사용된 테스트의 핵심은 거짓말을 분별해내는 일이었다. 기계는 거짓말을 하지 않는다는 사실에 천착하여 구성한 장면이라고 생각한다. 이에 비해 <엑스 마키나>에서 에이바는 거짓말을 할 수 있었고, 칼렙은 에이바의 모든 것에 매료되고 또 설득되어 에이바의 거짓말을 식별할 수 없었다. 이점에서 <엑스 마키나>는 <블레이드 러너>보다 한층 진화된 인공지능 로봇의 가능성을 제시한다. 만일 기계가 자신의 독립적인 의지를 갖고, 그 의지를 관철시키기 위해 노력하는 것은 물론이고, 이를 위해 남을 속일 수 있다면, 기계는 지능을 가졌다고 볼 수 있다.

이것이 가능할지 혹은 언제 실현될 수 있는지는 미지수다. 현재로선 오직 영화적으로만 가능한 일이지만, 인공지능 개발이 어디까지 이어질지 모르기 때문에 결코 무시할 수는 없다. 복제 기술이 인간 복제에까지 이어지지 않도록 법으로 규제했듯이, 스티븐 호킹의 경고를 염두에 둔다면 인공지능 개발의 한계를 설정해야 하지 않을까 싶다. 기계가 인간을 대체하도록 놓아두어서는 안 되며 오직 조력자 혹은 협력자로서 의미를 갖도록 하는 범위를 설정해야 한다.

끝으로 영화적인 인간 이해에 주목해보자. 시각적으로는 에이바가 인공지능 로봇임을 분명히 알고 있으면서도 칼렙이 착각한 까닭은 에이바의 빼어난 외모와 칼렙의 감정을 사로잡는 설득력이다. 그리고 그것은 결국 칼렙을 속이기 위한 전략이었다. 인공지능 로봇임에도 기계임을 느끼지 못한 까닭은, 한편으로는 칼렙이 시각적인 혼동과 더불어 감정적으로 설득 당했기 때문이지만, 다른 한편으로는 그 모든 것이 자신의 의도를 관철시키기 위해 에이바가 처음부터 칼렙을 속이려 했고 속이려 한다는 의도를 철저히 숨겼기 때문이다. 시각적인 혼동과 감정적으로 설득을 당해 판단력이 흐려지는 일은 오직 인간에게만 고유한 일이다. 기계에게는 회로의 이상이 있지 않는 한 결코 일어나지 않는다. 이에 비해 인간과 기계의 공통점은 자신의 생각을 관철시키기 위한 의도에서 속임수를 쓴다는 점이다. 사실 네이든도 칼렙을 속였고, 칼렙은 네이든을 속였다. 에이바도 두 사람을 철저히 속였다. 결국 최종 승자는 기계이지만 말이다. 바로 이점에서 영화의 인간 이해를 엿볼 수 있다. 인간은 남을 속이지만, 또한 판단력이 흐려져 속임을 당할 수도 있는 존재다.

8) <에이리언: 커버넌트> (리들리 스콧, 2017): 인간 향상을 위한 욕망은 어디서 멈춰야 하나

2017년에 개봉한 리들리 스콧 감독의 <에이리언: 커버넌트>는 굳이 이전 시리즈를 보지 않은 사람들도 그 내용을 어렵지 않게 이해할 수 있도록 제작되었다. 오히려 이점을 아쉽게 생각하는 사람들이 있지만, 관객동원을 포기하지 않는 한 시리즈 전체를 섭렵해야 이해할 수 있는 영화를 기대하는 것은 욕심이라고 생각한다.

그러나 감독은 새로운 시리즈를 시작하면서 1979년 작 <에이리언>의 프리퀄을 염두에 두었기 때문에 다른 감독들에 의해 제작된 에이리언 시리즈는 혹시 몰라도 스콧 감독의 두 작품을 사전에 숙지하고 감상한다면 영화 이해에 큰 도움을 받을 수 있을 것이다. <에이리언: 커버넌트>는 두 번째 프리퀄인데, 첫 번째는 2012년에 제작된 <프로메테우스>이다. 이 영화는 첫 작품의 배경이 되는 2122년보다 30년 전의 시기를 배경으로 한다. <프로메테우스>에서 스콧 감독은 인간의 외계인 기원설을 탐색하는 내용을 다루었다. 이에 비해 <에이리언: 커버넌트>는 그 후인 2104년을 배경으로 하며, <에이리언>에 출현하는 괴생물체의 기원에 접근한다.

긴장감을 자아내는 스토리텔링은 에이리언 시리즈에서 크게 벗어나지 않는다. 따라서 앞서 언급한 대로 이전에 제작된 <에이리언> 시리즈를 보지 않은 관객들도 내용을 따라가기에 어려움을 느끼지 않을 것이다. 이번 영화에서 무엇보다 부각된 캐릭터는 강한 인공지능 데이빗과 월터다. 인간의 입력에 따라서만 반응하는 약한 인공지능(weak AI)에 비해 스스로 사고하고 발전할 수 있는 강한 인공지능(strong AI)을 갖춘 휴머노이드이며, 요즘 회자하는 말로 표현한다면 포스트휴먼이다. 인간의 형태를 가졌으나 인간보다 더 스마트하고 더 강하며 또한 더 오래 살 수 있도록 진화된 새로운 종을 말한다. 닉 보스트롬은 "초지능"(superintelligence)이라 했고, 유발 하라리의 표현에 따르면 "호모 데우스"(Homo Deus)다.

<프로메테우스>에서도 출현한 바 있던 독일 출신의 배우 마이클 패스벤더가 분한 두 캐릭터에서 데이빗은 아이작 아시모프의 로봇의 3원칙들을[23] 지키지 않을 뿐만 아니라 창조 능력까지도 갖고 있지만 다분히 냉혈한적인 느낌을 자아내는 데 비해, 월터는 아시모프의 로봇의 3원칙들을 충실하게 따르도록 되어 있고 또 섬세한 감정까지 인지하고 또 감정적으로 반응할 수 있는 능력이 있다. 스콧 감독이 이번 영화에서 전편의 시리즈물에서와는 달리 에이리언과 인간의 투쟁보다 AI 데이빗의 창조와 사악한 의도에 더 큰 비중을 둔 이유는 머지않아 현실로 나타리라 예상되는 포스트휴먼 시대를 염두에 둔 포석이라고 생각한다. 그것은 단

---

23 제1원칙: 로봇은 인간에게 해를 끼쳐서는 안 되며, 위험에 처해 있는 인간을 방관해서도 안 된다. 제2원칙: 로봇은 인간의 명령에 반드시 복종해야만 한다. 단 제1법칙에 거스를 경우는 예외다. 제3원칙: 로봇은 자기 자신을 보호해야만 한다. 단 제1법칙과 제2법칙에 거스를 경우는 예외다.

순한 미래에 대한 청사진을 보여주기보다는 포스트휴먼 시대를 가능하게 만드는 인간 향상(human enhancement) 기술을 향한 인간의 욕망을 경고하기 위함이라고 볼 수 있다. 그러니까 에이리언의 출현으로 인류를 위기에 빠뜨릴 정도로 위험한 상황이 전개된 까닭은 인간이 통제 불가능한 인공지능을 만들었기 때문임을 폭로하는 영화로 독해할 수 있다. 유발 하라리는 『호모 데우스』에서, 이대열은 『지능의 탄생』에서 적어도 인간의 의식을 갖춘 인공지능의 출현은 가능하지 않을 거라고 말하고 있지만, 닉 보스트롬은 인간의 지적 수준을 능가하는 기술의 발전을 위한 노력은 결코 중단되지 않을 것임을 경고한다. 영화적인 상상력은 그 한계를 넘어선 초지능의 현실을 보여줌으로써 인간 향상을 위한 기술 개발에 브레이크가 필요함을 역설한다.

영화의 시작은 영화의 의미를 이해하는 일에서 매우 중요한 통찰을 주는 장면인데, 여기에서 데이빗은 자신을 만들고 스스로 데이빗의 창조자로 소개하는 박사와 더불어 창조자와 피조물의 관계에 관한 대화를 나눈다. 비록 만들어진 존재에 불과하더라도 AI인 데이빗은 인간 창조자보다 더 총명하고 더 강하며 또 더 오래 살 수 있는 사실을 기반으로 자신이 단지 피조물로서 인간의 명령에 따르는 존재가 아니라 괴생물체를 만들어냄으로써 창조주로서 정체성을 확인하고 또 창조주의 의도와 목적을 실현해 나갈 수 있음을 입증한다.

이것은 인공지능의 창의성과 관련해서 매우 의미 있는 질문으로 이끈다. 인공지능은 어느 정도 창의적일 수 있을까? 이미 음악을 작곡하고 연주하고 그림을 그리고 소설을 쓰는 등의 일은 인공지능이 수행할 수 있는 것으로 밝혀졌다. 창의성은 오직 인간의 영역에 속한 것으로만 여겨졌던 것인데, 인공지능이 예술 분야의 창의적인 작업까지도 수행할 수 있다는 사실이 확인되면서 앞으로 불예측성에도 대응할 수 있는 기술이 개발되면 창의성을 넘어 서로 다른 유기체를 혼합하여 새로운 유기체를 생산해내는 창조 능력까지 발휘할 수 있을 것이라는 예견이 적지 않다. 그렇다면 과연 지구상에는 어떤 새로운 피조물이 등장할 것인가? 그렇다면 에이리언의 출현은 단순한 상상 속의 존재가 아니라 현실이 될 수도 있지 않을까? 인간은 어떤 존재로 자리매김될 것이며, 과연 어떤 의미와 가치가 인간에게 부여될까?

인류의 비극을 초래하는 문제는 물론 로봇의 3원칙을 지키지 않는 인공지능의 개발에서 비롯하나, 만일 기계학습이 가능하고 의지를 갖고 실현할 수 있는 인공지능이 출현한다면, 도대체 누가 인공지능을 통제할 수 있을 것인가? 리들리 스콧 감독은 이번 영화를 통해서 바로 이런 가상의 현실을 경고하고 있다고 볼 수 있다. 사실 이런 위험은 이미 <블레이드 러너>에서도 언급된 바 있기 때문에 새로운 것은 아니다.

스콧 감독이 제기한 경고에 유념하여 인공지능의 양면성에 대해 살펴보자. 과거 기계는 인간의 노동을 대체하는 의미에 머물러 있었으나, 오늘날 생명공학, 나노기술, 신경과학 그리고 컴퓨터 공학의 협업을 바탕으로 개발되는 기계는 단지 노동의 수고를 덜어주는 기능을 훨씬 넘어선다. 오늘날 인공지능 기술은 더 총명해지고 더 강해지며 또 더 오래살기 원하는 인간의 욕망을 충족시켜줄 뿐 아니라 인간의 기계-되기를 가능하게 하는 수준에 이르게 되었다. 보철용 기계의 의미에서 인간으로서 온전한 기능을 향상 시켜주고, 또한 인간의 망가진 기관을 대체하는 기계(사이보그, 트랜스휴먼)로까지 발전하였다. 이제는 약한 인공지능 개발을 통해 인간의 노동력을 절감하는 것은 물론이고 강한 인공지능 기술을 개발함으로써 심지어 인간 자신을 대체하는 수준에까지 이르렀다(포스트휴먼). 현실적으로는 아직 요원하지만 이미 영화적인 상상력을 통해 영화 <터미네이터>나 <공각기동대> 등을 통해 그 대략의 모습을 짐작할 수 있다.

이런 점을 염두에 둔다면, 재앙이 현실이 되기 이전에 인간 향상을 위한 욕망은 어디서 멈춰야 할 것인지를 숙고할 시점이라고 생각한다. 윤리적인 측면과 법적인 측면 그리고 종교적인 맥락에서도 함께 고려해서 풀어야 할 문제가 아닐 수 없다. 닉 보스트롬은 이렇게 말했다.

> 미래에 우리 인류가 지능 대확산(Intelligence explosion)을 촉발시킬 만한 기술적 능력을 갖추게 될 때에는 기술뿐만 아니라 대확산의 결과를 감당할 만한 통제력 또한 갖추었기를 그저 희망하는 수밖에 없다.[24]

통제력은 어디서 비롯할까? 누구에게 위임되어야 할까? 이런 질문을 듣고 응답해야 하는 사람은 마땅히 그리스도인이 아닐지 싶다. 왜냐하면 지능 대 확산, 곧 초지능의 탄생은 인류에게 위험일 뿐 아니라 그 후에는 인간 스스로 자신의 계획을 감당할 수 없을 것이기 때문이다. 초지능의 탄생은 현대판 바벨탑 사건이 될 공산이 크다.

9) 제4차 산업혁명과 인공지능 시대의 인간 이해에 대한 성찰의 과제

2016년 1월에 열린 제46차 세계경제포럼(World Economy Forum)의 주제는 '제4차 산업혁명의 이해'였다. 스위스 알프스 지역에 있는 다보스에서 개최되기 때문에 흔히 '다보스포럼'(Davosforum)으로 불린다. 이 연례 모임에서 클라우스 슈밥은 자신의 저서 "제4차 산업혁명"[25]에서 제시한 디지털 기술 기반의 새로운 동력을 전망하였다. 제러미 리프킨(Jeremy

---

24 Nick Bostrom, *Superintelligence: Paths, Dangers, Strategies*, 조성진 옮김, 『슈퍼인텔리전스』(서울: 까치글방, 2017), 24.

25 Klaus Schwab, *The Fourth Industrial Revolution*, 앞의 같은 책.

Rifkin)이 "제3차 산업혁명"[26]을 말한 지 겨우 5년밖에 지나지 않은 때였다.[27] 그만큼 기술의 성장과 발달이 기하급수적으로 진행되고 있음을 말하고 있는데, 제러미 리프킨이 제3차 산업혁명의 키워드로 재생에너지와 인터넷 기술의 융합을 제시했다면, 클라우스 슈밥은 4차 산업혁명을 이끄는 기술의 핵심으로 3D 프린팅, 자동주행자동차, 인공지능(AI), 사물인터넷(IoT), 나노기술, 생명공학, 재료공학, 에너지 저장기술, 양자컴퓨팅(quantum computing) 등을 꼽았다. 미래 사회를 이끌 산업을 거론하면서 중요한 문제로 부상한 것은 노동시장에 관한 것이었다. 기계가 인간의 노동을 빠르게 대체함으로써 발생하는 고용 문제에 관한 일은 이미 제3차 산업혁명부터 불거지기 시작했지만, 제4차 산업혁명은 더욱 심각해질 것으로 전망한다. 이 문제를 해결하기 위한 노력이 시급하다는 생각도 공유했다.

제4차 산업혁명은 —비록 이전 단계인 디지털 기술혁명에 기반하고 있고, 일부는 새로운 혁명의 시기라기보다는 제3차 산업혁명의 연장선에서 보려고 하지만— 클라우스 슈밥은 세 가지 근거를 제시하면서 제4차 산업혁명을 말한다. 특히 진행 속도와 범위 및 깊이 그리고 시스템이 사회에 주는 충격이 이전과 현저히 다르다는 것이다.[28] 제4차 산업혁명

---

26 Jeremy Rifkin, The Third Industrial Revolution, 안진환 옮김, 『제3차 산업혁명』(서울: 민음사, 2012).

27 2016년 6월에 사망한 앨빈 토플러(Alvin Toffler)는 자신의 저서 The Third Wave, 홍갑순 외 옮김, 『제3의 물결』(서울: 대일서관, 1981)에서 농업혁명, 산업혁명, 정보혁명이란 말을 사용하여 산업화를 표현하였다. 제1물결인 농업혁명은 수렵 채집의 문명이 농경사회로 대체되는 혁명적인 사회변화를 말하고, 제2물결은 산업혁명으로 표현되었는데, 대량생산과 대량 유통과 대량 소비를 가능하게 한 산업화 구조를 말한다. 제3의 물결은 정보화 혁명이라고 불리며 후기 산업화 사회를 가리킨다. 인터넷 접속이 가능한 컴퓨터 보급이 가능해짐으로써 세계는 급속한 변화를 겪게 되는데, 정보화 혁명은 정보와 지식 기반의 산업을 가능하게 한다. 앨빈 토플러의 소위 물결이론은 제1차, 제2차, 제3차 산업혁명과 크게 다르지 않다. 따라서 제4차 산업혁명을 말하고 있는 상황에서 제4의 물결을 말하는 것은 그렇게 어려운 일은 아니다.

28 클라우스 슈밥, 12-13.

을 말하는 사람들에게서 공통적으로 들을 수 있는 우려는 특히 노동시장
에서 큰 파급효과를 가져올 것이라는 전망이다. 전문적이고 창의적인 능
력을 가진 자만이 살아남는 사회가 되지 않기 위해선 노동시장의 미래를
준비해야 한다. 왜냐하면 제4차 산업혁명은 제1차와 2차 산업혁명과 같
이 고용을 늘리는 방식으로 전개되는 것이 아니라 디지털 기술 기반의
자율적인 기계가 등장함으로써 기존의 기계 의존의 생산과 소비 및 유통
방식에 큰 변화를 가져올 것이기 때문이다. 만일에 제4차 산업혁명에 대
처할 방안을 모색하지 않는다면, 미래 사회에는 더 이상 인간과 기계의
공존이 아니라 고도로 발달한 기계와 소수 창의적이고 전문적인 능력을
가진 인간만이 생존할 것이다. 클라우스 슈밥 역시 제4차 산업혁명 입문
서를 쓰면서 이점을 매우 중요하게 고려했다. "무엇보다 이 책은 과학기
술과 사회가 공존하는 방법을 모색하는 것이 목표다. … 이 극적인 과학
기술의 변화를 인간의 정체성과 세계관을 고찰하는 계기로 삼아야 한
다."[29] 이를 위해서 그는 다음의 과제를 제시하였다.

> 학문적, 사회적, 정치적, 국가적 그리고 산업적 경계를 아우르는 다양
> 한 이해관계자 간의 협력에 관심과 에너지를 투자하는 것이 매우 중요
> 하다. 이러한 교류와 협력을 통해 전 세계의 개인과 조직이 변화의 진
> 행에 참여하여 그 수혜를 입을 수 있도록 하는 긍정적이고 희망찬 공통
> 의 담론을 만들어내야 한다.[30]

> 다가올 미래에는 인간과 기술이 서로 조화를 이루도록 만드는 일이 훨
> 씬 더 중요해질 것이다.[31]

---

29 클라우스 슈밥, 13-14.
30 클라우스 슈밥, 14.
31 클라우스 슈밥, 103.

제4차 산업혁명의 진행을 가로막는 두 요인을 말하면서 클라우스 슈밥은 제4차 산업혁명에 대한 내러티브의 부족을 꼽았다. 결국 미래 사회를 형성할 기술력은 갖춰져 있고 또 향후 더욱 발전할 가능성도 충분하지만 그 기술적인 가능성을 실현할 세계에 대한 전망이 부족하다는 말이다. 쉽게 말해서 새 시대를 위한 철학과 세계관의 부족이 제4차 산업혁명의 빠른 진행을 가로 막고 있다는 말이겠다. 기술 자체는 목적을 갖고 있지 않다는 것을 시인하는 말이라고 생각한다. 고도로 향상된 기술이 어떤 목적을 위해 또 어떤 사회의 실현을 위해 사용할 수 있는지에 관한 대답을 찾는 일은 인문학적인 사고의 과제이다. 이 일에서 영화적인 상상력이 기여하는 부분은 크다 하겠다. 곧 영화는 미래 시대를 열어줄 동력이 되는 제4차 산업혁명을 위한 내러티브를 제공해줄 것이다.

산업혁명의 역사를 보면, 산업혁명은 언제나 양면성을 가졌다. 한편으로는 발전된 과학기술을 통해 근대화를 촉진시켜 삶의 조건을 개선시켜주었고, 다른 한편으로는 인간의 건강과 환경 그리고 인권을 심각하게 위협하였다. 제1차 산업혁명의 시기에는 노동의 조건에 관한 논쟁이 끊이지 않았다. 열악한 노동 환경 때문에 사람들은 질병에 시달려야 했고, 아동 노동으로 인권 침해는 극에 달했다. 노동자들이 노동의 권리를 찾으려는 러다이트 운동이 있었고, 공산주의 운동과 노조 운동 등이 19세기에 이뤄졌다는 사실은 당시 노동자들의 상황이 어떠했는지를 가늠하게 해준다. 이런 경향은 제2차, 제3차 산업혁명 기간에도 크게 달라지지 않았다. 처음에 우려했던 노동력 감소의 문제는 나타나지 않았지만, 노동력 착취와 노동자의 질병 그리고 노동자의 인권침해는 심각한 문제였다. 제4차 산업혁명이 진행 중이라고 여겨지는 지금도 마찬가지다.

과거 인간 중심의 세계관을 반영하는 휴머니즘을 비판하는 운동들이 있었고, 오늘날에는 인간 향상 기술 기반의 포스트휴머니즘에 대한 담론이 지구촌 곳곳에서 일어나고 있다. 제4차 산업혁명과 관련해서 인문학적인 측면에서 특히 고려해야 할 점은 인간 이해이다. 제4차 산업혁명은 인간의 환경과 문화에 그리고 인간 이해에 어떤 변화를 가져올 것인가? 이런 점에서 인공지능을 소재로 다룬 영화를 통해 미래의 인간 이해를 앞서 살펴보았다. 인공지능 시대가 다가올수록 통전적인 인간 이해는 절실해질 것이며, 이를 위해 기독교는 인간학적인 과제를 인식하지 않으면 안 될 것이다.

바로 이런 현실에서 인간 이해와 관련해서 고민하는 문제는 이렇다. 산업혁명이라는 급진적이고 근본적인 변화가 진행하던 때에 기독교는 인간학적인 측면에서 어떤 과제를 인식해왔는가? 앞으로 포스트휴먼의 등장으로 인간의 존엄성은 지켜질 수 있을 것인가? 인권 침해는 어느 정도 예상되는가? 이를 예방하기 위해 기독교가 해야 할 일은 무엇일까?

영화 <매트릭스>는 기계와 인간의 갈등관계를 너머 공존의 가능성을 과제로 제시했다. 인간이 기계를 개발하여 활용하는 단계를 넘어 기계에 의존하는 수준에 이르게 되었고, 한 걸음 더 나아가 기계에 의해 통제되는 가능성도 배제할 수 없는 상황을 전제한다. 이런 불상사를 피하기 위해 영화는 인간과 기계 사이에서 벌어지는 치열한 투쟁을 보여주는데, 그러나 장기적으로 볼 때는 공존의 가능성을 모색해야 한다는 것이 영화가 우리에게 던진 화두다. 미래의 기계는 단순히 생산 혹은 이동 수단만이 아니라 인간이 생존을 위해 협업의 대상으로 인지해야만 하는 시대를 영화적인 상상력으로 보여주었다고 생각한다. 과장된 면이 없지 않고 또한 영화적인 표현대로 그렇게 전개되지는 않겠지만, 영화가 제시한 화두, 곧 인간과 기계의 공존은 오늘 우리 시대에 매우 중요한 화두이다.[32] <트랜스포머 - 최후의 위기>는 인간과 기계의 갈등관계가 상호 불신에서 비롯하며, 궁극적으로는 서로 협력하는 관계가 되어야 공존할 수

---

32 다음을 참조: Erik Bryjolfsson/Andrew AcAfee, *The Second Machine Age*, 이한음 옮김, 『제2의 기계시대』 (서울: 청림출판, 2014).

있다는 메시지를 던진다.

　인간과 기계의 공존과 협력관계는 오늘날 특히 트랜스/포스트휴머니즘을 통해 어느 정도는 구체화되고 있다. 트랜스휴머니즘이란 인간이 과학과 기술을 이용하여 신체 및 정신 기능을 보충함으로써 능력의 한계를 극복할 뿐만 아니라 기술의 영향력과 잠재적인 위험과 관련된 윤리적인 문제 등을 연구하는 철학적인 운동을 가리킨다. 인간 능력의 향상은 물론이고 인간의 변형까지도 고려하고 있다는 발상에 대한 비판이 있지만, 현재 '세계트랜스휴머니스트연합'(WTA)을 중심으로 트랜스휴머니즘의 현실화와 관련해서 다방면의 연구가 진행되고 있다. 여기서 주목받는 기술이 디지털기반의 생명과학기술이다. <6백만 불의 사나이>, <소머즈>, <로보캅>, <아이언 맨> 그리고 <아바타> 등에서 볼 수 있듯이, 사고로 신체의 기능을 상실한 사람들에게 생체기계를 통해 기능을 보충할 뿐만 아니라 초인적인 기능을 수행할 수 있게 한다는 것은 영화적인 상상력을 통해 이미 익숙해져 있는 상태다. 트랜스휴머니즘은 그것의 현실화를 좀 더 구체적으로 실현하겠다는 운동이라고 보면 되겠다. 트랜스휴머니즘이 어디까지 현실화될 것인지는 두고 볼 일이지만, 이런 경향을 더욱 가속하는 시대적인 흐름은 제4차 산업혁명이다. 인공지능 기반으로 이뤄지는 제4차 산업혁명은 트랜스/포스트휴먼 시대를 가능하게 할 것이다.

　지금까지 다룬 일련의 영화들은 포스트휴먼 시대를 앞두고 있는 현대인에게 진정으로 중요한 것이 무엇인지를 상기한다. 이런 질문을 생각해보자. 사람들은 왜 기능을 향상하길 원할까? 기능 향상으로 얻을 이익이 있기 때문이다. 장애인의 삶의 질이 개선될 뿐만 아니라(물론 그렇다고 해서 청각신호를 받아들일 수 있도록 칩을 뇌에 심는 인공와우이식을 거부하는 농아인들이 있는 현실에서 볼 수 있듯이, 장애인이 자신의 장애를 대체할 기계사용에 항상 동의하는 건 아니다), 인간의 생명이 연장된다. 이 밖에 인간이 향상된 기능을 갖게 되면, 경쟁관계에서 우위를 차지할 수 있다. 현대 사회에서 이익은 경쟁에서 승리한 사람에게 독점된다는 현실에 비춰본다면, 기능을 향상시키려는 노력이 어디까지 계속 이어질지는 상상을 초월한다. 포스트휴먼의 한계는 이미 <바이센터니얼 맨>에서 잘 보여주었다고 생각하는데, 이 영화는 포스트휴먼을 지향하는 시대적인 흐름과는 반대로 로봇이 인간이 되길 바라고, 그것의 실현을 위해 노력한다는 이야기를 담고 있다.

또 다른 측면에서 포스트휴먼의 한계는 신학적 인간학에서 비롯한다. 신학적 인간학은 인간이 하나님과 관련해서 자신이 누구인지를 탐구한다. 신학적 인간학은 철학적 혹은 과학적 인간학에서 추구하는 무한한 확장 의지에 최소한의 한계를 전제로 설정하고 시작한다. 곧 인간 그 자체가 아니라 하나님 앞에 선 인간을 성찰의 대상으로 삼는다. 그렇기 때문에 신학적 인간학에서 인간의 무한한 확장의 가능성은 처음부터 배제된다. 그것이 갖는 함의는 인간의 욕망의 극대화이며, 이것은 곧 하나님을 거부하고 더 나아가서 하나님처럼 되려는 의지로 이어지기 때문이다. 그렇기 때문에 차라리 하나님을 거부하는 것이 인간을 위해 더 낫다고 말하는 사람이 있다면, 그 사람은 역사로부터 교훈을 얻지 못한 것이다. 하나님의 이름으로 불의를 행하고 또 폭력을 행한 불미스런 역사도 있지만, 하나님을 인정하지 않고 인간이 탐욕을 극대화했을 때 나타난 불운한 역사도 만만치 않기 때문이다. 오히려 더 심하면 심했지 결코 못하지는 않았다. 전자와 후자의 공통점은 인간의 탐욕에 근거를 두고 있다는 것이고, 차이점은 전자는 하나님을 남용한 결과이고, 후자는 하나님을 무시한 결과라는 것이다. 결국 신학의 문제다. 하나님이 바벨탑을 무너뜨린 이유는 무한한 능력 때문이 아니라 그런 시도가 초래하는 위험을 예지하셨기 때문이었다. 바벨탑 사건은 포스트휴먼을 시대적으로나 역사적으로 당연한 과제로 인지하는 사람들이 한 번쯤은 깊이 생각해야 할 주제다.

신학적 인간학의 전제와 출발점을 무시하는 인간은 포스트휴먼을 규제하는 법을 제정하고 또 적절하게 규제할 수 있다면 문제될 것이 없다고 생각한다. 인간의 욕망은 진정 법으로 통제 가능할까? 영화 <스노든>(올리버 스톤, 2016)에서 볼 수 있듯이 미국 정보기관은 국민의 인권을 국가 이익을 위한다는 이유로 상당히 침해했다. 스노든은 이것을 전 세계 언론에 폭로하였는데, 이런 행위가 현대 사회에 던진 화두는 국가가 불의를 국가의 안전과 이익이라는 이름으로 버젓이 자행할 수 있다는 사실이다. 다른 국가와의 경쟁에서 선두를 유지하기 위해서나 적대국가와의 관계에서 뛰어난 정보력과 군사력을 과시하기 위해 포스트휴먼의 필요성은 당연시된다.

경쟁력에서 우위를 차지하기 위해 뛰어난 군인을 양성하기 위한 노력은 이미 여러 영화들을 통해 드러난 바 있다. 군사력에서 상대적인 우위를 차지하기 위해 인간들은 기능 면에서 뛰어난 능력을 발휘할 수 있는 킬로봇(군사용 살인 로봇)과 유전자적으로 향상된 군인을 양성하기 위한 계획을 세우고 실천한다. <엑스맨> 시리즈 중 하나인 <로건>(제임스 맨골드, 2017)에서 볼 수 있듯이, 유전자 조작을 통해 혹은 약물을 사용하여 혹은 사이보그를 통해 통제 가능한 강력한 군인을 만들려 한다. 여러 영화들은 한결같이 경쟁력과 전투력에서 우위를 차지하려는 노력이 어떤 불행한 결과로 이어질 수 있는지를 보여준다.

포스트휴머니즘의 한계는 자본에 의해 기술이 독점되는 현상이다. 지금도 마찬가지이지만, 포스트휴먼의 실현을 위해선 많은 자본을 투자해야 하고, 그것을 누리기 위해선 많은 돈을 필요로 한다. 병원에 설치된 고가의 의료시설이 고가의 치료비를 지불할 수 있는 자들을 위해서만 사용되는 현실을 생각해보라. 트랜스휴먼의 현실에서도 이미 빈부의 차이는 현저하게 나타나고 있다. 영화 <엘리시움>이 폭로하고 있듯이, 이 땅의 천국은 어쩌면 고가의 의료시술을 받을 수 있는 사람들에게 주어진 특혜로 여겨지지는 않을까. 포스트휴먼 시대에 경제와 의료적인 면에서 평등한 사회가 되길 바라는 것은 일종의 유토피아를 꿈꾸는 것이다.

대한민국의 이세돌 9단 및 중국의 커제 9단과의 대국에서 승리한 알파고는 인공지능 시대의 도래를 자연스럽게 받아들이게 만들고 있다. 인공지능(Artificial Intelligence)이란 말은 1956년 존 매카시(John McCarthy)에 의해 처음 사용되었다고 한다. 인위적으로 만든 기계이며 인간의 계산과 추리 기능을 수행하도록 고안되어 있다. 입력에 따라 출력을 내는 형태의 인공지능을 약 인공지능(weak AI)이라 하는데 비해, 강 인공지능(strong AI)은 자기학습 능력을 갖추어(deep learning 혹은 machine learning) 인간이 전혀 예상치 못한 결과를 산출해낼 수 있는 기계이다. 인공지능 시대란 강한 인공지능이 상용화되는 시대를 가리키며, 토머스 필벡은 트랜스휴먼을 지향하는 운동을 트랜스휴머니즘이라 하는데, 이 운동을 지지하는 사람들에게 기술은 그동안 신의 은총으로 여겨졌던 것을 대체한다.[33]

<디스트릭 9>과 <채피>에서 볼 수 있지만, 인간은 인종적/성적/종교적/기계적인 타자에 대한 폭력을 행사해왔다. 포스트휴먼의 등장과 함께 염려해야 할 점은 바로 새로운 인류인 포스트휴먼에 대한 인간의 폭력이다. 기술 개발과 병행하여 이것을 예방할 수 있는 대책을 마련해야 할 것이다. 이점과 관련해서 <혹성탈출: 반격의 서막>(맷 리브스, 2014)이 인류에게 던지는 화두를 간과해서는 안 된다. 다시 말해서 동물에 불과한 유인원이 인간에게 학습하는 능력을 배운 후에 인간과 공존의 삶을 살길 포기하고 독립적인 삶을 살 뿐만 아니라 심지어 인간에게 적대적인 세력으로 변화한 중요한 이유는 그들에 대한 인간의 폭력 때문이었다.

---

33 Thomas D. Philbeck, "포스트휴먼 자아: 혼합체로의 도전," 이화인문과학원 편, 『인간과 포스트휴머니즘』 (서울: 이화여자대학교출판부, 2013), 23-40, 28.

포스트휴먼과 인간이 어떤 관계로 자리매김될 것인지는 포스트휴먼에 대한 인간의 태도 여하에 달려 있다. 물론 경우에 따라서는 수와 힘에서 역전이 되어 본격적인 포스트휴먼의 시대가 온다면, 오히려 소수 인간이 폭력에 노출될 수 있다. 이를 예방하기 위해서도 공존과 협력이 가능할 수 있도록 노력하며 새로운 시대를 준비해야 할 것이다.

성급하게 테크노포비아(technophobia)를 가질 필요는 없겠지만, 만일 그것이 기능적인 면에서 인간의 변형만을 의미한다면, 우리는 그것이 갖는 이익만 생각해서 그것의 신학적 인간학적인 함의와 위험성을 결코 간과해서는 안 된다. 인간은 하나님의 형상으로 살도록 되어 있다. 자신의 삶을 통해 타인이 하나님을 인지하는 것을 삶의 목표로 삼는다. 이 일은 서로가 서로를 돕는 삶을 실천함으로써 성취된다. <브루스 올마이티> (톰 새디악, 2003)에서 잘 표현되었듯이, 전능의 능력을 갖고 산다고 해서 그것이 하나님의 모습을 드러내는 건 결코 아니다. 인간은 자신 혹은 타인의 구원이나 행복을 위해 굳이 기능을 무한히 확장할 필요가 없다. 왜냐하면 여호와는 전능하시고, 또한 인간과 그의 구원을 돕는 하나님이기 때문이다.

3. 인간과 감정

영상문화의 한 장르인 영화는 다른 어떤 장르에 비해 느낌과 감정을 전달하는데 있어서 탁월하다. 이미지만으로도 감정을 다루는 데에 압도적이지만, 대사와 음악과 음향까지 동원하기 때문에 감정을 소통하는 일에서 영화만큼 뛰어난 기능을 보이는 대중문화는 없다 싶다. 우선적으로 사실을 다루는 내용이라도 그것에 대한 관객의 느낌과 감정을 겨냥하는 일에서 결코 소홀히 하지 않는다. 따라서 영화에서 인간의 본질적인 측면인 감정을 말하는 일은 특정 영화에 제한할 수 없다. 모든 영화에서 감정적인 측면에서 조명된 인간의 본질을 살펴볼 수 있지만, 이곳에서는 감정을 중심 주제로 다룬 영화만을 고려하였다.

감각기관을 가지고 있는 모든 동물은 주변의 환경에 반응하며 산다. 식물까지도 주변 환경과 상호작용을 한다고 생각하면, 식물도 동물과 비교할 때 비록 다르긴 해도 나름대로 감각기관을 가지고 있다고 볼 수 있다. 감각기관은 유기체의 안과 밖을 연결하는 기능을 한다. 감각기관의 목적은 유기체의 항상성을 유지하는 데에 있다. 예컨대 주위의 온도가 차면 체온을 올리고, 온도고 높으면 땀을 흘려 체온을 내린다. 영양을 공급받기 위해 음식물을 찾아내고, 외부의 공격이나 위협을 느끼면 유기체를 보호하기 위해 신속하게 반응을 한다. 동공이 커지거나 땀을 흘리거나 심장 박동이 빨라진다. 여기서 더 진척이 되면 빠른 속도로 장소를 벗어나거나 때로는 반격을 한다. 감각을 매개로 환경에 반응하면서 유기체가 생존을 위해 사용하는 전략은 흔히 세 가지 기본 형태로 나타난다. 회유, 공격, 도피인데, 이것이 성공적으로 일어나기 위해 유기체는 외부의 자극에 반응하면서 스스로를 보호할 방법을 찾는다. 이처럼 감각은 유기체의 생명 유지를 위한 필요에서 발달된 기관이라고 보면 틀림없다.

그런데 곤충이나 하등동물에서는 감각기관과 행동이 직접적으로 연결되어 있으나, 포유류 같은 고등동물의 경우엔 감각기관과 행동 사이에 신경계가 자리 잡고 있다. 일반적으로 감각신호가 대뇌피질을 거쳐 시상하부로 가면 그곳에서는 감각신호를 분석하여 어떻게 반응할 것인지를 결정하고 그에 따라 신체적인 반응을 한다. 그러니까 우리의 몸은 감각기관을 통해 수용한 내용에 대해 직접적으로 반응하지 않고 중추신경계를 거쳐 반응한다. 그런데 감각기관에서 신경계를 거쳐 행동으로 이어지는 과정이 자동적으로 일어나기도 하지만, 때로는 중추신경계를 거치면서 반응이 지연되기도 한다. 한 번 더 생각하고 행동하는 것과 같은 현상이다.

여하튼 항상 그런 것은 아니지만 민감한 사람들에게는 감각과 반응 사이에 느낌이라는 것이 발생한다. 예컨대 어떤 일이나 현상 혹은 사물이나 사람을 감각기관을 통해 접할 때, 직접적인 반응에 앞서 어떤 느낌이 일어나는 것을 경험한다. 두려움이나 공포나 기쁨과 슬픔 그리고 분노 등이다. 이런 느낌들 혹은 감정 상태는 특성화된 반응으로 이어진다. 뇌 신경생리학은 이런 역할을 하는 것이 뇌의 측두엽 양쪽에 하나씩 있는 아몬드 모양의 편도체임을 밝혔다. 다시 말해서 감각신호가 중추신경계를 거쳐 그 내용과 관련해서 판단하고 그에 따라 적절한 반응을 보이기 전에 감각신호는 먼저 편도체에 이르게 되는데, 편도체는 중추신경계보다 감각신호를 더욱 빠르게 수용하며 또한 더욱 빠른 반응을 유도한다. 중추신경계보다 더욱 빨리 수용되는 감각신호에 따라 편도체에서 일어나는 현상이 감정이다. 감정은 감각신호에 대한 편도체의 반응인데, 아직 감각신호를 세부적으로 분석하지 않은 채 나타나는 것이며, 오랜 기간의 경험을 통해 형성된 본능적인 반응이라고 보면 되겠다. 이런 반응을 보이는 까닭은 유기체가 외부의 공격으로부터 스스로를 보호하거나 혹은 생존을 위해 혹은 생식을 위해 필요로 했기 때문이다. 이처럼 감각신호와 유기체의 관계에 따라 반응은 즉각적이기도 하고 때로는 학습의 형태로 나타나기도 한다. 유기체의 생존에 직결된 것이라면 즉각적으로 나타나고, 도덕 감정의 경우와 같이 생존에 직결되지 않은 것들에 대해서는 반복된 경험을 통해 학습되어 나타난다. 감정을 지나치게 앞세우는 경우 혹은 감정을 통제하지 못하는 경우는 편도체가 지나치게 활성화되어 있기 때문이거나 대뇌피질에서 변연계로 가는 신호가 너무 미약하기 때문이다. 이런 반응은 이성적인 판단에 따른 것이 아니라서 경우에 따라서는 치명적인 결과로 이어질 수 있다. 감정을 조절하는 교육과 훈련이 필요한 이유이다.[34]

---

34 다음을 참조: Daniel Goldman, *Emotional Intelligence*, 한창호 옮김, 『EQ감성지능』(서울:

침팬지 연구의 대가인 제인 구달을 위시해서 동물 행동을 관찰하는 일부 학자들의 연구에 따르면,[35] 다른 동물들도 인간과 유사한 차원의 감정(두려움, 불안, 놀람, 기쁨, 슬픔, 혐오 등)은 물론이고, 심지어 동정과 죽음에 대한 애도와 유머와 같은 감정도 가지고 있다고 한다. 이런 주장은 뇌 과학의 연구에 의해 뒷받침되고 있다. 특히 동물에게 있는 편도에 대한 연구는 동물의 감정적인 반응이 인간의 그것과 크게 다르지 않다는 사실을 입증해준다. 마크 롤랜즈는 행동학적, 심리학적, 진화론적인 근거를 통해 동물에게도 의식이 있다고 주장하였다.[36] 동물의 감정은 동물권을 주장하게 되는 중요한 이유이다.[37] 비록 학자들 사이에서 여전히 논쟁 중이지만, 만일 동물에게도 감정이 있다면, 인간과 동물의 상호작용이 가능할 수 있다는 말이 된다. 이렇게 되면 인간이 감정적이라는 사실만으로 인간됨의 본질을 말할 수는 없을 것이다.

그럼에도 불구하고 인간의 감정은 다른 동물과 구별 짓는 특징이다. 무엇 때문에 그럴까? 이어지는 영화를 통해 살펴볼 질문이다. 분명한 것은 인간은 감정을 스스로 통제할 수 있는 자기의식을 갖고 있다. 중추신경계를 통해 인간은 감정을 통제할 뿐 아니라 감정을 다른 행동패턴으로 바꾸는 데에 사용할 수 있다. 그럼으로써 특성화된 동물의 감정과 구별된다. 감정을 스스로 통제할 수 있으면서도 감정에 곧잘 사로잡히는 존재가 바로 인간이다.

이런 질문을 생각해보자. 인간은 왜 그토록 감각적일까? 먹는 것, 보는 것, 듣는 것, 냄새 맡는 것, 손으로 만지는 것, 몸의 감각기관을 사용하

웅진하우스, 2008).

35 Marc Bekoff, *The Emotional Lives of Animals*, 김미옥 옮김, 『동물의 감정』(서울: 시그마북스, 2008). *Virginia Morell, Animal Wise*, 곽성혜 옮김, 『동물을 깨닫는다』(추수밭, 2014).

36 Mark Rowlands, *Animals Like Us*, 윤영삼 옮김, 『동물의 역습』(서울: 달팽이출판, 2004), 24-41.

37 Peter Singer, *Animal Liberation*, 김성한 옮김, 『동물해방』(서울: 연암서가, 2012).

여 느끼는 것으로 부족해, 보이지 않는 마음의 작용을 말하면서도 감각적인 표현을 사용한다. 마음으로 보고, 마음으로 듣고, 마음으로 느끼다 등. 기쁨도 고통도, 사랑도 이별도, 행복도, 불행도 비록 범주는 달라도 기본적으로 감각적이다.

생존을 위한 감각이 부재할 때 인간은 고통을 느낀다. 필요 이상의 감각을 느낄 때도 고통을 느낀다. 때로는 다른 사람에게 고통을 주면서까지 감각적인 느낌(쾌락)을 추구한다. 산다는 것은 필요한 만큼 감각을 적절하게 충족하는 과정이라고 말해도 과언이 아니다. 지나치지 않으면서도 부족하지 않아야 한다. 그렇지 않으면 문제다. 아무 것도 감각하지 못하고 느끼지 못하는 사람은 사람들 사이에서 머무는 일에서 자유롭지 않다. 생존에 큰 위협을 받는다.

창세기 3장을 보자. 성경은 인간의 타락이 감각적인 것에서 시작되었음을 말하지 않던가. 다시 말해서 타락이라는 것, 그것은 감각적인 끌림에 사로잡힌 자에게 일어날 수 있는 일이다. 그렇다. 최초의 인류는 감각에 이끌려 손을 뻗었고 금단의 열매를 따 먹었다. 그 결과 인간은 하나님이 원하는 존재에서 멀어졌고, 성경은 이를 가리켜 타락이라고 한다.

타락의 과정에서 인간을 움직인 것은 감각뿐 아니라 감각적인 지각에 힘입어 선악의 분별 능력에 대한 욕심도 함께 작용했다. 선과 악을 분별하는 것은 판단작용이며, 오직 심판자이신 하나님에게 속한 일이다. 선은 원래 하나님이 보시기에 좋은 것을 가리키지만, 인간은 자신이 보기에 좋은 것을 선으로 여기며 산다는 말이다. 그럼에도 그것을 욕망했으니, 타락은 인간이 하나님처럼 자기가 원하는 대로 세상을 보고 또 다스리려는 욕망이며 또한 그 결과다. 하나님의 판단에 맡기지 않고 인간이 자기의 생각과 뜻대로 살려는 의지의 표현이다. 인간이 하나님 앞에 서 있는 인간이길 포기하고, 인간이 하나님처럼 행하려는 욕망이 불러들인 일이었다. 문제는 성경에서 그것이 감각적인 경험과 관련해서 표현된 것이다. 하나님과 인간의 관계에서 감각은 이중적인 의미를 갖는다.

한편, 감각과 혼동되어 쓰이는 말 중에 감성이 있다. 양자는 구분되어야 하는데, 감각은 인간의 오감 작용을 말하고, 감각을 느끼는 지각 능력을 가리켜 감성이라고 한다. 인간이 감각적이라 함은 감각에 좌우된다는 의미이지만, 감성적이라 함은 인간이 감각적인 지각 능력을 가진 존재임을 말한다. 오감을 통해 지각하는 능력을 기본 의미로 하면서도 감성은 사물을 통해 받는 느낌을 말할 때도 사용된다. 오늘날에는 그 폭이 더욱 넓어져 사람과의 관계에서 지성적이지 않은 면을 통칭하기도 하고, 이미지를 해석하거나 표현하는 능력까지도 포괄한다. 감성은 사람에 따라 차이가 있으며 어느 정도 본성에 따르지만 훈련을 통해 얼마든지 개발이 가능하다.

이에 비해 감정은 무엇보다 감성과 구분되고, 감성을 통해 받아들인 정보와도 다르며 그리고 이성적인 사고와 구분된다. 감정 역시 세상을 이해하고 신체 안과 밖의 자극에 대한 반응을 결정하는 일에서 매우 중요하게 작용한다. 감정은 이성적인 사고에 대해 그리고 감성을 통해 받아들인 것과 관련해서 기쁨, 슬픔, 분노, 놀라움, 공포 등으로 반응하는 것이다. 감정은 자극에 대해 즉각적으로 나타나지만, 점진적이기도 하고, 문화화 혹은 학습과정을 통해서도 나타난다.

예컨대, 일본에 대한 한국인의 감정은 다분히 문화 혹은 역사교육을 통해 학습된 것이다. 자극이 있다고 해서 모두 감정으로 표현되진 않는다. 감정을 조절하는 노력을 통해 감정에 휘둘리지 않을 수 있다. 또한 자극이 없어도 감정은 일어날 수 있는데, 예컨대 기억은 외부로부터 주어진 자극이 아니면서도 감정을 일으킬 수 있다.

인간 이해에 있어서 감정은, 비록 다른 동물들에게도 감정이 있다고는 하나, 인간의 육체성을 말함에 있어서 간과할 수 없는 주제다. 특히 인공지능 시대에서 감정은 인간다움을 말할 근거로 작용한다. 이것에 관해서는 앞서 <이퀼스>를 다루면서 살펴본 바 있다.

　영화는 기본적으로 관객의 감정적인 반응을 겨냥한다. 배우에 의해 분출된 감정은 관객의 공감적인 감상을 통해 관객의 감정을 자극한다. 배우가 감정을 지나치게 표현하는 것도 문제이지만, 이야기의 의미를 전달하는 데에 필요한 정도의 감정에 이르지 못하면 연기력이 부족하다는 평을 듣는다. 영화의 내용에 따라서 느낌이 달라지지만, 영화의 장르는 기본적으로 감정과 관련되어 있다. 다큐멘터리는 사실관계에 집중하나, 그렇다고 해서 사실에 대한 관객의 감정적인 반응을 결코 간과하지 않는다. 희극적인 드라마는 기쁨을, 비극적인 드라마는 고통과 슬픔을, 공포영화는 공포를, 심리스릴러는 충격과 놀라움을, 사회성 영화는 불의에 대한 공분을 촉발한다. 복수가 주제인 영화는 인간의 개인적인 분노를 표현한다. 이처럼 영화는 배우의 연기와 장르 그리고 이야기와 관련해서 이미 인간의 감정과 떼려야 뗄 수 없는 관계를 갖는다. 영화 자체가 인문학적이라 말할 수 있는데, 왜냐하면 일부 영화는 인간의 감정을 주제로 다루면서 인간의 본질을 탐색하기 때문이다.

　앞서 다룬 <이퀼스>는 인간의 감정을 통제하는 사회를 보여주면서 인간의 감정이 어떤 의미가 있는지를 성찰한다. <인사이드 아웃>은 인간의 감정에 관한 수업을 겨냥하는 애니메이션이다. <더 랍스터>는 정형화된 관계가 인간의 감정과 인격을 어떻게 파괴하는지를 보여준다. 이에 비해 <베를린 천사의 시>는 인간이 얼마나 감각적인지, 또 그것이 얼마나 큰 축복인지를 성찰한다. <콘택트>는 낯선 존재와 소통할 때 인간의 감정이 어떤 작용을 하는지를 시사한다. 합리적인 사고의 틀로 작용하는 언어만으로는 한계가 있기 때문에 감성적인 소통이 필요함을 역설한다.

1) <인사이드 아웃> (피트 닥터, 2015): 감정수업

영화의 매력 중 하나는 지각하지 못하는 세계를 지각 가능하게 만드는 데에 있다. 관객으로 하여금 일종의 전지적인 관점을 경험하도록 한다. 이것은 카메라를 통해 혹은 상상력을 현실로 옮겨놓는 각종 시청각 기술을 매개로 이뤄진다. 영화의 흡입력은 이런 특징을 제대로 살릴 때 발산한다. 물론 더욱 결정적인 것은 스토리텔링임을 부인할 수 없다. 이런 특징은 SF 영화에서 더욱 분명하게 드러난다. <아바타>, <인셉션>, <인터스텔라> 그리고 <마션>의 경우가 대표적이다. 상상의 세계, 인간의 무의식의 세계 그리고 우주의 세계는 다만 상상할 수 있을 뿐, 인간이 그것을 지각할 수는 없다. 그러나 영화는 이것을 가능하게 했고, 이것을 본 관객들은 열광했다.

<인사이드 아웃> 역시 영화적인 장점을 최대한 활용할 뿐만 아니라 독특한 상상력을 발휘해 우리가 볼 수 없는 뇌 안의 세계를 들여다볼 수 있게 해준다는 점에서 대단히 매력적이다. 특히 인간의 감정과 뇌의 상호작용의 관계에 대한 궁금증을 풀어주는 학습기능을 갖고 있고, 또한 그것을 드라마틱하게 표현했다는 점에서 어른을 위한 애니메이션 영화로도 손색이 없다. 제68회 칸 영화제에서 격찬을 받았는데, 충분히 그럴 만한 이유가 있다고 생각한다. 피트 닥터의 2009년도 작품 <업>의 상상력에 감동을 받은 관객들은 이번 영화에서도 다시 한 번 깊은 인상을 받을 것이다.

영화는 형식적으로는 기쁨과 슬픔의 모험 이야기로 전개되지만, 내용은 라일라라는 이름의 소녀가 미네소타에서 캘리포니아로 이사 간 후에 심경의 변화를 겪는 과정에서 인간의 기본 감정으로 알려진 다섯 가지 감정이 어떻게 작용하고 또 행동의 변화와 성격 형성에 어떤 영향을 미치는지에 포인트를 두고 전개된다. 다섯 가지 감정을 캐릭터로 표현해

자칫 딱딱할 수 있는 이야기를 재미있게 경험하도록 했다. 부모가 자녀를 이해하기 위해 혹은 사춘기 시기의 아이들이 자기 스스로를 이해하는 데에 큰 도움을 주는 영화라 생각한다.

뇌 신경생리학의 발달로 뇌의 신비가 조금씩 풀리고 있고, 비록 밝혀진 부분이 전체의 10% 안팎에 불과하다 해도 인간의 행동과 뇌 작용의 상관관계에 관한 많은 정보들이 속속 밝혀지고 있다. 단지 결과만을 놓고 본다면 인류 역사에서 대단한 진보가 아닐 수 없다. 성급한 사람들은 뇌 기능의 원리가 완전히 밝혀져야만 가능해지는 인공지능 시대를 예측하기도 한다. 그럼에도 뇌와 인간의 행동과 감정의 관계에 관한 한, 단지 밝혀진 뇌의 기능과 작용 그리고 원리에 한해서만 알고 있을 뿐, 실제로 인간의 행동과 감정과 관련해서 뇌에서 어떤 일이 진행되는지를 볼 수는 없다.

<인사이드 아웃>은 바로 이런 문제를 염두에 두고 만들어졌다. 딸의 급격한 성격 변화에 관심을 가진 감독이 딸의 마음을 이해하기 위해 시작한 작업이 결국 영화로 결실한 것이다. 비록 상상력에 기반을 두고 있지만, 과학적인 사실에 근거하고 있기 때문에 더욱 설득력 있는 영화가되었다. 특히 감성 시대에 맞게 성격 형성에 있어서 감정의 역할에 초점을 두었는데, 영화를 통한 감정수업의 기초를 다지기 위해 필요한 부분이라 생각한다. 우리에게는 대중철학자 강신주가 스피노자가 분류한 48가지 감정을 바탕으로 쓴 "감성수업"이 잘 알려져 있지만, 사실 감성수업 혹은 감성리더십은 이미 대니얼 골먼이『감성지능』과『감성 리더십』에서 강조한 바다. 골먼은 그동안의 뇌 신경생리학 연구 결과를 정리하여 이성에 대한 감성의 우위를 주장하고, 또한 감정에 대한 통제가 인간의 학습행위와 인격 형성에 얼마나 중요한 영향을 미치는지를 역설하였다.

사실 인간의 기본적인 감정에 관한한 그 숫자에 관해서 이견이 분분하다. 스피노자는 48가지로 분류했고, 중용에서는 일곱 가지로 분류한

다. <인사이드 아웃>은 기본 감정을 기쁨, 슬픔, 분노, 짜증, 두려움 등 다섯 개로 보고, 감정이 인간의 행동 결정과 성격 형성에 어떤 영향을 미치는지를 보여준다. 이로써 이성으로는 설명할 수 있어도 감정적으로는 도저히 납득하지 못하는 일들에 대해서 왜 그럴 수밖에 없는지를 알 수 있도록 했다.

한편, 영화에서 특이한 점은 기쁨과 슬픔의 상호관계이다. 아리스토텔레스의 말을 빌리지 않더라도 인간은 누구나 행복하기를 원한다. 행복을 위해 비록 고생을 하더라도 기꺼이 참으며 살고, 행복이 깨지지 않도록 온갖 수고를 기울인다. 슬픔과 고통을 피하고 즐겁고 기쁜 인생을 원하는 인간의 마음이 잘 반영되었다. 행복을 향한 노력 자체가 삶의 본질이라고 말할 정도다. 행복은 기본적으로 기쁨의 정서를 지향하기 때문이다. 슬프면서 행복하다고 말하는 사람이 없거니와 비록 슬픔을 겪는 중이라도 그것이 행복을 위한 한 과정으로 이해될 수 있는 한에서 의미와 가치를 둔다. "긍정적인 사고"의 논리가 지배적일 수 있었던 까닭은 그만큼 사람들이 행복에 대해 높은 관심을 갖고 있기 때문이다. 비록 행복하지는 않아도 긍정적인 생각이 인간을 행복하게 만든다.

그러나 긍정이 지나치면 오히려 신경증으로 이어질 수 있음을 재독한인 철학자 한병철은 『피로사회』에서 병리학적인 관찰에 근거해 역설하였다. 게다가 『긍정의 배신』의 저자는 긍정이 어떻게 현실을 왜곡하는지를 보여줌으로써 긍정적인 사고의 논리를 반박하였다. 인간은 기쁨만으로 살 수 있는 존재는 아니며, 무엇보다 무수히 얽혀있는 관계의 그물망이 그것을 허락하지 않는다. 뿐만 아니라 기쁨만으로는 해결할 수 없는 일들도 있다. 예컨대 공감의 능력은 슬픔의 정서에 기초하고 있는데, 이것은 슬픔을 당한 사람을 위로해줄 수 있다.

라일라의 출생과 성장 과정을 통해 감정과 뇌의 상관관계를 보여주면서 영화가 말하고자 하는 바는 어렵지 않게 독해된다. 곧, 건강한 인격 형성은 감정이 적절한 때에 제 역할을 다하는 것과 밀접한 관계를 갖는다는 것이다. 슬퍼할 때는 슬퍼하고, 기뻐할 때는 기뻐하며, 분노할 때는 분노하고, 까칠할 때는 까칠해야 한다. 그리고 살다보면 소심해지는 때도 있다. 어떤 한 감정에 지나치게 몰입하는 것은 문제이지만, 그렇다고 기쁨이 모든 감정을 지배해야 하는 것도 아니다. 관건은 모든 것이 제 때에 제 역할을 담당하도록 하는 것이다. 감정수업은 이를 위해 필요하다. 대니얼 골먼은 감성의 우위에 대한 발견을 교육의 현장에 응용하였는데, 감정 학습을 통해 학습 효과가 높아진 여러 실제 사례들을 제시하고 있다. 감정을 지나치게 억압하는 것도 건강에 해로운 일이며, 또한 무절제한 감정 표현도 정상적인 인격 형성에 치명적일 수 있다. 왜냐하면 인간은 관계를 떠나 살 수 없기 때문이다.

2) <더 랍스터> (요르고스 란티모스, 2015): 감정을 배제한 정형화된 사고와 관계에 대한 성찰

비기독교적인 환경에서 미래를 생각하는 세 가지 방식이 있다. 과학적인 예측과 유토피아 그리고 디스토피아다. 과학적인 예측은 과거와 현재의 경향을 분석하여 통계학적인 외삽법을 사용하여 미래를 예측하는 것이다. 주로 20-50년 이내의 미래를 예측하고, 더 나아가서는 100년까지 예측한다. 유토피아는 토마스 모어의 동명 작품에서 유래하는 것으로 이상사회의 모습이다. 그 이전에 이미 플라톤은 '국가'에서 철학자가 통치하는 사회를 이상으로 그렸지만, 유토피아에 대한 구체적인 이미지는 토마스 모어에게서 비롯한다. 그에게서 기독교적인 영향을 엿볼 수 있는데, 하나님 나라에 대한 세속적 버전이라 말할 수 있다. 이에 비해 디스토피아는 유토피아와 반대되는 암울한 모습으로 채워진 사회를 일컫는다.

<더 랍스터>는 디스토피아를 그린다. 판타지 영화에서 흔히 볼 수 있

다 해도 은유적인 표현이 낯설고 어색하여 비현실적인 느낌을 강하게 받는다. 그런데 아이러니하게도 오히려 그렇기 때문에 현실을 더욱 분명하게 조명하려는 감독의 강한 의지를 엿볼 수 있다. 영화가 제시하는 디스토피아는 파쇼 사회다. 전체주의 사회의 특징은 강압적인 방식으로 통제하는 데에 있다. 정부의 정책이 기준과 방향이 되고, 그에 반대하는 사람은 제거되기 때문에 전체주의 사회에서 인간의 삶은 획일적일 수밖에 없다. 판타지라도 영화에 비유적인 요소가 강한 까닭은 특히 인간관계와 남녀관계는 물론이고 그들의 사랑까지도 통제하는 사회를 표현해야 했기 때문이라고 여겨진다. 불가능하고 또 결코 있을 수 없는 이야기를 애니메이션이 아닌 방식으로 표현하기 위해 필요한 장치였다.

인간관계는 인격적이라는 특징을 갖는다. 그렇지 않으면 인간됨의 본질이 왜곡되고 상실된다. 인격적이라 함은 내가 그 끝을 알 수 없는 미지의 영역이 상대에게 있음을 전제하는 관계를 말한다. 내가 아무리 알려고 노력해도 알 수 없는 미지의 부분을 전제하고 관계를 갖기 때문에 나와 너의 관계는 다소 신비적이다. 내가 알고 있는 것으로 상대를 규정할 수 없으며, 상대 역시 그렇다. 그래서 인격적 관계는 언제나 기대와 호기심을 불러일으킨다. 상대를 존중한다. 이와 반대로 인간관계가 비인격적이 되면, 더 이상 나와 너의 관계가 아니라 '나와 그것'의 관계로 전락한다. 인간은 더 이상 그 자체로 존엄하다고 여겨지지 않으며, 언제든 도구와 사물로 변형될 위험이 있다. 이렇게 되면 인간은 오직 필요와 가치에 따라, 곧 신분과 계급 그리고 소유와 기능에 의해서만 인정받는다. 인간을 무시하는 일이나 폄하하거나 편견과 차별을 하는 일이 난무해진다.

<더 랍스터>는 디스토피아를 표현한다. 과학기술의 환경이나 전체주의적 인문환경에 의해 초래되는 디스토피아를 표현하고 있지 않다는 점에서 매우 독창적이다. 꼭 디스토피아는 아니지만, 미래 사회의 인간관계에 대한 상상을 표현한 것으로 비슷하게 연상되는 영화가 있는데,

스파이크 존스의 작품 <그녀>다. 이 영화는 미래의 인공지능 시대에 있을 수 있는 기계와 사람의 소통관계를 탐색한다. 그럼으로써 사람의 관계에서 특별히 중요한 것은 상호 소통에서 서로의 변화를 인정하는 것임을 성찰하였다. 서로의 변화를 감지하지 못하거나 서로의 변화에 적응하지 못하면 걷잡을 수 없이 커지는 오해 때문에 관계가 더 이상 유지될 수 없을 정도가 될 것임을 역설하였다. 비록 판타지 형식을 빌려 미래 사회의 단면을 보여주었지만, 실상은 현재를 살아가는 사람들에게 주는 메시지다. 인간은 서로가 서로의 변화를 인정할 때 그리고 서로 꾸준히 변할 때 건강한 관계로 성장할 수 있다.

이에 비해 그리스 출신의 요르고스 란티모스 감독의 <더 랍스터>의 디스토피아는 훨씬 비극적이고 끔찍하다. 미래의 한 도시 사회를 모델로 해서 전개되는 판타지적 멜로드라마인데, 이곳에선 오직 짝을 이룬 사람들만이 살 수 있다. 결혼을 강요당하며 사는 것을 일상으로 여기는 사회다. 이에 반해 도시 밖 숲속에선 또 다른 집단이 살고 있는데, 평생 싱글로만 살아야 하고 남녀가 결코 사랑을 해서는 안 되는 규칙을 가진 집단이다. 생존을 위해 금욕을 강요당하며 살아간다. 서로 상반된 환경에서 두 개의 가능성밖에 없는 사회에서 인간으로서 살아갈 방법은 있는 걸까? 감독이 영화를 통해 묻고 있다고 여겨지는 질문이다.

도시에서 살기 위해선 이혼을 했든 사별을 했든 싱글이 된 사람은 짝짓기를 위해 강제로 호텔로 옮겨진다. 이곳엔 45일 안에 짝을 찾아야 하는 규칙이 있다. 이 기간 안에 짝을 찾으면 2인실로 옮겨 4주 동안의 관찰을 거쳐 함께 도시로 가서 살 수 있다. 그러나 짝을 찾지 못하면 인간으로서 존재 이유를 상실하며 동물로 변해 숲속으로 보내지고 사람들의 사냥감이 된다. 기간을 연장하기 위해선 숲속에서 싱글로 살아가는 집단 구성원을 사냥해야 한다. 싱글이 싱글을 사냥함으로써 호텔에서의 체류를 연장할 수 있는 것이다. 한 명당 하루의 기간이 연장된다. 기간 안에 짝을 찾지 못했지만 동물이 되기 싫은 사람은 자살을 선택하기도 한다. 그러니까 영화 속 사회는 평생 싱글로서 숲속에서 살거나, 이것을 원치 않으면 적합한 짝을 만나 결혼해서 도시에서 살아야 하는, 오직 두 개의 가능성밖에 없는 디스토피아이다. 그야말로 모든 인간관계가 일정하게 통제되는 파쇼적인 사회다.

감독은 이런 판타지를 통해 무엇을 의도한 걸까? 영화에서 확연하게 나타나는 것은 모두를 정형화된 관계에 가두는 일이다. 자신과 동일한 삶의 패턴을 가졌거나 동일한 신체적 조건을 가진 사람만을 찾는다. 마치 젓가락 한 세트 같다. 호텔에서 짝을 찾는 남녀의 모습에는 생기가 없다. 짝을 찾으려는 열정도 없고, 제 짝이라 여기며 서로 만나도 아무런 감정적 동요도 없다. 그저 주어진 하루를 일정에 따라 살아가고, 동물이 되기 싫은 사람은 프로크루테스 침대에 자신을 눕히듯 그렇게 억지로 자신을 상대에게 맞추어야 한다.

근시라는 이유로 아내에게 버림받아 돌싱('돌아온 싱글'로 결혼했다가 다시 싱글이 된 사람을 일컫는다)이 되어 호텔에 오게 된 데이비드(콜린 파렐) 역시 처음에는 동물이 되길 거부해 억지 연기를 통해 가까스로 짝을 만났으나 이내 거짓이 탄로 나자 숲속으로 도망친다. 숲속에선 호텔에서 느낄 수 없었던 자유를 누릴 수 있었다. 그러나 그곳에서 적용되는 규칙, 곧 어떤 여성과도 사랑에 빠져서는 안 된다는 규칙은 그의 자유를 더욱 심하게 구속하는 것이었다. 왜냐하면 같은 근시의 여성과 사랑에 빠졌기 때문이다. 두 사람의 관계는 곧 대장에게 발각된다. 남자는 엄중한 경고를 받지만, 여자는 강제적인 수술을 통해 시력을 상실한다. 이에 두 사람은 더 이상 서로의 감정을 숨기며 살기를 거부하고 마침내 숲속을 탈출한다. 두 사람이 도시에서 짝으로 살 수 있기 위해 남자는 여자와 같은 상태가 되기를 결정하며 영화는 끝난다.

많은 여운을 남기는 마지막 장면이지만, 중요한 것은 데이비드 역시 맹인이 될 것인지 아니면 그렇지 않은지가 아니다. 오직 서로가 서로를 사랑하는 자로서 살기 위해 두 사람이 내린 결정이다. 감독은 이 장면을 통해 무엇을 말하고 싶었던 것일까? 감독은 구체적으로 대답하길 회피하며 관객의 몫으로 돌린다.

그래서 하는 말인데, 필자는 인류의 마지막 보루가 바로 인격적인 관계라는 강한 주장을 영화에서 느낄 수 있었다. 어떤 목적과 이유에서도 통제될 수 없고, 또 결코 그렇게 되지 말아야 하는 것이 인간관계다. 프로크루테스 침대 이야기처럼 정형화된 방식으로 관계를 통제하는 사회만큼 끔찍한 곳은 없다. 만일 이런 사회가 현실이 된다면, 사람과 기계의 차이는 더 이상 남아 있지 않게 될 것이다.

인격적인 관계에서 중요한 역할을 하는 건 감정이다. 이성적인 활동은 어느 정도 예측 가능하고 그래서 보편적일 수 있다. 이에 비해 감정은 쉽게 예상할 수 없는 영역이라 인간의 신비적인 측면과 관련해서 매우 중요한 의미를 갖는다. 관계를 통제하는 건 곧 감정을 통제하는 것과 다르지 않다. 이것은 <이퀄스>에서 볼 수 있는 감정이 없는 사회의 모습을-비록 <더 랍스터>가 정형화된 관계를 주제로 다루었다 해도-볼 수 있는 이유이다.

시선을 우리에게 돌려보자. 대한민국 사회에서 살아가기 위해선 어느 정도 문화에 순응하고 관습을 익혀야 한다. 특히 관계를 중시하는 사회임을 명심하지 않으면 도태될 가능성이 높다. 소위 인맥으로 표현되는 관계는 대한민국에서 사는 사람으로서 하나의 규칙처럼 여겨진다. 규모가 크든 작든 모든 모임은 인맥을 쌓기 위한 수단으로 전락한다. 사회는 물론이고 종교 단체마저도 예외는 아니다. 친분과 교제를 위한 것이라 말은 해도, 이내 인맥을 쌓기 위한 모임으로 변질되는 것이 현실이다. 인간관계는 생존에 기여할 수 있는 것이어야 한다. 인간 사회에서 결코 예측할 수 없는 현상을 초래하는 요인이 되는 감정적 교류는 오히려 사람을 피곤하게 만들 뿐이다. 그러니 정형화된 관계에 머물면서 생존할 수 있으면, 그것으로 만족한다. 이렇게 본다면, <더 랍스터>는 단순한 판타지가 아니라 오늘 우리의 현실을 다소 우회적으로 비판하며 조명하고 있는 영화다. 현실보다 더욱 현실적이어서 놀라지 않을 수 없다.

3) <베를린 천사의 시> (빔 벤더스, 1987): 아, 인간은 얼마나 감각적인지!

빔 벤더스의 작품으로 평론가로부터 극찬을 받은 <베를린 천사의 시>는 독일의 극작가 페터 한트케(Peter Handke)와 공동으로 각색한 작품이다. 원제는 "베를린의 하늘"(Der Himmel über Berlin)이지만, 한국어 번역은 영화가 주는 시적인 느낌을 제목에서부터 느끼도록 했다. 이에 비해 영어 번역은 "욕망의 날개"(Wings of Desire)다. 다분히 영화의 주제와 내용을 압축한다. 왜냐하면 영화는 천사가 여자 공중 곡예사를 사랑함으로써 인간이 되길 욕망하는 내용을 담고 있기 때문이다.

벤더스 감독은 장벽과 철조망을 사이에 두고 동서독으로 나뉜 베를린의 현실을 보면서 결코 나뉘지 않은 베를린 하늘을 비유로 삼아 미래의 통일 독일을 꿈꾸었고, 자신의 꿈을 영화를 통해 표현해내었다고 생각한다. 다분히 벤더스 감독의 정치적인 비전을 읽어볼 수 있다. 영화가 개봉되고 2년 후에 베를린 장벽이 무너졌다는 사실에서 필자는 판타지가 현실이 된 것 같은 느낌을 받았다.

<베를린 천사의 시>가 영화적으로 전제하는 세계는 아이들의 세계다. 믿든지 믿지 않든지 분명 존재하는 세계이지만, 감각적으로는 지각할 수 없다. 그런데 아이들에게만은 예외다. 이런 점에서 꿈의 세계이고 상상의 세계다. 오직 영화적으로만 가능한 세계다. 영화적인 특징을 제대로 살렸다.

　천사는 인간 세상을 지켜본다. 그들이 보는 세상은 흑백으로 처리되었다. 이에 비해 인간이 보는 세상은 컬러다. 색을 본다거나 감각을 갖고 있다는 건 인간적인 것임을 말한다. 욥기에 등장하는 천사들이 세상을 두루 다니며 관찰한 것을 하나님께 보고하듯이, 천사들은 그렇게 세상을 관찰하고 기록한다. 때로는 사람들에게 위로하고 용기를 주지만, 그렇다고 개입하지는 않는다. 일의 추이는 그들의 관할이 아닌 듯이 보인다. 수호천사도 아니라고 생각되는데, 왜냐하면 자살 충동에 사로잡힌 사람의 자살을 결코 막지 못하기 때문이다. 창조의 순간을 경험했을 정도로 오랜 시간을 살았고, 또 앞으로도 영원히 지속할 것이다. 공간의 이동도 자유롭다. 그런 천사들에게 한 가지 부족한 것이 있는데, 감각적으로 느끼지 못하는 것이다. 그들은 그저 주어진 임무대로 보이는 것을 볼 뿐이다. 고통도 즐거움도, 슬픔도 기쁨도 없다. 피도 눈물도 흘리지 않는다.

　창세기가 전해주는 인류 타락의 역사에서 볼 수 있듯이, 감각적인 것은 인간에게 가혹하기도 하고, 때로는 영적인 존재의 입장에서 본다면, 인간에게 분명 특권이다. 천사보다 조금 못한 것은 시간과 공간의 제약을 갖고 있는 것이다. 그럼에도 불구하고 성경은 천사가 흠모하는 것을 인간이 갖고 있다고 한다. 그것은 무엇일까?

　빔 벤더스에 따르면, 감각이다. 인간은 감각적이다. 천사의 관점에서 인간을 볼 때 그렇다는 말이다. 인간은 색을 구별하여 볼 줄 안다. 본질적으로 감각적인 인간은 느껴야 할 것을 느끼지 못할 때를 제외하면 그것에 대해 특별하게 감사하진 않는다. 느끼지 못하는 상황이 오면 불평을 쏟아놓을 뿐이다. 천사에게는 유혹이 없지만, 인간은 감각적이기 때문에 항상 유혹에 노출되어 있다. 그러나 적절한 감각을 유지한다면 감각적인 것은 결코 유혹이 아니다. 더 많은 것, 필요 이상을 욕망할 때, 유혹은 일어난다.

　<베를린 천사의 시>에 나오는 천사 다니엘(브루노 간츠)이 인간이 되

려는 욕망은 단순히 감각적인 느낌에 대한 것이 아니다. 감각적인 느낌을 가질 수 없었던 그가 공중곡예사 마리온(솔베이그 도마르틴)을 보고 말로 표현할 수 없는 무엇인가에 사로잡혀 기어코 인간이 되길 결심한 이유는 무엇이었을까? 영화는 사랑이라고 말하는데, 감각이 없는 천사에게 사랑은 어떤 경험일까? 감각적인 느낌을 동반하지 않는 사랑은 무엇일까? 이념적인 사랑, 당위성으로 존재하는 사랑이 아닐까. 빔 벤더스는 그녀의 외로움과 고독을 말한다. 그런 그녀와 함께 있음, 그것이 사랑이라고 한다. 더 이상 외로움으로 쓸쓸해하지 않고, 함께 있음으로 진정으로 고독을 느낄 수 있게 되는 것, 그것을 사랑이라고 말한다. 다시 말해 그녀와 함께 있고 싶은 마음, 그녀가 자신의 존재를 이념적으로만 혹은 정신적으로만 아는 것이 아니라 감각적으로 느끼게 하고 싶고, 그럼으로써 그녀가 더 이상 외로움을 느끼지 않도록 하고 싶은 욕망, 천사는 이런 욕망에 사로잡혔고, 그래서 천사의 모든 특권을 포기하고 기꺼이 인간이 된다.

　　브래드 실버링(Brad Silberling) 감독이 만든 <시티 오브 엔젤> (1998)은 <베를린 천사의 시>를 할리우드 버전으로 리메이크한 작품이다. 존 케이지와 맥 라이언이 출연했다. <베를린 천사의 시>에서는 천사와 인간의 시점의 변화를 흑백과 컬러로 표현했지만, <시티 오브 엔젤>은 처음부터 컬러다. 내용에 있어서도 전반적인 흐름은 동일하지만, <베를린 천사의 시>에서 상징적으로만 표현된 것을 보다 분명하게 드러낸다. 특히 사랑에 집중하고, 또한 감각적인 느낌이 인간에게 얼마나 본질적이며 소중한 것인지를 보다 명료하게 표현한다. <베를린 천사의 시>는 동서독의 분단을 전제하고 통일을 꿈꾸는 내용인데 비해, <시티 오브 엔젤>은 인간의 감각적인 본질에 초점을 맞추었다. 결국 인생이란 모든 느낌을 느끼며 사는 것임을 분명하게 한다. 곧, 인생에는 사랑의 기쁨과 행복도 있지만, 사별의 슬픔과 아픔도 피할 수 없다. 가장 행복한 순간을 간직하고 떠나기도 하지만, 깊은 죄책감을 짊어지고 평생을 살기도 한다. 그것이 인생이다.

인간을 감각적인 본질로서 표현한 영화가 기독교에게 던지는 화두는 무엇일까? 사실 인간을 주로 영적인 존재에 초점을 맞춰서 보는 기독교 전통은 감각적인 본질로서 인간에 크게 주목하지 않았다. 신학이 진과 선에만 집중하고 미에 그다지 관심을 두지 않은 까닭도 마찬가지 이유에서 비롯한다. 감각이 없는 인간을 생각할 수 없다면, 감각적인 존재로서 인간의 의미를 배제하지 말아야 할 것이다. 성경 아가서는 인간 상호간에 감각적인 느낌과 지각이 얼마나 의미가 있는지를 역설한다. 사도 요한도 서신서에서 복음과 믿음의 확신을 말하면서 예수 그리스도를 보고 듣고 만졌다고 하지 않았던가. 감각적인 지각의 필요성은 신학적 인식에서 충분히 고려되어야 한다. 성경이 배제하지 않고 있는 현실을 인간의 노력에 불과한 신학이 배제하는 것은 용납할 수 없다. 문제는 필요 이상의 감각을 추구하는 것에 있고, 또한 신학적인 필요를 무시한 감각주의적인 욕망에 있는 것이지, 감각적이라는 사실 그 자체에 있지는 않다. 인간은 얼마나 감각적인지, 그것은 어떻게 대처하느냐에 따라 축복일 수 있고, 저주일 수 있다.

4) <컨택트(Arrival)> (드니 빌뇌브, 2017): 낯선 존재와의 소통에서 감성의 역할

<디스트릭트 9>에서 외계인에 대해 인간이 보여준 폭력적인 태도는 남아공의 인종 차별(아파르트 헤이트)의 현실을 반영한다. 소통의 의지가 분명했던 외계인들에 대해 인간은 그들의 거주 지역을 제한하고, 행동을 규제하며, 또한 그들을 지구인들의 유익을 위한 소비적인 의미 그 이상으로 결코 상대하지 않았다. 이를 통해 감독은 남아공에서 벌어지고 있

는 인종 차별의 현실을 폭로했지만, 굳이 남아공에만 제한할 수 없는 보편적인 의미를 갖는다. 영화에 대한 전 세계인들의 열광적인 반응은 그것이 남아공에 국한된 문제가 아님을 입증한다. 갑을 관계로 상징되는 모든 인간관계에서 볼 수 있기 때문이다.

외계와 외계인에 대한 인간의 관심이 어떠한지에 대해서는 UFO 출현에 대한 보고나 여러 SF 장르의 문학과 영화들을 통해 다양한 방식으로 표출되고 있다. 그런데 대중문화적인 상상력은 외계인이 정말로 존재하느냐는 질문보다 그들에 대한 인간의 반응과 태도에 더욱 많은 관심을 보이는 것 같다. 이런 점은 <디스트릭트 9>과 <미지와의 조우> (스티븐 스필버그, 1997) 그리고 <E.T.>등에서 어렵지 않게 볼 수 있었다. 인간은 그들에게 혐오적인 태도를 보이며 또한 방어적이면서도 공격적이다. 기괴한 형태로 인해 혐오하는 태도를 보이며, 오염을 염려한다는 점에서 방어적이고, 또 인간을 위협할 수도 있다는 생각에 불안과 염려 그리고 두려움에 사로잡혀 오히려 공격적인 태도를 취한다. 미래의 파트너로서 협력관계를 모색하기 위해 소통을 시도하는 노력이 없지 않지만 언제나 개인적인 차원에서 이뤄질 뿐이다. 게다가 그들은 어린이나 여성이나 주변인이다. 영화 속 외계인, 그들은 인간에게 영원한 타자일 뿐이며, 또한 인간 사회에서 타자를 상징한다. 그렇기 때문에 영화 속 외계인들은 소통을 위한 존재이기보다는 인간이 타자에 대해 보이는 태도를 통해 인간의 폭력적인 본성을 폭로하는 역할을 해왔다.

이런 맥락에서 볼 때 외계인을 등장시키고 있는 <컨택트>는 소통 자체를 주제로 삼았다는 점에서 매우 신선한다. 물론 로버트 저메키스 감독의 작품으로 조디 포스터가 주연으로 출연한 <콘택트> (1997) 역시 외계와의 소통 자체를 다뤘다. 그러나 가만히 들여다보면 '외계인'과의 소통이라고 볼 수는 없는 내용이다.

<컨택트>는 테드 창(Ted Chiang)의 단편 소설 "Story of Your Life"를

바탕으로 만들어진 영화이니만큼 주제의 선택을 빌뇌브 감독의 공으로 돌릴 수는 없을 것이다. 그러나 외계인과의 소통과정을 단순히 제3자의 입장에서 보도록 하지 않고 관객으로 하여금 직접 느낄 수 있도록 연출한 것은 감독의 뛰어난 능력에서 비롯한다고 생각한다. 외계인을 사각의 앵글에 가두어 놓은 것은 인간이 외계인을 대하는 전형적인 시각이 어떠함을 반영한다. 이런 시각에도 불구하고 7개의 다리를 갖고 있다 해서 헵타포드(heptapod)로 명명된 외계인은 자신의 손으로 인간의 세계와 직접 접촉하길 주저하지 않는다.

일단 영화의 내용과 관련해서 본다면, 영화는 다음의 질문을 전제한다. 만일 외계인이 지구에 와서 소통을 시도한다면, 우리는 어떻게 반응할 것이며, 지구에는 어떤 일이 일어날까? 이것은 사실 새로운 기술 혁명을 염려하며 제기하는 질문과 크게 다르지 않다. 왜냐하면 미래를 여는 기술혁명은 새로운 세계로 진입하는 동력이기에 환영받을 것임이 분명함에도 불구하고 많은 사람들에게는 불안과 두려움을 불러일으키는 요인으로 작용하기 때문이다.

그동안의 SF 영화를 통해 보았듯이, 인간은 외계인에 대한 반응에서 감정적으로 매우 방어적이고 또한 적대적이었다. 그들은 많은 경우 지구를 오염시킬 수 있는 존재였고, 또한 인간을 공격하는 괴물로 표현되었고(<에일리언>, 1997), 휴머노이드 로봇 형태를 갖추고 있지만(<디스트릭트9>), 때로는 상상을 초월하는 첨단 무기로 표현되기도 한다(<월드 인베이젼>, 2011). 동물을 연상하기도 한다(<E.T.>). 단지 상상력의 산물이고 또한 지구중심적인 상상력에서 비롯한 것이긴 해도 외계인에 대한 인간의 편견이 반영된 이미지임에는 분명하다. <컨택트>에서 새로운 점은 한편으로는 종래의 방식을 취하는 인간의 모습을 보여주면서도 다른 한편으로는 합리적인 소통의 의지를 강력하게 보여준다는 점이다.

영화의 의미를 파악하기 위해 내용으로 들어가 보자. 외계에서 온 12

개의 괴물체들이 지구 곳곳에 착륙해 있다. 전 세계를 충격에 빠뜨리기에 충분한 사건이다. 그러나 이전의 SF 영화에서 흔히 볼 수 있는 지구인의 경고와 방어 그리고 공격을 위한 요란스런 반응도 없이 어떻게 안전하게 착륙할 수 있었는지에 대해 영화는 아무런 관심을 두지 않는다. 다만 그것들이 도착했고, 일정 지역에 머물러 있으면서 18시간마다 문이 열릴 뿐임을 알려줄 뿐이다. 인간과의 접촉을 원하는 것 같아 보이는데, 그들이 진정으로 원하는 것은 무엇일까? 그들은 왜 하나가 아니라 12개이며 세계 곳곳에 착륙한 걸까? 도대체 무엇으로 그들과 소통할 수 있을까?

외계물체의 출현에 대해 인간이 무엇보다 궁금해 하는 것은 그들이 왜 이곳에 왔는가 하는 것이다. 각국의 정부는 정보를 알아내기 위해 노력하나 그들과 소통할 수 있는 방법을 몰라 전전긍긍할 때 언어학자인 루이스(에이미 아담스)가 소환된다. 과학적이고 합리적인 소통을 시도하려는 의지의 표현이다. 특히 루이스는 언어를 과학적으로만 연구하기보다는 언어적인 표현이 담고 있는 느낌을 통해 의미를 연구하는 학자다. 루이스가 외계인과 소통하는 과정은 영화 이해에 매우 중요한 의미를 갖는다. 처음에 루이스는 어린이가 언어를 배우는 방식을 사용한다. 개별 단어를 주고받으면서 거기서 얻은 것을 자신의 언어체계 안에서 의미로 구성하는 방식이다. 먼저 자신이 인간임을 말하고, 이름을 소개하며, 또한 오염을 막기 위한 방호복을 벗는다. 상대에 대한 경계심을 풀고 마음을 열었다고 알린 것이다. 루이스는 단어학습을 통해 조금씩 소통하면서도 말 자체의 의미보다 말에서 오는 느낌에 주목하려 노력한다.

학습은 비록 매우 더디게 이뤄져도 조금씩 서로를 알아가는 중이다. 그런데 지구 쪽 사람들이 먼저 폭탄을 터트리면서 상황은 위기로 치닫는다. 게다가 외계인의 말에서 '무기'라는 말을 들은 후로 상황은 급변한다. 그동안 루이스의 작업에 의문을 갖고 있었던 사람들은 '무기'라는 말을 들은 즉시 감정적으로 격앙되어 모든 소통의 노력을 중단하고 공격 태세를 취한다. 그러나 루이스는 말 자체의 의미보다 말에 담겨진 느낌을 통해 심층적인 의미를 이해하려 했기 때문에 외계인이 사용한 '무기'라는 말이 지구인들이 생각하는 것과 같은 의미가 아니라 사실은 '선물'임을 알게 된다. 그래서 루이스는 공격의 책임자를 설득하여 공격을 막는데 가까스로 성공한다. 이것은 어떻게 가능했을까?

영화는 시간의 순서에 따라 선형적으로 진행되지 않는다. 이야기는 현재의 시간에 과거와 미래가 단편적으로 삽입되어 있어 비선형적인 구조를 가지기 때문에 내용의 전모를 파악하기가 쉽지 않다. 한 가지 두드러진 현상은 외계인과 소통이 깊어질수록 단편적인 장면들의 등장이 더욱 자주 나타난다는 것이다. 이것은 무엇을 의미하는 걸까?

영화의 마지막에 가서야 각종 의문이 풀리고 또 루이스에게 그렇게 자주 나타났던 장면들은 과거가 아니라 미래의 모습임을 알게 된다. 그러니까 외계인과의 소통을 통해 루이스는 미래를 투시하는 능력을 얻게 된 것이다. 이런 사실은 시간의 흐름이 과거에서 미래로 가는 것이 아니라 미래에서 현재를 거쳐 과거로 간다는 시간 개념을 전제한다. 루이스가 위기의 순간에 중국인 책임자를 설득할 수 있었던 것도 미래에 그의 아내가 남길 유언을 미리 전달했기 때문이다. 자막이 없이 중국어로만 되어 있지만 다음의 내용이라고 한다.

전쟁에는 승자가 없다. 오직 과부만 남을 뿐이다.

전 세계적인 차원에서 일어나는 사건은 갑자기 루이스 개인의 문제로 집중된다. 이것을 매우 낯설게 느끼는 관객들도 있겠지만, <우주전쟁> (스티븐 스필버그, 2005)에서 외계인의 침입과 그에 따른 우주전쟁을 한 가족의 갈등과 화해를 말하기 위해 은유적으로 사용한 것을 염두에 둔다면 이야기 서술에서 문제로 삼을 필요는 없다. 영화는 거창하게 포장되긴 했어도 한 개인의 삶의 의미를 조명하는 이야기일 뿐임을 드러낸다. 그렇다고 해서 주제와 메시지의 매치가 잘 안 된다고 생각하기보다는 그만큼 한 개인의 의미가 중요함을 말하는 것으로 받아들이면 될 것이다. 한 개인의 죽음을 계기로 인류사에서 생명의 출현에서 현재에 이르는 장대한 서사를 성찰했던 <트리 오브 라이프> (테렌스 맬릭, 2011)를 떠올려도 좋겠다.

루이스는 헵타포드와의 소통을 통해 자신의 미래를 본다. 행복한 순간들이 많았지만, 결코 행복하다고 말할 수 없는 삶이다. 불안정하다는 느낌으로 가득하다. 남편과는 별거하는 것 같고 딸은 암으로 죽는다. 과연 이런 미래를 알고도 그녀는 현실의 감정에 충실할 것인가, 아니면 고통스런 미래를 피하기 위해 현실을 부정할 것인가? 영화가 제기하는 질문은 바로 이것이다. 그리고 루이스는 현재를 거부하지 않고 받아들인다. 이는 그녀가 무엇보다 현실의 감정을 중요하게 여긴다는 사실을 시사한다.

<컨택트>는 시간에 관한 영화다. 그러나 다른 영화에서처럼 과거를 수정하여 원하는 현재와 미래를 얻는 이야기는 아니다. 미래를 알고 있다 해도 현실의 느낌과 감정의 중요성을 긍정하는 이야기다. 현재와 미래의 관계를 풀어가는 방식이 새롭다. 이런 맥락에서 오히려 인간의 감정에 관한 영화다. 뿐만 아니라 이야기는 우주적인 차원이라도, 사실은 너의 이야기 곧 나의 이야기다. 이런 점에서 Arrival이란 영화의 원제는 어디서 왔는가를 묻게 하지만, 한국 영화에서 사용된 '컨택트'는 소통을 강조한다. 그러나 이것들은 의미의 일부만을 반영할 뿐이며 오히려 영화의 의미는 소설의 원제 "당신 인생의 이야기"(Story of Your Life)를 고려할 때 더욱 분명해진다고 생각한다.

이런 질문을 생각해보자. 현재에서 미래는 어떤 모습으로 경험될까?

그것은 낯선 것일 수밖에 없다. 때로는 과거가 다시 회귀하지만, 그렇다 해도 그것을 경험하는 세대에게는 여전히 낯선 것이다. 다가올 미래는 우리에게 익숙하지 않다. 그렇다면 문제는 이것과 어떻게 소통할 것인가 하는 것이겠는데, 소통에서 우리가 자주 범하는 실수는 새로운 것을 기존의 것으로 읽어내려는 태도에서 비롯한다. 불안과 염려 때문이다. 때로는 두려움 때문에 익숙한 것에 기울어진다. 그러나 기대와 희망도 미래에 대한 생각과 결합되어 있음을 잊어선 안 될 것이다.

새로운 것을 새롭게 볼 수 있기 위해선 지금과는 다른 시각이 필요하지만, 그런 시각을 갖는 일이 쉽지는 않다. 그래서 낯선 것에 대한 우리의 반응은 늘 방어적이거나 공격적일 수밖에 없다. 언어학은 이것을 사피어-워프 가설로 설명한다. 곧 한 사람이 세상을 이해하는 방법과 행동이 그 사람이 쓰는 언어의 문법적 체계와 관련이 있다는 언어학적인 가설이다. 이 가설은 증명되지 않은 채 남아 있고, 학계에서는 전적으로 수용하지도 않고 있으며, 그렇다고 전적으로 거부하지도 않는다(위키피디아 참고).

낯선 것에 대한 지각을 단지 언어적인 사고에만 맡길 수는 없다. 사고 이전에 먼저 감정이 작용하기 때문이다. 사고 이전에 감정적으로 먼저 반응을 보이는 것과 관련해서는 뇌 과학이 설명하고 있는데, 인간의 생존을 위해 외부의 위협에 대해 즉각적으로 반응하도록 하는 편도체의 작용 때문이다.

루이스가 보여준 태도는 우리가 바로 이런 상황에서 감성적인 소통 방식을 통해 미래를 볼 수 있는 안목을 얻을 수 있다는 사실을 보여준다. 무엇보다 먼저는 언어에서 느낌을 얻는 것과 마음을 여는 일이 중요하며, 기존 체계로 낯선 것의 의미를 해독하려 하기보다는 느낌으로 받아들이는 것이다. 이런 까닭에 낯선 것과 소통할 수 있기 위해선 무엇보다 감성 훈련이 필요하다.

우리는 왜 이곳에 있는가? 이곳에서 낯선 것을 만날 때 어떻게 반응해야 하는가? 우리가 아는 것을 바탕으로 세상을 보아야 할까, 아니면 현재의 느낌에 충실하게 반응하면서 살아야 할까? 영화는 바로 이런 많은 질문들을 생각하게 한다.

한편, 기독교적인 맥락에서 볼 때, 영화는 몇 가지 상징적인 장치를 설치해놓았다고 생각한다. 하나가 아니라 12개의 비행물체가 지구에 착륙했다는 것, 미래로부터 왔다는 것 그리고 루이스를 도와주려 한다는 사실로부터 우리는 성경적인 모티브와 연결되어 있음을 직감하게 된다. 지구에 도착한 12개의 비행물체는 예수 그리스도의 복음을 전하기 위해 특별한 부름을 받고 보냄을 받은 12 사도들을 연상케 한다. 특히 성경에서 미래를 말하는 방식에서 타자와의 관계는 매우 중요한 계기로 작용한다. 성경은 오시는 자로서 미래의 하나님을 말하기 때문이다. 독일 신학자 위르겐 몰트만은 두 번째 종말론 저서에서 '오시는 하나님'을 말하고, 볼프하르트 판넨베르크는 그의 종말론에서 하나님을 '미래의 힘'으로 말한다. 성경은 하나님의 주권을 말하면서 하나님이 언제 어디에서 또 어떤 모습으로 나타나실지 알지 못한다는 사실을 강조한다. 그럼에도 불구하고 분명하게 말할 수 있다면, 게르하르트 자우터가 강조하여 말하고 있듯이, 하나님은 약속에 따라 행하신다는 것이다. 현실은 미래의 영향력 아래 존재하며 또한 미래와의 관계에서 자신의 길을 간다. 미래는 오직 하나님의 약속에 근거해서 기대될 뿐이다.

5) 감정의 사회적 기능

지금까지 살펴본 여러 영화들에서 우리는 다음과 같은 사실을 확인할 수 있다. 곧 개인과 사회를 무질서로 몰아가고, 심지어 파멸로 이끌 수 있는 것이 감정이라 해도 인간은 결코 감정적인 존재이길 포기할 수 없고 또한 그래서도 안 된다. 감정은 인간의 생존과 소통에 절대적으로 필요하기 때문이다. 다만 건강한 인간관계를 위해 감정은 조절되어야 한다. 감정 조절을 위한 제도는, 비록 문명의 정도에 따라 다소 차이가 있지만, 지구상의 모든 지역에 갖춰져 있다. 특히 가정 및 학교교육과 문화 그리고 종교의 역할은 감정 조절에 크게 작용한다. 바로 이런 맥락에서 감정의 의미는 개인적인 차원을 넘어 사회로까지 확장된다.

앞서 말했듯이, 감정은 느낌과 다르다. 느낌은 감각적인 자극의 결과에 따라 나타나는 정서를 말하지만, 감정은 인지적 내용을 갖는 정서 상태다. 예컨대, 영화의 한 장면을 보고 말로 쉽게 표현할 수 없는 심리적인 울림이 있을 때, 이것은 느낌이다. 이에 비해 장면에 등장하는 사람의 특정한 행위나 말 때문에 내 안에 어떤 정서적인 반응이 일어날 때, 이것은 감정이다. 반응하는 계기나 정도가 사람의 기질이나 문화의 차이 혹은 가치관이나 인생의 이력에 따라 다르기 때문에 느낌이나 감정은 주관적이다. 어떤 장면에 대해 느낌을 갖는 사람도 있지만, 전혀 느낌을 갖지 못하는 사람이 있다. 어떤 상황이 일어났을 때, 감정적인 동요에 휩싸이는 사람이 있지만, 어떤 사람들은 매우 차분하게 대처해 전혀 뜻밖의 반응을 보이는 경우도 있다. 느낌도 다르고 또 감정도 다르기 때문에 어떤 특정한 상황과 관련해서 자신의 느낌이나 감정을 타인에게 강요해서는 안 된다.

외부의 자극에 대한 느낌은 유기적 생명체에겐 당연한 생리적인 반응이기 때문에—선천적으로 혹은 뇌 손상으로 감각 능력의 결함이나 부재를 병으로 앓고 있는 경우를 제외하면— 학습을 필요로 하지 않지만, 이것은 오감의 경우에 제한된다. 공감각적인 느낌은 다분히 학습에 의존한다. 예컨대 붉은색은 보는 자에게 시각적인 자극이고 '붉다'는 시각 정보를 갖고 있다. 그런데 붉은색에서 따뜻함을 느낀다는 말에서 볼 수 있듯이, 시각과 촉각의 결합은 학습의 결과이다. 만일 그렇지 않다면 천재적이라고 말할 수 있다. 느낌은 학습 과정을 통해 습득되기도 한다.

　　감정 역시 마찬가지다. 일정한 자극에 대해 정서적인 반응을 보이면서 대처하는 행위를 하는 것은 위기적인 상황에서 생존하기 위한 본능적 행동에 익숙해진 뇌의 편도체가 작용해서 일어나는 현상이다. 과거에 대한 기억과 미래에 대한 예측 혹은 기대를 매개로 해서 현재의 자극에 반응할 때 나타나는 것이 감정이다.[38] 뇌는 과부화가 걸리면 동물적인 반응을 보이는데, 다시 말해서 감정이 통제되지 않으면 문명인에게 요구되는 반응이 아니라 그야말로 원시적인 반응을 하게 된다. 감정은 이성적으로 통제되어야 하지만, 다른 한편으로 학습을 통해 일정한 방향의 정서적 반응을 하도록 배운다. 유아를 대상으로 하는 성추행과 관련해서 아이는 아직 정서적인 반응을 일으킬 정도가 안 되지만, 학습을 통해 불쾌감을 표현하며 거부반응을 보일 수 있다.

　　느낌과 감정은 주관적이고 또 개인적이라도 학습 과정을 거치면서 사회적일 수 있다. 이럴 때 흔히 공감이라는 표현을 쓴다. 내가 직접 자극을 받지 않았고, 또 내가 직접 경험하진 않았어도 마치 내가 느끼는 것처럼 혹은 내가 경험한 것처럼 정서적인 반응을 보이는 경우를 말한다. 직접적으로 경험하기보다는 미디어를 통해 간접적으로 경험하는 것에 익숙한 현대인들에게 무엇보다 필요한 능력이 공감 능력이다. 공감은 대체로 사회생활을 하면서 자연스럽게 학습되지만, 때로는 그렇지 않을 수도 있다. 예컨대, 거리에 쓰러져 있는 사람을 보고도 아무런 느낌을 갖지 않고, 또 그 상황에 필요한 정서적인 반응을 보이지 않는 사람들이 있다. 이런 사람들의 느낌과 감정은 지극히 주관적이고 또 개인적이다. 자기 안에 밀폐되어 있고 자신의 느낌과 관심만을 좇는 삶을 살아가기 때문에 타인의 상황을 보고도 전혀 느끼지 못하는 것이다. 한마디로 말해서 사회적 자폐아에 해당한다. 물론 사회적 자폐아라도 가까이 있는 사람들, 곧 가족이나 친지들의 경우엔 공감이 일어날 수 있다.

---

38 김대식, 『인간을 읽어내는 과학』(서울:21세기북스, 2017), 105.

왜 이런 현상이 일어나는 건가? 느낌과 감정을 소통하는 경험이 없었기 때문일까? 그럴 수 있다. 앞서 언급했듯이, 자신에만 관심을 두는 삶에 익숙해져 있기 때문이다. 그리고 입시와 승진을 위한 시험을 위한 교육처럼 오직 성과 지향적이고 지적인 교육에만 치중하고 감정 교육에 해당하는 예술 교육이 등한시되었기 때문에, 또한 예술 교육을 하더라도 기능성 향상만을 위한 교육이었기 때문에 일어난 결과일 수 있다. 주의력 결핍 및 과잉행동장애자(ADHD)들이나 분노조절장애자들의 수가 늘어나는 까닭도, 묻지마 폭력과 살인의 현상도 그리고 자살률에 있어서 세계적인 기록을 낳고 있는 이유도 같은 맥락에서 이해된다. 느낌과 감정을 소통하는 교육의 부재는 미래 사회에 파국적인 결과를 가져올 것이다.

뿐만 아니라 감정의 사회적인 기능이 있다. 사회적인 유익을 염두에 두고 감정을 말할 때 보통 도덕 감정이라고 한다. 사회 구성체로서 당연히 함께 느껴야 하는 것들은 함께 느끼고 또 거기에 대해 정서적인 반응을 보여야 한다. 이것이 이뤄지지 않을 경우엔 특히 자본력과 권력에 의해 자행되는 사회적인 불의에 대해 속수무책이다. 언론과 정부가 사실을 숨기고 또 왜곡함으로써 진실을 접하지 못해 국민들은 사건에 대해 느끼고 또 정서적으로 반응할 만한 기회조차 갖지 못하는 현실이지만, 그렇다고 해서 전혀 접할 수 없는 것은 아니었다. 예컨대 세월호 침몰은 대한민국은 물론이고 세계적인 이슈가 되었던 사건이었다. 그럼에도 불구하고 국민들은 어떻게 느꼈고 또 어떤 정서적 반응을 보였는지… 국내에서 개봉되는 사회 영화들이 흥행에선 성공하였어도, 사회의 변화로까지 이어지지 않는 것은 무엇일까? 오히려 범람하는 폭로성 영화로부터 받은 허구적인 감정에 필요 이상으로 익숙해져 실제적인 감정과 반응으로 이어지지 못한 것일까?

현재 대한민국 국민에게 필요한 일 가운데 하나는 감정 교육이다. 느껴야 할 것은 느낄 수 있어야 하고, 정서적인 반응을 보여야 할 일에 대해서는 숨김없이 드러낼 수 있어야 한다. 허구적인 감정을 잘 통제하여 실제 경험으로 옮길 수 있도록 교육해야 한다. 만일 느꼈음에도 드러내지 않고 정서적인 반응을 보이지 않는다면, 그것은 나중에 인지적인 차원에서 죄책감이나 후회의 감정으로 나타난다. 이럴 때 단지 말로 회개만 하면 모든 게 회복될 것인가? 나타나야 할 진리가 드러나지 않음으로써 자본력과 권력의 폭력에 피해를 입고 희생당한 사람들은 어떻게 될 것인가? 나의 후회와 죄책감을 회개한다고 해서 그들이 다시 살아올 것인가?

감정의 사회적인 기능, 곧 도덕 감정을 생각할 때마다 사회의 구조적 측면에서 비롯하는 구원과 멸망의 문제를 심각하게 고민하지 않을 수 없다. 우리가 공감하지 못하고 등한시해서 미처 돌보지 못한 사람들의 희생에 대한 책임을 하나님은 우리 아니면 도대체 누구에게서 찾으시겠는가? 부익부 빈익빈, 무전유죄 유전무죄가 관행처럼 여겨지고 있을 뿐 아니라 사회적인 측면에서 타인의 슬픔과 고통과 좌절에 대해 자폐적인 경향을 보이는 오늘날 대한민국 사회와 특히 교회에선 단지 개인의 회개가 아니라 집단의 회개가 요구된다.

II. 영화 속 생명 이야기와 인간 이해

1. 생명은 이야기를 필요로 한다

1) 생명신학의 목적

기독교는 인간이 하나님의 생명에 참여하는 것을 목적으로 삼는다 (요 3:16). 하나님의 생명에 참여하는 주체가 영혼인지 아니면 영육일체의 몸인지, 영생을 얻는 것이 구체적으로 무엇을 의미하고, 그것이 어디에서 또 어떤 모습으로 나타나는지를 두고 의견이 서로 갈리지만, 사도 요한이 듣고 보고 만졌다고 말할 정도로 기독교인에게 그것은 실제적인 것이다. 이념이 아니고 인간의 꿈을 투영한 허상은 더욱 아니다. 하나님 나라, 구원, 믿음, 영생 등 다양한 이름으로 표현되지만 동일한 것에 대한 다른 이름일 뿐이다. 신학은 이 실제적인 것이 무엇이며 어떻게 인간의 것이 되고, 인간은 이것을 어떻게 누리며 살 수 있는지, 또 어떻게 누리며 살아야 하는지를 밝힌다. 기독교가 생명(영생)을 위해 세상에 아들을 보내신 하나님을 믿고 그리고 스스로를 가리켜 '생명'이라 말한 예수 그리스도를 신앙의 핵심으로 삼는 한, 기독교 신앙에서 '생명'은 가장 중요한 가치이며 신학의 중심 주제 가운데 하나다. 곧 하나님이 인간과 관계를 맺고 또 인간이 하나님과 관계를 맺는 것은 생명을 매개로 한다. 하나님의 생명은 육체적인 생명과 겹치지만 육체적인 생명과 동일시할 수 없으며 그것 이상의 무엇이다. 하나님의 생명(영생)은 예수 그리스도를 믿는 자에게 성령을 통해 선물로 주어진다. 예수 이야기의 초점은 바로 이것이다.

생명에 해당하는 외국어 표현으로는 한 단어(vita, Leben, life 등)이지만, 한국어로는 문맥에 따라 의미를 구분하여 '생명' 혹은 '삶'으로 번역한다. 왜냐하면 한자어 '생명'(生命)과 우리말 '삶'은 같으면서도 서로 다른 뉘앙스를 갖기 때문이다. 그래서 사전적인 의미에서 생명은 유기체가 살아있는 상태를 가리키지만, 삶은 단지 상태가 아니라 생명체가 다소 역동성을 가지고 살아가는 모양을 일컫는다. 그래서 많은 경우 생명과 삶을 비교 항목으로 삼고 있는데, 엄밀히 말해서 비교 대상은 생명체와 삶이라고 생각한다. 왜냐하면 생명은 보통 생명체가 살아 있도록 하는 힘과 관련해서 이해되고, 삶은 생명체의 목적을 실현하는 기능을 염두에 두고 이해되기 때문이다. 생명체는 생명의 개체화 원리이고, 생명을 가시화시킨다. 생명체의 유기적이고 운동적인 기능이 발휘되어 이뤄지는 것이 삶이다. 삶은 생명체를 전제하는데, 이는 생명이 있기 때문에 또 생명체의 유기적인 기능 때문에 가능하다. 식물인간이라 함은 생명은 있지만, 동물 생명체의 운동적 기능이 정지된 상태에 있는 사람을 말한다. 식물이 아무런 운동을 하지 않는 건 아니나 공간 이동의 의미에서 운동을 하지 않기 때문이다. 의식마저 정지되었다면 소위 뇌사상태에 빠진 것이다. 생명체의 기능을 더 이상 기대할 수 없는 상태다. 그렇다고 생명마저 없다고 말할 수는 없다.

생명이 단순히 상태로만 있지 않고, 적극적인 생명 활동을 하거나 외부의 공격으로부터 스스로를 보호하기 위해 혹은 자신을 보존하기 위해, 곧 삶을 위해 필요로 하는 것들을 생산해내는 것을 두고 문화라 한다. 예컨대 의식주 문화는 생명을 위한 기본적인 활동에서 비롯한 생산물들이다. 달리 말해서 생명 활동을 위해 생산되는 것이 문화이며, 결국 문화는 삶과 밀접한 관계를 가진다. 문화는 삶을 위한 산물들이다. 삶을 위한 산물들이 모두 문화가 되는 것은 아니다. 그 가운데 보존의 가치가 있다고 여겨지는 것들만이 문화의 자리를 차지한다. 비록 모든 것을 두고 문화라 볼 수 있지만, 이것들은 개별적인 의미만을 가지며, 세대의 생멸과 운명을 같이 한다. 일정한 범위 내에서 공통적으로 받아들여진 것들만이 문화적 가치를 갖고 보존된다. 그런데 일정한 문화가 형성되면 문화는 새롭게 태어나는 모든 생명에게 삶의 형식이 된다. 의식주 문화는 세대를 통해 자연스럽게 습득되며, 일정한 범위 내에서 공통적인 특징을 가진다.

문화에는 이처럼 기본적으로 생명에 대한 이해가 들어 있으며, 삶의 다양한 형태를 읽어볼 수 있다. 예컨대 한국 문화를 분석하면 한국인의 생명 이해와 삶의 다양한 층위를 읽어볼 수 있다. 생명과 삶 그리고 문화의 관계는 매우 밀접한 관계를 갖기 때문이다. 따라서 생명을 주제로 다룰 때는 언제나 삶과 문화가 함께 고려된다. 삶을 말하거나 문화를 말하는 것은 생명과 결코 무관하지 않다는 말이다. 흔히 생물학적 생명과 사회 문화적 생명 그리고 영적인 생명을 구분하여 말하고 있는데, 그것은 생명을 개체와 집단 그리고 종교의 관점에 따라 구분해서 조명한 것일 뿐이지, 생명 자체는 서로 나뉘지 않는다. 생명은 통전적으로 이해되어야 한다.

생명신학은 최소한 생명이 무엇인지에 대한 이해를 전제하고(그렇지 않으면 생명에 대한 이해가 우선되어야 한다), 생명에 대한 성경의 증거들은 물론이고 피조물의 생명 혹은 생명 현상들, 곧 다양한 형태의 삶과 문화와 관련해서 하나님의 생명을 바르게 말하는 방식을 탐구한다. 무엇보다 비평신학의 입장에서 볼 때, 생명에 관한 철학적 혹은 과학기술적 혹은 문화적 혹은 신학적 입장을 신학 비판적(theologisch-kritisch)으로 성찰하면서 창조된 생명과 하나님의 생명의 바른 관계에 대한 신학적 입장을

개진한다.[1]

최근에는 생명을 다루는 인간의 다양한 태도(낙태, 안락사 혹은 존엄사, 생명공학)와 관련한 문제들 때문에 생명신학에서는 생명 자체에 대한 성찰보다[2] 각종 위기를 유발하는 반생명적 현상들(전쟁, 기아, 질병, 자살, 환경오염에 따른 생태계 파괴 등)에 직면해서, 특히 생명을 다룸에 있어서 인간의 올바른 결정과 행동을 위한 원칙을 찾는다는 점에서 주로 윤리적인 관점이 반영된 연구가 다수를 차지한다.[3] 그것도 인간의 범위를 넘어서 자연[4]과 동물의 생명[5]까지도 포함시키고 있다. 이렇게 본다면 기독교 생명신학은 윤리적인 원칙을 찾고 바른 실천을 위한 방법을 찾는 과정에서 생명에 대한 여러 이해와 생명을 다루는 인간의 다양한 생각과 태도들이 신학적으로 얼마나 정당한지를 묻고 대답하며, 또한 성경이 증거하는 하

---

1 생명신학협의회 생명신학연구소가 2013년과 2015년에 출간한 두 종의『오늘의 생명신학 1, 2』(서울: 신앙과 지성사)에 기고된 논문들을 일별하면 생명신학 연구가 창조된 생명과 하나님의 생명에 집중되어 있고, 특히 반생명적 현상들에 직면하여 기독교적 생명의 의미와 가치를 부각시키면서 동시에 책임 있는 행동을 위해 노력하고 있음을 확인할 수 있다. 생명문화적인 관점이 빠져 있는 것은 매우 아쉬운 점이다.

2 생명 자체에 대한 성찰로는 기독교 인간학적인 관점, 창조론적 관점, 삼위일체론적 관점, 기독론적 관점, 생태신학적 관점 그리고 성령론적 관점에서 논구되고 있다. 그러나 이것들도 결국엔 반생명적인 현상에 대한 대책 마련을 위한 노력과 맞닿아 있다. 다음을 참고: "Leben," Art, in: *Theologische Realenzyklopädie* Bd. XX(Berlin/New York: Walter de Gruyter, 1990), 514-566.

3 김용준, "자연에 대한 인간의 책임,"「기독교사상」Vol. 393(1991.9), 17-25; 이정배, "생태학적 신학의 과제,"「기독교사상」Vol. 393(1991.9), 26-41; 선순화, "생명의 위기와 기독교적 생명운동," 숭실대기독교사회연구소,「기독교와 한국사회」5권(1997), 50-94; 그리고 한남대 기독교문화연구소가 편집하여 출간한 다음의 책에는 생명문제와 관련해서 각 분야에서 윤리적인 책임을 인지하고 쓴 글들이 수록되어 있다: 강원돈 외,『생명문화와 기독교』(서울: 한들출판사, 1999).

4 '가이아(Gaia)론'을 통해 생태계 생명론을 주장한 제임스 러브룩(James Lovelook)이 대표적이다. James Lovelock, *Gaia: A New Look at Life on Earth*, 홍욱희 옮김,『가이아: 살아 있는 생명체로서의 지구』(서울: 갈라파고스, 2004); 김균진,『생태학의 위기와 신학』(서울: 대한기독교서회, 1991). 그리고 다음의 논문을 참고: 임희국, "생명위기 시대의 생명신학-생명의 근원이신 예수 그리스도에 대한 블룸하르트(아들)의 이해를 중심으로,"「장신논단」제38집(2010.9), 65-89; 정용, "환경과 생명-21세기 환경보전 패러다임,"「신학논단」제37집(2004), 5-38.

5 동물의 생명에 대해서는 동물권을 주장하는 피터 싱어의 연구가 대표적이다. Peter Singer, *Animal Liberation*, 앞의 같은 책.

나님과 그분의 뜻과 행위에 합당하게 말하고 또 실천할 수 있는 가능성을 모색하는 것을 과제로 삼고 있는 듯이 보인다. 이런 맥락에서 기독교 인간학은 생명신학의 옷을 걸친다. 달리 말해서 생명신학은 반생명적인 위기들에 직면해서 생명의 해방과 풍성함을 위해 학문적인(인간학적인) 과제를 인식할 뿐만 아니라 궁극적으로는 실천을 지향한다.

필자의 견해에 따르면, 생명신학의 목적은 한편으로는 반생명적 현상에 직면해서 생명에 관한 철학적 혹은 과학기술적 혹은 신학적 입장을 신학비판적으로 고찰하고(상호보완관계를 지향하는 비판적 대화), 다른 한편으로는 그리스도인으로 하여금 생명에 대한 그동안의 생각과 관행들을 비판적으로 돌아보게 하며(생산적인 비판), 반생명적 위기를 극복하기 위한 합리적인 대책을 마련하고(문제해결을 위한 실천), 이 과정에서 다양한 방식의 실천을 돕기 위한 공동의 근거를 모색하면서 생명의 주이신 하나님을 올바르게 말하고 또 생명을 위한 하나님의 행위(창조, 해방, 섭리, 구원, 새로운 창조 등)들을 함께 고백할 수 있도록 돕는 데에 있다.

여기에는 크게 두 가지 방향의 비판적인 고려가 반영되어 있다. 하나는 신학함의 귀납적인 방식이다. 생명에 대한 신학적인 선 이해를 피하고자 한다. 다른 하나는 생명을 말하는 방식에서 보다 나은 효과를 위한 변화가 필요하다는 생각이다.

2) 생명을 말하는 적합한 방식

이즈음에서 필자 개인의 문제의식을 언급해보고자 한다. 반생명적인 현상들을 고려할 때 생명신학이 정치한 이론적 작업을 필요로 하다는 사실을 인정하고 또 생각과 태도의 변화에 기여할 수 있는 방법을 모색하는 것은 중요하다고 생각한다. 그런데 생명에 관해 생각하고 말하는 일이 잦아지면서 어느 순간 마음 한 쪽으로 내려앉더니 오랫동안 자리를 떠나지 않고 둥지를 튼 질문이 있다.

'한 생명체가 태어나 자라서 생명을 다해 죽음에 이르기까지 얼마나 많
은 것들이 작용해야만 하는지를 생각할 때, 나는 생명을 과연 얼마나
알고 있을까? 도대체 알고 있기는 하는 걸까? 생명 경험은 어떤 걸까?
하나님 경험과 어떤 관계가 있는 걸까?'

사도 요한은 생명의 말씀에 대해 듣고 보고 또 만졌다면서 그 생생한
경험을 표현했는데, 나는 그동안 생명에 관한 말은 많이 듣고 또 살아있
다는 흔적과 증거들을 나열하긴 했어도 정작 '생명'을 듣거나 보거나 만
져보았다고 말할 수 있는 경험은 없었던 것 같다. 지인을 알아보듯이 그
렇게 생명을 인지하지 못했고, 처음 보는 사람을 길 가다 마주칠 때 받는
낯선 느낌조차도 없었던 것 같다. 단지 살아있다는 것을 자각할 뿐이었
다. 병으로 앓아누웠을 때조차도 나는 다만 고통을 느꼈을 뿐 생명을 느
끼진 못했다. 그동안 나는 생명에 관한 증거들을 내가 인지하기 편한 방
식대로 편집하여 말하거나 상황과 맥락을 바꿔가며 반복했을 뿐, 내가
직접 생명을 경험하여 말한 것은 아닌지 의심을 품었다. 내가 말하고 생
각하고 있는 그것이 '생명'일까? 아니면 다만 '생명에 관한 지식 혹은 개
념'인 것일까?

사회진화론(Social Evolutionism)이 시대정신으로 군림하고 또 모두가
낙관적인 미래를 전망했던 19세기 말에서 20세기 초에 이르는 시기에,
두 차례 세계대전으로 인류는 오히려 종말을 앞서 경험해야 했던 아이러
니한 상황처럼, 과학기술이 발달할수록 지구촌에는 죽음의 문화가 더욱
더 확산되는 현실은 어떻게 생각해야 할까? 생명의 의미와 가치를 기독
교적으로 인지할 뿐 아니라 실천을 위한 근거를 마련하고 또 실천을 위
한 구체적 방안을 모색하기 위한 목적으로 시작했지만, 생명에 관한 인

간의 태도에서 바뀐 것은 도대체 무엇인가? 혹시 지금까지 생명신학은 '생명'을 비껴 지나간 것은 아닐까? 각종 이론과 개념들 속에 파묻혀 날것 그대로의 생명은 질식 상태에 놓여 있는 건 아닐까? 그래서 생명에 관한 숱한 신학적인 외침은 있었어도 반생명적인 현상들에 관련된 문제 해결에 크게 기여하지 못한 것은 아닐까? 입장과 이해관계의 차이에 부딪혀 실천보다 오히려 갈등의 소지만 더 부각하진 않았을까? 이러다 생명에 대한 경이감은 사라지고 오히려 생명을 말하는 일을 식상하게 여기지는 않을까? 이어령은 레마르크가 한 사람의 죽음과 백만 명의 죽음을 비교하면서 했다는 말을 인용하면서 "생명은 항상 보편화하거나 시스템화하거나 통계 숫자화하면 사라진다"[6]고 말했다. 생명이 그 가치를 잃는다는 말이다. 생명을 두고 전개된 숱한 논쟁에 대해서도 같은 말을 할 수 있지 싶다. 생명은 논쟁 속에서 그 가치를 잃는다.

오랜 고민의 끝에서 만난 질문은 '도대체 생명을 말하는 적합한 방식은 무엇일까?'였고, 이 질문에 대답하려는 마음에서 생명을 말하는 방식들을 그 적합성과 관련해서 비판적으로 살펴보게 되었다. 이 글은 그 결과에 따라 기획된 것이다. 사실 생명과 실존이 철학의 중심 주제로 부상하면서 신학은 이를 매우 환영했지만, 사실 생명과 삶에 대한 연구를 철학자들에게 위임하는 듯이 보일 뿐이다.

그런데 생철학자들에게서 들을 수 있는 결론은 생명의 본질은 이성이나 지성으로는 파악할 수 없다는 것이다. 적어도 그런 인식이 팽배하다.[7] '실존은 본질에 우선 한다'는 사르트르의 명제는 생철학자나 실존철학자들의 출구 역할을 한 것은 아닐까 생각한다. 러셀과 화이트헤드 그리고 비트겐슈타인이 철학의 문제를 논리와 언어의 문제로 환원하려는

---

6 이어령, 『생명이 자본이다』 (서울: 마로니에북스, 2014), 54.
7 이것은 프리드리히 니체(Friedrich Nietsche)와 빌헬름 딜타이(Wilhelm Dilthey) 그리고 앙리 베르그손(Henri Bergson) 같은 생철학자들이 공통적으로 주장하는 내용의 핵심이다.

이유도 같은 맥락이라고 생각한다. 철학자들도 더 이상 말하기 어렵다고 내려놓은 생명의 문제와 관련해서 생명신학은 도대체 무엇을 말하려는 걸까? 신학이기 때문에 가능한 일일까?

말할 수 없는 것이라면 그리고 적어도 생명에 관한 신학적 성찰을 멈출 수 없다면, 생명신학의 관건은 성경이 증거 하는 하나님의 생명을 말할 수 있는 가능성을 찾을 뿐만 아니라 또한 이성으로 파악할 수 없는 생명을 적합하게 말할 가능성을 모색하는 일이겠다. 그래야 무엇을 근거로 혹은 무엇을 기대하면서 생명 운동을 실천할 수 있는지가 분명해질 것이라 생각하기 때문이다.

예컨대 해방신학과 민중신학 그리고 여성신학은 기본적으로 생명과 삶과 문화의 문제를 전제한다.[8] 자본과 권력 혹은 남성 혹은 서구 문화에 의해 억압받고 착취당하며 차별받는 생명과 삶과 문화의 진정한 자유를 겨냥하는데, 세 신학 모두 착취당하고 억압받는 생명의 진정한 자유를 회복하는 것을 목적으로 삼는다. 그런데 이들은 전통적인 신학함(doing-theology)으로는 남성중심적이며 또한 서구중심적인 구조에서 벗어날 수 없다는 한계를 인식하기 시작했고, 그 결과 이론적인 탐구에만 전념하는 태도에서 벗어나 자신들의 경험을 말하고 또 그것을 진지하게 생각하기 시작했다. 선험적으로 구조화된 서구적인 사고와 문화의 한계를 벗어나기 위해 그들은 생명이 결코 보편적으로만 이해될 수 없는 개체성에 의도적으로 착목했고, 또한 신학함의 출발에 해당하는 하나님 경험의 역사적 정치적 문화적 상황성에 의도적으로 천착하여 사고하였다. 그들은 이것을 바르게 인지하기 위해 무엇보다 억압당하는 자들의 삶과 문화적

---

8 토착화 신학은 특히 문화의 관점에서 해방과 자유를 지향한다. 토착화 신학은 서구 문화로 구조화된 신앙과 신학에서 벗어나 한국적인 문화, 곧 한국인의 생명과 삶이 반영된 문화가 신앙 교육과 신학함의 과정에 반영되어야 한다고 주장한다. 그러나 앞서 말했듯이 생명과 삶과 문화는 불가분의 관계이기 때문에 토착화신학 역시 기본적으로는 생명신학의 관점을 피할 수 없다.

인 경험을 이야기하고 기술할 필요성을 확인했다. 그들은 자신의 삶의 이야기를 예수 이야기와 성경에 근거해서 성찰하고 또 재구성함으로써 아래로부터 신학함의 가능성을 찾았다. 이로써 연역적인 구조의 신학함이 귀납적인 구조로 바뀌는 계기가 되었지만, 무엇보다 신학함에서 개념적인 사고보다 이야기의 공감 능력을 인지하고 또 활용한 사례로 보아야 할 것이다.

이와 관련해서 볼 때, 구조적인 측면의 대책 마련을 위해 먼저 각종 반생명적 현상이 어떤 이유에서 발생하는지를 알아야 하겠다. 그러나 그에 앞서 강조될 일은 그것이 지구촌 환경과 인류의 미래에 어떤 위기로 작용하는지를 공감할 수 있게 기술하는 것이다. 생명 관련 연구 결과들은 대개 보고서와 논문들을 통해 소개되어 사람들의 지성을 설득하고 있는데, 필자는 보다 효과적인 방법으로 감성을 자극하는 영화 이야기를 통한 접근 방법을 제안한다. 왜냐하면 감성을 자극하는 영화를 통해 생각과 행동의 변화를 유발한 사례들이 있고 또 생명에 대한 경이감을 잃지 않으면서 이성으로 파악할 수 없는 생명을 말하는 적합한 방식은 내러티브와 예술이라고 생각하기 때문이다. 몇 가지 사례들을 살펴보면서 시작하자.

사례 1)

대중문화이면서 대중예술로서 인정되는 영화가 사회에서 인간의 생각과 행동에 미치는 영향에 대해서는 많은 연구들이 있지만, 최근의 충격적인 보고를 꼽는다면 단연코 미국의 동성결혼 합헌 판결에 미친 영화의 영향력에 관련한 것이다. 주간 잡지 「씨네 21」이 기사로 다룬 "사랑의 조력자들: 미국 동성결혼 합헌 판결이 있기까지 엔터테인먼트 산업은 어떤 역할을 했나"[9]란 제목의 글을 보면 미국의 보수층들의 마음을 움직일

---

9 장영엽, "사랑의 조력자들: 미국 동성결혼 합헌 판결이 있기까지 엔터테인먼트 산업은 어떤

수 있었던 힘은 대중문화, 특히 동성애를 다룬 영화와 TV였다고 한다. "6 월 26일 미국 연방대법원이 내린 결정은 세계 도처에 존재하는 성소수자들을 진정한 사회의 일원으로 받아들이기 위한 중요한 첫걸음이라 할 만하다. 여기서 흥미로운 점은 미국의 주요 정치인들을 비롯해 수많은 매체가 미국의 동성결혼 합헌 판결을 이끌어내는데 엔터테인먼트 산업이 얼마나 중요한 역할을 했는지 언급하고 있다는 것이다."[10] 영화나 TV 드라마에 등장하는 동성애자들의 삶과 그들이 사회에서 성적 소수자로 살면서 겪는 고통에 대한 미국인들의 공감이 합헌 판결로까지 이어졌다는 것이다. 특히 TV는 영화보다 더욱 큰 영향력을 행사했는데, 동성애자 캐릭터로 출연한 배우들은 익숙하고 친근한 이미지로 TV를 통해 미국인 안방을 침투할 수 있었고, 그래서 미국인들은 LGBT가 대중에 노출된 지 얼마 되지 않은 시간에도 불구하고 그들 역시 자신들과 다르지 않은 사회 구성원이라는 인식을 가질 수 있게 되었다는 것이다.[11]

사례 2)

2004년에 제작되어 개봉된 영화 <투모로우>는 독일 출신으로 할리우드에서 활동하고 있는 롤란트 에머리히(Roland Emmerich) 감독의 작품으로 지구온난화가 빙하기를 만든다는 내용의 영화다. 이상 기후 때문에 발생한 인류의 재난, 특히 북미지역의 재난에 초점을 두고 만든 영화이다. 이 영화는 미국이 각종 환경회의의 결정에 자국의 이익을 들어 혹은 세계 경제의 위기가 도래할 것이라는 평계를 대며 서명을 거부했던 시기에 제작되었다. 영화에서는 이상 기후의 징후를 무시한 결과 미국은 급

역할을 했나," 「씨네21」 No. 1013(2015.7.14.-21), 72-73.

10 장영엽, "사랑의 조력자들," 위의 같은 글, 72.

11 장영엽, "사랑의 조력자들," 73: 텔레비전과 스크린에 긍정적으로 노출되기 시작한 때는 1970년대부터다. 90년대까지만 해도 미국 공중파 방송에서는 게이들의 출연이 여전히 허가받기 힘든 시기였다고 한다.

격하게 빙하기를 맞이하는데, 미국인은 난민이 되어 멕시코 국경을 넘어 이주하고, 재난으로 인해 미국 대통령이 사망한다. 에머리히 감독은 재난 상황을 극복하게 해줄 어떤 영웅도 등장할 수 없는 환경을 연출했는데, 이 영화를 계기로 미국인들은 큰 충격을 받았고, 급기야 미국 내에서 환경회의의 결과에 서명을 촉구하는 움직임이 있었다고 한다. 물론 영화의 직접적인 영향 때문인지에 대해서는 논란이 있지만, 영화 제작 기간을 고려하면 영화는 2004년 이전부터 시작되었다고 볼 수 있는데, 영화가 2004년 2월에 영국의 신문〈옵서버〉에 의해 폭로된 소위 "펜타곤 비밀보고서"의 내용과 흡사한 점을 생각해본다면, 상호 영향을 결코 배제할 수 없을 것 같다. 당시 미국 국방부는 "20년 안에 지구온난화로 인한 해수면 상승으로 네덜란드 헤이그 등 주요 도시들이 물에 잠기고, 북극의 빙하가 녹아 해류 순환에 변화가 생겨 영국과 북유럽이 시베리아성 기후가 돼 전 세계적 기아가 발생할 것"이라고 전망했었다. <워싱턴포스트>와 <유에스에이투데이> 등 미국 내 언론은 "영화 <투모로우>의 개봉으로 지구 환경 문제에 대한 미 국민의 관심이 높아져, 대기업을 위해 환경문제에 소홀히 해온 부시 대통령에게 이 영화가 대선에서 악재로 작용할 것"이라고 지적했다.

사례 3)

한편, 말할 수 없는 것에 대해서는 침묵을 지켜야 한다는 비트겐슈타인의 말은 종교의 가능성을 열어주면서도 검증 불가능성 때문에 학문으로서 종교의 학문적인 위상을 깎아내리는 진술로 알려져 있다. 간단하게 말하면 말할 수 없는 것들에 대해서는 진위를 판가름할 수 있는 철학적 진술이 불가능하다는 것을 의미한다. 그러나 비트겐슈타인의 말에는 말할 수 없는 것들을 말하기 위해선 다른 방식이 필요하다는 의미를 함축한다. 포스트모더니즘은 그것의 가능성을 거대담론의 불신과 회의에서

찾았다.[12] 이에 따라 내러티브가 인문학의 한 방식으로 작용할 수 있다고
주장하는 연구들이 쏟아져 나왔다.[13]

사례 4)

필자는 미국의 목사와 작가로서 다양한 장르를 넘나들면서 종교와
일상의 문제를 다룬 언어의 귀재 프레드릭 비크너(Frederick Buechner)의
글에서 매우 인상 깊은 내용을 읽을 수 있었다. 비크너는 설교집『어둠
속의 비밀』중 "이야기의 진리"라는 제목의 설교에서 이렇게 말한다. "우
리는 누구이고… 그분[하나님]은 누구신가에 대한 진리, 삶에 대한 진리,
죽음에 대한 진리, 진리 자체에 대한 진리… 우리 모두가 추구하는 진리"
를 "말로 표현할 수 없는 진리"라고 보고, "예수님이 그 궁극적이고 표현
할 수 없는 진리를(빌라도의 경우처럼 침묵으로 나타내시지 않고) 말로 나타
내려 하실 때, 이야기를 다양한 방식으로 움직이고 옮겨 다니고 우리에
게 손짓하고 여러 방향에서 우리에게 달려드는 말의 형식을 취하십니다.
다시 말해 그분은 이야기를 하십니다."[14] "이야기 안에는 감추어짐과 드
러남이 다 있는데, 그렇기 때문에 하나님의 진리에 대해 말하는 좋은 방
식이 되는 것입니다. 하나님의 진리는 부분적으로는 감추어지고 부분적
으로는 드러나 있으니까요."[15] 심지어 그는 "예수님은 이야기만 들려주

---

12 Jean-François Lyotard, *La condition postmoderne: rapport sur le savoir,* 유정완 외 옮김,
　『포스트모던의 조건』(서울: 민음사, 1984), 34.

13 Donald E. Polkinghorne, *Narrative Knowing and The Human Sciences,* 강현석 외 옮김,
　『내러티브, 인문과학을 만나다』(서울: 학지사). 영화적인 내러티브가 기독교 인간 이해에
　어떻게 기여하는지에 관해서는 다음을 참고: 최성수, "인간 이해와 내러티브 그리고 영화–
　포괄적인 인간 이해의 필요성과 가능성으로서 영화 내러티브,"「長神論壇」Vol. 43 No.
　4(2011. 12), 157-182. 참고문헌에서 필자는 내러티브를 통한 인문학을 주장하는 문헌들을
　소개하였다.

14 Frederick Buechner, *Secrets in the Darks,* 홍정록 옮김,『어둠 속의 비밀』(서울: 포이에마,
　2016), 234-246, 235-236.

15 프레드릭 비크너,『어둠 속의 비밀』, 위의 같은 책, 237.

시지 않습니다. 그분이 바로 이야기입니다"[16]라고 말한다. 비크너에게 예수님이 들려주시는 이야기와 예수님이라는 이야기는 같은 것이며, 우리의 이야기는 그분의 이야기의 일부를 차지하며 일종의 "각주"[17]다. 브크너에 다르면, '생명은 그 본질에 있어서 이야기'이다.

사례 5)

생명 자체를 궁구하기보다 생명의 창조적인 진화 과정을 설명하면서 진화형이상학을 수립한 철학자는 앙리 베르그손이다. 그는 생명을 이해함에 있어서는 언제나 보편적 생명을 염두에 두고 있는데, 그에게 생명은 개체를 통해 구체화된 삶으로서 생명과 구분된다.

베르그손은 생명을 의지적으로 생성하는 운동 혹은 "경향"[18]으로 파악한다. 생명은 "그 전체에서 볼 때 하나의 진화라는 것, 즉 끊임없는 형태 변화라는 것"[19]이라고 정의를 내리고 또 지속으로만 여길 뿐 실체로 보기를 거부한다. 그 대신에 약동, 충동, 운동 등 다양한 표현을 사용하여 생명의 본질적 특성인 생성 혹은 지속을 말한다. 지속에 대한 철학에 근거하여 생명으로부터 인간에 이르는 진화과정의 역학을 추적한『창조적 진화』에서 그는 "약동(élan vital)이야말로 생명성 자체"[20]라고 주장하고, 생명이 폭발적인 힘, 곧 약동을 매개로 창조성을 어떻게 전개하는지를 고찰하였다.[21] 그는 소위 원초적 약동의 가설을 제시하는데, 곧 "생명이 내적 추진력에 의해 점점 더 복잡해지는 형태들을 경유하여 점점 더 높이 상승하는 운명으로 향한다"[22]고 한다. 생명과 물질은 상호 근본적인

---

16 프레드릭 비크너, 앞의 같은 책, 241.
17 프레드릭 비크너, 245.
18 Henri Bergson, *L'Évolution créatrice*, 황수영 옮김,『창조적 진화』(서울: 아카넷, 2005),
19 앙리 베르그손,『창조적 진화』, 앞의 같은 책, 346.
20 앙리 베르그손,『창조적 진화』, 346.
21 앙리 베르그손,『창조적 진화』, 375ff.
22 앙리 베르그손,『창조적 진화』, 164.

대립관계 때문에 폭발하여 질적 변화를 유발한다. 진화가 예측 불가능한 방식으로 진행되는 것은 바로 생명이 "물질 속에 비결정성을 삽입"하기 때문이다.23 이 생명을 인식하는 것은 불가능하며, 다만 의식을 통해 깨어난 본능을 통해서만 공감할 수 있을 뿐이다. 베르그손은 본능이 "생명의 형식 자체를 본떠서"24 만들어진 것이며 의식을 통해 깨어난 본능을 직관이라 부른다.25 사유는 생명을 외부에서 분석하나, 직관은 생명의 내부로 인도하여 생명의 약동을 파악한다.26 베르그손에게 직관은 단지 지성을 통해 부분을 통해 전체를 인식하거나, 혹은 상대적인 것에서 절대적인 것을 인식하는 지적인 투시능력이 아니라 "참된 지속을 찾아내는 일"27, "직접 의식"이며 "그것은 보이는 대상과 거의 구분할 수 없는 투시"28이며, "정신, 지속, 순수 변화를 획득하는 그 무엇"29이어서 "직관적으로 사유한다는 것은 곧 지속 안에서 사유한다는 것이다."30 곧 개체의 삶에서 운동 혹은 지속의 형태로 존재하는 생명을 인식하는 방식이다. 그래서 베르그손은 철학의 고유한 임무가 지성을 통해 사유하는 것에 있다고 보는 전통을 비판하고, 철학이 사유의 전통을 보존하기 위해선 직관을 토대로 해야 한다고 주장하는데,31 생철학을 추구했던 그의 생명 이해에 따르면 당연한 주장이라고 생각한다. 베르그손은 이런 직관의 작용을 예술가의 미적 능력을 사례로 설명한다.32

---

23 앙리 베르그손, 『창조적 진화』, 196.

24 앙리 베르그손, 『창조적 진화』, 251.

25 직관에 대해서는 다음을 참조: 앙리 베르그손, 『창조적 진화』, 267-280, 혹은 Henri Bergson, *La Pensée et le Mouvant*, 이광래 옮김, 『사유와 운동』 (서울: 문예출판사, 1993),138-166.

26 앙리 베르그손, 『창조적 진화』, 268.

27 앙리 베르그손, 『사유와 운동』, 위의 같은 책, 35.

28 앙리 베르그손, 『사유와 운동』, 37.

29 앙리 베르그손, 『사유와 운동』, 39.

30 앙리 베르그손, 『사유와 운동』, 41.

31 앙리 베르그손, 『사유와 운동』, 138-166.

32 앙리 베르그손, 『창조적 진화』, 268. "직관은 우리를 생명의 내부로 인도해 준다. 직관은

사례 6)

이어령은 생명자본주의(vita capitalism)에 대한 연구와 그것의 결과물을 출판하기에 앞서 먼저 생명자본주의를 쉽게 이해할 수 있도록 쓴 글을『생명이 자본이다』는 제목으로 출판하였다.[33] 이 책의 프롤로그에서 그는 80년 넘게 인생을 살아오면서도 쉽게 말할 수 없는 생명 이야기를 환상적인 전복이 있는 곳을 알고 있는 늙은 해녀의 지도에 빗대어 말한다. 해녀가 다니는 길은 그릴 수 없다. 그래서 이야기할 수밖에 없다며 쓴 글들이라는 말이다. 연이어 그는 경제 인류학자인 칼 폴라니(Karl Polanyi)를 인용하면서, 생명은 현실을 감수함으로써 태어난다고 한다. 필자의 이해에 따르면, 이어령은 이 말을 통해 반생명적 현상으로 가득한 현실을 외면하지 않고, 그것을 감수하며 살 수밖에 없다 해도 결코 지도로 그릴 수 없는 곳이지만 있다는 확신을 갖고 깊은 바다로 뛰어드는 해녀처럼 그렇게 생명의 이야기로 빠져들 필요가 있음을 역설했다고 생각한다.

이어지는 글은 이야기가 인간학적인 주제로서 생명을 말하는 적합한 방식일 뿐만 아니라 반생명적 현상들을 극복하기 위한 전략으로써 매우 뛰어나다는 확신에서 출발한다. 대중문화와 예술에서 생명을 다룬 것들이 많이 있지만, 특별히 영화 속에 나타난 생명 이야기에만 집중하고자 한다.

생명을 주제로 다루는 영화(혹은 드라마)나 생명에 관한 성찰을 담고 있는 영화의 특징은 생명을 이야기로 말하는 것에 있다. 영화는 생명을 정의하지 않고, 또 종교를 배경으로 해도 특정 종교의 입장을 대변하지

무사심하게(désintèrssé) 되어 자기 자신을 의식하고 대상에 대해 반성할 수 있으며 그것을 무한히 확장할 수 있게 된 본능이다. … 이런 종류의 노력이 불가능하지 않다는 것은 인간에게 정상적인 지각 옆에 미적인 능력이 있다는 사실에서 이미 증명된다.… 예술가는 공간에 의해 자신과 대상의 원본 사이에 개입된 장벽을 직관의 노력에 의해 낮추면서 일종의 공감에 의해 대상의 내부에 위치한다."

33 이어령,『생명이 자본이다』(서울: 마로니에북스, 2014).

않으며, 다만 생명에 관한 이야기 혹은 인간에 관한 이야기를 통해 반생명적 현상과 생명을 다루는 인간의 다양한 태도 혹은 방식을 보여줄 뿐이다. 이렇게 함으로써 반생명적 현상을 비판하고 그리고 생명의 보편적인 본질과 가치는 물론이고 생명을 다루는 바른 태도를 인지하도록 하고 또 공감하게 한다. 단지 생명이 무엇인지 또 생명을 어떻게 대해야 하는지를 묻는 물음으로만 그칠 수 있지만, 대체로 영화는 생명의 존엄성과 반생명적 현상들에 대한 자신의 입장을 전제한다.

본 글을 통해 필자는 영화가 생명을 다루는 다양한 주제와 방식들을 기술함으로써 현대 사회가 생명을 어떻게 이해하고 또 다루는지를 살펴보고자 한다. 낙태와 안락사는 대표적인 주제이다. 낙태와 안락사는 생명이라는 동일한 주제 안에서 다뤄지고 또 행위의 주체인 인간(임신부와 의사 혹은 죽음을 원하는 자와 죽음을 도와주는 자)과 관련해서 생각해볼 때 동일한 입장을 반영하고 있기 때문에 함께 다뤄지는 것이 바람직하지만, 주제의 스펙트럼을 보다 넓고 또 다양하게 파악하기 위해 나누어서 다루도록 하겠다.

2. 낙태 행위(임신중절)에 함의된 인간 이해

성경에서 사람의 낙태에 대한 기록은 네 곳에서 나타난다: 전 6:3-4, 욥 3:16, 출 23:26, 출 21:22. 이 가운데 전도서와 욥기는 삶과 죽음의 관계에서 오히려 죽음이 더 낫다는 절망의 표현이고, 출애굽기 본문의 하나는 법적인 문제이며, 다른 하나는 하나님의 생명의 복을 역설적으로 표현한 것이다.

욥기의 내용은 자녀들과 재산을 모두 잃고 난 욥이 자신의 생일을 저주하는 내용 가운데 일부다. 극도의 고통을 겪으면서 차라리 자기 자신이 태어나지 않았다면 현재 자신이 겪고 있는 고통이 없었을 것이라고 한탄하는 욥은 오히려 세상을 보지 못하고 낙태된 태아를 선망한다: "낙태되어 땅에 묻힌 아이처럼 나는 존재하지 않았겠고 빛을 보지 못한 아이들 같았을 것이라." 물론 여기서 말하는 낙태는 인공중절수술이 아니라 사산 혹은 자연유산을 의미하는 것이라 생각한다.

이런 점에 비추어볼 때 낙태는 성경의 주제는 아니다. 그러나 낙태가 태아의 생명을 주제로 다루는 일이라는 점에서 그리고 교회의 공적인 책임과 관련해서 볼 때, 현대 사회에서 심각한 우려를 자아내고 있는 낙태는 기독교가 결코 외면할 수 없는 문제이다. 낙태는 생명의 문제와 직결되기 때문이고 또한 낙태의 반복된 행위는 성경적인 인간 이해에 치명적인 해를 입히게 될 것이기 때문이다. 한층 더 나아가서, 존 스토트가 환기하듯이, 낙태는 생명에 대한 하나님 주권에도 심각한 결과를 가져올 수 있다. 그렇다고 낙태의 문제를 단지 여성만의 문제로 한정하는 건 옳지 않다. 여성과 남성의 공동 문제일 뿐 아니라 사회적인 차원에서 해결책을 마련해야 할 문제이기도 하다.

엄밀하게 말해서 낙태는 히포크라테스 선서에도 등장할 정도로 오랜 역사를 가지고 있으며 의학의 한 주제이다. 낙태는 한편으로는 과거에는 원시적인 방법으로만 행해졌던 일들이 의학기술, 특히 태아 기형이나 유전병을 알아낼 수 있는 산전 진단을 위한 의학기술의 발달로 인해 편하고 손쉽게 시행될 수 있게 되면서 발생하는 의료윤리의 문제이며, 다른 한편으로는 생명 개념이 더욱 세분화되면서 태아와 여성의 생존권 및 인권이 서로 갈등하는 국면으로 전개되어 과거보다 훨씬 복잡한 논쟁으로 발전됨으로 인해 생긴 생명윤리의 문제다. 물론 이런 갈등 국면에 생명에 대한 종교적인 가치관과 자유주의적인 가치관의 충돌이 기여하는 바도 크다.

낙태는 한국에서 아직은 제한적으로 불법적인 의료행위이며, 또한 여성의 생존권 및 인권과 직결된 문제이고, 최근에 두드러지고 있는 저

출산 현상과 관련해서는 사회문제로 인식되고 있다. 낙태를 어떤 관점에서 보느냐에 따라 형법적인 문제, 성 윤리, 의료윤리, 생명윤리, 당사자의 자유와 인권 문제라는 맥락에서 다뤄져 왔지만, 낙태가 인간학적인 관점에서 다뤄진 경우는 없었던 것 같다.

윤리적인 관점은 주로 낙태를 시행하는 행위나 판단이 어떤 윤리적인 정당성을 갖는지, 혹은 위배되는지를 고찰한다. 윤리적인 논의를 통해서 생명에 대한 다양한 개념이 명료해졌고, 생명에 대한 보수주의자나 자유주의자들 그리고 페미니스트들의 입장이 분명하게 밝혀졌다. 그뿐 아니라 이런 일련의 논의가 갖는 갈등 구조로 인해 의학 기술에 대한 무한한 신뢰가 항상 옳은 것만은 아니며, 또한 모든 것이 가능한 상황이라 하더라도 예기치 않은 결과로 인해 간과해서는 안 되는 것이 있음을 알게 되었다. 인권과 생명 존중에 대한 경각심을 불러일으키기도 했다.

낙태는 주로 여성과 직접적으로 관계되기 때문에 페미니스트적인 관점이 많이 부각되고 있는데, 어떤 관점에서 낙태를 보느냐에 따라 여성의 권리가 보호되기도 하고 침해되기도 한다. 따라서 의료 행위의 정당성만이 아니라 여성의 인권과 결정권을 존중해주어야 하는 문제가 부각되어 한층 복잡한 상황으로 전개되고 있다.

필자는 행위와 그것의 윤리적인 근거들에 주목하는 논의에서 벗어나 그것을 결정하고 행하는 주체인 인간 그리고 그런 행위를 가능하게 만드는 발달된 의학기술 철학에 주목함으로써 낙태에 대한 논의에서 새로운 측면을 볼 수 있었다. 낙태를 결정하고 행하는 사람 혹은 낙태를 반대하는 사람은 인간을 어떻게 이해하고 있는가? 하는 것이다. 이 질문은 칸트가 인간학적인 질문 안으로 수렴한 세 가지 질문, 곧 '나는 무엇을 알 수 있는가? 나는 어떻게 행동해야 하는가? 그리고 나는 무엇을 소망해도 되는가?', 가운데서 '나는 무엇을 소망해도 되는가?'과 밀접한 관련을 갖는다. 낙태의 여부를 결정하는 인간에 관한 질문을 통해 필자는 윤리적인 논의만으로는 얻을 수 없는 내용들을 파악할 수 있었다. 그러므로 다음의 글에서 필자는 낙태 행위의 주체인 인간(혹은 의료기술을 다루는 인간)에 주목하면서, 행위의 찬반 논의 가운데서 각각 어떤 인간 이해가 함의되어 있는지를 영화를 매개로 탐색해보고자 한다.

낙태가 중심 주제인 영화는 그렇게 많지 않다. 라세 할스트룀 감독의 <사이더 하우스>와 2007년 칸 영화제에서 황금종려상을 받은 루마니아 감독 크리스티안 문쥬의 작품 <4개월 3주 그리고 2일>이 있고, 2007년 <주노>(제이슨 라이트먼)는 16살의 소녀가 임신하여 아이를 출산하는 과정에서 이뤄지는 고민으로서 낙태의 문제가 거론되고 있다. <주노>와 같은 주제로 한국에서는 <제니 주노>(김호준)가 2005년도에 상영되었다. 한국보다 뒤늦게 제작된 <주노>의 표절시비가 있기도 했지만 김호준 감독이 스스로 표절이 아니라고 인정해 일단락되었다.

1) <사이더 하우스> (라세 할스트룀, 1999): 인간은 자신이 있어야 할 곳에 있어야 하는 존재

<사이더 하우스>(원제 The Cider House Rules)는 우리에게 <개같은 인생>(1985), <길버트 그레이프>(1993)로 잘 알려진 스웨덴 출신의 라세 할스트룀 감독의 작품이다. 그의 영화는 대체로 정상적이지 못한 삶이나 가정을 배경으로 갖고 있다. 그는 가정의 행복이나 사랑을 쉽게 기대할 수 없는 상황에 있는 사람들 안에 숨겨져 있는 아름답고 훈훈한 이야기를 영화로 만들어 보여주었다.

그의 많은 영화들은 철길 주위에 피어난 민들레꽃이나 진흙 속에서 숭고한 아름다움을 피어내는 연꽃을 떠올린다. 거친 삶의 여정에도 아름다움을 돌아볼 기회를 얻을 수 있을 뿐 아니라 또한 삶의 의욕을 북돋아 주는 작품들이기 때문이다. <디어 존>(2010) 역시 자폐증을 가진 사람들

이 등장하는데, 비록 짧은 휴가 기간에 시작되었지만 두 젊은 남녀의 사랑, 서로에 대한 그리움으로 가득한 편지로 표출된 열정 그리고 희생과 그로 인해 겪는 고통의 의미를 아주 잘 그려낸 작품이다.

<사이더 하우스>는 미국 대 공황기에 뉴잉글랜드 지방에 위치한 고아원을 배경으로 한다. 이곳은 고아원뿐만 아니라 산부인과와 소아과를 같이 운영하는 곳이다. 이곳의 사람들은 버려진 아이와 미혼모의 아이를 맡아 기르고 또 입양을 주선하기도 한다. 심지어 임신부가 찾아와 낙태를 원하는 경우에는 낙태시술로 그들의 고민을 풀어주기도 한다. 삶과 죽음, 만남과 헤어짐, 원칙과 불법 등이 미묘하게 공존하는 곳이다. 한편으로는 버려진 아이들을 키우며 그들에게 생명이 얼마나 귀한가를 깨우쳐 주면서도, 다른 한편으로는 살아있는 자의 삶을 위해 기꺼이 태아를 제거하는 일을 서슴지 않는 것은 참으로 모순적인 상황이 아닐 수 없다. 무엇이 이런 이중적인 행위를 하도록 만들었을까?

보통의 인간으로서는 쉽게 감당할 수 없을 것 같은 일로 가득한 이곳의 책임자는 의사 월버 라치(마이클 케인)이다. 라치가 마취제이면서 환각제로 쓰이는 에테르를 자주 흡입하는 모습은 단순히 라치의 무책임하고 이율배반적인 행동의 원인을 설명하기보다는 오히려 이런 복잡한 상황이 얼마나 견디기 힘든 것인지를 시사해준다. 그럼에도 불구하고 고아원에서의 삶이 정상적으로 운영될 수 있었던 것은 라치가 자신의 일관된 소신에 따라 행동했기 때문이다. 즉, 사람은 자신을 필요로 하는 곳에 있어야 하며, 자신을 필요로 하는 일을 거부하지 않아야 한다는 것이다. 이것은 조셉 플레처(Joseph Fletcher)가 주장한 상황윤리에 매우 근접한 신념이다. 그렇기 때문에 그는 하버드 의대를 졸업했으면서도 자신을 필요로 하는, 아니 아무도 가려고 하지 않는 초라한 고아원이지만 꼭 필요한 일이라고 생각하여 의술을 펼치고 있는 것이고, 또한 임신과 출산이 여성의 미래를 가로막는다고 여겨지면 낙태시술이라도 굳이 마다하지 않

왔던 것이다.

호머 웰즈(토비 맥과이어)는 라치가 운영하는 고아원에서 자란 청년이다. 어릴 때 두 차례의 입양의 기회가 있었지만 좌절된 후에 성인이 되어서도 고아원에 머물며 라치의 일을 도와주고 있다. 라치에게서 의술을 배워 라치로부터 뛰어난 능력을 인정받는다. 그러나 호모 자신은 스스로를 의사로 불리기를 거절한다. 왜냐하면 비록 그를 도와주고 있긴 해도 불법 낙태를 행하는 라치에게서 의사로 훈련 받은 것을 인정하고 싶지 않기 때문이다. 그는 낙태가 불법이라는 것을 알면서도 사람들의 요구에 따라 서슴지 않고 행하는 라치와 의견의 일치를 볼 수 없었다. 라치는 호머가 자신의 뒤를 이어 고아원 담당 의사가 되길 바라지만, 도시로부터 온 윌리(폴 러드)와 캔디(샤를리즈 테론)로부터 도시생활을 들은 호머는 세상을 좀 더 이해하기 위해 그들을 따라나선다. 속내는 라치에게서 벗어나기 위한 것이었다.

호머는 윌리의 사과농장에서 일한다. 고아원과는 전혀 다른 환경에서 살면서 그리고 그동안 결코 알지 못했던 삶의 다양성들을 경험하며 호머는 세상에 대해 눈을 뜬다. 고아원으로 돌아와서 자신의 뒤를 이어 달라는 라치의 계속된 제안에도 전혀 동요하지 않을 정도다. 거친 일로 가득한 농장 일에도 불구하고 라치의 제안을 그가 단호하게 거부하는 태도를 이해하기란 쉽지 않다. 그러나 원칙에 위배되는 일을 할 수밖에 없는 상황에서 벗어나고 싶었던 것이 거부하는 가장 큰 이유이다. 사람들과 함께 농장 일을 하면서 보내는 삶의 재미에 푹 빠진 호머는 고아원으로 돌아갈 생각을 결코 하지 않는다.

그런데 농장에 머무는 동안 호머는 예상치 못한 새로운 경험을 한다. 하나는 자신을 친구로 대해주는 윌리가 군에 가 있는 사이에 외로움을 견디기 힘들어하는 그의 여자 친구 캔디와 사랑에 빠진 일이고, 다른 하나는 농장일의 책임자가 자신의 딸을 임신시키자 그녀의 낙태를 도와줄 수밖에 없는 부조리한 일을 직접 접한 것이다. 원칙이라는 것도 결국 삶과 상황에 따라 어쩔 수 없이 바뀔 수도 있다는 사실을 깨달은 호머는 마침내 라치의 사망 소식을 듣고 고아원으로 돌아와 라치의 일을 이어받는다.

서두에서 언급했듯이, 엄밀히 말해서 <사이더 하우스>의 주제는 낙태가 아니다. 낙태를 매개로 삶과 원칙의 문제를 다루고 있다. 원칙은 삶을 위해 있는 것이지, 삶이 원칙을 위해 있지 않다는 메시지를 담고 있다. 원칙과 삶의 상관관계 속에서 인간은 성숙하게 되는데, 이것을 깨달으면서 호머 웰즈는 어른으로 성장한다. 농장에서 근친상간으로 임신한 여성을 위해 낙태시술을 해줌으로써 라치의 마음을 이해하고, 결국에는 라치의 신념에 따라 자신을 필요로 하는 곳이 자신이 있어야 할 곳임을 받아들인다는 내용이다.

영화가 지향하는 인간 이해는 라치의 말에서 암시되고 있다. 인간이란 자신을 필요로 하는 곳에 있어야 하고 자신을 필요로 하는 일을 해야 한다는 것이다. 또한 인간은 살아있는 한 생명의 힘을 온전히 발휘해야 하며, 다른 사람들이 그렇게 살 수 있도록 도와주어야 한다는 것이다. 인간은 어디에 있어야 하는가? 무엇을 해야 하는가? 이 모든 것을 결정하는 기준은 무엇인가? 라는 질문에 대한 대답으로 읽혀질 수 있다. 영화는 이 문제를 낙태라는 상황에서 다루면서 질문에 대답한다.

곧 낙태는, 만일 임신 혹은 출산의 상황으로 인해 살아있는 자들이 자신들의 삶의 자리에 제대로 서 있게 되는 데에 방해받는다면, 얼마든지 가능하다는 논리다. 여기에서 태아 자신의 삶의 자리는 어디에서도 찾아볼 수 없고 오히려 임신부의 상황에 따라 수동적으로 결정될 뿐이다. 여성의 삶의 질을 향상시키는 일이라면 낙태도 가능하다는 것이다. 그렇다면 라치가 말하고 있는 '사람이란 자신이 필요한 곳에 있어야 하고, 그곳에서 돕는 자로서 삶을 살아야 한다'는 말은, 낙태 시술행위와 관련해서 볼 때, 결국 인간은 무엇에 의해서도 삶의 기능이 방해받지 말아야 할 뿐만 아니라, 의학기술은 인간이 최고의 기능을 발휘할 수 있도록 도와주는 데에 사용되어야 한다는 말이다. 낙태 행위를 실행하는 주체인 인간에게 있어서 의학기술은 병을 치료하는 것이 아니라 오히려 인간이 더 나은 기능을 수행할 수 있도록 돕는 방편이다. 치료 행위라는 것이 사실 인간의 온전한 삶이 가능하도록 도와주는 일이긴 하지만, 그것이 낙태와 관련해서도 적용될 수 있는지는 의문이다.

이런 의료행위가 겉보기에는 매우 긍정적으로 보여도 인간 이해에 있어서는 예상치 못한 결과를 가져올 수 있다. 그런데 사실 비단 낙태뿐 아니라 유전자 치료를 목적으로 개발 중인 줄기세포 연구에서도 의학 관련자들은 줄기세포 연구 결과가 치료 이외에 예기치 않은 결과, 즉 인간의 기능을 향상시키기 위한 연구로 이어질 수 있다는 사실을 의도적으로 무시하는 경향이 있다. 인간 향상 기술은 포스트휴먼 담론을 가능하게 한다. 인류의 역사에서 핵 기술 발견과 그것이 인류에 미친 부작용(핵폭탄)으로부터 전혀 배우려고 하지 않는 태도다. 영화 <스플라이스> (빈센조 나탈리, 2009)나 <혹성 탈출 - 진화의 시작> (루퍼트 와이어트, 2011)이 환기시키고 있듯이, 과학은 언제나 예기치 않은 결과를 가져올 수 있으며, 그것을 무시할 경우 인류의 재앙으로 이어진다. 인간은 기능 이전에 생명으로 존중받아야 할 충분한 이유가 있다. 삶의 기능을 우선하면서 부르심에 따라 살기보다는 오직 생명을 존중하는 범위에서 부르심을 받아들여야 마땅하다.

2) <드롭 박스> (브라이언 아이비, 2016): 실존의 위기를 대하는 두 인간 유형

<사이더 하우스>와 전혀 다른 대책을 내놓는 곳이 있다. 서울 난곡에 위치한 주사랑공동체다. 이곳에는 건물 밖과 안을 연결하는 상자인 '베

이비 박스'가 설치되어 있다. 누구든 아기를 키울 능력이나 형편이 되지 않는다고 판단되어 버릴 결심을 했다면, 이곳으로 가져다 놓기를 바라는 마음에서 만들어진 상자다. 몇 년 전 찬반으로 갈려 여론을 뜨겁게 달구었던 주인공이다. 영화는 이 상자에 얽힌 이야기로 주사랑공동체을 통해 생명 살리기 운동을 하게 되기까지의 이종락 목사와 그의 부인이 겪어야 했던 고난의 여정과 그곳에서 자라는 아이들의 모습을 보여주면서, 오히려 여러 이유로 버려진 아이들 자신이 예수 그리스도의 생명 사역에 어떻게 기여하는지를 성찰한다.

<드롭박스>는 제13회 서울국제사랑영화제에서 개막작으로 선정되어 상영되었는데, 영화 감상 중에도 눈물을 훔치는 사람들이 많았지만, 영화가 마친 후에는 오랫동안 기립박수를 받았을 정도로 반응이 뜨거웠다. 무엇이 그렇게 뜨거운 반응을 불러일으켰을까?

이종락 목사는 처음에는 장애아를 입양하여 평범한 가족으로 살길 바랐다. 그러나 생각지도 못하게 중증 장애를 가진 아기를 맡게 되었다. 한편으로는 자신이 바란 것이 이것은 아니라고 생각하며 받아들이길 주저하면서도, 다른 한편으로는 하나님의 뜻으로 받아들일 수밖에 없다는 생각으로 심적 육체적인 고통을 감내해야 했다. 처음에 가졌던 마음과 달리 그는 버려진 아기들에 대한 긍휼의 마음을 하나님에게서 선물로 받게 되었다고 하는데, 이 마음을 구체적으로 실천하면서 주사랑공동체의 주요 사역으로 삼았다고 한다.

아이들이 버려지는 이유는 다양했다. 원치 않는 아이를 갖게 되었지만 낙태에 실패하여 어쩔 수 없이 낳은 후에 버려지거나 중증 장애를 갖고 태어나 버려졌다. 이런 아이들을 맡아 양육하면서 이 목사는 오히려 자신이 하나님의 긍휼의 마음을 알게 되었고, 그래서 아이들을 짐이 아닌 선물로 받아들이게 되었다고 한다.

그 후로 이 목사는 버려지는 아기들을 살리기 위해 각고의 노력을 기울이며 살았다. 그런데 때로는 아무데나 버려진 아이들이 뒤늦게 발견되어 저체온증으로 사망하는 경우가 종종 발생했다. 이것은 이 목사가 다른 나라의 사례를 거울로 삼아 베이비 박스를 마련하게 된 계기였고, 베이비 박스 덕분에 지금까지 800여 명의 아기의 생명을 구할 수 있었다. 그러나 좋은 취지와 놀라운 결실에도 불구하고 여론의 비난은 예상을 훨씬 넘어섰다. 물론 국내에서만은 아니었고, 전 세계적으로 버려진 아기를 위해 마련된 베이비박스에 대한 비난은 끊이지 않았다. 오히려 아기에 대한 엄마의 무책임함을 부추기는 일이라는 비난이었다. 여론의 비난 때문에 주사랑공동체는 정부의 보조 가운데 일부를 포기해야만 했다. 그러나 생명을 살리는 일이 더 중요한 일이기 때문에 감수할 수밖에 없었다고 한다. 마음으로 믿는 것에 그치지 않고 입으로 또 행동으로 주를 시인하는 일이라고 생각한다. 이종락 목사는 임신을 하게 된 사정이 어떻든 또 아기가 중증 장애를 갖고 태어났든 상관없이 생명을 귀하게 여기는 일은 하나님의 마음에서 비롯한 것임을 강조한다.

베이비 박스는 오늘 우리에게 무엇을 의미할까? 겉으로 보면 다만 교회 밖과 안을 연결하는 상자에 불과하지만, 영화를 보면서 그것 이상을 의미하고 있음을 깨닫게 된다. 우선적으로 베이비 박스는 낙태만이 최선의 선택이 아님을 보여주는 지표다. 원치 않는 임신으로 실존의 위기를 맞게 된 여성 혹은 가족이 낙태를 결정하겠지만, 베이비 박스는 실존의 위기라 해도 피할 곳이 있음을 환기한다. 그것은 단순한 낙태 반대 운동이 아니라 생명의 소중함을 직접 실천에 옮기는 일이다.

둘째, 베이비 박스는 단순히 교회 밖과 안을 연결하는 차원을 넘어 유기와 책임적인 돌봄, 고통과 위로, 죽음과 생명을 가르는 통로이기도 하다. 사람들은 아기를 버린 산모를 비난하기에 바쁘지만, 사실 아기를 키울 형편이 못되어 버릴 수밖에 없는 사람들의 마음은 얼마나 고통스러울 것인지 생각해볼 일이다. 무책임하다는 비난에 앞서 그들의 고민과 염려와 절망을 공감할 수 있다면, 베이비 박스는 그들에게 새로운 삶의 가능성을 열어주는 계기가 된다. 실제로 자살을 결심하던 십대 산모가 이곳에 아이를 맡겨둠으로써 새 삶을 살 수 있게 된 사례도 이 목사는 전해준다. 무책임한 임신에다 또 무책임한 유기로 산모를 비난하기 전에 먼저 아기의 생명과 인권을 중시하는 마음이 참으로 귀하다. 이런 일이 일어나지 않도록 노력하는 것이 중요하지만, 일어난 일에 대해 비난하기에 앞서 산모와 아이의 건강과 생명을 귀하게 생각하는 것은 기독교 정신에 충실한 행동이라고 생각하기 때문이다.

영화를 보면서 모든 교회에 '베이비 박스'가 필요하다는 생각을 했다. 굳이 버려지는 아기를 위한 상자로 받아들일 필요는 없다. 세상과의 소통에서 교회는 적극적으로 나서는 것을 좋아한다. 기독교 상징을 앞세우고 나가려 하지만, 경우에 따라서는 비록 종교적인 모양새를 갖추지 않고도 생명을 소통할 수 있는 통로를 마련하는 것이 바람직하다. 이를 위해 상징적인 행위를 표현하는 문화는 매우 적합한 매개이다. 건전한 기독교 문화는 교회 밖에서 교회 안을 들여다볼 수 있게 해준다. 지금까지 문화를 매개로 소통하려는 노력은 사람들로 하여금 교회 안을 들여다볼 수 있도록 했다면, 이제는 교회가 해결해주길 바라는 문제들을 세상이 제시하는 곳이 되어야 할 것이다. 아직은 기독교 문화가 세상 문화를 뒤쫓아 가는 수준에 머물러 있는 점은 아쉬운 일이고, 반드시 개선해나가야 할 일이다. 자본의 문제가 아니라 진정성의 문제다.

'베이비 박스'는 적어도 생명에 관한한 세상이 해결하지 못하는 문제를 교회가 해결할 수 있음을 분명하게 드러내는 좋은 증거다. 기독교적 소통의 의미가 무엇인지를 밝혀주는 하나님의 사건으로 받아들여도 좋을 것 같다. 무엇보다 베이비 박스는 인간의 생명은 어떤 모양으로 태어났든 하나님의 피조물로서 보호받고 양육 받을 이유가 있음을 보여준다. 인간은 결코 모양이나 기능에 따라 평가되지 않아야 하고, 오히려 모양과 능력에 상관없이 하나님 앞에 서있는 존재로 인정받아야 한다.

3) <4개월 3주 그리고 2일> (크리스티안 문쥬, 2007): **탐욕스런 인간은 어떻게 발생하는가**

영화의 배경이 되는 루마니아의 1987년은 차우셰스쿠 독재정권으로 인한 혼란이 사회 전체적으로 확장되어 있던 시기였다. 영화의 이야기는 바로 이 시기를 배경으로 전개된다. 많은 비평가들이 지적하고 있듯이, 영화는 독재정권 치하의 부조리한 사회를 폭로하는 목적을 가지고 있는데, 감독은 낙태라는 소재를 통해서 혹은 그것을 주제로 삼아 비유적으로 불법적인 정치 환경에서 이뤄지는 부조리한 삶의 한 단면을 보여주고자 했다.

다시 말해서 영화는 표면적으로는 피임과 낙태가 금지된 당시 사회에서 행해지는 불법 낙태를 다루면서도 사실은 낙태를 메타포로 삼아 불법적이고 부조리한 상황이 인간을 어떤 궁지로 몰아갈 수 있는지, 인간의 행동을 어떻게 변형시킬 수 있는지 그리고 인간을 어떻게 왜곡시킬 수 있는지를 폭로한다. 임신과 여성 그리고 낙태의 현실에서 일어나는 권력관계를 보여줌으로써 당시의 정치적인 상황을 패러디했다는 점에서 영화의 예술성을 잘 드러낸 작품이다. 그러나 정치적인 해석으로 발을 내딛기 이전에 먼저 영화의 일차적인 맥락, 즉 낙태와 여성의 문제에 집중하는 것도 큰 의미가 있는 일이라고 생각한다.

임신은 여성으로서 정체성을 새롭게 확인하는 일이며, 임신과 더불어 여성은 전혀 새로운 세상 가운데 놓인다. 태중에 있는 아이에 대한 여러 가지 궁금증을 갖게 되는데 성별로부터 시작해서, 혈액형 그리고 누구를 닮았는지… 혹시 기형은 아닐까 하는 염려는 임신한 여성에게 흔히 있는 경험이다. 이밖에도 임신이라는 현실은 여성에게 매우 다양한 생각을 불러일으킨다. 기대했던 임신이었다면 기쁘고 행복한 일이 되겠고 또한 출산과 함께 만날 아이로 기뻐할 수 있지만, 만일 원하지 않은 것이었다면 하나의 문제, 심지어 생존의 위기로 여겨진다.

사실 문제는 임신 과정에서부터 시작된다. 사랑의 결실이어야 하지만, 때로는 사랑의 과정에서 실수가 일어날 수 있고, 폭력이나 위협으로 인해 생길 수도 있으며, 경우에 따라서는 직업적인 매춘 행위가 원인일 수도 있다. 임신은 남성과 여성 공동의 문제라 해도, 피임이 일반화되면서 대부분 임신은 여성의 문제로 인식되고 있다. 여성에게만 책임을 부가하는 부당한 편견은 물론이고 몸의 변화 역시 임신과 더불어 여성들이 직면해야 할 결코 간과할 수 없는 문제다. 이런 점에서 임신은 여성의 개인적이고 사회적인 실존과 환경을 반영한다. 단순한 실존의 문제를 넘어서서 개인적 혹은 사회적 관계의 위기로 이어질 수 있고, 때로는 여성의 생존이 위협받기도 한다. 임신과 더불어 결혼을 결정할 수 있는 기회가 있다면 모르지만, 그렇게 할 만한 사정이 여의치 않을 때는 당사자에게 큰 문제가 아닐 수 없다. 출산할 사정이 못되는 경우라면 대체로 낙태를 결정한다.

문제는 낙태가 법적으로 허용되지 않을 때다. 태아 살인이라는 두려움을 가질 뿐 아니라, 불법행위에 대한 죄책감으로 인해 여성은 이중의 고통을 겪는다. 불법 낙태는 터무니없이 시술비용을 높이는 이유가 되고, 또한 여성의 건강을 위협하며, 시술대 위에 누운 여성은 낙태를 시행하는 사람(의사 혹은 그 누구)으로부터 받을 수 있는 부당한 대우나 폭력에 그대로 노출될 수밖에 없다. 낙태 경험이 여성들의 우울증을 유발하는 주요 요인 가운데 하나가 될 수밖에 없다. 이것은 여성들이 낙태를 근본적으로는 원하지 않으면서도 낙태금지를 법으로 규정하는 것을 반대하는 이유이다.

바로 이런 현실, 곧 불법적인 상황에서 낙태를 결정한 여성이 당할 수밖에 없는 갖가지 부당한 현실을 아주 잘 보여준 영화가 2007년 칸 영화제에서 황금종려상을 수상한 <4개월 3주 그리고 2일>이다. 사실 영화의 첫 장면을 모습을 드러내지 않은 채 오직 도움을 요청하는 여성의 음성으로 시작하는 장면은 관객으로 하여금 스크린에 더욱 주목하게 만든다. 그리고 다음 장면에서부터 등장하는 친구는 영화를 보는 자들을 대표하는 존재로 이해된다. 이는 그 후에 벌어지는 모든 일에 관객도 참여하고 있다는 생각을 갖게 만든다. 이렇게 단정할 수 있는 이유는 마지막 장면에서는 첫 장면과 정반대의 상황이 연출되고 있기 때문이다.

영화 제목 '4개월 3주 그리고 2일'은 임신 4개월로 접어든 한 여대생이 낙태를 하기 위해 돈을 준비하는 기간이 3주 그리고 낙태하는 데에 필요한 시간이었던 2일을 가리킨다. 낙태가 불법으로 규정된 상황에서 임신한 젊은 여성이 겪을 수 있는 모든 일들을 매우 사실적으로 보여준다. 어떻게 임신하게 되었는지, 임신 확인과 더불어서 초기에 어떤 일들이 있었는지, 왜 낙태할 수밖에 없었는지, 임신 사실과 낙태의 결정은 상대편 남자에게 숙지된 사실인지에 대해 영화는 철저히 침묵하고 있다. 이는 오직 낙태라는 상황에만 집중하고자 하는 감독의 의도에서 비롯한다.

친구에게서 돕겠다는 의사를 확인받는 장면으로 시작하는 영화는 당사자뿐만 아니라 그녀를 돕는 친구마저도 낙태라는 현실이 만들어내는 부조리한 삶에 깊이 연루될 수 있음을 보여준다. 자신도 동일한 상황에 처할 수 있다는 여성 특유의 공감적인 의식에서 시작된 것이겠지만, 낙태를 돕는 상황에서 친구는 전혀 예기치 않은, 아니 상상하기조차 힘든 여러 어려움을 겪는다. 첫째, 친구에게 돈을 빌려야 했고, 둘째, 낙태 시술 장소로 예약되었다는 호텔에서는 빈방을 찾을 수 없어서, 또 다른 호텔에서 가까스로 빈방을 얻게 되고, 셋째, 친구가 원래 임신 4개월임에도 2개월이라 속였고, 또 돈이 부족하다는 이유로 은근히 성관계를 요구하는 낙태 시술자에게 자신의 몸으로 대신 지불하게 되는 일이 일어난 것이다. 정말 어처구니없는 일이지만 여성으로서 짊어진 짐을 풀어야 하는 과정에서 겪는 비인격적인 대우와 부당한 현실을 경험하면서 본의 아니게 남자 친구에 대한 신뢰감을 상실하고, 마침내 불화하게 되며, 낙태된 태아를 쓰레기통에 버린 후에는 영원한 비밀로 간직할 수밖에 없는 큰 죄책감에 사로잡힌다. 낙태는 단지 시술의 문제가 아니라 관계의 문제임이 드러난다. 친구가 낙태된 태아를 적절한 장소에 묻거나 혹은 버리기 위해 밤거리를 돌아다니는 모습은 매우 인상 깊고 또 가슴 조아리는 장면이다.

특히 마지막 장면은 첫 번째 장면과 함께 매우 강렬한 인상을 준다. 첫째는 낙태를 했던 여성이 마치―그런 일은 없겠지만 적어도 영화적인 표현에서는― 아무 일도 일어나지 않았다는 듯이 태연스럽게 식사를 하는 모습이다. 그녀는 자신을 도운 친구가 수치심과 분노 그리고 죄의식에 사로잡힐 수밖에 없었던 상황을 애써 이런 식으로 외면한 것일까? 이를 통해 감독은 낙태라는 것이 당사자 자신에게 큰 문제이지만 주위에 있는 많은 사람들에게도 큰 피해를 입힐 수 있는 일임을 환기한다. 부조리한 상황에 쉽게 적응하며 살아가는 우리들의 모습을 반영한다. 둘째, 첫 장면과 달리 친구가 관객을 향해 시선을 돌리고 있는 것이다. 이것은 자신과 더불어 부조리한 상황에 참여했던 사람들을 향해 던지는 질문이다. 당신이라면 어떻게 할 것인가?

<4개월 3주 그리고 2일>은 상반된 입장에서의 감상이 가능하다. 그 하나는 낙태를 반대하는 입장이고, 다른 하나는 찬성과 반대를 떠나서 불법적인 상황에서 낙태를 보는 입장이다.

먼저 낙태를 반대하는 입장에서 볼 경우, 두 여성은 자신들의 잘못된 선택과 결정이 어떤 부정적인 결과로 발전할 수 있는지를 보여준다. 거짓말을 하게 되고, 돈을 빌리게 되며, 자신들 주위에 있는 사람과의 관계에서 위기를 경험하게 되고, 상대방에 대한 신뢰를 상실하게 되며, 남

자의 부당한 폭력에 속수무책으로 당할 수밖에 없는 부조리한 상황에 연루되는 것이다. 또한 불법적인 행위를 영원한 비밀로 간직해야만 하는 죄의식에 사로잡히게 된다. 그러나 다른 관점에서 본다면, 불법이라는 상황 설정은 여성들로 하여금 부당하고 부조리한 일에 노출될 수밖에 없도록 만든다는 것이다. 낙태 여부의 결정 자체를 여성에게 맡겨졌을 경우에는 피할 수 있는 일들이지만, 그렇지 않았기 때문에 피해를 보는 것은 여성일 뿐이라는 것이다.

이 영화는 사실 인간의 본질을 묻지 않는다. 의학기술과 인간 이해의 상관관계를 추적할 만한 결정적인 단서도 없다. 불법적인 상황에서 이뤄지는 부조리한 행위와 관련해서 부당한 권력 관계가 형성되며, 이로 인해 나타날 수밖에 없는 가해자와 피해자의 상관관계를 말하고 있을 뿐이다. 그러나 자세히 들여다보면, 영화는 의료기술을 매개로 해서 권력을 가진 인간(낙태시술자)이 어떻게 변질되며, 또 피해자로서의 인간(낙태 시술을 받는 여성)은 어떤 존재로 전락되는지에 대해 결코 침묵하지 않는다. 의료기술을 가진 권력자는 자신의 욕망만을 충족시키는 데에 혈안이 되어 있다. 힘을 가진 자의 전형적인 모습이다. 모습은 사람이지만 실체는 짐승이다. 인간의 이중적이고 야수적이며 부조리한 모습을 대변해주는 캐릭터라고 생각한다. 유독 성적인 욕망을 충족시키려는 모습이 연출된 것은 탐욕스런 인간의 모습을 연상할 수 있도록 설정한 감독의 의도임에 분명하다. 그 권력 앞에 서 있는 사람은 탐욕의 제물로 전락하고, 불법적인 상황에서 불법을 행할 수밖에 없는 상황에서 살아남기 위해서는 어쩔 수 없이 부당한 삶에 스스로를 노출시킬 수밖에 없다. 그것이 주변 사람들에게 더욱 더 많은 부당함을 생산한다 할지라도 속수무책이다. 불법 낙태라는 상황이 모든 인간을 부조리하게 변형시킬 수 있다는 사실을 폭로한다.

4) 낙태 행위 안에 함의된 인간 이해

앞에서 소개한 영화들에서 인간은 어떻게 이해되고 있는가? 첫째는 생명체로서 태아는 인격체로 여겨지지 않고 있다. 단지 인간에 이르는 과정에 있는 존재일 뿐이다. 둘째, 생존의 기득권을 가진 자(임신부)의 삶의 질과 기능적인 측면만이 고려되고 있으며, 생명 선택에 있어서 우선적인 결정권이 임신부에게 주어진다. 즉 임신부의 삶의 질을 높이기 위해 낙태를 허용함으로써 생명 자체보다는 인간의 삶의 기능에만 관심을 두고 있음을 알 수 있다. 그뿐 아니라 셋째, 낙태를 행하는 의료행위 주체인 인간 역시 스스로를 돕는 자, 곧 임신부의 삶의 필요를 돕는 자로 이해함으로써 인간에 대한 기능주의적인 이해의 단면을 드러낸다. 여기에는 인간으로서 태아에 대한 생각을 어느 곳에서도 찾아볼 수 없다. 넷째, 낙태에 실패하여 태어난 생명은 실존을 위협하는 짐으로만 여겨질 뿐이다. 다섯째, 불법적인 행위는 인간의 탐욕을 부추길 수 있으며 또한 부당한 권력 관계로 발전될 수 있다.

기능주의적인 인간 이해에 따른 낙태 행위에는 삶의 고통이 갖는 의미에 대한 성찰이 철저하게 결여되어 있다. 예컨대 현행법상으로 태아가 장애를 안고 태어날 수 있다는 판단이 들었을 때 낙태를 허용하고 있는데, 이것 역시 장애인의 삶의 질을 비장애인의 가치관에 따라 함부로 판단하는 것이며, 기능적인 관점에서만 인간을 보려고 하는 태도에서 비롯된다. 뿐만 아니라 태아의 출산과 함께 전개될 일들에 대한 비관적인 전망만으로 가득하다. 비록 장애인으로 태어나면 본인은 물론이고 가족들에게 적지 않은 고통을 안겨준다 해도, 예기치 않은 삶의 모습에 대한 증거는 많다. 비관적인 미래에 대한 염려와 불안으로 낙태를 결정하는 사람들에게서는 예기치 않은 미래에 대한 기대가 설 자리를 결코 찾아볼 수 없다.

다음으로, 낙태는 상업화되었을 뿐만 아니라, 이로 인해 낙태는 무방비 상태로 있는 약자(태아)와 생존의 우선권을 가진 강자의 관계라는 권력 구조 속에서 행해지고 있다. 특히 불법적인 상황에서 시행되는 낙태 행위는 시술자와 낙태 희망자 사이에 부조리한 관계를 구축하며, 이것은 인간 스스로를 부조리한 관계에 연루되게 하고 또한 부조리한 권력 관계를 생산한다. 인간의 탐욕은 바로 이런 관계에서 태동되는 것이다.

마지막으로, 원치 않은 임신과 삶의 질을 고려해서 낙태를 허용한다면, 반대로 원하는 임신을 위해서 성별을 감별한다든가, 아이의 삶의 질을 높이기 위해 유전자를 조작해서 기능을 향상시키는 일들에 영향을 끼칠 수 있다. 인간은 더 이상 인격체가 아니라 단지 일정한 기능을 전문적으로 수행하는 존재로 전락할 수 있다.

3. 안락사 행위에 함의된 인간 이해

죽음은 인간이 피할 수 없는 운명이다.[34] 의료과학과 의료기술의 발전은 기껏해야 삶의 기능을 향상시키고 일정 기간 수명을 연장해줄 수 있을 뿐이다. 죽음은 인간적인 것이다. <바이센테니얼 맨>의 로봇인 앤드류가 인간으로 인정받지 못한 것도 로봇인 그에게는 죽음이라는 것이 없기 때문이었다.[35] 폐기처분과 죽음은 인간과 인간 아닌 것의 구분이다. 앤드류는 인간이기를 원했기 때문에 폐기처분이 아닌 죽음을 원한 것이다. 이런 관점에서 보면 죽음은 혐오스런 것이 아니며 오히려 존엄한 것

---

34 죽음에 대한 철학적인 측면은 Shelly Kagan, *Death*, 박세연 옮김,『죽음이란 무엇인가』(서울: 엘도라도, 2012), 신학적인 측면은 다음을 참고: 김균진,『죽음의 신학』(서울: 대한기독교서회, 2002).

35 2017년에 개봉된 영화 <트랜스포머: 최후의 기사>는 로봇들에게 '죽음'이라는 단어를 사용하는데, 이는 단순히 의인화된 표현이기보다 포스트휴먼의 실현을 염두에 둔 것이라 생각한다.

이다.

과거 죽음이 하나의 위협적인 힘으로 여겨지는 상황에서는 출생과 장수를 감사하게 생각했고, 또 복으로 생각했다. 상대적으로 죽음을 멀리하는 종교의식이 성행했다. 죽는 장소도 이제는 더 이상 가족이 모인 집이 아니라 병원이다. 예컨대 위생환경이 좋지 않아 어려서 죽는 경우가 많았던 시대의 부모들은 자녀들이 살아남았다는 것에 크게 감사했다. 백일잔치와 돌잔치가 하나의 전통으로 정착하게 된 이유다. 그 뿐 아니라 환갑과 회갑 그리고 진갑을 성대하게 축하할 만한 이유이기도 했다. 그런데 낙태로 인한 죽음의 문화가 지배하는 현대 사회에서는 세상의 빛을 보게 되었다는 것 자체를 감사해야 할 것이다. 죽지 않고 살아있다는 것, 그것은 축복이고 감사의 조건임에 분명하다. 적어도 죽음에 이르는 병을 피하거나 예방할 수 있는 방법이 미약할 때는 살아있는 것 자체를 감사하게 생각했다.

그러나 숨겨져 있어서 모를 뿐이지, 우리 사회에는 살아있다는 것 자체를 불행하게 생각하고 심지어 스스로를 저주하는 사람들이 적지 않다. 평생 장애를 안고 살아가면서 사회적인 편견과 차별 속에서 사는 사람들이나, 회복의 전망이 불투명한 질병으로 병상에서 소비적인 여생을 보내야 하는 사람들 그리고 퇴행성 질환으로 점점 죽어가는 자신을 지켜보아야만 하는 사람들, 무의식 상태에서 식물인간으로 살아가는 사람들, 관계의 왜곡으로 인해 미래를 바라볼 수 없는 사람들 그리고 경제적 파산으로 더는 일어설 희망을 잃고 절망감 속에서 살아가는 사람들이다. 가장 견디기 힘든 사람은 본인들이지만, 가족들을 포함한 주변사람들 역시 힘들어하는 것은 마찬가지다. 높은 치료비로 인한 경제적인 문제만이 아니라 상대적인 소외감으로 그리고 정신적 혹은 심리적인 탈진으로 오는 견디기 힘든 상황은 차라리 죽기를 바라는 마음마저 들게 한다. 스스로 목숨을 끊을 만한 용기가 없기 때문이기도 하겠지만, 더욱 힘들게 만드는 것은 편안한 죽음을 자유롭게 선택할 수 없도록 규정된 법이다. 국민의 생명을 보호할 의무가 있는 국가가 생명을 죽이는 일을 허락한다는 것 자체가 모순이기 때문이다.

인간의 본질적인 요소인 죽음에 대한 두려움은 삶이나 삶의 의미에 대한 집착의 표현일 경우가 많다. 임사체험이나 전쟁과 재앙의 때에 겪는 생명의 위기와 관련해서 종말 경험은 혹시 몰라도 누구도 죽음 이후의 세계에 대해 경험하지 못했기 때문이다. 삶의 경험 때문에, 삶의 관계 속에 머물고 싶기 때문에, 삶의 기억들이 사라지는 것을 원하지 않기 때문이다. 그렇지 않고 죽음을 원한다면 죽음 이후를 생각하지 않기 때문이다.

죽음이란 관계가 영원히 단절된 상태이며, 느낌이 없는 것이며, 영원한 망각이요, 미래에 있을 관계에 대한 전망이 닫혀 있는 상황, 곧 절망이다. 죽음을 피하고 싶은 이유는 바로 이런 것들에 대한 두려움 때문이다. 죽음이 본인은 물론이고 주변 사람들의 두려움을 야기하는 이유이다. 죽음에 대한 이런 이해는 하나님의 창조에서 비롯한다. 하나님의 창조는 삼위 하나님의 상호관계로부터 하나님과 피조물, 인간과 인간, 인간과 자연의 관계를 시작하게 한 것이다. 없는 것을 있게 하시고, 모든 것들을 그들 상호관계 속에서 있게 하셨다. 생명은 하나님에 의해 없는 것들이 있게 될 뿐 아니라 상호관계 속에서 살아있는 것이고, 죽음은 이 모든 관계가 단절된 상태를 의미한다. 더는 하나님과 관계를 가질 수 없다는 것, 사람들은 물론이고 자연과의 관계가 모두 끊어진다는 것, 그것이 바로 죽음의 상태이며, 바로 이것을 사람들은 두려워한다.

망자를 대신해서 각 종교에서 치르는 죽음의 의식은 죽었으나 계속적인 관계맺음의 가능성을 정초하는 것이고, 제사의식은 살아있는 자와 죽은 자와의 관계가 지속되고 있음을 확인한다. 종교가 죽음 이후의 관계를 중시하는 이유는 죽음으로 나타나는 관계의 단절이라는 문제를 해결해줄 것을 요청받기 때문이다.

이처럼 인간이 관계의 시작과 지속을 원하는 것은 인간의 본질에서 비롯되기 때문에 보통 상태의 인간은 죽음을 원하지 않는다. 오늘 우리 사회의 문제는 그러한 관계의 단절들이 타의에 의해서든 혹은 자의에 의해서든 일어나는 데에 있다. 타의에 의해 일어난다면 타살이라 하고, 자의에 의해 일어나는 경우엔 자살이라고 한다. 살인을 죄로 여기는 것은 타인에게 고통을 안겨주었기 때문이고 또한 인간이 인간의 본질을 부정했기 때문이다. 피해자 본인은 물론이고 그와 관계를 가진 많은 사람들에게 고통을 안겨준 행위이다. 하나님과 더 이상 관계를 지속할 수 없도록 만들었기 때문이기도 하다. 자살이 죄로 여겨지는 이유(그렇다고 해서 구원이 배제되었다는 말은 아니다. 구원은 하나님의 용서에 근거한 것이고 하나님의 주권에 속하는 일이기 때문이다). 역시 마찬가지다. 자기 자신에 대한 관계나 혹은 자기 주변과의 관계 때문에 삶의 의욕을 잃게 되고 마침내 절망함으로써 내려진 결정, 곧 존엄한 죽음을 위한 자기 스스로의 선택이었다 하더라도, 그것은 자신을 둘러싼 많은 사람들의 관계를 일방적으로 끊는 행위이고, 죽음 때문에 남아 있는 자들이 겪어야 할 고통을 배려하지 않았기 때문에 이기적이라 비난받을 만한 행위이다. 이것이 죽음에 대한 상식적인 판단이다.

그럼에도 불구하고 우리 사회는 심신의 고통 때문에 존엄한 죽음을 원하는 사람들이 없지 않다. 그렇다면 죽음을 원하는 것 역시 인간 본질의 하나로 볼 수 있는가? 삶의 풍요로움과 비례해서 웰빙(well-being)에 대한 관심이 높아졌던 것과 마찬가지로, 죽음의 보편적인 현실에 직면하면서 웰다잉(well-dying)에 대한 관심이 높아졌다. 행복하게 살아가는 것과 행복하게 죽는 것 정도로 이해할 수 있는 말이다. 대체로 죽음을 앞둔 사람들이 겪는 정신적 육체적 고통을 완화시키려는 목적을 갖고 죽음을 차분히 준비하는 일을 가리키기도 하고 인간다운 죽음, 곧 존엄한 죽음을 의미하기도 한다. 질병이나 한계상황과 같은 특별한 상황이 전제되긴 해도, 웰다잉이란 이름하에 스스로 관계의 단절을 요구하고(안락사) 또 시도하는 경우(자살)가 늘어나고 있으며 사회적으로 큰 논란거리가 되고 있다. 자살이 대표적인 현상이라도 최근에는 안락사 역시 빈번하게 행해지고 있다. 자살과 안락사의 차이는 죽음을 초래한 원인 제공이 스스로에게 있느냐 아니면 타인에게 있느냐에 따라 달라지나, 고통에서 벗어날 목적으로 죽음을 원하기 때문에 이뤄진다는 점에서는 공통적이다. 물론 자살이 항상 존엄한 죽음에 대한 생각을 전제하는 것은 아니다. 도피의 수단일 수 있고, 절망의 표현일 수도 있다. 죽음의 문제에서 이슈가 되는 경우는 자신의 자유와 확신 속에서 존엄한 죽음을 원할 때다. 자살 방조도 죄가 되지만, 죽음을 도와주는 경우도 법에 위배된다. 법적으로 허용되는 안락사는 말기 상태에서 죽음에 대한 본인의 의사가 있어야 하며, 회복이 불가능하다는 1인 이상의 전문인 소견이 있어야 한다. 환자에게 의식이 없을 경우에는 가족의 요청이 있어야 한다. 최근에는 다른 사람들의 장기이식을 위해 의식이 없는(뇌사) 환자들의 가족들에게 안락사를 권하는 경우가 있어서 존엄하고 가치 있는 죽음에 대한 관심이 더욱 큰 힘을 얻고 있다.[36]

삶과 죽음의 문제가 사람의 판단에 따라 결정된다는 점에서 낙태와 더불어 안락사는 생명윤리의 문제로 다뤄진다. 그러나 안락사와 낙태에 대한 논란은 주로 행위의 기준을 두고 전개되지만, 필자는 생명, 혹은 인간 자체에 대한 생각의 차이가 더욱 근본적이라고 생각한다. 존 스토트는 낙태와 안락사를 다루는 글에서 인간에 관한 교리로 시작하고 있는데,[37] 그 역시 윤리적인 판단의 문제라도 이 주제에 있어서 결정적인 것

---

36 안락사(혹은 의사원조 자살) 논쟁에 관해선 다음을 참고: Gerald Dworkin, *Euthanasia and Physician-Assisted Suicide*, 석기용 · 정기도 옮김, 『안락사논쟁』(서울: 책세상, 1999).
37 John Stott, *Issues Facing Christians Today*, 정옥배 옮김, 『현대사회 문제와 기독교인의 책임』(서울: IVP, 2011, 개정4판), 439-440.

은 인간에 대한 기독교적인 이해라고 생각했기 때문이다. 질문은 다음과 같다. 인간은 죽음에 대한 권리를 주장할 수 있는가? 만일 그렇다면 인간은 하나님과 관련해서 어떤 존재로 이해되는 것인가? 인간의 자유는 스스로의 죽음을 선택하는 것도 포함되는가, 아니면 죽음은 오직 하나님에게 속하는 것인가? 만일 죽음의 자유까지도 인간에게 허락되었다고 말한다면 무슨 문제가 생겨날까? 미처 다 회개하지 못하고 죄인으로 죽는 사람들이라 하더라도 부활의 소망을 가질 수 있다고 한다면, 존엄한 죽음을 선택함으로써 비록 죄를 짓는다 해도 부활과 구원의 가능성이 배제되는 것은 결코 아닐 것이다.

낙태와 마찬가지로 안락사 문제도 사실은 고통의 문제다. 어떤 형태의 고통이든 인간으로서 더 이상 감당할 수 없다고 판단할 때 행해지기 때문이다. 그러므로 낙태와 안락사를 통해 인간 이해를 시도하는 건 궁극적으로 고통의 문제와 관련해서 인간을 이해하는 노력이다.

이 글에서는 안락사를 다룬 영화 <씨 인사이드>, <밀리언달러 베이비>, <행복한 엠마, 행복한 돼지 그리고 남자>, <미 비포 유> 등에서 위의 질문들이 어떻게 다뤄지고 있는지 그리고 어떻게 대답되고 있는지를 살펴보면서, 안락사를 두고 전개되는 논의에서 인간은 어떻게 이해되고 있는지 알아보자.

1) <씨 인사이드> (알레한드로 아메나바르, 2004): 죽음을 선택할 수 있는 인간

스페인 출신의 천재 영화 감독으로 통하는 알레한드로 아메나바르는 한편의 영화, 곧 실화에 근거를 두고 제작한 <씨 인사이드>를 통해 안락사를 두고 전개되는 논쟁에 과감하게 뛰어들었다. <디 아더스> (2001)나 <오픈 유어 아이즈> (1997)에서 볼 수 있듯이 현실의 또 다른 차원을 주목하길 좋아하는 아메나바르는 <씨 인사이드>에서 삶의 이면, 곧 죽음에 이르기를 원하는 한 사람이 처절한 삶 한 가운데서 안락사를 허용하지 않는 국가를 상대로 벌이는 투쟁을 매우 설득력 있게 제시하였다. 침대에 누워 연기해야 하기 때문에 매우 단조롭게 진행될 수 있었지만, 삶의 한 정점에서 죽음을 생각하고, 죽음을 그리워하며, 죽음을 절규하는 모습을 연기한 배우 하비에르 바르뎀[38]과 적절한 긴장감을 놓치지 않고 감상할 수 있도록 연출한 감독의 능력에 감탄하지 않을 수 없는 영화이다. 실화에 근거한 영화이기 때문에 비교적 분명한 방향성을 가질 수 있는 장점이 있다 하더라도, 오직 표정연기만으로 한 치의 느슨함도 없이 주변 사람들과의 관계와 긴장감을 유지하며 스토리를 이끌어가는 것이 쉬운 일은 아니다. 삶과 죽음에 대한 감독과 배우의 성찰을 깊이 호흡할 수 있는 수작이다.

　　<씨 인사이드>는 안락사를 두고 전개되는 갈등 속에서 결국 끝까지 존엄한 죽음의 정당성을 주장하며 죽음을 선택하는 라몬의 이야기이다. 그렇다고 해서 누구나 원하면 그렇게 할 수 있다는 생각은 처음부터 배제한다. 라몬은 죽음이 힘겨운 삶으로부터의 도피도 아니고 또한 절망의 표현도 아니며 확신과 신념에 근거한 자유로운 선택에 따른 결과임을 강조한다. 그래서 사람이란 주어진 삶을 사는 것이 아니라 내가 선택하는 나의 삶을 사는 것임을 깨우쳐 주려 한다.

　　주인공 라몬은 28년 전 이유가 분명치 않은 충동으로 수심이 낮은 바다로 뛰어내려 목을 다쳐 전신마비의 상태로 누워 지내는 상태가 된다. 오직 얼굴만 움직일 수 있을 뿐이다. 타인의 도움을 받지 못하면 일상생활은 물론이고 생명 유지 자체가 불가능하다. 자신의 생존이 가족의 불행으로 이어진다는 고통도 시간이 지남에 따라 이제는 단지 추억에 불과

---

38 <내 남자의 아내도 좋아> (2008), <노인을 위한 나라는 없다> (2007)로 잘 알려진 스페인 국민배우이다.

하다. 그가 기꺼이 안락사를 원하는 까닭은 자신 때문에 받는 누군가의 고통 때문이 아니며 삶과 죽음에 대한 확신 때문이다.

그러나 가톨릭 전통이 강한 스페인 정부와 교회는 그의 안락사를 허용하지 않는다. 주변에는 그를 돕고자 하는 사람들이 많이 있지만 그렇다고 그의 죽음을 도우려는 건 아니다. 심리 치료사 제네는 그의 자유로운 선택을 돕고자 했고, 스스로 퇴행성 질환을 겪고 있는 변호사 홀리아(벨렌 루에다)는 그의 결정이 결코 어떤 심리적인 불안감에서 비롯된 것이 아님을 입증해 보이고자 한다. 형수를 비롯한 가족의 따뜻한 돌봄은 물론이고, 자신을 돕기 위해 나서는 사람들 그리고 변호사 홀리아와의 사랑의 순간에도 라몬은 죽음이 자신의 선택임을 결코 잊지 않는다. 우연히 텔레비전 인터뷰에서 라몬을 본 로사(롤라 두에냐스)는 그에게서 삶의 의욕을 느끼며 그것을 그에게 돌려주려고 노력한다. 그를 사랑하고 있다는 확신을 주고 싶었던 라사는 자신의 사랑을 표현하는 의미에서 라몬의 죽음을 돕는다.

개인적으로 영화에서 특별히 주목한 두 장면이 있는데, 하나는 라몬을 돕기 위해 다가오는 사람들이 오히려 변화를 경험하는 것이다. 이것은 라몬의 삶 자체가 큰 의미를 갖고 있으며, 만일 이런 맥락에서만 본다면 라몬에게는 비록 불편하긴 해도 살만한 충분한 이유가 있는 것이다. 단지 살아있다는 사실만으로 타인에게 큰 의미를 깨닫게 한다면, 그것만큼 중요한 일이 어디 있겠는가? 이런 사실은 절망하기 때문에 혹은 삶에 아무 의미가 없다고 느끼기 때문에 그가 죽음을 욕망하는 것은 아니며, 오히려 그것은 죽음에 대한 그의 확신과 신념에서 비롯한다는 것을 역설한다.

다른 하나는 퇴행성 질환을 앓고 있는 변호사 홀리아와의 관계이다. 그녀는 라몬과 사랑에 빠지면서 라몬의 책이 출판되는 날 그와 함께 죽을 것을 약속한다. 라몬과 달리 그녀의 욕망은 죽어가는 자신에 대한 두려움 때문이었다. 그러나 책의 출판을 기다리는 중에 그녀는 퇴행성 기억상실증에 걸리고 자신의 약속은 물론이고 라몬 조차도 더 이상 기억하지 못한다. 자신의 죽음마저도 잊어버리는 듯 했다. 죽음의 공포도 두려움도 더 이상 존재하지 않았다. 그 결과 그녀는 더 이상 안락사를 꿈꾸지 않는 사람이 된다. 삶에 대한 기억을 잃게 되면서 죽음에 대한 욕망마저 사라진 것이다. 이것은 죽음에 대한 욕망이 삶의 기억, 특히 자아의식과 미래에 대한 염려와 불안과 두려움과 밀접한 관련이 있음을 의미한다. 홀리아의 경우를 보여준 까닭은 라몬의 경우는 이것과는 전혀 상관이 없다는 것을 말하고 싶었기 때문이라고 생각한다.

라몬의 확신과 신념은 기본적으로 자유에 근거한다. 삶은 의무가 아니라 권리이며, 죽음 또한 권리라는 주장도 자유에 근거할 때 가능하다. 강한 자아의식과 자유에 근거해서 죽음에 대한 권리를 요구하는 라몬의 주장을 접하면서 필자는 인간의 자유가 어느 범위까지 행사될 수 있는지를 묻지 않을 수 없다. 인간의 미래에 대한 결정권도 인간에게 허용되어 있는 것인가?

이런 질문이 제기되는 이유는 그의 결정 과정에서 한 가지 주목할 만한 사실을 발견하기 때문인데, 그에게는 사후 세계에 대한 그림이 전혀 없었다는 점이다. 그에게 죽음은 끝이었다. 더 이상의 기억도 관계도 지속되지 않는, 그야말로 삶 끝에 불과하다. 그렇기 때문에 그는 죽음을 욕망할 수 있었을 것이라 생각한다. 또한 그렇기 때문에 홀리아와 같이 삶의 기억이 사라지는 것 역시 그에게는 죽음과 크게 다르지 않은 것이었다. 진시황의 불로초에 대한 집착은 생의 절정을 영원히 간직하고자 하는 인간의 욕망을 대변한다. 그가 이생에서의 영원을 원했던 것 역시 죽음 이후의 세계에 대해 생각할 수 없었기 때문은 아닐까? 이런 점에서 인간에게 생에 대한 집착과 죽음에 대한 집착은 공통점을 갖는다.

2) <밀리언달러 베이비> (클린트 이스트우드, 2004): **존엄사는 꿈을 이룬 자의 권리?**

<씨 인사이드>는 죽음을 인간의 자유로운 선택권의 하나로 보는 입장을 영화적으로 표현하고 있는데 비해, <밀리언달러 베이비>에서 다뤄지는 죽음의 문제는 존엄사이다. 존엄사 역시 선택의 권리를 주장하는 일이지만 관점을 조금 달리한다. 존엄사의 의미를 알기 위해서는, 비록 표면적으로는 전혀 구분이 되지 않는다 해도, 엄밀한 의미에서 볼 때 안락사와의 차이를 인식하는 것이 필요하다. 안락사(euthanasia)가 치료의 가능성이 없는 상태에서 고통의 한계상황을 피하기 위한 욕망의 표현이라면, 존엄사(death with dignity)는 살아가는 동안은 물론이고 죽는 순간에도 인간다움을 실천하려는 의지의 표현이다. 단순히 고통을 줄이는 문제가 아니라 인간의 존엄성, 곧 자유로운 선택을 실행하는 문제이다. 안락사와 존엄사는 죽음을 욕망한다는 현상은 동일하다 해도 죽음에 임하는 태도는 분명히 다르다.

뒤늦게 복싱에 뛰어든 매기(힐러리 스웽크)는 거듭되는 승리로 인생의 절정을 경험한다. 그러나 챔피언 쟁탈전에서 상대편 선수의 반칙으로 초래된 링 위에서의 사고로 목뼈를 다쳐 전신마비 상태가 된다. 여생을 강제 호흡기에 의존해야 하는 입장만을 본다면, 영화는 매기의 죽음에 대한 욕망을 표현하는 안락사를 다루는 것으로 이해할 수 있다. 그러나 전신마비 상태에서 병상에 누워 지내는 자신의 모습을 보면서 "더 이상 꿈을 가질 수 없다"면서 죽기를 바라는 매기를 생각한다면 그녀가 바라는 것은 단순한 안락사가 아닌 존엄사이다. 사실 매기의 죽음과 관련해서는 논쟁의 여지가 많다.

매기는 자신의 요구가 프랭키(클린트 이스트우드)에 의해 거부되자 두 차례나 스스로 혀를 깨물어 자살을 시도한다. 약물을 통해 매기의 의식

이 통제되었을 때 프랭키는 비로소 매기의 소원을 들어준다. 그녀에게
붙여준 애칭인 '모큐슈라'의 의미를 알려주면서 "나의 사랑 나의 혈육"이
라는 말로 속삭인 후 프랭키는 그녀의 목에 부착된 호흡기를 제거하고
약물을 주입함으로써 그녀가 원하는 일을 실행한다. 매기는 자신의 존재
가치를 복서로서의 꿈을 실현하는 것에 두고 있었기 때문에 그녀가 죽음
을 욕망하는 것은 안락사가 아니라 존엄사로 해석되는 것이 옳을 것 같
다고 생각한다.

　　그다지 큰 의미를 갖지 않는 존재를 비유하는 '밀리언달러 베이비'란
제목이 말하듯이, 영화는 하찮은 집안의 출신으로 오직 자신의 존재 가
치와 의미를 확인해보기 위해 뒤늦게 시작한 여성 복서의 이야기다. 이
미 30대가 넘은 매기는 유독 은퇴한 복서 출신 프랭키에게 복싱을 배우
기 위해 노력한다. 그 역시 별볼일 없는 존재에 불과하지만, 그는 복서들
을 키우는 특별한 능력이 있었다. 그의 능력을 보고 다가갔던 매기는 프
랭키에게서 여성 복서를 키우지 않는다는 이유로 매몰찬 거절을 당하지
만, 그럼에도 불구하고 결코 뜻을 굽히지 않는다. 결국 그녀의 강하고 굳
은 의지에 감동하여 프랭키는 그녀의 코치가 된다. 두 사람의 노력은 매
기에게 놀라운 결과를 가져오는데, 매 경기에서 1회에 KO 시키는 기염
을 토해낸다. 매기의 뛰어난 실력으로 인해 매기의 경기를 주선하기 위
해서는 오히려 돈을 지불해야만 했을 정도다. 그러나 경기의 반칙에 의
해 유발된 사고로 목 이하가 마비가 되고 강제호흡기에 의지해서 연명하
는 신세로 전락하고 만다. 매기의 도움을 받으며 살아갔던 가족은 그녀
소유의 재산에 대해 노골적으로 탐욕을 드러내 매기에게 깊은 상처를 입
힌다. 최고의 영광을 맛본 그녀는 영광의 열기가 채 사라지기 전에 자신
은 더 이상 꿈을 가질 수 없다는 말을 하며 죽고 싶다는 의지를 표현한다.
꿈을 이룬 자는 죽음을 선택할 권리도 주어지는 것인가?

　　비록 영화적으로는 높이 평가되었지만 매기의 산소 호흡기를 제거하

고 독극물을 주입한 장면 때문에 많은 비판을 받기도 했다. 과연 죽음은
인간의 권리와 선택과 자유의 대상이 될 수 있는가? 이 질문에 대한 대답
은 인간이 스스로의 존엄을 어떻게 지키느냐에 달려 있다고 생각한다.
인간의 존엄은 신분과 재산과 명예 그리고 성공으로부터 오는 가치 때문
인가, 아니면 생명을 가진 인간이기 때문인가, 아니면 초월적인 존재와
의 관계에서 오는 것인가? 존엄사를 찬성하는 사람들은 인간의 존엄이
인간다움에서 온다고 보는데, 인간다움은 선택의 자유는 물론이고 최소
한 자신을 스스로 보호할 수 있는 능력에서부터 온다고 생각하는 것 같
다. 그리고 현실이 자신이 원하는 삶에서 너무 멀리 떨어져 있다는 자괴
감을 느끼면 인간답게 살지 못하고 있다고 생각하는 것 같기도 하다. 물
론 이것은 성인의 경우에 한한다. 이것은 성인이라는 개념이 이미 자유
와 자율적인 능력을 전제하고 있기 때문이다.

그러나 정말 그럴까? 그렇게 생각하지 않고 사는 사람의 견해는 차치
하고라도, 인간의 존엄을 인간에게서 찾으려는 것은 스스로를 그렇게 느
끼지 못하는 사람들이 다수라는 사실에 비춰보면 결코 바람직하지 않다.
물론 성경적이지도 않은데, 성경은 인간의 존엄이 하나님과의 관계에서
온다고 보기 때문이다. 성경에 따르면, 인간이 소중한 까닭은 하나님의
형상으로 지음을 받았기 때문이지, 그가 현재 어떠한 사람인지 혹은 어
떤 능력을 가지고 있는지에 따른 것은 아니라고 본다.

3) <행복한 엠마, 행복한 돼지 그리고 남자> (스벤 타딕켄, 2006): 고통 없는 삶은 행복한 삶인가

영화의 주인공 엠마(외르디스 트리벨)는 제목이 암시하고 있는 것처럼
그렇게 행복하게 보이지 않는다. 그녀의 가족은 모두 죽었으며, 홀로 남

은 그녀는 여성이 감당하기에는 다소 거칠게 보이는 농장 일을 하며 살아가야 했기 때문이다. 여러 모로 남자의 손길이 필요했지만 그녀에게 남자는 없다. 가족이 살아있을 때도 엠마는 여자이면서도 남자이기를 강요받으며 살아야 했다. 가족 모두가 기대했던 아들이 아니라 딸로 태어났기 때문이다. 행복하지 않기 때문에 오히려 그녀는 행복을 갈구하는 사람이라고 보는 것이 옳다. 그래서 그녀는 매일 밤 창문을 열어놓고 이렇게 기도한다. "사랑하는 하느님. 제가 부자가 되든가 아니면 행복하게 해주세요." 소설에서는 중요한 대목임에도 영화에서는 생략된 내용이다.

부자가 되게 해달라는 첫 번째 기도는 각종 공과금 체납으로 유일한 삶의 터전인 닭과 돼지를 사육하는 농장이 경매에 넘겨지기 직전에 있는 상황이기 때문이며, 행복을 비는 두 번째 기도는 앞서 언급한 그녀의 상황이 바뀌기를 기대하는 마음의 표현이다. 소설에서는 함께 밥 먹고 대화할 대상으로서 남자가 필요하다는 의미라고 말하고 있다. 물론 같은 마을에 어릴 때부터 그녀를 사랑하는 지방경찰관 헤너가 있지만 그의 엄마는 엠마의 괄괄한 성격 탓에 그녀를 원하지 않는다. 행복은 욕구의 충족에서 온다는 보통의 정의에 비추어 볼 때 엠마는 결코 행복할 수 없는 여자다.

그러나 엠마는 우선적으로 돼지를 행복하게 할 줄 아는 여자다. 자신의 처소는 돌보지 않아 돼지우리만도 못하지만, 농장 주변만은 언제나 반듯하게 정리한다. 비록 소시지를 위해 사육되는 돼지라고 하더라도 엠마는 매일같이 돼지를 쓰다듬으며 심지어 입을 맞춰주기까지 한다. 뿐만 아니라 도살하는 순간에도 엠마는 돼지가 죽음의 공포를 느끼지 않도록 배려한다. 죽음 자체보다도 죽음에 대한 두려움이 더 무섭다는 것을 오랜 도살 경험을 통해 잘 알고 있기 때문이다. 그래서 엠마는 돼지가 죽음의 공포감을 갖지 않도록 그리고 고통을 느끼지 않고 순식간에 숨을 거둘 수 있도록 순간적으로 목의 동맥을 끊는 방법을 사용한다. 엠마 농장의 돼지들은 사는 동안 행복하지만 죽는 순간에도 다른 돼지와 비교할 수 없을 정도로 행복할 수밖에 없다. 어차피 행복은 상대적일 수밖에 없지 않은가!

어느 날 그녀의 기도가 한순간에 이뤄지는 사건이 발생한다. 자동차한 대가 사고로 자신의 농장 울타리를 부수고 뒤집어진 채 있게 되었는데, 엠마는 차 안에서 의식을 잃은 한 명의 남자와 거금을 발견했기 때문이다. 의식을 잃은 남자를 빼낸 후에 돈을 발견한 엠마는 돈에 대한 욕심으로 흔적을 지우기 위해 차를 전소시킨다. 돈의 존재에 대한 의심을 없애기 위함이었다. 그러나 정작 그녀에게 중요했던 것은 사실 돈이 아니라 남자 막스였다. 돈과 남자를 동시에 얻음으로 기도의 응답을 받았으니 엠마에게 얼마나 행복한 일인가!

사고로 다친 몸을 회복한 막스와 엠마는 비록 농장 주변일로 인해 좌충우돌의 시간을 보내지만, 그것이 그들이 서로에게 느끼는 친밀감을 방해하지는 못한다. 그러던 어느 날 막스는 엠마가 돈을 숨겨 놓았다는 사실을 알고 분노하고, 막스가 자신을 떠날 것을 염려한 엠마는 돈을 돌려준다. 그러나 농장이 경매에 들어간다는 것을 알게 된 막스는 그 돈으로 엠마의 빚을 갚아준다. 막스가 췌장암 말기 환자로서 극심한 통증을 가진 상태에서 병원에 입원하자 엠마는 자신이 진정으로 막스를 사랑하고 있음을 깨닫고, 비록 짧은 기간밖에 허락되지 않는다 할지라도 결혼을 제안한다. 이는 다분히 막스를 배려한 결정이었다. 여자와 제대로 된 데이트 한 번 하지 못한 막스를 위한 엠마의 선택이기 때문이다. 그러나 엠마를 힘들게 만든 일은 막스가 세상에서 가장 아름다운 곳으로 느끼는 엠마의 농장에서 자신이 겪고 있는 극심한 고통에서 벗어날 수 있기를 요구한 것이다. 게다가 자신이 돼지에게 했던 것과 동일한 방식으로….

막스에게 행복한 죽음을 안겨주는 엠마, 비록 짐승인 돼지와 사람인 막스의 죽음과 관련된 일이었지만, 살아서 그들을 행복하게 해주고, 죽는 순간에 행복하게 죽을 수 있도록 하는 것, 바로 그것이 엠마를 행복한 여자로 만든 것이었다. 막스에게 이야기를 해주면서 안락사를 시키는 엠마의 흐느낌으로 가득한 마지막 장면은 쉽게 잊히지 않을 감동적인 장면임에 분명하다. 영화 제목에 남자에게만은 유독 '행복한'이라는 수식어가 붙지 않은 이유는 아마도 막스의 죽음, 곧 안락사에 대한 세인들의 논쟁을 염두에 둔 것이라 생각한다. 여하튼 <행복한 엠마, 행복한 돼지 그리고 남자>는 진정한 행복을 성찰하는 영화다.

인간을 생각함에 있어서 행복은 결코 빠질 수 없는 주제다. 고대 그리스인들에게 인간의 궁극적인 목표는 행복이었다. 법률은 행복을 추구하는 권리를 인간의 기본권으로 정하고 있을 정도다. 행복의 종류와 그에 이르는 방식은 다르지만, 모든 인간이 행복하기를 원한다는 사실은 확실하다. 대체로 행복은 어떠한 불안이나 염려가 없는 심리적으로 안정된 상태를 가리키지만, 이것이 대체로 욕구충족을 통해 이뤄지기 때문에 심리적으로나 물량적으로 이해되는 것이 대부분이다. 물량적인 이해에 문제를 느낀 금욕주의자들은 욕구의 절제를 행복의 열쇠로 이해하기도 했다. 그 대표적인 인물이 견유학파 디오게네스다. 그에게 행복이란 알렉산더 대왕이 자기 앞에 서 있음으로 해서 가려진 햇빛을 누리는 일이었다. 권력과 부를 한 몸에 가진 알렉산더 대왕이 생각했을 것 같은 행복과 비교해볼 때 행복의 또 다른 면을 보여준 아주 대표적인 일화이다. 우리가 잘 알고 있는 파랑새 이야기는 행복이라는 것이 멀리 떨어져 있지 않고 자기 주변에 있다는 사실을 환기하는데, 러시아 문호 도스토예프스키 역시 비슷한 맥락에서 "우리가 불행한 것은 자기의 행복을 모르고 있기 때문이다"고 말했다.

<꾸뻬 씨의 행복여행>(피터 첼섬, 2014)은 동명의 소설을 바탕으로 만든 영화다. 정신과 의사로서 수많은 환자들의 불행한 이야기 속에 파묻혀 지내던 꾸뻬 박사는 불현듯 자신도 덩달아 행복하지 못한 느낌에 사

로잡혀 있음을 깨닫고 행복을 찾아 여행을 떠난다. 그가 평소와 달리 과 감하게 일터를 떠나 행복 여행을 떠난 이유는 행복에 대한 생각이 정리 되어야 자기를 찾아와 스스로를 불행하다고 말하는 사람들을 도울 수 있 을 것이라는 생각에서다. 사람들을 제대로 도울 수 있기 위한 사람이 되 기 위해 떠나는 여행인 셈이다. 수많은 지역에서 다양한 종류의 사람들 을 만나고 대화하면서 얻은 깨달음을 행복이라는 맥락에서 목록으로 정 리하는데, 그는 전혀 뜻밖의 순간에 행복을 경험한다. 자신이 진정으로 사랑하는 사람이 누구인지를 알 뿐만 아니라 또한 그 사람과 서로 사랑 하며 사는 것, 바로 이것이 그가 발견한 행복이다. 이미 일상이 되어 버린 사랑을 새롭게 발견했을 때, 그가 경험했던 것은 여행 중에 만난 사람들 에게서 행복이라고 여기며 기록했던 일들이 한꺼번에 나타나는 일이었 다. 이즈음에서 관객은 벨기에 작가 모리스 마테를링크의 파랑새를 떠올 리지 않을 수 없을 것이다. 곧 파랑새를 찾아 집을 나서 오랜 여행을 했지 만 파랑새는 집 안에 있었다는 이야기다. 사실 진정으로 사랑하는 사람 이 누구인지를 아는 사람이 그렇게 많지 않은 것 같다. 진정으로 사랑하 는 사람을 사랑하게 된다는 결론이 조금은 식상하긴 해도 어느 정도 설 득력을 갖는 이야기다.

행복에 대한 인간의 집요함은 행복에 대한 관심이 단지 살아있을 때 에 제한되지 않는다는 사실에서 다시 한 번 입증된다. 살아 있을 때 누렸 던 행복을 계속적으로 누릴 수 있기 위해, 혹은 평생 바르게 살았지만 행 복을 누리지 못하고 죽은 사람들을 위해 인간은 사후 세계의 행복을 추 구했고, 종교는 내세에 대한 체계적인 이론을 통해 그들의 욕구를 충족 시켜주는 역할을 충실히 이행하려고 노력한다.

한편, 사실 행복이 얼마나 많은 사람들에 의해 정의되었는지 그 수를 일일이 헤아린다는 것은 불가능할 정도다. 이처럼 행복에 대한 수많은 정의와 관련해서 영화는 돼지와 남자와 관련된 엠마의 삶을 통해 진정한 행복의 의미를 성찰한다. 엠마 역시 행복(돈과 파트너)을 원했으나 그녀에게 찾아온 행복은 전혀 다른 것이었다. 그녀의 행복은 자기 주변의 것들에게 호의를 베풂으로써 실현되는 것이었다.

엠마의 이야기는 인간이 고통에서 벗어나 행복하기를 원하는 존재임을 전제한다. 자신이 원하는 꿈과 바람을 성취하기를 원하는 존재가 인간이다. 바로 이런 사실과 관련해서 영화는 인간의 진정한 행복은 자신이 누리는 것이 아니라 비록 자신에게 큰 고통이 따른다고 하더라도 다른 사람을 행복하게 하는 삶에 있다는 것을 감동적으로 역설한다. 이런 맥락에서 막스의 안락사는 단지 죽음의 윤리적인 문제가 아니었다. 그것은 행복을 추구하는 인간의 본질적인 문제인 것이며, 그렇기 때문에 엠마의 행위는 고귀한 사랑의 표현으로 이해된다.

그러나 엠마의 행복의 원인에는 막스의 죽음에 대한 바람이 있었다는 점에서 아무리 사랑과 결합된 행위라 해도 안락사의 문제를 결코 피해가진 못한다. 고통에서 벗어나기 위해 선택한 막스의 죽음은 존엄사는 아니고 말 그대로 안락사다. 영화의 의도는 다만 안락사 행위가 범죄로 규정되는 현실에서 꼭 그렇게만 볼 수는 없는 점을 부각시키는 것이다. 안락사 행위는 죽음을 돕는 일이라는 오명보다 오히려 사랑의 행위일 수도 있다는 말이겠다.

그러나 타인의 죽음을 적극적으로 조력하는 행위는 할 수만 있다면 피하는 것이 좋겠다. 물론 법이 안락사를 허용하지 않고 있기 때문이지만, 그뿐 아니라 비록 고통 중에 있는 인간이라도 그 자체로 존엄하기 때문이다. 고통 없는 삶이 행복한 삶이라는 생각은 비성경적인 가치관에서 비롯한다.

성경에서 행복은 구원받은 자가 누리는 특권이며, 하나님의 말씀에 순종하며 살면서 하나님을 기쁘시게 하는 자에게 주어지는 선물이고, 또한 사랑하는 사람이 서로 사랑을 나눌 때 나타나는 결과로 소개되어 있다. 성경적인 맥락에서 행복은 인간이 임의로 만들어낼 수 있는 것이 아니다. 행복을 목적으로 행해지는 인간의 모든 노력은 결국 수포로 돌아갈 뿐이다. 욥기서와 전도서는 행복과 관련해서 이런 노력이 헛된 것임을 증거 한다. 성경에서 행복은 하나님이 선물로 주시는 것이며, 또한 우리가 서로에 대해 어떤 태도를 갖고 대하느냐에 따라 달리 경험된다.

예수님은 당신이 제자들을 사랑하신 것 같이 제자들 역시 서로 사랑하라고 말씀하셨다. 이 말씀에서 예수님의 사랑을 아는 것이 우선적으로 전제되어 있다. 구원을 위한 하나님의 사랑을 경험한 사람들이 그 사랑을 서로에 대해 나타내 보이는 것이 구원을 약속받은 사람으로서 마땅히 해야 할 일이라는 말이다. 진정으로 우리가 누구를 사랑하는지를 깨닫는 일과 우리가 서로를 사랑하며 살라 말씀하셨을 때, 아마도 예수님은 행복을 염두에 두신 것은 아닐까? 행복해지기 위해 서로 사랑하라는 말씀이 아니다. 우리가 서로 사랑해야 할 사람으로 서로를 알며, 또한 우리가 서로를 사랑하면 하나님이 우리에게 행복을 선물로 주신다는 말씀으로 이해되어야 할 것이다.

4) <미 비포 유> (티아 샤록, 2015): 산다는 것의 의미를 묻다

서로가 서로를 사랑함으로써 서로가 서로에게 진정한 행복이 무엇인지를 깨닫게 해준다는 이야기는 <미 비포 유>에서도 찾아볼 수 있다. 영화에 대한 첫인상을 말한다면 달달한 로맨스이지만 내용은 현실성과 거리가 먼 이야기다. 갑부의 남자가 교통사고 후 사지마비로 누군가에 의지해 살아야 하고, 그를 간병하기 위한 여자는 가족의 생계를 위해 돈 되는 일이면 무슨 일이든 해야만 하는 처지다. 두 사람이 만났다? 결말이 훤히 들여다보이는 이야기다. 도대체 무슨 말을 하고 싶은 것인지, 원작 소설은 어떤지 의문이 들 정도다. 왜냐하면 장애인 영화치고는 장애로 겪을 수밖에 없는 고통의 현실을 표현하는 것에 인색하고, 장애를 극복하여 인간 승리를 보여줄 생각은 도무지 없어 보이기 때문이다. 그렇다고 존엄사 논쟁을 불러일으킬 목적이었을까 하면 그렇지도 않다. 부모와의 갈등이 딱 한 장면 나올 뿐 생명윤리 문제를 깊이 생각하게 할 대사나 장면이 전혀 없다.

그러면 관점을 달리해서 여자 루이자(에밀리아 클락)가 갑부 장애인 윌(샘 클래플린)을 간병하다가 그의 도움을 받아 새로운 인생을 산다? 도대체 이런 황당하면서도 현실성이 떨어지는 이야기가 있을지 싶다. <언터처블: 1%의 우정> (올리비에르 나카체/에릭 톨레다노, 2011)은 그래도 신분상 불가능한 두 사람의 우정과 장애인을 바라보는 시선이 어떠해야 할 것인지에 대한 화두를 던져 깊은 감동을 준 영화로 기억되고 있다. 영화를 감상한 후 <언터처블>과 유사한 소재와 흐름을 확인하곤 그저 시간 보내기 좋은 로맨스로 여기며 극장을 나섰다.

그런데 돌아가는 길에 영화 제목 "미 비포 유"(Me Befor You)를 곰곰이 생각해보았다. 당신 앞에 있는 나?, 당신은 누구이고 나는 누구를 말할까? 간병인 루이자가 나이고, 윌이 당신일까? 아니면 그 반대일까? 제목과 관련해서 이런 의문이 들면서 영화를 다시금 곱씹어보았고, 그러다보니 장애인과 비장애인 사이에서 흔히 있을 수 있는 로맨스만으로 볼 수 없는 부분이 있음을 알게 되었다. 영화에서 <나의 왼발> (짐 쉐리단, 1989)이라는 영화가 몇 차례 언급된 것도 그 이유 때문이 아니었나 싶다. 같은 흐름의 영화임을 암시하지는 않아도 영화 이해에 있어서 의미작용에 기여하는 부분임에는 분명하다. 영화의 내용은 이렇다.

시골 마을에서 카페 점원으로 일하는 루이자는 카페가 폐업하는 바람에 하루아침에 실직자로 전락한다. 그녀는 자신을 돌아볼 여유도 없고, 또 그럴 필요를 전혀 느끼지 못하게 하는 환경에서 살고 있다. 그녀는 오직 가족의 생계를 부양하기 위해 꿈도 포기한 채 살아야만 했기 때문이다. 그녀는 어떻게든 사람들의 관심을 받아 취직해야 했고, 그녀의 원색 패션은 그런 그녀의 마음과 처지를 잘 표현해준다.

이에 비해 윌은 교통사고 후유증으로 사지가 마비되어 더 이상 회복할 가능성이 없고 오히려 나빠질 가능서만 있는 상태로 생명을 연명하고 있다. 무엇이든 할 수 있는 능력이 있었지만, 사고 후에는 그 모두를 상실했다. 깊은 좌절감으로 죽기를 시도했지만 번번이 실패했다. 존엄사를 요구하는 윌에게 그의 부모님은 6개월의 시간을 두고 생각해보자고 한다. 그 사이에 설득해보려는 계획이었다. 루이자는 자세한 내막은 알지 못한 채 6개월 동안의 시간을 두고 간병인으로 고용된다. 혹시 그 사이에 윌의 마음은 바뀌게 될까? 의심과 기대가 맞물려 돌아가는 수레바퀴 같은 이야기다.

루이자가 자신의 고용기간인 6개월의 의미를 처음부터 알았던 것은 아니다. 간병하는 중에 우연히 알게 되는데, 이 일 때문에 루이자는 마음에 큰 부담을 느껴 일을 포기할 생각까지 한다. 그러나 동생의 권고를 받아들여 버킷리스트를 작성해 윌과 가장 아름다운 순간을 경험할 계획을 세운다. 혹시라도 윌의 결심이 바뀌리라는 기대를 갖고 그것을 실행에 옮기는데, 이 과정에서 루이자와 윌은 서로를 깊이 의지한다. 마음이 순수한 여인을 얻고 또 그녀와 함께 아름다운 시간을 보내면서 혹시 윌의 마음은 바뀌지 않을까? 윌의 부모는 물론이고 그의 주변에 있는 모든 사람들 그리고 관객들 역시 기대하는 바다.

그러나 윌에게서 그런 변화는 결코 일어나지 않는다. 윌로 하여금 아침에 눈을 뜰 이유를 만들어 준 그녀도 또 그녀와 함께하는 삶에서 느꼈던 아름다움도 그의 결심을 돌이킬 수는 없었다. 삶의 좌절은 삶의 의욕보다 얼마나 더 강할까? 윌은 대체 무엇을 두려워하여 미래를 포기하려는 것일까? 심적으로는 수긍한다 해도 존엄사의 정당성을 설득하는 장면도 없이 윌의 선택을 너무 당연시하는 스토리는 이해하기 쉽지 않다. 루이자는 윌의 이런 확고한 결심 때문에 실망을 넘어 자괴감에 빠진다. 그 녀가 마땅히 해야 할 일들 가운데 놓쳤던 것은 무엇이었을까? 무엇이 부 족해서 윌의 마음을 돌이킬 수 없었던 걸까? 루이자는 자책감으로 괴로 워한다. 이런 생각을 따라가다 보면 영화는 그저 그런 영화로 마무리될 뿐이다.

그러나 필자가 영화를 재고하게 된 이유는 윌과 루이자 사이에서 가 능성을 실현하며 사는 삶의 중요성에 관한 이야기를 나누는 장면 때문이 었다. 산다는 것은 무엇인지를 성찰하는 영화로 이해하게 된 것이다.

<미 비포 유>는 산다는 것이 무엇인지를 묻고 또 나름대로 대답한다. 사실 <미 비포 유>는 앞서 말한 바와 같이 <씨 인사이드>가 보여주었던 것과 같은 존엄사 논쟁을 일으킬 의도는 처음부터 없었던 것 같다. <언터 처블>과 비슷한 상황에서 전개되지만, 그렇다고 장애인과 비장애인의 관계를 새롭게 조명해주려는 의도도 없다. <나의 왼발>이 말하는 사랑 에 대한 좌절과 마지막 순간까지 함께 있어 준 여인과의 사랑 이야기로 볼 여지가 있지만, 그것은 사실 스토리 전개를 위한 하나의 틀이었을 뿐 이다. <미 비포 유>는 다만 삶의 가능성을 실현하며 사는 것이 중요함을 보여준다. 산다는 것은 우리에게 주어진 가능성을 기회가 주어지는 대로 펼쳐나가는 것이라는 메시지를 던진다. 만일 이것이 비장애인의 시각으 로 조명되었다면 장애인들에게 불쾌할 수 있지만, 오히려 장애인의 시각 으로 조명되기에 윌이 비록 육체적인 한계는 극복하지 못한다 해도 마음 의 한계는 극복했다는 인상을 받는다. 루이자가 원색의 패션을 벗어버릴 수 있었던 것도 윌을 통해 삶의 새로운 가능성을 발견하게 되면서부터다.

이런 관점에서 윌의 장애는 가능성이 좌절된 삶을 말할 뿐 아니라 또 한 반대로 루이자의 삶에서 감춰져 있는 가능성을 보여주는 것이고, 루 이자는 윌과의 관계에서 가능성의 실현을 향한 노력이 얼마나 중요한지 를 깨달은 것이다. 결국 영화는 윌의 장애를 통해 루이자의 삶이 회복되

는 것을 겨냥하고 있고, 윌은 루이자와의 관계에서 자신의 장애를 단순한 장애가 아니라 루이자의 가능성을 현실로 옮길 수 있는 디딤돌로 삼을 수 있게 된다.

생각이 여기에 이르면서, 필자는 영화를 새롭게 보게 되었다. 다시 말해 과거 요한복음 9장과 관련해서 제기했던 질문을 떠올렸다. 비장애인은 장애인을 돌보면서 하나님을 만날 수 있다면, 도대체 장애인들은 어떻게 하나님을 만날 수 있을까? 자신에게 은혜를 베풀며 다가오는 사람을 통해 얻는 은혜가 아니라 다른 사람과의 관계에서 장애인으로서 하나님을 만날 수 있는 다른 방법은 없을까? 어떻게 보면 장애인은 오직 은혜와 도움의 객체로서만 하나님을 경험할 수 있을 뿐이고 또 그렇게 여겨지는 것이 통념이다. 그러나 주체로서 타인에게 도움이 되고 은혜를 베풀며 하나님을 경험할 수 있는 방법은 없는 걸까? 사실 이런 질문은 장애인들에게 무리일 수 있다. 왜냐하면 장애인들은 우선적으로 도움을 필요로 하는 존재이고, 그래서 그들이 다른 사람을 돕는다는 것은 가당치 않아 보이기 때문이다.

그러나 요한복음은 실로암이라는 말의 번역을 소개하면서 보냄을 받은 자로서 시각장애인을 언급한다. 실로암 사건은 시각장애인이 보냄을 받은 후에 비로소 예수님을 보게 되었다는 사실을 환기하는 이야기이다. 다시 말해서 장애인에게도 부르심이 있고, 부르심에 따라 보내심도 있다. 장애인이 하나님을 만날 수 있는 때는 바로 하나님이 보내심을 받고 순종할 때이다. 비록 장애 때문에 다양한 가능성은 사라졌다 해도 다른 사람의 가능성을 돕는 기회마저 사라진 것은 아니다. 수많은 난관을 극복한 장애인들처럼 장애를 극복하면서 사람들에게 용기를 줄 수 있지만, 결코 극복할 수 없는 한계상황이라 해도 다른 사람에게 가능성을 북돋을 수는 있지 않을까.

육체의 장애가 아닌 마음의 장애를 극복하는 모습을 필자는 <미 비포

유>에서 발견할 수 있었다. 산다는 것은 우리에게 주어진 가능성을 실현하며 사는 것이다. 누구에게나 달란트는 주어져 있고, 인간은 이 달란트를 활용해서 최선을 다해 살아야 한다. 이를 위해 육체의 장애를 극복해야 하지만, 설령 그것이 불가능하다 할지라도 마음의 장애 때문에 좌절하는 일은 없어야 할 것이다.

이것은 교육학에서 매우 중요한 의미를 갖는 메시지다. 교육의 목표를 말할 때 흔히 언급되는 소위 '자아실현'은 모든 인간에게 주어진 가능성을 실현할 수 있는 사람으로 교육한다는 것을 말한다. 기독교적인 관점에서 생각한다면, 이 말을 무조건 받아들일 수는 없다. 왜냐하면 기독교교육에서 관건은 인간의 가능성을 실현하는 것이 아니라 하나님의 뜻을 현실로 옮겨놓는 데에 있기 때문이다. 만일 하나님의 뜻을 가능성으로 여긴다면, 그 경우에 한해서 자아실현을 말할 수 있다. 이 경우에 인간에게 산다는 것은 육체와 마음의 장애를 극복하고 삶의 가능성을 실현하며 사는 것이다.

그러나 문제는 어떤 인간도 하나님의 뜻을 가능성으로 여기지 않는 것이다. 인간은 그 생각하는 것이 악할 뿐이라고 했다. 오로지 자신의 가능성, 자신의 욕망을 실현할 생각에만 전념하기 때문이다. 그래서 사도 바울은 육체의 소욕을 죽이고 성령의 소욕에 따라 살려 노력하라 말한 것이다. 기독교인은 하나님 앞에서 살고, 하나님은 우리와 함께 계시는 분이다. 성령의 소욕에 따라 살면서 육체의 소욕을 극복하는 것만이 우리의 가능성을 실현할 수 있는 유일한 길이다.

영화 속 안락사는 장애인이라도 자신의 삶에서 주체이며 또한 비장애인에게서 볼 수 있는 마음의 장애를 극복하는 일에 도움을 줄 수 있는 자가 될 수 있음을 매개하는 역할을 한다. 인간이 서로를 돕는 존재라는 의미는 그럴 능력이 있고 또 그럴 형편과 처지에 있는 사람에게만 해당되는 건 아니다. 겉으로는 할 수 없어 보인다 해도 모든 인간은 충분히 다

른 사람들을 도우며 살 수 있다. 왜냐하면 하나님이 인간을 그렇게 창조
하셨기 때문이다. 관건은 좌절하지 않고, 포기하지 않고, 또 결코 절망하
지 않는 것이다. 인간은 희망으로 사는 존재다. 진정한 희망은 서로가 서
로를 도우며 사랑할 때 더욱 밝은 빛을 발한다.

5) 안락사 행위에 함의된 인간 이해

안락사는 죽음의 문제이며(<씨 인사이다>), 또한 생명의 문제이기도
하다. 고통의 문제이기도 하다. 특히 생명의 가치와 존엄의 문제이다. 생
명의 의미와 가치를 어떻게 생각하느냐의 문제다. 그러나 단지 생명의
문제로만 생각해선 안락사를 결정하는 인간을 이해하기 쉽지 않다. 안락
사는 어떻게 죽느냐의 문제로 죽음에 대한 이해와 함께 생각되기 때문이
다. 하나님과의 관계에서 생명의 의미와 가치가 어떻게 형성되는지에 대
해선 앞서 살펴보았기에 생략하고, 이곳에선 생명과 죽음의 문제로서
'안락사'에 관해서 생각해보겠다. 안락사에 대한 기독교적인 관점을 살
펴보기 전에 먼저 안락사에 대한 간략한 의미를 알아보자.

안락사는 정의상 스스로 살만한 가치가 없다고 여기는 사람의 요청
에 따라 혹은 회복의 가능성이 전혀 없는 사람의 요청에 따라 그의 죽음
을 초래하는 행위를 하는 것이다. 스스로 죽는 것을 자살이라고 한다면,
안락사는 타인의 도움을 받아 죽는다는 점에서 다르다. 죽을 의지를 실
행에 옮기는 행위가 자신이 아닌 타인에 의해 일어나기 때문에 '조력사'
라고 한다. 대개는 육체적 혹은 심적 고통이 극심하여 안락사를 요청하
기 때문에 고통을 당하는 사람에게 자비를 베풀어준다는 의미에서 '자비
로운 살인'으로 불린다. 그러나 이 말은 앞서 언급했듯이 죽음에 대한 신
념과 적극적인 의지를 갖고 감행하는 경우와 관련해선 해당하지 않는다.
안락사의 주체는 의료인이 될 수 있고 그렇지 않은 사람이 될 수도 있다.

안락사와 관련해서 가장 유명한 인물은 미국에서 '죽음의 전도사'로 알려진 잭 케보키언(Jack Kevorkian) 박사이다. 불법적인 안락사 혐의로 거듭 기소되었으면서도 처벌 기준이 없어 기각되곤 했다. 그러다 1998년에 토머스 요크(Thomas Youk)에게 시행한 안락사 장면이 텔레비전 방송으로 송출됨으로써 논란이 커지자 마침내 1999년 유죄판결을 받았다. 이로써 한편으로는 안락사 행위가 사회적인 범죄로 인정되는 계기가 되었지만, 다른 한편으로는 인간의 죽을 권리에 대한 폭발적인 관심을 불러일으켰다. 네덜란드에서는 1999년에 일정한 조건을 충족하는 범위에서 안락사를 허용하는 법이 가결되었다. 매우 상반된 결과가 같은 해에 장소를 달리하고 발생한 것이다.

안락사와 관련해서 환자의 의지에 따라 자발적인 안락사와 비자발적인 안락사가 있다. 전자는 죽음에 대한 적극적인 의지를 갖고 행해지나, 후자는 환자가 스스로 의사표시를 할 수 없는 상태에 있는 경우 가족이나 의료진에 의한 결정으로 이뤄진다. 과거 독일의 나치 정권에서는 집시와 중증정신장애인들 그리고 유대인들을 살해했는데, 이것은 고통을 덜어주기 위한 목적이 아니라 자신의 이념을 위한 행위이기 때문에 안락사로 볼 수 없으며 분명한 살인 행위이다. 또한 안락사는 소극적인 안락사와 적극적인 안락사로 구분되기도 하는데, 연명을 위한 치료 행위를 포기해서 그 결과로 죽음에 이르도록 하는 것이 소극적인 안락사이고, 적극적인 안락사는 생명에 치명적인 해가 되는 직접적인 행위(약물 주입)를 하는 것이다.

안락사를 기독교적인 관점에서 볼 때 제기되는 질문은 이렇다. 고통을 피할 것인가(혹은 인간의 존엄을 지키는 일인가), 아니면 생명의 가치를 지킬 것인가? 고통에서 벗어나기 위해 죽음을 선택하는 일은 보편화될 수 있는가? 생명에 대한 인간의 권한은 어디까지인가? 자발적으로 죽음을 선택할 권한이 인간에게 있을까? 안락사를 통해 생명을 포기했을 때 일어나는 결과는 무엇인가? 안락사 혹은 존엄사를 결정하는 행위에서 드러나는 인간은 어떤 존재인가?

안락사를 생각함에 있어서 두 개의 상황은 구별해야 할 것 같다. 복수 전문의의 소견에 따라 치료가 불가능하다는 판단을 받았을 경우와 더 이상 삶의 의욕을 갖지 못했을 경우다. 전자의 안락사는 호스피스 병동에서 이뤄지는 전인적 돌봄의 과정을 통해 생의 마지막을 정리하면서 죽음을 맞이할 수 있다. 그러나 제도적인 뒷받침이 이뤄지지 않는 경우엔 어느 정도 본인의 의지에 따라 선택의 기회를 주는 것이 옳다고 생각한다. 삶과 죽음이 하나님의 다스림에서 벗어나지 않는다는 현실을 생각해볼 때, 더 이상 회복이 불가능한 상태에서 그리고 오직 육체적인 고통만이 있을 뿐이고 약과 생명 연장 장치에 의존하지 않고는 더 이상 연명할 수도 또 고통에서 벗어날 수 없는 상태에 있는 사람이 안락사를 선택하는 것은 생을 포기하는 것이라 볼 수 없다. 현대 의료 기술과 행위에 대해 지불해야 하는 비용은 자산이 없는 사람들에겐 큰 부담이다. 의료 양극화가 극심한 현실에서 그리고 제도적인 뒷받침이 없는 상태에서 회복이 불가능하고 생명 연장 장치에 의존해 있는 사람에게 고가의 의료 행위를 받아야 한다고 말하는 것은 문제다. 또한 이런 상태에서 치료를 포기하는 건(소극적 안락사) 하나님이 주신 생명을 스스로 부정하는 것이라고 말할 수 없다. 비록 자신의 선택에 따라 치료를 포기하는 것이라도 그것은 영혼을 하나님의 손에 자신을 맡기는 일이다.

문제는 오직 심리적·정신적인 장애(우울증, 정신착란증, 공황장애 등) 때문에 삶의 의욕을 갖지 못해 죽음을 원하는 사람들의 경우다. 육체적·심리적·정신적 장애는 비장애인에 맞춰 조율된 사회에서 삶의 정상성을 유지하기 힘들게 한다. 삶이 힘들다는 이유는 생명을 포기해야 할 이유가 될 수 있을까? 문제는 그들을 대하는 사회적인 시선이 정당하지 못하고 또 많은 치료(수용시설에서 머물 때 지불해야 하는) 비용이 들기 때문에 삶의 질이 떨어질 수밖에 없다는 사실이다. 그래서 이들 가운데는 약물을 통한 치료나 상담을 통한 심리치유를 포기하고 고통에서 벗어나기 위해 죽을 기회만을 노리며 사는 사람들이 있다. 만일 이들이 안락사를 원한다면 어떻게 해야 할까? 심지어 최근에는 인간답게 살 뿐 아니라 인간답게 죽을 권리를 주장하면서 인간답게 살 가망이 없다고 판단되어 안락사를 원한다면 들어주어야 한다는 주장도 제기되고 있다. 안락사에 비해 존엄사라 말은 하지만, 비록 스스로 목숨을 끊지 않을 뿐 거의 자살에 가까운 일이다. 이런 사실에 대한 윤리적인 평가는 지금 우리가 다룰 과제가 아니다. 다만 이런 결정을 통해 드러나는 인간 이해의 단면을 탐색해 보고자 한다.

후자의 경우 안락사를 원하는 중요한 이유는 다분히 삶의 정상성에 이르지 못하기 때문이다. 현대 사회에서 삶의 공동체성은 많이 주장되고 있지만, 죽음은 극히 개인적인 사안으로 여겨지고 있다. 그러나 죽음 역시 관계의 맥락에서 본다면 공동체적인 사안이다. 따라서 삶의 정상성에서 벗어나 있는 사람들이 안락사를 선택하는 이유는 공동체가 마땅히 해야 할 일들이 등한시 여겨지고 있기 때문이다. 따라서 정신적인 질환 때문에 혹은 삶의 의욕을 상실하여 존엄사를 원하는 사람에 대해서는 공동체가 연대책임감을 갖고 돌볼 수 있도록 제도를 만들어야 한다. 이것을 행하지 않고 다만 개인의 책임과 결정에 맡기는 것은 바람직하지 않다. 결국 안락사(존엄사) 문제에는 현대인의 개인주의적이고 이기주의적인 인간 이해가 작용하고 있음을 알 수 있다. 안락사 문제는 궁극적으로 죽음에 대한 태도에 있어서 공동체성을 회복해야 할 이유를 제시한다.

III. 시간 사이에 끼인 인간

1. 시간 경험을 통한 인간 이해

하이데거(Martin Heidegger)는 존재에 대한 현상학적인 분석, 곧 현존재에 대한 실존적인 해석을 통해 존재의 의미를 밝히고자 했고, 그의 시도는 저서 『존재와 시간』(Sein und Zeit)에 집약되었다. 특히 시간과 관련해서 그의 진술을 요약하면, 세계 내에 존재하는 모든 것은 시간의 제약을 받는다고 말할 수 있다. 이는 인간학적인 주제에서 시간이 결코 빠지지 않는 이유이다. 물질을 갖는 모든 존재는 시간의 한계에서 결코 벗어나지 못하기 때문이다. 시간이라는 조건에서 벗어나기 위해선 새로운 차원이 필요하다. 꿈과 의식의 차원에서는 가능할지 몰라도 현대 과학은 가능성만을 제시할 뿐 아직까지 그것을 현실화 할 수 있는 기술 개발까지는 진척하지 못하고 있다. 다시 말해서 시간의 조건에서 벗어나 과거와 현재와 미래를 자유롭게 오가는 일은 아직 오직 꿈과 의식의 차원이나 사이버 세계와 상상력의 세계에서만 가능하다. 바로 현실적인 좌절과 상상적인 가능성 사이에서 인간은 비록 물리적으로 한계에 부딪힐 수밖에 없는 줄 잘 알고 있음에도 가능성을 꿈꾸어왔다. 이런 맥락에서 인간은 끊임없이 질문을 제기한다. 시간의 한계를 벗어나면 어떤 일이 생길까? 이 질문에 대한 물리적인 답을 과학기술이 언제쯤이나 제시해줄 수 있을지 모르지만, 인간의 상상력은 이미 오래전부터 문학과 예술을 매개로 어느 정도는 현실로 경험하며 살고 있다. 곧 과거에는 판타지 소설을 통해 가능했고 그리고 이것을 보여주기 위해 주로 만화와 그림을 사용했지만, 오늘날에는 이 두 가지를 결합한 영화, 곧 시간여행을 다룬 영화들을 통해 구현하고 있다.

영화는 앵글과 미장센을 사용함으로써 공간의 미학을 구현하지만, 사실 시간이 경과하는 중에 일어나는 일들을 기록하거나 표현하기 때문에 시간예술이라 볼 수 있다. 따라서 영화가 시간여행을 다루는 일은 영화의 속성을 잘 드러내는 소재라 하겠다. 아날로그 영상문화 시대에는 회상 혹은 상상을 매개로 다른 차원 혹은 다른 시간대로 이동하고 또 다른 시간대에서 벌어지는 일들을 현재에서 경험할 수 있도록 적당한 세트를 제작하여 표현했지만, 디지털영상문화 시대의 감독들은 발달된 CGI를 통해 상상할 수 있는 모든 것을 영상으로 표현할 수 있게 되었다. 시간의 이동은 자유롭게 되었고, <매트릭스>나 <인셉션> 그리고 <업사이드다운>에서 볼 수 있듯이, 공간의 변형까지도 가능해졌다. <더 문>, <그래비티>(알폰소 쿠아론, 2013), <마션>(리들리 스콧, 2015), <인터스텔라>(크리스토퍼 놀란, 2016), <에이리언-커버넌트> 등 아직 인간이 닿을 수 없는 우주공간이나 다른 행성에서 벌어지는 일에 대한 이야기도 가능하다. 바로 이런 기술력을 바탕으로 시간여행은 영화계에서 매우 흥미로운 소재로 각광을 받는다.

시간의 조건을 벗어날 수 있다면 인간은 어떤 경험을 하게 되고, 인간과 세계에는 어떤 일이 일어날까? 시간여행을 다룬 많은 영화들이 이런 호기심을 갖고 만들어지는데, 여러 주제들 중에 필자는 특히 인간 이해에 천착하여 살펴보고자 한다. 왜냐하면 시간여행은 결국 상상력을 자극하는 소재일 뿐 영화가 주목하는 건 인간이라고 생각하기 때문이다.

영화 속 인간은 시간여행과 더불어 무한한 가능성을 펼쳐 보이기도 하고 또 자신이 원하는 대로 되어지는 일에 적극적인 태도를 갖기도 하지만, 때로는 어쩔 수 없는 숙명을 받아들일 수밖에 없는 모습으로도 나타난다. 욕망과 한계경험 사이를 진자운동 하듯이 오고 가면서 인간의 본질을 드러내 보인다. 다시 말해서 영화 속 인간은 비록 시간의 제약에 갇혀 있거나 혹은 비록 자유롭다 하더라도 숙명론적인 한계를 벗어나지 못하는 현실에 직면하게 되는데, 이런 한계를 극복하는 영화적인 상상력을 통해 영화가 겨냥하는 것은 결국 현실의 인간을 새롭게 이해하는 것이다. 혹 미래의 인간형을 추구한다고 해도 결국 현실의 인간에게 자극을 주기 위한 목적을 갖는다. 시간의 변화에 따른 인간의 변화를 보여주며, 이런 변화가 인간의 상호관계에 어떤 영향을 미치는지를 드러낸다. 뿐만 아니라 시간의 재구성을 통해 인간이 마땅히 어떤 존재가 되어야 했는지를 설득한다.

시간여행을 다루는 판타지 영화는 영화적인 기술력을 총동원하여 현재와 과거와 미래를 넘나들게 한다는 공통점을 갖는다. 물리적인 시간에 매이진 않아도 시간을 온전히 초월할 수 없는 인간의 한계는 갖가지 상황에서 다양한 에피소드로 이어진다. <인터스텔라> 같이 과학적인 이론에 근거하여 제작되는 영화도 있고, <나비효과> (에릭 브레스, 2004)처럼 나비효과 이론을 설명하는 영화도 있다. 그리고 <시간여행자의 아내> (로베르트 슈벤트케, 2009)나 <당신, 거기 있어줄래요> (홍지영, 2016)처럼 단순한 상상력만을 바탕으로 제작되기도 한다. 그런데 시간여행을 다루는 영화는 과거와 현재와 미래를 넘나들면서 경험되는 상상의 세계를 보여주는 것만을 목적으로 하지 않는다. 대부분은 시간여행을 소재로 삼으면서도 현실 세계와 인간을 조명할 목적을 지향한다. 시간여행은 단순한 소재일 뿐이기 때문에 관객은 그것을 통해 영화가 말하려고 하는 것이 무엇인지에 집중하며 감상할 필요가 있다.

영화가 시간여행을 다루는 방식은 다양하다. 가장 일반적인 형태는 과거를 회상하고 그것을 현재와의 관계에서 성찰하거나, 혹은 미래를 상상하면서 현재와의 관계를 성찰하는 것이다. 이것은 오직 필름의 형태로 촬영할 수밖에 없었던 아날로그 영상문화 시대에 흔히 사용된 방법이다. 둘째는 어떤 도구적인 의미를 갖는 것들(약, 기계, 특정한 의식 등)을 사용하여 시간여행을 하는 것이다. 과거로 가기도 하고, 미래로 가기도 한다. 이것은 말 그대로 여행일 뿐이고, 단지 무대가 과거나 미래로 혹은 현재로 옮겨지는 것뿐이다. 셋째는 좀 더 복잡하고 또 복합적인 현상인데, 현재와 관계를 갖는 과거와 미래를 동시에 다루는 것이다. 무대가 과거나 미래로 옮겨진다 해도 현재와의 관계를 벗어나지 않는다. 분할편집 방식이 주로 사용된다. 달리 말해서 과거와 현재의 공존이나 미래와 현재와의 공존을 다룬다. 시간이 서로 중첩되어 전개되기 때문에 스토리 파악이 매우 어려울 수 있다. 관건은 뛰어난 연출력이다. 관객이 혼돈에 빠지지 않으면서도 시간의 관계성을 조리 있게 파악할 수 있도록 해야 한다. 마지막 넷째는 시간을 초월할 수 없다는 사실에 천착하여 인간의 복잡다단한 관계의 문제를 다룬다. 이것은 <하루>(조선호, 2017)에서 시도한 것인데, 상호관계에 얽히고설킨 문제가 해결되지 않는 한 결코 시간의 굴레에서 벗어나지 못하는 인간의 숙명에 관한 이야기이다. 그동안 시도해 보지 않은 매우 독창적인 방식이라고 생각한다.

이와 관련해서 비교적 성공했다고 여겨지는 몇 개의 영화들 중에서 이곳에서 다루는 영화들은 다음과 같다. <프리퀀시>(2000)는 한국의 텔레비전 드라마 <시그널>(2016)이 차용한 방식인데, 과거의 사건이 현재에 미치는 영향과 현재가 과거에 영향을 미치는 방식을 통해 이야기가 전개된다. 결국 과거를 어떻게 대하느냐에 따라 현재와 미래가 결정된다는 의미를 구현하고 있다. <당신, 거기에 있어줄래요>와 <시간을 달리는 소녀>(2006) 그리고 <나비효과> 역시 과거를 수정함으로써 일어나는 나비효과가 현실에 최적화할 수 있는 방법을 모색하면서 전개된다. <가려진 시간>(2016)은 대한민국 청소년의 시간이 어떤 의미를 갖는지에 관심을 두고 있다. <미드나잇 인 파리> (2011)는 과거에 대한 여행의 의미를 성찰한다. <패신저스> (2016)는 시간여행을 소재로 삼고 있지 않지만, 미래 지향적인 삶이 강요되는 현실에서 현재의 의미를 성찰하면서, 인간에게 현재와 미래가 어떻게 달리 이해될 수 있는지를 탐색한다. <동감> (2000)과 <너의 이름은> (2016)은 비슷한 소재로 유사하게 전개된다. <너의 이름은>은 다분히 불교적인 세계관을 바탕으로 한다. 사람은 관계를 갈망하는 존재이고 또한 어떤 관계든 신비한 면모가 있다는 점을 잘 보여주었다. 비록 애니메이션이지만 현실의 인간을 투영하고 있고, 또 시간과 인간의 관계를 잘 표현한 영화라 생각해서 이곳에서 다루었다. <어바웃 타임> (2013)은 만족할 만한 현재를 얻기 위해 과거를 반복적으로 수정하는 과정을 거치는 이야기다. 수정을 거듭하다가 어느 순간 더 이상 과거로 시간여행을 갈 필요성을 느끼지 않는다. 왜냐하면 현재의 소중함을 깨달았기 때문이다. 결국 시간여행의 목적이 의미 있는 현재의 삶에 있음을 알게 된다. <시간여행자의 아내>는 시간여행을 다룬 여타의 영화와 조금 다른 이야기다. 자신의 선택이 아닌 그야말로 랜덤으로 시간이 선택된다. 과거로 갔다가 현재로 오고, 현재에서 미래로 갔다가 다시 현재로 온다. 과거와 현재와 미래의 여행지는 결코 선택되지 않는다. 불현듯 이뤄지는 시간여행을 통해 현재에서 최선을 다하는 삶과 기다리는 삶의 중요성을 일깨워준다. <하루>는 궁극적으로는 용서를 주제로 다루고 있는데, 가해자와 피해자의 관계에서 각자의 시간이 갖는 의미를 탐색한다. 가해자에겐 시간이 계속 흐르는데 비해 피해자의 시간은 멈춰져 있다는 사실을 드러냄으로써 용서가 모두에게 새로운 시작을 가능하게 한다는 메시지를 던진다.

1) <너의 이름은> (신카이 마코토, 2017): 관계의 신비 속에 있는 인간

인간은 늘 무엇인가를 추구하며 산다. 종교적인 것일 수 있고, 예술적인 것일 수 있으며, 일상적인 삶에서 비롯하는 욕망에서 비롯한 것일 수도 있다. 인간의 욕망이라는 점에서는 같아도 성격은 아주 다르다. 만일 그것이 무엇인지를 안다면 절제하든 추구하든 확실한 목적의식이 생긴다. 그렇지 않다면 그것이 구체적으로 드러날 때까지 인간은 늘 갈망하며 산다. 뜻밖의 순간에 발견하는 보통이나 대체로 방황과 실패를 거듭하고 난 후에 비로소 깨닫는다. 불현듯 만나는 우연한 사건들 혹은 사람들과의 각종 관계에 의미를 부여하면서 그것이 정말 자신이 찾는 그것인지를 확인할 단서를 찾으려 노력한다. 갈망하지만 그것이 구체적으로 무엇인지를 모른 채 살고 있다면, 이는 알지 못하는 것 같으면서도 또한 알지 못한다고는 결코 말할 수 없는 어렴풋한 상태에 있기 때문이다. 두 세계 사이에 두 발을 걸쳐 놓은 상태라 말할 수 있을지 모르겠다. 의식과 무의식 사이에 있는 상태, 꿈인지 생시인지 분명치 않은 상태, 그야말로 긴가민가한 상태다. 분명하게 분화되지 않은 의식상태다.

영화 <너의 이름은>은 인간이라면 누구나 한 번쯤은 경험해보았을 이런 애매한 상태를 소재로 삼아 만들어졌다. 특히 이성 관계에 천착하여 전개한다. 너와 나 사이의 경계도 모호하고, 꿈인지 생시인지 확실하지 않은 상태, 기억 속에 분명히 들어있으나 현실에서 결코 확인할 수 없는 상태, 이 상태를 감독은 인간관계에 빗대어 '내가 너의 이름을 기억하지 못하고 또 부르지 못하는 상태'로 규정한다. 그리고 이 상태를 판타지 로맨스 드라마 장르에 담아 최근의 영화나 텔레비전 드라마에서 유행처럼 등장하는 시간여행을 매개로 설명한다. <구름의 저편, 약속의 장소>(2004)와 <초속 5센티미터>(2007) 그리고 <언어의 정원>(2007) 등으로 한국에서도 이미 잘 알려져 있는 신카이 마코토 감독의 작품이라 스토리 텔링이 그렇게 낯설지 않다. 일본에서는 1500만 명 이상의 관객을 동원한 영화인데, 42회 LA 비평가협회상, 18회 부천 국제애니메이션페스티벌에서 우수상과 관객상을 수상했고, 각종 영화상 후보작으로 거론되었을 정도로 작품성이 뛰어나다. 내용은 다음과 같다.

도쿄에 사는 고등학교 남학생 타키는 시골에 사는 여고생 미츠하와 영혼(영혼은 육체와 독립된 개체라기보다는 인간의 주체성을 대변하는 표현으로 이해하는 게 좋겠다)이 서로 뒤바뀌는 경험을 한다. 거주지가 몸을 중심으로 설정되어 있으니 몸이 바뀌었다기보다는 영혼이 바뀌었다는 말이 옳다. 뇌 신경학적인 측면에서 말한다면 서로의 뇌가 바뀐 경험이다. 몸은 그대로인 상태에서 다만 의식에서만 차이를 느끼다보니 그들은 자신들이 직면하는 현실을 서로 꿈이라 여기지만, 결코 꿈일 수 없는 현상들을 경험하면서 충격을 받는다.

그러던 어느 날 타키는 더 이상 미츠하와 영혼이 뒤바뀌는 일이 일어나지 않고, 또한 그것이 꿈이 아니라 현실이라는 것을 증명해 줄 단서들마저도 사라지는 현상을 경험한다. 어떻게 된 일일까? 달라진 현실을 쉽게 받아들일 수 없었던 타키는 그림을 그리면서 자신의 기억 속에 남아 있는 현실을 되살려보려 애를 쓴다. 마침내 타키는 그림과 일치하는 지역이 있음을 알고는 그곳으로 여행을 떠나는데, 그곳이 오래전 운석이 떨어져 더 이상 존재하지 않는 마을임을 직접 확인한다. 그곳에서 타키는 미츠하가 더 이상 자신에게 나타나지 않은 이유가 몇 년 전에 혜성의 운석이 마을에 떨어져 미츠하를 포함해서 모든 마을사람들이 사망했기 때문임을 알게 된다. 그러니까 과거의 미츠하와 현재의 타키가 시간과 공간의 간격을 넘어 서로 소통하였던 것이다. 일본의 종교문화적인 배경을 모르면 쉽게 이해할 수 없는 장면이다.

사고에 따른 인명 피해를 예방하기 위해 타키는 미츠하와 연결할 수 있는 마지막 방법을 찾아내고는 과거의 미츠하에게 들어간다. 그리고 재난이 일어나기 전에 마을 사람들을 구할 수 있는 방법을 강구한다. 갖가지 우여곡절 끝에 미츠하와 그녀의 친구들은 마침내 마을 사람들을 안전하게 대피시킨다. 타키가 과거로 돌아가 미츠하는 물론이고 마을 사람들 모두의 생명을 구한 것이다. 물리적으로는 결코 가능하지 않은 상상이다.

한편, 다시 서로의 몸으로 돌아온 타키와 미츠하는 안타깝게도 서로에게 일어난 일은 물론이고 서로의 이름조차 기억하지 못한다. 잊고 싶지 않은 사람이고, 또 잊으면 안 되는 사람이지만 서로의 얼굴과 이름을 기억하지 못한다. 비록 기억하진 못해도, 어렴풋이 떠오르는 느낌들을 통해 그들은 늘 무엇인가를 갈망하며 하루하루를 살아간다. 바쁜 일상에서도, 직장에서 면접을 보는 긴장 속에서도 떨쳐버릴 수 없는 갈망이다. 그 혹은 그녀는 누구이며, 그 갈망은 대체 무엇을 혹은 누구를 향한 걸까? 누구를 만나도 또 무엇을 통해서도 쉽게 해갈하지 못하는 갈망, 오직 서로에게서만 해갈할 수 있는 갈망, 서로를 기억하지도 못하는 상태에서 이 갈망은 대체 어떻게 해결할 수 있을까?

이 문제에 대한 해결책을 감독은 인연의 우연성에 맡긴다. 모든 만물은 서로 이어져 있다가도 끊어지고, 끊어져 있다가도 서로 이어지는 운명을 겪는다고 믿기 때문이다. 불교적인 세계관이다. 맺어질 인연이라면 언젠가 반드시 서로 만나게 된다는 말로 이해할 수 있다. 관건은 쉬운 해결책에 기대지 않는 것이다. 인위적으로 시도하려 하지 않고 무리수를 두지 않는다는 것이다. 비록 지루하고 또 힘겨운 여정이라도 충분히 해갈할 수 있는 인연을 만날 때까지 찾고 또 찾는 노력이 중요하다고 역설하는 것 같다. 그러다 보면 언젠가 운명적인 만남이 성사될 것을 믿는 것 같다. 인연의 의미와 가치를 소중히 생각하는 종교문화적인 배경에서 충분히 가능한 설명이라고 생각한다. 이를 통해 모든 관계는 신비로운 역학관계를 통해 형성된다는 사실을 암시한다.

기독교 역시 비록 불교에서 말하는 형태의 인연을 말하진 않아도 관계의 소중함을 강조한다. 관계와 관련해서 모든 인간은 누구도 쉽게 해갈할 수 없는 갈망을 갖는다. 이미 창세기의 인간 창조 과정에서 나와 있듯이, 인간이 홀로 있는 모습은 하나님이 보시기에도 좋아 보이지 않았을 정도였다. 이것이 인간의 내면에 잠재해 있는 관계에 대한 근원적인 갈증을 표현하는 것이라면, 이 갈증은 오직 하나님에 의해서만 해결되며, 특히 서로가 서로에게 도움이 되는 사람을 만날 때 비로소 해결된다. 왜냐하면 하나님은 늘 우리를 돕는 자로서 임재하시기 때문이다. 그때 비로소 인간은 서로에게 이름을 불러주는 관계가 된다. 아담은 하나님의 손에 이끌려 자신 앞에 나타난 여성을 보고 감탄하며 "이는 내 뼈 중의 뼈요 살 중의 살이라"고 말하고 그녀를 "여자"라고 부른다. 관계가 맺어지기 전까지는 아직 "너의 이름은 무엇인지"를 물을 수 없고 또 알 수도 없다. 그러므로 "너의 이름은"이라는 영화 제목은 관계를 맺기 전의 인간이 서로를 향한 갈망의 표현이며, 또한 관계를 맺은 후에 서로가 서로에게 부르는 이름을 의미한다고 볼 수 있다. 어떤 관계이든 모든 인간관계는 신비한 역학관계를 통해 이뤄진다. 귀하게 여길 일이다.

2) <가려진 시간> (엄태화, 2016): 시간을 잃어버린 청소년

영화 제목에 나오는 '가려지다'는 '가리어지다'의 준말로 시각을 가로막는 무엇 때문에 보이지 않거나 겉으로 드러나지 않게 되는 것을 말한다. 그것은 자발적인 것이 아니라 타의에 의한 행위 혹은 우발적인 사건으로 발생한다. 누군가가 의도적으로 가리거나 혹은 무엇인가에 의해 우연히 가로막혀 볼 수 없게 된 것이다.

영화 제목 '가려진 시간'은 누군가가 가려서 보이지 않게 된 것이 시간임을 말한다. 굳이 특정인의 행위를 거론하지 않는다면 우연한 사건 때문에 마땅히 볼 수 있는 시간이 보이지 않게 되었음을 뜻한다. 시간은 어차피 보이지 않는 것이다. 만일 볼 수 있거나 드러나야 하는 것의 의미로 시간을 말한다면, 그것은 변화 혹은 성장을 가리킨다. 시간은 처음부터 변화를 전제로 해서 만들어진 구성개념이기 때문이다. 따라서 영화 제목은 '무엇인가가 시각을 가로막거나 혹은 누군가에 의해 의도적으로 가로막혀 보이지 않게 된 변화들 혹은 나타나지 못하게 된 변화들'을 떠올린다. 영화는 그것을 독특한 상상력을 통해 보여주고 있는데, 감상 포인트는 마땅히 보여야 하는 변화들이 무엇이고, 또 무엇이 그것을 보이지 않도록 방해하는지를 파악하는 일이다.

먼저 영화 이야기를 살펴보도록 하자.

수린(신은수)은 재혼한 엄마가 교통사고로 사망한 후에 건설현장에서 발파 작업을 하는 의붓아버지와 함께 낯선 섬으로 이주한다. 낯선 곳에서 낯선 아이들 틈에서 한층 더 외로워진 수린은 유일한 의지가 되어야 할 의붓아버지에게도 마음을 두지 못한다. 엄마의 교통사고에 대한 책임이 그에게 있다고 믿기 때문이다. 게다가 전학 간 학교에서 새로운 친구를 사귀는 일마저 쉽지 않다. 자기만의 세계에 머무는 것이 수린에게는 유일한 낙이다. 유체이탈과 같은 현실과 거리가 먼 일에 관심을 보이고 자기만 알아볼 수 있는 기호를 사용하여 일기를 적는다. 이런 수린에게 보육원 출신의 성민이 다가와 친구가 된다. 수린과 성민은 그들만이 이해할 수 있는 기호로 소통하고 그들만이 아는 공간에서 놀며 우정을 쌓아간다.

어느 날 수린은 성민의 친구들과 함께 철조망을 넘어 금지된 발파 현장을 구경하러 갔는데, 발파 현장 근처 작은 동굴에서 빛을 발하는 알 같이 생긴 물체를 발견한다. 아이들은 태식에게서 할아버지가 들려주셨다는 말씀을 전해 듣는다. 보름달이 뜨는 때에 동굴이 열리는데, 그곳에는 시간을 잡아먹는 요괴가 산다고 한다. 이 요괴에게 사로잡히면 아이는 청년이 되어 깨어나고, 청년은 중년이 되어서야 깨어나게 된다는 것이다.

수린이 죽은 엄마에게서 받은 머리핀을 찾으러 동굴로 다시 돌아간 때에 동굴 밖에 머물던 아이들은 호기심을 참지 못하고 알을 깨뜨린다. 알이 깨짐과 동시에 세상의 모든 것은 멈추어버리고 오직 아이들의 시간만 흐르는 이상한 일을 겪는다. 천식을 앓던 아이는 멈춰버린 세상에서 약을 구하지 못해 죽고, 시간이 지날수록 나이를 먹어 청년이 된 태식은 모든 것이 정지해버린 상황에서 불안과 지루함을 더는 감당하지 못해 자살한다. 성민 역시 태식의 뒤를 따르지만 갑자기 상황이 바뀌어 모든 것이 다시 움직이기 시작하면서 성민은 가까스로 살아나 현실로 돌아온다. 그러나 모든 것이 멈춰버린 시간 동안 그는 어른이 되어 있었다.

성민이 마을로 돌아왔을 때, 마을은 발칵 뒤집혀 있다. 유일하게 살아남은 수린에게 사람들의 관심이 집중되지만, 수린의 말은 거의 횡설수설에 가까울 정도다. 아이들을 찾을 만한 단서를 얻지 못한다. 이때 성인의 모습으로 등장한 성민(강동원)은 수린에게 다가가 자신이 성민임을 밝힌다. 그러나 수린은 성인 남성을 친구 성민으로 알아보지 못하고 경찰에 신고한다.

사람들은 아이들이 유괴된 것으로만 알고 있던 까닭에 수린에게 나타난 그 남자를 범인으로 추정한다. 그러나 수린은 의문의 남자가 놓고 간 공책에서 성민이가 자기와 소통할 때 사용하던 기호들을 발견한다. 그것으로 기록된 내용을 해독하고는 성민에게 어떤 일이 일어났었는지를 알게 되며 또한 그 남자가 성민임을 확신한다. 모두가 그를 유괴범으로 단정하고 쫓고 있을 때, 오직 수린만 그 사람이 성민임을 믿는다. 과연 두 사람의 관계에서 진실은 무엇일까? 성민을 가장한 아동성애자일까? 아니면 사라졌던 진짜 성민일까?

영화는 이미 처음부터 모든 이야기의 전모를 드러낸다. 어쩌면 이것이 관객을 더욱 혼돈으로 몰아가기 위한 전략일 수 있지만, 필자에게는 그렇게 보이지 않는다. 시간이 멈추었을 때 아이들에게 일어난 일들과 성장 과정을 이미 다 밝혔기 때문에 무엇이 진실인지를 놓고 추리하는 긴장감을 겨냥한 것 같지는 않다. 오히려 다른 목적을 향해 가는 전략으로 보인다. 그럼에도 불구하고 긴장의 끈을 놓지 못하게 한 것은 감독의 뛰어난 연출력 때문이라고 생각한다. 관객은 아이들의 시간만 흐르고 다른 시간은 멈춰버린 판타지 장면과 그것이 주는 비유의 힘에 압도될 수밖에 없다. 영화는 아이에서 갑자기 성인이 되어 나타난 성민에게서 '잃어버린 시간'을 설정해놓고, 그것 때문에 현재와 겪는 갈등, 곧 수린의 믿음과 어른들의 불신 사이에서 벌어지는 갈등 상황을 흥미 있게 전개하였다.

어떻게 보면 어른들의 합리적인 세계와 아이들의 판타지 세계의 갈등을 겨냥한 이야기 같다. 어른들의 편견에 가려진 아이들의 세계를 말하는 걸까? 특히 성민을 어려서부터 키워온 보육원 원장이 성인이 되어 나타난 성민이가 어릴 적 경험을 공유하고 있다는 사실을 확인하고도 의심을 극복하지 못하는 장면은 수린이 자신과 소통했던 비밀 언어 때문에 성민을 신뢰하는 태도와 비교할 때 매우 대조적이다. 이것이 아이와 어른의 차이일까? 영화는 어른과 아이의 세계가 다르다는 사실을 말하려는 것일까?

그렇게 보는 것은 제목에서부터 드러나는 비유적인 측면을 너무 간과한 결과다. <가려진 시간>은 성민이 친구들과 함께 경험한 시간 경험과 그것 때문에 겪어야 했던 고통 그리고 그 경험에 대한 어른들의 불신의 상관관계에서 이해될 필요가 있다. 곧, 영화는 대한민국 청소년의 현실을 은유한다. 그들이 시간과 공간에서 어떻게 갇혀 지내는지를 보여준다. 그들은 철저히 가려진, 아니 밀폐된 시간을 보내고 있다는 현실을 폭로한다. 자신들의 시간은 흐르지만 다른 사람들의 시간은 멈춰져 있는 그런 현실을 살아간다. 이것에 대해 좀 더 생각해보자.

입시경쟁에서 벗어날 수 없는 대한민국 청소년은 모든 것을 잘 갖춰

놓은 환경에서 갇혀 지낸다. 비록 예외는 있다 해도, 누구도 이것을 쉽게 부정할 수는 없을 것이다. 유치원 시기부터 조기교육에 시달리고, 비록 원치 않아도 입시경쟁의 현장으로 내몰린다. 사회는 그곳에 높은 방어벽을 세우고 또 모든 것을 갖추어 놓고는 나가지 말라 한다. 가만히 있으라 한다. 시간뿐 아니라 공간도 막혀 있다. 그런데 만일 어른들의 시간과 공간에서 과감하게 벗어나 갑자기 모습을 드러낸다면, 과연 누가 그들을 인정할 것인가? 이것은 갑자기 성인이 되어 등장한 성민이 직면한 상황이다. 사람들은 그가 진정으로 누구이고 어떤 사람인지를 알려 하기보다, 그가 성인 남자로서 여자 아이에게 접근했다는 사실만을 놓고 유괴범이며 아동성애자로 낙인찍는다. 그의 시간, 곧 변화와 성장은 사회적인 편견과 제도의 시각에 가려져 보이지 않는다. 어른들의 계산된 사고와 기대에 가려져 있다. 아니, 청소년 보호라는 미명하에 의도적으로 은폐되고 있는 것은 아닌지 모르겠다. 그래서 경찰은 수린에게 거짓말을 강요한다. 가려지는 일이 의도적으로 일어났다면 그것은 은폐. 청소년의 시간과 공간은 어른들의 필요에 의해 은폐되고, 청소년은 어른들에 의해 구성된 시간과 공간에 갇혀 지낸다.

규격화된 사회와 규범화된 시간과 공간을 빠져나가는 사람은 어떤 삶을 살든 사회로부터 쉽게 환영받지 못한다. 그들의 변화는 어른들의 계산에 따른 것이어야 한다. 그렇지 않으면 인정받지 못한다. 제도 밖의 세계는 존재한다 해도 인정받을 수 있는 곳이 아니다. 그런 점에서 청소년의 시간과 공간은 어른들의 가치관에 의해 철저히 가려져 있고 또 막혀있다. 아니 은폐되어 있다. 그곳이 어떤 곳인지 알 수도 없다. 그곳이 어떤 곳이고 어떤 변화가 일어날 수 있는지를 알 수 있기 위해서는 그들의 언어를 이해하고 그들과 소통할 수 있어야 한다. 성민을 알아보고 그에게 일어난 변화를 믿고 또 그와 소통할 수 있었던 유일한 사람은 같은 기호를 쓸 수 있고 공간에 대한 기억을 공유하고 있는 수린뿐이었다.

<가려진 시간>은 대한민국 청소년들이 어른들이 만들어놓은 시간과 공간에 갇혀 있음을 폭로한다. 또한 우리가 마땅히 보아야 할 것들이 무엇인지를 환기하고 그리고 동시에 그것들을 가리는 것들이 우리 사회에 현재함을 폭로한다. 아이들을 망치게 할 의도가 아니라고 생각하기 때문에 가려졌다는 표현을 택했지만, 사실 계획적이고 의도적으로 은폐했다고 말할 수 있다. 어른들의 가치관과 세계관에 의해 철저히 은폐되어 청소년들은 자신의 시간과 공간을 찾지 못한 채 유랑하는 신세에서 벗어나지 못한다.

청소년들이 자신들의 시간과 공간에서 자유롭게 살아갈 수 있도록 어떻게 도와줄 수 있을까? 그들의 변화와 성장을 낯설어하거나 의심하지 말고 그들을 인정해주려면 어떻게 해야 할까? 그들의 변화를 두려워하지 말고 그들과 소통할 수 있는 방법을 모색하는 것은 어떻게 가능할까? 지금은 청소년들이 자신의 시간과 공간을 누릴 수 있도록 어른들이 쌓아놓은 벽을 과감하게 무너뜨려야 할 때다.

3) <미드나잇 인 파리> (우디 앨런, 2011): 여행하는 인간

여행은 동서고금을 막론하고 의미 있는 일로 여겨진다. 빠른 운송 수단을 갖고 있는 현대인에게는 특히 그럴 거라 생각한다. 그러니 인간을 성찰하면서 여행이 갖는 인간학적인 의미를 놓칠 순 없다. 인간은 어차피 순례하는 자가 아닌가. 시간과 더불어 세상에서 사는 동안 인간은 그야말로 여행하는 인간(Homo Itinerans)으로서 존재한다.

물론 최근에 유명 여행지에선 웃지 못 할 해프닝이 벌어진다는 소식을 접한다. 여행객이 붐비다보니 생활 터전으로 살아가는 사람들이 반강제적으로 내몰린다는 말이다. 집값은 천정부지로 오르고, 상점을 운영하는 사람들은 월세 감당하기에 벅차 거대 자본에 밀릴 수밖에 없다. 여행은 인간의 생활 패턴까지도 바꿀 수 있다. 여행이 항상 긍정적인 효과만을 일으키는 건 아니다. 영화가 여행을 다룬다면 그건 여행 안내를 위한 다큐이거나 아니면 '로드무비' 형태다. 영화 속 주인공들의 여행을 통해 관객 역시 간접적으로 여행하는 느낌을 받는다. 예컨대, <파리로 가는 길>(엘레노어 코폴라, 2017)은 칸에서 파리로 가는 여정을 다루는데, 흔히 지나치는 남프랑스의 아름다움을 보여준다.

우디 앨런 감독은 역사적인 의미가 있는 지역을 방문하는 일을 단순한 관광이 아니라 일종의 시간여행으로 간주한다. 그리고 여러 영화들을 통해 시간여행에서 인간은 어떤 모습으로 자기 자신을 또 타인과 세상을 바라보는지를 탐색한다. <미드나잇 인 파리>는 그 중 하나다.

여행의 계절인 휴가철에 개봉되는 헐리웃 영화 중에는 휴가를 놀고, 먹고, 마시며 이성을 만나 즐기는 것쯤으로 각인시켜온 것들이 많다. 여행이라는 것이 스트레스를 풀기 위한 것이니 관객은 그것을 통해 약간의 대리만족을 느끼기도 하겠다. 심지어 그런 모습을 당연하다고 여기고 그렇지 않은 여행은 심심하다고 여길 정도다. 여행지에 널브러진 쓰레기들을 보라! 휴가철 이후에 나타나는 높은 낙태 비율을 생각해보라! 소란스럽게 떠들며 무리지어 다니는 여행객들을 보라! 여행은 꼭 그런 것이어야 할까? 여행이 과거의 사람들을 만나고 또한 한편의 좋은 책을 읽는 독서와 같다면 지나친 말일까?

현대와 같이 비주얼이 강조되는 시대에 보고 참여하며 체험하는 여행은 그 어느 때보다도 각광받을 수밖에 없다. 운송 수단의 발달에 힘입어서 과거엔 책으로만 접하던 곳을 직접 보고 경험하는 여행은 우리 시대에 적합한 또 하나의 독서 방식이다. VR/AR의 개발로 여행이 사라질지 모르겠지만, 결코 그럴 일은 없을 것이라 생각한다. 간접 경험한 것을 직접 확인하려는 욕망을 더욱 키울 것이기 때문이다. 그런데 여행을 그저 '스트레스 풀기' 혹은 '추억 만들기'로만 본다면, 특히 경험담의 목록에 채워 넣을 것들을 수집하는 것으로만 본다면, 비싼 여비와 시간에 비해 참으로 안타까운 일이 아닐 수 없다. 만일 여행지 사람들을 만나고 그들의 삶을 체험하며 그들의 문화를 이해하는 것으로 보면 괜한 궁상을 떠는 일일까? 여행에 관한한 당연한 사실로 소개되고 있지만 실제로는 그렇게 이뤄지지 못하고 있다. 사실 유명 관광지는 대체로 역사적인 의미를 갖는 것이어서 과거의 사건들을 추억할 수도 있고 또 과거 사람들과 만나 대화도 나눌 수 있다. 그저 가서 보고 사진 찍고 쇼핑하는 것으로 만족할 것이 아니다. 독서하듯이 여행을 하는 사람들은 사전에 충분한 시간을 두고 여행지를 탐색한다. 장소에 얽힌 에피소드들, 유명 인사들과 그들의 삶과 작품들, 문화 등을 사전에 숙지해 두면 가는 곳마다 뜻하지 않은 놀라운 일들을 경험할 수 있기 때문이다.

모두가 여행을 계획하고 꿈꾸는 휴가철에 참으로 적절한 소재로 제작된 영화 <미드나잇 인 파리>은 노년의 우디 앨런의 작품이다. 영화보다는 수양딸과 결혼한 스캔들 때문에 더욱 유명해진 코미디언이자 영화감독이지만, 이번에는 제대로 된 영화로 관객을 사로잡고 있다. 파리 여행을 소재로 하고 있는데, 기존의 장르와는 전혀 다른 방식으로 또 색다른 측면의 이야기들을 담고 있고, 대단히 참신한 방식으로 또 재미있게 만들어진 작품이다. 과거와 현재를 넘나들며 과거와 현재 속에서 삶의 의미와 방향을 성찰하는 방식을 대하면서, 여행이란 바로 이런 것이라고 무릎을 치게 만든다. 여행지 관련 영화는 이밖에도 로마를 배경으로 한 <로마 위드 러브>(2012)와 LA를 배경으로 한 <카페 소사이어티>(2016) 등이 있다.

먼저, <미드나잇 인 파리>는 파리 여행에 얽힌 이야기다. 로드무비는 아니라도 역사적인 유물로 가득한 파리의 곳곳을 배경 삼아 전개되는 장면들은 파리를 회상하게 하고 또 새로운 파리 여행을 자극한다. 영화는 부모의 스케줄에 얹혀 여행에 오른 두 약혼자가 파리에 대한 서로 다른 생각을 나누는 것으로 시작한다. 길(오웬 윌슨)은 유명 시나리오 작가이지만 소설을 쓰고 싶어 한다. 그래서 파리에 머물면서 파리 시내 곳곳에 묻어있는 역사적인 흔적들을 호흡하며 자신의 소설을 완성하려 하고, 심지어 파리에서 살고 싶어 한다. 길에게 파리는 단순한 여행지가 아니었다. 과거와 현재가 만나 살아 숨을 쉬고 있는 곳이었기에 그곳에서 살면서 과거와 현재를 만나고 싶었던 것이다. 이에 비해 그의 약혼녀(레이첼 맥아담스)에게 파리는 그저 일시적인 방문지며 여행지일 뿐이다. 결혼을 위한 혼수 준비에 여념이 없고 가능한 한 유쾌한 시간을 보내고자 한다. 게다가 파리에서 만난, 대단히 현학적인 미국인 친구와 어울려 다니기를 좋아한다. 그에게 파리는 지식의 일부로 역사적인 의미로 가득한 도시이지만, 길에게 파리는 충분히 느끼고 공감할 필요가 있는 생동감 넘치는 도시이다. 여하튼 파리 여행에 대한 생각의 차이는 여행의 의미가 무엇인지를 진지하게 고민하게 한다.

둘째, <미드나잇 인 파리>는 시간여행에 대한 판타지다. 시간여행을 다룬 여러 영화들이 있지만 특히 문화사에 초점이 맞춰져 있다. 1920년대와 1890년대의 문화사를 알지 못하면 쉽게 이해하지 못할 정도로 당시 문인이나 예술인들과 조우하는 장면들이 연속된다. 마치 <박물관이 살아있다>(숀 레비, 2006)가 박물관을 그저 과거의 유물을 전시한 곳이 아니라 어떻게 보느냐에 따라서 과거의 실존 인물을 생동감 있게 경험하는 곳이 될 수 있음을 말했듯이, 파리는 단순한 역사의 흔적이 있는 곳이 아니라 여전히 진행형인 곳으로 경험될 수 있음을 말한다. 자정을 알리는 종소리와 함께 길은 고풍스런 차를 타고 1920년대로 달려간다. 그곳에서 그는 평소에 존경하고 흠모하며 또 동경하던 작가들과 예술가들을 만난다. 스콧 피츠제럴드와 그의 연인과 친구가 되고, 콜 포터의 노래와 연주를 라이브로 들으며, 피카소와 그의 연인이었던 아드리아느를 직접 대면하는 기쁨도 컸지만, 무엇보다 자신의 작품이 헤밍웨이나 거트루드 스타인에 의해서 읽혀지고 또 평가되는 사실로 충격에 사로잡힌다. 한층 더 나아가 그는 피카소의 연인이었던 아드리아느와 사랑에 빠진다. 그야 말로 시공을 초월한 사랑이다. 그녀를 이상적으로 여기며 한창 사랑이 무르익었다 싶을 때, 길은 그녀와 함께 1890년대로 간다. 1890년대의 세계는 길이 아닌 그녀가 동경하던 곳이다. 이처럼 과거와 현재를 오가면서 길은 자신의 삶과 작품 그리고 약혼녀와의 관계에 대해 새롭게 정립해나간다.

셋째, <미드나잇 인 파리>는 사랑 이야기다. 약혼녀와의 사랑이 전부라고 생각했던 길은 파리 여행을 계기로 그녀가 자신에게 맞지 않다는 사실을 확인한다. 그가 하는 일을 이해하지 못하고 또 만족스러워하지 않기 때문이다. 그녀는 길이 헐리웃에서 잘 나가는 시나리오 작가로서 계속 머물러 있기를 바란다. 안정을 바라는 전형적인 여성이었다. 길은 1920년대의 세계에서 이상적인 여인 아드리아느를 만나지만, 그녀가 동경하는 세계는 과거, 곧 1890년대의 세계다. 현실에 만족하며 살기를 원하는 약혼녀와 과거의 세계를 꿈꾸며 그곳에 머물러 있기를 바라는 그녀 모두 길에게는 낯설기만 하다. 그가 바라는 여인은 현실에만 머무는 것도 또 과거에만 머무는 것도 아니었다. 마지막 장면에서 비 오는 파리의 거리를 함께 거닐 수 있는 중고품 판매상의 여인을 발견한 것은 길의 파리 여정에서 얻은 가장 큰 행운이며 로맨스였다. 그녀와 길의 사랑을 상상하는 것은 결코 무리가 아니다.

이처럼 파리는 과거와 현재가 함께 어우러져 있는 도시다. 여행지와 삶을 같은 공간 속에 넣어 둠으로써 누구든 맘만 먹으면 과거로의 여행을 할 수 있도록 구조되었다. 그러나 어떻게 여행하느냐에 따라 전혀 다른 느낌을 받는다는 사실을 영화를 통해서 확인하게 된다. 여행은 자신의 것을 옮겨놓는 것이 아니라 낯선 것들과의 조우를 위해 익숙한 것들을 기꺼이 떠나는 것이다. 낯선 것을 받아들이면서 나를 돌아볼 수 있는 기회를 얻을 수 있으며, 또한 내게 익숙한 것들과의 관계를 새롭게 정립하는 데에 도움을 받을 수 있다. 이제는 "왔노라! 보았노라! (사진을) 찍었노라!"로 일관하는 여행 관습에서 벗어나야 할 것이다. 단순한 관광 혹은 지식의 습득이 아니라 하나의 공감적인 독서가 되고 또한 나를 성찰하는 여정이 될 수 있는 여행이어야 한다. 잘 준비되고 충분히 공감적인 여행에서 과거와 현실(현재가 아니라!)은 언제나 서로 맞닿아 있다. 과거와 현실이 절묘하게 맞닿아 있는 곳에서 인간은 몰아의 경험을 기대할 수도 있다.

여행하는 자로서 인간은 여행지에서 만나는 수많은 낯선 사람들과 풍경들과 문화들을 매개로 세상에 대해 예민해진다. 감각이 깨어나고, 자아가 열리며, 생각은 더욱 깊어진다. 여행을 하면서 인간은 결국 자기 자신에게 돌아와 자기 자신의 내면을 들여다본다. 우디 앨런의 <미드 나잇 인 파리>는 길이 파리 여행을 매개로 어떻게 자기 자신의 길을 찾고 또 자신의 진정한 인연을 만나는지를 보여준다. 인간은 여행하면서 자기 자신의 길을 찾아가는 그런 존재다.

그러나 과연 얼마나 여행을 해야 나를 발견할 수 있을까? 여행지에서 낯선 사람들을 만나고 낯선 것들을 접할 때마다 놀랍게 반응하는 나 자신을 보면서 나의 새로운 모습을 발견하는 것 같아 놀라고 또 기뻐하지만, 집으로 다시 돌아가면 그것조차도 결국 나 자신임을 깨닫는다. 도대체 얼마나 여행을 다녀야 진정한 나를 만날 수 있을까?

파랑새 이야기는 행복을 나 밖의 다른 곳에서 찾으려 다니는 사람들에게 깨우침을 주지만, 이것은 여행을 통해 자아를 찾고자 하는 사람들에게도 해당된다고 생각한다. 인간은 자신이 만나는 자와의 관계에서 자신을 본다. 그러니 새로운 곳에서 새로운 사람을 만날 때마다 인간은 자신의 새로운 모습을 본다고 생각한다. 그러나 그것은 얼마나 진실한가? 거울신경세포가 주는 착각은 아닐까?

여행을 하면서 인간은 진정한 자신을 마주할 기회를 얻을 뿐이다. 그것은 이미 자기 안에 내재하고 있는 모습에 불과하다. 그동안 낯설어 마주할 용기가 없었던 것일 뿐, 여행하는 중에 만나는 '나'라는 군상은 모두 나 자신에 불과하다. 인간이 여행하는 존재이긴 분명하나 무엇보다 하나님 앞에서 여행하는 존재이다. 인간이 여행지마다 새로운 자기 자신을 마주하는 건, 그 여행이 하나님 앞에서 이뤄지는 것이기 때문이다. 우리에게 오신 하나님을 받아들이는 사람에겐 비록 여행을 하지 않고 주변의 사람을 만난다 해도 날마다 새로워질 수 있다. 왜냐하면 그들과의 인격적인 관계, 곧 날마다 만난다 해도 결코 다 알려지지 않은 부분을 갖고 있는 사람을 만나는 관계로부터 우리는 날마다 새로운 모습을 발견하기 때문이다. 만남은 신비와의 조우다. 여행은 그 기회를 좀 더 적극적으로 갖게 해줄 뿐이다. 여행을 반복하다 보면 자신이 원점에 서 있음을 알게 된다.

4) <프리퀀시> (그레고리 호블릿, 2000): 미래에 반응하는 삶

TvN에서 방영되어 높은 시청률을 기록하고 종영한 <시그널>(2016)은 시간을 소재로 하는 여러 영화들을 연상케 하는데, 그중에 가장 먼저 기억되는 것은 <프리퀀시>다. 2000년에 개봉된 작품으로, 필자는 시간을 소재로 다룬 <백 투 더 퓨처>(로버트 저메키스, 1985)와 같은 다른 영화들에 비해 연출에서 훨씬 탁월하다는 평가를 내리고 싶다. 사실 영화가 전제하고 있는 현재와 과거의 관계, 곧 현재가 과거에 영향을 미칠 수 있는가라는 질문은 과학철학에서 토론될 정도로 깊이가 있는 문제다. 현실에서 있을 수 없는 일이라도 이런 스토리는 사실 한국 관객들에게 낯설지 않다. 같은 시기에 제작되었으나 국내에서 먼저 개봉한 김정권 감독의 <동감>이 있고, 15년 후에 비슷한 얼개를 갖고 제작된 <더 폰>(김봉주, 2015)도 있기 때문이다. <더 폰>은 그렇게 좋은 반응을 얻진 못했다.

　이 모든 영화들의 공통점은, 현재가 과거 사건에 개입해서 사건 자체를 바꾸어 전혀 다른 현재를 경험하게 한다는 이야기다. 물리적으로 있을 수 없는 일이니 오직 상상력 기반의 내용으로 알고 감상할 필요가 있다. 곧 단순한 기억의 변화가 아니라 물리적인 변화를 기반으로 한다. 과거에 살았던 사람과 현재에 살고있는 사람은 서로 소통하면서, 과거를 바꾸어 현재를 새롭게 구성해나간다. 내용을 보면, 현재의 부정적인 현상들과 관련해서 과거를 바로 잡으면서 전혀 다른 현재를 보여주는 것이 주를 이룬다. 필자에게 특히 두드러져 보이는 작품은 <시그널>이다. 가족이나 남녀관계를 배경으로 다뤄진 여타의 작품에 비해, <시그널>은 한편으로는 사회 지도층이 연루된 부조리를 고발하면서, 다른 한편으로는 새로운 미래를 위해 과거의 문제를 어떻게 다뤄야 하는지를 묻는다. 과거사 문제를 다루면서 대한민국 사회는 항상 정치 논리를 우선적으로 내세웠다. 그래서 정치보복 금지라는 틀로 조명됨으로써, 과거사는 화해를 위해 묻어두어야 할 것으로 여겨졌다. 그러나 과거사 문제에서 진실과 정의의 문제는 우선적으로 고려되어야 할 사항이었다. 정치보복이라는 프레임에 가두어져서는 안 되었다. <시그널>은 과거와 현재를 다루면서 이 점을 부각시키고 있다는 점에서 대한민국 사회가 마땅히 인지해야 할 매우 중요한 메시지를 던져주는 드라마다.

　과거와 현재의 소통 가능성과 관련해서 생각해보자. 무엇보다 먼저 이런 질문이 제기된다. 현재가 과거에 영향을 미쳐 과거는 물론이고 현재를 바꾸는 일이 가능할까? 독일 신학자 판넨베르크는 종말론에서 하나님을 "미래의 힘"으로 이해한다. 시간의 흐름이 과거에서 현재를 거쳐 미래로 가는 것이 아니라, 오히려 미래에서 현재를 거쳐 과거로 간다고 주장했다. 그러니까 어떤 순간이든 숨어 작용하는 미래의 영향을 피할 수 없다고 보았다. 과거라 해도 이미 미래의 영향력이 작용한 것이고, 현재 역시 미래의 영향권 아래 있다. 그럼으로써 그는 자신의 신론적인 주장을 종말론과 관련해서도 관철할 수 있었는데, 그에 따르면, 하나님은 모든 것을 규정하는 현실이다. 미래의 힘으로서 하나님은 모든 현재에 작용하여 영향력을 미치고 또 그에 따라 현재를 규정하면서 역사를 당신의 뜻에 따라 이끌어 가신다. 비록 눈으로 보이진 않아도 역사는 결과적으로 하나님을 나타내는 계시가 된다.

그러나 판넨베르크의 주장은 다만 현재의 관점에서 선택과 결정의 순간에 미래가 작용하여 미래에 합당한 삶으로 이어질 수 있게 한다는 의미일 뿐, 과거마저 변화시켜 새로운 현재를 만든다는 의미를 포함하진 않는다. 이것은 시간이 과거에서 미래로 진행되는 세계관을 전제한다. 영화나 드라마에서 말하고 있는 방식의 현재와 과거의 관계는 엄격히 말해서 물리적으로 결코 가능하지 않다. 과거가 바뀔 경우 그에 따라 초래되는 나비효과를 생각한다면, 과거의 변화로 현재를 바꾸는 일은 가능하지 않다. 그러므로 영화적 현실은 엄밀히 말해서 실현 불가능하고, 다만 상상할 수 있는 가상현실이다.

그러나 상상력이 만들어낸 가상이라고 치부할 일만은 아니다. 이 이야기의 의미는 단지 가상현실을 실감나게 경험하게 하는 데에만 있지 않기 때문이다. 더욱 중요한 메시지는, 사람은 현재에 과거의 잔재를 버리고 혹은 잘못된 과거의 모습을 고치고 미래에 반응하며 살 때 행복한 삶을 살 수 있다는 것이다. 영화의 대략적인 윤곽은 이렇다.

소방관으로 재직하던 아버지가 사고로 목숨을 잃은 후 시간은 30년이 지났다. 아들은 야구 선수가 되기를 포기하고 형사가 되었다. 사귀던 여자 친구와도 힘겨운 관계를 유지하다가 결국 헤어졌다. 아버지가 살아있었다면 어땠을까? 영화의 초반부는 관객들이 이런 질문을 갖게 만드는 분위기로 가득하다. 그는 어느 날 우연히 창고에서 아버지가 쓰던 낡은 무선통신기를 발견하는데, 그것으로 아들은 다만 시간의 차이를 두고 똑같은 기계를 사용하였던 죽은 아버지와 소통한다. 아버지가 사망하게 된 경위

를 들어 알고 있는 아들은 그 사실을 아버지에게 알려준다. 한편, 아버지
는 아들로부터 얻은 정보를 바탕으로 죽음의 위기에서 모면해 살게 되지
만, 이 일은 현실에서 나비효과로 이어진다. 아들은 전혀 예상치 못한 일
들을 경험하면서 당황하는데, 예컨대 아버지의 과거가 바뀜으로써 처음
에는 살아있었던 다른 사람들이 죽는 것은 물론이고 엄마마저 사망한 것
이다. 영화는 이 문제를 푸는 과정에서 매우 긴박한 장면들을 연출하고,
감독은 이 점에서 매우 뛰어난 기량을 발휘하였다.

　　아버지와 아들의 관계를 시간의 관점에서 본다면 이렇다. 아버지는
그 자신의 입장에서 보면 현재이고, 아들의 입장에서 볼 때는 과거다. 아
들은 아버지의 입장에서 보면 미래이지만, 아들 자신의 입장에서 보면
현재이다. 과거와 현재 그리고 미래가 아버지와 아들 사이에서 누구의
관점에서 대상을 보느냐에 따라 달라진다. 시간 경험의 상대성을 매우
잘 표현해내었다고 생각한다.

　　앞서 언급한 엄마의 죽음과 관련한 문제를 해결하는 과정에서, 아들
은 아버지의 존재가 엄마의 부재로 이어진 현실에 만족하지 못한다. 그
래서 엄마의 죽음을 초래한 사건에 접근하게 되는데, 한편으로는 과거를
바꾸고, 다른 한편으로는 미래에서 오는 정보에 반응함으로써, 곧 과거
와 현재, 현재와 미래가 서로 소통하는 과정을 거치면서, 아버지와 아들
은 각각 장차 아내를 살해할 자 혹은 엄마를 살해한 자를 검거하여 마침
내 그들이 원하는 현재를 얻는다. 간단히 말해서, 과거에 개입해 사건을
바꿈으로써 혹은 미래에 반응하여 현재에 닥칠 불행을 사전에 예방함으
로써, 가족 모두는 살아 있게 되고 또 행복한 현실을 누릴 수 있게 된다.

　　물리적으로 불가능한 일을 보여줌으로써 감독이 의도했던 것은 무엇
일까? 그것은 가족 모두 행복한 순간을 누리는 마지막 장면을 바탕으로
추론할 수 있다고 생각한다. 질문을 이렇게 해보자. 우리 모두가 행복한
삶을 살 수 있기 위해선 어떻게 해야 할 것인가? 어떤 삶을 살아야 행복한

삶을 살 수 있을 것인가? 혹은 얼마나 많은 관계들이 협력해야 비로소 우리는 행복한 삶을 살 수 있는가? 지금 내가 누리는 행복이 있기까지 얼마나 많은 인과관계의 삶이 있었을까? 바로 이런 많은 질문들과 관련해서 영화는 한 가지 대답을 주고 있다고 생각한다. 곧 한편으로는 잘못된 과거를 바꾸어야 밝은 미래가 있고, 다른 한편으로는 미래에 반응하며 살라는 것이다. 여기서 과거와 미래를 굳이 물리적인 시간 개념으로 이해할 필요는 없다고 본다. 하나의 기호로 여길 때, 영화의 의미는 단순히 가상세계를 유희적으로 경험하는 외연을 넘어 보다 깊은 내연에까지 이어질 수 있다.

내연적인 의미는 특히 기독교 가르침에서 중요하다. 다시 말해서 과거는 물리적으로 결코 되돌릴 수 없다. 엎질러진 물을 담을 수 없다는 말은 바로 이런 경우에 하는 말이다. 비록 과거 자체를 바꾸는 일이 물리학적으로 불가능하더라도, 그것이 현재에까지 미치는 영향을 막을 순 있다. 회개, 곧 하나님께 돌아감으로써 가능하다. 하나님에게는 시간의 흐름이 무의미하기 때문이다. 이것이 가능하면 현재뿐만 아니라 기억 자체가 바뀐다. 회개를 통해 잘못된 과거는 더 이상 존재하지 않으며, 더 이상 현재에 영향을 미치지 않는다. 오직 약속의 실현을 경험하는 현재와 미래만이 존재한다. 회개를 통해 과거가 바뀌면 감정 역시 바뀌는데, 불안과 염려와 두려움이 기쁨과 기대와 평안으로 바뀐다. 우리의 잘못된 과거를 바꾸는 일은 오직 하나님에게 돌아갈 때만 가능해진다. 인간이 스스로 과거를 바꾸려 노력할 필요는 없다.

또한 미래에 반응하는 문제에 있어서도 기독교 종말론은 매우 중요한 가르침을 제시한다. 사람들은 미래를 말하면서, 보통은 꿈을 꾼다, 비전을 갖는다, 미래를 만들어 나간다, 미래를 개척한다는 등의 말을 한다. 그것은 우리가 고안해내는 것이고, 우리가 만들어나가는 것이고, 우리가 건설해야 할 것이다. 미래는 정말 그런 것일까? 현대 신학의 종말론은 단순히 미래를 말하는 데에서 방향을 바꾸어 미래를 말할 수 있는 근거를 발견하는 일로 과제를 바꾸었다. 곧, 희망은 무엇이며, 희망의 근거는 무엇일까?

신 마르크스주의자인 에른스트 블로흐(Ernst Bloch)는 그의 주저 *Das Prinzip Hoffnung*(희망의 원리)에서 인간이 희망하는 존재임을 철학적으로, 특히 존재론적으로 규명했다. 이런 발견에 근거하여 몰트만은 "희망의 신학"에서 희망과 하나님의 약속, 양자의 상관관계를 밝혔고, 그 후 기독교 종말론은 희망을 말하고 또 그 근거를 찾는 일을 과제로 삼게 되었다. 하나님의 약속을 일종의 미래에 대한 기호로 보고, 그것을 인간이 성취해야 할 과제로 보았다는 점에서, 몰트만의 종말론은 해방신학적 정치신학의 맥락에서 크게 벗어나지 못하고 있다. 블로흐 철학의 신학적인 번역이 겪을 수밖에 없는 숙명이라고 생각한다.

이에 비해 독일 신학자 게르하르트 자우터는 *Zukunft und Verheissung*(미래와 언약)이라는 제목의 책에서 미래를 하나님의 약속이 성취되는 시간으로 이해했다. 미래는 우리에 의해 만들어지는 것이 아니라 하나님의 약속으로 구성되는 것임을 주장하였다. 예수 그리스도 안에서 약속은 이미 성취되었지만, 그것을 우리가 온전히 누리게 되는 때는 우리가 예수 그리스도 안에 있을 때이다. 하나님의 행위가 예수 그리스도 안에 있는 우리에게 성취되도록 순종할 때이다. 왜냐하면 예수 그리스도 안에서 하나님의 약속은 온전히 성취되었기 때문이다.

현재는 미래에 의해 그 의미를 부여받는다. 미래 곧 하나님의 약속에 어떻게 반응하느냐에 따라 현재가 달라진다는 말이다. 미래는 현재의 함수가 결코 아니며, 오히려 현재가 미래의 함수이다. 하나님께 돌아가 믿음 안에서 하나님을 신뢰한다면, 과거는 더 이상 우리가 어떻게든 처리해야 할 것, 곧 우리에 의해 정당화해야 될 것이 아니라, 오히려 하나님의 영역에 속한 것으로서 과거는 하나님에 의해 정당화될 것이다. 회개함으로 우리의 과거는 바뀌고, 미래에 반응함으로써, 곧 하나님을 신뢰함으로써 우리는 현재 안에서 미래를 산다. 하나님께 돌아감으로써 과거를 바꾸고, 하나님의 약속, 곧 미래에 반응하며 사는 그리스도인은 현재에서 하나님 나라를 맛보며 산다.

5) <시간을 달리는 소녀> (호소다 마모루, 2006): 다시 시작할 수 없는 인간

이창동 감독의 작품 <박하사탕>(2000)의 첫 부분에는 젊은 남자 김영호(설경구)가 기찻길 위에서 달려오는 기차를 마주 보며 절규하듯이 "나 다시 돌아갈래!"라고 외치는 장면이 있다. 1980년대 군 생활 중 진압군으로서 5.18을 경험한 이후 인생의 갖은 굴곡을 겪어온 그가 인생이 꼬이기 이전의 순간으로 돌아가 다시 시작하고 싶다는 바람을 외치는 절규이다. 내 인생에 깊은 인상을 남긴 몇 장면 중 하나다.

그렇다. 살다보면 인생을 다시 시작하고 싶은 마음이 들 때가 있다. 꼭 이미 살아온 삶을 후회하기 때문만은 아니다. 물론 그런 경우가 더 많겠지만, 말하자면 현재의 삶에 만족하지 못하거나 혹은 가지 않은 길에 대한 짙은 아쉬움 때문이기도 하다. 더 나아질 수 있었지만 그렇지 못한 현실을 보게 될 때, 다른 길을 갈 수 있었지만 선택의 기로에서 어쩔 수 없이 하나를 포기하고 다른 길을 간 후 출발점에서 멀리 왔다고 생각될 때, 열심히 살아왔지만 다른 인생을 살아보고 싶다는 마음이 들 때, 한 번쯤은 지금까지 지나온 길을 돌아보며 인생을 다시 시작하고 싶은 마음이 든다. 사람들이 이런 생각에 더 강한 미련을 갖는 이유는 한편으로는 실제로 일어날 수 없는 일이기 때문이지만, 다른 한편으로는 사람은 누구나 자기가 원하는 삶을 살고 싶어 하는 마음 때문이다. 그러나 실제 인생은 그렇지 않고 또 그럴 수도 없다는 것을 사람들은 잘 안다. 그럼에도 불구하고 인생의 한순간을 다시 시작하게 된다면 어떻게 될까? 지금과는 얼마나 많은 것들이 달라질까? 자신에게는 물론이고 주변에 있는 사람들에게 어떤 일이 생길까? 궁금해진다. 그래서 인간은 상상력을 매개로(소설을 통해, 만화를 통해 그리고 영화를 통해서) 과거와 미래를 오가며 우리가 원하는 대로 삶을 이끌어 갈 수 있는 가능성을 시험해 본다. 사람들이 현실적으로는 가능하지 않지만 그럼에도 타임머신을 생각하는 것도 바로 이런 이유 때문이 아닐지 싶다.

한편, 과거와 미래를 오가며 시대를 건너뛰는 타임머신은 <백 투 더 퓨처>에서 볼 수 있듯이, 스케일 면에서 일상적인 감동을 주기에는 너무 크다고 생각한 것일까, 아니면 축소지향의 일본인 특유의 기질 때문일까? 츠츠이 야스타카는 1965년에 발표된 소설 "시간을 달리는 소녀"에서 소위 '타임리프'를 생각해 내었다. 타임리프란 시간과 장소를 단번에 도약하여 현재에서 과거로 거슬러 올라가 다른 시간과 장소로 이동하는 초능력적인 현상을 말한다. 힘껏 달리다 점프만 하면 된다. 타임머신이 과학적인 상상력에 기반을 두고 있다면, 타임리프는 인문학적이다. 일종의 타임머신의 원시적인 형태라 볼 수 있는데, 복잡하고 거대한 규모의 타임머신보다는 훨씬 소박하고 또 인간 냄새가 물씬 풍긴다.

<시간을 달리는 소녀>는 비록 애니메이션이라도 어른들도 충분히 감상할 수 있는 내용과 의미를 담고 있다. 뿐만 아니라 영화에 삽입된 아름다운 선율의 OST는 영화를 지루하지 않게 감상할 수 있게 해준다.

주인공 콘노 마코토는 우연한 기회에 자신의 과거로 돌아가 현재와는 전혀 다른 새로운 현재, 곧 자신이 원하는 삶을 만들어 갈 수 있는 방법을 발견한다. 마코토는 이모를 통해 그것이 '타임리프'라 불리는 현상이고, 그 나이의 소녀들에게서 흔히 있을 수 있는 일이라는 말을 듣는다. 마코토는 타임리프를 통해서 그동안 자신이 놓쳤던 많은 일들을 만회하면서 타임리프의 매력과 재미에 푹 빠진다. 학교성적도 올리고, 지각도 안

하고 게다가 그토록 잦았던 실수로 인해 벌어지는 해프닝도 얼마든지 줄일 수 있다. 더군다나 단순히 이성 친구로만 여겼던 치아키가 자신에게 사랑을 고백하는 순간, 당황한 마코토는 어색한 순간을 피하기 위해 타임리프를 사용하는데, 이를 통해 그녀는 타임리프가 사람과의 관계마저도 바꿀 수 있음을 알게 된다. 타임리프는 모든 것을 자신이 원하는 대로 다시 시작할 수 있게 하는 초능력을 발휘하는 매개였다.

한편, 마코토는 타임리프를 사용하면서 자신이 원하는 대로 살아갈 수 있지만, 자신이 누리는 혜택으로 인해 오히려 다른 사람에게 피해가 돌아갈 수도 있음을 깨닫는다. 사소하고 하찮은 일에 초능력의 대부분을 사용한 것을 후회한 마코토는 남아 있는 기회를 좀 더 의미 있는 곳에 사용하기를 원한다. 한편, 자신이 타임리프를 통해 맺어 준 고스케와 여자 친구에게 위기상황이 닥쳤을 때, 그들을 구할 기회를 놓친 마코토는 절망에 빠진다. 그러나 자신을 대신해서 치아키가 자신에게 남아 있는 타임리프로 그들을 구하기 위해 써버린다. 사실 치아키는 미래에서 타임리프를 통해 과거로 왔기 때문에 다시 미래로 돌아가야만 했다. 그러나 마지막 기회를 친구의 생명을 구하기 위해 다 써 버린 치아키는 더 이상 미래로 돌아가지 못한다. 이 사실을 알게 된 마코토는 자신에게 남아 있는 단 한 번의 기회를 사용해 치아키로 하여금 미래로 돌아갈 수 있도록 해준다. 이로 인해 결국 모든 것이 원점으로 돌아간다. 그 많은 과거와 현재의 사건들이 원점으로 돌아온 것이다. 그러나 마코토는 타임리프 경험을 통해 현재에 충실하게 사는 것과 현재의 경험이 얼마나 중요한지를 깨닫는다.

주지의 사실이지만, 현재가 아무리 만족스럽지 않다 해도 과거로 돌아가 인생을 다시 시작하는 일은 가능하지 않다. 그럼에도 다시 시작할 수 있는 가능성을 보여 준 이 영화는 단지 가상현실일 뿐이며 현재의 우리를 돌아보게 하려는 의도로 만들어졌다. 지금 이순간이 어떻게 비롯되었든, 나의 실수로 가득한 현재든, 아니면 후회할 만한 일들로 가득하든 중요한 것은 현재는 결코 회피하거나 혹은 다른 무엇으로 대체할 일이 아니라 대면해야 한다는 것이다. 과거로 돌아가 다시 시작하는 것이 문제의 본질적인 해결은 아니라는 것이다. 그래서 성경은 과거를 수정하기보다는 미래에 있을 구원에 더 큰 관심을 기울이며, 구원에 이르는 후회 곧 '회개'를 통해서 지금 바로 돌아설 것을 요구한다. 게르하르트 자우터는 인간이 자신의 과거를 스스로 교정하는 대신에 하나님이 판단하시도록 인정하는 행위를 칭의론적인 맥락에서 이해하였다. 바울은 이런 요구에 믿음으로 응답하는 사람을 일컬어 '그리스도 안에 있다'고 보고 '새로운 피조물'로 표현했다. 시작은 그리스도 안에서 이미 시작되었으며, 우리는 단지 예수 그리스도를 믿는 믿음 속에서 성실하게 살아가기만 하면 된다.

2004년에 개봉된 <나비효과>는 과거의 한 작은 사건이 미래에 얼마나 큰 영향을 미칠지 변화의 규모에 측면에 초점을 맞췄다면, <시간을 달리는 소녀>는 우리가 원하는 대로 살아갈 수 있도록 할 때 다른 사람들에게 어떤 결과가 일어날 수 있는지를 보여준다. 그럼으로써 공동체 안에서 내가 원하는 삶대로 사는 것이 최선의 삶이 아님을 환기한다. 그뿐 아니라 자신에게 주어진 삶의 기회를 어떻게 사용해야 할 것인지를 생각해 보게 한다.

인생이 내 뜻대로 되지 않는 것은 잘 아는 사실이지만, 현재를 후회한다고 해서 바뀌는 것은 아무것도 없다. 만족스럽지 못한 현재에 직면할 때, 그래서 그것이 큰 고민거리로 느껴질 때, 그리스도인으로서 바람직한 해결책은 잘못된 과거를 인정하며 회개하고 감사로 기도하는 일이다. "항상 기뻐하라 쉬지 말고 기도하라 범사에 감사하라 이는 그리스도 예수 안에서 너희를 향하신 하나님의 뜻이니라"(살전 5:16-18). 인간은 시간에 매일 수밖에 없고, 결코 인생을 다시 시작할 수는 없지만, 회개와 감사

그리고 하나님의 약속을 신뢰함으로 미래를 살 수 있다.

6) <당신, 거기 있어줄래요> (홍지영, 2016): 회개는 미래를 사는 지혜

<당신, 거기 있어줄래요>는 기욤 뮈소의 동명 소설을 원작으로 해서 만든 영화다. 기욤 뮈소의 작품을 영화로 만든다는 소식 자체가 화젯거리였다. 왜냐하면 작가는 자신의 작품을 영화화하는 일에서 그동안 꽤 까다로운 모습을 보여주었다는 소문이 자자했기 때문이다. 세계적인 감독들의 러브콜을 거부했던 작가를 한국 측에서 어떻게 설득했는지 궁금했다. 특히 소설적인 묘사보다 영화적인 표현에 관심을 둘 수밖에 없는 입장에서 시간여행이라는 소재가 영화적으로 어떻게 표현됐는지가 더욱 궁금했다. 영화는 비교적 원작에 충실하려 했고, 지나친 상상을 절제하여 현실에서 충분히 생각할 수 있는 모습으로 표현했다. 판타지일 수밖에 없는 시간여행을 CGI 한 장 없이 촬영했다는 점에서 영화의 장단점을 찾아볼 수 있을 것이다.

<당신, 거기 있어줄래요>를 본 관객은 분명 이런 질문을 들었을 것이다. '만일 당신이 과거로 돌아갈 수 있다면, 당신은 가장 먼저 무엇을 하겠는가?' 이 질문에 어떻게 대답할지는 사람마다 달라지겠지만, 서로 다른 대답을 결정하는 요인은 무엇일까? 질문 자체는 비현실적이라도, 상상함으로써 우리는 지금까지 보아왔던 방식과는 다르게 세상을 보는 안목을 가질 수 있다. 인류나 세상을 대상으로 하는 거시적인 관점이 있을 수 있고, 개인에 초점을 두고 보는 개인적인 관점도 있을 수 있겠다. 어떤 관점을 취하든 분명한 사실 한 가지가 있다면, 관건은 지금의 현실을 어떻게 받아들이느냐다. 현실에 만족한다면, 과거의 나를 돌아보는 것으로 충분하겠다. 만일 그렇지 못하다면, 현실을 바꾸려 할 것이다. 영화는 바

로 후자를 염두에 두고 전개된다. 게다가 세계 혹은 인류라는 거시적인 관점이 아니라 나와 관계를 맺고 있는 사람을 중심에 놓고 전개된다. 할리우드식 영웅 만들기로 기울지 않았다는 점에서 조금은 친근하게 또 현실적으로 느끼며 감상할 수 있다. 한번쯤 눈을 감고 상상한다면, 누구에게나 일어날 수 있는 일로 받아들여진다. 영화 속으로 들어가 보자.

수현(김윤석)은 외과의사다. 폐암 말기 상태에서 혼자 살아가는 그에게는 대학생 딸이 하나 있다. 젊었을 때 학회에서 처음 만난 여성과 하룻밤 인연으로 얻은 딸이다. 딸아이의 엄마는 미국에서 살고 있다. 수현은 캄보디아로 의료봉사 갔다가 위험을 무릅쓰고 홀로 남아 아이를 치료해준 대가로 마을의 노인에게서 10개의 알약을 받는다. 남보다 뒤늦게 의료봉사를 마치고 고국으로 돌아온 수현은 알약이 30년 뒤로 돌아갈 수 있는 시간여행 능력이 있음을 알게 된다. 얼마 남지 않은 인생에서 30년 뒤로 돌아갈 수 있는 수현이 가장 먼저 하고 싶은 건 무엇일까?

보통의 사람들은 가장 먼저 수명을 연장할 방법을 찾겠지만, 수현에게는 수명연장보다 더 중요한 일이 있다. 30년 동안 후회하고 또 아쉬워하며 마음속 깊이 간직한 가슴 저리게 하는 추억이다. 결혼을 꿈꾸며 사랑했던 연아(채서진)의 죽음이다. 돌고래 조련사였던 연아는 갑작스럽게 이상 행동을 하는 돌고래를 구하려다 목숨을 잃었다. 수현은 이 사고가 함께 여행하려던 계획을 자신이 미루었기 때문에 생긴 사고였음을 알게 된다. 수현이 자신의 생명 연장을 위한 방법을 찾기보다 먼저 연아가 살아있을 때의 모습을 보고 싶어 했다는 사실을 통해 우리는 그가 30년 동안 겪어야 했던 고통이 얼마나 컸는지를 짐작할 수 있다.

연아가 죽은 후 30년을 보낸 수현은 죽기 전에 단 한 번만이라도 연아를 볼 수 있는 기대를 갖고 과거로 여행을 한다. 그러나 30년 전의 수현(변요한)은 여전히 연아와 달콤한 사랑을 즐기는 중이다. 그리고 그는 30년 후의 자신을 만나면서 연아가 자기 때문에 죽는다는 사실을 알게 된다.

사고를 미연에 방지할 수 있는 가능성을 찾지만, 그 방법이라는 것이 연아와 헤어지고 더 이상 만나지 않는 것이다. 만나면 연아를 살릴 방법이 사라진다. 그런데 만일 연아의 죽음을 막는다면 그녀와 결혼하여 살 것이기 때문에, 그동안 함께 살아왔던 사랑하는 딸 수아가 이 세상에 존재하지 않게 된다. 이 얼마나 기구한 운명인가. 사랑하는 사람을 구하기 위해 헤어져야 하고, 또한 사랑하는 딸을 잃지 않기 위해서도 사랑하는 사람과 헤어져야 하는 현실이다. 이런 슬픈 역설을 도대체 누가 받아들일 수 있겠는가. 영화가 이런 갈등을 감정적으로 충분히 살리지 못한 것은 아쉬운 부분으로 남는다. 어쨌든 수현은 이별을 기꺼이 받아들인다. 자신의 고통보다 연아가 살아 있는 것이 더 낫다고 생각하기 때문이다. 그리고 그로부터 연쇄적으로 이어지는 나비효과들을 막을 수 있는 방법도 함께 마련한다. 수현은 연아도 살리고 딸도 지켜내지만 끝내 자신의 죽음을 막진 못한다.

수현은 그렇게 목숨을 잃는다. 죽마고우로 늘 수현 곁에 있었던 태호(김상호)는 수현이 남긴 일기를 통해 그간에 어떤 일들이 일어났는지를 알게 되고, 30년 후의 연아를 찾아가 수현의 사망 소식을 알려준다. 연아의 슬픔을 보고 안타까워하며 집으로 돌아온 태호는 일기장의 기록에 따르면 수현에게 알약이 하나 남아 있다는 사실을 불현듯 떠올리고 남아 있는 알약을 찾아서 먹고 과거로 돌아가 수현(변요한)에게 금연할 것을 간접적으로 말하고 돌아온다. 그 후로 스스로 건강을 챙긴 수현은 폐암에 걸리지 않고 살아있게 된다. 연아도 살고, 딸 수아도 지키고, 또 수현도 사는, 모두가 행복한 해피엔딩이다. 해피엔딩이 비현실적이라서 식상할 수 있겠지만, 여기에는 좀 더 깊은 의미가 숨어 있다.

이런 질문을 생각해보자. 모두가 행복한 시간을 맞이할 수 있도록 한 건 무엇일까? 그건 분명 돌이킴이다. 30년 후의 수현이 과거로 돌아가 과거의 잘못을 수정한 결과로 모두가 행복한 결과를 맞은 것이다. 연아와의 관계에서 잘못을 고치고 또 자신의 건강문제에서 잘못을 고쳤을 때 모두가 행복한 결과를 얻을 수 있었다. 텔레비전 방송 드라마 <나인> (TvN, 2013) 역시 과거의 잘못을 숨기지 않고 드러내었을 때 모두가 행복한 현실을 맞게 된다는 이야기였다. 이런 점에서 비록 내용 전개는 다르지만 <당신, 거기 있어줄래요>와 주제에서 흡사하고, 기욤 뮈소의 흔적이 짙게 새겨진 작품이다. 잘못을 고치는 일이 어떻게 미래적인 의미를 갖는지를 잘 말해주는 작품이라 생각한다.

영화 이야기를 시간문제와 관련해서 생각해보자. 그리스도인과 비그리스도인은 같은 시간대를 살고 있다. 두 부류의 사람 모두는 현재를 살면서 미래로 나아간다. 그러나 정말 동일할까? 겉보기에는 그렇다 해도 실상은 다르다. 그리스도인은 현재를 살면서 실상은 미래를 살고 있다. 왜 그런 지를 살펴보자.

세례 요한과 예수 그리스도는 사역을 시작하면서 "회개하라 천국이 가까이 왔느니라"고 외쳤다. 당시 유대인에게 회개는 과거의 잘못으로부터 돌이키는 행위이고, 천국은 묵시론적 전통에서 미래에 실현될 나라다. 둘을 분리해서 보지 않고 함께 묶어서 보면, 회개와 하나님 나라의 관계는 돌이킴과 미래의 문제가 된다. 양자의 관계를 제대로 이해하기가 쉽지 않았고, 다만 회개하는 자만이 천국에 들어갈 수 있다는 말로만 이해했는데, 영화를 보면서 양자의 관계를 새롭게 이해하게 되었다. 다시 말해서 돌이키는 자는 비록 현재를 살고 있지만, 사실은 미래로 가는 길에 들어선 것이다. 이것은 칼 바르트가 하나님을 '오시는 하나님'으로 이해하는 것과 밀접한 관계를 갖는다. 복음을 듣고 회개하고 예수 그리스도를 믿는 자는 비록 현재를 살고 있다 해도 미래를 사는 것이다. 인간의 편에서 시간은 과거에서 현재를 거쳐 미래로 진행하지만, 신앙의 관점에서 시간은 미래로부터 와서 현재를 거쳐 과거로 지나간다. 현재에 살면서 미래로부터 듣는 메시지를 듣고 순종하며 반응하는 사람은 비록 현재에 있더라도 미래에 실현될 삶을 산다. 이미 하나님 나라를 산다고 말해도 과언은 아니다. 그러나 듣지 않고 들었다 해도 순종하지 않는 사람은 마땅히 가야할 미래와 상관이 없는 삶을 산다. 심판은 메시지를 듣고 받아들이지 않는 순간에 일어난다.

<당신, 거기에 있어줄래요>는 미래의 메시지가 갖는 의미와 그것에 긍정적으로 반응할 때 어떤 일이 일어날 수 있는지를 보여주는 점에서 기독교인에게 시사하는 바가 크다 하겠다. 더불어 원작 소설을 읽으면 더욱 실감나게 상상할 수 있을 것이다.

7) <패신저스> (모튼 틸덤, 2016): 사랑은 현재에서 미래를 사는 방법

지금까지 살펴본 영화들은 판타지라는 장르로 현재와 미래 사이에 놓인 인간을 조명하였다. <당신, 거기 있어줄래요>를 통해 현재에서 미래를 살 수 있는 방법이 회개임을 살펴보기도 했다. 이번에 소개할 영화 역시 현재와 미래 사이에 끼어있는 인간이 어떻게 하면 현재에서 미래를 살 수 있는지를 좀 더 현실적으로 보여준다.

의미 있는 삶을 원하는 인간이라면 누구나 꿈을 갖고 또 인생의 목적을 세운다. 꿈의 실현을 위해 그리고 적합한 때에 인생의 목적에 이르기 위해서라면 현실에서 겪는 아픔이나 고통쯤은 충분히 감내한다. 또 그래야 한다고 생각한다. 현실에서 겪는 고통이 힘들다고 포기하면 꿈은 점점 멀어지기 때문이다. 현실은 미래의 행복을 위해 지나가야 하는 통로일 뿐이다. 현실은 미래를 위해 존재하고 그 나름대로 의미가 있으나, 그렇다고 현실에 너무 많은 가치를 두면 원하는 미래를 얻지 못한다. 행복은 깨질 것이고, 나중에 감수해야 할 고통은 현실을 누릴 때 얻는 기쁨보다 더 커진다. 그렇게 느껴진다. 행복은 미래로 지연되어야 한다. 그래야 현실에서 기울이는 노력이 의미를 갖는다. 그래서 모든 투자는 현재가 아니라 미래를 보고 이뤄진다. 사람들은 대체로 이렇게 생각한다.

시각을 조금 달리해보자. 행복의 지연과 반대편에 있는 상태를 표현하는 것으로 알려진 말 가운데 카르페 디엠(carpe diem)이 있다. 이 말은 영화 <죽은 시인의 사회>(피터 위어, 1990)를 통해 널리 알려지게 된 라틴어 시구로 로마의 시인 호라티우스의 시에서 유래한다. 흔히 "오늘을 즐겨라"는 의미로 이해되는데, 그 다음에 이어지는 말은 "quam minimum credula postero"(내일에 대한 믿음은 할 수만 있으면 접으라)이다. 영화에서 carpe diem은 키팅 선생님이 학생들에게 도전과 자유정신을 고무하는 의미로 사용하였다. 단순히 현재를 즐기라는 말로 이해해 내일이 무슨 일이 일어나든 내 알 바가 아니라는 식의 의미는 결코 아니다. 곧 기성세대에게 자신의 미래를 맡기지 말고, 기성세대에 맞춰 미래를 준비하려고 하지 말고, 그런 의미에서 현실을 기성세대의 바람에 맡기지 말고, 너의 현실을 살라는 말이다. 주체적인 생각과 판단과 삶을 통해 스스로 책임을 지는 삶을 살라는 의미다. 곧 학생들의 시각에서 현재를 바로 지각하고 경험하며 또 열정을 발산하며 현재를 충실하게 삶으로써 자신의 미래를 스스로 책임지며 살라는 뜻이다. 고전주의적인 분위기가 가득한 사회에서 다분히 낭만주의적인 질풍과 노도의 기운을 북돋는 느낌을 자아내는 영화다.

이처럼 인생의 현실과 꿈은 서로 상충할 수밖에 없다. 관건은 어느 쪽에 비중을 두어 선택하든 무엇을 근거로 그렇게 하느냐를 분명히 하는 데에 있다. 미래를 위해 투자한다면, 무엇 때문에 그런지, 또 현재에 투자한다면 무엇 때문에 그런 지가 분명해져야 한다. 모든 인간은 인지하고 있든 그렇지 않든 목적을 향해 가고 있다. 목적에만 비중을 둔다면 현재는 그 목적을 향해 가는 과정에 불과하고, 목적을 포기하면 현재는 그 자체로 가치가 있다. 미래가 어떻게 되든 현실의 만족만을 추구하도록 한다. 아마도 양자를 만족스럽게 여길 사람은 없을 것이다. 이런 딜레마적인 상황을 어떻게 해결할까? <패신저스>는 목적과 현실의 관계에서 일어날 수 있는 갈등을 보여주면서, 정작 인간에게 중요한 것이 무엇인지를 곱씹어보게 한다.

영화의 배경은 극도로 오염된 지구환경이다. 그래서 지구는 더 이상 인류의 서식처가 되기에 부족하다. 그래서 인류는 새로운 행성을 개발하는 프로젝트를 갖고 우주여행을 떠난다. 이미 <아바타>, <인터스텔라>, <마션> 등의 영화에서 시도된 소재다. 그런데 이들 영화들이 새로운 행성 개발과 거기서 오는 갈등에 중점을 두고 있는 것과 달리 <패신저스>는 목적지에 이르는 과정에서 일어나는 해프닝을 내용으로 다루고 있다.

5,000여 명의 승객은 120년이 걸리는 행성으로 가기 위해 아발론호를 타고 우주여행 중이다. 120년이 걸리는 행성까지 가려면 지구 위에서 누리는 인간의 평균수명만으로는 불가능하다. 이 문제를 해결하기 위해선 모든 신체 활동이 정지하는 동면 과정에 들어가야 한다. 기술적으로 이것이 가장 큰 관건이겠는데, 120년 후에 깨어나도록 설계되어 있는 기구 개발이 성공했다는 전제로 영화는 시작한다. 그리고 동면 상태의 5,000명의 승객을 태운 우주선 아발론 호는 새로운 행성을 향해 순탄하게 항해 중이다. 승무원조차 동면해야 하니 우주선은 하나부터 열까지 인공지능에 의해 운행된다.

문제는 예상치 못한 사고로 발생한다. 출발한 지 30년이 되던 해에 아발론호는 우주에 떠도는 혜성과 충돌하고, 이 사고로 발생한 기계적인 결함으로 짐(크리스 프랫)이 동면에서 깨어난다. 오직 인공지능 로봇만 존재하고, 사람은 모두 동면 캐비닛에 들어가 있는 상태에서 그는 홀로 우주선에서 생존해야 한다. 이대로 간다면 목적지에 도착하기 전에 죽을 것이다. 처음에는 그나마 생존의 가능성을 찾으려 애를 써보지만 언제나 원점이다. 다시 동면의 상태로 들어갈 수 없는 상황에서 짐은 생존의 가능성을 포기할 수밖에 없다. 짐은 1년 넘게 외로운 시간을 보내다 결국 죽음을 결심한다. 그런데 계획하던 일을 시도하려는 순간에 짐은 동면 캐비닛에 누워있는 맘에 드는 여성을 발견하게 되고, 우연을 가장하여 그녀를 깨운다.

　그녀의 이름은 오로라 레인(제니퍼 로렌스), 소설가다. 왕복표를 끊은 그녀는 소설을 쓸 소재를 얻기 위해 여행하는 것일 뿐 다시 지구로 돌아갈 계획을 갖고 있었다. 그녀가 지금 깨어난다면 처음 계획은 수포로 돌아가고, 모든 계획은 무의미해진다. 아무것도 모른 채 짐에 의해 깨어난 그녀 역시 처음에는 갖은 노력을 기울이며 문제 해결을 위한 방법을 찾아보지만 좌절한다.

　우주선에서 유일하게 깨어 있는 승객인 짐과 오로라는 함께 지내는 동안에 서로에게 끌리게 되고 또 사랑에 빠진다. 비록 처음 목적하는 바는 얻지 못할지라도 그 나름대로 의미 있는 삶을 위해 서로 노력한다. 서로가 사랑하는 동안 그들은 미래를 결코 두려워하지 않는 것 같다.

　그런데 오로라가 깨어난 지 꼭 일 년이 되는 날 그녀는 인공지능 로봇 아서(마이클 쉰)에게서 자기만 모르는 비밀을 듣고 충격을 받는다. 자신이 깨어난 것은 기계의 고장이 아니라 짐이 기계를 조작했기 때문임을 알게 된 것이다.

　두 사람의 사랑은 위기에 봉착하는데, 이 상황에서 우주선에 심각한 결함이 연속적으로 일어난다. 이렇게 가면 우주선이 폭발하여 다른 승객들은 깨어나 보지도 못하고 사망할 것이다. 오로라와 짐은 우주선의 위기를 극복하기 위해 서로 협력하는데, 이 과정에서 서로의 사랑은 다시금 회복한다.

　한편, 위기를 극복하는 과정에서 짐은 동면을 취할 수 있는 방법을 발견한다. 그러나 오직 자신을 희생했을 때만 가능한 일이었다. 짐은 오로라에게 그 가능성을 제안한다. 그녀는 지구로 돌아갈 표를 끊을 정도로 귀환의 의지가 강했기 때문이고, 또한 이 모든 과정을 글로 남겨서 출판할 계획도 갖고 있었기 때문이다. 그녀를 깨운 죄책감에 대한 짐을 덜어내고 싶었기 때문이기도 하다. 오로라는 과연 어떤 선택을 할까?

SF 판타지라도 로맨스 장르에 비교적 충실하게 구성된 이야기다. 어렵지만 우연히 만나고 서로 사랑하다가 갈등국면을 맞고는 다시 회복하여 처음보다 더욱 깊은 사랑을 한다는 내용의 전형적인 해피엔딩의 로맨스다. SF는 상황 전개를 위해 도입했을 뿐이다. 아발론호에 장착된 인공지능과 로봇의 모습은 우리가 이 시대에 기대하는 모습에서 크게 벗어나지 않는다. SF를 기대하고 영화를 선택한 사람들은 실망할 수도 있겠다는 생각을 한다.

영화는 에덴동산에서 첫 인류인 아담과 하와를 떠올리게 한다. 자신이 오랜 세월 홀로 우주선에서 지내야 한다는 사실을 쉽게 받아들일 수 없었던 짐은, 남자가 독처하는 것이 하나님에게 좋아 보이지 않아 돕는 배필로서 여자를 만들었던 것처럼, 자신과 함께 지낼 여성을 깨운다. 하나님에 의한 창조와 인간에 의해 깨어나게 되었다는 사실의 차이일 뿐 두 사람의 관계가 시작되었다는 점에서는 동일한 상황이다. 사람이 살아가는 데에는 서로가 서로를 돕는 인간관계가 절대적으로 필요하다는 교훈을 준다. 인공지능의 존재와 그것이 주는 도움만으로는 결코 해결할 수 없는 갈증이 인간에게는 있다는 말이다.

또한 오로라가 우주여행을 떠나기 전에 친구들이 했던 말을 떠올리는 장면에서 영화가 말하려는 또 다른 의미를 포착할 수 있다. 오로라는 현실에 만족하지 못하고 언제나 미래에 관심과 가치를 두며 살았다. 친구는 그런 오로라에게 현재를 즐길 수 있기를 기대한다는 말을 한다. 다시 말해서 그동안 오로라는 미래를 위해 현실의 기쁨을 포기하는 삶을 살았다. 그녀가 120년이나 지나서야 도착할 수 있는 행성을 향해 여행을 떠난 것도, 또 그곳에서 소설을 위한 소재를 갖고 120년이란 세월을 지나서야 도착할 수 있는 지구로 돌아가려는 계획을 세운 것도 다 미래를 위한 계획에서 비롯한 일이었다. 미래를 앞서 경험함으로써 현실에 영향을 미칠 수 있는 가능성을 추구한 것이다.

짐이 그녀의 동면상태를 깨운 것은 꿈을 버리게 만드는 일이었고 그것을 살인이라고 표현할 정도로 그녀에게 큰 상처가 될 뿐 아니라 절망을 안겨주는 일이었다. 꿈을 잃게 하는 것은 인격살인과 다르지 않다고 생각했기 때문이리라. 이런 그녀의 생각을 바꾸게 만든 건 사랑이었다. 사랑하는 동안 그녀의 미래는 현재가 되었기 때문에 더 이상 미래를 위해 현재를 포기할 이유는 없었다. 비록 꿈을 포기해야 했고 또 우주선에서 죽음을 맞이해야 했지만, 그녀는 짐과의 사랑에서 인생에서 마땅히 경험해야 했을 의미를 맛볼 수 있었다. 혹시 영화에서 전개되는 이야기는 그녀의 소설을 바탕으로 한 것이 아니었을까 하는 의문이 들 정도다.

현재를 살면서 미래를 사는 방법은 최선을 다해 사랑하는 것이다. 그것이 미래의 사람들에게까지 영향을 미칠 수 있는 가장 확실한 방법이다. 이것이 진리라는 사실은 예수 그리스도를 통해 분명해졌다. 하나님의 사랑을 삶으로 살아내다 죽어야 했지만, 그의 사랑은 2000년이 지난 지금까지도 가장 중요한 의미로 받아들여지고 있고 또 그의 사랑은 영원히 지속될 것이다. 이런 의미에서 영생을 추구하는 인간, '구원을 추구하는 인간'이란 사랑을 실천하는 인간을 두고 한 말은 아닌지 싶다.

8) <하루> (조선호, 2017): 용서의 의미

잘못된 행위가 의도적이었든 아니면 의도하지 않은 상태에서 벌어진 일이든 피해자를 염두에 두고 일단 용서가 필요한 사람을 가해자라 해보자. 용서라는 사건은 피해자와 가해자의 상관관계에서 발생한다. 피해자는 있는데 가해자가 자신의 잘못을 인정하지 않는다면, 진정한 의미의

용서는 발생하지 않는다. 그러나 사실 성경적으로 본다면 가해자가 비록
죄 용서를 구하지 않아도 피해자가 용서할 수는 있다. 예수 그리스도를
통한 죄 용서는 우리가 아직 죄인 되었을 때 일어난 일이지, 우리가 우리
의 죄를 고백한 후에 일어난 일은 아니기 때문이다. 믿음과 함께 죄 고백
을 통해 이미 은혜로 주어진 죄 용서는 우리에게 유효하게 작용한다. 아
무튼 용서는 가해자가 입힌 고통으로 괴로워하는 피해자가 가해자가 마
땅히 받아야 할 고통마저도 자신이 떠안고 가겠다는 결심에서 발생한다.
피해자가 이중의 고통을 감수해야 하는 일이기에 용서는 쉽지 않은 일
이다.

　용서하는 행위는 분명 피해자의 몫이다. 그런데 아직 가해자와 피해
자 사이에서 화해가 일어나지 않았을 때, 곧 '용서'가 현실이 되지 않은
상태에서 피해자와 가해자는 각각 어떤 삶의 경험을 할까? 피해자는 사
건의 현장을 결코 잊지 못해 고통 중에 하루하루를 보내도, 가해자는 어
느 정도 시간이 지나면 쉽게 잊는 경향이 있다. 특히 의도하지 않은 행위
였다면 더욱 그렇다. 설령 의도했던 일 때문에 발생한 일이었다고 해도
피해자가 겪었던 고통을 느끼는 정도는 시간과 함께 잊힌다. 양심이 있
는 사람이라면 가끔 떠올리며 죄책감에 괴로워하겠지만, 대체로 거의 잊
고 지낸다고 말할 수 있다. <밀양>(이창동, 2007)에서 보듯, 심지어 종교
에 귀의하여 이전보다 더 큰 마음의 평안을 누리기도 한다.

　이에 반해 피해자는 전혀 다른 삶을 산다. 시간은 과거에 멈추어 있
고, 고통은 쉽게 치유되지 않는다. 그것이 상실의 고통이면 더욱 그렇다.
특히 가해자가 자신이 행한 일에 대한 책임을 지지 않은 채 아무렇지도
않게 살아간다면, 더군다나 만일 그가 세상에서 잘 나간다고 한다면, 가
해자에 대한 피해자의 분노는 극에 달해 복수심에 사로잡혀 살게 되는
건 말할 것도 없고, 과거에서 한 발자국도 더 나아가지 못한 채 지옥 같은
날들을 보낸다. 때로는 고통에 압도되어 정신이 붕괴되는 일도 발생한

다. 법이나 여론에 의해 가해자를 처벌하는 사회적인 정의는 어느 정도 피해자의 분노를 완화하는 작용을 한다. 그러나 사회마저도 가해자 편에 있다면 피해자의 분노는 하늘을 찌를 수밖에 없다. 이때 피해자가 살아가는 삶은 어떤 모습일까?

<하루>는 매우 독창적인 내용을 시간루프라는 소재 안에 담아 넣었는데, 용서되지 않은 상태에서 과거 시간에 갇혀 있을 뿐 아니라 그곳에서 쉽게 벗어나지 못하는 피해자의 마음이 어떠한지를 영상적으로 표현한 작품이다.

준영(김명민)은 전쟁의 성자로 불린다. 비록 농담으로라도 노벨평화상감이라고 말하는데, 이는 그가 어떤 인물인지 잘 나타낸다. 그는 전쟁이 있는 곳이라면 어디든지 달려갔고 또 그곳에서 적과 아군을 가리지 않고 헌신적으로 돌보면서 살았다. 사실 그는 최연소 의학교수로 임명되어 화제가 된 바 있고 또한 세계적으로 권위 있는 심장수술 전문의로 인정받아 장래가 촉망한 인물이었다. 그러다가 3년 전 돌연히 의학교수의 자리를 내던지고 UN 봉사활동에 전념했다. 3년 전 그에게 어떤 일이 있었을까? 순전히 봉사에 뜻을 둔 결정이었을까, 아니면 다른 이유가 있었던 걸까? 영화는 질문에 대한 답을 찾아가는 과정을 스릴러로 전개한다.

UN 봉사를 마치고 고국으로 돌아오는 비행기에서 준영은 악몽에서 깨어난다. 딸 은정(조은형)이 달리는 택시에 치어 교통사고로 사망하는 꿈이다. 그냥 악몽이려니 생각했지만, 꿈에서 깨어난 후에 그가 겪는 현실은 꿈과 너무도 일치한다. 어떻게 된 일일까? 무엇보다 딸과의 약속 장소에 이르렀을 때에 꿈에서와 똑같이 딸이 교통사고로 사망한다. 그리고 이 일을 막으려 하지만 꿈과 현실을 오가며 거듭 반복될 뿐이다. 이상한 낌새를 눈치챈 준영은 무엇보다 딸의 교통사고만을 막으려 하나 결코 막을 수 없음을 알고 절망한다. 왜 같은 꿈이 반복되는 것이며, 교통사고는 왜 막지 못하는 걸까?

그러던 중에 준영은 자신과 동일한 시간과 장소에서 같은 경험을 하고 있는 민철(변요한)을 만난다. 민철 역시 택시를 타고 가다 사고로 사망하는 아내를 보았으며, 그 꿈이 현실과 일치하였고, 또 택시의 사고를 막거나 아내에게 전화를 걸어 택시를 타지 못하게 하려는 모든 노력이 아무 소용이 없음을 알고 절망하고 있는 중이다. 어찌해서 준영과 민철은 동일한 시간에 갇혀 절망적인 상황에서 벗어나지 못한 채 동일한 경험을 계속 반복해야 하는 걸까?

더욱이 두 사람의 치밀한 시간 계산과 분출하는 에너지를 쏟아내는 노력으로 문제를 해결해보려 하지만, 결국에는 택시 사고로 준영의 딸이 죽고 또 민철의 아내가 죽는 것을 막는 일은 헛수고로 끝날 뿐이다. 문제는 무엇일까? 준영과 민철은 자신들이 특정 시간에 갇혀 동일한 상황을 반복하며 경험하는 변수에는 자신들뿐 아니라 택시 운전사도 있기 때문임을 깨닫는다. 그러니까 두 사람은 자신들이 아무리 교통사고를 막아보려 해도 택시 운전사가 협력하지 않으면 불가능하다는 사실을 알게 된 것이다. 바로 이 지점에서 세 사람을 서로 연결하고 있으면서도 준영과 민철이 까마득하게 잊고 지냈던 사건의 비밀이 드러난다.

사건의 전말은 이렇다. 3년 전 응급차를 운행하던 민철은 운행 중에 자신의 실수로 반대편에서 오는 차의 교통사고를 유발한다. 응급차를 몰고 있으면서도 사고를 유발한 책임 때문에 두려움에 사로잡혀 조속히 처리하지 못한다. 이 때문에 사고 피해자 모두를 제 때에 구하지 못한다. 아이와 아버지가 가까스로 살아남아 병원에서 치료를 받는다.

이 병원에서 심장수술 전문의로 있던 준영은 딸 은정의 심장 이식을 기다리고 있는 중이다. 심장 기증자가 나타나 기뻐하는 것도 잠시, 심장을 기증하기로 했던 사람이 갑자기 취소하여 절망에 빠진다. 그러던 중에 교통사고로 응급차에 실려 온 아이와 아버지가 의식을 잃고 있는 모습을 본다. 준영은 오직 딸을 살리겠다는 마음으로 아버지의 의식이 온전치 못한 상태에서 아이가 뇌사했고 심장을 기증한다는 내용의 서류를 조작한다. 그리고 아이의 심장을 적출하여 딸에게 이식한다. 그 후 준영은 양심의 가책을 견디지 못해 모든 의료직을 내려놓고 UN 봉사 활동에 나선다.

그러나 사고 피해자의 아버지는 비록 의식을 잃은 채 누워있었지만 이 모든 것을 알고 있었다. 가족을 모두 잃고 자기 혼자만 살아남은 상태에서 그가 살아내야 할 삶은 고통 그 자체였다. 사건 이후로 시간은 멈추었으며, 극심한 고통 속에서 지옥과 다르지 않은 시간들을 보내야 했다. 준영과 민철이 탈진할 때까지 겪어야 했던 반복된 시간 경험은 바로 피해자가 겪었던 고통의 경험이었다. 피해자가 어떤 시간 경험을 갖고 살아왔고 또 앞으로 살아가야 할 것인지를 준영과 민철은 뼈저리게 경험한 것이다. 결국 준영이 피해자에게 사과하고 용서를 구하자 비로소 모든 일은 정상으로 돌아가기 시작한다.

<하루>는 사건의 순간에 그대로 멈추어 있는 시간에 갇혀 지내야만 하는 피해자의 마음이 어떤지를 직접 경험하게 해줄 뿐 아니라, 또한 용서가 이뤄진 순간에 모든 것이 어떻게 회복되는지를 잘 볼 수 있게 해주는 영화다.

인간의 숙명과 관련해서 과거와 미래를 오가면서 현재를 바로 잡으려는 시도는 많았지만, 이처럼 용서를 두고 피해자와 가해자의 복잡 미묘한 관계를 시간적으로 형상화한 것은 매우 독창적이다. 특히 사건에 대한 충격적인 기억 때문에 한 치도 더 나아가지 못한 채 사건 당일의 시간에 매여 지낼 수밖에 없는 피해자의 시간 경험을 매우 잘 묘사했다. 도대체 직접 겪어보지 않고 그것을 어떻게 알 수 있을 것인가! 용서가 인간의 관계회복과 인간의 정상적인 삶을 위해 어떤 의미를 갖는지를 잘 보여준 영화라 생각한다. 용서는 스스로를 시간의 굴레에서 자유롭게 만든다. 또한 피해자가 과거의 시간에 매여 고통의 날들을 반복하지 않기 위

해선 무엇보다 가해자가 잘못을 인정하고 사죄하는 노력이 필요하다. 용서는 피해자와 가해자 모두를 지옥 같은 삶에서 구해내는 거룩한 일이다.

9) 시간을 통한 인간 이해

먼저 <어바웃 타임>에서 가장 명시적으로 드러난 주제와 관련해서 생각해보자. 인간은 왜 시간여행을 상상할까? 시간여행을 통해 무엇을 얻고자 하는 걸까? 무엇보다 하이데거의 말처럼, 인간은 시간적인 존재이기 때문이다. 시간을 벗어날 수 없는 한계를 가지고 있다. 따라서 시간의 한계는 지극히 인간학적인 조건이다. 몇 편의 미래 여행을 제외하면 지금까지 시간여행을 소재로 제작된 영화를 보면 시간여행의 다수는 대개 과거로 가는 것이다. 과거로 돌아가서 일정 부분 수정하여 그것을 통해 원하는 현재를 얻을 수 있게 하는 것이다. 현실에서는 불가능한 일을 영화적으로 상상한 것이다. 이 일에서 실패하기도 하지만, 성공하기도 한다. 결국 인간이 시간여행을 원하는 까닭은 의미 있는 현재를 얻기 위함이라고 말할 수 있다. 설령 미래로 시간여행을 하는 경우도 마찬가지다. 결국 시간여행은 현재에 만족할 만한 의미를 얻는 것을 목적으로 한다.

그러나 이런 형태의 인간 이해, 곧 과거를 수정하거나 과거를 성찰하여 현재의 의미를 찾음으로써 인간을 이해하는 방식은 얼마나 적합할까? 역사라는 것이 인간의 삶 그 자체를 담고 있는 것이고, 인간을 실험대상으로 삼을 수 없다는 의미에서 과거를 통해 인간을 이해하려는 노력은 불가피한 수단임에는 분명하다. 그렇기 때문에 인류문화사적인 관점이 등장하는 것이겠다. 그러나 인간학은 고고학인가? 마치 고고학처럼 과거를 탐색해서 인간과 인간의 변화를 이해하는 것은 오시는 하나님과의 관계에서 인간을 이해하려는 기독교적인 인간 이해에 부합하지 않는다. 이런 점에서 시간여행을 소재로 시도한 인간 이해는 그 현실성과 관련해

서 한계를 갖는다. 기독교적인 시간 이해에 따라 인간을 이해하는 시도
는 생각해볼 가치가 있다. 다시 말해서 인간 이해를 위해 과거가 갖는 의
미는 간과할 수 없지만, 미래를 인간 이해의 변수로 생각해보는 것은 어
떨까? 게르하르트 자우터는 요한일서 3장 2절("사랑하는 자들아 우리가 지
금은 하나님의 자녀라 장래에 어떻게 될지는 아직 나타나지 아니하였으나 그가 나
타나시면 우리가 그와 같을 줄을 아는 것은 그의 참모습 그대로 볼 것이기 때문이
니")에 근거하여 인간을 하나님 안에 감추어진 생명으로 본다. 과거와 현
재 혹은 미래의 이미지로 인간을 결코 규정할 수 없다는 의미이다. 미래
를 인간 이해의 변수로 본다 함은 인간에 의한 규정 시도를 포기하고, 오
직 하나님 안에서 그리고 그분의 약속이 실현될 때 발견될 모습으로서
인간을 본다는 말이다.

사실 시간과 관련해서 인간이 합리적으로 해야 하고 또 그럴 수밖에
없는 일은 현재에 최선의 노력을 기울이는 것이다. 과거도 미래에도 영
향을 미칠 능력이 인간에게는 주어져 있지 않다. 최선을 다하고 그 결과
를 무조건 수용하면서 이 과정을 반복하며 사는 것이 인간으로서 자신의
삶을 부둥켜안고 살아가는 최선의 방법이다. 이것은 숙명론과 다른데,
왜냐하면 숙명론은 최선의 노력이 없이도 모든 것을 긍정적으로 받아들
이는 태도를 낳기 때문이다. 현재에 최선을 다하되 결과를 겸허하게 받
아들이는 태도에 굳이 이름을 붙인다면 섭리 신앙이라고 말할 수 있다.
한자어 중에 진인사대천명(盡人事待天命: 사람이 해야 할 일을 다 행한 후에
하늘의 뜻을 기다린다)은 바로 이것을 잘 표현한다.

시간에 갇힌 인간은 현재에 최선을 다하도록 부름을 받았으며, 그 안
에서 하나님의 뜻이 이루어지길 기다리며 살 때 가장 인간다운 삶을
산다.

2. 노년으로서 인간

1) 노년, 문제인가 주제인가

대한민국의 고령화 사회로의 진입은 다른 OECD 국가들에 비해 비교적 빠른 속도로 진행되고 있다. 고령화 사회란 다른 연령대와 비교할 때 노령 인구의 비율이 현저히 높아가는 사회를 말한다. 의학의 발달과 생활수준의 향상으로 평균수명이 늘어나면서 나타나는 자연스런 결과이지만, 상대적으로 출산율이 낮아져 형성되는 불균등한 구조의 인구비율은 적지 않은 사회문제이다. 출산율이 낮아지면 노령 인구가 많아진다는 학자들의 연구가 있다.[1] 노령 인구가 많아지는 것보다는 오히려 출산율이 낮아지는 것이 더욱 큰 문제다. 균형을 잃은 구조로 인해 노인들로 하여금 장수를 자랑스럽게 생각하지 못하고 오히려 부담스럽게, 심지어 부끄럽게 여기도록 몰아가기 때문이다. 고령화 사회를 대비하고 또 실버세대의 복지를 위하여 국가적으로 다양한 정책이 마련되고 있지만, 고령화 속도를 따라가기에는 역부족이다. 이것이 어디 대한민국만의 일인가, 글로벌 트렌드 가운데 하나이다. 이와 관련해서 생각할 때 '노인'을 우리 사회의 문제로 다룰 것인지, 아니면 바람직한 미래를 위해 고민해야 할 주제 가운데 하나로 다룰 것인지에 따라 전혀 다른 결론이 도출될 것으로 생각한다.

2) 노인에 대한 정의의 어려움

인간학적인 관점에서 노인은 누구일까? 노인은 그동안 인간학적인

---

1 Paul Tournier, *Apprendre A Vieillir*, 강주헌 옮김, 『노년의 의미』(서울: 포이에마, 2015), 12.

성찰의 대상으로서 배제되었다. 시몬 드 보부아르는 "노인들은 인간이
라는 범주 밖에 위치한다"[2]고 보면서 이런 분위기의 현실에서 노인들을
주제로 삼아 글을 썼는데, 그녀는 "노인들이 실제로 무엇을 생각하고 무
엇을 느끼는가를 말하고자"[3] 했다. 일반적으로 노인은 다만 의학적인 측
면에서 혹은 복지 차원에서만 고려되었을 뿐이다. 그러나 본격적인 고령
화 사회로 진입한 현시점에서 볼 때 노인에 대한 시각은 달라져야 한다.
노인의 문제를 단순히 의료나 복지 차원에서만 다룰 것이 아니라 인간학
적인 관점에서 조명할 필요가 있다. 시몬느 드 보부아르가 『노년』에서 주
제로 삼은 질문, 곧 사회 안에서 노인의 위치가 어디인지를 파악해야 하
지만, 인간학적인 맥락에서 노인은 누구인지를 고민할 필요가 있다. 달
리 말해서 노인의 의미에 대한 탐구가 필요하다는 말이다.

　　노인을 인간학적으로 이해하기 위해 이런 질문을 생각해보자. 노인
은 무엇일까? 인간으로서 노인은 무엇일까? 사람은 생물학적인 나이, 심
리적인 나이, 사회적인 나이에서 각각 다르기 때문에 노인에 대한 이해
는 단순한 연령에 따른 분류에 근거하기보다는 복합적인 요인을 고려하
여 구성된 개념에 기반을 둔다.

　　문명의 발달과 더불어 평균수명이 늘어나고 있기 때문에 노인을 연
령별로 구분하기란 쉽지 않다. 유아기와 청소년기 그리고 장년기는 아무
리 예외적인 경우가 있다 해도 대략적인 연령대로 구분이 가능하지만,
노인의 경우는 그렇지 않다. 노년의 시기가 어디서 시작하는지 그 구분
점이 분명하지 않다. 대체로 은퇴 후의 시기를 생각하나, 은퇴와 노년의
시기를 동일시하는 데에 찬성하는 사람은 별로 없다. 아직 젊은 나이이
지만 건강상의 이유로 기능적으로나 사회적인 역할에서 현저하게 떨어
지는 사람이 있고, 노년의 나이임에도 불구하고 오히려 젊은 사람보다

2 Simone de Beauvoir, *La Vieillesse*, 홍상희/박혜영 옮김, 『노년』 (서울: 책세상, 2002), 11-12.
3 시몬 드 보부아르, 『노년』, 앞의 같은 책, 9.

더 활발하게 활동하는 사람도 있기 때문이다. 노인의 특징으로서 분명한
것은 신체적, 정신적 기능이 과거에 비해 현저히 떨어져 사회에서 차지
하는 역할이 점점 줄어든다는 사실이다. 자의적일 수 있지만 타의에 의
해 사회적인 역할에서 배제될 수도 있다.

그러나 이런 정의 역시 쉽게 수용할 수 없다. 왜냐하면 이렇게 되면
노인이란 정의상 아무런 기대도 할 수 없는 존재로 여겨지기 때문이다.
그렇다고 자기 스스로의 평가에 따라 노인을 정의하도록 하는 것도 바람
직하지 않다. 80대라도 스스로를 젊다고 보는 사람이 있는가하면, 50대
밖에 되지 않았음에도 스스로를 노인으로 생각하는 사람도 있기 때문이
다. 민태원은 "청춘예찬"에서 노인을 "시들어가는" 존재로 보는데, 이상
이 없고 뜨거운 열정이 없는 사람을 노인이라고 보는 것 같다. 젊다 해도
이상도 열정도 없으면 노인과 다르지 않다는 말이다. 이것은 아리스토텔
레스가 노인을 가리켜 '열이 식은 사람'이라 말한 것과 같은 맥락에 있다.
노인을 정의한다는 것은 이처럼 쉽지 않다.

시몬 드 보부아르는 붓다의 깨달음의 경험을 성찰하면서 "우리의 내
면에 이미 미래의 노인이 살고 있다"[4]고 말한다. 이렇게 본다면 노인을
정의하기란 거의 불가능하다고 볼 수 있다. 인간은 실제로 노인이 되어
서야 비로소 자신이 노인임을 안다. 노인에 대한 정의에 따라 규정되기
보다 노인임을 자각했을 때 비로소 노인이 되는 것이다. 곧 사람은 생애
의 일정한 시기에 이르러 몸이 점점 약해지고, 신체와 정신 기능이 현저
하게 떨어지고, 가정과 사회에서의 역할이 줄어들고, 가난하고, 외롭고,
고독한 삶을 살 때, 비로소 자신이 노년의 시기에 접어들었음을 깨닫는다.

그러므로 시몬 드 보부아르가 총체적으로 노인을 이해할 수밖에 없
다는 입장에 필자는 동의한다.[5] 노인은 생물학적인 관점만이 아니라 사

---

4 시몬 드 보부아르, 13.
5 시몬 드 보부아르, 23.

회적이고 또 문화적인 통념에 따라서도 이해돼야 한다. 그러니까 노인에 대한 이해는 사회적인 역할에서 한 걸음 물러나는 은퇴의 시기를 중심에 놓고 생각하는 것이 바람직하다. 이점에서도 필자는 보부아르와 견해를 같이한다. 정년퇴직을 하는 60세 전후 혹은 은퇴 후 연금을 받는 나이라고 할까. 물론 은퇴 후에도 사회적인 역할을 남들 못지않게 수행하는 사람들도 있고, 은퇴 후에도 건강을 비롯하여 여러 면에서 노인이라 부르기에 적합하지 않은 상태에 있는 사람도 있지만 개별적인 사례를 모두 포괄할 수는 없다. 따라서 조기 은퇴자를 제외하고 은퇴 후의 시기를 사는 사람들을 노년의 시기로 생각하는 것이 바람직하다. 그렇다고 예외가 없는 것이 아닌데, 노년임에도 젊게 사는 사람이 있고, 젊은 나이에 속하지만 노인과 다르지 않게 사는 사람도 있다는 현실을 인정하면 되겠다. 평균수명이 늘어나면 정년 역시 늘어날 것이다. 그러므로 나이는 노인을 정의하는 데 절대적이지 않다.

3) 은퇴와 노년

은퇴는 결코 잉여가 아니다. 멈춰버린 시간도 아니다. 다음 세대에게 바통을 넘겨주는 일이며 이전과는 다른 삶을 위한 관문이다. 은퇴하여 직책에서 물러난다 해도 할 일이 전혀 없진 않다. 그런데 비록 잉여는 아니라도 은퇴 후 잉여인간의 대접을 받는 현실을 무시할 순 없다. 사회가 은퇴자를 더 이상 필요로 하지 않는 현실은 직장을 사명 혹은 소명으로 알고 살았던 사람들에게는 심리적으로 충분히 잉여로 느낄 수 있다. 더군다나 만일 경제적으로나 건강상 누군가에게 의존하는 상태가 된다면, 잉여의 차원을 넘어서 가능한 한 빨리 내려놓아야 할 짐으로 여겨진다.

일을 내려놓음과 함께 인간의 가치도 하락한다. 백발의 지혜를 영광으로 여기는 시대는 분명 지나간 것 같다. 잉여도 짐도 아니라면, 노년의 삶은 무엇을 의미할까? 오늘날 백발의 지혜는 다음 세대에 유익하게 작용할까, 아니면 다만 구시대 유물에 불과한 걸까? 노년의 의미는 어떻게 회복할 수 있을까? 인간학적인 의미에서 노인은 누구인가?

시몬 드 보부아르는 노인에 대한 인식의 변화를 역사적으로 탐구하였는데, 이 연구에서 그녀는 노년을 질병으로 간주하던 때가 있었다고 말한다. 거의 19세기까지 지속되었는데, 이런 생각을 가능하게 한 배경에는 인간의 육체를 일종의 기계로 보는 이론과 생기론이 있었음을 지적한다.6 보부아르는 "질병은 사고이다. 그러나 노화는 생명의 법칙 그 자체이다"7고 말하며 한편으로는 이런 견해를 일축하면서도, 다른 한편으로는 노년은 분명 유쾌한 문제가 아니라고 말한다.

대한민국 사회에서 노년은 준비되고 있지 않다. 앞만 보고 일하다 불현듯 은퇴라는 현실과 함께 노년을 맞는다. 노후의 삶을 위해 연금을 준비하는 것이 노년을 준비하는 노력의 대부분이다. 미래에셋의 연금보험 동영상 광고에 잘 나타나 있듯이, 노후를 위해 연금보험을 준비한 사람들이 어떻게 기뻐하고 있는지를 보라. 그러나 노년에 맞게 될 인생의 새로운 국면에 대한 준비를 하지 않는 건 그야말로 젊은 사람들이 준비 없이 사회에 첫발을 내딛는 것과 크게 다르지 않다. 은퇴 후에 그동안 축적된 기술과 지식을 갖고 기능적으로 어느 정도 사회에 기여할 수 있는 것으로 만족하는 건 다만 은퇴를 지연한 것일 뿐 사실 건강한 노년의 삶이라고는 볼 수 없다.

4) 영화 속 노년

최근 들어 노년의 삶을 다양한 각도로 조명하는 영화들이 제작되고

---

6 시몬 드 보부아르, 31ff.
7 시몬 드 보부아르, 42.

있다. 1970년에 출판된 책에서 시몬 드 보부아르가 "전문적인 작품을 제외하고 나면 노년에 관련된 것들은 거의 찾아볼 수가 없다"[8]고 말했는데, 이에 비하면 최근에는 노년의 삶을 진지하게 돌아볼 수 있는 기회가 많아졌다. 노년의 삶은 이제 젊은 세대들에게도 전혀 낯설지 않을 정도로 대중문화에서 많이 등장하는 소재다. 그만큼 노년 세대가 우리 사회의 이슈가 되고 있다는 말이겠다. 한국 영화계에서도 그렇지만 외국에서도 마찬가지다. 고령화 사회가 되면서 관객으로서 노인을 겨냥한 결과물이겠지만, 노년의 삶을 이해하고 또 그들과 함께 더불어 살아가야 할 필요성에 대한 자각에서 비롯한 사회적인 현상이기도 하다. 이런 영화를 통해 노인 세대들은 자기 삶의 단편들을 되돌아 볼 수 있고, 노년에 의미 있는 삶을 준비할 수 있다. 이에 비해 언제나 자신의 문제를 중심에 놓고 살아가는 일에 익숙한 젊은 세대들은 그들의 존재와 삶에 있어서 그동안 무엇을 간과하고 살았는지 생각해 볼 수 있다. 더군다나 효에 대한 관념이 점점 희박해지고 그나마 제도적으로 보장되는 노인 인권마저도 자주 유린당하는 현실을 생각해 볼 때, 노인에 대한 이야기가 많아지는 것은 매우 고무적인 일이다.

은퇴 후 사랑과 죽음 그리고 가족과의 화해는 비교적 단순할 수밖에 없는 노년의 삶을 소재로 만들어지는 영화에서 볼 수 있는 비교적 흔한 주제이다. 무엇이든 시간과 함께 변하게 마련이지만 특히 주목할 점은, 노년의 삶을 말하는 방식이 다양해지고 있는 것이다. 이것은 노인에 대한 인식의 변화에서 기인한다. 노인이 생의 변방이 아니라 중심 가까이로 옮겨지면서 회색으로 가득한 그림들이 화려한 색채로 덧입혀지고 있다. 이것은 노인의 삶과 생각들에 대한 사회적인 관심이 그만큼 높아지고 또 이해가 다양해지고 깊어진 결과다. 이것을 하나의 사회적인 현상으로 인지하고 또 바르게 대처할 필요가 있다. 노년의 삶을 돕고, 그들을

---

8 시몬 드 보부아르, 8

이해하며, 그들이 겪는 문제들을 스스로 해결하도록 도울 뿐만 아니라 사회가 그들의 문제를 어떻게 해결할 수 있는지를 고민하는 일들이 전방위적으로 나와야 한다.

고령화 시대에 맞게 복지 정책은 물론 사회 분위기도 바뀌고 있다. 노인의 소비를 위한 마케팅이 늘어나고 노인의 삶을 다룬 서적들이 많아지고 있다. 영화계 역시 마찬가지다. 노인의 삶을 조명하는 영화들이 적지 않게 나오고 있다. 예전에 노인은 가족의 일원으로서 영화 배경의 한 부분을 차지하고 있을 뿐이었다. 지나간 세대나 보수성을 대표하고, 대가족의 한 부분을 구성하며, 과거 젊은 시절을 회상하기 위한 도구였다. 그런데 이제는 달라졌다. 노인의 삶 자체가 관심의 대상으로 부각되고 있다. 노인의 삶에 색을 입히는 작업에서도 많이 달라졌는데, 회색 일변도의 그림에서 컬러로 바뀌었다. 고령화 시대에 따른 변화임에 분명하다. 2007년 시작한 "노인 영화제"도 지금까지 계속해서 개최될 정도로 노인의 삶을 스케치하거나 성찰하며 노인 세대를 겨냥하여 제작된 영화들이 많아졌다. 서울의 종로 옛 피카디리 극장 자리에는 주로 노인들의 추억을 되살리기 위한 옛날 영화들을 상영하는 '실버 영화관'이 있다.

한편, 노인의 삶을 생각할 때 중심 주제는 무엇일까? 소설을 쓰거나 영화를 만드는 사람들에게 아마도 가장 먼저 떠오르는 질문일 것이다. 인간으로서 여정 중 마지막 단계를 살고 있는 사람들에게서 건져낼 것이 한 두 개이겠는가. 그들의 삶과 지혜의 풍부함은 더 이상 말할 필요가 없을 것이다. 그러나 젊은 관객에게 노인의 삶은 어딘지 모르게 다르게 여겨질 수밖에 없는 소재이다.

예컨대 <죽어도 좋아> (박진표, 2002)나 <죽여주는 여자> (이재용, 2016)는 노인들의 성생활을 다루고 있는데, 인간으로서 노인의 삶의 일부를 말하는 자연스런 것이지만 젊은 세대들에게는 매우 낯설게 받아들여졌다. 그동안 노인을 남성과 여성이 아니라 중성으로 여기고 있었다는 인상을 받을 정도다. 노인 세대가 선호하는 영화를 만드는 일도 독립영화가 아니라면 수익 계산이 맞지 않아 제작을 주저한다. 따라서 노인의 삶을 소재로 쓸 때 주의해야 할 부분은 젊은 세대들에게도 울림을 일으킬 수 있어야 한다는 것이다. 그렇지 않으면 외면당할 뿐이다. 대중문화의 세계는 이처럼 냉혹하다.

<버킷 리스트>(롭 라이너, 2007)는 병실에서 만난 두 노인이 죽기 전에 해야 할 일들을 목록으로 만들어 놓고 하나씩 실천해 나간다는 이야기이다. 마땅히 해야 할 것들이지만 일 때문에 한없이 미뤄두었던 것들의 의미와 중요성을 다시금 곱씹게 하는 영화였다.

박범신의 소설을 원작으로 만든 영화 <은교>(정지우, 2012)는 나이듦의 의미에 대한 성찰을 담고 있는 수작이다. 소설이 가진 아우라가 영화에 그대로 반영되었다고 생각한다. 젊은 세대와의 관계에서 겪을 수밖에 없는 노인의 갈등과 한을 잘 풀어낸 이야기다. 그러나 나이듦의 문제를 다룬 것이지 노인의 삶 자체에 대한 성찰은 아니었다. 그래서 어쩌면 젊은 세대들까지도 품을 수 있는 작품이 아니었나 생각한다. 나이듦은 모두에게 예외 없이 일어나는 일이기 때문이다. <수상한 그녀>(황동혁, 2014)는 노인의 마음과 열정은 젊은 사람들에 비해 결코 뒤지지 않는다는 사실을 코믹하게 다루었다.

특히 노년의 삶과 사랑 그리고 죽음의 문제를 다룬 영화 <아무르>(미하엘 하네케, 2012)는 칸 영화제에서 호평을 받았고, 강풀의 웹툰을 영화로 만든 <그대를 사랑합니다>(추창민, 2010)도 비슷한 주제를 다루었다. 그야말로 노인의 사랑 이야기였다. <그대를 사랑합니다>는 그래도 어느 정도는 대중의 관심을 끈 영화였지만, 전 세대의 공감을 크게 얻지 못했던 것은 그것이 '노인'의 사랑과 죽음에 관한 이야기만으로 그쳤기 때문이다. 노인의 삶의 일면을 엿보게 하는 데에는 성공했지만, <아무르>에서 보여준 인간학적인 성찰을 위한 문제의식으로까지 나아가지는 못했다. 젊은 세대들의 관심을 끌기에는 역부족이었다. 노인의 사랑과 젊은 세대의 사랑은 비슷하면서도 분명 다른 부분이 있기 때문이다. <님아 그 강을 건너지 마오>(진모영, 2014)는 노년의 삶의 일부가 된 사별의 문제를 다루었다. 노년층이 두터워지는 때에 당연한 현상이라고 생각한다. 영화는 노인에 관해 말하면서 더 이상 노인만을 주제로 삼지 않는다. 영국의 문호 윌리엄 셰익스피어가 "리어왕"에 등장하는 노인을 통해 인간의 운명을 성찰해 나갔듯이, 많은 영화 역시 노인들의 삶과 죽음을 통해 인간의 본질을 성찰하는 계기로 삼는다. 필자가 영화 속 노인 이미지를 매개로 인간 이해를 시도하게 된 주요 이유이다.

(1) 〈그대를 사랑합니다〉 (**추창민**, 2010): 노인은 문제가 아니라 인간학적인 주제

노인들을 성찰하는 다양한 시선들 가운데 <그대를 사랑합니다>가 주목하는 주제는 '노인의 사랑'이다. 만화가 강풀의 작품이 주는 따뜻함이 그대로 잘 표현된 것은 물론이고, 앵글과 숏을 처리하는 영상미학적인 측면에서 그리고 연극에서와 같이 페이드기법을 사용하고 있다는 점에서, 다시 말해서 직접적으로 말하지 않고 노인들의 삶과 사랑 그리고 그들에 대한 사회의 시각을 암시적으로 드러냈다는 점에서 대단히 돋보이는 작품이다. 게다가 스토리텔링에 있어서 단선적인 방식이 아니라 중층구조로 전개되어 지루함을 느낄 겨를이 없다.

노인영화제가 열리고 또 노인들을 전면에 내세운 <마파도> (추창민, 2005), <워낭소리> (이충렬, 2008), <사랑 후에 남겨진 것들> (도리스 되리, 2008), <버킷 리스트> (로브 라이너, 2007), <그랜토리노> (클린트 이스트우드, 2008) 등과 같은 영화들을 통해 노인들의 삶을 다루는 것은 실버 시대의 대중문화 경향에 적합한 것이긴 하지만, 그동안 노욕 혹은 주책으로

만 여기며 숨겨져 왔거나 혹은 강제로 은폐되었던 노인들의 사랑과 성을 다룬 영화들이 우리 사회에서도 주제로 표면화되고 있는 것은 분명 주목할 만한 사실이다. 노인의 성은 이미 시몬 드 보부아르가『노년』에서 자세히 다뤘던 주제이지만, 한국 사회에서 노인의 사랑을 말한다는 것은 어딘가 어색하고 또 비현실적인 것 같아 보인다. 그러나 결코 간과할 수 없는 현실이다. 2002년에 개봉된 <죽어도 좋아>는 노인들의 이성에 대한 열정과 성애를 다뤘고, 동일한 방식은 아니지만 이창동 감독의 <시> (2010) 역시 노인의 성욕을 간과하지 않고 있다. <죽여주는 여자>는 노인 매춘을 소재로 다루고 있다. 노인들의 성에 대해 우리 사회가 결코 무관심할 수 없음을 일깨워주는 영화임에 분명하다.

사랑을 다루는 방식이 다양해지는 것은 관점의 차이에 따라 나타나는 당연한 현상이라도, 사실 성찰 과정의 숙성함을 반영하기도 한다. 이런 점에서 성애적인 표현은 한편으로는 노인 이미지에 직접적인 저항을 드러내는 것이고, 그래서 충격적이면서 노인의 억압된 욕망을 솔직하게 표현한다. 그러나 다른 한편에서는 어딘가 아쉬운 점이 없지 않았다. 이에 비해 <그대를 사랑합니다>는 비록 만화 이미지를 기반으로 제작된 것이라도, 노인의 사랑을 다루는 방식에서 단연코 돋보인다.

한편, 이 영화에서 마음을 편치 못하게 만드는 것으로 그리스도인들 사이에서 회자하는 장면은 아마도 치매에다 암 말기 상태로 고통 받고 있는 아내의 죽음을 앞두고 있는 노부부가 동반 자살하는 장면이다. 아무리 사랑한다고 해도 굳이 아내와 함께 자살할 필요가 있었을까? 노인의 사랑을 표현한다면, 남은 자의 기억 속에 살아있는 사랑은 왜 말할 수 없는 걸까? 비록 사랑하는 아내를 보낸 후의 삶이 고통의 연속이라 하더라도 살아남아 있는 자로서 겪는 삶의 고통이라는 것도 사실 그리스도인들에게는 얼마나 소중하고 또 감사한 일인가? 그런데 왜 그런 선택을 하도록 연출된 걸까? 이런 선택이 정당하다고 주장한다면 도대체 얼마나 많은 사람이 목숨을 버려야 할 것인가? 숱한 연예인 자살과 노인 자살이 증가하고 있는 현실에 비추어볼 때 결단코 바람직하지 않은 장면으로 지적되는 것도 무리는 아니다.

그러나 영화는 예술임을 명심하자. 영화가 영상적인 표현을 통해 현실을 반영하긴 하지만, 그렇다고 해서 그것이 현실 그 자체는 아니라는 말이다. 그런 행위를 조장할 목적을 갖고 있지도 않다. 영화는 사실적일 수 있지만 또한 예술적인 방식으로도 우리에게 말을 걸어오기 때문에 표현 그 자체로 영화 자체를 평가하는 것은 썩 좋은 영화보기 방식이 못된다. 다시 말해서 필자가 이해하는 한 노부부의 동반 자살은 그런 상태에 있는 노인들을 가족의 문제, 사회의 문제로만 보려는 우리 사회의 시각과 한계를 조명해주는 의미로 이해될 수 있다. 이미 영화 안에서도 드러나고 있지만 노인들은 가족의 짐이며, 복지를 지향하는 사회에서 적지 않은 골칫거리로 여겨지고 있다. 노인들을 하나의 인간학적인 주제로 삼으면서 그들을 인간으로서 이해하고 또 함께 살아가려 하기보다는 단지 가족 혹은 사회의 문제로만 여겨질 뿐이다. 이런 식의 생각에서 노인은 살아있다 해도 더 이상 살아있는 것이 아니게 된다. 영화가 보여주고 싶었던 점은 바로 이것이다. 가족 안에서의 한계와 노인들에 대해 우리 사회가 갖고 있는 편견과 한계, 바로 이것을 드러내는 의미로 이해되어야 한다.

"그대를 사랑합니다"는 새로운 사람을 사랑하게 된 노인이 먼저 간 반려자를 염두에 두고 행하는 어색한 사랑의 고백만이 아니라 노인들을 향한 우리들의 고백이 되어야 하지 않을까? 노인을 인간학적으로 성찰하는 출발점은 사회에서 보듯이 노인을 문제로 보는 것이 아니라 우리 모두가 성찰해야 할 주제로 다루는 것이다.

(2) 〈동경가족〉(야마다 요지, 2014): 노년의 의미

　일본 가족영화의 대가로 알려진 야마다 요지 감독은 노인의 의미를 묻는 일에서 매우 진지한 태도를 보였다. 그는 오즈 야스지로의 대표작인 〈동경이야기〉(1953, 2014년에 디지털로 복원되어 재개봉)를 개작하면서 이 문제에 대한 자신의 생각을 영화로 표현했다. 〈동경가족〉이다. 내용의 전체적인 느낌은 〈동경이야기〉에 따른다. 영화의 내용은 이렇다.

　섬에서 살던 노년의 부부가 자녀들이 사는 동경으로 여행을 왔다. 말이 여행이지, 사실 자녀들을 보고 싶은 마음이 더 컸다. 그러나 도착역에 대한 정보가 달라 처음부터 서로 어긋나더니, 자녀들은 자기들의 일정 때문에 부모와 함께 보낼 시간을 내지 못한다. 자녀들 중에 의사로서 가장 잘 나가는 장남은 진료 때문에 바쁘고, 부모로부터 가장 사랑을 많이 받은 티를 물씬 풍기는 둘째인 딸 역시 미장원 일로 분주해 여행을 안내할 여유가 없다. 심지어 집에서 치르는 친구들의 친목모임 때문에 부모를 호텔에 모신다. 부모의 여행 안내를 맡게 된 천덕꾸러기 막내아들은 제 앞가림을 제대로 하지 못하는 것 같아 늘 부모의 근심거리다 보니 함께 있어도 맘이 편하지 않다. 막내아들과 함께 난생 처음으로 동경을 여행하며 신기한 것들을 많이 경험하지만, 즐거움이라고는 찾아볼 수 없는 표정이다. 동경에 온 목적이 단지 여행에만 있지 않다는 것을 말해준다. 급기야 엄마의 갑작스런 사망으로 동경 여행은 엄마의 마지막 여정이 된다.

　〈동경가족〉은 〈동경이야기〉를 원작으로 해서 개작된 것이나 내용이 독일 영화 〈사랑 후에 남겨진 것들〉과 너무 유사해 이것을 염두에 둔 작품이 아닐까 의심했을 정도다. 독일과 일본 동경을 배경으로 하는 〈사랑 후에 남겨진 것들〉은 생의 한 가운데서 사랑하는 사람의 죽음을 생각하며 그리고 사랑하는 죽은 자에 대한 기억에 힘입어 삶의 또 다른 차원에 대한 경험을 다룬다. 이에 비해 〈동경가족〉은 사랑하는 사람의 죽음

과 더불어 삶의 또 다른 차원을 경험한다는 점에서는 같으나, 특히 가족 안에서 전개되는 노년의 삶을 통해 그것의 의미를 성찰한다는 점에서는 다르다.

다시 말해서 <동경가족>을 통해 드러난 구체적인 질문은 이렇다. 직 장에서 은퇴한 노년의 삶은 무엇을 의미할까? 자녀들을 둥지에서 떠나보 내고 난 부모의 삶은 무엇을 의미할까? 또한 홀로 남은 노년의 삶은 무엇 을 의미할까?

은퇴 후 동경을 방문한 노부부는 자녀들이 한편으로는 여전히 부모 의 관심과 손길을 필요로 하지만, 다른 한편으로는 그들이 부모가 원하 는 대로 살고 있지 않다는 사실을 보아야 했다. 자녀들의 삶에는 더 이상 자신들이 머물 공간이 충분하지 않음을 확인해야 했으며, 또한 자녀들 때문에 갖는 아쉬움과 안타까움과 미련을 떨쳐버려야 함을 깨닫는다. 노 년은 지키고 또 얻는 것보다는 놓아야 할 것이 많은 시기다. 영화 이야기 에만 제한해서 본다면, 노년의 삶은 자녀들에게 짐이 되지 않는 범위에 서 비로소 의미 있는 존재가 된다는 것을 말하는 것 같다. 이것은 한편으 로는 노년의 삶 역시 독립적인 삶을 필요로 한다는 사실을 역설한다. 아 내를 가장 필요로 하는 시기의 남편이 홀로 남아 생활하는 것으로 영화 가 마치고 있다는 점은 이것을 더욱 강하게 어필한다.

평균수명이 늘어나면서 노인층의 인구가 급속도로 늘고 있는 상황이 기에 공감하지 않을 수 없는 영화다. 특히 직장을 사회에 기여하는 사명 으로 알고 살았던 사람에게 은퇴는 사회가 더 이상 자신을 필요로 하지 않는다는 메시지로 받아들일 수 있다. 은퇴 후 노년세대가 느끼는 상실 감이 점점 커질 수밖에 없는 이유다. 노년의 인간학적인 의미를 깊이 성 찰할 필요성을 강하게 부각한다. 노인은 인생에서 해결해야 할 과제를 다 마치고 오직 그 결과만을 보며 혹은 기다리며 사는 존재인가, 아니면 더 이상 인생의 목표를 갖지 못하는 존재인가?

(3) 〈죽여주는 여자〉 (이재용, 2016): 누가 노인의 이웃일까?

과거 유신정권의 암울했던 시기에 한국 영화계에는 소위 '호스티스 영화'가 성황을 이뤘다. 주체적인 선택이 아니라 생존의 수단으로써 어쩔 수 없이 호스티스(술시중을 드는 접대부)를 직업으로 삼아 살아가는 여성들의 삶과 애환을 통해 급속한 경제 성장의 이면에 숨겨져 있는 한국 사회의 어두운 면을 보여주었다. 물론 유신정권의 사전 검열 때문에 제대로 된 영화를 만들지 못한 절망감을 표현하면서 이장호 감독은 영화 <바보선언> (1983)을 제작하였다.

그런데 나는 <별들의 고향> (이장호, 1974), <영자의 전성시대> (김호선, 1975), <겨울여자> (김호선, 1977) 등 유신정권 시대에 만들어진 호스티스 영화를 단순히 정치 사회적인 절망감을 대체하는 작품으로만 볼 수 없다고 생각한다. 선정적이고 퇴폐적이라는 비난은 받았지만, 그것은 예술로서 영화를 오해한 결과다. 영화 속 호스티스들은 불의한 시대를 살아내야 하는 사람들의 모습이었고, 그들의 슬픔과 아픔은 시대의 어둠을 은유한다. 이렇게 말한다고 해서 매춘을 정당화하는 것은 아니다. 영화의 사회성을 고려할 때 이런 보기 방식이 충분히 가능하다는 말이다.

이재용 감독의 작품 <죽여주는 여자>는 매춘에 종사하는 노년의 여성에 관한 이야기다. 여기에는 트랜스젠더나 장애인 그리고 혼혈아에 관한 이야기도 삽입되어 있다. 영화는 주로 노인 매춘을 다루고 있지만 여러 사회적인 약자와 소수자들의 삶을 대변한다고 생각한다. 영화를 여러 측면에서 볼 수 있는 가능성이 있다는 말이다.

<죽여주는 여자>에선 호스티스 영화에서 볼 수 있었던 매혹적인 여성과 그녀의 불행한 삶의 모습은 볼 수 없지만, 호스티스라는 직업이 당시의 시대를 조명해볼 수 있는 은유로 사용되었듯이, 이재용 감독은 경제적인 이유로 매춘의 굴레에서 벗어나지 못하는 한 박카스 아줌마의 삶

을 통해서 대한민국 사회의 정치 사회적인 현실을 엿볼 수 있는 구멍을
마련해주었다고 생각한다.

박카스 아줌마 소영(윤여정)은 노인이다. 노년의 나이라도 호구지책
으로 노인을 상대로 몸을 판다. 직업 분류에 따르면 소영은 매춘업 종사
자다. 봄을 사려는 남자에게 봄을 판다. 봄은 생명의 기운을 상징하기에
그녀가 파는 것은 생명의 기운이다. 성은 인간의 가장 원초적인 본능이
면서 또한 생명의 기운을 상징하기 때문에 하는 말이다. 흔히 성은 거룩
하게 여겨지지만 또한 성에 대한 인식은 폐쇄적이기 때문에 상대적으로
매춘은 불결한 직업이고 또 순간적인 오르가즘만을 선사할 뿐 금방 허탈
해지기 때문에 성매매는 덧없는 욕망이라 폄하된다.

소영은 성적인 서비스에서 남자들의 만족을 위해 최고의 노력을 다
하기 때문에 소위 '죽여주는 여자'로 통한다. 먹고 살기 위해 젊어서는 동
두천 양공주가 되어 몸을 팔았는데 세월이 흘러 환갑을 넘긴 나이에도
그녀의 매춘은 여전히 진행 중이다. 세월은 흘렀어도 사는 환경은 그다
지 나아지지 않았다는 말이겠다.

그러나 보기에 따라선 그녀의 매춘은 생명을 교감할 대상이 없는 사
람들의 소박한 꿈을 이룰 수 있는 방법일 수도 있다. 자신이 아직도 남자
임을 확인하고 싶은 사람들이나 살아있음을 느끼고 싶은 사람들 혹은 아
내와 사별한 후에 혼자가 아니라는 사실을 경험하고 싶은 사람들 혹은
성인임에도 성을 접할 기회를 갖지 못하는 장애인들 그리고 동성애적인
정체성이나 취향 때문에 통념상 정상적인 성을 누릴 수 없는 사람들에게
매춘은 비록 순간일지는 몰라도 하루 아니 일주일 아니 한달 이상의 생
명력으로 작용할 수도 있다.

먹고 살기 위해 하지 않는 일이 어디 있던가. 비록 거창한 의미를 갖
다 붙여 포장되어 있긴 해도 모두 먹고 사는 목적과 떼려야 뗄 수 없는
관계에 있다. 그토록 많은 스트레스에 노출되어 매일같이 사표를 던지겠

다고 결심하면서도 실행에 옮기지 못하는 화이트칼라도 다 먹고 살기 위해 그런 수모를 겪으며 사는 것이다. 먹고 살기 위해 하는 일이 아무리 고된 일이라도 그것이 회사와 사회 그리고 더 나아가서 국가경제에 기여하고 또한 가족의 생명을 지키는 일이니 참고 지내는 것이다. 먹고 사는 일이라고 생각하면 다소 서글픈 생각이 들지만 최소한의 의미부여로 그날그날 견뎌나갈 뿐이다. 성을 파는 매춘에 빗대어 말한다면, 노동력과 인격을 파는 매춘이라 말해도 과언이 아니다.

소영의 매춘에는 어떤 의미가 있을까? 소영은 단지 먹고 살기 위해 매춘을 시작했지만, 그녀에게는 제 몸에서 태어난 아이가 있다. 어려서 입양을 보내 비록 그 아이를 위해 할 수 있는 일이 더 이상 없어도, 만일 살아있다면, 건장한 청년이 되었을 것이다. 언젠가 만날 수도 있을 거란 생각조차 포기하진 않은 것 같아 보인다. 그녀가 건물 앞에서 홀로 서 있는 한국 남성과 필리핀 여성 사이에서 태어난 혼혈아에게 남다른 관심을 보여주고 또 패스트푸드점에서 한국 여성과 미국 흑인 사이에서 태어난 젊은 군인을 보고 놀란 것도 그녀가 아직도 '살아있음'이 가져올 희망을 놓지 않고 있다는 사실을 말해준다. 그리고 더 이상 기댈 곳이 없는 노인들을 위해 회춘을 돕는(?) 역할을 한다. 소영에게 매춘은 한편으로는 먹고 사는 수단이었지만, 다른 한편으로는 세월을 이기며 살기를 원하는 누군가를 기다리며 또 어디선가 살아있을 누군가를 기다리기 위한 삶의 한 방식이기도 했다. 그리고 이제는 아빠에게 버림을 받은 아이를 돌보는 수단이었다. 누구든 상관하지 않고 다만 이 세상의 혼혈아들이 누군가에게 입양되어 잘 살고 있음을 확인하는 것이 자신의 아들을 입양 보낸 그녀에겐 적지 않은 희망이었다.

소영을 거쳐 간 많은 노인들은 시간이 지날수록 더 이상 살아갈 기운이나 의미가 없는 사람들이 되어가고 있었다. 중풍으로 쓰러진 이후에 병원에 입원해 있는 노인은 가족이 있어도 더 이상 존중받지 못한다. 가족도 없이 치매에 걸려 기억력을 잃어가고 있는 노인은 아무것도 기억하지 못하게 될 미래가 두렵다. 아내와 사별하고 난 후에 암에 걸려 더 이상 회복이 불가능한 노인은 누군가 함께 있는 곳에서 죽기를 희망한다. 병들어 더 이상 혼자서는 살아갈 수 없게 되었기 때문이다. 그녀에게서 삶의 기운을 얻어갔던 사람들은 이제 그녀에게 자신들의 생명줄을 끊어줄 것을 기대한다. 삶을 위한 기력을 얻은 사람에게 죽음을 요구하다니, 참으로 아이러니하다. 감독은 죽여주는 여자에게 죽여 달라고 요구하는 상황을 의도적으로 설정했다고 생각한다.

소영은 처음에는 거절하지만 못내 그들의 요구를 들어준다. 안락사로, 사고사로, 혹은 자살 방조로 그들이 원하는 죽음을 돕고 또 외롭게 죽어가지 않도록 죽음의 순간에 곁에 있어준다. 어떤 이유에서 그랬는지 분명하게 제시하지 않고 있어 모르지만 그녀가 죽음에 조력한 까닭은 아마도 감성적인 공감(empathy)이 아니었을지 싶다. 삶의 이유를 찾지 못하는 사람들, 오히려 가족에게 짐으로만 여겨지는 사람들, 그렇다고 자신처럼 누군가를 위해 봉사할 수도 없는 사람들의 아픔과 고통과 절망감을 그녀는 감성적으로 충분히 공감할 수 있었고, 그래서 그들에게 가장 행복한 순간을 경험할 수 있도록 해주는 일이 그녀에겐 그다지 힘겨운 일은 아니었으리라 생각한다. 그래서 그녀는 전혀 상반된 의미에서 '죽여주는 여자'가 된다. 그러나 어떻게 보면 결코 상반된 의미로 이해되진 않는다. 오히려 인간다움을 돕는다는 점에서 같은 의미로 볼 수도 있다. 영화에서는 비록 세 경우만을 제시했지만, 노령 인구가 점점 늘어가는 시대에 노인들이 겪어야 하는 고통과 문제들을 공감하기에는 충분하다고 생각한다.

소영이 젊어서 동두천 양색시가 되어 몸을 팔게 된 것이나 나이가 들어 종로에서 박카스 아줌마가 된 것은 사람답게 살 수 없는 환경에서 최소한 생명을 부지하기 위한 몸부림이었다. 노인들이 마지막 붙은 목숨을 조력자의 도움을 받아 버리려는 것도 인간다운 삶을 살려는 의지의 표현이었다. 영화 속에서 벌어지는 모든 일들이 스스로 인간답게 살 수 있는 형편이 못되기 때문에 일어난 일들이다. 살기 위해 몸부림치는 사람들이나 죽기 위해 몸부림치는 사람들이나 모두 사람다움을 지키기 위한 것이지만, 그럴 가능성이 희박해 누군가의 도움을 필요로 하는 사람들의 이야기다.

앞서 말했듯이, 이재용 감독은 박카스 아줌마의 매춘을 통해 대한민국의 현실을 들여다볼 수 있게 한다. 무엇보다 빈곤과 외로움의 한파를 온몸으로 겪어내고 있는 노인들이 우리 사회에서 어떻게 인지되어야 하는지를 환기한다. 젊은 세대가 살아가는 삶의 공간으로부터 배제된 존재로서 더 이상 인간답게 살아갈 이유를 찾지 못하고, 그렇다고 스스로 죽을 수도 없는 노인들의 현실을 폭로한다. 그리고 그들에게 '박카스 아줌마' 이외는 따뜻한 이웃이 부재함을 표현하고 있다.

끝으로 이런 질문을 생각해보자. 소영은 오늘 우리 사회에서 무엇을 은유하는 캐릭터일까? 그녀의 매춘은 먹고 살기 위해 어쩔 수 없이 살아가는 자들의 삶의 방식이다. 그러나 그녀는 누구도 상대하려고 하지 않는 노인의 삶을 돕고 또 누구도 하지 않는 노인들의 죽음을 돕는다. 법적인 책임에서 결코 자유롭지 못한 행위로 구속되지만, 영화 속 소영과 그녀의 행위를 욕하긴 쉽지 않다. 그녀는 젊어서부터 살기 위해 노력했지만 그녀의 인간다운 삶을 도운 사람은 없고, 그녀의 마지막 가는 길에 평안하게 안식할 수 있도록 돕는 사람도 없다. 무연고 시신으로 처리될 뿐이다. 소영은 비록 자신에게는 한 명의 이웃도 없었지만, 사회적으로 소외받은 자들의 이웃이 되어주는 일에는 최선의 노력을 다했다. 대한민국에서 이웃으로 산다는 것의 의미를 다시 한 번 생각해보게 만드는 영화임에는 분명하다.

이런 점에서 이 시대의 노인들을 위해 교회가 무엇을 할 수 있는지를 환기하는 영화라고 생각한다. 이 땅의 노인들이 인간답게 살 수 있는 환경을 위해 고민해야 할 때다. 교회가 아니면 누가 그들의 이웃이 될 것인가?

(4) 〈사랑 후에 남겨진 것들〉 (도리스 되리, 2009): 삶과 죽음의 댄스

벚꽃 놀이는 언제나 즐겁다. 그 화려함으로 사람들의 혼과 넋을 빼놓는다. 가로등이 없어도 밤을 환하게 밝힌다. 연인들이 함께 걷고 싶은 길로 벚꽃 길은 언제나 인기다. 하지만 역설적으로 벚꽃은 가장 덧없는 삶을 상징한다. 순간적으로 흐드러지게 피다가도 봄철의 실바람에 아무런 저항도 없이 사방으로 흩날리기 때문이다. 이내 사람의 발에 밟혀 전날의 화려함을 무색케 한다. 그래서 그럴까, 벚꽃의 아름다움에는 더욱 큰 희소가치가 있다. 제 때를 놓치면 거리 위에 널려 있는 꽃잎을 밟으며 사라진 아름다움을 못내 아쉬워해야 하기 때문이다.

<사랑 후에 남겨진 것들>(원제는 '벚나무')은 벚꽃 피는 계절마다 떠올려질 뿐만 아니라 내용에 있어서 죽음과 삶의 문제를 다루기 때문에 부활절을 전후로 더욱 생각나는 영화다. 비록 일본의 토속적인 세계관이 많이 반영된 영화라 해도 기독교적으로 곱씹을 내용이 적지 않게 담겨 있다. 영화를 이해하는 관건은 벚꽃의 이미지와 부토 춤의 의미를 파악하는 것이다. 특히 은퇴 후 노인에게 찾아오는 갑작스러운 질병과 죽음의 문제를 깊이 성찰한다.

현대무용에 속하면서도 전혀 다른 느낌을 주고 또 시대에 역행하는 흐름을 갖는 춤 부토는 1960년대에 등장하여 일본의 패전 이후 시대의 암울한 분위기를 반영하며 '그림자 춤'이라 불린다. 산자와 죽은 자의 소통과 일치를 표현하는 이 춤에는 표현주의와 모더니즘 그리고 허무주의가 복합적으로 녹아들어 있다. 온 몸을 희게 칠한 채 빛이 만들어내는 그

림자와 함께 천천히 움직이는 안무는 인간의 공포와 절망과 분노 그리고 죽은 자에 대한 그리움 등을 표현한다. 부토는 비록 굿이 아님에도 불구하고 보는 자들에게 죽은 자를 생각하게 하면서 카타르시스를 일으켜 마치 굿과 같은 느낌을 주기에 '일본 굿'이라 불리기도 한다. 벚꽃이 인생의 허망함을 보여준다면, 부토는 빛과 그림자, 삶과 죽음의 공존을 표현하면서 또한 양자 관계의 영원성을 환기한다.

원제는 "벚나무"인데 한국에서는 <사랑 후에 남겨진 것들>이라고 제목을 붙였다. 그것은 아내와 엄마로서 헌신적인 삶을 살다 간 트루디의 가족 사랑에 포인트를 둔 해석이며, 다른 한편으로는 부토 무용수가 되고 싶었지만 남편의 반대로 꿈을 접어야 했던, 결국 그렇게 원하던 도쿄에 가보지 못한 채 눈을 감은 아내의 꿈을 찾아주기 위해 마지막 힘을 다하는 남편 루디의 회오와 사랑을 염두에 둔 것으로 보인다. 장르적으로 로맨스나 멜로에 방점을 두고 사랑의 상실감을 부각하기 위해 제목을 그리 붙였다고 생각한다. 그렇다면 영화 이해를 위해 제기되는 질문은 다음과 같을 것이다. 엄마이자 아내로서 트루디의 사랑은 남편과 자녀에게 무엇을 남겨놓은 것이고, 루디와 트루디의 사랑은 자식에게 무엇을 남겨놓은 것일까?

그러나 이런 방향으로 이해하는 것은 영화의 의미에 제대로 닿질 못한다. 그들의 죽음 이후에 남겨진 것들은 부모를 짐으로만 생각하고 부모들을 이해하려고 하지 않는 자녀들이고, 그들이 다시금 돌아갈 일상이며, 간간이 찾아오는 그리움일 뿐이기 때문이다. 부모들을 그렇게 대수롭지 않게 여기는 자녀들의 일상을 의미하는 것으로 이해하기에는 스토리가 전혀 예상 밖이다. 사랑의 상실을 말하면서도 영화는 오히려 벚나무와 부토의 이미지를 통해 인생의 허망함과 산자와 죽은 자의 소통의 문제를 다루고 있기에 다르게 이해해야 한다.

필자가 보기에 영화는 생의 한 가운데서 사랑하는 사람의 죽음을 생각하며 그리고 사랑하는 자에 대한 기억에 힘입어 삶의 또 다른 차원에 대한 경험을 다룬다. 다시 말해서 트루디의 죽음은 은퇴 후 시한부 인생을 사는 남편에 대한 사랑으로 죽음을 앞서 경험한 것이다. 이에 비해 일상의 삶에서 변화라고는 결코 생각할 수 없을 정도로 고집스럽게 자신의 삶의 방식을 살아갔던 루디의 죽음은 무엇일까? 그는 마지막 장면에서 아내의 사랑을 기억하며 또 아내에 대한 사랑으로 지난날의 삶을 반성하면서 일대 변화를 시도한다. 곧 그가 과거 스스로 거부했던 부토를 추는데, 이는 아내와 일치하는 삶을 기쁨으로 표현한 것이라 생각한다. 화려한 것 같으면서도 덧없는 것이 인생이고, 죽음으로 모든 것이 끝난 것 같으면서도 사랑하는 한, 둘은 결코 분리되어 있지 않는다는 메시지를 읽어볼 수 있다. 삶과 죽음은 어떤 태도를 취하며 살아가느냐에 따라 같은 공간 같은 시간대에서 서로 소통하기도 하고 단절되기도 하는 것이다.

노인의 삶은 죽음과 늘 동행한다. 노인에게 죽음은 더 이상 미래가 아니라 늘 현재진행형이다. 가깝게 지내던 선배들이 하나둘씩 떠나는 모습을 지켜보아야 하고 또 친구와 동료들의 죽음을 경험하면서 어느 정도는 자신의 죽음을 선취한다. 삶과 죽음의 이중주로 알려진 춤 부토는 전후 세대들이 겪어야 했던 허무를 표현했다고 하나 사실 삶 속에서 죽음을 살고 있는 노인의 삶을 상징한다고 보아도 과언은 아니다. 죽음과 더불어 사는 일상을 가장 실감 있게 느끼는 세대는 단연코 노인세대이다.

기독교적인 삶은 기본적으로 종말론적인 기대지평 위에서 이뤄지며, 또한 성찬식을 통해 예수 그리스도의 죽음을 기억하며 죽었으나 부활하신 분의 임재를 기대한다. 단순히 기억만으로는 부족하고 예수 그리스도에 대한 깊은 사랑이 전제되었을 때 비로소 성찬에 의미가 있다. 삶의 한 가운데서 죽음을 생각하는 것이 종말 신앙이며, 기억과 희망 때문에 죽음은 더 이상 끝이 아니다. 비록 죽음은 허망하다 해도 기독교인에게 그것은 결코 끝이 될 수 없다. 삶은 언제나 하나님과 동행하는 것, 마치 부토 무용수가 그림자와 함께 소통하듯이 그렇게 기독교인은 믿음을 통해 고난 속에서 숨어계신 하나님과 소통한다. 우리가 고인을 추모하며 예배하는 것도 단지 살아있는 자들의 교제를 위해서만이 아니다. 살아있는 자로서 죽은 자를 기억하면서 즉, 삶 속에서 죽음을 기억하면서, 죽었으나 부활의 소망을 갖고 주 안에서 산 자와의 교제를 나누며 새로운 세상을 희망하는 일이다. 살았다 해도 그리스도를 떠나서는 죽은 자와 다름없기 때문에 살아있는 자 역시 주 안에서 비로소 살아있는 자가 된다. 따라서 추도예배는 비록 살았으나 오직 주 안에서 산 자가 비록 죽었으나 오직 주 안에서 산 자와 교제를 나누는 시간이다.

(5) 〈클라우즈 오브 실스마리아〉 (올리비아 아싸야스, 2014): 시간의 흐름과 나이의 변화에 대한 성찰

시간을 의미하는 그리스어는 크로노스다. 크로노스는 그리스신화에 등장하는데, 자식을 낳자마자 잡아먹는 무시무시한 존재다. 그리스인이 이런 존재를 지칭하는 말로 시간을 표현한 까닭은 시간의 속성에 모든 것을 소멸시키는 힘이 있음을 깨달았기 때문이다. 인간은 언제나 이것에 저항하였는데, 마치 중력을 거슬러 높이 올라가려는 꿈을 실현해 왔듯이, 시간의 소멸하는 힘을 극복할 방법을 추구해왔다. 순간에서 영원의 의미를 발견하려고 했고, 비록 모습으로는 사라지나 영원히 지속할 수 있는 길을 추구하였다. 물론 과거를 잊지 않을 뿐만 아니라 심지어 과거를 현재에 재현하는 방법으로서 이야기와 드라마를 고안해내기도 했다. 인류의 발전을 말한다면, 바로 존재하는 모든 것을 소멸하는 시간의 힘을 극복하려는 노력의 결과라고 말할 수 있을 것이다.

과거를 기억하고 재현하는 방식 가운데 하나는 이야기다. 이야기는 전혀 보이지 않고 또 존재하지 않는 세계를 가시화할 뿐만 아니라 기억

하게 하고 심지어 이미 사라진 것을 현재에 재현한다. 인간이 과거를 끊임없이 이야기하는 이유 가운데 하나는 소멸하는 시간의 힘을 극복하고 싶기 때문이다.

그러나 아무리 이야기를 통해 극복하려고 해도 시간의 흐름을 거스를 수는 없다. 과거를 기억하고 또 재현한다고 해도 시간과 함께 나타나는 존재의 변화까지 막을 수는 없다. 인간은 이것을 막으려 하거나 지연하려 노력하지만, 현대 문명의 힘으로 노화를 막아 다소 지연시킬 수 있을지는 몰라도 존재의 변화를 무한히 막을 수는 없다. 이런 점에서 소멸하는 시간의 힘은 막을 수 있는 것이 아니라 다만 기억과 이야기를 통해 다르게 느끼게 할 수 있을 뿐이다. 물론 다르게 느끼게 한다고 해서 존재의 변화를 막을 수 있다는 것은 아니다.

<클라우즈 오브 실스마리아>는 연기적인 측면 이외에도 크게 두 가지 면에서 꽤 괜찮은 영화다. 무엇보다 먼저는 배우, 특히 여배우에게 일어나는 시간의 흐름(변화)에 대한 깊은 성찰을 보여준다. 비단 여배우만이 아니라 과거와 미래 사이에서 현재를 살아가는 모든 이에게 해당한다. 모든 인간은 살아있는 한 예외 없이 어떤 역할을 갖고 무대에 오르고 맡겨진 역할이 마치면 무대를 떠나는 삶을 숙명처럼 여기며 산다. 이것에 반대하는 것은 시간적으로 조금 지연할 수 있을 뿐이다. 오는 것을 막지 말고 가는 것은 가도록 해야 한다. 둘째, 올리비에 아싸야스 감독은 내러티브에서 매우 뛰어난 기량을 발휘했다. 주로 대사만을 통한 메시지 구현이 일상화되어 있는 시대에 감독은 대사나 연기로서만이 아니라 연출 자체를 메시지 구현에 집중시켰다. 이렇게 말한 까닭은 영화 제목은 물론이고 영화의 배경이 되는 장소도 영화의 의미를 구현하는 일에서 결코 간과할 수 없는 기호로 작용하기 때문이다. 영화를 보면서 한 장면도 놓칠 수 없는 이유다. 영화 메시지를 파악하기 위해 이 부분에 대해 좀 더 생각해 볼 필요가 있다.

영화에서 볼 수 있는 특징 중에 하나는 들어가고 나가는 일들이 반복되는 것이다. 영화의 장면 전환이 연극처럼 진행되는데, 막과 막 사이를 이어주는 페이드아웃과 페이드인을 매개로 이어진다. 등장인물 역시 제역할을 다하면 뚜렷한 이유 없이 무대에서 사라진다. 조연이라도 워낙 비중 있는 배우라 무언가 의미 있는 역할을 할 것 같은데도 사라지고 난 후에는 더 이상 등장하지 않아 아쉽고 또 궁금증을 자아낸다. 그럼에도 그들은 이어지는 이야기에 묻혀 금방 잊힌다. 이탈리아에서 형성된 구름이 스위스 말로야 계곡에 이르러 뱀의 형태로 발전해("말로야의 뱀"이란 연극 제목은 이런 풍경에서 따왔다) 장관을 연출하지만, 계곡을 지나면서 산산이 흩어진다. 나타났다가 사라지거나 들어가고 나가는 일들의 연속이다. 이것들은 영화를 감상하면서 결코 간과하지 말아야 할 이미지다. 영화가 말하려는 바를 암시하기 때문이다.

여배우 마리아 앤더스(줄리엣 비노쉬)는 20년 전 "말로야의 뱀"이라는 제목의 연극에서 극작가이자 감독인 빌렘에 의해 '시그리드' 역에 캐스팅 되어 하루아침에 유명인사가 되었다. 연극 속 시그리드는 욕망과 야망으로 똘똘 뭉쳐 있는 매혹적인 여성인데, 상사로서 그녀를 사랑하는 헬레나를 파멸로 몰아간 캐릭터다. 연극이 성공리에 마친 후에 감독은 속편으로 앤더스에게 시그리드의 20년 후의 모습을 제안했다. 이제 중년이 된 앤더스는 내심 기대하고 있었고, 또 속편이 마무리 되었다는 소식을 접할 즈음에 감독의 갑작스런 자살 소식을 듣는다. 관계자 모두에게 충격을 준 사건이지만, 이 계기로 앤더스는 속편이 아니라 자체적으로 리메이크를 준비해온 젊은 감독 클라우스를 만나게 된다. 그가 제안하는 배역은 20년 후의 시그리드가 아니라 헬레나이다. 앤더스가 배역을 탐탁스럽지 않게 여기며 거절하자, 클라우스는 '우리를 과거에 가둬두는 대신 우리의 미래를 생각해보라'는 말을 하며 떠난다. 그러나 비서의 강력한 추천도 있고 해서 앤더스는 결국 클라우스의 제안을 수용한다.

영화는 리메이킹 작품이 어떤지, 처음 작품과 비교해서 얼마나 다른지에 대해 전혀 관심을 기울이지 않는다. 다만 앤더스가 작품을 준비하는 과정에 집중하면서 환경의 변화에 따른 그녀의 변화와 심리적인 갈등을 보여주는데 역점을 둔다.

시그리드 역으로 유명해지고 또 현재까지도 대중들에게 시그리드로 각인되어 있는 앤더스가 아무리 리메이크라 해도 시그리드가 아닌 상대역을 맡는 일은 쉽지 않았다. 마지못해 받아들이긴 했으나 대본 연습을 하는 동안에도 그녀의 심적 갈등은 계속되었다. 시그리드에 대한 기억에서 벗어나지 못했고 또 헬레나 역을 잘 해낼 수 있을지에 대한 확신도 서지 않았기 때문이다. 자신의 갈등을 불평과 불만으로 표출하는 앤더스의 심리적인 부침을 견디지 못한 비서 발렌틴이 그녀를 떠나야 했을 정도다. 캐릭터와 배우가 심리적으로 얼마나 깊이 연결되어 있는지를 엿볼 수 있다. 앤더스로 하여금 마지막 순간까지 고민하며 갈등하게 만든 요인은 무엇일까? 여전히 시그리드로 남아 있고 싶은 앤더스는 과연 헬레나가 될 수 있을까?

클라우스 감독이 앤더스에게 헬레나 역을 제안한 중요한 이유는 시그리드를 연기한 앤더스에게서 이미 헬레나를 보았기 때문이었다. 비서가 "시그리드 역을 할 때 선생님 안에도 그런 잔인성과 폭력성이 있었다는 것을 모르시겠어요? 혼자만 모르시네요"라고 말하면서 작품을 추천한 까닭도 거기에 있었다. 이것은 감독 빌렘과 분명 다른 점이었다. 빌렘은 영원히 시그리드로 머물러 있기를 원했던 앤더스와 같은 마음을 가지고 있었을 것으로 추측한다. 그러나 빌렘 감독은 이미 세상을 떠났고, 홀로 남아 시그리드를 지켜야 할 앤더스에게 클라우스 감독과 비서의 말은 매우 신선한 충격이었다. 자신이 보지 못했던 모습이었기 때문이다. 자기 안의 이중성 때문에 마지막 순간까지 고민하며 배역에 대한 갈등을 겪었던 것일까? 그렇지 않다. 앤더스의 고민과 갈등은 자기 안의 이중성보다 지나치게 과거 이미지에 매여 있어서 변화된 자신을 인정하지 않으려 했기 때문이었다. 이런 확신은 연극의 리허설을 마치고 시그리드 역을 맡은 조앤에게 관객들이 헬레나의 존재감을 느낄 수 있도록 여운을 남겨달라는 부탁을 하는 앤더스에게서 엿볼 수 있다. 다시 말해서 무대에서 사라질 헬레나의 존재감을 느끼게 할 이유가 없다며 단호히 거절하는 조앤의 의견을 어쩔 수 없이 받아들이는 헬레나의 모습에서 감독은 현재의 역할에 충실한 삶이 무엇보다 중요함을 강조한다.

한편, 시그리드의 20년 후의 모습을 담아내는 속편을 기획하다 자살로 생을 마감한 빌렘 감독에게 시선을 돌려보자. 앞서 언급했듯이, 빌렘은 앤더스와 마찬가지 생각을 했던 것 같다. 여전히 시그리드를 탄생시킨 감독으로 남길 원했던 것 같다. 자살의 원인이라고 단언할 수 없지만, 영화 감독의 시각에서 볼 때, 빌렘의 죽음으로 결국 속편이 아니라 리메이킹을 시도한 클라우스의 작품이 구체화될 수 있었다면, 이것은 자연스런 세대교체를 말하려는 것은 아닐까?

<클라우즈 오브 실스마리아>는 끊임없는 이야기를 통해 과거를 회상하고 때로는 재현하기도 하면서 시간의 흐름과 함께 나타나는 존재의 변화를 말한다. 또한 피할 수 없는 존재의 변화에도 불구하고 지켜져야 할 것은 무엇인가를 생각하게 한다. 지금까지 관찰한 바에 따르면, 화려했던 과거와의 관계에서 자신의 현재와 미래를 보려고 했던 빌렘과 앤더스는 인간의 보편적인 성향을 대표한다. 이에 비해 영화는 인간에게 가장 아름다운 순간은 과거도 미래도 아닌 자신의 역할에 충실하고 있는 현재임을 역설한다. 이것을 받아들일 때 자연스런 세대교체가 이뤄진다는 생각도 숨기지 않는다.

초기 불교 경전으로 부처의 가르침을 제자들이 모았다고 알려지는 숫타니파타에는 이런 글이 나온다.

옛것을 너무 좋아하지도 말고, 새것에 너무 매혹 당하지 말라. 사라져 가는 자에 대해 너무 슬퍼할 필요도 없고, 새롭게 다가와 유혹하는 자에게 사로잡혀서도 안 된다. 이것이 바로 탐욕이며, 거센 격류이며, 불안, 초조, 근심, 걱정이며, 건너기 어려운 저 욕망의 늪인 것이다.

성경은 모든 것에 다 때가 있다는 암시적인 표현을 사용하는 데에 비해 숫타니파타는 보다 더욱 분명하게 말하는 것 같다.

은퇴 후 삶에서 노인에게 마련되는 최적화된 환경은 극히 소수만이 누릴 수 있다. 많은 사람은 은퇴 후 환경은 물론이고 자신의 변화를 쉽게 받아들이지 못한다. 그러나 은퇴 후 삶이 아름답길 원한다면 현재의 역할에 충실해야 하지 않을까 생각한다.

(6) 〈님아, 그 강을 건너지 마오〉 (진모경, 2014): 노년에 부부로 산다는 것

언젠가 한국 사회에서 황혼 이혼율이 신혼 이혼율을 앞섰다는 통계를 읽어본 적이 있다. 황혼이혼이 일종의 유행으로 여겨질 정도다. 언제부터인가 부부 사이에도 자신의 라이프스타일을 중시하며 서로에 대해 독립해서 사는 것을 미덕으로 여기고 있다. 현대인에게 <님아, 그 강을 건너지 마오>는 끝까지 해로하는 부부의 의미를 되새겨보게 하는 영화라고 생각한다. 강원도 홍성의 한 한적한 마을에서 커플 한복을 입고 다니면서 알콩달콩 살아가는 조병만 할아버지와 강계열 할머니가 주인공이다. 영화는 제6회 DMZ국제영화제에서 관객상을 수상했다.

76년을 해로하며 잉꼬부부로 소문이 자자한 노부부의 삶은 이미 인간극장 '백발의 연인' 편을 통해 소개된 바 있다. 영화는 그 연장선에 있다고 볼 수 있는데, 그러나 노부부의 삶과 사랑을 포착한 것은 물론이고, 특

히 노년의 시기에 피할 수 없는 사별을 다루고 있는 점이 큰 차이이다. <워낭소리>에 이어 노년의 삶에서 죽음의 의미를 깊이 생각하게 하는 작품이다. 다큐라는 것이 원래 결말을 예상하지 않고 찍는 경향이 있긴 해도, 할아버지의 갑작스런 건강 악화와 죽음이라는 상황은 영화를 전혀 새로운 각도에서 볼 수 있도록 했다. <아무르>에서 다뤄진 노부부의 사랑에 비하면, 비록 극적이진 않아도 감동에 있어서는 결코 뒤지지 않는다.

고대 가요 '공무도하'가("님이여 물을 건너지 마오. 님이 결국 물을 건너다 물에 빠져 죽으니 이 일을 어찌할꼬")에서 따온 사별을 염두에 둔 제목과 첫 장면인 무덤 앞에서 오열하는 할머니의 모습, 특별히 자연의 순환 과정을 카메라에 담은 것이나 강아지 '꼬마'의 죽음과 '공순이'의 새끼 출산 등을 통해 이미 처음부터 영화가 사별을 겨냥하며 촬영되고 또 편집되었다는 인상을 받는다. 아마도 원래는 예상치 않았는데, 사별이라는 사건을 겪게 되면서 결과적으로 사별에 초점이 맞춰진 것은 아닌지 싶다.

그럼에도 불구하고 순수하게 다큐를 생각하는 사람은 다소 연출되었다는 느낌을 받지 않을 수 없을 것이다. 이것은 아마도 영화에 대한 상반된 평가를 야기하는 이유가 될 것 같다. 한편으로는 순수한 의미에서의 다큐가 아니라고 말할 사람이 있을 것이고, 다른 한편으로는 연출된 것 같은 다큐라는 의미에서 뛰어난 작품 능력을 인정해줄 사람도 있을 것이다. 어찌되었든 영화는 노년의 삶에서 불가피한 사별에 이르는 과정을 따라가면서 부부로 산다는 것의 의미를 성찰한다. 그것은 무엇일까?

영화 속 노부부의 삶에서 감독이 특별히 드러내고 있는 점은 서로를 늘 도우며 사는 모습이다. 할머니의 억지 같은 부탁도 마다하지 않고 들어주고, 할머니 역시 할아버지의 일상을 빠짐없이 챙겨준다. 옷은 할머니에게 특별한 의미를 갖는다. 살아있는 동안뿐만 아니라 죽어서도 자신이 남편을 챙겨준다는 것을 상징한다. 죽기 전에 서둘러 옷을 태운 것도 저승길에 입고갈 옷을 챙겨준다는 생각에서였다. 죽은 아이들을 위해 여섯 벌의 내복을 챙기는 것 역시 같은 의미다. 때로는 서로에 대해 오해가 생겨 화도 내고 또 자식들이 서로 불화하는 모습을 보며 당황해하곤 해도 서로에 대한 생각만큼은 늘 한결같다. 이것은 노부부의 삶과 사별의 과정을 따라가면서 감독이 말하고 또 보여주려고 했던 부분이라고 생각한다.

부부에 대해 사람들이 어떻게 말하고 또 생각해도 성경은 서로 돕는 자로 창조되었다고 말한다. '돕는 배필'의 의미를 굳이 부부에 한정할 필요는 없지만, 부부에게서 가장 분명하게 드러나는 것은 사실이다. 부부란 남녀 사이에서 서로 돕는 삶을 가장 분명하게 실천하는 관계다. 사실어떤 남녀도 남편과 아내 사이에서처럼 서로를 도우며 사는 것이 쉽지는 않다. 일시적일 수는 있어도 지속적이지 않다. 부모가 자식을 도우며 사는 것은 흔해도, 자식이 부모를 돕는 경우는 시간이 갈수록 줄어들고 있다. 사람들과의 관계에서도 마찬가지다.

창조의 뜻대로 부부의 모습이 회복해야 할 가장 큰 이유는 서로 돕는 관계를 통해 우리를 돕는 자로 알려지길 원하시는 하나님을 나타내는 길이기 때문이다. 부부가 서로가 서로를 돕는 자로서 사는 것의 의미는 동서고금을 물론하고 또한 젊을 때나 노년이나 결코 다르지 않다. 또 가장 아름답다. 특히 노년의 시기에 서로 돕는 삶을 실천하는 것은 젊은 세대로부터 독립하여 살 수 있는 유일한 가능성이다.

(7) 〈송 포 유〉 (폴 앤드류 윌리엄스, 2013): 노인의 가능성

<송 포 유>의 원제는 <송 포 메리언>으로 영화는 처음 몇 장면을 보고도 결말을 충분히 짐작할 수 있을 정도로 단순하고 또 대단히 소박한 내용을 가졌다. 그럼에도 불구하고 깊은 감동과 함께 극장을 나서게 한다. 소위 '착한 영화'로 불리기에 매우 적합해서 가족 모두가 즐길 수 있는

작품이다. 이야기는 영국의 어느 마을에서 "연금술사 합창단"이라는 거창한 이름을 가진 노인합창단을 중심으로 전개되지만, 크게 보면 아내와 남편이 서로 화답하듯이 사랑을 고백하면서 부르는 노래를 양 끝에 두고 전개되고 또 그 가운데 가족이 회복되는 모습을 담고 있다. 한편으로는 이런 질문이 든다. 노년의 삶과 죽음과 사랑 그리고 상실의 아픔과 화해를 말하는 식상한 스토리에 뻔한 전개임에도 깊은 감동을 받는 이유는 무엇일까? 이와 관련해서 영화를 감상하다 보면 눈에 띄는 몇 가지 사실을 발견한다.

첫째, 누구나 쉽게 감동을 교감할 수 있는 음악을 소재로 삼고 있다. 특히 영화 중에 말기암 상태인 아내 메리언(바네사 레드그레이브)이 마지막 힘을 다해 부른 신디 로퍼의 "True Colour"는 "난 당신의 진정한 빛을 볼 수 있어요. 그게 바로 내가 당신을 사랑하는 이유죠"라는 내용을 담고 있는데, 고집스럽고 까칠해 주변 사람들의 눈총을 받으며 살았던 남편의 속마음을 알고 있는 아내가 남편을 위해 부를 수 있는 최고의 노래이며 또한 사랑의 고백이었다. 이 노래를 부르고 난 후에 그녀가 영면했을 때, 그동안 결코 눈물을 보이지 않던 남편 아서가 대성통곡한 것은 자신을 이해해주고 받아준 유일한 사람을 잃은 사람의 마음을 표현한 것이었다. 게다가 우여곡절 끝에 참여하게 된 경선에서 남편 아서가 솟구치는 감정을 억누르며 "잘 자요, 나의 천사. 이제는 눈을 감을 시간이야"라며 마치 죽은 아내에게 미처 다 말하지 못한 말을 하듯이 부른 "Good night My Angel"은 아내에게 화답하는 노래로서 부족함이 없었다.

둘째, 노인에 대한 보통 사람들의 편견에 직접적인 도전을 가함으로써 충격을 안겨준다. 노인은 성대가 약해 합창하기가 쉽지 않다, 고집스럽고 변하지 않는다, 삶에 대한 열정이 없다, 젊은 세대와 한 호흡으로 살아가기가 쉽지 않다 등등. 그동안 노인에 대해 흔히 가질 수 있었던 편견을 영화는 모두 무너뜨린다. 다시 말해서 합창경연대회 출전을 위해 "연금술사 합창단"을 구성하여 락 음악을 선택하여 부르는 노인합창단을 매개로 이야기를 풀어나가면서 노인들도 얼마든지 젊은 세대와 같이 인생을 즐기며 또 자신의 감정을 표현할 수 있음을 보여준다. 또한 아들과의 갈등과 화해 과정에서 보여준 아서의 쭈뼛거리면서도 진지하고 진솔한 모습은 고집스럽게 평생을 살아온 노인의 삶에서 쉽게 기대할 수 없는 것이었다.

셋째, 절제된 감정으로 연기하고 또 그렇게 연출되었다. 감동을 자아내기 위해서라도 필요했을 법 했던 아내와의 유별난 애정관계나 상실의 아픔 그리고 아들과의 갈등과 화해의 장면에서도 감독은 관객들의 마음을 갖고 놀기를 포기한다. 관객 스스로 느끼고 또 감동을 받으며 표현할 수 있기를 기대한 것 같다는 느낌을 강하게 받는다.

금을 만들어보겠다는 꿈을 좇아 사는 사람인 연금술사를 빗대어 만들어진 "연금술사 합창단"을 통해 감독은 노인 역시 그동안 자신들에게 꿈에 불과했던 삶을 얼마든지 살아낼 수 있고, 그 힘은 바로 사랑에서 오는 것임을 보여주고 싶었던 것 같다.

한편, 영화를 보는 사람들은 고집불통 아서가 그동안 자신이 살아온 삶과는 전혀 다른 모습으로 변할 수 있었던 이유에 대해 궁금해 할 것이며, 또 그것의 가능성과 현실성을 의심할 것이다. 감독은 아내 메리언에 대한 아서의 사랑 때문이라는 점을 부각시키고 있는데, 사실 그보다 먼저 남편에 대한 아내의 사랑을 지적하는 것이 옳을 것이다. 그래야 설득력 있는 대답이 된다. 왜냐하면 세상에서 자식도 인정해주지 않는 자신의 숨겨진 진실을 오직 아내만이 알아보고 그것을 사랑했다는 사실을 알고 난 아서는 아내에 대한 사랑에 감동되어 자신에게 일어나는 변화를 두려움 없이 받아들일 수 있었기 때문이다.

사람에게 변화를 위한 열정을 일으킬 수 있는 가장 좋은 방법은 동기를 부여하는 것이다. 여기에는 경쟁, 비전 제시, 완성에 대한 욕구, 진리,

사랑이 있다. 감독은 가장 적합한 것이 사랑임을 역설한다. 특히 이기적인 에로스보다는 자기희생적인 아가페를 말한다. 무엇으로도 변화시킬 수 없었던 고집불통의 남편의 열정을 불러일으킨 것은 누구도 알아주지 않는 아서의 속마음을 유일하게 인정해준 아내의 헌신적인 사랑이었음을 강조한다.

이런 사랑이 감동을 주는 이유는 인간에 대한 하나님의 사랑을 반영하기 때문이다. 하나님은 우리의 겉모습을 보시지 않고 중심을 보신다. 아무도 알아주지 않아도 하나님만은 중심을 보시고 우리 모두를 귀히 여기신다. 뿐만 아니라 우리에 대한 사랑을 결코 숨기지 않으시고 예수 그리스도의 십자가 희생을 통해 표현하셨다.

(8) 〈아무르〉 (마하엘 하네케, 2012): 노인의 사랑을 말하는 또 하나의 방식

〈아무르〉는 2001년 심사위원대상 수상작 〈피아니스트〉와 2005년 칸영화제 감독상 수상작 〈히든〉의 감독이고, 〈하얀 리본〉 (2009)에 이어 2012년 칸 영화제에서 황금종려상을 받은 감독 미하엘 하네케의 영화다. 보기 드문 화려한 이력의 감독이다. 그만큼 연출력이 돋보이고 또 작품성이 뛰어나다는 말이겠다.

〈아무르〉는 노인의 사랑을 다룬다. 그러나 노인의 사랑 이야기만으로 볼 수 없는 영화다. 마치 실내악 연주와 같은 구도로 만들어진 〈아무르〉는 —비록 쉽게 소화할 수 있는 영화는 아니라 해도— 노인의 삶을 통해서 세대를 아우르는 문제의식을 반영한 이야기여서 공감적으로 감상할 수 있는 영화라고 생각한다. 필자는 이곳에서 그 이유에 대해 말하고자 한다.

제목 "아무르"는 "사랑"을 의미하는 프랑스어다. 제목에서도 알 수

있듯이, 이 영화는 사랑을 이야기한다. 조금은 다른 시선으로 사랑을 그려낸다. 노인의 삶의 일부인 질병과 고통과 죽음의 문제를 다루면서 노인의 삶과 사랑 그리고 그 이상의 의미를 깊이 있게 성찰하고 있다. 영화의 관건은 노인의 사랑을 어떻게 표현하고 있느냐 하는 것이겠는데, 굳이 노인이 아니라도 충분히 공감할 수 있는 삶과 죽음 그리고 사랑 이야기이다. 감독의 가족 안에서 겪은 개인적인 체험에서 영감을 받아 만들어졌다고 하는 이 영화에서 감독은 매우 간단한 스토리이지만 미장센과 몇 개의 메타포를 통해 기의를 다양하게 펼쳐놓았다. 먼저 영화 이야기를 기술하면서 살펴보도록 하자.

영화는 갑작스럽게 문이 열리면서 시작한다. 구조요원으로 보이는 사람들이 경찰과 함께 빈 방에 들어선다. 테이프로 밀폐된 방문이 열리자, 사람들은 주변에 꽃잎으로 장식한 침대 위에 가지런히 누워있는 여자 시신을 발견한다. 영화는 이런 상황이 왜 일어나게 되었는지를 설명하듯이 전개된다. 그 후에 이어지는 장면은 피아노 연주회장이다. 이곳에 참석한 노부부가 화면에 등장하지 않는 무대를 바라보는 장면에서 감독은 비교적 긴 시간을 할애하고 있는데, 이것을 마지막 장면에서 집을 나서는 장면과 연결시켜 보면 마치 서로 연결되어 있는 듯한 느낌을 받는다. 삶과 죽음의 순환을 보여주는 것만 같다. 물론 다른 한편으로는 영화 이야기가 그들만의 이야기가 아니고 영화를 보는 우리들의 이야기일 수도 있음을 환기하기도 한다.

음악가 출신의 80대 노부부에게 일어난 일들은 전혀 예상치 못한 갑작스러운 것의 연속이었다. 연주회 후에 집에 돌아온 그들이 자물쇠가 망가져 있는 것을 발견한 것은 그 첫 번째이다. 누군가가 강제로 침입하려고 시도한 흔적이었다. 그 후 어느 아침 식사 도중에 아내는 갑자기 잠시동안 의식을 잃었는데, 매사에 꼼꼼하게 자신의 의사를 표현하며 살았던 아내가 자신의 상태를 기억조차 하지 못하는 것은 예사로운 일이 아니다. 병원에 가서 진찰해보니 더 큰 병으로 이어질 수 있는 질병으로 판명난다. 결국 갑작스럽게 수술을 받게 되었는데, 수술의 후유증으로 그녀는 오른쪽 손과 발에 마비를 겪게 되었다. 그녀에게나 남편에게는 매우 갑작스런 변화였다. 다시는 병원에 보내지 말라는 아내의 부탁을 약속으로 받은 남편은 병이 하루가 다르게 악화되어 가는 상황에서도 의사의 진찰을 받고 방문 간호사의 도움을 받지만 병원에 입원시킬 생각은 결코 하지 않는다. 딸의 오해를 사 불편한 일을 겪어도, 남편은 "우리에게도 우리의 삶이 있다"며 이것이 자신들의 삶의 방식임을 주장한다. 또 아내와의 약속을 지키기 위해 그리고 요양원에서 하는 일은 자신도 할 수 있는 일이라고 생각해서 고집한다. 최선을 다해 처음에는 자신이 모든 일을 했고, 그 후 한 명의 간호인을 고용하고, 힘에 부치자 다음에는 두 명으로 늘렸다. 또 한 차례 갑작스레 찾아온 뇌졸중을 겪은 후 병세가 더욱 악화된 아내는 자신이 이렇게까지 살고 싶지 않다며 음식과 물을 거절한다. 육체적으로 자기 몸 하나 추스르기 쉽지 않은 상태인 남편은 죽어가는 아내의 모습을 더 이상 볼 수 없었고 결국 고통을 호소하는 아내를 베개로 눌러 질식사에 이르게 한다. 갑작스런 일이었다. 그리고는 남편도 죽었을 것이라는 강한 추측을 일으키는 장면과 함께 어디론가 떠나는 것으로 영화는 끝난다. 어디로 가는 것일까? 늦지 않도록 다그치는 아내의 모습을 보면 첫 장면에 나오는 제자의 피아노 연주회에 가려는 것으로 생각하는 것은 결코 무리가 아니다.

영화는 노인의 삶에서 흔히 그리고 갑작스럽게 일어나는 삶과 죽음의 모습을 스케치하고 있을 뿐이다. 지루할 정도로 서서히 죽어가는 아내의 모습을 담아내고 있다. 관객은 삶과 죽음이 진행되는 과정에서 느낄 수 있는 남편의 사랑과 고뇌를 분명 공감적으로 느낄 수 있을 것이다. 그러나 영화는 단지 노인의 삶과 죽음만을 다루지 않는다. 감독은 한 인터뷰에서 사랑하는 사람의 고통을 어떻게 생각해야 하는가를 묻고 또 대답하고자 했다고 한다. 다시 말해서 사랑하는 사람이 회생 가능성이 없는 상태에 있을 때 그에 대한 사랑을 어떻게 표현할 수 있을까? 무척 감상적일 수 있는 상황이지만 감독은 전혀 감상적이지 않은 방식으로 풀어나갔다. 단순한 이야기를 보다 깊이 있게 해주고 또 노인의 문제만이 아니라 모든 세대를 거쳐 공감할 수 있도록 만드는 것은 무엇일까? 그것은 분명 영화에서 사용된 메타포 때문일 것이다. 단순한 이야기에서 감독은 많은 장치를 곳곳에 심어놓고 그것을 통해서 의미의 확장을 시도하였다. 전반적인 맥락에서 영화의 의미를 생각해볼 때 의미 확장에 결정적인 단서가 되는 것은 부서진 자물쇠와 물과 비둘기 그리고 집안 곳곳에 붙어 있는 그림들이다. 그림은 방안에만 제한되어 있는 공간을 실외로 연결시켜주면서 공간을 확장시켜주는 기능을 한다. 뿐만 아니라 배우들의 노력만으로 충분히 나타낼 수 없는 감정들을 표현한다.

　① 자물쇠와 물 그리고 비둘기
　연주회를 마치고 돌아온 노부부는 집안에 누군가 침입한 흔적을 보게 된다. 자물쇠가 부서진 것이다. 아내는 낯선 자의 침입을 두려워해 잠을 못 이루지만 남편은 대수롭지 않게 생각한다. 주변에서 일어나는 일에 대한 무감각을 넘어 자신에게 일어나는 일까지도 무심해지는 노인의 모습을 담고 있다. 그럼에도 아내의 미모에 대해 표현하는 것은 잊지 않는다. 실제로 그의 얼굴은 영화 내내 주목할 만한 변화를 보이지 않는다. 갑작스런 일들이 연속적으로 일어나지만 그의 표정은 여전하다. 심지어 아내를 질식사시킨 후에 잠시동안의 시간을 제외하면 동일했다.
　그리고 아내가 잠시 의식을 잃고 있는 동안 남편은 수도꼭지에서 흐르는 물을 잠그지 않은 상태로 놓아둔다. 죽은 것이 아니라 살아있음을 말해주는 것이다. 두 차례 뇌졸중을 겪은 후에 생의 의욕을 상실한 아내는 물을 마시기를 거절한다. 물은 생명의 원천이며 또한 생명을 상징한다. 두 개의 장면에서 볼 때 물은 아내의 생명과 연결되어 있음을 알 수 있다.

다른 하나는 비둘기다. 비둘기 장면은 두 차례 등장한다. 한 번은 아내가 아직 살아있을 때 비둘기가 집안으로 들어오는데, 남편은 그것을 창밖으로 쫓아낸다. 그리고 또 한 번은 아내가 죽은 후에 들어온 비둘기다. 남편은 비둘기를 잡고는 그것을 가슴에 품고 보듬는다. 비둘기는 평화를 상징하는 것으로 알려져 있지만, 기독교 전통에서 비둘기는 성령에 대한 아이콘으로 등장한다. 인간을 돕는 자로서 보혜사를 상징한다.

이 두 개의 장면은 기독교 배경에서 이해할 수 있는 메타포라고 생각하는데, 남편에게 있어서 아내의 존재나 의미와 관련해서 매우 중요한 점을 시사한다. 다시 말해서 남편에게 있어서 아내는 생명을 돕는 자로서 의미를 갖는다는 것이다. 하나님은 태초에 남자를 만드신 후에 남자가 홀로 있는 것이 보기에 좋지 않아 여자를 만드셨는데, 돕는 배필로서 만들었다. 창조주의 계획에서 아내는 돕는 자로서 의미를 갖는다. 물론 이것은 아내에게 제한되지 않고 인간 일반에 적용되어야 한다. 여하튼 하네케 감독은 바로 돕는 자로서 아내의 의미를 영화를 통해 보여주고 있다고 생각한다. 돕는 자가 육신적으로 부재하였을 때 비둘기가 등장한다. 보혜사 성령이 내려오는 것이다. 그럼으로써 남편에 대한 아내의 사랑이 그리고 아내에 대한 남편의 사랑이 거듭 확인된다. 둘은 육신적으로는 떠나 있으나 영적으로는 여전히 함께 있는 것이다. 예수가 제자들 곁을 떠나게 되었을 때 보혜사 성령을 보내신 것과 마찬가지다.

영화에서 말하는 사랑은 어떤 것일까? 감독은 도대체 무엇을 두고 사랑이라고 말하고 싶었던 것일까? 영화 이야기를 통해서 알 수 있는 것은 이것이다. 곧, 아내에 대한 남편의 사랑은 갑작스러운 상황을 받아들이는 것이며 함께 고통당하기를 피하지 않는 일이고, 아내를 존중하기를 끝까지 하는 일이다. 또한 그런 계기를 통해 아내의 의미를 깨닫게 되는 것이다. 아내가 진정으로 누구인가를 알게 되는 것, 그것이 바로 죽어가는 아내에게 남편이 보여줄 수 있는 사랑인 것이다.

평생을 살면서도 그 혹은 그녀가 누구인지도 모르고 살다 가는 것이 우리 인생이다. 대개는 반려자라는 이름으로 지내다가 이름과 함께 사라진다. 그렇다면 그 혹은 그녀가 누구인지를 알게 되고 또 그것을 드러내는 것은 사랑의 또 다른 모습이 아닐까. 인간은 부재를 통해 오히려 존재와 존재의 의미를 발견하는 것 같다.

② 노인 존엄사 문제

끝으로 영화에 나오는 노인 존엄사 문제를 거론하지 않을 수 없다. 노인 존엄사는 <죽여주는 여자>에서도 등장하는데, 많은 논란이 되는 이슈다. 불치병 환자들의 존엄사와 달리 노인 존엄사는 어느 정도 당연시 여겨지는 경향이 있다. 그만큼 노인이 인간으로서의 가치를 스스로 낮게 평가하기 때문이다. 생산력도 없을 뿐만 아니라 살 만큼 살았다고 생각해서, 질병으로 고통 가운데 여생을 살기보다는 차라리 죽는 것이 낫다고 생각한다. 아이슬란드 영화 <볼케이노: 삶의 전환점에 선 남자>(루나 루나슨, 2012)에서도 비슷한 상황을 연출하고 있는데, 함께 노년을 보내는 중에 남편은 중풍으로 고생하는 아내의 건강이 더 이상 회복이 불가능할 뿐만 아니라 고통을 받고 있는 것을 감당하기 힘들어 아내를 베개로 눌러 질식사시킨다. 일종의 강제적이며 비자발적인 안락사인데, 보기에 따라서 자발적인 안락사 곧, 인간답게 죽을 권리에 따른 죽음 곧, 존엄사라고 볼 수도 있다. 영화는 그것 역시 사랑의 하나로 표현하고 있는 듯이 보인다. 그것은 과연 적절한 표현으로 받아들여질 수 있을까? 왜 끝까지 지켜보지 못한 것일까? 아내의 고통을 지켜보는 것 역시 사랑의 한 표현은 아니었을까? 영화적인 표현을 가볍게 받아들일 수 없기에 많은 논란이 있을 것으로 생각한다.

IV. 인간의 정체성: 나와 타자 그리고 이웃

1. 나

인간은 일정한 시기가 되면(주로 사춘기에 접어들면서) 비록 명시적으로는 아니라 해도 자신이 누구인지를 묻고 또 그 질문에 적합한 답을 찾기 위해 노력한다. 이런 질문을 생각하지 않고 지나기도 하나, 비록 직접 제기하지 않았다 해도 누군가를 통해 대답을 들으면서 간접적으로 자신의 정체성 문제를 투영하여 고민한다.

'나는 누구인가?' 이 질문을 통해 추구되는 건 자아 정체성(self-iden-tity)이다. 인간을 생각함에 있어서 자아 정체성의 문제를 간과할 수 없는데, 왜냐하면 자신의 정체성을 찾는 건 인간으로서 본질적이기 때문이다. 정체성은 다른 사람과 나를 구별하도록 하는 것이면서 또한 삶과 모습이 시간에 따라 변한다 해도 지속하여 나 자신임을 확인할 수 있게 하는 그 무엇이다.

'나는 누구인가?'라는 기본 질문 이외에 정체성과 관련해서 다음의 질문이 제기된다. '나는 무엇을 통해 정의되는가? 나 자신인가 아니면 정의를 내리는 다른 무엇이 있는 건가?'

인간은 한편으로는 자기 자신과 관련해서 정의되지만 다른 한편으로는 타자와의 관계에서, 곧 사회적으로 정의된다. 인간은 누구나 자신을 식별할 수 있는 고유한 것을 가지고 있기 때문에 그것을 통해 나를 알고 또 나와 다른 사람을 구별할 수 있다. 만일 이름 이외에 다른 것이 없다고 생각한다면, 사실상 없는 것이 아니라 정체성을 찾지 않거나 혹은 상실한 사람이다. 자아가 분열되었거나 해체되어 대중 혹은 군중으로서 존재하는 방식에 익숙해졌기 때문이다. 획일적인 문화에 길들여져 있어서 무리를 떠나 자신이 누구인지를 알고 직면하는 일이 오히려 어색할 뿐이고 또 그것을 찾아 나설 만한 동기를 발견하지 못하거나, 동기가 충분함에도 불구하고 나서지 못한다면, 그건 실행에 옮길 용기가 없기 때문이다. 때로는 어려서 타 문화권으로 입양된 사람의 경우 일정한 시기가 되면 자신이 어디에 속해 있는지와 관련해서 심각한 정체성 혼돈을 경험하기도 한다. 물론 예외가 없지는 않다.

모든 인간은 유(類)적인 존재로서 보편적인 측면을 갖고 있으면서 동시에 개체로서 자기만의 독특성(個性)을 가지고 있다. 인간은 그것으로 자신이 다른 사람과 다르며 또 누구인지를 식별한다. 여기에는 인종과 민족과 문화와 역사 그리고 관습이 크게 작용한다. 이런 분별력으로 수많은 것들 사이에서 혼동하지 않고 자신의 것을 알아낼 수 있다.

유적인 존재로서 자아를 인지는 해도 유전자가 발견되고 그것의 구조와 기능이 규명되기까지는 자아정체성을 규정하는 건 주로 가족과 사회적인 관계이다. 내가 누구이고 또 누구였는지를 아는 건 내 주변에 있는 사람들과의 관계에서 결정된다. 미래의 나에 대한 생각 역시 이에서 크게 벗어나지 않는다. 나는 가족의 구성원이면서 사회의 일원으로서 기능을 수행하는 한 사람이며 또한 한 국가의 국민으로서 정체성을 갖는다. 지구촌 세계에선 세계시민의 한 사람이기도 하다.

그런데 소위 자아의식의 발견과 함께 나를 정의하는 건 더는 가족(이름)이나 신체나 외부적인 조건이나 사회적인 관계가 아님을 알게 된다. 나를 타인과 구분하는 것으로서 외부적인 조건은 언제든지 바뀔 수 있지만, 나에 대한 나의 생각(의식)은 누구의 간섭도 받지 않으며 또한 나 자신에 의해서 부정되거나 왜곡되지 않는 한 확실하다는 생각이다. 근대철학자 데카르트가 "나는 생각한다. 고로 존재한다"고 주장한 이후로 의식은 자아정체성 문제와 관련해서 매우 중요한 변수로 작용하였다. 칸트의 선험철학 이후 피히테, 쉘링 그리고 헤겔로 이어지면서 전개된 독일관념론(der deutsche Idealismus)은 바로 자아의식(Selbstbewusstsein) 위에 세워졌다고 해도 과언이 아니다. 처음에는 인식론적인 관심에서 대상인식과 인식주체 혹은 사유주체의 관계에 대한 성찰로 시작했지만, 결국엔 나와 세상을 규정하는 건 나 혹은 나의 의식(관념)이라는 주장에까지 이르게 되었다.

문제는 외부적인 조건, 특히 인간의 정치 경제적인 조건에 의해 의식이 영향을 받을 뿐 아니라 심지어 왜곡될 수도 있고 또한 환경에 따라 내가 나 자신을 오인하는 착각 현상도 얼마든지 일어날 수 있다는 사실이 밝혀지면서 발생했다. 특히 포이에르바흐는 의식이 육체적인 필요에 따라 투영된 결과일 뿐이라고 주장했으며, 마르크스는 인간의 의식이 육체의 정치 경제적인 조건에 따라 영향을 받아 형성된다는 사실을 물질론적인 역사 연구를 기반으로 주장하였다. 더군다나 지그문트 프로이드에 의해 무의식의 존재가 규명된 후 의식은 무의식에 의해 조종당한다는 사실을 인정해야만 했다. 나의 주체적인 의식의 결정에 따른 결과라고 생각한 것이 사실은 무의식의 작용에 대한 반응에 불과하다는 주장이다. 그렇다면 나는 결국 무의식에 따라서 규정되는 걸까? 무의식이란 도대체 무엇인가? 경험된 것들이 의식에 의해 지각되지 않은 채 잠재적인 기억의 상태에 있는 것인가? 아니면 초월적인 것이 현상과 관계하는 매개인가? 다시 말해서 초월적인 것은 무의식을 통해 의식에 드러나는가? 질문이 거듭될수록 점점 깊이 빠져가는 늪과 같다.

생물학은 정체성 문제에서 가장 확실한 답을 제시하였다고 자부하고 있는데, 그건 모든 사람들에게 고유한 유전자이다. 유전자는 고유하며 일란성 쌍둥이로 태어나지 않는 한 모든 사람들의 유전자는 각자 다르다. 개인의 신분을 확인하기 위해 과거에는 얼굴 모양과 지문을 사용했지만, 이제는 유전자 검사로 대신하고 있다. 나는 유전자의 표현형일 뿐이다. 리처드 도킨스에 따르면, 나의 나됨을 결정하는 건 유전자이며, 나는 유전자의 생존을 위해 필요한 것을 공급하기 위한 존재일 뿐이다. 나는 이기적인 유전자에 봉사하는 존재에 불과하다. 지문과 치아가 사람마다 다르고 또 사람의 홍채가 고유한 건 유전자 때문이다. 유전자 복제를 통한 인간의 출생이 허용되지 않는 한 나의 나됨을 결정하는 건 유전자이며, 유전자의 차이에 따라 인간의 특성이 형성된다. 결국 정체성을 정의하는 건 유전자가 된다.

그러나 나의 정체성을 유전자로 환원할 수 있을까? 삶의 실존은 결코 유전자에 의해 결정되지 않는다. 유전자가 삶의 방식에 영향을 미칠 수 있다 해도 삶에 영향을 미치는 요소는 유전자 이외에도 매우 다양하다. 특히 학습과 문화적인 환경은 인간에게 영향력을 행사하는 대표적인 요인이다. 인간의 정체성 문제는 바로 이런 측면을 고려하여 생각해야 한다. 게다가 여러 가지 이유로 뇌 기능에 치명적인 결함을 갖게 된 사람이나 기억력에 심각한 손상을 입은 치매 환자들이 타인은 물론이고 자신이 누구인지조차 알아보지 못하는 경우엔 어떻게 생각해야 할까? 나는 기억에 의해 구성되는 건가? 나는 뇌인가? 신경생물학에서 주는 정체성에 관한 대답은 바로 이런 질문을 불가피하게 제기하게 한다.

지금까지 거론한 것들이 정체성 문제에서 매우 중요한 단서로 여겨지긴 해도 그것이 결정적이지는 않다고 보는 것이 좋다. 사람들은 다만 자신들의 취향과 필요에 따라 이것 혹은 저것을 선택하여 자신의 정체성을 규정하는 데에 사용할 뿐이다. 그렇다고 해서 정체성 문제가 궁극적으로 해결되었다고 볼 수는 없다. 인간은 그야말로 신비로서 결코 그 전체를 규정할 수 없는 존재이기 때문이다. 영화는 인간의 정체성 문제를 해결하는 일에서 다양한 한계를 지적한다. 그것이 바로 나 아닌 존재와의 관계를 통해서 끊임없이 변하는 모습을 보여준다.

그러므로 정체성 문제에서 빠질 수 없는 또 다른 변수는 나 아닌 존재에 관한 생각이다. 나 아닌 존재는 나와 어떤 관계로 설정되느냐에 따라 나에 대해 타자가 될 수도 있고 나의 이웃이 될 수도 있다. 오히려 내가 타자로 전락할 수 있다. 타자와 이웃 사이를 구분하는 건 다분히 나의 욕망에 좌우된다. 나의 욕망에 따라 타자가 될 수도 있고 이웃이 될 수도 있다 함이다. 결국 타자와 이웃을 결정하는 문제 역시 자아 정체성과 매우 밀접한 관계를 갖는다. 그러므로 나는 이곳에서 정체성 문제와 관련해서 타자와 이웃에 관한 영화를 함께 다뤘다.

최근 들어 정체성과 관련해서 제기되는 가장 큰 이슈는 성적 정체성이다. 성별과 관련해서 나는 누구인가 하는 질문이다. 남성과 여성으로서 성적 정체성은 타고난 성에 따라 결정되는 것이 아니라는 생각이 크게 작용한다. 태어나면서 뒤바뀐 성적 정체성도 있는가 하면, 본인의 선택에 따른 성적 취향 역시 존중해야 한다는 생각이다. 다른 어떤 매체보다 영화는 성적 정체성과 관련해서 매우 중요한 이슈를 제기하고 있으며, 실제로 대중에 미치는 영향력이 가장 큰 매체라고 볼 수 있다. 이와 관련한 글은 이미 『기독교와 영화』(131-151)에서 다뤘기 때문에 이 주제는 이곳에서 언급만 하고 지나가고자 한다.

1) <상실의 시대> (트란 안 홍, 2011): 나는 지금 어디에 있는가

없어지거나 사라지기를 원치 않지만 없어졌거나 사라졌을 때를 일컬어 '잃는다'고 한다. 사람을 잃고, 기억을 잃고, 물건을 잃고, 사랑을 잃으며, 시간과 생명과 재물 등을 잃는다. 버리는 것은 주체의 결단에서 비롯하는 능동적인 행위이지만, 잃는 것은 의지에 반하는 일이기 때문에 달갑지 않은 일이며 경우에 따라선 슬픔의 정서를 유발한다. 잃은 것들에 대한 반응은 그것과 어떤 관계에 있느냐에 따라 다르며 또한 반응하는 사람의 성격에 따라서도 달라진다. 상실을 대수롭지 않게 생각하는 사람이 있지만 어떤 사람에게는 고통을 일으킨다. 특별한 의미를 갖는 것을 잃은 후에 오는 감정을 상실감이라고 한다. 아픔, 고통, 슬픔 등으로 다 표현할 수 없는, 그야말로 잃어 본 사람만이 경험할 수 있는 복합적인 감정이다. 상실감은 허망함이나 절망감으로 이어지기도 하고, 심한 우울증을 야기하기도 한다. 깊은 상실감을 동반하는 각종 현상들은 주변 사람들에게 또 다른 상실감을 일으키기도 한다. 사람에 따라 다르겠지만, 상실감 중에서도 가장 큰 상실감은 아마도 사랑하는 사람을 잃었을 때가 아닐지 싶다. 트란 안 홍 감독의 작품 <상실의 시대>는 바로 이런 상실감을 주제로 만든 영화다.

<상실의 시대>는 무라카미 하루키의 동명 소설을 원작으로 제작되었다. 원제는 "노르웨이의 숲"이며 1987년 작품이다. 성적인 표현이 유독 많지만, 성(性)을 의미를 담고 있는 하나의 기호로 본다면 감상을 주저할 것까지는 없다고 생각한다. 소설의 명성을 그대로 되살리진 못했어도, 게다가 소설과 다소 다른 느낌을 주지만, 소설에서는 이해하기 어려웠으나 영화를 보았을 때 비로소 얻을 수 있는 느낌이 있다. 특히 사랑하는 여자인 나오코가 상실의 고통을 끝내 이겨내지 못하고 자살로 생을 마감했을 때, 겨울 바닷가 칼바람을 온몸으로 맞서는 모습으로 표현된 와타나베의 상실감은 소설만으로는 쉽게 상상할 수 없는 장면임이 분명하다. 그리고 나오코가 머물러 있는 요양원의 고즈넉한 배경 역시 마찬가지다. 감독은 소설의 글귀를 그대로 대사로 사용할 정도로 소설에 충실하려고 노력했다 해도, 영상적인 표현에는 감독 특유의 감각을 발휘했다. 세부적인 감정 묘사와 정치 사회적인 배경 그리고 다분히 선정적인 표현으로 가득한 소설을 읽은 사람들은 생략된 많은 것들로 인해 영화에 실망하겠지만, 둘은 서로 구분되어 이야기되어야 할 성질이라고 생각한다.

이야기의 배경은 일본 역사에서 격동의 시기였던 60년대다. 이 시기는 좌우 이념의 대립과 학생 운동으로 시끄러운 때인데, 이런 혼란의 와중에 남녀의 사랑 이야기를 한다는 것은 한편으로는 현실과 무관하게 살아가는 철없는 청춘남녀의 연애 이야기처럼 들리기도 하고, 다른 한편으로는 마치 정치 사회적인 혼란이 인간관계에 미치는 영향을 그려내는 것처럼 보이기도 한다. 어쩌면 두 가지 모두가 독자나 관객에게 받아들여질 것으로 보인다. 격동의 80년대를 대학생으로서 살아왔던 필자로서는 아무래도 후자에 방점을 두고 영화를 이해하는 것이 자연스러웠다. 혼란의 시기를 지배하는 암울한 정서를 온전히 체감하며 살아가는 청춘 남녀들의 사랑 이야기라고 할까. <글루미 선데이>(롤프 슈벨, 1999)가 암울한 정서를 불러일으켜 수많은 사람들로 하여금 자살에 이르게 하는 음악으로 2차 세계대전과 나치의 범죄적인 행각이 야기하는 절망감을 표현했던 것과 비슷한 맥락에서 영화를 감상하였다.

그런데 어떻게 보든 영화의 내용은 분명 남녀의 이야기다. 특히 상실에 초점을 두고 전개된다. 그리고 상실의 이유를 언급하는 부분은 대체로 성을 매개로 이뤄지는 남녀관계를 통해 설명되고 있다. 마지막 장면에서 레이코가 와타나베와의 성관계 후에 '잃어버린 것을 7년 만에 다시 찾았다'고 말한 대사에서 엿볼 수 있듯이, 영화에서 말하는 상실은 서로 온전하게 소통하지 못해서 오는 결과라고 보면 좋을 것 같다. 실제로 그렇다. 나오코는 남자 친구 키즈끼의 자살로 존재의 상실과 동시에 관계를 잃어 깊은 상실감에 빠지고 결국 그 충격에서 헤어 나오지 못해 스스로 목숨을 끊는다. 키즈끼는 나오코와의 애정 관계에서 결코 성관계에 성공하지 못했다. 그가 자살한 이유가 무엇인지 모르지만, 온전한 소통의 부재에서 온 절망감의 표현이 아니었을까? 무수한 여성을 오가며 애정행각을 벌이면서도 전혀 부담감을 느끼지 않는 나가사와를 사랑하는 그의 애인은 처음부터 잘못된 관계로 고통을 당하면서도 아무렇지도 않은 듯이 살아간다. 왜곡된 소통 관계 속에서 결국 다른 남자와 결혼하지만 얼마 지나지 않아 깊은 상실감에 빠져 자살하였다. 그녀의 죽음 역시 소통에 있어서 문제가 있었기 때문이었다. 미도리는 엄마를 잃고 난 후에 아버지와의 관계가 단절되는 상실감 속에서 포르노적인 사랑 이야기에 집착하며 살아간다. 사랑을 통해 소통하고 싶었지만, 그녀 역시 매번 온전한 소통에는 이르지 못한다. 그리고 이 모든 상실감을 온 몸으로 느끼면서도 끝까지 살아남아 상실의 시대를 책임 있게 증언하는 자는 주인공 와타나베다. 그는 어그러지고, 온전하지 못하고, 열망만으로 가득한 채 결코 상대에 이르지 못한 여러 소통 관계에 대해 스스로 책임을 지는 자의 캐릭터를 재현한다. 그러나 그 역시 마지막에 미도리와의 전화 통화에서 "어디에 있느냐?"는 질문에 대답하는 대신 자신이 어디에 있는지를 되묻는 질문을 던지는데, 자아를 상실한 듯한 모습이다. 이것은 소통하지 못한 삶, 곧 허망함으로 가득한 현대인의 현주소를 그대로 말해준다. 소통하지 못하는 삶은 비록 살아있다 해도 자신의 정체성을 상실할 수밖에 없다는 말이다.

사실 위치라는 것은 관계를 통해 정립된다. 수학은 x와 y 그리고 z로 표시되는 좌표로 3차원의 공간을 만들고 어떤 존재를 그 안에 정립시킨다. '나'는 '너'와의 관계 속에서 정립되는 언어이며 위치이고, '너'의 위치는 '나'와의 관계 속에서 결정된다. '우리'는 '그들' 혹은 '타자'와의 관계 속에서 자리매김된다. 즉자는 대자를 필요로 한다. 인간은 사회적인 관계 속에서 정체성을 찾는 법이다. 그런데 대상이 사라지거나 소통하지 않고 단절되어 있다면, 도대체 나 혹은 우리의 위치는 어디서 어떻게 찾을 수 있을 것인가? 이것이 영화가 던지는 화두다. 네가 없는 나는 어디에 존재하는지를 모르게 되기 때문에, 사랑하는 사람을 잃는 상실감은 결국 자아 상실로 이어질 수 있다.

대한민국의 80년대와 같이 정치 사회적인 격동기를 살았던 60년대의 일본의 젊은이들이 온몸으로 겪어야만 했던 것은 소통의 부재였다. 자신들의 주장을 내세우기에 바빴던 시대에서 관계는 일방적이었고, 단절되었거나 혹은 왜곡된 관계로 자족해야만 했다. 혹은 자조적인 태도로 시대의 흐름과 무관하게 살아가든가. 오늘날 그들은 몇몇을 제외하고는 일본 사회에서 소외된 계층으로 삶을 전전하고 있다. 이런 소통의 부재가 편만한 시기에 젊은이들이 겪을 수밖에 없는 정서를 하루키는 "상실"로 표현한 것 같다. 영화나 소설이 특별히 성에 주목해서 표현한 것은 성이 성인의 가장 기본적인 욕구이기 때문이다. 다시 말해서 성과 마찬가지로 소통은 인간이 인간으로서 살아가기 위해 가장 기본적인 것이라는 사실을 환기한다. 이런 의미에서 <상실의 시대>는 소통의 부재를 현실로 살아갈 수밖에 없는 현대인의 절망감과 허무감을 잘 표현한 소설이며 영화라고 생각한다.

소통의 부재가 상실의 시대로 이어진다는 사실은 오늘 우리 한국 사회 안에 그대로 반영되어 있다. 정치, 사회, 경제, 교육, 문화, 종교 등 사회 전 분야에서 나타나는 소통의 부재는 국민들로 하여금 많은 상실감을 안겨주고 있기 때문이다. 소통의 부재는 인간의 근원적인 문제를 드러내는 것이다. 상실은 또 다른 상실을 낳고, 소통의 단절로 인해 계속해서 자살과 절망감, 허무감으로 이어지는 까닭은, 소통의 부재로부터 오는 상실이 단지 소통의 재개를 위한 노력을 통해서 극복될 수 있는 것이 아니라 종교적인 구원을 필요로 함을 암시한다. 네가 없는 나와 내가 없는 너, 곧 나와 너의 소통이 부재하는 시대는 상실의 시대이다. 기독교가 해야 할 일은 깊은 상실감을 겪는 사람들에게 구원의 복음을 전하는 일이지만, 다른 한편으로는 상실감의 원인이 되는 소통의 부재가 근절될 수 있도록 노력을 기울이는 일이다. 내가 어디에 서 있는지를 바로 알도록 하는 것, 그래서 나의 위치를 누구를 통해 정립할 수 있는지를 밝혀주는 것이 복음 전도의 한 방식일 수 있다. 하나님이 인간으로서는 불가능한 소통을 예수 그리스도를 통해 여셨듯이, 기독교는 소통이 불가능하다고 생각되는 곳에서 소통의 통로로써 위치를 차지하기에 주저하지 말아야 할 것이다. 이것이 교회가 천국에 있지 않고 세상 가운데 존재하는 이유이기 때문이다. 교회가 있는 곳엔 어디서든 사방이 막힘없이 서로 소통할 수 있다는 소문이 들리도록 해야 한다.

2) <셀프/리스> (타셈 싱, SF, 15세, 2015): 나는 무엇을 통해 비로소 내가 되는가

인간이 또 다른 나로 거듭나려는 노력은 인류 역사에서 다양하게 이뤄져왔다. 고전적인 방식은 대체로 종교에서 제시되었다. 다른 몸을 빌려 다시 태어난다는 환생을 말하기도 하고, 다른 형태의 삶으로 태어난다며 윤회를 말했다. 성경에서 말하듯이, 동일한 몸을 유지하지만 믿음 혹은 의식의 갱신을 의미하는 중생을 말하기도 했다. 중생의 또 다른 의미는 몸이 다시 태어난다는 것도 포함한다. 이렇게 되면 환생의 의미에 가깝다. 최근에는 과학기술의 발달로 그 가능성을 다양한 형태로 실험하고 있다. 이식과 복제 등이 대표적이다. 이런 노력과 함께 등장하는 문제 역시 간단하지는 않다. 가장 큰 문제는 정체성, 곧 자아 정체성에 대한 혼란이다. 인간관계에서 자기 자신에 대한 의심과 혼란은 건강한 인격체로서의 삶을 방해하는 주요 요인이다.

인간의 정체성을 규정하는 것은 무엇일까? 나는 무엇으로 나임을 알 수 있고 또 말할 수 있는가? 앞서 나와 너의 소통 관계에서 상실감을 잃기도 하고 또 자아 정체성을 찾기도 한다는 사실을 말했지만, 또 다른 맥락에서 정체성과 관련해서 흔히 제기되는 것은 정신과 육체 혹은 기억과 몸의 관계를 묻는 질문이다. 나의 나됨은 정신 혹은 기억을 통해 결정되는 것일까, 아니면 육체를 통해 결정되는 것일까? 그런데 정체성에 있어서 정신 못지않게 몸의 중요성에 대한 각성이 일어나면서, 이런 질문은 더 이상 설득력을 갖지 못한다. 인간의 정체성이 몸과 정신 모두를 통해 규정된다는 사실은 이제 상식이 되었기 때문이다. 그럼에도 불구하고 정체성의 문제는 끊임없이 제기되어 왔는데, 그 이유는 다양하다.

최근에 부각하고 있는 가장 큰 이슈 가운데 하나인 성적 정체성의 문제는 의식으로서 성과 몸의 성 사이에서 나타나는 차이 때문에 비롯한 것이다. 나는 의식적으로(혹은 생물학적으로) 남성인가 아니면 여성인가 하는 질문이다. 성적 정체성을 결정하는 기준을 말하면서 과거에는 생물학적인 측면을 우선으로 삼았지만, 동성애를 옹호하는 사람들은 의식이나 성적 취향과 끌림을 우선으로 여긴다. 이런 생각에 힘을 보태고 있는 것은 인권 사상이다. 인간 자신은 물론이고 인간의 선택을 존중해야 하고, 또 그것 때문에 결코 차별받지 않아야 한다는 생각은 의식의 우선성을 기반으로 성적 정체성을 주장하도록 했다. 동성애법은 이것을 사회적으로 혹은 제도적으로 관용해야 할 당위성을 제시한다. 성적 정체성은 주로 의식 혹은 정신에 우선성을 두고 사고하는 경향에서 비롯한다. 과연 이런 생각이 바람직할까?

특별한 현상이고 흔히 종교적인 측면에서 고려되는 빙의 현상은 영혼 혹은 의식이 정체성 인식에 중요한 역할을 함을 강조한다. 일본 영화 <비밀> (타키타 요지로, 1999)은 사고로 죽은 엄마가 남편을 돌보기 위해 딸의 몸으로 들어가는 내용을 담고 있다. 의식은 아내이지만 몸은 딸이라는 점에서 아버지와 딸 사이에서 몸의 차이를 극복하는 문제 때문에 나타나는 긴장을 매우 정치하게 표현하였다. 이 영화는 정체성을 형성하는 것은 결국 몸이라는 내용을 담고 있다. 이밖에도 영혼이 뒤바뀌어 정체성과 관련해서 혼동을 다룬 영화들은 많이 있다.

의료기술의 발달로 자연스럽게 나타나는 정체성 혼란도 있다. 오래전 영화 <21그램> (알레한드로 곤잘레츠 이냐리투, 2003)은 타인으로부터 장기(심장)이식을 받은 후에 자신이 누구의 삶을 사는지를 의심하는 내용을 담고 있다. 결국 심장 기증자의 아내와 새로운 인생을 시작한다는 이야기다. 뇌가 아닌 다른 장기이식의 경우로 정체성에 혼란을 느끼는 것은 특별한 경우라고 생각한다. 오직 영화적인 상상력을 통해서만 볼 수 있는 현상이다.

이에 반해 인간 복제와 관련한 영화에서는 심각한 정체성 혼란을 일으킨다. 이것은 특히 <여섯 번째 날>(로저 스포티스우드, 2000)이 화두로 삼은 문제다. 원본인 나와 복제된 나 사이에서 누가 진정한 나일까? 만일 몸과 기억 모두가 동일하다면(그럴 리 없겠지만) 무엇보다 정체성 혼란은 극심해질 것이다. 나의 정체성은 차치하고 두 개의 나에 대한 사람들의 경험은 매우 혼란스러울 수밖에 없다. 그러나 아무리 인간을 복제한다 해도 시간의 차이가 있기 때문에 영화에서처럼 그런 혼란은 발생하지 않는다. 의식이나 기억의 복제 역시 아직은 불가능하다. 단지 판타지에 불과하다.

<뷰티 인사이드>(백종렬, 2011)는 직접적으로 정체성 문제를 다루진 않는다. 그러나 동일한 의식을 가졌지만 아침마다 새로운 몸으로 변하는 캐릭터를 등장시킨다. 하룻밤 사이에 남자가 되었다가 다시 하룻밤이 지나면 여자가 되기도 하고, 노인이 되었다가도 다시 젊은 사람이 되고 심지어 유소년이 되기도 한다. 스스로도 극심한 혼란을 경험하겠지만 그와 관계를 갖는 사람이 겪는 혼란은 말로 다할 수 없다. 그럼에도 불구하고 그를 사랑하는 여인은 그가 동일한 의식을 갖고 있다는 사실을 받아들이면서 서로 교감하며 이르게 된 사랑을 잊지 못해 그리고 이런 혼돈 속에서 그가 홀로 외롭게 살아야 할 것에 대한 연민의 정 때문에 두 사람은 결혼한다는 이야기다. 외모 지상주의 사회에 일침을 주는 내용이지만, 다른 한편으로는 정체성 결정에 있어서 관건은 의식에 있음을 시사한다.

이제는 복합적인 연구의 결과로 나타나고 있는 현실 문제를 생각해

보자. 영국의 수학자로서 2차 세계대전 당시 독일군의 암호를 풀기 위한 과정에서 컴퓨터를 처음으로 만들었다고 여겨지는 앨런 튜링(Alan Turing)은 1950년에 소위 '튜링 테스트'를 제안하였다. 기계에게 지성적인 능력이 있는지를 판단하기 위한 기준을 제시한 것인데, 튜링은 기계가 인간과 유사하게 대화할 수 있다면 기계가 지능이 있다고 보아야 한다고 말했다. 그 후로 인공지능 연구의 성과 여부는 튜링 테스트를 바탕으로 확인되고 있다. 인간은 기계 고유한 특징에 주목하기보다 오히려 자신과 동일한 혹은 적어도 유사한 지성적인 능력을 갖춘 기계를 개발하려고 한다. 왜 하필 인간과 유사한 기계일까? 한편으로는 인간의 지능에 대한 상대적인 우월감을 표현하는 것으로 볼 수 있지만, 다른 한편으로는 여전히 미지의 숲으로 여겨지는 인간 지능의 세계를 탐구하는 방식이기 때문이다. 다시 말해서 인공지능에 대한 연구는 인간의 뇌에 대한 연구에 힘입은 바가 크다.

튜링 테스트를 통해 알 수 있듯이, 인공지능은 인간의 뇌 기능에 버금가는 지성적인 능력을 갖춘 기계다. 지성적인 능력은 천재의 경우를 제외하면 대체로 학습과정 혹은 문화화 과정을 통해 형성된다. 그런데 이 능력이 '지성적인' 능력임을 강조할 필요가 있다. 왜냐하면 인공지능을 말하면서 흔히 염두에 두는 것은 지성적인 사고와 추리 그리고 판단 능력을 가리키기 때문이다. 계산 가능한 범위 내에서 이뤄지는 일들이다.

그러나 결코 계산으로만 밝혀지지 않는 심리적인 측면과 뇌의 또 다른 기능인 감성적인 능력은 인공지능 연구에 있어서 하나의 문제이다. <엑스 마키나>(알렉스 갈렌드, 2015)는 이 문제마저도 해결한 고도로 발달된 인공지능을 등장시키는데, 실제로는 인간의 심리와 감성 문제에 대한 솔루션을 기대하기까지는 아직 많은 시간을 필요로 한다. 무엇보다 감성은 규정할 수 없는 것이기 때문이다. 규정할 수 없으니 합리적으로 설명할 수 없다. 감성의 존재는 느낌과 표현 그리고 행위로 나타날 때 비로소 확인된다. 심리적인 현상 역시 마찬가지다. 다시 말해서 인간의 정체성을 지성만으로 규정할 수 없다면, 설령 기계가 나를 대체한다고 해서 그것이 나는 아닌 것이다.

인간과 기계의 경계를 넘어서는 인공지능을 개발하려는 시도는 많이 있어 왔고, 고도로 정교한 휴머노이드 로봇을 개발하면서 그 실현을 향해 노력했지만, 인간의 기억을 새로운 몸에 이식하여 새로운 정체성을 얻게 하려는 노력은 여전히 큰 과제로 남아 있다. 인간의 모든 기억을 데이터화할 수 없기 때문이다. 그런데 만일 모든 기억을 데이터화해서 다른 몸에 입력할 수 있다면, 정체성은 바뀌게 될까?

<셀프/리스>는 이 질문을 전제하고 만든 영화다. 기억을 다른 몸에 이식하여 동일한 정체성을 갖는 가능성을 탐색한다. 불멸의 삶을 위해 기억을 이식하는 일과 관련해서는 기시감이 뚜렷하지만, 다소 새로운 관점에서 정체성의 문제를 다룬다. 새롭게 느낀 점은 정체성 문제에서 감성의 우선성을 내비치고 있는 점이다.

영화 내용은 부동산 사업으로 거부가 되었지만, 암이 온 몸에 퍼져 살날을 얼마 남기지 않은 데미안에게 일어난 일이다. 유명 인사들이 오래 산다면 더욱 뛰어난 업적을 더 남길 수 있다는 사실을 안타까워하며 생명을 연장할 가능성을 탐구했던 올브라이트 박사는 새로운 몸에 기억을 이식하는 방법을 개발한다. 물론 이를 위해선 누군가가 희생되어야 했다. 곧 돈을 지불할 수 있는 부유한 사람은 새로운 몸을 얻어 살아남고, 돈을 필요로 하는 사람은 몸을 희생해야 하는 과정을 거쳐야 가능한 프로젝트다. 데미안은 원하는 대로 30대의 몸을 얻었고, 젊음을 맘껏 즐길 수 있었지만, 올브라이트 박사가 처방한 약을 먹지 않을 경우 갖가지 환각에 시달리는 고통을 겪어야 했다. 이 약은 몸이 지닌 기억과 자신의 의식이 갖고 있는 기억 사이에서 일어나는 충돌을 완화해주는 기능을 한다. 데미안은 올브라이트 박사에게서 약을 복용하면 자신의 기억을 유지

할 수 있지만, 약을 복용하지 않으면 몸의 기억에 의해 압도되어 의식의 기억이 상실된다는 사실을 듣게 된다. 거액을 지불하여 자기 정체성을 유지하면서도 생명을 연장하길 원했던 데미안으로서는 약을 복용하여 몸의 기억을 지우는 길을 택하는 것이 당연하다.

처음에 그의 처절한 싸움은 오직 약을 얻기 위한 노력이었다. 그런데 데미안은 환각 속에서 본 여인과 자신의 몸과의 관계를 알게 되면서 심각한 갈등을 겪을 뿐만 아니라 한 사람의 생명 연장을 위해선 또 다른 사람의 희생을 필요로 하는 사실을 알게 된 후 올브라이트의 음모를 파괴한다. 원래 원했던 대로 데미안으로서 젊어진 육체를 갖고 살 수 있었지만, 그는 약을 복용하기를 포기하고 한 여인의 남편이면서 한 아이의 아빠인 마크의 정체성을 선택한다. 그 이유는 무엇일까? 표면적인 이유는 그동안 돈을 벌면서 명예와 부를 얻었지만, 한 가정의 가장으로서는 실패했던 선례를 수정하기 위해 결심했기 때문이라고 짐작할 수 있다.

감독은 자신의 스타일인 독특한 영상미를 추구하는 길을 이번 영화에서는 과감히 포기한 것 같다. 관객들이 당연히 내용적으로 기대할 만한 기억을 이식하는 첨단 과학기술을 설명하는 과정을 생략했고, 환각 속 장면을 현실에서 찾아내는 과정도 지나치게 단순화시켜 비현실적인 느낌을 불러일으켰다. 과연 넓은 미국 땅에서 기억 속 정지된 몇 장면만으로 그곳을 그토록 빠른 시기에 찾아내는 일이 가능할까? 어떤 다른 의도가 있어서 단순화시켰는지는 알 수 없다. 하지만 아쉬움이 커 몰입을 방해하는 이유가 되었다. 그렇기 때문에 영화는 영상미가 아니라 다분히 사유의 측면을 고려하여 제작한 것 같다.

그 첫째는 부유한 자가 누리는 특권을 폭로하는 것이다. 의료기술의 발달이 주는 혜택은 오랜 시간이 지난 후가 아니라면 그에 상응한 비용을 지불할 수 있는 부유한 자에게만 주어질 뿐이다. 의료혜택의 차별화는 <엘리시움> (닐 블룸캠프, 2013)에서도 다뤄진 주제인데, <엘리시움>

과 <셀프/리스> 모두 이것을 가능하게 하는 시스템을 파괴하면서, 이것의 부조리함을 폭로한다.

둘째는 앞서 언급한 대로 정체성과 관련해서 갖는 기억과 육체의 의미다. 남은 6개월간 약을 복용하면 예전의 데미안으로서 정체성을 유지하며 살 수 있지만, 데미안은 육체의 기억에 따른 정체성을 선택했다. 마크로서 한 아내의 남편이며, 한 아이의 아빠로 돌아간 것이다. 이 과정에서 주목할 만한 장면이 있는데, 마크의 아내 마들렌이 마크와 두 번의 키스 경험에서 겪는 느낌의 변화다. 비록 몸은 같아도 의식의 차이에 따라 다른 경험을 한 것이다. 다시 말해서 데미안의 정체성이 강했던 시기의 마크의 몸으로부터 느끼지 못하는 것을 마크의 정체성으로 돌아온 마크로부터 예전의 마크를 느낄 수 있었던 것이다. 내가 나를 인지하는 자아 정체성은 물론이고 나의 정체성에 대한 타인의 경험이 동일하기 위해서는 의식과 몸이 결코 분리되어서는 안 된다는 사실을 말하는 것은 아닐까? 이런 의미에서 볼 때 영화는 인간이 몸과 영혼이 분리되지 않은 전인적인 통합체라는 사실에 기초하여 만들어진 건 아닐까?

이 사실은 인간 이해의 문제나 신앙과 삶의 문제를 생각함에 있어서 매우 중요한 단서를 제공한다. 인간은 살아있는 동안 결코 영혼과 육체를 분리해서 생각할 수 없는 존재다. 하나로 통합된 존재이며 전인이다. 영적인 존재만을 강조해도 정체성 인식에 방해를 받으며, 또한 육적인 존재만을 강조해도 마찬가지다. 뿐만 아니라 선물로 주어진 것으로서 신앙은 인간의 삶에서 결코 고백과 행위로 분리할 수 없는 통합체다. 고백 없이 행위만으로 신앙을 말할 수 없고, 행위 없이 고백만으로 신앙을 말할 수 없다. 신앙의 정체성은 고백과 행위로 확인된다. 고백만으로 가득한 신앙 정체성은 혼란을 불러일으키고, 고백이 없는 행위만으로 채워진 신앙도 정체성에 큰 혼란을 일으킨다. 물론 말만 앞세우는 경우보단 한결 낫겠지만….

2. 타자

1) <혹성탈출: 진화의 시작> (루퍼트 와이어트, 2011): 타자에 대한 부당한 태도에 대한 경고

인간 상호간에 교류가 적었던 시절에 그리고 삶의 조건들이 넉넉하지 못했을 때 이방인 혹은 타자에 대해 보이는 인간의 전형적인 태도는 배타성이었다. 자기 자신과 가족을 지키려는 의지와 안전에 대한 본능에서 비롯한 것이다. '서부영화'라는 장르 영화가 잘 표현하고 있듯이, 이방인은 언제나 마을 밖에 머물러 있다. 설령 마을 안에 머물게 된다 하더라도 처음에는 환영받지 못하는 존재일 뿐이다. 마을에 관계를 맺게 되는 이유가 발생할 때, 예컨대 침입자로부터 마을을 지켜주거나 혹은 마을의 주민들에게 도움이 되는 일을 하게 될 때 비로소 환영을 받는다. 대체로 타자는 나에게 유익이 되는 범위에서만 환영받는다.

그러나 통신과 운송 수단의 발달로 상호교류가 상상을 초월할 정도로 이뤄지면서 현대는 마셜 맥루한이 말한 대로 '지구촌'으로 비유되는 시대가 되었고, 이로 인해 배타적인 태도는 관용의 미덕으로 철저하게 수정받지 않으면 안 되게 되었다. 지엽적인 형태로 남아 있는 배타성은 어쩔 수 없지만 적어도 국가적인 차원에서 배타성을 주장하는 것은 시대의 흐름에 역행하는 것으로 비판받는다(그럼에도 미국은 트럼프가 대통령으로 취임한 이후 배타적인 태도로 급변하였다). 여전히 이념, 종교, 문화, 인종, 지역, 민족 등과 관련해서 배타성을 보이는 일부 지역을 제외하고 세계는 현재 다국적 사회와 다문화 사회 그리고 다종교 사회를 지향한다. 그것의 정당성을 묻기 이전에 우선적으로 실용적인 이유에서다. 다시 말해서 국가와 인류의 미래에 이익이 된다고 생각하기 때문이다. 이제 관용은 현대인에게 없어서는 안 되는 덕목이 되었다.

　　같은 민족 혹은 지역이나 국가 안에서도 이방인처럼 여겨지는 경우가 있다. 그렇게 여겨지는 존재를 가리켜 "타자"라고 한다. 칼 마르크스와 그의 정신을 계승한 프랑크푸르트학파는 자본주의 사회 구조에서 생성되는 '타자'의 배경을 '소외'(Entfremdung)에서 찾았다. 이런 의미에서의 타자는 차별의 대상으로 전락한 존재이다. 그렇기 때문에 '타자' 개념은 '이방인' 개념보다 더욱 비사회적이며 비윤리적인 의미가 있다.

　　차이는 다분히 존재론적인 기원을 갖고 다양성의 기원이 되지만, 차별은 심리적이고 의식적이며 때로 제도적으로 고착화되기도 한다. 이것은 갈등과 반목의 기원이다. 성 차별, 계급적 차별, 신분적 차별, 외국인 차별, 장애인 차별, 유산가와 무산가의 차별, 통치자와 피통치자의 차별 등이 현대 사회에서 발견되는 현상들이고 이것 때문에 발생하는 사회적인 갈등은 곳곳에서 볼 수 있다. 다양성으로 이어지는 차이는 다양한 형태의 상호교류와 상호이해를 통해 극복 혹은 제3의 형태로 발전될 가능성이 있지만, 차별은 교류만으로는 부족하고 상호 공감과 수용을 위한 의식적인 계몽과 혁신적인 사고 그리고 의지적인 노력과 더불어서 때로는 법적인 제재가 필요하다. 왜냐하면 차별은 인간의 이기적인 본성이 드러나는 방식이기 때문이다. 차별에 대한 제동장치를 마련하지 않으면 운전수 없이 비탈길을 달리는 차와 같다. 내 일이 아니라고 해서 차별을 방치하는 사람들은 어느 순간 더는 통제할 수 없는 괴물을 만나게 된다.

　　차별의 정도가 커서 상대적으로 느끼는 서로에 대한 반감이 커지면 폭동이나 혁명이 일어나기도 한다. 그래서 마르크스는 자본가와 노동자, 유산가와 무산가의 갈등이 결과적으로 프롤레타리아 혁명으로 이어진다고 주장한 바 있다. 다행히 역사는 그의 이론에 따르지 않았지만, 그만큼 우리 안의 타자는 인간의 악한 본성을 읽어낼 수 있는 지표이다. '타자' 의식이 존재하지 않는 것은 공동체가 그만큼 건강하다는 사실을 말하는 것이기 때문이다. 건강한 사회와 사회의 공동체성을 회복하기 위해서 해야 할 일은 우리 안에 타자가 존재하지 않도록 하는 것이다.

몇 년 전 미국항공우주국(NASA)의 행성 과학과 펜실베이니아 주립대학 소속 과학자들은 외계인과의 접촉 가능성을 대비하는 시나리오를 작성했다. 세계 도처에서 UFO 출현에 대한 보고들이 잇따르고 있고 또 세계적인 과학자로서 우주 탄생에 신의 존재는 불필요하다고 말해 논란을 불러일으킨 스티븐 호킹은 외계인의 존재를 주장한다. 외계인들은 영화적인 상상력을 통해 여러 가지 모습으로 그려졌지만, 사실 그들이 어떻게 생겼는지는 누구도 알지 못한다. 만일 외계인이 존재하고 그들과의 만남이 실현된다면, 지구촌 사람들이 가장 우선적으로 준비해야 할 것은 무엇일까? 만일 인간과 동일한 형태라면 별문제가 없겠지만, 형태와 모양에 있어서 분명 다를 것이기 때문에 이런 질문이 제기된다.

많은 영화들은 이미 이와 유사한 문제들을 과학적 혹은 기술적 상상력을 통해 비유적으로 성찰하였다. 예컨대 <매트릭스> 시리즈는 보기에 따라 달라질 정도로 다양한 스펙트럼을 가진 영화이지만, 미래 사회에서 인간과 사이버 기계의 관계를 깊이 있게 고민하였고, <트랜스포머 3>(마이클 베이, 2011)는 더욱 구체적으로 인간과 로봇과의 공생의 문제를 다루었다. <디스트릭 9>이나 <E.T.>(스티븐 스필버그, 1982)에서 등장하는 외계인은 놀라운 기술력을 갖고 있다 해도 그 기이한 형태로 인해 인간과 함께 살 수 없는 듯이 여겨진다. 인간은 외계인에 대한 단순한 호기심을 넘어서 인간을 보호한다는 명분하에 그들을 차별할 것이라는 전제를 구체적으로 표현한 <디스트릭 9>은 외계인을 대하는 인류의 태도를 예언하는 것 같아 매우 충격적이었다.

<혹성탈출: 진화의 시작> 역시 인간의 타자의식과 그로 인한 결과를 잘 표현해주고 있다. 영화 이해의 관건은 유인원의 비유적인 의미를 파악하는 것인데, 유인원은 인간의 타자로서 명령에 순응하고, 인간의 욕구에 따라 생산되며 또한 소비되는 존재를 의미한다. 이 영화는 인간이

유인원의 지배를 받는다는 가상의 미래 세계를 다룬 총 7회에 걸친 SF 영화 <혹성탈출>의 프리퀄(속편을 뜻하는 시퀄의 반대말로서 영화의 과거를 다룬다)인데, 어떻게 해서 지능이 있는 유인원의 세계가 형성하게 되었는지 그리고 그들이 어떻게 인간과 독립해서 자기만의 세계를 갖게 되었는지를 추적한다.

아버지의 치매를 치료하기 위한 간절한 마음에서 프랭크(윌 로드맨)는 치매 치료를 위한 신약 개발에 참여하게 되고, 이 과정에서 그는 신경계의 복원과 더불어 부수적으로 지능이 향상되는 사실을 알게 된다. 세기의 사건이 될 발견을 발표하지만 뜻하지 않은 사고로 인해 실험은 중단되고 실험 대상자인 모든 유인원들은 안락사된다. 안락사 직전에 구해진 유인원 세라의 지능은 신약의 효과로 인해 놀라울 정도로 향상되어 있다. 프랭크에게 수화를 배워 의사소통이 가능하고, 생각할 수 있는 능력을 갖춘 세라는 프랭크 아버지를 돕는 과정에서 이웃에 치명적인 피해를 입힌다.

프랭크는 자신이 개발했던 약을 아버지에게 투여함으로써 치매 치료에 효과가 있을 뿐만 아니라 지능 향상에도 크게 기여한다는 사실을 알게 된다. 이 사실을 들은 제약회사 사장은 신약 개발을 위한 프로젝트를 다시 허락해 준다. 그러나 유인원을 대상으로 한 실험에서는 어느 정도 성공했지만 그것이 인간에게는 부작용을 일으킨다는 사실을 확신한 프랭크는 실험을 중단할 것을 제안하지만, 이익에 눈이 먼 제약회사 사장은 일언지하에 거절한다. 그런데 문제는 바로 유인원들이 수용되어 있는 곳에서 발생한다.

우발적인 사고로 인해 인간의 거주 지역을 떠나 유인원 수용소에 갇히게 된 세라는 그곳에서 유인원들로부터 왕따를 당할 뿐만 아니라 인간에 의해 부당한 대우를 받는다. 이에 불만을 품었으나 혼자로서는 문제 해결이 불가능하다고 생각한 세라는 제약회사 실험실로 가서 지능 향상을 위해 개발 중인 약을 모든 유인원들에게 투여한다. 그리고 자기들만의 세상을 향해 인간의 세계를 탈출한다.

<혹성탈출>의 프리퀄로서 어떻게 해서 미래 사회에 지능이 있는 유인원들이 출현하게 되었고 또 어떻게 그들의 세계가 존재하게 되었는지를 보여주는 <혹성의 탈출: 진화의 시작>은 오늘 우리 사회에서 무엇이 타자를 형성하게 하는지를 성찰하게 하고 또 타자에 대한 우리들의 부당한 태도를 반성하게 한다. 영화가 보여주는 것 가운데 타자를 형성하게 하는 요인은 다음과 같다.

첫째, 자신의 이익을 위해서라면 윤리적인 혹은 도덕적인 결과를 생각하지 않는 태도, 둘째, 타자(유인원)를 실험대상으로 삼는 과정에서 이뤄지는 인간의 폭력, 셋째, 타자를 공존이 아니라 착취의 대상으로만 여기는 탐욕적인 자세 그리고 넷째, 결국 자유를 억압하는 태도이다.

이런 이유들로 인해 타자 곧 유인원들이 자신들의 생존을 위해 인간의 세계를 탈출하는 모습을 보여줌으로써, 다시 말해서 서사 전개에 있어서 현재 우리 지구촌의 문제 상황(치매를 치료하기 위한 신약개발)을 설정해놓고 의도하지 않은 결과를 보여줌으로써 <혹성탈출: 진화의 시작>의 메시지는 현대인을 향한 경고로 읽힐 가능성을 열어준다. 영화는 오늘 우리 사회에서 자행되고 있는 타자에 대한 부당한 행태들을 고발한다. 그것은 우리 안의 타자를 만들어내는 인간의 오만한 탐욕과 타자를 자기 목적을 성취하기 위한 도구로 사용하려는 부당한 태도, 자본의 이익만을 추구하는 가치관들에 대한 경고이다.

비록 먼 미래에 있을 수 있는 외계인과의 조우를 준비하는 경우가 아니라 해도 우리 안의 타자가 형성되지 않고 또 그들이 우리로부터 벗어나 자기 나름의 세계를 건설하지 않도록 하며, 결국 우리 자신이 그들에 의해 지배당할 수 있는 가능성이 나타나지 않기 위해서는 무엇보다 우리 모두의 공존과 공생을 향한 의지를 갖고 삶의 방식들을 학습해야만 할 것이다.

국가적으로 다문화 및 다종교 사회로의 변화를 준비하고 있지만, 우리 안의 타자가 결코 발생되지 않을 것으로 기대되는 곳(그러나 그렇지 않은 곳)은 교회다. 예수님의 사역이 이 땅에서 온전해지길 원하는 목적으로 세워진 교회는 비록 도상에 있는 존재로서 연속되는 시행착오 과정을 거치지만, 궁극적으로 지향하는 것은 천국의 모델이다. 그곳은 누구도 결코 타자가 되지 않고 '우리' 안에서 평안과 기쁨과 행복을 누리며 사는 곳이다. 그럼에도 불구하고 사람들이 교회로부터 벗어나 타종교로 개종하거나 가나안 성도로 머무는 많은 이유들 가운데 하나는 공동체적인 성격의 부재이다. <무산일기>에서 볼 수 있었듯이, 교회의 사각지대에 놓여 있는 많은 지체들이 있고 또 그들은 우리 안의 타자로서 묵묵히 살아간다. 혹 누가 알 것인가, 그들이 교회로부터 벗어나 새로운 반기독교적인 세계를 건설할지… 실제로 안티기독교 세력들 가운데는 이전에 기독교신자였던 사람들이 많다. 교회가 사회의 희망으로 머물 수 있기 위해서는 최소한 교회 안에서만은 타자가 존재하지 않는 환경을 만들어 나가야 할 것이다.

2) <무산(茂山)일기> (박정범, 2011): 우리 안의 타자와 교회의 과제

이창동 감독에게 사사했던 박정범 감독의 <무산일기>는 자신의 단편영화 <125 전승철>을 장편으로 만든 것인데. 감독의 첫 장편 데뷔작이라고는 믿기지 못할 정도로 연출력과 영화적 서사 능력이 압도적이다. 각종 영화제 수상 이력이 영화의 질을 충분히 입증해주고 있다.

영화의 주인공은 함경북도 무산(茂山) 출신 탈북자 전승철이다. 감독의 관심은 사람답게 살기 위해 목숨을 걸고 탈북하여 남한에 이르게 된 탈북자들이 남한 사회에서 무산(無産)계급으로 살아가는 실상과 왜 그렇게 전락할 수밖에 없는지를 보여주려는 데에 있다. 예컨대, 누구라도 탈북자임을 식별할 수 있는 주민등록번호 '125'를 딱지처럼 달고 다니고, 탈북자라는 이유만으로 동네 깡패에게 괴롭힘을 당하는 현실에서도 친구를 우발적으로 죽이고 도망 나온 그에게는 더 이상 피할 곳이 없기에, 남한에서 살아남기 위해 아무런 저항조차 할 수 없는 무력한 태도 그리고 자본주의 사회인 남한에 쉽게 동화되지 못해 탈북자들끼리 소통하면서 혹은 서로 적대적인 관계를 가지면서 살 수밖에 없는 모습들은 그들로 하여금 무산계급으로 살아가도록 만드는 구조적인 요인들이다.

정책적으로나 혹은 사회적으로 혹은 시민의식적인 면에서 볼 때, 이에 대한 남한 사람들의 책임이 없지 않다고 생각하기 때문에 보는 자로 하여금 가슴이 답답함을 느끼게 만드는 장면들이다. 탈북자, 그들은 우리 안에서 오직 타자로서만 존재할 뿐이다. 이런 정치 사회적 환경 속에서 감독은 북한 무산 출신의 무산(無産)자인 전승철에게 주목한다. 그는 자신을 고용하는 사람들에게 언제나 "잘할 수 있습니다"를 외치며 생존의 의지를 내보이지만 이해할 수 없는 이유로 번번이 좌절을 경험한다.

영화 속에서 특별히 그리스도인의 주목을 끄는 장면은 승철의 눈에 비친 교회의 모습이다. 승철이 교회에 가게 된 이유는 분명하지 않다. 아마도 정착 과정에서 누군가에 의해 소개된 것이리라. 그러나 승철에게 교회는 단순히 예배의 장소만이 아닌 또 다른 의미를 갖는 공간이다. 사실 교회에는 그에게 다가와 말을 걸어오거나, 그를 공동체 안으로 이끌어 들이려는 사람이 없다. 그는 교회 안에서 철저한 타자이다. 그럼에도 불구하고 승철은 결코 불편해하지 않는다. 이미 남한 사회에서 익숙해져 있기 때문이다. 사회가 그러한데 '교회'라고 해서 자신을 대하는 태도가 크게 달라질 것이라고 기대한 것 같지 않다.

그러나 교회는 그에게 맘에 드는 여자 숙영을 볼 수 있는 곳이며, 또한 아무런 걱정 없이 점심 식사를 해결할 수 있는 곳이다. 다시 말해서 억눌려진 자신의 욕망을 최소한 충족시킬 수 있는 유일한 곳이다. 왜냐하면 승철이 그녀를 주목하여 본다는 것은 사랑의 표현이기 때문이다.

그런데 숙영이 승철을 보는 시선은 대조적이다. 승철은 철저하게 관심 밖의 존재, 곧 타자다. 늘 그녀 주위를 맴돌고 있지만 전혀 의식하지 못하기 때문이다. 병약하신 아버지를 대신해서 노래방에서 일하게 되었을 때, 손님들이 노래 도우미들에게 행하는 성적 희롱을 저지하려다가 시비가 붙게 된 승철을 보는 그녀의 시선은 영업을 방해하는 존재이며, 게다가 자신의 잘못을 인정하려 하지 않는 구제불능의 사람이고, 게다가 승철이 자신과 같은 교회에 다니는 것을 확인하면서부터는 기독교인인 자신의 이중성이 폭로되는 것 같은 느낌을 일깨우는 불편한 존재일 뿐이다. 자신을 방어하기 위해서 숙영이 선택한 길은 승철을 해고하는 것이다. 교회라는 곳이 오직 종교의식을 위한 장소이고, 그리스도인들은 한낱 의식을 행하는 자일뿐이라고 생각할 정도로 부정적인 이미지다. 이창동 감독의 <오아시스> (2002)나 <박하사탕>에서 볼 수 있는 것과 비슷한 장면들이다.

한편, 더욱 주목할 만한 사실은 교회에 대한 승철의 시선이 바뀌게 된다는 점이다. 같은 탈북자 출신의 소개로 교회의 소그룹 모임에 참석해서 자신이 누구인지, 왜 탈북하게 되었는지를 고백하는 일이 있었다. 이일로 인해 그에게 있어서 교회는 더 이상 한 끼 식사를 해결하는 곳이 아니며 또한 그의 시선도 이제는 숙영에게만 머물러 있지 않게 된다. 교회는 자신의 죄를 고백하는 곳이고, 동시에 받아들임을 경험하는 곳이었다. 이를 계기로 숙영의 오해는 풀리게 되고, 승철이 노래를 좋아한다는 사실을 안 그녀는 승철이 성가대에서 봉사할 수 있도록 안내해준다. 그리고 승철은 다시금 숙영의 가게에서 일할 수 있게 된다.

무엇보다 공동체의 한 구성원이 되는 일에 있어서 적극적인 노력을 보인 것은 공동체가 아니라 타자였던 승철 자신이었다는 사실에 필자는 주목하게 된다. 비록 처음 동기는 숙영에 대한 자신의 욕망이었고, 또 그 것으로 인해 오히려 실망을 경험했지만, 승철이 결국 공동체의 한 구성원이 될 수 있었다는 사실과 관련해서 볼 때는 그 자신의 적극적인 노력이 큰 의미를 갖는다. 이런 점에서 볼 때 처음에 등장하는 교회의 부정적인 이미지는 감독의 교회 비판적인 태도를 반영하는 것으로 볼 이유가 되지 못한다. 영화 속에서 교회는 타자됨의 극단적인 모습과 변화를 표현하기 위한 미장센이었다. 감독은 이런 배경에서 오히려 탈북자들의 타자됨에 대한 일말의 책임을 탈북자 스스로에게 부가시킨다는 인상을 받는다. 예컨대 동네 깡패에게 늘 매 맞는 자로만 있다가 불현듯 그들을 압도하는 힘을 발휘하여 새로운 삶의 공간과 여유를 얻어낸 것이며, 또한 착하게만 살아온 승철이 같은 탈북자들에게서 부당하게 번 친구의 돈을 가로채는 행위는 대표적인 사례라고 생각한다.

그렇다면 영화 속에 나타난 교회 이미지의 '변화'는 무엇을 말하는 것일까? 사실 세속과 거룩함의 영역을 오가는 삶에서 이중성은 누구에게나 있는 것이 아닌가? 오히려 감독은 이미지의 변화를 통해 승철의 시선이 변화되었다는 사실을 보여주려는 데에 더 큰 비중을 두었던 것 같다. 숙영에게서 자기 자신에게로 시선이 바뀌어졌고, 또한 그와 더불어 승철에 대한 인식이 타자에서 공동체로 바뀌었기 때문이다. 소극적인 태도에서 적극적인 삶의 자세로 변하기도 했다. 자본주의 사회에서 생존하기 위해서라면 할 수 있는 모든 일을 다 하는 사람이 된 것이다. 이것은 마지막 장면에서 잘 표현해주고 있다고 생각되는데, 즉, 숙영과 함께 다시 일하게 되면서 그에게 희망의 빛이 머물렀다고 생각하는 순간, 감독은 충격적인 결말을 보여준다. 이제 행복의 시작이라고 생각되는 순간에 자신의 분신과도 같이 여겨온 백구의 죽음을 경험하게 된 것이다. 승철은 오랫동안 죽은 백구를 바라보다가 머뭇거리며 길을 재촉한다. 마치 자신과 전혀 상관없는 한 마리의 개였던 것처럼….

감독은 이 장면에 대한 해석을 말하면서 이 땅에서의 삶이 그런 것일 수밖에 없다는 것을 말하고 싶었다고 한다. 누구의 죽음이든 그것에 더 이상 연연할 여유가 없는 삶, 그런 삶을 살아가야 하는 것이 바로 우리 안의 타자들, 곧 탈북자들이다.

이 영화는 특히 대한민국의 그리스도인들에게 많은 것을 생각하게 만든다. 교회에서 탈북자들은 늘 구휼의 대상이었다. 주는 것에 대해 만족할 것이고 또한 그런 방식의 삶이 그들에게 도움을 줄 수 있을 것이라는 생각이다. 당장 먹고살 것이 막막하다 보니 생활 안정을 위해 구휼을 베푸는 일은 무엇보다 중요한 일이다. 그러나 <크로싱>(김태균, 2008)에서 탈북자의 심경은 아랑곳하지 않고 그들 앞에서 종교적인 의식을 행하는 교회의 모습이 나타나고 있는 것과 같이, 이것은 탈북자의 심경을 전혀 배려하지 않은 행위이며, 종교의 일방적인 폭력과 같다. 그들에게 필요한 것은 단순한 구휼이 아니라 공동체의 한 구성원으로서 살아갈 수 있도록 돕는 제도적인 장치이며, 또한 그들이 타자가 아니라 우리 안에 머물 수 있도록 심리적으로 배려하는 일이다. 이웃으로 여기면서 우리와 함께 살 수 있는 가능성이 있음에도 굳이 구휼의 대상으로 여기는 태도는 이웃을 타자화하는 주범이다.

3) <리얼 스틸> (숀 레비, 2011): 로봇 시대와 타자를 향한 인간의 폭력적인 욕망

리처드 매드슨의 단편소설을 기반으로 스티븐 스필버그가 총괄 제작하고 숀 레비(Shawn Levy)가 감독한 영화 <리얼 스틸>은 2020년의 시대를 상상하며 만든 작품이다. 휴머노이드(인간의 모습을 닮은 로봇)의 생산이 일반화될 정도로 과학기술이 발달된 사회를 전제한다. 많은 부분에서 로봇이 인간의 기능을 대체하는 미래를 상상할 수 있지만 의외로 영화는 복싱을 제외하면 오늘날과 크게 다르지 않은 배경을 설정하였다. 로봇 복싱을 소재로 하고 있으면서도 로봇 생산의 기술이나 로봇의 화려한 기능보다는 등장인물의 캐릭터에 집중하고 있다. '미래 시대의 인간'에 대한 성찰이라고 말할 수 있을 것 같다.

그들의 상상력 속에서 2020년의 특징은 인간이 정서적으로 냉각되어 있는 것이다. 이것은 전직 복서로서 은퇴한 찰리의 캐릭터를 통해 명시적으로 표현되고 링 위에서 인간이 아닌 로봇들이 싸우는 복싱을 통해 비유되었다. 인간이 극단적인 자극을 선호하게 됨으로 권투는 이종격투기에 밀리고, 인간의 이종격투기는 법적 제한 때문에 리얼한 파괴력을 경험할 수 없다는 이유로 로봇으로 대체된다.

로봇 복싱이라는 소재가 신선하기는 하나 스토리텔링은 이전의 헐리웃 제작 방식에서 크게 벗어나지 않는다. 로봇들의 액션 이면에는 과거 복서들의 헝그리정신이 현존하고, 또한 철없는 아버지가 버린 아들을 재회하면서 일어나는 변화 곧, 성장기 영화의 전형적인 모습을 담고 있다. 여러 가지 점에서 기존의 장르적 요소들을 많이 발견할 수 있다. 놀라운 사실은 그럼에도 결코 식상하게 느껴지지 않는 것이다. 아마도 참신한 아이디어와 뛰어난 연출력, 배우들의 연기 그리고 첨단 영상기술이 총동원되어 만들어졌기 때문이 아닐까 생각한다.

적어도 성인 관객들에게는 복싱에 대한 향수를 불러일으키고(마지막 장면은 영화 <록키> [1976]와 유사하기까지 하다), 젊은 세대들에게는 인기 있는 게임 스트리트 파이트보다 더욱 강력한 액션을 보여준다. 이종격투기를 즐기는 현대인들에게는 색다른 오락의 기회를 줄 뿐 아니라 이종격투기의 미래를 상상케 한다. 비록 세밀하게 다뤄지지는 않았지만 로맨틱한 코드도 포함하고 있어 남녀 관객을 사로잡을 수 있고, 영화 전면에 드러나 있는 부자 관계는 가족 모두를 몰입케 한다. 게다가 로봇 복싱과 관련해서 강자와 약자, 부자와 가난한 자의 관계를 보여줌으로써 시대적으로 예민한 사회문제의 일부도 투영해놓았다. 이렇다보니 영화가 관객들의 전 방위적인 관심을 흡입하리라는 것은 명약관화한 일이다.

<리얼 스틸>에서 인간은 로봇 이미지에 걸맞게 차갑다. 아버지는 아들의 출생과 더불어 떠나고, 아내가 사망한 후에는 입양을 매개로 돈을 벌 생각을 할 정도로 매정하고 이기적이고 또 비인간적이다. 그럼에도 불구하고 로봇 아톰과 아들 맥스와의 관계에서 그리고 로봇 복싱에선 인간적인 느낌을 받는다. 특히 로봇들 사이에서 벌어지는 복싱이다 보니 육중하고 차가운 느낌이 지배적일 것 같은 데도 오히려 마지막 장면에서는 인간의 격투를 보는 것 같은 착각을 불러일으킨다. 그 이유는 무엇일까?

영화 전면을 차지하면서 이야기를 이끌어 가는 애틋한 부자관계 때문이겠지만, 다른 한편으로는 로봇의 행위가 인간의 통제에 따른 것이냐 아니면 모방에 의한 것이냐의 차이에서 비롯한다고 생각한다. 다른 로봇들은 첨단 컴퓨터로 조종되지만, 아톰은 인간의 행위를 모방하는 특성을 갖고 있기 때문이다. 모방은 창의력의 시작이며 예술의 한 방식이다. 그런 점에서 아톰은 로봇이라 하더라도 인간적인 정서를 느끼게 해준다. 스파링용으로 만들어진 고물 로봇 아톰과 챔피언과의 복싱을 다루는 부분은 <트랜스포머 3>의 마지막 장면에서 로봇들이 벌인 액션과 비교할 만한데, <트랜스포머>는 인간보다는 로봇 자체에 더 많은 비중을 둔 것 같아 비록 말을 하는 로봇이긴 해도 인간적인 정서를 느낄 수 없었다. 이에 비해 비록 말을 하진 않아도 <리얼 스틸>의 로봇들은 더욱 실제적이며, 심지어 로봇 아톰에게선 <록키>의 실베스타 스탤론이 연기했던 특유의 절제된 감정을 느낄 정도다. 어쩌면 성장한 맥스와 아톰 로봇의 미래를 담은 후편이 나올 수 있겠다는 생각도 해본다.

그럼에도 불구하고 영화가 주는 뜨거운 감동은 단연코 상호 타자로서 시작하고 각종 해프닝을 거치면서 발전되는 부자관계에서 분출한다. 무엇보다 아역 배우 다코타 고요(맥스)의 연기력은 대단히 뛰어나다. 아들로서 맥스는 아버지 찰리의 부성을 회복시켜주고, 아버지 찰리는 아버지 없이 자라면서 꿈꾸었던 것을 실현시켜준다. 그리고 아톰은 두 사람의 관계 회복에 기여한다. 세상은 인간이 서로가 서로를 돕는 일에 최선을 다할 때 그리고 바로 이런 목적을 위해 기계를 사용할 때 가장 아름다운 모습으로 거듭날 것이다.

한편, 영화의 재미나 감동과는 별개로 나는 마음 한 부분에서 편치 않은 감정을 느꼈다. 로봇이 인간의 볼거리로 전락한 사실이다. 인간이 로봇을 개발한 이유가 오락에 필요한 강력한 자극을 충족시키기 위함에 있는 것 같다는 인상을 받았기 때문인데, 미래 사회에서 로봇은 인간 사회의 타자로 전락한다는 것을 시사한다. 이점은 기술의 미래와 관련해서 인류가 진지하게 생각해보아야 할 부분이다. 영화의 배경을 보니 로봇 산업 이외의 다른 분야에는 그렇게 많은 변화가 없는 듯하다. 기술 개발은 의도하지 않은 결과들을 동반하기 때문에 로봇의 개발이 단지 복싱용에만 제한되었다는 것은 상상하기 어렵다. 아마도 복싱에만 전념하려는 작가의 의도로 여겨진다.

그렇다면 강렬한 자극을 주는 복싱에 대한 인간의 욕망을 어떻게 받아들여야 할 것인가? 미래 인간의 욕망을 충실하게 재현한 것인가, 아니면 과장된 것인가? 물론 로봇 산업의 발달에 인간의 쾌락을 충족시키려는 욕망이 적지 않은 동기로서 크게 작용한다는 사실은 부정할 수 없다. 지금도 로봇은 산업용과 게임용 그리고 가정용으로 만들어지고 있으며 도구적인 의미를 갖는다. 인간의 기능을 대신하거나 욕망을 충족시키기 위한 목적으로 만들어진 것이다. 어떤 기술이든 그것의 실용화는 언제나 인간의 행복과 쾌락에 최우선적인 가치를 두고 이뤄진다.

그러나 만일 이것이 보편적인 사실이라면 인간은 기술개발과 함께 혹은 그 이전에 기술철학에 대한 고민을 병행하거나 선행할 필요가 있다. 기계가 인간을 지배해서도 안 되지만, 쾌락적인 욕망을 충족시키거나 혹은 인간중심의 기계 사용도 바람직하지 않기 때문이다. 기술개발에도 인문학적인 사고가 필요하다는 말이다.

케빈 켈러(Kevin Keller)는 기술 철학서로 알려진 『기술의 충격』에서 인간과 기계의 바람직한 관계에 대해 역사적인 성찰을 전개하였다. 그리고 기술은 인간의 통제에서 벗어나 있기 때문에 기술에 귀를 기울여야 할 것을 주장한다. 켈러는 "테크늄"이라는 용어를 도입하면서 기술을 일종의 생명 현상으로 파악하는데, 그에 따르면 기술은 인간에게 평등한 기회를 제공하는 데에 목적이 있다. 인류의 발전에 기여하는 것으로서 존재의 의미가 있다는 말이다. 이것이 왜 인간이 기술에 귀를 기울여야 하는지에 대한 이유다. 기술을 단지 쾌락을 충족시키거나 인간 중심적인 일에 이용하는 것은 기술이 원하는 바가 결코 아니다.

이 점과 관련해서 연상되는 영화가 있다. 앞서 다룬 <혹성탈출 — 진화의 시작> (2011)이다. <혹성탈출> (1968)의 프리퀄로서 침팬지들이 자기만의 세상을 갖게 된 이유를 탐색한 영화인데, 타자들에 대한 인간의 부당한 태도를 고발한다. 침팬지가 인간으로부터 정당한 대우를 받지 못했을 때, 하나의 생명체가 아니라 단지 타자로서 볼거리 혹은 실험용으로 사용되었을 때 그들은 지구를 떠나 자기들만의 영역으로 삶의 자리를 옮기게 되었다는 것이다. 단지 상상에 불과하지만 인간의 욕망과 타자에 대한 인간의 태도와 관련해서 시사하는 바가 크다.

<리얼 스틸>에서도 로봇에 대한 부당한 대우에서 타자에 대한 인간의 욕망을 볼 수 있다. 비록 인간에 의해 통제될 운명에 있는 기계에 불과하지만, 또 그러한 운명에서 스스로는 결코 벗어나지 못할 것으로 여겨지지만, 만일 이 일이 계속된다면 그리고 로봇들이 인간의 쾌락을 충족시킬 목적으로만 존재하고 또한 그들에 대한 부당한 대우가 계속될 때

미래의 로봇 혹은 미래의 기술에게 어떤 일이 일어날지 상상해보게 된다. 아마도 기계와 인간 사이에는 새로운 계급주의가 형성될 것이며 계급투쟁도 불사하게 될 것이다. 로봇 아톰이 거울을 통해 자기 자신을 오랫동안 주시하며 생각하는 듯이 보이는 장면도 있었지만, 만일 로봇이 인간을 모방할 수 있다면 인간의 창의적인 행위를 모방함으로써 새로운 로봇으로 진화하는 것은 어렵지 않은 일이다. 만약의 경우에 예상치 못한 결과로서 스마트형 로봇이 태어나게 된다면, 그래서 <바이센터니얼 맨>(1999)에서 보여주고 있듯이 로봇에게 진화가 일어난다면, <매트릭스>에서 상상하고 있듯이 인간과 기계의 지난한 싸움이 일어나지 않으리라고 누가 장담할 수 있을 것인가. 그리고 이것이 <혹성의 탈출 — 진화의 시작>에서와 같은 결과로 이어질 수 있다는 사실은 충분히 상상할 수 있는 일이다. 혹자는 인간이 아니기 때문에 상관없다고 말할 것이다. 그러나 이것이 바르지 않은 생각이라는 것은 인격적인 타자에 대한 인간의 편견과 생태계에 대한 인간의 욕망의 결과가 잘 말해준다. 결국 문제는 대상이 생명체이냐 비생명체냐 혹은 인간이냐 인간이 아니냐가 아니라 인간의 탐욕적이고 폭력적인 욕망 자체이며 이것에서 유래하는 타자에 대한 바람직하지 않은 태도이다.

3. 이웃

1) <헬프> (테이트 테일러, 2011): 인간은 돕는 자로서 이웃

찰스 디킨스의 크리스마스 이야기에 등장하는 스크루지 영감은 이기적인 사람이다. 다른 사람들의 처지를 공감할 수 없어서 자비를 베풀 수 없을 뿐만 아니라, 자기 자신을 위한 소비도 즐기지 못하는 구두쇠다. 그런 그가 하룻밤을 사이에 두고 갑작스럽게 이타적인 사람으로 변했을 때, 주변의 사람들은 놀라지 않을 수 없었다. 그 이야기를 읽은 사람들 역시 감동의 탄성과 함께 감격의 눈물을 흘린다. 이처럼 우리에게 감동을 주는 이야기들의 공통점 가운데 하나는 사람다움의 회복에 있다.

우리는 왜 이런 종류의 이야기에 감동을 받는 것일까? 아니, 도대체 이런 이야기들이 시대의 흐름에 따라 다양한 모양으로 우리에게 거듭 반복해서 회자되는 까닭은 무엇일까?

인간다움을 회복하는 감동적인 이야기가 세월의 흐름과 함께 거듭 반복하는 이유는 그 이야기가 바로 인간의 본질을 담고 있기 때문이다. 인간의 본질을 드러내고 더 나아가서 하나님을 나타내기 때문이다. 인간다움, 곧 참 인간의 모습은 하나님의 나타남의 한 방식이다. 계시는 언제나 감동적이든가 충격적이다.

달리 말해서 하나님의 형상으로서 인간은 하나님을 나타내도록 부름을 받은 자이다. 하나님이 인간의 삶과 풍성한 삶을 도우시듯이, 인간 역시 이웃이 자신의 삶을 살 수 있도록 할 뿐만 아니라 또한 풍성하게 살아갈 수 있도록 도울 책임이 있다. 인간은 하나님의 형상을 실천하는 존재이기 때문이다. 인간은 원래 돕는 자로 만들어졌다는 말이다. 인간다움은 돕는 자로서 삶을 실천할 때 드러난다. 이것은 돕는 자로서 자신을 세상 가운데 드러내길 원하시는 하나님의 본질을 반영하는 일이다. 그래서 누군가를 돕는 일은 인간다움을 실천하는 일이며, 더 나아가서는 하나님을 세상 가운데 드러내는 한 방법이다.

만일 인간이 타인을 돕는 자로서 세상을 살아가지 않고, 방해하고 또 간섭하고, 그래서 다른 사람의 삶을 제한하고 억압해, 결국 삶을 피폐하게 만든다면, 그것은 대단히 충격적이며, 그 사람을 가리켜 우리는 '인간답지 못하다'고 말할 수 있다. 아니, 비록 인간임을 부정할 수는 없다 해도 부름을 받은 자에 합당하다고는 말할 수 없다. 하나님 앞에서 바른 삶의 모습이 아니다. 시대의 사조가 어떠하든, 다른 사람들이 어떻게 생각하든, 성경이 인간을 보는 기준은 이렇다. 그러므로 인류사에서 인간 의식의 혁명은 언제나 성경에서부터 시작했다고 보아도 과언이 아니다. 물론 아쉽게도 교회 자신이 방해하는 자와 억압하는 자의 중심이 된 때가 없지 않다. 초심에서 벗어나지 않도록 노력해야 하겠지만, 개혁의 일 순위가 되는 대상은 세상이나 교회가 아니라 언제나 '나'다.

동명의 베스트셀러 소설을 기반으로 만든 작품인 <헬프>는 바로 이런 감동을 담고 있다. '헬프'라는 말은 '돕다'를 의미하나, 영화의 원제인 명사형 '더 헬프'에는 '가사 일을 돕는 사람'이라는 뜻이 있다. 영화의 배경은 1960년대 미시시피주의 어느 마을이다. 60년대의 미국은 쿠바사태로 위기가 고조되고, 베트남 전쟁 참전과 관련해서 여론이 들끓고 있었으며, 마침내 케네디 대통령이 암살되는 사건이 있었다. 한마디로 격동의 세월을 보내고 있던 때였다. 또한 1955년 12월 몽고메리에서 로자 팍스(Rosa Parks)라는 흑인 여성이 버스에서 백인 남자에게 자리를 양보하지 않았다는 이유로 체포되는 사건을 계기로 시작된 마틴 루터 킹 목사의 흑인 인권운동이 절정에 이르렀던 격동의 시기다. 이 사건에서 촉발된 법정 소송은 1956년에 미국 연방최고재판소에서 버스 내 인종 분리법이 위헌이라는 판결로 끝났지만, 인종 차별은 계속되었고, 그 양상은 각 주마다 달리 나타났다. 미시시피주는 인종 차별에 있어서 미국에서 가장 극심한 모습을 보여준 곳이라고 한다. 바로 이곳을 배경으로 당시의 흑인과 백인의 삶을 보여주는 것으로 우리는 영화가 무엇을 말하려고 하는지를 충분히 짐작할 수 있다.

영화는 정치적인 격동의 시기에 미시시피주의 작은 마을에서 일어난 인종 차별에 주목한다. 내용은 흑인 여성이 백인의 가정에서 가사 일을 도우면서 겪었던 삶의 이야기가 책으로 집필되는 과정이며, 또한 흑인 여성들이 겪는 억울한 삶의 단면들이다. 한편으로, 당시의 분위기에서 흑인의 이야기가 책으로 집필된다는 것은 관련자들의 생명이 위협받을 수 있는 일이기 때문에 긴장감이 넘치며, 다른 한편으로는 그들이 겪는 차별과 편견으로 인해 가슴이 찢어지는 고통을 느끼게 하는 이야기다.

그러나 전체적으로 보면 코믹하면서도 따뜻하고 또 힘과 용기를 안겨준다. 보는 사람에 따라서는 마음의 치유가 일어날 수도 있을 것이라 생각한다. 인간으로서 인간에 대해 보이는 다양한 태도를 통해 왜곡된 인간의 모습과 진정한 인간다움을 성찰할 수 있기 때문이다. 한 마디로 잘 만들어진 영화다.

무엇보다 인종 차별에 대한 감독의 시선이 참 흥미롭다. 그 첫째는 인종 차별과 관련해서 그것이 백과 흑의 구분인가 아니면 인간의 폭력성의 표현인가를 묻고 있는 듯이 보이기 때문이다. 차별과 편견은 흑인 여성들에 대해서만 나타나는 것이 아니었다. 같은 백인이라도 차별과 편견의 시선은 피할 수 없었다. 예컨대, 고등학교 졸업 후에 결혼하여 편안한 가정을 꾸려나가는 것을 백인 여성의 이상으로 여기던 관행에서 벗어나 대학교에 진학하여 작가나 기자가 되려는 여성에 대한 편견이나, 자신의 남자 친구와 결혼했다는 이유로 같은 백인을 따돌리는 일 등은 단지 인종 차별이 아니라 인간의 본래적인 폭력성을 보여주는 목적을 가지는 장면이다. <헬프>는 인종 차별을 매개로 인간됨의 본질이 타자를 돕는 일에 있으며, 또한 그것이 왜곡되었을 때 우리 안에서 정체를 드러내는 숨겨진 폭력성을 성찰하게 한다.

둘째, 영화에서 필자의 흥미를 끄는 또 다른 부분을 언급한다면, 인종의 차이에 따라 공간이 구분되어 있다는 것이다. 물론 <히든 피겨스>(테오도어 멜피, 2016)에서도 마찬가지이지만, 백인과 흑인이 화장실을 분리해서 사용하는 일과 관련된 일화이다. 인종 차별을 이념의 문제가 아니라 공간의 분할로 설명하려는 것 같은 느낌을 받았다. 백인 여성들의 공간은 주로 거실과 음식점과 파티장인데 비해, 흑인 여성들은 부엌과 교회다. 사회적 약자로서 흑인 여성들이 가정부로서 그리고 한 시민으로서 공개적으로 자유롭게 드나들 수 있는 유일한 공간인 셈이다. 그들에게는 버스도 음식점도 심지어 화장실도 자유롭지 못하고 또 편하지 못하다. 엄밀히 말해서 교회 역시 흑인들만의 공간이었지만, 교회라는 공간이 흑인들을 위해 마련되었다는 것 그리고 백인 여성들의 삶이 주로 파티와 모임에서 이뤄지는 데 비해 흑인 여성의 삶은 좁은 거실과 부엌이라는 사실은 영화의 의미를 부각시키는 데 기여하는 매우 대조적인 공간이 아닐 수 없다.

영화를 정치적인 문제로 다루려는 의도는 처음부터 없어 보인다. 그러나 감독의 의도를 결코 간과해서는 안 될 일이다. 비유는 끊임없는 연상 작용을 일으키기 때문이다. 그리고 이 과정에서 드러나는 사실 혹은 현실들을 외면해서는 안 된다. 인간은 원래부터 돕는 자로 만들어졌다. 그 돕는 자들이 힘의 우위에 따라 결정되는 현실에서 그들을 따돌리는 일은 인류사에서 인종과 상관없이 벌어졌다.

사실 누군가의 도움을 받으며 사는 것은 편하다. 우리의 일들이 하나둘씩 생활 가전들의 몫이 되면서, 우리에게는 언제부턴가 귀찮은 일은 언제나 직접 하기보다는 기계 혹은 다른 사람들에게 맡기는 습관이 생겼다. 자본주의 사회에서 기술의 발전은 인간의 영역을 좀 더 고상한 일로 옮겨주었고, 그렇지 않은 일들은 기계로 처리하게 하거나, 혹은 돈 때문에 일하는 사람들에게 맡겨지는 일이 자연스러워졌다. 오늘날 남의 도움을 받으며 사는 일은 일종의 재력이나 권력을 향유하는 한 방식이다. 다른 사람의 도움으로 사는 사람들은 곧 힘을 가진 사람들이 할 수 있는 일이기 때문이다. 모두가 누리는 공공 서비스가 아니라(사실 많은 경우 공공 서비스도 재력과 권력에 따라 차별적이다), 힘이 있는 사람들만이 특별하게 향유할 수 있는 서비스를 말한다. 그러니 모두가 힘을 가지려 하는 것이다. 소비의 양태가 권력의 지표가 되었다.

그런데 삶을 안락하게 만들어주는 이들에 대한 사람들의 태도는 이중적이다. 이점은 특히 <히든 피겨스>에 등장하는 흑인 여성들이 그녀들의 활약에 비해 형편없이 평가받는 모습에서 분명하게 볼 수 있는데, 백인들은 많은 부분에서 흑인들에게 철저하게 의존되어 있어서, 그들이 없으면 자신의 안락한 삶이 금방 무너질 것을 잘 알고 있으면서도, 그들을 차별하고 무시하며 폄하한다. 이에 비해 전문지식을 갖고 그들의 삶과 교양을 돕는 전문인들은 또 다른 힘, 곧 고액의 연봉을 향유한다.

한편, 자본주의 사회에서는 얼마든지 대체할 수 있는 것들을 찾을 수 있다. 예컨대, 3D 업종에 종사하는 사람들이나 우리보다 못사는 나라에서 온 노동자들 그리고 비정규직에 대한 태도가 대표적이다. 안락한 삶을 위해 혹은 시스템이 운영되기 위해 절대적으로 필요로 하면서도, 자신의 위생과 안전을 위해, 그들의 기득권을 위해 그들을 차별하는 태도는 지극히 아이러니하다. 얼마든지 대체가 가능하다고 생각하기 때문이다. 실제로 그렇다. 원하면 언제든지 대체 인력을 구할 수 있다. 영화에서 흑인 가정부들을 대하는 백인 여성들과 결코 다르지 않다.

공공신학을 지향하는 한국교회가 인간학적인 관점에서 이 영화에 주목해야 할 이유는 분명하다. 우리 사회와 교회가 직면하고 있는 문제와 다르지 않기 때문이다. 대한민국은 평등한 사회로서 누구도 인종과 종교 그리고 성과 나이로 인해 차별을 받아서는 안 되지만, 외국인과 가난한 자 그리고 사회적 약자들에 대한 보도들은 여전히 우리 사회가 평등하지 못하다는 사실을 말해준다. 사회적 약자들에 관심을 보이며 그들을 구체적으로 돕는 교회들이 많이 나타나고 있어 고무적이지만, 그들은 여전히 우리 안의 타자로서 우리와는 다른 공간에서 살아가고 있다.

2) <이웃사람> (김휘 감독, 2012): 현대 사회에서 이웃은 누구인가

이웃의 의미는 시대와 문화에 따라 변해왔다. 일반적으로 근거리 혹은 인접한 지역에 사는 사람을 가리키지만, 가까운 나라 일본을 향해 쓰는 말 가운데 "가깝고도 먼 이웃"이란 표현에서 볼 수 있듯이, 꼭 거리에만 관계하는 개념은 아니다. 현대 사회에서는 심리적인 뉘앙스가 더욱 크게 작용한다. 게다가 교통과 통신 기술의 발달은 외연의 폭을 지구촌으로까지 확장시켰다. 지구 반대편에 있는 사람들도 이웃일 수 있다는 말이다. 냉전 시대에 이웃은 우방 혹은 동맹국가와 동의어로, 이념이 다른 적과 반대되는 의미였다.

외연의 확장은 다양한 스펙트럼의 내연을 가능케 했다. 특히 윤리적이고 철학적이며 신학적인 이해가 대표적이다. 예컨대, 책 『이웃 — 정치신학에 대한 세 가지 탐구』(정혁현 옮김, 도서출판b, 2010)의 저자들(케네스 레이너드, 에릭 L. 샌트너, 슬라보예 지젝)은 '이웃'을 정치신학적인 문제로 보고 라캉의 정신분석학적인 관점에서 조명하였다. 책의 공동저자들은 레비나스(Emmanuel Levinas)를 출발점으로 삼고 있는데, 레비나스는 이웃을 타자로서 나와 관계를 가지면서 나를 볼 수 있게 하는 존재로 이해한 철학자다. 저자들은 타자로서 이웃에 대한 정치신학적인 이해의 문제를 해결함에 있어서 성경이 말하는 '이웃사랑'에 천착하였다.

미디어 철학자 마샬 맥루한이 통신미디어의 발달과 더불어 도래한 세계의 모습을 "지구촌"으로 규정한 이후 세계는 이웃으로 통하고 있다. 그런데 9.11테러는 21세기에 광범위하게 확장된 이웃에 대한 의미를 위기에 봉착하게 만들었다. 테러 이후 미국 부시 정권의 차별화 정책에서 분명해졌듯이, 이슬람 근본주의에 의해 자행된 테러리즘은 이웃의 개념을 정치적으로나 종교적으로 혹은 인종적으로 제한하는 빌미를 제공해 주었기 때문이다. 지역사회에서 무슬림들에 대한 차별은 극심해졌고, 그들의 생존조차 심각하게 위협받았다. 그러나 이런 현상은 9.11 테러라는 특별한 상황에 제한된 것일 뿐, 이미 시작된 지구촌 시대의 흐름을 역행할 수는 없을 것이다. 게다가 세계는 점점 다문화 사회로 진입해가고 있다. 이런 현실에서 이웃은 국가와 인종과 종교 그리고 문화를 초월하여 이해돼야 한다.

그렇다면 오늘 우리에게 있어서 이웃은 누구인가? 이웃사랑의 보편적인 의미를 공동체적인 맥락에서 이해하고 또 윤리적으로 실현한다 하더라도 신앙인에게 있어서 이웃의 개념은 앞서 언급한 책 '이웃'의 경우에서 볼 수 있듯이, 신학적으로 이해할 필요가 있다. 이웃에 대한 신학적 인간학적인 개념은 예수님의 비유에서 전형적으로 제시되어 있는 바, 우리가 지금 <이웃사람>이라는 영화를 매개로 해서 함께 생각하고 고민할 개념이다.

<이웃사람>은 만화작가 강풀의 동명 만화를 바탕으로 만들어졌다. 강풀의 만화는 건전한 내용은 물론이고―혹 내용은 그렇지 않다 해도―인간 본질의 따뜻한 정서를 구현하는 이미지로 잘 알려져 있다. 예컨대 <바보>(김정권, 2008)와 <그대를 사랑합니다>(추창민, 2010)는 비록 흥행에서는 실패했으나 인간 본질의 따뜻한 정서를 표현한 대표적인 작품이다. 많은 주목을 받았던 광주민주화운동을 그린 <26년>(조근현, 2012)도 여러 우여곡절 끝에 제작되었다. 지금까지 만들어진 영화들이 원작에 대한 폭발적인 관심에 비해 저조한 흥행을 기록한 이유에 대해서는 다각도로 설명되고 있지만, <이웃사람>은 예외가 될 것이라는 분석이 많았다. 화려한 캐스팅과 그에 걸맞은 훌륭한 연기는 물론이고, 범죄심리학적인 관점에서 볼 때 이웃들의 캐릭터가 심리적으로 아주 세밀하게 다뤄졌다는 평가가 지배적이었다. 간단히 말해서 이웃에 대한 범죄심리학적인 이해를 시도했다고 보면 되겠다. 물론 한편에서는 잔혹한 연쇄살인범을 우리의 이웃으로 설정하면서 현실에서 이웃에 대한 두려움과 불필요한 경각심을 불러일으킬 수 있다는 우려를 나타내 보이기도 한다. 영화는 사실 그런 면이 없지 않다.

실제 현실에서 범인과 피해자 모두는 본인의 의사와는 상관없이 누

군가의 이웃임이 분명하다. 우리 사회를 떠들썩하게 만들고 국민 모두를 경악하게 만든 아동 성폭행 사건의 범인도 모두 이웃이었다. 영화는 이웃이 갖는 이미지와 범죄자로서 주는 상반된 이미지가 뒤섞이어 만들어지는 미묘한 관계를 소재로 다루고 있다. 그래서 더욱 큰 긴장감을 불러일으킨다. 대체로 살인 사건의 현장 주변에 살고 있는 사람들은 범인들이 자신들의 이웃이었고, 범인이 평소에 보였던 이미지와는 아주 다르게 끔찍한 살인범이었다는 사실을 알고는 경악한다. 이웃이 바로 범인이라는 사실을 알게 됨으로써 아마도 영화를 본 사람들 역시 한동안 이웃에 대한 경계심을 늦추지 않을 것이고 심지어 잔뜩 긴장하며 살아갈 것이라는 생각이 들 정도다. 친절한 이웃이 언제 범죄자로 돌변할지도 모른다는 불안과 염려로 사회의 신뢰관계에 심각한 균열이 생겨날 수도 있다.

그러나 엄밀한 의미에서 영화의 포인트는 이웃에 대한 경각심을 일깨우기 위한 것이 아니라 이웃으로서 살아가면서 우리 자신은 누구였는가 하는 것을 묻는 데에 있다. 다시 말해서 누군가의 이웃으로서 우리 모두는 도대체 누구인가 하는 것이다.

이런 질문에 집중하고 있기 때문에 감독은 <악마를 보았다> (김지운, 2010)에서와 같이 사이코패스의 범죄 행각과 그에 대한 보복 행위를 보여주는 데에 초점을 맞추지 않았다. 기본적으로 장르적인 관습으로 인해 관객들의 긴장감을 고조시키기 위해 그런 면을 배제할 수는 없겠지만, 영화의 초점은 다른 데에 있다.

영화는 이웃들이 서로에 대한 관계와 생각들을 보여주는 장면으로 일관되어 있으며, 이를 통해 현대인들이 이웃에 대해 어떻게 생각하는지에 대한 몇 가지 관점을 제시하고 있다. 이와 관련해서 범죄와 범인에 대한 이웃들의 생각, 피해자에 대한 그들의 생각, 피해자의 관점에서 일상과 이웃이 어떻게 보일 것인지 하는 점들을 부각시키고 있다.

지배적인 것은 자본주의 사회에서 이웃이 갖는 여러 차원의 의미에 대한 성찰이다. 첫째, 이웃은 소비자일 뿐이다. 가방 가게의 주인은 자신이 판 가방과 범죄 현장에서 발견된 가방이 동일한 것임을 확인하고는 신고할 마음을 갖지만, 가게 운영에 미칠 피해를 염려해서 신고를 주저한다. 오직 그가 가방 값으로 받은 수표의 진위 여부만을 확인한 후에 안도의 한숨을 내쉴 뿐이다. 다소 다르지는 하지만 피자 가게의 주인도 마찬가지고, 특히 아파트 부녀회장과 부녀회원 역시 유쾌하지 않은 소문으로 아파트값이 떨어질 것을 염려할 뿐, 사건의 중심에서 가장 큰 고통을 받고 있을 이웃인 피해자를 위로할 생각은 하지 않는다.

둘째, 이웃은 시혜와 구휼의 대상이다. 부녀회장의 딸 수연(김새론)은 관계에서 소외된 사람들을 돕는 일에 열심을 낸다. 관리 아저씨들에 대한 따뜻한 배려는 감동적이고 보기에도 훈훈함을 느끼게 해주는 장면들이다. 그런데 이런 따뜻한 마음은 같은 학교 동급생 피해자인 여선(김새론 일인이역)을 생각하면 참으로 아이러니하다. 여선은 창가에 매달린 감을 까치밥으로 생각할 정도로 따뜻한 마음을 가졌지만, 새엄마와의 관계에서뿐만 아니라 새로 전학 온 학교에서도 힘겹고 외로운 삶을 살아간다. 여선이가 비오는 밤거리를 우산도 없이 혼자 걸을 수밖에 없을 때, 누구도 그녀에게 친절을 베풀지 않았다. 자신의 아이들만을 태우고 떠나는 자동차의 모습은 무척 냉혹한 현실을 반영한다.

셋째, 이웃의 현실 문제에서 자신의 가족이나 자신들의 살길만을 생각하는 현대인의 이기적인 모습이다. 비 오는 밤거리에 홀로 있는 여선을 남겨두고 자신의 자녀만을 태우고 떠나는 자동차의 모습에서 잘 나타나 있기도 하지만, 아파트 값이 떨어질 것을 염려하며 쉬쉬하는 부녀회장을 비롯해서 범죄 사건을 보는 이웃들의 시각에서도 엿볼 수 있다. 게다가 관리인은 살인혐의로 도피 중이었고 15년의 공소시효에서 6개월만 잘 버티면 자유롭게 살아갈 수 있는 처지에 있었다. 그는 범인의 집에서 살인의 증거들을 보았음에도 불구하고 경찰에 신고할 경우 자신의 신분이 드러날 것을 염려해 신고하지 않는다. 그가 일찍 신고했다면 적어도 가방가게의 주인이 당한 피해는 막을 수 있었을 것이다.

이런 이웃들의 이기적인 모습에도 불구하고 결국 범인을 잡을 수 있었던 큰 힘은 바로 이웃에게서 나왔다는 사실을 눈여겨보아야 할 것이다. 나를 중심으로 보던 이웃에 대한 시각에서 이웃에 대한 나의 시각의 변화를 통해 가능했던 일이다. 예컨대, 여선 엄마의 친절한 배려와 용감한 행위 탓에 수연이가 범죄의 희생되는 것을 막을 수 있었고, 범인의 범죄행각을 예상하고 있었음에도 공소시효 때문에 스스로를 숨겨야 했던 관리인은 양심에 가책을 느껴 그동안 범인을 의심해왔던 피자배달원과 함께 범인을 공격했고, 우연한 해프닝에서 비롯된 일이긴 했으나 범인으로 오해받았던 조폭 같은 이웃은 범인을 일격에 제압해 관객들의 마음을 시원케 하였다.

우리 주위에는 이렇게 다양한 이야기를 갖고 사는 이웃들이 있다. 그러나 앞서 말했듯이, 영화의 목적은 다양한 이웃의 모습들을 나열하는 것에만 있지 않다. 그들과 그들이 서로에 대해 갖는 관계들을 보도록 함으로써 관객들에게 바로 그러한 이웃들에게 있어서 우리는 누구이고 또 누구이어야 하는가라는 질문을 성찰하게 한다. 영화에서 나타나고 있지만, 나를 중심으로 생각할 때, 이웃은 언제나 내 삶의 방편이나 하나의 우연에 불과한 존재이지만, 도움을 필요로 하는 사람을 중심으로 생각한다면, 이웃의 개념은 전혀 달라진다. 이웃은 타자를 돕는 자이다. 이것은 선한 사마리아 사람의 비유에서 잘 읽어볼 수 있는 사실이다. 자신을 중심에 놓고 나의 이웃이 누구인지를 묻는 질문에 대해 예수님은 도움을 필요로 하는 사람을 중심에 놓고 그 사람과의 관계에서 우리가 어떤 이웃이 될 것인지를 고민하게 하셨던 것이다.

이웃이란 그저 옆에 있거나 가까운 곳에서 사는 사람이 아니다. 나의 필요를 채워주는 사람도 아니다. 나의 가족이나 친척도 아니다. 내가 베푸는 구휼과 시혜의 대상도 아니다. 신분을 속이고 은둔할 곳으로 삼는 피난처도 아니다. 참된 이웃이란 도움을 필요로 하는 사람을 중심에 놓고 기꺼이 그에게 다가가거나 그와의 관계 맺음에 주저하지 않는 사람이다. 그의 구원과 행복을 위해 애쓰는 사람이다. 이웃은 자신과의 관계가 아니라 타자와의 관계에서 자신의 정체성을 발견하고 또 규정한다. 이럴 때 진정한 공동체 정신이 구현될 수 있다. 이것이 신학적 인간학적인 의미에서 이웃의 의미이다.

3) <언노운 걸> (장 피에르 다르덴/뤽 다르덴, 2017): 선한 사마리아 사람

1987년 <거짓>으로 데뷔한 이후 화려한 이력을 자랑하며 굵직한 메시지를 던지는 영화를 제작하는 것으로 잘 알려진 벨기에 출신의 다르덴 형제는 우리에게는 <로제타>(1999)와 <자전거를 탄 소년>(2011)과 <내일을 위한 시간>(2014)으로 친숙한 감독이다. <언노운 걸>은 2017년 69회 칸 영화제 경쟁부문 후보로 선정되었고, 2017년 18회 전주국제영화제에서 초청작으로 상영되었다. 다르덴 형제 감독의 작품들은 주로 사회적인 약자와의 연대를 강조하고 있는데, 이번 영화 역시 내용에 있어서 과거의 작품 범위에서 크게 벗어나지 않는다.

좀 더 나은 직장으로 옮기고, 자기만의 자유로운 시간을 누리며, 더 나은 성과를 올려 다른 사람들에게 더 많이 인정받고 또 더 많은 부를 향유하며 살고 싶어 하는 것, 신자유주의 시대에 사는 현대인이라면 누구나 공감할 수 있는 바람들이다. 만일 이런 것들을 포기한다면, 그것은 이것들보다 더 나은 가치를 발견했기 때문일 것이다. 오히려 이것들보다 더 못하다고 여겨지는 일 때문에 포기하는 일은 쉽게 일어나지 않는다. 적어도 개인의 자유를 무한정 추구하도록 하고 또 치열한 경쟁관계에서 스스로의 가치를 입증해야 살아남을 수 있는 현대 사회에선 더욱 그렇다. 그럼에도 불구하고 이런 일이 발생한다면 우리는 그것을 가리켜 희생이란 이름으로 높은 가치를 부여한다. 누구나 할 수 없는 일이지만 일의 성격상 누군가는 반드시 있어야 할 때, 그 일이 다른 누군가가 아니라 자신을 통해 일어나도록 할 때 희생이라 말한다. 사회적으로 높이 평가되는 이런 덕목은 오늘날 기독교 안에서도 찾아보기 쉽지 않은 것이 현실이다. 따라서 관건은 무조건 강요하기보다 어떻게 해야 그런 삶을 실천할 수 있을지를 아는 일이겠다.

이런 맥락에서 <언노운 걸>은 진정한 이웃으로 사는 것이 어떤 것인지 또 어떻게 그런 삶을 살 수 있는지를 보여주는 영화라 생각한다. 비록 기독교 상징은 사용되지 않았어도 기독교적인 가치가 깊이 우러나 있는 영화다. 사실 오늘날과 같은 자본주의 사회에서 의사라는 직업은—예외적인 경우가 있지만— 부르주아 계층을 대표한다고 볼 수 있으며 앞서 언급한 조건들을 맘껏 누릴 수 있게 한다. 그런 점에서 이 영화에 등장하는 의사는 다르덴 형제 감독이 만든 다른 영화에 등장하는 소외계층 출신의 주인공과 비교할 때 다소 기대 밖의 캐릭터이며, 다르덴 형제 감독이 영화를 통해 무엇을 말하려고 하는지와 관련해서 역설적인 역할을 한다고 생각한다.

영화는 보기에 따라서 범죄 드라마로 여겨질 수도 있겠지 싶다. 조금 특별하다면 형사들이 아니라 사건과 전혀 무관하며 다만 작은 부주의로 우연하게 사망사건과 연관된 한 여 의사가 이야기의 중심에 있다는 것이고 또한 범인을 수색하기보다 의문의 죽음을 당한 한 여성의 이름을 알기 위해 동분서주한다는 사실이다. 사건 관련 행위와 관련자들은 이야기가 진행되면서 조금씩 드러나고 영화의 말미에 가서야 죽은 소녀의 신원이 밝혀지고 또 사건의 전모가 밝혀진다. 사건 자체에 접근하는 방식이 특이하고, 사건의 본질을 밝혀나가는 과정도 새롭다. 그래서 오히려 조금 더 긴장감을 갖고 보게 만든 것 같다.

그러나 영화는 장르적으로 분명 범죄 드라마는 아니다. 한 여 의사가 자신의 작은 부주의로 발생한 결과, 곧 한 흑인 소녀가 누군가에게 쫓기다 진료시간이 지난 뒤에 병원 벨을 눌렀으나 문을 열어주지 않아 그 후에 결국 공사장에서 발을 헛디뎌 떨어져 죽은 일에 대해 깊은 죄책감에 사로잡혀 자신이 마땅히 해야 할 최선의 도리를 다한다는 이야기다. 보기에 따라선 죄책감이 주제라고 말할 수 있지만, 그것은 오히려 소재에 가깝다고 나는 생각한다. 의사인 제니의 죄책감을 바탕으로 이야기가 전개될 뿐이지, 죄책감 자체에 관해 말하고 있지는 않기 때문이다. 죄책감은 의사인 그녀가 주변의 일들을 결코 가볍게 보지 않는다는 사실을 보여주는 단서다. 이 죄책감을 매개로 영화는 오히려 우리 주변에 있는 사람들 중에 인간으로서 가치를 누리며 살지 못하는 사람들이 있음을 환기하고 그들을 어떻게 대하며 살아야 하는지를 환기한다. 한마디로 이웃사랑의 진정한 모습을 이야기한다. 죄책감 없는 시대에 죄책감을 화두로 삼으면서 소외된 이웃에 대해 관심을 갖는 태도가 인간의 양심을 깨우고, 삶의 문제를 해결하는 단서가 될 수 있다는 메시지를 담고 있다. 어떻게 이렇게 이해할 수 있는지, 영화 안으로 들어가 보자.

의사 제니(아델 아넬)는 벨기에 한 마을의 작은 병원에서 임시직으로 근무한다. 현재는 인턴 줄리앙이 그녀를 돕고 있다. 진료시간이 한 시간가량 지난 후에 한 차례 울린 벨소리를 제니는 무시한다. 자기 혼자 있었다면 기꺼이 반응하여 문을 열어주었을 테지만, 인턴에게 의사가 환자에게 휘둘려서는 안 된다는 사실을 가르칠 요량으로 문을 열지 못하게 한다. 급한 환자라면 재차 누를 것이라 생각했기 때문이다. 벨은 한 번만 울렸고, 그녀는 이것을 용무가 그렇게 급하지 않다는 뜻으로 받아들였다.

그런데 간밤에 벨을 눌렀던 흑인 여성이 사체로 발견되었다는 소식을 경찰로부터 전해 듣고 제니는 깊은 죄책감에 빠진다. 설상가상으로 병원 대기실에서 발작하는 환자를 보고도 줄리앙이 아무런 조치도 취하지 않고 우두커니 서 있었던 일로 제니는 그에게 다소 심한 말을 했는데, 이 일 때문인지 줄리앙은 더 이상 의사가 될 생각을 포기하고 고향으로 내려가겠다고 한다. 비록 다른 의료인들과 환자들에게는 유능한 의사로 인정을 받는 입장에 있었지만, 갑자기 찾아온 예기치 않은 일들 때문에 그녀가 짊어져야 할 마음의 무게는 클 수밖에 없다. 벨소리를 외면한 결과 구할 수 있었던 흑인 소녀의 생명을 구하지 못했다는 사실과 인턴으로서 갖춰야 할 태도와 관련해서 책망한 후에 줄리앙이 자신의 꿈을 포기한 일과 관련해서 제니는 깊은 책임감을 느낀다. 제니는 과연 이 문제를 어떻게 해결해나갈까?

영화가 특별히 주목하고 있는 일은 두 가지인데, 하나는 제니가 죽은 소녀의 이름을 알아내려고 노력하는 것이다. 혹시라도 나타날 그녀의 가족을 위한 것이라고 말은 하지만, 사실은 그녀가 사람들에 의해 버려진 채로 매장되는 것을 피하고 싶었기 때문이다. 설령 살아있다 해도 남성들이 자신의 욕망을 채우기 위할 목적 이외에는 별다른 관심을 불러일으키지 않고 쉽게 지나쳐버릴 만한 소녀였다면, 대체 누가 그녀의 시신을 돌보아 줄 것인가. 그렇지만 제니에게는 그렇지 않았다. 제니에게 그녀는 단지 시신이 아니라 누군가의 가족이었고, 그래서 나중에라도 가족이 알아볼 수 있을 이름을 알기 원했다. 그리고 다른 하나는 줄리앙을 집요하게 설득한 일이다. 줄리앙이 의사를 포기하고 고향으로 내려간 일이 의사인 제니와 직접적인 관계가 없었고, 그래서 가볍게 지나쳐버릴 수도 있는 일이지만, 제니는 마치 자신의 문제처럼 여기며 줄리앙의 고향집을 수소문하여 찾아가 그를 설득한다.

겉으로 보면 그녀로 하여금 더 나은 병원으로 옮기는 일을 거부하고 또 죽은 소녀의 이름을 알아내려 동분서주하게 만들고 그리고 줄리앙이 의사의 꿈을 포기하지 않도록 권유하는 일에 집착하게 만든 이유와 동력은 죄책감이다. 그런데 가만히 들여다보면 이 모든 것들은 그녀가 주변에서 일어난 일들을 가볍게 여기지 않고 하나의 사인으로 보고 반응한 결과이다.

예컨대 그녀의 움직임을 따라가다 보면 만나게 되는 사람들은 한결같이 사회적으로 주변인이다. 그녀가 더 나은 환경의 의료센터 의사로서 살기를 포기하고 마을의 작은 병원에 남겠다고 결정한 후에 만나게 될 사람들은 노인과 가난한 사람들 그리고 불법체류자뿐이고, 환자들의 고통이 아버지로부터 폭력에 시달린 어린 시절의 끔찍한 추억을 떠올리게 한다는 이유 때문에 의사를 포기하려던 줄리앙 그리고 죽은 소녀 등은 우리가 일상에서 흔히 지나쳐버릴 수 있는 사람들이다. 의사로서 자신의 길을 가면 되고 또 갈 길이 바쁘다는 핑계로 눈을 감아도 사회적으로 비난받을 이유가 전혀 없는 사람들이다.

그러나 제니는 그들에게서 오는 신호를 거부하거나 외면하지 않았다. 오히려 그들을 위해 일하는 것을 기꺼이 자신의 과업으로 삼는다. 그들을 의료적으로 치료해주는 것은 물론이고, 때로는 그들의 마음을 위로해주며, 때로는 그들의 편의를 제공해준다. 그들의 꿈을 되찾게 해줄 뿐 아니라 때로는 그들로 하여금 양심에 직면하도록 해서 잘못을 돌이키도록 한다. 이 일을 함에 있어서 폭력에 노출될 위협적인 상황임에도 그들이 한 인격체로 대우받을 수 있도록 하는 일에서 제니는 결코 포기하지 않는다. 집요하기까지 하다.

앞서 언급했듯이, 제니의 행위와 관련해서 주목할 만한 것은 신호(sign)다. 사람들에게서 오는 신호도 있지만, 특히 벨소리와 핸드폰 울리는 소리에 그녀는 늘 예민하게 반응한다. 신호를 놓치는 법이 없다. 그 신호에 담긴 메시지는 상황에 따라 다르지만 상당수가 구원을 요청하는 신호다. 의사의 도움을 요청하는 소리, 문을 열어달라는 소리, 마음의 짐을 덜어보고 싶다는 소리 등. 그래서 그녀가 단 한 번 무시했을 뿐인 경우에 발생한 불의한 사고는 영화에서 특별한 의미를 갖는다.

신호를 염두에 두고 영화를 자세히 들여다보면, 감독이 각종 신호와 그것에 대한 다양한 반응들을 이야기 안에 담아 넣었음을 알게 된다. 병원에서 갑자기 발작하는 아이의 모습에서 어린 시절 폭력에 시달린 자신의 모습을 보며 괴로워했던 줄리앙은 타인의 고통이 오히려 자신이 잊고 싶은 고통을 상기하는 신호로 작용하자 의사가 되려는 것을 포기하려 한다. 죽은 소녀의 신원을 알아내려는 제니 때문에 오히려 생계의 위협을 느끼는 사람들이나 자신의 숨겨진 과오가 폭로될 것을 두려워해서 제니의 행동을 위협적인 신호로 여겨 폭력적으로 반응하는 사람들도 있다. 경찰은 제니의 행동이 오히려 수사에 방해가 된다며 그만둘 것을 권고한다. 이런 신호들은 한편으로는 소녀의 죽음에 어떤 사연이 있음을 암시하기도 하고 다른 한편으로는 제니로 하여금 하던 일을 멈추라는 의미를 갖기도 한다. 특히 감독은 제니를 찾아와 몸의 이상을 호소하는 사람들을 등장시키는데, 그것은 단순히 몸의 이상만으로 볼 수 없는 일종의 신호로 마음의 문제가 해결되어야 치료되는 것임을 시사한다. 인물들 사이에서 주고받는 일련의 사인들은 우리가 지각하는 것들에 제대로 반응해야 할 이유로 작용한다. 제대로 반응하지 못할 때 문제는 더욱 복잡해질 뿐이며, 제대로 반응할 때 비로소 문제의 본질이 해결됨을 시사한다.

우리 주변에는 소외된 이웃들이 많다. 모두가 자신의 길을 가는 일에만 분주할 뿐 그들에 대해 관심을 갖고 다가가는 사람들은 드물다. 이런 때에 도움을 요청하는 신호에 반응하여 다가가는 사람은 누구일까? 예수님의 비유에서 당시 사회적으로 존경받는 위치에 있는 레위인과 제사장은 피를 흘리며 쓰러져 있는 사람을 보고도 자신을 정결하게 지키기 위해 애써 무시하고 지나쳤지만, 사마리아 사람은 다가가서 치료해주었다. 유대인들에게 차별받고 있는 동병상련의 감정을 느꼈기 때문인지 모르지만, 사마리아인은 자신의 형편과 처지를 내세워 도움을 요청하는 신호를 결코 외면하지 않고 도움을 요청하는 사인에 적합하게 반응하였다.

비유 가운데 등장하는 사마리아 사람에 비추어볼 때 작은 신호라도 외면하지 않고 도움을 베푸는 제니는 오늘날의 의미에서 선한 사마리아인이다. 다르덴 형제 감독이 영화를 통해 새롭게 표현한 선한 사마리아 사람을 통해 우리에게 말하려 하는 것은 분명하다. 우리가 직면하고 있는 각종 문제를 해결하는 방식은 문제 자체에 집착하기보다 오히려 우리에게 도움을 요청하는 각종 신호들을 외면하거나 소홀히 생각하지 말고 올바르게 반응하는 것에 있다. 이것은 성경적인 메시지와도 일치한다.

지각할 수 있는 신호도 있지만, 지각할 수 없는 신호도 있다. 지각할 수 없는 것들은 우리가 애써 찾아나서야 비로소 지각할 수 있는 경우가 있다. 마음의 문제가 몸의 이상으로 나타나듯이, 때로는 문제들이 전혀 뜻밖의 곳에서 드러나기도 한다. 관건은 어떤 신호든 그 신호에 적합하게 반응하며 살아가는 것이다. 특히 기독교인은 사회적으로 소외된 사람들에게서 오는 신호에 민감하게 반응할 수 있는 사람이 되기 위해 노력해야 할 것이다. 그것이 우리로 하여금 문제의 본질에 접근할 수 있게 해주며 또한 문제를 해결할 수 있도록 해주는 길이라고 생각한다.

4. 인간은 어떤 방식으로 하나님을 경험할까?
: 이웃(인간)으로 다가오시는 하나님

인간은 어떤 방식으로 하나님을 경험할까? 감각적인 지각을 매개로 세상을 경험하고 인지하는 인간이기에 비감각적인 존재인 하나님을 경험하고 또 그분을 아는 일은 하나님 스스로 인간이 인지할 수 있는 방식으로 나타나지 않는 한 불가능하다. 경험의 주관성을 염두에 둘 때, 설령 개인의 차원에서 이뤄지는 신비적인 경험의 가능성을 어느 정도 인정한다 해도 그것을 타인과 소통하는 일은 가능할까? 하나님 경험에 대한 간절함과 그것을 소통할 필요성 때문에 인간은 오래전부터 종교를 통해 하나님을 인지하고 또 지각적으로 매개할 가능성을 추구해왔다. 특히 종교는 각종 의식을 초감각적인 하나님을 인지하기 위한 방편으로 사용하였다. 여러 상징 행위들이나 예술작품들, 후각을 자극하는 향기와 청각을 자극하는 소리들(노래와 말) 그리고 심지어 인류의 역사는 하나님의 임재와 행위를 인지하도록 돕는 도구들이었다. 사회가 합리적일수록 역설적으로 신비적인 종교의식이 중요하게 부각되는 까닭은 초감각적인 존재에 대한 열망이 합리성에 대한 반작용으로 나타나기 때문이다. 현대의 첨단과학기술 시대에 기독교 예배학 분야에서 예전에 관한 관심이 높아진 것도 같은 이유라고 생각한다. 종교의 의미는 사람들에게 하나님의 존재와 임재를 경험하도록 도와주는 데에 있다.

그런데 이것은 예수 그리스도와 어떤 관계가 있을까? 종교의식에 사용되는 감각적인 도구들은 인간이 만들어낸 것이다. 이것들이 초감각적인 하나님을 상징한다고 말할 수 있는 근거는 무엇일까? 기독교 상징은 규약에 따른 것이기 때문에 적어도 교회 혹은 기독교의 동의가 전제되어야 한다. 빵과 포도주는 먹고 마시는 물질에 불과하지만, 상징으로 사용되어, 성찬식이라는 장에서 빵과 포도주는 더 이상 단순한 물질이 아니라 예수 그리스도의 희생제물, 곧 몸과 피를 상징한다. 상징은 이것을 사용하는 공동체가 그 내용을 숙지하고 있지 않으면, 아무런 의미작용을 하지 않는다. 그러므로 상징을 통한 의미작용은 인지체계를 통해 작동한다. 오늘날 교회 예전과 관련해서 제기되는 문제는 예전에 관한 교육도 없이 단지 필요하다는 이유로 교회 예배에 도입하는 것이다. 예배 안에서 행해지는 각종 의식이 하나님과의 관계에서 무엇을 의미하는지를 아는 사람은 얼마나 될까? 예전 교육은 예배에 참여하는 모든 성도들에게 필수적이다.[1]

---

1 이점과 관련해서는 다음을 참고: 최성수, 『예배와 설교 그리고 교회』, 예영커뮤니케이션,

한편, 상징을 통해 하나님을 말할 수 있는 근거는 성령의 작용일까, 아니면 예수 그리스도의 성육신 사건일까? 지금까지 많은 경우 성육신은 보이지 않는 하나님을 보이는 것을 통해 인식할 수 있다는 사실을 주장함에 있어서 신학적인 근거로 사용되었다. 정말 그럴까? 사람을 통해 하나님을 인지하는 것이라면 모르겠지만, 과연 물질적인 것을 통해 하나님을 인지하는 것도 성육신 원리를 통해 설명할 수 있을까?

필자는 이 두 가지가 서로 분리되어야 한다고 생각한다. 곧, 종교의식에 사용되는 상징을 매개로 하나님을 인지하는 것은 성육신 원리가 아니라 상징으로써 사용되는 물질과 그것을 인지하는 자 사이에서 일어나는 성령의 역사에 따른 것이다. 이것은 기독교인이 하나님 나라와 세상이라는 두 개의 세계에서 살고 있기 때문에 나타나는 현상이다. 두 세계는 기독교인을 매개로 상호작용을 하며 어떤 경험이든 이중적인 성격을 갖게 한다. 세속적으로만 이해할 수도 없고 또 하나님 나라와 관련해서만 이해할 수도 없다. 성령은 말씀과 예수 그리스도를 믿는 믿음을 바탕으로 하나님과 그분의 나라를 세상 가운데 드러내며, 또한 세상에서 세상과 더불어 살아가는 기독교인 안에서 하나님 나라를 경험하도록 한다. 그러나 이 일은 결코 지속적이지 않고 간헐적이다. 다시 말해서 하나님과 그의 나라는 인간의 욕망이 작용하는 순간에 더 이상 경험되지 않는다. 성령의 소욕과 육체의 소욕은 반비례 관계에서 작용한다. 이런 일은 마지막 날이 임할 때까지 반복된다. 부재하다가도 존재를 나타내고, 존재를 경험하다가도 이내 부재를 경험하게 된다. 하나님은 당신을 계시하시지만 또한 숨어계시는 분이다. 상징은 결코 하나님 나라의 존재를 보장하지 않는다. 믿음에 따라 상징의 작용은 달라진다. 따라서 종교 의식은 믿음을 시험하는 도구가 될 수 있다. 예컨대 예전의 의미에 관해 숙지하고 있는 사람이 예배에 참여하면서 아무런 하나님 경험을 갖지 못한다면,

---

2018).

자신이 생명력 있는 믿음 안에 있는지 돌아볼 때이다.

이에 비해 사람을 통해 하나님을 인지하는 일은 성육신 원리에 근거를 둔다. 사람은 하나님의 형상이다. 사람은 하나님의 형상으로서 하나님을 닮았으며, 사람과 사람 사이에서 하나님을 소통한다. 다른 피조물과 달리 사람은 특별히 하나님을 나타내도록 부름을 받은 존재다. 원칙적으론 피조물인 모든 인간에게 주어진 사명이나, 인간은 죄 때문에 그 마음이 어두워져서 다른 인간을 대하면서도 오직 물질적인 것에만 관심을 기울인다. 육체의 아름다움에 현혹되고, 사람이 소유하고 있는 물질과 그 물질로부터 얻는 유익에 착념한다. 정신적인 것에 관심을 두기도 하지만, 물질을 잘 사용해 어떻게 자신에게 유익한 것으로 만들어 낼 수 있는지에만 관심을 둔다. 물질과 정신을 넘어 이것들을 가능하게 하는 생명 자체에 관심을 두는 일은 또 다른 시각을 필요로 하는데, 바로 예수를 그리스도로 믿는 믿음이다. 단순히 정신이나 원리로 그 의미를 다 말할 수 없는 로고스이신 하나님이 육신을 입고 오신 분으로서 예수 그리스도는 사람을 통해 하나님을 만날 수 있는 가능성을 여셨다. 예수 그리스도에 대한 믿음 때문에 사람은 사람을 통해 하나님과 그분의 나라를 경험할 수 있다. 예수 그리스도를 믿으면 하나님과의 관계가 회복되지만, 동시에 사람에 대한 생각도 바뀐다.

그렇다면 '인간은 하나님을 어떤 방식으로 경험할까?' 이 질문은 '하나님은 어떤 방식으로 당신을 세상에 나타내 보이시는가?'의 이면이다. 전자는 인간론적인 관점이고, 후자는 신론적 관점에서 제기했을 뿐이다. 앞서 말했듯이 예수 그리스도를 통해 하나님 경험이 가능하게 되었지만, 예수 그리스도를 통한다는 말은 구체적으로 인간을 통한다는 말이다. 만일 인간은 인간을 통해 하나님을 경험한다면, 이 경험은 구체적으로 어떻게 이뤄지는 것일까? 이 질문은 하나님과 인간의 관계뿐만 아니라 인간과 인간의 상호관계를 이해하는 일에서 매우 중요하다. 왜냐하면 인간은 피조물을 통해 하나님을 경험하기도 하고, 인공물인 예술을 통해 경험하기도 하지만, 대체로 인간의 상호관계를 통해서 하나님을 경험하기 때문이다. 앞의 두 경험은 성령의 역사를 통해 설명할 수 있다면, 후자는 예수 그리스도의 성육신을 통해 이해된다.

특별히 성경은 하나님과 인간의 관계에서 인간이 하나님을 어떻게 경험하고 또 어떻게 인지하였는지에 대한 증거이며, 또한 하나님이 어떻게 당신을 나타내셨는지를 증거 한다. 여러 단서들이 있지만, 필자가 생각하기에 가장 중요한 단서는 하나님은 피조물을 포함해서 인간을 돕는 분이라는 것이다. 하나님의 이름인 '야웨'(여호와)에 해당하는 사성문자(히브리어 '하야 동사의 미완료형)에 대한 해석은 개념적인 이해를 선호했던 그리스적인 관점에선 '자존자'(I am who I am, 미완료형을 현재형으로 번역)로 이해되었지만, 철학자 마틴 부버는 사건과 이야기를 통한 이해방식을 선호하는 히브리적인 관점에선 미래형으로 번역하는 것이 바람직하다고 본다. 미래형으로 번역하면 'I will be'가 되고, 이것은 하나님과 인간의 관계를 염두에 두고 의역하면 '돕는 자'로 이해된다. 부재 경험과 존재 경험 사이에서 인간은 하나님을 돕는 자로서 만난다. 하나님은 절대적 주권자요 자유로서 당신이 원하는 시간과 공간에서, 당신이 원하시는 방법으로, 당신이 선택하신 사람에게 나타나신다. 따라서 은혜를 만나는 일이나 고난을 당하는 일에서 성도는 늘 낯설고 또 놀라게 된다. 달리 말해서 하나님을 경험했다면 도움이 필요한 사람에게 도움이 이뤄지는 때이다. 도움을 필요로 하는 때에 도움이 이뤄지지 않는다면, 그것처럼 절망적인 때가 없다. 이런 일이 일어나지 않도록 인간은 서로를 돌보면서 하나님의 돕는 행위를 도움을 필요로 하는 사람에게 나타내야 한다. 인간은 서로에게서 하나님을 볼 뿐만 아니라 또한 서로에 대해 하나님의 도움으로 드러나야 한다. 그렇다고 자신이 하나님임을 주장하라는 의미는 아니다. 왜냐하면 그것은 첫 번째와 두 번째 계명을 어기는 일이기 때문이다.

하나님의 주권적인 자유에도 불구하고 인간이 하나님을 만날 수 있는 방법을 말할 수 있을까? 마태복음 25장에는 종말을 바라보며 사는 성도들에게 주신 세 개의 비유를 전해준다. 지혜로운 다섯 처녀 이야기는 깨어 준비한 자가 오시는 주님을 만나게 될 것을 말하고, 달란트 비유는 우리에게 주어진 것을 통해 최선의 삶을 사는 사람이 공평하게 판단하시는 주님을 만나게 될 것을 말하고, 양과 염소의 비유는 우리 가운데 있는 작은 자들을 돕는 중에 주님을 만날 것을 말하고 있다. 만나면서 그들이 누군지 알지 못하지만, 마지막 날에 알게 된다는 것이니, 사실 지금 내가 만나고 있는 사람이 그분인지 아닌지를 알 수 있는 방법은 없다. 다만 다시 오실 주님을 만나길 원하는 사람은 작은 자들을 돕고 또 돌보며 살 것을 강조하고 있다. 부지중에 만날 수 있을 뿐이다. 아브라함 역시도 나그네에 대한 친절을 통해 부지중에 천사를 영접할 수 있었고, 결과적으로 조카 롯을 소돔과 고모라 성의 멸망으로부터 구해낼 수 있었다. 보아스는 룻이 비록 이방 여인이라도 그녀에게 친절과 호의를 베풀어 결과적으로 구속사의 반열에 오르는 인물이 될 수 있었다. 하나님은 가난한 자의 편에 서신다고 했다.[2]

성경에서 말하는 이웃은 공간적으로 우리 곁에 사는 사람만을 가리키지 않고, 우리와 친밀한 교제를 나누는 사람만도 아니다. 우리를 중심으로 이웃이 결정되지 않고, 도움이 필요로 하는 사람을 중심으로 그를 돕는 사람이 이웃이다. 선한 사마리아인의 비유에서 나오는 이 이야기는 이웃에 대한 새로운 정의로서 당시 유대인들의 자기를 중심에 두고 이웃을 생각하는 관습에 비춰볼 때 대단히 혁신적인 것이었다. 이 비유에서 예수님은 스스로를 소외받고 배척받는 사마리아인과 동일시하셨고, 우

---

2 다음을 참조: Ronald J. Sider, *Rich Christians in an Age of Hunger. Movin from Affluence to Generosity*, 한화룡 옮김, 『가난한 시대를 사는 부유한 그리스도인』 (서울: IVP, 2009), 83-121.

리의 곤고함과 어려움을 돕는 분으로 나타나셨다. 돕는 분으로서 예수님은 언제나 우리의 이웃으로 오신다. 우리는 강도를 만난 자와 같이 의식을 잃고 쓰러져 있어 비록 그분이 누구인지 모르지만, 우리가 살아있다는 사실 하나로 우리에게는 이미 이웃이 있음을 인정할 수 있다. 그 이웃을 우리는 부지중에 만나게 된다. 그리고 예수님은 우리도 그와 같이 행하라는 말씀을 하시면서 우리 역시 이웃으로서 도움이 필요한 사람을 도우며 살라 말씀하셨다. 예수님처럼 살 때 우리는 참된 이웃이 될 수 있다는 말이다.

뿐만 아니라 예수님은 제자들에게 서로 사랑하라는 새 계명을 주시면서 서로 사랑을 통해 예수님의 제자들이 누구인지를 사람들이 알아볼 것이라고 말씀하셨다. 새 계명은 참 제자를 식별하는 원리로 작용한다. 예수의 제자가 누구인지 알 수 있는 방법은 서로 사랑하는지를 보는 것이다. 다시 말해서 제자들의 서로 사랑을 통해 사람들은 예수님이 누구인지를 알게 되고, 서로가 서로를 사랑하는 사람들은 예수님의 제자로 인정받는다는 말이다. 서로가 서로를 사랑할 때 우리는 부지중에 예수 그리스도를 만난다. 하나님 경험은 사랑 안에서 이뤄진다.

하나님을 경험하기 위해서는 내가 하고 싶은 일을 하며 돕는 것이 아니라, 오히려 내게 도움을 요청하는 음성에 귀를 기울이고 비록 원치 않는다 해도 돕는 일을 실천하는 것이다. 작은 자의 이웃으로서 사랑을 실천할 때 우리는 부지중에 하나님을 만나는 경험을 한다. 뿐만 아니라 내가 원치 않는 일에 연루되고, 내 계획에 차질이 온다 해도, 하나님을 만나는 경험은 사랑을 온전케 할 뿐만 아니라, 혼돈의 세계에 질서를 가져오고, 세상의 온갖 염려와 불안으로부터 자유롭게 한다.

지금까지 나는 영화적인 방식으로 재현된 인간의 캐릭터들을 각각의 영화들을 통해 살펴보면서 영화적인 인간 이해에 있어서 인간학적인 중심 주제들에 유념하여 보았다. 무엇보다 확인할 수 있는 점은 영화가 주목하는 인간은 언제나 양면적이라는 것이다. 예컨대 환경오염을 통해 지구적인 한계 상황을 초래한 장본인이면서도 그 한계를 넘어 새로운 가능성을 추구한다. 한편으로는 탐욕에 사로잡혀 인간관계를 망치거나 혹은 인류에 재앙을 초래하지만 다른 한편으로는 욕망에 사로잡힌 자를 심판하면서 동시에 탐욕의 희생자들을 구원한다. 불행을 스스로 불러들이는 삶을 살면서도 끊임없이 행복을 추구한다. 서로 미워하며 갈등하고 싸우며 분열하는 상황을 만들어내지만 또한 휴머니즘에 근거하여 공존의 가능성을 추구한다. 한편에서는 더 나은 기술이 만들어내는 신세계를 추구하면서도 다른 한편에서는 그것 때문에 훼손된 인간됨의 가치를 회복하기 위해 기계 의존적인 삶을 비판한다. 선과 악이나 인과응보의 구도가 지배적이다. 영화에서 사랑과 행복과 기쁨은 구원의 이미지로 자주 사용된다. 인간을 말하고 이해하는 구조는 언제나 상반된 캐릭터의 상호관계가 만들어내는 이야기임을 알 수 있다.

영화라는 것이 스토리텔링이기 때문에 플롯상 프로타고니스트와 안티고니스트의 캐릭터를 등장시키는 일은 지극히 자연스런 현상이다. 따라서 상반된 인간의 유형이나 서로 갈등하는 이념의 등장은 결코 이상하지 않으며 또한 현실 사회에서도 흔히 볼 수 있는 일이다. 이것은 우리가 영화 속 캐릭터에 충분히 공감하면서 현실의 인간을 이해할 수 있는 까닭이다.

그런데 영화가 상반된 캐릭터를 일정한 플롯을 통해 재현하는 건 소위 영화의 전지적인(혹은 전능자적인) 관점, 곧 하나님의 관점을 실현하는 일이다. 영화는 캐릭터와 사건들의 의미를 부여하고 또 규정하기 위해 전지적인 관점을 실천한다. 그러나 여기서 말하는 하나님의 관점은 감독의 투영으로 얻은 것에 불과하다. 영화가 의미를 규정하고 또 구현하기 위해 하나님의 관점을 실천한다는 사실은 한편으로는 영화적인 인간 이해만으로 충분하다고 느끼게 해서 하나님과의 관계에서 인간을 이해하는 노력을 불필요하게 여기게 하지만, 다른 한편으로는 인간이 하나님과의 관계에서 이해할 필요가 있음을 반증한다. 이것은 1부의 세 번째 논문 "영화적 지각과 하나님의 눈"에서 다뤄진 것인데, 이 논문을 통해 필자는 영화가 실천하는 전지적인 관점의 의미와 한계를 살펴본 바 있다.

안티고니스트는 구체적인 인물일 수 있으나 좌절, 절망, 한계, 지나친 욕망 등을 형상화한다. 관건은 이런 인간, 곧 욕망에 사로잡힌 인간, 더 나은 세계를 추구하는 인간, 이성과 감성의 균형을 추구하는 인간, 삶의 의미를 구하는 인간, 행복을 찾는 인간, 사랑하고 또 사랑받기 위해 분투하는 인간, 과거나 현재와는 다른 새로운 세상을 꿈꾸는 인간 등에 관해 성경은 어떻게 설명하고 있고 또 성경적인 인간 이해는 이런 인간 이해와 어떤 점에서 다른지를 파악하는 것이다. 다음에 이어지는 글에선 성경적인 인간 이해 방식을 살펴보고 그 후에 성경의 인간 이해의 핵심 주제 몇 가지에 관해 서술해보겠다.

3부

기독교적인
인간 이해

I. 기독교 인간학의 과제

사람을 아는 자는 '하나님을 아는 자'에 다름 아니다.

_ 기타모리 가조, 『하나님의 아픔의 신학』

인간에 관해 생각하는 사람은 사고하는 사람 자신이 변하지 않을 수
없는 여정에 오르는 것이다.

_ Gerhard Sauter, *Das verborgene Leben*

    영화를 통해 표현된 다양한 인간 이미지들을 기독교적으로 성찰하기
위해선 무엇보다 먼저 영화 이야기가 성서의 메타 내러티브 안에서 재구
성되고 재인식의 과정을 거치기 때문에 성경적인 인간 이해가 필요하다
는 점은 앞(1부)에서 언급했지만, 사실 기독교 인간 이해는 단지 성경의
인간 이해에 제한되지 않는다. 기독교인에게 메타 내러티브로서 성경이
모든 인간 이해의 근간을 이루는 것은 사실이다. 그러나 그것이 학문으
로서 기독교 인간학의 전부를 말하지는 않는다. 기독교 인간학은 인간의
본질을 규명하는 각종 연구들을 신학적 비판적으로 성찰한 결과일 뿐 아
니라 기독교적인 정체성을 가진 인간의 본질에 대한 탐구를 의미한다.
따라서 기독교적인 인간 이해는 일반적인(철학, 과학, 문화, 예술) 인간 이
해와 무관하지 않으며 그것들이 제시하는 질문에 대답하고 또한 그것들
의 주장을 그 정당성이나 수용 가능성과 관련해서 치열한 논쟁을 통해

신학적으로 검토한다. 이는 무엇보다 기독교가 세상 속에 있기 때문이며, 또한 세상에서 복음의 영향력을 확대시키는 것을 목표로 삼기 때문이다. 다시 말해서 교회의 궁극적인 목적은 세상 모든 사람이 성경이 증거 하는 하나님을 참 하나님으로 인정하는 것에 있다. 이를 위해 교회는 언어와 행위로 세상에 예수 그리스도의 복음을 전달하는 것은 물론이고, 하나님과 관계하고 있으면서도 하나님을 인정하지 않는 세상과 세상의 주장들을 인지하고 판단하며, 세상을 하나님의 뜻에 따라 새롭게 구성하려고 노력한다. 인간 이해 역시 마찬가지다. 인간 그 자체가 아니라 하나님의 행위의 대상이며 목적으로서 인간을 이해하려 한다. 이것 때문에 기독교 인간학은 크게 네 가지 과제를 갖는다.

첫째, 일반적인 인간 이해들을 기술하면서, 인간 이해를 구성하는 주제들은 무엇이고 어떤 문제들이 있는지를 파악하고, 그 문제에 대한 다양한 해결 방식들에 주목한다. 이 작업은 기독교 인간학이 고립되지 않고, 오히려 세상과의 관계 안에서 공적 책임을 수행하는 과정의 하나다. 최근에 가장 두드러지게 부각하고 있는 것은 철학적인 인간 이해와 자연과학적인 인간 이해 그리고 인공지능 기반의 기술을 통해 열려지는 트랜스/포스트휴먼에 대한 이해 등이다. 이것들은 이미 앞서(2부에서) 여러 영화들을 통해 비판적으로 살펴보았다.

둘째, 기독교 인간학은 일반적인 인간 이해에 대한 기독교적인 비평으로서 의미를 갖는다. 인간 이해에서 전제되고 있는 것들 가운데는 하나님과의 관계 안에서 성찰되지 않은 것들이 있고 또한 인간의 죄로부터 비롯된 것이 있기 때문이다. 이런 성찰이 결여되었다고 해서 무조건 비판받아야 하는 건 아니고, 결여되어 있기 때문에 발생하는 각종 문제들을 인간학적인 관점에서 지적하고 또 그 문제 해결의 대안으로 기독교 인간학의 의미가 부각되어야 한다. 그렇지 않으면 기독교 인간학은 게토에 갇히거나 배타적이고 편파적이라는 비난을 면치 못한다. 이 과정에서 기독교적 인간 이해에 부합한 것들은 비판적으로 수용된다. 이것 역시 앞에서(2부) 영화를 개별적으로 살펴보면서 인간학적인 주제에 따라 비판적으로 다루면서 살펴보았다.

셋째, 기독교 인간학은 기독교적인 맥락에서 시도된 각종 인간 이해들에 그 정당성을 묻는다. 기존의 인간 이해에 대한 비평으로서 인간학을 의미한다. 한편으로는 해석의 적합성이 관건이 될 수 있고, 다른 한편으로는 인간학적인 주장이 타당한지를 고려할 수 있다. 기독교적인 정당성을 얻기 위해 일관된 방법론에 따라 기독교 인간학적인 주장들과 논쟁하는 것이다. 이 과정에서 다양한 견해들과 대화가 일어나고, 필요하면 새로운 논쟁을 촉발한다. 이 과정에서 인간학적인 주장이 제시됨으로써 넷째, 기독교 인간학을 구성한다. 이곳에서는 다만 영화적인 인간 이해와의 관계에서 성경적인 인간 이해의 방식에 주목하고자 한다. 그 후에 몇 가지 기독교 인간학의 핵심 주제에 관해 서술해보고자 한다.

성경적인 인간 이해 방식을 살펴보기 전에 먼저 인간학적인 질문에 대한 종교와 과학의 대답을 개괄적으로 스케치해보면서 그것이 기독교적인 대답과 어떻게 다른지를 알아보자.

1. 종교와 과학이 대답하는 방식

사람으로서 결코 피할 수 없는 질문, 비록 명료한 대답은 내릴 수 없다고 하더라도 생각하고 또 대답을 발견하려 노력함으로 인해서 의미를 얻게 되는 것, 사람의 본질을 묻는 질문은 바로 이런 의미가 있다. 비록 대답이 복잡하고 또 인류 역사상 모두가 수긍할 정도로 명료한 대답을 한 번도 얻지 못했다고 해도, 그 질문은 사람으로 하여금 자신과 주변을 다시 한 번 돌아보게 할 뿐 아니라 사람으로 하여금 다른 피조물과의 관계나 그것에 대한 강한 책임감을 느끼게 한다.

다른 어떤 분야보다 특히 인간의 영적 깊이를 돌보는 많은 종교들은 인간의 본질에 대한 대답을 나름대로 정리하고 있다. 누구도 자신 있게 대답할 수 없는 질문지만, 종교는 종교적인 상상력과 의미 체계를 통해 대답해주기 때문에 사람들은 종교에 매료되고 또 귀의한다. 그런데 같은 질문이라도 각 종교마다 대답하는 방식에서 차이를 보인다.

1) 유교

유교는 '사람'을 이해함에 있어서 특히 '사람됨'을 많이 생각한다. 물론 그 기준은 유학자마다 다르게 제시되었다. 관건은 되어가는 존재로서 '사람됨'이 아니라 인간의 본질로서 '사람다움'을 주제로 삼은 것이다. 사람의 모양을 갖고 있다고 해서가 아니라 사람다움이 있어야 사람이라고 본 것이다. 생물학적으로는 분명 '사람'이지만, 그것만으로는 사람됨의 조건이 충족되지 않는다는 생각에서 비롯한다. 예컨대 사람에 미치지 못하는 '사람'이 있는가 하면, 여느 사람에 비해 도덕적으로나 윤리적으로 더욱 향상된 '사람'이 있음을 생각한 것이다. 특별히 유교에서 강조되는 '사람됨'은 사람이 하늘의 뜻인 도(道)에 따라 살아갈 때, 곧 '사람'의 노력 (수양)을 통해서 성취되는 것이다. '사람됨'은 어디서 뚝 떨어진 것이 아니라 부단한 수양을 통해 이르게 되는 경지이다. 곧, '사람됨'이 '인의예지 신'(仁義禮智信)을 바탕으로 성취된다고 보았다. 따라서 '사람'이기를 원하는 모든 사람들에게 '사람됨'은 항상 의무적이고 당위적인 명령으로 이해된다. 사람됨의 조건을 온전히 갖춘 사람이 될 때 비로소 그를 '군자' 혹은 '성인'이라고 부른다. 그렇다고 해서 군자나 성인만이 사람이라는 말은 아니다. 사람이라면 마땅히 지켜야 할 것들을 지키고 행해야 할 것들을 행하며 살아야 한다는 것이다. 다시 말해서 유교에서 보는 인간은 금수와 달리 하늘과의 관계에서는 성(性)을 잘 기르고 도(道)를 따르며,

사람과의 관계에서는 —비록 죽은 자라 해도— 예(禮)를 지키며, 특히 살아있는 자들에게는 인(仁)을 실천하며 살아가는 존재이다. 그래서 하늘의 뜻을 알 수 있도록 배워야 하며 또한 그 뜻대로 살아야 한다. 인의예지신과 삼강오륜은 그 실천 덕목들이다. 여기서 벗어나면 하찮게 여겨지니 바로 이런 인간 이해 방식 때문에 엄격한 신분사회의 형성을 피할 수 없었다.

유교에서 사람을 이해하는 방식은 철학적이며 또한 실천적이다. 흔히 체(體)와 용(用)으로 설명된다. 하늘과의 관계에서 본질을 말하고 또 실천적인 맥락에서는 수양을 말한다. 양자가 균형 잡힌 모습은 각종 인간관계에서 인의예지신의 형태로 드러난다고 본다.

2) 불교

불교의 가르침에서 출발은 인생은 고통의 바다이며 모든 것을 덧없다고 보는 것이다. 다분히 허무주의적인 측면이 없지 않으나 보기에 따라서 관점주의로 이어지도록 한다. 특정한 것에 집착하는 것을 지양하기 때문이다. 불교는 사람이 식물이나 동물 그리고 곤충 같은 만물과 다르다고 해서 사람에게 특별한 의미를 두지 않는다. 여기에서 불교의 또 다른 출발점이 발생한다. 모든 만물은 생겨났다가도 이내 사라지는 윤회의 과정을 갖는다는 것이다. 이것은 만물의 존재 의미를 설명하는 하나의 틀이며 불교적인 세계관이다. 우주 삼라만상의 원리를 설명하기 때문이다. 그래서 붓다의 가르침은 비록 신을 전제하지 않아도 종교적인 성격을 갖는 것이다.

만물이 전생의 업으로 생성되는 것이긴 해도 사람으로 다시 태어날 가능성은 매우 낮기 때문에 사람 자체가 소중하게 여겨진다. 가치는 희소성 때문에 발생한다. 다른 한 편으로 사람으로 태어난 것은 단지 전생의 업에 따른 것일 뿐, 만일 사람이 선한 업을 쌓지 않으면 금수만도 못하게 취급받으며, 그 결과 사람이 아닌 것으로 다시 태어나게 된다. 이생에서 어떻게 사느냐에 따라 다음 생이 그렇게 이뤄진다고 믿는다. 덧없는 세상에 그 무엇으로도 다시 태어나지 않고 영원으로 들어가기 위해선 사람으로 태어났을 때 사람다운 삶을 살아야 하는데, 이것을 가능하게 하는 것이 바로 깨달음이다. 만물은 덧없는 것이며, 사람은 윤회 과정의 한 단계일 뿐이며, 다른 존재와 비교할 때 사람은 단지 깨달음, 곧 해탈의 기회가 다른 만물에 비해 더욱 많은 것일 뿐이다. 그러므로 사람이 만일 깨달음에 이르지 못한다면 사람 역시 덧없이 영원히 윤회하는 만물의 일부분에 불과하다. 사람으로서 사는 기간은 해탈의 기회이다. 불교는 사람됨의 참 의미를 깨달음에 두는데, 깨달음을 통해 비로소 인간은 윤회의 업에서 벗어나는 해탈에 이른다.

불교가 사람을 이해하는 방식은 무엇보다 생로병사의 문제를 해결하는 데에 집중되어 있다. 인간의 숙명이라 할 수 있는 생로병사의 문제를 이해하고 또 해결하는 가르침이 바로 불교다. 여기에 한 걸음 더 나아간다면 생로병사의 문제를 해결할 뿐 아니라 지극히 행복한 삶을 살기 위한 방편이기도 하다.

3) 과학기술

과학에서 인간 이해에 획기적인 단초를 제공한 사람은 찰스 다윈(Charles Darwin)이다. 성경적인 세계관이 지배적이던 때에 종으로서 인간이 아니라 진화된 인간을 주장하여 파장을 일으켰다. 현대 과학에선 당연시 여겨지는 이론이지만, 그렇다고 이론(異論)과 다툼이 전혀 없는 건 아니다.

생리학자로 노벨상을 수상한 카렐은 우생학적 관점에서 인간의 본질을 고찰했다. 인종주의적 견해를 뒷받침해주고 있는 그의 견해는 당시 인종주의와 전체주의 사회의 흐름을 과학적인 관점에서 정당화해준 것이라 볼 수 있을 정도로 오늘의 관점에서 보면 매우 충격적이다. 물론 현대 과학의 발견에 비추어본다면 낡은 이론일지라도 당대의 연구 수준에서는 인간 이해에 대한 과학적인 탐색에서 대단히 돋보이는 작업이었다. 다시 말해서 당시의 과학적 발견은 진화의 대상으로서 인간까지도 포함시키고 있었기 때문에 우성학적인 인간에 대한 집념은 진화론적인 사고에서 당연한 귀결이었다. 트랜스/포스트휴먼을 말하고 또 실현을 꿈꾸면서 계속적인 진화를 말하는 사람들에게는 여전히 매력이 있는 이론이 아닐 수 없을 것이다.

70년대 초부터 관심을 끌기 시작한 사회생물학[1]은 동물의 사회적 행동을 연구하고 그것이 진화론적인 과정을 어떻게 거쳤는지 그리고 사회적 행동의 다양성은 유전자와 어떠한 관계가 있는지 등에 대해 설명하려고 한다. 즉, 동물의 사회적 행동을 인과적, 즉 유전학적으로 설명한다. 사회생물학적 관점에 따르면 인간의 인간됨, 즉 인간의 본성은 생물학적 요인인 유전자에 의해 결정된다. 인간이란 유전자에 의해 결정된 행동양식을 갖는 존재일 뿐이다. 사회생물학은 그동안 다른 동물과 비교해서 인간에게 고유한 영역으로 인식되었던 문화조차도 생물학적, 유전학적 근거에서 설명이 가능하다고 본다. 이러한 견해에 따르면, 인간의 문화라는 것도 유전자의 생존과 보존을 위해 환경과의 관계 속에서 나타난 자기표현일 뿐이다. 이런 견해는 이미 18세기부터 주장되어 왔지만 윌슨의 『사회 생물학』과 도킨스의 『이기적 유전자』[2]가 출판되면서 새롭게 부각되었다. 그렇다고 단순한 기계적인 결정론을 지지하지는 않는다.

---

1 참고: Edward Willson, *Sociobiology*, 이병훈, 박시룡 역, 『사회생물학: 새로운 종합』(서울: 민음사, 1992).

2 Richard Dawkins, *The Selfish Gene*, 홍영남 역, 『이기적 유전자』 (서울: 을유문화사, 1993).

인간은 환경과의 상호관계에서 진화하기 때문이다. 결정적인 인자라 하더라도 환경에 따른 변수가 생길 수 있다. 도킨스는 생물학적인 유전인자인 Gene(진)에 비해 사회문화적인 유전인자로서 Meme(밈)의 존재를 주장하였다. 결국 결정적이지만 변수가 전혀 없는 것은 아니다.

사회생물학에서 보는 인간은 유전자의 성향을 제대로 파악하고 그것이 환경과 최적의 관계를 가지는 존재일 뿐이다. 최적의 관계를 위해서 개체로서의 인간이 할 일은 오직 환경 친화적인 유전자 변형을 시도하는 것이다. 윌슨이 자신의 책 『인간 본성에 대하여』에서 이것을 전망한 것은3 생명공학의 발전에 따라서 가능하게 되었다.

그밖에 계속되는 진화에 대한 생각은 소위 인간 향상(Enhancement)을 시도하는 각종 노력들에서 확인할 수 있다. 나노기술과 생명과학 그리고 IT와 신경과학의 발견들을 융합하여 트랜스/포스트휴머니즘을 추구하는 사람들은 인간을 진화의 종착점으로 보길 거부하며, 인간을 뛰어넘는 새로운 종의 출현을 위해 노력한다. 더 오래 살고, 더 건강하게 살며, 더 스마트하게 살 수 있는 인간 이후의 종을 말한다. 융합기술 기반의 인간 향상을 추구하며 새로운 인간형을 구성하는 노력에서 인간 이해 방식은 인류의 오랜 꿈을 실현할 가능성에 기반을 둔다. 소위 인류 문명이 열어주는 가능성에 비추어 인간을 이해한다. 새로운 종이 호모 사피엔스와 얼마나 달라질지 모르지만, 과거 다윈은 자연적인 역학관계를 전제로 진화의 발생을 설명했는데 비해, 그들은 인류 역사상 처음으로 인위적인 진화를 추구하고 있다. 유발 하라리는 이를 가리켜 "호모 데우스"(Homo Deus)4라고 말했다. 과학기술적인 가능성을 기반으로 인간을 이해하고,

---

3 Edward Willson, *On Human Nature*, 이한음 옮김, 『인간 본성에 대하여』(서울: 사이언스 북스, 2000), 143-144: "우리는 인간 본성의 어느 요소를 배양하고 회피할 것인지, 어느 것을 기쁘게 받아들일 것인지, 어느 것을 신중하게 다루어야 할 것인지를 더 현명하게 결정할 수 있게 될 것이라고 기대할 수 있다. 그러나 우리는 지금부터 많은 세월이 흘러, 우리 자손들이 유전자 자체를 변화시키는 방법을 알게 될 때가 오기 전까지는 견고한 생물학적 하부 구조를 제거하지 않을 것이다."

심지어 새롭게 구성하려는 시도가 인류에게 위협적인 것이 될지, 아니면 새로운 인류의 출현으로 이어질지 모르지만, 반드시 두 눈을 부릅뜨고 지켜볼 일이다.[5]

---

4 Yuval Noah Harari, *Homo Deus: A Brief History of Tomorrow*, 김병주 옮김, 『호모 데우스』 (파주: 김영사, 2017).

5 이미 인공지능과 로봇이 등장한 여러 영화들을 살펴보면서 언급했지만, 김재인은 『인공지능의 시대, 인간을 다시 묻다』(서울: 동아시아, 2017)에서 인공지능의 발달로 인간의 특정 기능에서 뛰어난 기계의 출현은 충분히 예상할 수 있다 해도, 인간을 뛰어넘는 기계의 출현은 가능하지 않다고 본다. 이에 반해 맥스 테그마크는 충분히 가능한 시나리오라고 보면서 "라이프 3.0"을 말한다. 따라서 안전한 포스트휴먼시대를 맞기 위해 다양한 분야에 걸쳐서 지금부터 준비해야 할 것을 역설하였다. Max Tegmark, *Life 3.0, Being Human in the Age of Artificial Intelligence*, 백우진 옮김, 『Life 3.0』(서울: 동아시아, 2017).

II. 기독교의 인간 이해 방식

인간이란 무엇인가? 인간학적인 질문에 기독교가 반응하며 내놓은 대답에서 특징은 인간이 언제나 하나님과의 관계에서 탐색되고 또 이해된다는 사실이다. 왜 그러한지를 밝히는 작업도 필요하지만, 무엇보다 '인간이 하나님과의 관계 속에 있다'는 사실을 설득하는 것이 기독교 인간학의 가장 우선적이면서 최고의 과제이다. 이것을 설득하지 못하면, 기독교 인간학은 다만 기독교인만을 위한 인간 이해로 머물 뿐이며, 지평의 확장은 오직 더 많은 기독교인을 만드는 작업을 통해서만 가능해진다.

한편, 기독교적인 인간 이해가 왜 기독교 밖의 사람들에게 설득되어야 하는 걸까? 이 질문에 대해 지금까지는 한편으로는 선교적인 사명으로 대답해 왔고, 다른 한편으로는 기독교의 대 사회적인 책임을 말함으로 대답했다. 전자는 기독교 내부 논리에서 비롯하며, 후자 역시 엄밀히 말하자면 내부 논리의 연장이긴 하나 기독교의 대 사회적인 책임과 연대의식을 강조한다는 점에서 에큐메니즘에 근거한 논리라 말할 수 있다. 다시 말해서 에큐메니즘은 하나님의 피조물로서 세상의 가장 바람직한 상태는 하나님과의 관계에서 조명되고 또 이해되어야 한다는 생각에서 비롯한다.

그렇다면 기독교적인 인간 이해는 다른 어떤 종교나 과학기술이 제시하는 것과 어떤 점에서 다른가? 기독교적인 인간 이해는 인간이 인간답게 살 수 있는 길을 제시할까? 만일 이것을 긍정한다면, 다른 것들은 기독교적인 인간 이해를 위한 중간단계에 지나지 않으며, 이것은 기독교

우월주의에서 비롯하는 오만한 생각이다. 이런 오만함을 경계하지 않으면 세상이 기독교화 되지 않는 한 악은 결코 근절되지 않는다는 결론에 이르게 된다. 이렇게 되면 뜻하지 않게 현대 기독교를 십자군 시대로 후퇴하게 만든다.

인간 이해는 왜 하나님과의 관계에서 추구되어야 할까? 만일 이 질문에 제대로 대답하지 못한다면, 기독교 인간학은 다만 기독교인만을 위한 인간 이해를 추구할 뿐이다. 이런 문제를 의식하고 또 기독교 인간 이해의 게토화를 피하기 위해 기독교 신학자들은 각 분야에서 제기하는 인간학적인 주장들과 논쟁을 시도했고, 하나님 없는 인간 이해가 갖는 문제를 지적함으로써 기독교 인간학의 필요성을 강조하고 또 그것이 갖는 보편적인 의미를 주장해왔다. 다시 말해서 기독교 인간학은 모든 인간은 하나님과의 관계에서 이해되어야 참다운 인간 이해에 이르게 됨을 주장한다.

필자는 무엇보다 먼저는 성경이 인간을 이해하는 방식에 주목하고자 한다. 그리고 몇 가지 인간학적인 주제들을 서술해보려고 한다. 다시 말해서 인간을 고집스럽게 오직 하나님과의 관계 속에서만 이해하려는 것을 살펴본 후에 주로 '만들어진 존재(피조물)'와 '하나님의 형상'이 갖는 의미를 고찰하면서 필자가 기독교적인 맥락에서 이해하는 인간에 관해 살펴보고자 한다.

1. 성경이 인간을 이해하는 방식

성경이 인간을 이해하는 방식은 다른 종교나 철학과 비교할 때 공통점이 있으나 차이 역시 결코 작지 않다. 무엇보다 성경은 결코 인간을 개념적으로 정의하지 않는다. 인간을 관찰한 결과를 종합적으로 서술하는 방식을 취하지 않는다. 인간학적인 질문은 오직 시편 8편("사람이 무엇이

관대") 딱 한 군데에서만 나올 뿐이다. 이것은 하늘이 부여해준 성(性)과 관련해서 인간다움을 묻는 유교와 인간의 생로병사와 관련해서 인간의 진여(眞如)를 알고자 했던 불교와 매우 대조적인 현상이다. 그렇다고 아주 다르지는 않은데, 왜냐하면 성경 역시 하나님과의 관계에서 인간다움을 말하고 또한 인간이 처한 실존 상황과 관련해서 인간은 어떤 존재인지를 말하고 있기 때문이다.

그러나 성경은 인간 그 자체에 관한 관심보다 인간이 하나님과의 관계에서 어떤 존재이고 무엇을 행하고 혹은 행하지 않는지 그리고 그것의 결국은 무엇인지에 관심을 기울인다. 하나님을 말하기 위해 인간을 말하고 있다고 말할 수 있다. 하나님을 말함으로써 인간을 이해하는 방식이다.[1] 이는 인간 이해를 위한 정보를 인간 자신에게서 길어내지 않고 오히려 하나님과 그분의 행위로부터 얻는다는 뜻이다. 가장 대표적인 것이 창조이며 또한 참으로 하나님이며 참으로 사람으로 고백되는 예수 그리스도를 통해 인간을 이해하려는 것이다.

다시 말해서 성경이 인간을 이해하는 방식은 내러티브적이며, 특히 하나님과의 관계에 집중되어 있다. 인간 자신이나 인간의 상호관계에 관심을 기울일 때도 하나님과의 관계를 전제한다. 그러므로 성경이 인간을 이해하는 방식의 가장 큰 특징은 처음부터 하나님과의 관계를 전제하는 것이라고 말할 수 있다. 인간을 이해하면서 여호와 하나님과의 관계에서 조명하려는 시도가 기독교이다. 달리 말한다면, 신학을 통해 인간학을 추구한다고 말할 수 있다. 이것은 신학을 인간학으로 환원하려는 모든 시도들을 좌절케 하는 주요 이유이다. 성경적인 인간학은 철저히 신학에서 비롯한다.

하나님과의 관계를 전제하고 난 후에 인간을 말하는 방식은 어떻게

---

1 독일 신학자 게르하르트 자우터는 이점을 매우 강하게 부각한다. 그의 신학적 인간학을 참고: Gerhard Sauter, *Das verborgene Leben. Eine theologische Anthropologie* (Gütersloh: Gütersloher Verlaghaus, 2011), 38-94.

받아들일 수 있을까? 하나님을 전제하지 않고도 인간을 말하고 또 이해할 수 있는 방식은 얼마든지 가능하다. 따라서 기독교 인간학이 설득력을 가져야 한다면 하나님과의 관계에서 인간을 말하는 방식이 왜 합당한지 대답할 수 있어야 하며 또한 하나님과의 관계에서 인간을 이해하는 방식이 더 낫다는 판단을 얻어야 한다.

앞에서 영화적으로 이해하는 방식을 살펴보았지만, 영화적인 인간 이해의 한계는 영화가 전지적인 관점에서 인간 이해를 추구함에도 불구하고 영화는 카메라의 지각에 매일 수밖에 없기 때문에 결국 상대주의적인 관점에 머물 수밖에 없는 것이다. 영화적인 이해는 전지적인 시점으로 비록 포괄적인 이해를 가능하게 하긴 하나 그것을 이해하는 카메라의 지각이라는 틀에서 결코 벗어나지는 못한다. 관점주의적인 입장에서 보편적인 인간 이해를 얻으려는 시도라고 볼 수 있다. 그러므로 프레임의 차이에 따라 나타나는 해석의 갈등은 결국 세계관의 경쟁으로 이어진다. 게다가 영화가 지향하는 인간의 구원은 사랑과 행복에 제한되어 있다. 사랑이 구원이고, 행복이 구원이다. 영화는 그 후의 이야기를 결코 말하려 하지 않는다. 시간과 공간에 매일 수밖에 없는 인간의 한계를 더는 말하고 싶지 않기 때문이다.

그러나 인간은 그 후의 이야기가 현실에서는 결코 사랑과 행복으로 끝나지 않는다는 걸 잘 안다. 인간은 행복한 순간에라도 여전히 구원을 필요로 하는 존재다. "오호라 나는 곤고한 자로다." 하나님과의 관계에서 인간에 대한 오랜 탐색의 여정 끝에 터져 나온 사도 바울의 탄식은 인간학적인 질문으로 고민하는 모든 사람들에게서 발견된다. 설령 살아 있는 동안에는 말하지 않는다 해도 죽음의 순간에 말하지 않을 수 없는 탄식이다.

하나님과의 관계를 전제하고 인간을 이해하려 할 때 얻는 유익한 점은 무엇인가? 창세기 3장 이후부터 나타나는 성경은 하나님과의 관계를 진지하게 여기지 않고 살아가는 인간의 모습이 어떠한지를 다양한 방식으로 기술하고 있다. 또한 참 사람인 예수 그리스도는 인간은 하나님과의 관계가 회복되어야 할 뿐 아니라 회복할 때 비로소 하나님 나라에 들어갈 수 있음을 계시하였다. 하나님과의 관계에서 스스로를 이해할 때 인간은 자신의 근원을 알고 또 마지막을 알며, 인간의 본질로 여겨지는 것들에 매이지 않은 채 이 땅에서 어떻게 자유인으로서 살아야 하는지를 알게 된다. 그뿐 아니라 인간이 본질에서나 현실에서 어떤 존재인지를 안다. 이렇게 되면 비록 종말이 오기까지 인간의 본질은 말할 수는 없다 해도 적어도 삶의 목적과 의미는 분명해진다.

영화는 전지적인 관점을 사용함으로 하나님이 보는 시각에서 세상을 조명하려 하지만, 앞서 말했듯이, 그것은 감독의 투사 행위에서 비롯하기에 마침내 좌절할 뿐이며 그렇지 않다 해도 또 다른 맥락에서 전지적인 관점이 가능하기 때문에 영화적인 인간 이해는 아무리 포괄적이라 해도 언제나 상대적인 관점에 머물 뿐이다. 그러나 이런 한계에도 불구하고 전지적인 관점에서 인간 이해를 시도함으로써 포괄적인 이해의 필요성과 가능성을 실험한다. 다시 말해서 영화적인 인간 이해가 인간의 본질을 규정하고 삶의 의미를 소통하는 건 영화가 일정한 연출을 통해 전지적인 관점을 실천하기 때문이다. 전지적인 관점 때문에 영화적인 인간 이해는 다른 어떤 방식의 인간 이해보다 더욱 포괄적이다. 이는 인간 이해가 하나님과의 관계에서 실천되어야 함을 암시한다.

기독교 인간학은 본질적으로 하나님과의 관계에서 인간은 무엇인지를 물으며, 이 질문과 관련해서 파생되는 다양한 질문들에 대답한다. 예컨대 인간의 숙명은 무엇인지, 인간은 무엇을 근거로 살아야 하는지, 인간이 죽은 후에 하나님과의 관계는 어떻게 되는지, 하나님과의 관계를 떠난 인간은 무엇인지 등이다. 창조주 하나님과의 관계에서 피조물이라는 사실, 하나님의 형상으로 만들어졌다는 사실 등이다. 또한 하나님과의 관계에서 볼 때 인간은 영혼과 육체로 결합된 인격체로서 서로 분리될 수 없는 몸이라는 사실 등은 성경이 하나님과의 관계에서 인간을 이해할 때 매우 중요하게 여긴 주제다.

2. 만들어진 존재

1) 됨과 만들어짐의 차이

인간은 하나님에 의해 창조되었다. 창조 신앙은 단순히 인간의 기원을 설명하기보다 하나님과의 관계에서 인간이 무엇인지를 말하는 데에 초점을 둔다. 다시 말해서 세상에 있는 모든 인간은 그가 누구이든 하나님의 형상에 따라 만들어진 존재라 함이다. 곧, 모든 인간은 현재 어떤 상태에 있고 누구와의 관계에서 스스로를 이해하고 있는지와 상관없이 하나님과의 관계에서 스스로를 이해할 때 가장 적합한 인간 이해에 이르게 된다 함이다.

일반적으로 볼 때 그리스도인이란 다른 누구보다 성경의 하나님을 참 하나님으로 믿고 신뢰하며 또한 자신의 말과 삶을 통해 하나님의 뜻과 행위 그리고 속성을 드러내는 삶으로 부름 받고 또 보냄을 받은 사람이다. 그들의 믿음과 신뢰는 하나님이 먼저 사랑과 신뢰를 보여주셨기 때문에 가능한 것인데, 즉 예수 그리스도에 대한 믿음은 선물이며, 하나님을 신뢰하는 것은 예수 그리스도를 통해 주신 하나님의 은혜에 대한 응답이며 구체적인 반응이다.

신뢰를 매개로 이루어진 양자의 관계는 도대체 어떻게 가능하고 또 설명될 수 있는가? 더군다나 하나님을 떠나고 그를 하나님으로 인정하지 않거나, 아니면 그를 전혀 알지 못했던 사람들의 모습을 생각한다면, 믿음으로 삶의 변화가 일어나고, 인생의 방향이 바뀌고 또 보이지 않는 하나님을 자유로운 결정에 따라 신뢰하게 되는 일은 도대체 어떻게 설명될 수 있는가?

바르트는 시편 14:2, 53:2, 이사야 53:1, 누가복음 18:8 등을 인용하는 가운데 인간이 보이지 않는 하나님을 믿는다는 것, 더구나 그에게 순종할 수 없는 존재가 그에게 충실한 삶을 살게 된다는 것이 얼마나 힘든 것인지를 인정한다.[2] 그러므로 그리스도인으로서 자발적으로 하나님의 일에 충실하게 된다는 것은 "신비"요 "기적"(Wunder)과 같은 "사건"(Ereignis)이다.[3] "자기 자신뿐만 아니라 주변의 사람들에게도 낯설게 보이는" "타자"(ein Anderer), "새로운 이름을 가진 사람"(Träger eines neuen Namens)[4]이 되기 때문이다. 바르트에게 있어서 이런 사건은 한 알의 씨가 좋은 땅에 떨어져서 수백 배의 결실을 맺는 변화와도 같다.

사람들이 모르고 있는 것은 이러한 변화의 과정이 자신들에 의해 인식되지 않고 또 자신들에 의해서는 결코 실현되지 않는다는 것이다. 그것은 신적인 기원을 갖기 때문이다. 그래서 이 사건은 비의적이며, 감히 헤아릴 수 없는 가치를 갖는다. 성경은 이 사실과 관련해서 사람을 가리켜 창조된(만들어진) 존재라고 말한다. 하나님에 의해 창조되었다는 사실은 사람은 노력에 의해 어떤 존재가 '되는 것'(werden)이 아니라 '만들어짐'에서, 특별히 하나님에 의해 만들어진 존재로서 발견된다는 말이다. '만들어진다'는 말은 어떤 존재로 '되었느냐'의 기준을 가지고 평가되지 않는다는 뜻이다. 유교가 말하는 사람다움의 기준이 있고, 불교가 말하는 사람다움의 기준이 있지만, 기독교에서는 하나님과의 관계를 가리키는 것 말고는 사람다움의 기준이 없다. 왜냐하면 사람은 만들어지기 때문이며, 그것의 진정한 모습은 하나님 안에 감추어져 있기 때문이다. 만

---

2 Karl Barth, KD IV/4, 3ff.
3 Karl Barth, KD IV/4, 5.
4 Karl Barth, KD IV/4, 3.

일 사람이 하나님에 의해 만들어지는 현실을 인정하지 못하고 자기 스스로를 만들어 무엇인가가 '되려고' 할 때, 사람은 유혹을 받는 순간에 직면하게 된다. 이것을 성경은 아담과 하와의 타락의 사건을 통해 보여주고 있다.

최초의 인류였던 아담과 하와는 자기들이 만들어진 존재임을 망각하고 '어떤 존재로 됨'을 생각했다. 아니, 사탄의 유혹에 빠져 갑자기 '됨'을 생각하게 되었다고 보는 것이 좋겠다. 이 순간에 하와는 만들어졌고 또한 새롭게 만들어질 것을 망각하고 스스로를 지혜롭게 만들 만한 일을 감행하였다. 결과적으로 하나님의 명령을 어겨 타락하였다. 또한 믿음의 조상 아브라함과 사라는 하나님의 약속으로 태어나게 될 사람이 하나님의 능력에 의해 만들어질 것을 기다리지 못했다. 초조해진 그들은 인간의 지혜에 의지해서 약속의 자손을 얻으려 했다. 사라의 몸종인 애굽 여인 하갈을 통해서 이스마엘을 낳았다. 인류의 조상인 아담과 하와 그리고 믿음의 조상인 아브라함과 그의 아내 사라는 한결 같이 자신들의 힘과 지혜로 다른 사람이 되거나 혹은 자신들이 기대하는 사람을 스스로 만들려 하다가 하나님의 뜻을 어겼다.

이에 반해 요셉의 경우는 다르다. 사람의 계획과 음모가 깊어 사람이 그것에 따라 변화되어 가는 듯이 보여도 궁극적으로 사람이 어떤 존재가 되거나 혹은 어떤 존재로 만들어지는 것은 하나님의 계획 가운데 일어나는 것임을 확인해 준다. 모세의 경우도 그렇고 구약의 여러 인물들을 통해서 우리는 사람이란 스스로 만들어 가는 것이 아니라 하나님에 의해 만들어져 가는 존재요 특히 하나님에 의해 만들어진 존재임을 확인해볼 수 있다. 다만 우리 눈에 보이지 않을 뿐이며 우리가 어떠한 사람인지는 장차 드러날 것이다. 그때까지 인간은 하나님 안에 감추어져 있다.

신약은 사람이 '됨'을 통해서가 아니라 만들어져 가는 존재라는 관점을 통해 인간을 본다. 예수 그리스도의 출생은 성령을 통해 잉태되어 일

464 3부 _ 기독교적인 인간 이해

어난 일인데, 이것 역시 '사람'이 노력을 통해 되는 것이 아니라 수동적인 과정을 통해서, 곧 하나님에 의해 '사람'이 되었음을 말한다. 베드로를 비롯한 제자들이 그렇고 예수를 만난 사람들 모두는 자기 스스로를 만들어 가지 않았고 만들어지는 자신의 모습을 예수 그리스도를 통해서 혹은 그분 안에서 새롭게 발견했다. 이런 사실을 두고 바울은 우리가 예수 그리스도 안에서 하나님에 의해서 발견되고 인식된다고 말한다. 칭의론에 따르면 죄인인 인간은 율법을 통해서 스스로를 의인으로 만들어 가지 못한다(행 13:39). 인간은 오히려 예수 그리스도의 보혈을 통해서 예수 그리스도로 옷 입혀지게 될 때 새로운 사람으로 인정받는다(고후 5:17). 하나님에 의해 만들어진다는 것을 인정하고 하나님이 만들어 가시는 과정에 인내를 갖고 순종하는 가운데 사람은 하나님 안에서 스스로를 발견한다. 그래서 바울은 고린도후서 3장 18절에서 이렇게 고백할 수 있었다: "우리가 다 수건을 벗은 얼굴로 거울을 보는 것 같이 주의 영광을 보매 그와 같은 형상으로 변화하여 영광에서 영광에 이르니 곧 주의 영으로 말미암음이니라." 뿐만 아니라 요한일서 3장 2절은 "사랑하는 자들아 우리가 지금은 하나님의 자녀라 장래에 어떻게 될지는 아직 나타나지 아니하였으나 그가 나타나시면 우리가 그와 같을 줄을 아는 것은 그의 참모습 그대로 볼 것이기 때문이니"라고 말한다.

그리스도인이라 함은 바로 이런 사람을 가리킨다. 즉, 하나님에 의해서 만들어진 사람, 하나님에 의해서 발견되고 또 하나님에 의해서 당신의 백성으로 인정되는 사람이다. 인간은 스스로 그리스도인이 될 수 없으며 또한 누구도 그리스도인을 만들 수 없다. 그리스도인은 물과 성령에 의해 거듭난 자이며 중생과 하나님의 은혜의 결과다.

하나님에 의해서 만들어진 사람만이 하나님에 의해서 발견될 수 있다. 하나님에 의해서 만들어지지 않은 이질적인 것, 곧 자기 스스로 무엇인가가 되려는 노력의 결과가 섞여 있게 될 때 사람은 하나님의 낯을 피할 수밖에 없다. 죄를 지은 아담과 하와가 하나님의 낯을 피해 숨었던 것은 바로 그가 하나님에 의해 만들어진 순수한 모습이 아니라 이질적인 요소, 즉 자신에 의해서 만들어진 것이 자신 안에 들어와 있었기 때문이다. 때로는 이런 사람들로부터 하나님은 스스로 얼굴을 돌리신다. 하나님에 의해서 발견되지 않고 오히려 외면을 당한다 함이다. 그것은 곧 재앙이고 심판을 의미할 뿐이다. 하나님은 사람을 창조하셨지만 모든 사람이 하나님의 백성이나 그리스도인이 아닌 것은, 그들 스스로 자신을 만들어나가려 노력하기 때문이다. 이런 사람들이 하나님의 말씀보다는 자신의 양심의 소리에 더 귀를 기울이는 건 당연하다. 양심은 그들 스스로의 기준과 율법이 되어서 스스로 다스리는 자가 된다. 성령의 음성에 귀를 기울이고 그 음성에 순종하는 가운데 하나님의 뜻이 자신에게 일어나도록 순종하는 사람은 그리스도인이지만, 양심의 소리에만 민감하고 성령의 소리를 전혀 듣지 못하는 사람은 자연인에 불과하다.

2) 하나님에 의해서 만들어진다는 것은 무엇을 의미하는가?

첫째, 하나님의 말씀과 행위에 스스로를 노출시킨다 함이다. 인간은 말씀으로 만들어지지 않았다. 인간은 하나님의 창조 기획('우리의 형상을 따라 우리의 모양대로 우리가 사람을 만들고')에 따른 하나님의 행위('땅의 흙으로 사람을 지으시고 생기를 그 코에 불어넣으시니 사람이 생령이 되니라')로 만들어졌다. 사람은 하나님의 행위가 자신에게 나타나게 하고 또한 하나님의 계획이 자신을 통해 이뤄지게 할 때 하나님이 원하시는 존재가 된다.

그러나 인간은 하나님의 뜻이 자신에게 일어나기를 원한다고 생각하고 또 말하면서도 그것이 자신의 뜻이나 욕망과 일치하지 않을 때 시험에 든다. 자기 뜻을 굽히고 하나님의 뜻이 이뤄지는 과정에서 겪는 아픔과 고난을 원하지 않기 때문이다. 고난의 모형이 예수 그리스도에게서 나타났다고 한다면, 예수 그리스도의 고난은 하나님의 뜻에 따른, 다시 말해서 하나님의 뜻이 자신에게 일어나게 하는 순종으로부터 기인한 것이다. 고난이란 하나님의 말씀이 나를 통해 이뤄지고 또 하나님의 행위가 나에게 일어나도록 할 때 생기는 결과다.

그리스도인은 하나님의 창조 행위가 자신에게 일어나기를 바라는 사람이다. 비록 그것이 고난으로 이어진다 해도 그렇다. 빌립보서 1장 29절에서 사도 바울은 하나님이 은혜를 주신 두 가지 이유를 말하는데, 하나는 예수 그리스도를 믿는 것이고 다른 하나는 그리스도를 위해 고난을 받게 하려는 것이라고 말하고 있다.

이스라엘 백성들은 하나님의 말씀이 자신들에게 현실로 나타나길 거부하여 결국 하나님의 심판을 받아 나라를 잃고 오랜 세월 망명 생활을 하였다. 이에 비해 그들의 회개는 하나님의 말씀대로 되는 세상에 대한 희망으로 이어졌다. 그들은 자신들의 역사를 되새겨 보면서 또한 묵시를 통해 하나님의 말씀에 따른 세상이 얼마나 아름다운지 그리고 순종하지 않은 결과는 어떠한지를 밝히 보여줄 필요를 강하게 느꼈다. 하나님과의 관계에서 가장 이상적인 삶과 세계는 하나님의 말씀이 현실로 이뤄지도록 하는 데에 있음을 뼈저리게 깨달은 것이다. 창조 이야기와 신명기적인 관점 그리고 묵시적 성격의 문학의 발생은 바로 이런 맥락에서 이해될 수 있다.

둘째, 사람이 하나님에 의해서 만들어짐을 믿을 때 나타나는 현상은 하나님의 약속을 소망하는 것이다. 인간은 자신이 어떤 존재로 발견될지 모르지만 새로운 생명으로 나타날 것을 기대한다. 이것이 반드시 이루어지게 된다는 것은 예수 그리스도를 통해서 확증되었다. 예수 그리스도는 하나님의 구원 계획이 자신을 통해서 이루어지는데 있어서 죽기까지 순종함으로써 부활, 즉 새로운 생명의 첫 열매가 되셨다. 그럼으로써 부활의 약속이 그에게 성취되었을 뿐만 아니라 우리에게도 주어졌다. 자신이 하나님에 의해서 만들어지는 존재로 인정하는 사람이라면 부활 소망 때문에 새롭게 창조될 자신의 모습을 소망하게 될 것은 너무나도 당연하다.

셋째, 하나님에 의해 만들어짐을 믿는 사람은 타인과의 관계에서 열린 태도를 취한다. 하나님은 당신이 원하시는 방법으로 당신이 원하시는 사람들과 함께 하시며 그들을 통해서 역사를 일으키신다. 삼위일체 하나님을 부정하거나 왜곡하지 않는다면 타인의 말이나 행동과 관련해서 함부로 정죄할 수 없다. 왜냐하면 하나님의 행위는 우리의 생각과 기준으로 파악될 수 없기 때문이다(사 55:8-9). 하나님의 행위는 늘 우리의 생각에 앞서기 때문에 우리는 단지 하나님의 지나간 영광의 뒷모습만을 볼수 있을 뿐이다. 모세에게 하나님의 영광의 뒷모습만 보여주셨듯이 말이다.

만일 나와 함께 하신 하나님이 인정되고 고백된다면 나와 다른 사람에게도 동일하게 혹은 달리 역사하실 것이라는 것은 당연히 인정된다. 사도 바울은 고린도 교회에 보내는 편지 가운데서 심지어 갈등과 반목으로 점철된 문제를 은사의 다양성으로 설명하고 있다. 따라서 각자에게 믿음의 분량대로 또 그들에게 적합한 방식으로 역사하시는 하나님을 인정함으로써 우리는 성령 사역의 다양성을 인정하고 고백한다. 성령은 우리를 인격적으로 만나주시면서 우리를 새로운 피조물로 만들어 가신다.

타문화 지역을 상대로 선교하여 형성된 초기 한국 기독교를 돌아볼 때, 당시의 그리스도인들은 닫힌 사고와 믿음을 가지고 타문화를 정죄했을 뿐만 아니라 같은 기독교 내에서도 반목과 질시의 모습을 보여주었다. 오늘날 수많은 종파들이 갈라진 것은 서로가 서로에 대해 닫힌 마음으로 대했기 때문이다. 이미 굳게 형성된 신학, 이미 굳어진 신앙과 교회는 새롭고 또 우리의 기대와는 다르게 일어나는 하나님의 역사를 올바로 인식할 수 없다. 하나님에 의해 만들어져갈 것을 기대하게 될 때 비로소 우리는 사람들과의 관계에서 일어나는 하나님의 새로운 행위에 감격할 수 있다.

넷째, 하나님에 의해 만들어짐을 믿는 사람들은 결코 자기 스스로를 과대포장하거나 혹은 부정적으로 판단하지 않는다. 자서전적인 평가는 대부분 과거와 현재의 자기에 대한 평가인데, 사람들은 이것으로 인해서 때로는 망상이나 교만에 빠지게 되고 때로는 그것으로 인해서 번민하고 괴로워하며 심지어 절망하게 되면서 자살을 감행하기도 한다. 이것은 상담을 통해서 어렵지 않게 확인된다. 자기 자신에 대한 평가는 현재의 나를 돌아보며 반성하는 과정에서 없어서는 안 될 것이지만, 사실 이것은 사람이 하나님에 의해서 만들어진다는 사실에 정면 도전하는 행위일 수 있다. 우리가 우리 자신을 판단함으로써 과대망상이나 혹은 절망에 이른다면 장차 나타날 새로운 나의 모습은 하나님에 의해 만들어질 것이 아닌 나 자신에 의해 만들어질 것임을 인정하는 것이기 때문이다. 사도 바울 역시 자기 자신을 결코 정죄하지 않는다고 했고 또 그리스도 안에서 자신을 자랑할 것이 하나도 없다고 말했다. 행위를 돌이켜보고 반성하는 가운데 회개하며 기도를 통해서 하나님께 의탁하는 것이 바른 태도이다. 사람을 만들어 가시는 분은 하나님이기 때문에 스스로를 하나님의 판단에 내맡기는 것은 바로 복음의 부름에 합당한 행위이기도 하다.

다섯째, 하나님에 의해서 만들어진 사람은 자신의 완성된 모습이 마지막 날에 나타나게 될 것을 기대하기 때문에 종말론적인 실존 형태인 나그네로서 삶의 태도를 가진다. 지금의 나의 모습은 부모로부터 부여받은 나일지 모르지만 하나님께서 빚어주실 나의 참된 모습은 마지막 날에 분명하게 드러날 것이다. 그러므로 이런 사람은 현재에 안주하지 않고 끊임없이 하나님을 바라며 소망하는 가운데 현재의 고난을 극복하려고 노력하며, 또한 기쁨이 아무리 넘쳐난다고 해도 그것에 결코 안주하지 않는다.

3) 그리스도인과 하나님의 행위

그리스도인은 하나님에 의해서 만들어진 사람, 그것을 인정하는 사람, 그것이 이루어지길 기대하며 살아가는 사람이다. 그렇다면 자연인으로서 실존하지 않고 하나님에 의해서 빚어지기를 원하는 사람은 도대체 무엇 혹은 누구와 상관하며 살아가는가? 하나님과 그분의 말씀과 행위이다. 하나님은 결코 머물러 계시는 분이 아니다. 17세기 영국에서 세를 떨쳤던 이신론(Deism, 理神論)은 세상의 인과적인 자율성을 주장하면서 하나님의 역사 개입을 부정하지만, 여호와께서는 산 하나님이고 지금도 우리의 삶 속에서 당신의 역사를 일으키신다.

사람은 하나님의 행위와 관련해서 볼 때 철저히 수동적이다. 사람은 하나님이 행하시는 일에 자신을 노출시켰을 때에만 하나님 경험을 한다. 자신의 뜻과 의지에 따라 하나님을 경험하려고 할 때는 좌절할 수밖에 없다. 예수님의 제자들이 자신의 기대를 갖고 예수를 따랐을 때, 그들은 스승의 죽음 앞에서 절망할 수밖에 없었다. 예수에게서 하나님을 만날 수 없었다. 모든 제자들이 십자가 앞에서 도망쳤고, 부르심 이전의 삶으로 되돌아갔다. 엠마오로 가는 두 제자의 이야기를 통해 알 수 있듯이, 그들은 자신의 기대와는 전혀 다른 모습의 예수를 만난 후에, 즉 부활 속에 나타난 하나님의 행위를 경험하고 나서야 비로소 참다운 하나님 경험을 할 수 있었다. 제자들의 경험은 성령의 영감에 따라 글로 기록됨으로써 오늘 우리가 정경으로 삼고 있는 성경이 형성되었다.

성경은 곧 기록된 하나님의 말씀이며 또한 그분의 행위에 대한 기록이다. 이것을 시제에 따라 생각해본다면 하나님의 과거적인 행위라고 볼 수 있지만, 그렇다고 해서 성경에 기록된 하나님의 행위가 시간적으로 과거에 제한되는 건 결코 아니다. 예컨대, 땅에 대한 약속은 가나안 땅에 제한되지 않고 하나님 나라로 확장되어 이해되고 있다. 하나님의 평화는 솔로몬에게서 약속되었지만 예수 그리스도에게서 나타났고, 그것 역시 다시금 종말론적으로 이해되고 있다. 세상의 구원을 위해서 예수를 통해서 나타난 하나님의 행위는 성령을 통해서 계속되고 있다. 이처럼 기록된 하나님의 행위는 과거에만 제한되지 않으며, 현재에도 미래에도 여전히 유효하며 듣는 자들에게 순종을 요구하는 말씀이다.

한편, 하나님의 미래적인 행위는 선지자들을 통한 예언과 약속을 통해서 예고되었다. 하나님은 당신의 종들을 통해서 말씀하신 것들과 또 예수 그리스도를 통해서 약속해주신 것들을 마지막 날에 반드시 드러내실 것이다. 그렇다고 해서 그것이 먼 훗날에만 일어날 일은 아니다. 그것은 우리의 과거를 치유하고 회복하며, 현재의 삶과 생각 그리고 판단에 결정적인 영향력을 행사한다. 하나님의 미래는 결코 시간적인 미래만을 의미하진 않는다.

하나님의 행위에 대한 기록은 하나님의 과거적인 혹은 미래적인 행위 모두를 포함한다. 하나님은 영원하시기 때문이다. 그러므로 우리는 기록된 말씀을 자세히 살펴봄으로써 하나님을 인식할 수 있는 단서들을 찾을 수 있다. 그리스도인에게 관건은 하나님의 현재적인 행위를 인지하는 일이다. 지금 이곳에서 행하시는 하나님을 인식할 만한 단서들이 많지 않기 때문에 그것을 아는 일이 쉽지 않다. 수많은 사건들 중에서 정확하게 분별해야 하며, 무엇이 하나님의 행위인지를 인식할 수 있어야 한다. 선지자들의 시대나 또는 예수 그리스도 당시에 살았던 사람들의 경우를 비추어볼 때, 하나님의 현재적인 행위를 올바로 인식하는 것은 참으로 어려운 일이다. 왜냐하면 하나님은 당신이 원하시는 때와 방법에 따라 그리고 원하시는 사람을 통해서 당신의 뜻을 이루시기 때문이다. 신학적으로는 이것을 "하나님의 주권적인 자유"라고 말한다. 모든 것이 하나님의 자유에 속한 것이라서 인식하기 어렵다. 도대체 어떻게 하나님의 현재적인 행위를 인식할 수 있을 것인가?

현재는 과거와 미래의 모습을 어느 정도 반영하고 있기 때문에 과거와 미래는 현재를 이해하는데 중요한 매개체가 된다. 사람들은 대부분 현재를 인식할 때 한편으로는 과거를 분석하고 반성하고, 다른 한편으로는 분석한 데이터를 바탕으로 미래를 예측하면서 현재의 의미를 밝혀보려고 한다. 그러나 이런 방법은 흔히 해석학적 순환의 과정을 겪는다. 과거와 미래 속에 내포된 전체를 전제로 하고 그것을 통해서 현재를 이해하기 때문이다. 그런데 전체란 단순히 가정된 것일 뿐 그것이 진정으로 전체가 되는지는 누구도 장담하지 못한다. 이런 방식으로 현재를 인식하고 판단하는 것이 어떻게 보면 그럴듯하게 보여도 그 안에 담겨진 신학적인 문제는 결코 간과할 수 없다. 즉, 전체란 미래마저도 그 실상이 다 밝혀진 상태에서 얻을 수 있는 것인데 어떻게 과거를 분석하고 또 미래를 예측하는 가운데 전체를 드러낼 수 있을 것인가? 그것은 귀납적으로 추리된 것에 불과하다. 전체에 대한 인식은 오직 만물 위에 계신 하나님에게만 속한 것이다. 신앙의 삶 속에서 우리들에게 나타나는 문제들은 대부분 하나님의 행위를 자신의 전제에 따라 이해하는 가운데 하나님의 현재적 행위를 바로 인식하지 못하거나 혹은 그것을 자의적으로 해석하기 때문에 일어난다.

몰트만은『희망의 신학』에서 미래를 통해서 현재를 인식하려고 한다. 곧 하나님의 미래를 드러내는 단서인 언약의 내용을 통해 현재의 실상을 이해하고 판단하며, 현재가 어디로 나아가야 할 것인지를 결정하려고 한다. 그러나 하나님의 언약은 하나님의 주권적인 자유에 속한 일이다. 우리의 생각과 하나님의 생각은 너무 달라서 하나님의 언약이 인간의 언어와 개념으로 나타났다 하더라도 그것이 곧 우리가 생각하고 있는 것과 동일하다고 말할 수 있는 근거는 없다. 만일 언약을 통해 하나님의 길, 하나님의 미래를 예측할 수 있다면, 하나님의 주권적인 자유는 더 이상 의미가 없게 된다. 예수 그리스도 조차도 미래에 대한 권한을 아버지

하나님에게 귀속시켰다. 미래는 하나님에게 속한 일이다. 사람이 도대체 어떻게 알 수 있을 것인가?

근본적으로 볼 때 그리스도인은 하나님께 예배하는 자이니만큼, 성경은 하나님의 현재적인 행위를 이해하기 위한 기준을 예배와 관련해서 제시하고 있다. 즉, 요한복음 4장 24절에 보면 "하나님은 영이시니 예배하는 자가 영과 진리로(in Spirit and in truth) 예배할지니라"고 했다. 예배는 하나님의 임재를 전제하고 인간은 그의 임재에 합당하게 반응하며 그에게 나아가야 할 것인데, 이 일은 오직 '영과 진리로'2 가능할 수 있다는 것이다. 하나님의 깊은 것을 알고 있는 분은 오직 성자 예수 그리스도와 보혜사 성령이시다. 따라서 영과 진리란 말은 성령과 예수 그리스도를 가리킨다. 영만으로도 안 되는데, 성령은 예수 그리스도와 떼려야 뗄 수 없는 관계를 갖기 때문이다. 진리만으로도 안 되는데, 그 이유는 예수 그리스도에 관한 모든 것을 성령이 밝혀야 하기 때문이다. 하나님을 인식하는 데는 예수 그리스도 안에서 계시된 진리와 또한 하나님의 영이 절대적인 기준이 된다. 삼위 하나님은 삼위 하나님을 통해 인식된다. 하나님의 현재적 행위는 하나님의 뜻이 내게 그리고 나를 통해 이루어지기를 기대하며 하나님 나라가 임하기를 소망하는 가운데 말씀에 순종할 때 비로소 경험된다.

하나님의 행위를 바로 인식하는 것, 그것은 모든 그리스도인들의 과제이면서 또한 실존의 이유가 된다. 그리스도인의 과제가 또 한 가지 있다면, 그것은 하나님의 행위가 다른 사람들에 의해서도 인식되고 또 그것의 진리가 인정될 수 있도록 해야 한다는 것이다. 사실 하나님의 행위는 오직 그것을 하나님의 행위로 인정하는 사람들에게만 인식된다. 그러나 하나님은 부르심과 보냄을 통해서 모든 사람들이 결국에는 다 하나님의 행위를 인정하게 될 것임을 시사하였다. 하나님이 사람들을 위해서 어떤 일을 하셨고, 지금 어떤 일을 행하시고 계시며 또 장차 어떤 일을 행하실 것인지를 널리 전해야만 한다. 뿐만 아니라 그리스도인들은 자신들의 일거수일투족을 통해서 하나님의 행위를 투명하게 비추도록 부름을 받고 보냄을 받았다. 다른 말로 표현한다면 우리들 안에서 그리고 우리들을 통해서 역사하시는 하나님의 행위가 다른 사람들에게서 인정받을 수 있도록 해야 한다는 것이다. 우리가 이웃을 사랑하는 삶, 우리가 서로 사랑하는 삶은 하나님의 사랑을 세상에 나타내는 방법이다. 우리가 믿음으로 선을 행하는 것은 하나님께서 선을 이루시되 우리들을 통해서 이루시는 계획의 실현이다. 우리가 하나님의 말씀대로 사는 것은 하나님이 보시기에 좋아하실 일이지만, 이를 통해 다른 사람들 역시 하나님이 영광을 보게 된다. 다시 말해서 사람들은 우리의 현재적인 행위가 어떠하냐와 관련해서 하나님을 인식한다. 하나님에 대한 인식이 반드시 우리들의 행위에 좌우되진 않는다 해도 우리들의 행위가 인식의 정도에 미치는 영향은 무시 못 할 일이다. 때로는 우리들의 잘못된 행위로 인해 하나님을 잘못 알고 하나님을 떠날 수도 있기 때문에 이런 사람들을 향해서 야고보서 기자는 '영혼이 없는 몸'과 같다고 비유했고, 심지어 죽은 신앙이라고 말했다.

3. 하나님의 형상(Imago Dei)

'하나님의 형상'이란 하나님의 이미지를 말한다. 이 말은 인간이 하나님과 어떤 관계에 있는지를 나타내는 지표로서 하나님 이해와 인간 이해를 모두 포괄한다. 하나님의 형상에 대한 이해 없이 신학적인 인간 이해는 가능하지 않다. 그동안 산발적으로 다뤄진 것들을 이곳에서 종합적으로 정리해보도록 하겠다.

무엇보다 하나님의 이미지로 만들어졌다 함은 인간이 하나님을 닮았다는 의미가 가장 강하다. 이것을 나는 하나님이 인간을 만들면서 인간을 통해 당신 자신을 알아보도록 했다는 뜻으로 이해한다. 하나님이 인간을 통해 당신 자신을 나타내 보이신다는 말이다. 하나님 자신이 인간을 통해 온전히 드러나는 것이 아니고, 인간이 다른 인간과의 상호관계를 통해 하나님을 알아볼 수 있게 하셨다는 말이다. 이런 점에서 인간은 보이지 않는 하나님을 나타내는 존재이며, 또한 하나님이 당신을 나타내시는 계기로 삼는 피조물이다.

둘째, 인간이 하나님의 형상으로 만들어졌다 함은, 모든 인간은 하나님을 나타내도록 부름을 받았다는 선언으로 이해할 수 있다. 이것을 판넨베르크는 "인간의 숙명"(Bestimmung)으로 표현했다. 하나님을 나타내는 자로서 부름을 받는 일은 성경의 다양한 장르의 이야기를 통해 펼쳐진다.

결국 하나님의 형상으로 만들어졌다 함은 하나님이 인간을 통해 당신 자신을 알아보도록 하셨으며, 따라서 모든 인간은 하나님을 나타내도록 부름을 받았다 함이다. 하나님이 무엇을 행하셨고, 지금 무엇을 행하시며 그리고 장차 무엇을 행할 것인지를 기술하는 일이 인간의 당위적인 행위에 대한 요구로 이어지는 관계는 바로 인간이 하나님의 형상으로 만들어졌기 때문에 가능해진다.

하나님의 형상에 대한 기독교 신학에서의 이해는 주로 그것이 하나님과 인간의 관계에서 일치되는 것이 무엇인가라는 질문에서 출발해서, 결국엔 인간에게 주어져 있는 것 중에서 다른 동물들과 구별될 뿐 아니라 신적인 의미를 갖는 것이 무엇인가를 찾는 일에 집중되었다. 매우 다양한 의견들이 있지만, 모두가 시대정신을 지향하는 제한된 의미만을 충족시켜 줄 뿐이다. 그러나 하나님의 형상의 보편적인 의미를 생각한다면 그것이 시대정신에 매이지 않도록 하는 것이 필요하다.

이를 위해 두 가지를 염두에 두어야 한다. 하나는 '형상' 개념을 이해하기 위해선 히브리어의 본래적인 뜻에 따라 '원본을 본뜨다'는 의미에 천착해야 하고, 또 다른 하나는 '하나님의 형상'이란 표현을 무엇보다 당시의 인간 이해를 염두에 두고 이해해야 한다.

인간을 창조할 때 '모양'과 '형상'이라는 개념을 사용했는데, 이것은 히브리어 어법상 동일한 사실을 강조하기 위해 반복해서 사용한 동의어로 보아야 한다. 인간은 원본인 하나님을 본떠서 만든 존재로 하나님과 비슷하다는 의미이다. 그런데 이것은 원본과의 관계에서 볼 때 비슷하다고 볼 수 있지만, 인간 상호 관계에 비춰볼 때는 다른 의미를 갖는다. 곧 인간은 하나님과 비슷하게 만들어진 다른 인간에게서 어느 정도 하나님을 엿볼 수 있다는 의미다. 인간 스스로 자신 안에 있는 하나님을 나타내기 때문이 아니라 하나님이 인간을 통해 당신 자신을 나타내기 때문에 가능한 일이다. 따라서 관건은 하나님의 뜻과 말씀이 자신에게 일어나게 하며 또한 자신을 통해 이뤄지도록 하는 것이다. 이에 반해 만일 인간이 온전히 자신의 뜻대로만 산다면 결코 볼 수 없는 것이 하나님의 형상이다.

달리 말해서 인간은 인간을 통해 하나님을 볼 수 있으며, 그렇기 때문에 하나님에 의해 부름 받은 인간은 하나님에게 순종함으로써 자신을 통해 나타나시는 하나님을 다른 인간이 볼 수 있게 할 과제를 갖는다. 이에 반해 만일 인간이 자기의 소견에 옳은 대로만 산다면, 하나님의 모습은 보이지 않고 오직 타락한 인간만 보이게 된다. 만일 인간이 인간을 살해하면 자신은 물론이고 다른 사람들로 하여금 더는 하나님의 모습을 볼 수 없게 만드는 것이다. 하나님을 볼 수 없게 만드는 사람과 그 행위는 하나님 앞에서 정죄 받는다.

사실 인간을 하나님의 형상으로 이해한 것은 당시 인간 이해에 있어서 하나의 혁명이었다. 왜냐하면 애굽에서 하나님의 형상은 오직 바로에게만 사용되는 표현이었고, 또한 바벨론 신화에서 인간의 위치란 수많은 신들을 섬기는 노예에 불과했기 때문이다. 처음부터 인간은 신들의 불평불만을 들어주고자 했던 마르둑(Marduck)의 계획에 따라 그들의 수고를 덜어줄 목적으로 만든 노예였기 때문이다. 인간은 신의 게으름을 보충해 주는 존재에 불과했다. 이런 상황에서 인간을 종이 아니라 하나님의 형상, 곧 하나님의 속성과 그의 뜻과 행위를 세상 가운데 나타내도록 부름을 받았으며 하나님의 다스림을 이 땅에서 실현할 존재로 이해한 것은 당시 인간 이해와 관련해서 본다면 매우 놀라운 일이 아닐 수 없다. 신으로 여겨진 것들에 예속되는 것이 아니라 오히려 그들을 다스리고 관리하는 임무가 인간에게 주어졌다는 사실을 선언하는 것이기 때문이다.

그러므로 '하나님의 형상'을 이해함에 있어서 중요한 것은 세상에서 드러나야 할 하나님은 어떤 분인가 하는 것이다. 하나님을 말하는 과정에서 인간은 자신은 물론이고 타인을 이해할 수 있다. 인간 이해는 신학적이라고 앞서 말했는데, 바로 이점에서 분명해진다.

신화적이고 사변적인 사고를 통해 신들을 생각했던 고대 그리스인들과는 달리 히브리 민족은 하나님을 구체적으로, 즉 사건을 통해서 이해했고, 자신들에게 나타나신 하나님을 주로 이야기를 통해 전해주었다. 창조사건 자체가 여호와 하나님에 대한 이해를 단적으로 말해주는 것이지만, 특히 출애굽기 3장에 기록된 신명(神名) 계시 사건은 하나님을 이해하는 일에서 매우 중요한 단서를 제공한다.

모세는 하나님의 부름을 받고 애굽으로 보냄을 받는 과정에서 자신이 도망쳐 나온 애굽으로 안전하게 돌아가는 데에 필요하다고 생각되는 일들을 하나님에게서 확인받고자 했다. 하나는 자신의 자격과 능력에 대한 의심에 관한 것이고, 다른 하나는 자신의 사명에 대한 사람들의 의심에 어떻게 대처해야 할 것인가 하는 것이었다.

첫 번째와 관련해서 모세의 질문은 '나는 누구인가?'라는 질문으로 표현되었다(출애굽기 3:11, "내가 누구이기에 바로에게 가며 이스라엘 자손을 애굽에서 인도하여 내리이까"). 이 질문에 대해 하나님은 '내가 반드시 너와 함께 있겠다', '너를 보낸 자가 바로 나다'라고 대답하셨다. 이것은 너를 통해 나를 나타내 보이겠다는 의미로 이해할 수 있다. 모세의 질문은 두려움의 표현이었고, 부름과 보내는 존재에 대한 의심의 표현이었으며, 또한 하나님이 자신을 통해 스스로를 나타내실 것을 의심하는 것이었다. 하나님은 모세의 두려움과 의심을 아시고 하나님이 그와 함께 가실 것이기 때문에 결코 두려워하지 말라 말씀하셨다. 그리고 모세를 보내신 존재가 '나' 곧 '조상의 하나님'이라고 말씀하셨다. 이것이 구체적으로 무엇을 의미하는지는 바로 이어지는 모세의 질문과 하나님의 대답을 통해 나타난다.

두 번째 의문은 13절에 표현되어 있다.

내가 이스라엘 자손에게 가서 이르기를 너희의 조상의 하나님이 나를 너희에게 보내셨다 하면 그들이 내게 묻기를 그의 이름이 무엇이냐 하리니 내가 무엇이라고 그들에게 말하리이까.

이에 대해 하나님은 당신의 이름을 계시하셨다.

나는 스스로 있는 자이니라 또 이르시되 너는 이스라엘 자손에게 이같이 이르기를 스스로 있는 자가 나를 너희에게 보내셨다 하라.

여기서 '스스로 있는 자'라는 표현은 하나님의 이름을 구성하는 '하야 동사의 미완료형인 4개의 문자(Tetragramm)를 현재형으로, 특히 존재론적으로 번역한 것이다. 신들 가운데 최고의 신을 표현하는 것으로 '자존자'(自存者)라는 개념은 헬라사상의 배경을 바탕으로 한 해석이다. 다신적인 신화적 환경에서 살아야 하는 당시의 사람들에게 여호와 하나님이 최고의 신이라는 인식은 절대적이었고, 그것을 고백하는 일은 유일신 신앙을 가진 사람들에게 당연히 요구되었다.

그러나 현재적이고 또 존재론적인 번역은 당시 바벨론 포로기를 거치면서 헬라 사상에 익숙해 있던 사람들에게는 적합했을지 모르나, 히브리 학자와 구약학자들의 견해에 따르면, 원래는 미래시제인 "나는 있을 자이다"로 번역되어야 했다. 미래적인 존재로서의 번역은 마르틴 루터와 마르틴 부버를 포함해서 현대 여러 구약 학자들의 지지를 받고 있을 뿐 아니라 또한 신학적으로 '오시는 하나님'을 가장 잘 표현한다. 미래적인 의미는 앞서 말씀하신 "내가 반드시 너와 함께 있으리라"(12절)와도 일맥상통하다. 또한 이름을 계시하시면서 바로 이어서 부르기 위해 주셨다고 말씀하셨는데, 이는 하나님의 존재를 더는 경험할 수 없는 상황에 있는 사람이 하나님의 이름을 부를 때(기도할 때) 하나님이 그에게 임재하실 것이라는 의미로 이해할 수 있다. 이런 맥락에서 하나님의 이름의 뜻은 '나는 네가 어려움에 처해 있어 마치 내가 부재하는 듯이 보일 때 내 이름을 불러 기도한다면 내가 네게 임해 너를 도울 것이다' 곧 '나는 도울 것이다'로 이해될 수 있다.[5] 다시 말해서 하나님의 이름을 통해 알 수 있는 사실은 '하나님은 돕는 자'이시다. 하나님은 돕는 자이시며 인간은 도움을 필요로 하는 자이다.

이 사실은 삼위일체 하나님의 또 다른 이름 계시를 통해 확인된다. 요한복음의 기록에 따르면, 예수는 자신의 승천과 관련해서 성령을 설명하고 있는데, 14장 16절에서 성령을 가리켜 "또 다른 보혜사"로 표현하고 있다. 당신이 아버지께로 가신 후에 아버지께서 보내주실 진리의 영에 대해 "또 다른" 보혜사라고 했다면, 이것은 예수 그리스도도 지상에서 보혜사로서 사역을 하셨음을 환기하는 표현이다. 주지하다시피 '보혜사'란 '돕는 자', '위로하는 자', '변호하는 자'라는 뜻을 가지고 있다. 이것은 예수님의 이름 가운데 하나인 "임마누엘"(마태복음 1:23), 곧 '하나님이 우리와 함께 계신다'는 뜻과도 일맥상통한다.

---

5 W. H. Schmidt, Exodus, Sinai und Mose(Darmstadt: WBG, 1990), 40-45.

하나님은 이름을 통해 당신이 '돕는 자'임을 계시하셨다(시편 27:9, 28:7, 30:10, 33:20, 46:1, 63:7, 70:5, 94:17, 115:9-11, 118:7, 119:173, 121:2, 142:8). 하나님의 영광은 당신의 도움(은혜와 구원 그리고 악인에 대한 심판 등). 이 세상 가운데 드러날 때 나타난다. 이 일이 이뤄지도록 순종할 때 하나님께 영광을 돌렸다고 하며, 이 일이 일어나는 것을 보게 될 때 우리는 하나님의 영광을 본다고 말한다. 인간은 돕는 삶을 통해 타인에게 하나님을 나타내 보일 수 있으며, 돕는 삶을 실천하는 인간에게서 인간은 하나님을 경험한다. 인간은 도움을 필요로 하는 자, 곧 돕는 자로서 하나님을 필요로 하는 존재이다.

다음에 이어지는 글에서 필자는 앞의 내용에 근거하여 하나님의 형상이 구체적으로 무엇을 의미하는지를 네 가지 측면에서 살펴보도록 하겠다.

1) 인간을 향한 하나님의 부르심

다른 피조물과 달리 인간은 '하나님의 형상'으로 창조되었다. 앞서 말했듯이 이것으로 성경은 다른 피조물에 비해 인간의 특별한 지위를 강조한다. 성경을 읽는 모든 사람은 스스로를 다른 피조물과 달리 특별한 존재로 여길 것을 환기한다. 여기서 말하는 인간은 남녀 모두를 포함한다. 특별한 존재로 창조되었다는 사실에는 신앙 여부와 상관없이 유효하다. 다만 그것이 주는 유익을 누리며 사는 것은 오직 신앙을 갖고 하나님의 창조를 믿는 사람에게만 주어진다.

이런 질문을 생각해보자. 무엇을 염두에 두고 성경은 인간을 특별한 존재로 보게 되었을까? 창세기에 따르면 다른 피조물과 달리 인간 창조에는 하나님의 계획이 작용한다.

우리의 형상을 따라 우리의 모양대로 우리가 사람을 만들고 그들로 바
다의 물고기와 하늘의 새와 가축과 온 땅과 땅에 기는 모든 것을 다스
리게 하자(창 1:26).

인간은 다른 피조물과 다른 과정을 거쳐 창조되었고, 또한 다른 피조
물에게는 주어지지 않은 과제가 인간에게 주어졌다(창1:28). "땅을 정복
하라", "땅을 다스리라" 이것을 염두에 둔 것은 사실이다. 곧, 하나님은
다른 피조물과 다르게 인간을 창조하셨을 뿐 아니라 또한 세상을 잘 다
스리고 또 관리할 책임을 인간에게만 위임하셨다. 이 일을 위해 인간을
창조하신 것이다. 하나님이 하시는 일을 인간에게 위임하시기 위해 인간
을 창조하셨다고 볼 수 있다. 그러니까 특별한 계획에 따른 창조와 세상
의 생명과 보존과 관련해서 하나님이 하실 일을 인간이 대신할 수 있게
된 사실에 착안하여 하나님의 형상을 언급하고 있다. 특별한 계획을 갖
고 인간을 창조한 목적은 피조물의 생명을 온전히 보존하고 또 풍성하게
하는 데에 있다고 믿은 것이다.

여기서 주의해야 할 일은 하나님의 다스림이 인간에게 위임된 사실
과 관련해서 그 대상을 다른 피조물을 넘어 인간에게까지 확대하는 현상
이다. 신분에서 우위에 있거나 혹은 부나 힘이나 명예를 가진 자가 그렇
지 못한 자들을 다스리는 것을 하나님의 위임으로 생각할 근거로 이해할
수는 없다. 왜냐하면 하나님은 인간과 인간의 관계에 대해서는 원칙을
따로 정해놓으셨기 때문이다. 그것은 돕는 관계다(창2:18). 비록 독처하
는 남자가 하나님이 보시기에 좋아 보이지 않아 그를 위해 여자를 만들
때 등장한 개념이지만, 오늘날 이것은 남녀 사이에서 종속 관계를 가리
킨다기보다는 인간의 상호관계를 염두에 두고 이해하는 것이 옳다. 사무
엘이 사사로 있던 시기에 이스라엘 백성들이 왕을 요구하였을 때에 하나
님은 그들의 요구를 허락하시면서 그들을 다스리는 자로서 왕이 백성들

에게 어떤 일들을 행할 것인지를 말씀하셨다(삼상 8:10-18). 인간이 비록 하나님에게서 피조물의 관리와 통치를 위임하셨다 해도 인간에 대해서만은 다스리기보다는 상호 돕는 관계에 있을 것을 말씀하셨다. 상호 돕는 관계의 구체적인 내용은 인간의 '서로 사랑'에서 드러난다.

한편, 이렇게만 보면 인간의 본질은 인간과의 관계나 세상과의 관계에 제한된다. 하나님과의 관계는 인간과 세상을 통해 간접적으로 이뤄질 뿐이다. 세상에서 열심히 사는 것이 곧 하나님을 위해 사는 것이다. 굳이 하나님을 예배하는 일에 전념할 이유가 없다. 이렇게 되면 모양만 기독교일 뿐 실상은 휴머니즘이다. 어떤 종교를 믿어도 무관하게 된다. 이렇게 되면 종교 다원주의자의 주장도 수긍할 수 있다.

그러나 이렇게 되면 이사야 43장에서 말하고 있듯이, 여호와 하나님과의 직접적인 관계를 통해 드러나야 할 창조 목적이 어둠에 묻힌다. 하나님은 7절에서 인간을 "내 영광을 위하여 창조한 자"로 규정하였고, 21절에서는 "이 백성은 나를 위하여 지었나니 나를 찬송하게 하려 함이니라"고 말씀하셨다. 인간의 존재가 하나님의 영광을 위해 있음을 분명히 밝히고 있다. 따라서 인간의 본질을 말함에 있어 다른 인간과의 관계 및 세상과의 관계가 중요하게 고려돼야 하나, 무엇보다 인간에게 본질적인 일은 하나님을 예배하며(그의 임재를 믿고 찬양하고 기도하고 그의 말씀에 귀를 기울이며 하나님 앞에서 인간이 서로 교제하고 봉사하며) 세상에서 여호와가 참 하나님이심을 드러내는 일이다. 달리 말한다면, 모든 피조물이 하나님을 참으로 예배하도록 하는 것이다. 이런 까닭에 하나님의 형상의 의미를 인간 자신이나 혹은 인간과의 관계나 세상과의 관계에서만 찾을 수 없다. 또한 하나님과 인간의 관계를 전제하고 인간의 것을 투사하여 그것을 하나님의 형상이라고 말할 수도 없다. 하나님의 형상은 아래로부터 위로가 아니라 위로부터 아래로 향하는 과정에서 발생한 것이다. 계시를 통해 알게 되고 또 믿게 된 사실이다.

　　'하나님의 형상'의 본래적인 의미는 하나님을 '본뜨다'는 의미를 갖는다. 이에 따르면 인간은 하나님을 본떠서 만들어졌다. 표현상 이렇게 말했겠지만, 이 말을 통해 말하고 싶었던 것은 분명하다. 먼저는 하나님에 대한 이해가 선행되어야 하며, 하나님의 이해를 가진 사람으로서 인간을 주의 깊게(혹은 사랑으로 공감하며) 보는 사람은 누구든지 어느 정도 하나님을 알아볼 수 있다는 말이다. 다소 심하게 말하면 하나님의 말씀에 순종하며 사는 인간을 잘 살펴보면 하나님을 볼 수 있다 함이다. 마음이 청결한 자, 곧 자신의 욕망에 따라 살지 않고 성령의 소욕에 이끌려 사는 자는 하나님을 볼 수 있다. 이것은 신약 성경에서 예수 그리스도와 관련해서 더욱 분명해졌다. 사도 바울은 예수 그리스도를 하나님과 본체이고 또 "하나님의 '그' 형상(the image)"으로 말하고 있고, 또 예수는 자신을 본 사람이 하나님을 보았다고 말하기 때문이다. 그러니까 인간은 하나님과 유사한 형상(부정관사의 의미)이지만, 예수 그리스도는 하나님과 동일한 형상(정관사의 의미)이다.

　　이렇게 이해하면, 하나님의 형상으로 만들어진 인간은 그 자체로 부르심을 받은 상태라고 볼 수 있다. 피조물로서 모든 인간은 하나님의 뜻과 행위 그리고 속성 등을 나타내도록 부름을 받았다. '그리스도인'은 그것을 성경을 통해 모든 관계에서 명시적으로 알고 받아들이며, 그것을 하나님과의 관계에서나 세상과의 관계에서 나타내는 사람이지만, 그리스도를 믿지 않는 자는 그것을 오직 세상과의 관계에서만 드러낸다. 물론 알지 못하거나 아니면 알고도 받아들이길 거부하거나 혹은 의도적으로 부정하기도 한다. 하나님과의 관계에서는 말할 것도 없다. 이런 차이를 만들어내는 것은 믿음의 여부다. 믿으면 부르심에 따른 삶을 자신의 숙명으로 알고 살지만, 믿지 않으면 부르심을 알지 못하고 또 들을 기회를 놓친다. 결국 부름을 받았으나 거절한 사람이 되어 하나님 나라에 거하지 못하게 된다.

하나님의 형상으로 만들어졌다 함은 인간에게 어떤 초월적인 속성이 주입되었다기보다는 하나님이 인간을 통해 당신 자신을 나타내 보이시겠다는 의지의 표현이며, 이에 따라 인간은 하나님을 세상에 나타내도록 부름을 받았다는 고백이며 선언이다. 곧 인간이 평생에 걸쳐 실행해야 할 과제에 대한 고백이며 또한 하나님을 믿지 않아 그것을 알지 못하는 자들에게 받아들일 것을 천명하는 선언이다. 따라서 특히 기독교인은 그리스도를 통해 부르심을 받은 사람으로서 마음 씀씀이와 모든 언행에 있어서 그리고 모든 일과 관련해서 하나님의 말씀에 순종함으로써 삼위일체 하나님이 참 하나님이심을 증거하고 나타낸다. 세상을 다스리고 또 관리하는 일에서나 인간관계에서 그리한다. 특히 이 일은 하나님을 예전에 따라 혹은 일상의 삶을 통해 예배함으로서 수행한다. 인간은 이를 위해 창조되었기 때문이다. 그리고 믿지 않는 사람들 역시도 이 과제를 자신의 숙명(destiny)으로 받아들일 수 있게 한다.

이즈음에서 하나님의 형상에 대한 다양한 해석의 전통에 관해 필자의 견해를 언급할 필요가 있겠다. 고대 교부에서부터 현대에 이르기까지 하나님의 형상이 무엇을 가리키는지와 관련해서 많은 해석들이 있어 왔다. 영혼, 자유의지, 지성, 지정의, 사랑, 인격적인 관계 등. 그래서 인간이 타락 후에 이런 기능들이 완전히 상실했는지 여부가 중요한 논쟁 거리였다. 비록 하나님과의 관계에서 고안해 낸 것들이지만, 이것들은 하나님과 인간의 질적인 차이를 전제하면서 다분히 시대정신을 반영하는 해석이다. 인간 이해에 있어서 무엇보다 하나님과의 관계를 중시하면서도 양자의 관계에서 접촉점에 해당하는 것을 당시 사상의 흐름에 따라 해석한 것이다. 따라서 이런 해석의 노력으로는 결정적인 의미에 결코 이를 수는 없으며 시간의 흐름에 따라 그 의미는 거듭 바뀔 뿐이다. 해석은 전체 중 일면을 반영할 뿐이기 때문이다. 필자가 하나님의 형상을 이렇게 기능적으로 해석하지 않은 까닭은 하나님의 형상에 관한 창세기의 언급은 그 의도가 세상에서 인간의 과제를 환기하고 또 천명하는 데에 있다고 보기 때문이다.

2) 하나님이 스스로를 나타내는 방식

이번에는 조금 다른 관점에서 하나님의 형상을 생각해보자. 철학에서 말하는 진리는 진술과 사실이 일치할 때를 가리켜 말하나, 신학적인 관점에서 진리는 하나님의 말씀 혹은 하나님의 행위가 언어로 적합하게 표현되었을 때 혹은 현실이 되었을 때 드러나는 것이다. 현실에 대한 인간의 어떠한 인식(언어와 행위를 통한 인식행위)도 하나님의 말씀 혹은 하나님의 행위와 일치한다고 단언적으로 말할 수 없다. 이 사실은 오직 계시를 통해서만 가능하며 확증은 종말에 가서야 가능하다. 신학적 진리는 계시 의존적이며 종말론적이다. 그렇기 때문에 신학에서 진리는 계시를 기대하면서 그리고 하나님의 말씀과 행위에 동의(consensus)를 표하면서 고백된다. 신학적 진리는 단지 진술이나 명제적인 의미가 아닌 것이다. 신학적 진리와 관련해서 의견의 차이는 존재할 수밖에 없고 그래서 진리를 두고 논쟁은 불가피하나 관건은 그것이 온전히 나타나길 기대하며 기다리면서 함께 고백하는 것이다. 신학함에서 기다림은 논쟁하면서도 하나님을 함께 고백하며 상호협력하면서 공존하는 것이다.

계시는 하나님의 말씀과 행위가 세상에서 인식 가능한 형태로 드러나는 사건이다. 사건이라 함은 반드시 작용이 나타나기 때문이다. 그러므로 신학적으로 진리는 논증에 의해 확정되는 것이 아니라 경험적으로 발견되고 수용되며 믿음의 대상이다. 진리 인식은 인간이 인식을 위한 각종 노력의 목적인데 비해, 계시는 하나님이 당신 자신을 현실로 나타내는 일이다. 계시의 목적은 하나님이 참 하나님으로 인정되는 데에 있다. 하나님이 나타나셔야만 진리가 드러나고 인식과 경험이 가능해진다.

　여기서 하나님의 형상으로서 인간은 하나님의 나타나심을 인식과 경험이 가능한 방식으로 드러내는 과제를 갖는다. 이것이 가능할 때 비로소 하나님은 경험가능해지고 또 인식된다. 진리는 인간이 그것을 알려는 시도를 통해 얻을 수 있는 것이 아니라, 당신 자신을 나타내는 하나님을 받아들이고 하나님의 사랑을 받아들일 때 가능해지며, 또한 그것을 자신의 언어와 행위를 통해 드러낼 때 비로소 타인 역시 하나님에 대한 인식을 공유하며 하나님을 경험한다. 이와 관련해서 대표적인 것이 성경이다. 성경은 성경 저자들이 계시를 받아들이고 이에 따라 갖게 된 하나님 경험을 성령의 영감을 받아 기록한 내용을 담고 있다.

　진리 인식을 위한 인간의 노력이 지나치면 계시의 수준에까지 이르려는 것으로 나타나는데, 인간은 오직 근접할 수 있을 뿐이며 온전한 진리 인식은 종말이 오기 전까지 인간에게 결코 가능하지 않다. 이처럼 진리 인식을 위한 과정에서 인간이 더는 말할 수 없는 상태에 이르는 순간이 있다. 말할 수 없다 함은 아직 나타나지 않았거나 혹은 나타났어도 인지되지 않았거나 혹은 나타나도 그것을 이름 할 언어가 없다는 말이다. 그래서 철학자 비트겐슈타인은 말할 수 없는 것에 대해서는 침묵해야 한다고 말했다. 이것은 침묵이 영원히 계속되어야 한다는 말이 아니다. 말할 수 없는 것이 말할 수 있는 상태가 되면 침묵을 깨고 말할 수 있음을 전제한다. 그런데 계시의 관점에서 본다면, 오직 하나님의 드러남을 통해서만 양자의 불연속성은 극복된다. 이 일은 어떻게 일어날까? 말할 수 없는 순간에 발생하는 계시는 어떤 형태로 일어날까? 더 이상 언어로 묘사될 수 없는 세계가 현상적으로 드러난다면 그것은 어떤 형태일까? 그것은 이미지일 가능성이 크다. 왜냐하면 이미지는 말할 수 없는 것을 보여주는 매체이기 때문이다. 현존재에 대한 실존적인 해석을 통해 존재 인식을 추구했던 철학자 마르틴 하이데거(Martin Heidegger)는 그의 철학적인 여정 후기에 논증 언어 대신에 시적 언어의 필요성을 강조했는데,

이것 역시 존재 인식에 있어서 이미지의 필요성을 그가 깨달았기 때문이라고 생각한다. 여기서 말하는 이미지는 인간의 계산에 따라 생산된 이미지가 아니라, 발터 벤야민이 말하고 있듯이, 사유가 정지되고, 언어가 멈춘 순간에 스스로 드러나는 것이다. 프로이드 역시 말할 수 없는 세계 곧 무의식의 세계는 이미지로 자신을 나타낸다고 했다. 이미지는 하나님이 자신을 세상 가운데 나타내는 한 방식이며, 진리가 드러나는 형태이다. 여기서 인간이 하나님의 이미지(형상)로서 창조되었다는 사실은 매우 의미심장하다. 왜냐하면 존재 인식의 과정에서 더 이상 말할 수 없는 순간에 인간에 관한 이야기(인간 자신이 아니라!)는 하나님을 드러내는 한 방편이 될 수 있기 때문이다.

이것을 하나님의 형상(이미지)으로 만들어졌다는 창세기 기사에 적용해보자. 인간이 하나님의 이미지로 창조되었다는 말은 인간이 하나님의 말씀에 따라 현실이 된 것이 아니라 하나님이 인간을 당신 자신을 나타내시는 한 방식으로 삼으셨다는 고백이다. 인간은 다른 피조물의 경우에서처럼 하나님이 말씀하는 대신, 오히려 하나님이 스스로를 나타냄으로써 가능케 된 존재이다. 이것이 하나님의 형상(이미지)이 갖는 의미이다. 보다 구체적인 의미는 예수 그리스도를 하나님의 형상으로 보았던 사도 바울에게서 분명해진다. 인간 역시 하나님이 스스로 당신을 나타내시는 매개이지만, 인간은 죄 때문에 온전한 역할을 다하지 못한다. 정확하게 말한다면 인간의 욕망이 그것을 방해한다. 그러나 말씀이 육신이 되신 예수 그리스도는 하나님을 온전히 드러내신다. 예수 그리스도는 하나님과 본체에서 동일한 분이기 때문이다. 인간은 예수 그리스도를 믿음으로 성령을 통해 하나님과 연합되는데, 그 온전한 모습은 아직 드러나지 않고, 오직 그날에 밝혀질 것이다.

사랑하는 자들아 우리가 지금은 하나님의 자녀라 장래에 어떻게 될지는 아직 나타나지 아니하였으나 그가 나타나시면 우리가 그와 같을 줄을 아는 것은 그의 참모습 그대로 볼 것이기 때문이다(요일 3:2).

사도 요한이 "본다"는 동사를 사용한 까닭은 하나님의 현현이 이미지로 이뤄지기 때문이다.

볼지어다 그가 구름을 타고 오시리라 각 사람의 눈이 그를 보겠고 그를 찌른 자들도 볼 것이요 땅에 있는 모든 족속이 그로 말미암아 애곡하리니 그러하리라 아멘(계 1:8).

예수 그리스도는 말씀이 육신이 되신 분이며 하나님의 '그' 형상(이미지)이다. 하나님이 말씀하심으로 육신을 갖게 된 존재가 아니라 하나님 자신이 육신이 되셨다. 하나님의 형상에서 인간과 동일하지만, 동시에 인간과 다른 점은 예수 그리스도는 하나님 자신이고, 인간은 하나님이 당신 스스로를 나타내는 한 방식이라는 데에 있다. 하나님은 인간을 통해 당신을 나타내시고, 순전한 믿음을 가진 인간은 동료 인간과 더불어 살면서 그의 일거수일투족을 주목함으로써 하나님을 보게 된다.

3) 하나님 이미지로 인간을 이해하기

지금까지 언급한 하나님의 형상에 대한 이해를 매개로 인간 이해로 나아가 보자. 먼저 이런 질문을 생각해보자. 사람을 이해할 때 어떻게 이해할 것인가? 인간은 대체로 자신의 현재를 직면하는 가운데 자신의 과거와 미래를 생각하면서 자신을 이해하려 한다. 다시 말해서 사람에 대해 말할 때 무엇을 바탕으로 말할 것인가? 인간의 말과 행위에 근거해서? 인간의 업적에 근거해서? 이것은 인간이 인간을 이해하려 할 때 흔히 볼 수 있는 일이다. 사람은 그 말과 행위에 따라서 그리고 그의 비전이나 업적에 따라 평가되고 회자되는 법이다.

그러나 앞에서 나는 사람이 하나님의 형상으로 만들어졌다 함은 인간과 하나님의 관계에 대한 고백을 반영한다고 했다. 특히 인간의 타락은 처음과 달리 사람이 어떤 존재로 전락했는지를 잘 보여준다. 심판자 하나님처럼 자신이 세상을 판단하며 살려는 의욕이 앞서 선과 악을 알게 하는 나무의 실과를 따 먹음으로써 아담과 하와는 하나님의 말씀을 어겼다. 결국 인간은 서로를 판단하였고 심지어 세상을 판단하며 살았다. 모든 일을 말과 행위에 따라 판단하고 또 그렇게 인간을 이해했다. 결과는 말로 다할 수 없을 정도의 비극으로 이어졌다. 욕심은 범죄로 이어지고 범죄는 결국 심판에 직면하게 되며 비극적으로 끝날 수밖에 없다(약 1:15, "욕심이 잉태한 즉 죄를 낳고 죄가 장성한 즉 사망을 낳느니라").

한편, 하나님의 말씀에 순종하지 않은 죄 때문에 나라를 잃고 무너진 성전을 경험해야 했던 이스라엘 백성은 하나님과 인간에 관한 생각에서 큰 변화를 겪었다. 다시 말해서 그들은 인간을 이해하고 또 말하는 데 있어서 새로운 방식을 깨달았다. 곧 자신의 판단에 따라 자신을 이해하기보다 하나님과의 관계에서, 하나님의 말씀에 따라 이해하기 시작했다. 그 흔적은 시편 8편에 가장 분명하게 나타나 있다.

사람이 무엇이기에 주께서 그를 생각하시며 인자가 무엇이기에 주께서 그를 돌보시나이까….

사람을 이해하거나 말할 때 그들은 언제나 하나님과의 관계에서 이해하려 했다. 이것은 성경적인 인간 이해 방식으로 굳어졌다.

그런데 하나님의 형상으로 만들어졌다 함은 이것 이외에 또 다른 의미를 시사한다. 다시 말해서 하나님과의 관계를 더욱 구체적으로 밝혀준다. 인간을 이해하고 말할 때 하나님의 이미지에 따라서 말하고 또 이해하라는 의미다. 달리 말해서 하나님의 계시에 따라서 이해할 것을 환기한다. 사람을 그 말과 행위에 따라 말하거나 이해하지 말고, 하나님이 세상에 당신을 드러내실 때 나타난 모습에 따라 말하고 또 이해하라는 의미가 담겨있다. 물론 두 번째 계명을 어기라는 뜻은 아니다. 하나님을 특정 이미지로 환원하여 그것을 하나님으로 여기는 태도는 금하셨지만, 하나님을 이미지로 말하고 또 인간이 인간을 이해할 때 계시된 하나님의 이미지로 이해하는 것은 금하지 않으셨다.

인간이 다른 인간을 기준으로 스스로를 이해하고 또 말하게 될 때, 인간은 교만해지든가 아니면 비굴해진다. 인간이 자신의 말과 행위에 따라 스스로를 이해하고 또 말하게 될 때, 인간은 아무것도 아닌 존재이든가, 아니면 끊임없이 자신을 합리화하는 존재가 된다. 누구도 온전한 평가를 받지 못한다. 사람을 말할 때 하나님을 배제하고 말하는 것은 인간관계에 치명적인 해를 입히는 일이다. 남편과 아내, 부모와 자녀, 상사와 후배, 남자와 여자, 어른과 아이, 스승과 제자, 통치자와 국민의 관계에서 하나님과의 관계를 배제할 경우, 상호 비난은 거세지고, 상호갈등은 커지며, 결국 해체와 분열을 피할 수 없다. 그뿐 아니라 모든 관계에서 권력과 성과 자본 그리고 신분이 지배력을 행사한다.

그러나 하나님과의 관계에서 인간을 볼 때는 달라진다. 용서하시는 하나님에 따라 이해할 때, 인간은 비록 죄인이라도 용서받은 죄인이다. 힘이시고 능력이신 하나님과의 관계에서 이해할 때, 인간은 비록 연약하더라도 하나님의 보호를 받으며 하나님에게서 힘과 능력을 복으로 받는 존재다. 빛이신 하나님과의 관계에서 이해할 때, 인간은 비록 갈 바를 알지 못하지만 하나님의 인도를 받는 존재이다. 생명의 하나님에 따라 이해할 때, 인간은 비록 죽을 수밖에 없으나 용서를 받고 생명을 얻는 존재가 된다. 행위에 따르면 인간은 멸망 받을 수밖에 없는 존재이지만, 사랑과 구원의 하나님에 따라 이해할 때, 인간은 구원 받을 존재이다. 하나님의 형상으로 창조되었다는 말 자체에 이미 모든 인간은 구원을 필요로 하는 존재임이 포함되어 있다. 단, 하나님과의 관계를 받아들일 때, 하나님이 예수 그리스도를 통해 행하신 일들을 감사함으로 받아들일 때, 구원은 명확하게 드러난다. 하나님과의 관계에서, 특히 세상 가운데 나타내 보여주신 하나님의 이미지에 따라 인간을 이해할 때, 비로소 인간의 본질이 드러난다. 인간은 하나님의 이미지이면서 또한 하나님의 이미지로 이해되고 말해지는 존재이다. 예수는 목자와 양의 관계, 포도원 주인과 포도 열매의 관계, 주인과 종의 관계, 남편과 아내의 관계를 비유로 사용하여 하나님과 인간의 관계를 말씀하셨다.

하나님의 형상에 따라 인간을 이해할 때, 곧 하나님의 이미지를 매개로 인간을 이해한다면, 인간의 행위와 말만으로는 충분한 이해에 이르지 못한다. 일반적으로는 이렇게 인간을 이해하나, 그리스도인은 인간을 이해할 때 의식적으로 하나님과의 관계에 비추어, 하나님의 이미지를 매개로 이해하려고 노력해야 한다. 단 복음과 율법의 관계에서 복음의 위치에 서 있어야 한다. 공의와 사랑의 관계에서 사랑의 위치에 서 있어야 한다. 심판과 구원의 관계에서 구원의 위치에 서 있어야 한다. 이것이 예수 그리스도를 통해 계시된 일이다.

4) 이미지 형태의 하나님 인식

사람이 하나님의 형상으로 만들어졌다는 사실은 적어도 하나님에 대한 최소한의 지식을 전제한다. 그렇지 않다면 하나님의 형상으로 만들어졌다는 말이 함의하는 의미를 파악하지 못할 것이기 때문이다. 하나님의 형상을 말하면서 인간은 하나님을 어떤 존재로 인식했던 걸까?

헬라어 '에이콘'을 라틴어로 번역하면서 불가타는 imago라는 말을 선택했다. 이 말은 원래 죽은 자의 초상을 뜻하는 말인데, 후에는 초상화 혹은 이미지란 말로 이해되었다. 구약에서는 '첼렘'을 헬라어는 '에이콘' 을 사용한 것에 비해 라틴어는 '이마고'를 사용한 사실에서 다소간의 뉘앙스 차이를 느낄 수 있다. 그러나 모두에게 공통적인 사실은 부재하는 것의 현존을 의미하는 것이다. 조각상이나 초상화는 현존하는 자가 자기 자신을 인지하려는 의도에서 혹은 자신이 부재하는 시기를 염두에 두고 다른 사람들이 자신의 존재를 기억하고 때로는 자신의 현존을 경험할 수 있게 한다. 그러니까 하나님은 감각적으로 부재하는 듯이 보였기 때문에 인간은 형상을 통해 하나님의 현존을 경험하려 했던 것이고, 심지어 형상을 하나님으로 여겼다. 이 때문에 나타난 것이 우상숭배이다. 세계 종교에서 발견되는 각종 우상들은 하나님의 불완전한 혹은 왜곡된 이미지에 불과하다. 우상을 금하는 이유는 불완전함에도 불구하고 그것을 온전하게 여겨 사람들로 하여금 불필요하게 헌신하게 해 결과적으로 탈진하게 만들기 때문이며, 또한 심지어 크게 왜곡하여 하나님의 참 모습에서 한참 멀어지게 만들기 때문이다.

하나님의 형상이라는 말을 통해 우리가 알 수 있는 사실은 이것이다. 곧 하나님은 비록 보이지 않지만 존재하시는 분으로서 자신의 현존을 인간을 통해 드러내길 원하시는 분이다. 곧 '인간은 하나님의 형상으로 만들어졌다', 이 말이 의미하는 바는 다음과 같다. 하나님은 비록 부재하는 듯이 여겨지는 상황에서도 사람들이 세상에서 당신을 참 하나님으로 인지할 수 있길 원하시며, 사람들이 알 수 있도록 하시고, 또한 이 일을 위해 인간을 부르신다. 하나님의 초월은 부재 경험을 전제한다. 인간은 하나님이 부재하는 것 같은 현실을 넘어서서 하나님의 존재를 드러내도록 부름을 받는다. 하나님은 초감각적인 방식이 아니라 오직 세상에 있는 것들, 많은 피조물 가운데 특별히 인간을 통해서 당신 자신을 알 수 있는 가능성을 허락하신다.

그런데 인간은 어떤 말과 행위를 통해서도 하나님을 직접적으로 나타낼 수 없다. 인간은 단지 행할 뿐이고 또한 말할 뿐이다. 오히려 자신의 일을 행하고 또한 자신이 하고 싶은 말을 할 뿐이다. 하나님의 말씀과 행위에 일치하려고 아무리 노력해도 스스로의 힘으로는 결코 성공하지 못한다. 죄에 물든 인간에게는 더 이상 그럴 능력이 없기 때문이다. 도대체 하나님은 어떤 방식으로 인간의 말과 행위를 통해 나타나신다는 말일까? 절대자인 하나님을 인간이 인식할 수 있다고 보는 근거는 무엇일까?

이렇게 표현하는 것이 좋을 것이다. 형상은 부재 혹은 부재의 경험을 전제하기 때문에, 하나님의 형상인 인간은 하나님이 부재하는 듯이 여겨지는 상황에서 자신을 통해 하나님의 현존을 경험할 수 있게 하라는 부름을 받는다. 혹은 '하나님은 사람의 말과 행위를 사용해 당신을 세상에서 나타내신다.' 이때 관건은 인간이 그것을 어떻게 알 수 있는가 하는 것이다. 나타나신다 해도 알 수 없다면, 나타나지 않은 것과 다르지 않다. 만일 사람의 말과 행위를 사용해 하나님이 당신을 세상에서 나타내신다면, 그것은 동일성의 원리가 아니라 유사성의 원리 곧, 유비 관계에서 일어난다. 인간이 하나님을 알 수 있다면, 그것은 인간이 하나님의 형상으로 만들어졌기 때문이다. 인간 안에 하나님을 인식할 만한 것을 심어주셨다는 말이다. 그런데 인간의 말과 행위는 하나님의 말씀과 행위를 결코 직접적으로 지시하지 않는다. 만일 그렇지 않고 직접적으로 또 순수하게 드러낸다면 세상에서 지각 능력이 있는 사람이라면 누구나 인간의 말과 행위를 접하면서 항상 하나님의 말씀과 행위를 인지하게 될 것이다. 그러나 실제로는 그렇지 않다. 비록 인간이 하나님의 형상으로 만들어졌다 해도 그의 모든 말과 행위는 하나님을 드러내지 않으며 또한 인간의 말과 행위가 하나님의 말씀과 행위로도 인지되지 않는다. 오히려 죄로 말미암아 하나님은 심하게 왜곡된 모습으로 나타난다.

한편, 하나님이 유비로(analogically) 인식된다는 말은 무엇을 말하는

가? 인간의 말과 행위가 하나님의 말씀과 행위로 인지되는 일이 유비 관계에서 일어난다면, 무엇보다 세 가지 사실을 환기한다. 첫째는 인간의 말과 행위는 하나님의 말씀과 행위를 드러내려는 의지에서, 달리 표현한 다면 진리를 추구하는 의지에서 비롯해야 한다. 말과 행위에서 적극적인 의지를 보여야 하는 까닭은 인간에게는 그것을 원하지 않는 욕망이 있기 때문이다. 진리는 잘못을 폭로하기 때문에 인간은 진리를 원하지 않는 다. 설령 진리를 원한다 해도 다른 것을 판단하기 위함이며 자신을 변화 시키기 위함은 결코 아니다. 인간의 욕망은 하나님의 뜻보다는 자신의 뜻에 우선적인 가치를 두게 한다. 하나님의 말씀이 현실이 되는 것보다 자신의 생각을 현실로 나타나게 하는 데에 더 큰 비중을 둔다. 하나님의 판단 앞에 자신을 세우기보다 오히려 판단하며 살도록 한다. 이런 욕망을 극복하기 위해선 적극적인 의지, 곧 열정이 필요하다.

둘째는 인간의 말과 행위에 대한 지각 방식이 관건이다. 다시 말해서 다만 인간의 말과 행위로만 보는 것이 아니라 하나님과의 관계에서 볼 때, 비로소 하나님의 말씀과 행위로 인지된다. 만일 인간의 말과 행위를 비신학적인 관점에서 본다면, 하나님을 인지하는 일은 결코 일어나지 않는다. 인간의 말과 행위에서 하나님의 말씀과 행위를 인지하기 위해선 반드시 하나님의 말씀과 행위와의 관계에서 보아야 한다. 이런 점에서 유비관계는 존재의 유비(analogia entis)가 아니라 신앙의 유비(analogia fidei)이다.

셋째는 인간의 말과 행위를 매개로 하나님의 말씀과 행위를 인지하게 되는 일은 불현듯 일어난다. 아무 관계도 없는 두 개의 이미지가 겹쳐 있을 때, 전혀 새로운 이미지가 나타나듯이, 하나님의 말씀과 행위는 그렇게 드러난다. 심지어 서로 상반되는 것처럼 보인다 해도 그것을 통해 하나님은 당신을 드러내신다. 시기와 방식 그리고 누구에게 나타날 것인지를 결정하는 일은 전적으로 하나님의 주권에 속한다. 인간의 말과 행위에서 하나님의 말씀과 행위를 인지하는 방식은 신앙적인 통찰이며 직관이다. 성령은 신앙을 소통하는 말과 행위에서 이미지 형태로 불현듯 하나님의 말씀과 행위를 드러낸다. 따라서 비록 인간이 아무 생각 없이 행하고 또 말했다 해도 하나님은 그것을 통해 당신을 드러내신다. 믿는 자 안에서 역사하시는 성령이 하시는 일이다.

하나님이 사람을 통해 당신을 나타내는 경우, 사람이 하나님을 인식하는 방식은 이미지를 매개로 한다. 사유와 언어는 그 후에 일어나는 인지행위이다. 따라서 사람이 하나님의 형상으로 만들어졌다 함은 결국 하나님 인식이 이미지 형태로 이뤄진다는 것을 환기한다. 이미지를 보고 하나님을 인지하라는 말이며, 하나님을 인지하는 방식은 이미지라는 말이다. 여기서 문제는 두 번째 계명이다. 두 번째 계명은 하나님을 형상으로 재현하거나 그것을 섬기는 행위를 엄격히 금한다. 그렇다면 하나님을 이미지 형태로 인식하는 것은 두 번째 계명을 어기는 일일까? 그렇지 않다. 성경이 금하는 것은 다만 특정한 이미지와 하나님을 동일시하지 말라는 것이지, 이미지 형태의 인식을 금하진 않는다. 오히려 성경은 다양한 형태의 이미지로 하나님을 표현했으며 또한 하나님 인식을 실천했다. 이미지는 드러나 있지 않은 것으로부터 하나님이 당신을 드러내시는 방식이다. 지각되지 않는 것에서 지각될 수 있는 형태로 하나님이 당신 스스로를 나타내시는 방식이다. 이미지는 나타났다 해도 결코 고정되지 않는다. 이미지는 언제나 흐름 속에 있기 때문이다. 두 번째 계명이 금하는 것은 이런 원리를 무시하고 특정한 이미지에 하나님을 가두는 행위이다.

변화산에서 일어난 일을 생각해보자. 베드로는 모세와 엘리야가 나타나 예수님과 대화를 하고 있는 것을 보게 되었다. 베드로는 그곳에 머물고 싶었다. 왜 그랬을까? 그런 모습이 예수님을 따르며 추구했던 것이기 때문이다. 그런 경이로운 순간에서 벗어나고 싶지 않았다. 그러나 예수님은 그곳에서 내려가기를 재촉하였다. 머물러 있기보다 새로운 모습을 향해 나아가기를 요구하신 것이다. 이미지를 고착화하는 까닭은 욕망 때문이다. 이미지를 소유하거나 소비함으로써 욕망을 충족할 수 있기 때문이다. 어떤 사람들에게는 권력과 명예를 향한 욕망일 수 있고, 어떤 사람들에게는 행복을 향한 욕망일 수 있다. 어떤 사람들에게는 사랑에 대한 욕망일 수 있다. 무엇이든 안주하려는 욕망으로 이어진다. 하나님을 이미지로 인식하면서 흔히 일어날 수 있는 일이지만, 두 번째 계명은 인간이 그것에 계속 머물러 있길 금한다. 왜냐하면 하나님은 변함이 없으시지만 언제나 새로운 행위로 우리를 인도하시길 원하기 때문이다.

하나님이 당신을 이미지 형태로 인식하도록 허락하신 까닭은 역설적으로 우리가 그것에 머물러 있지 않고 언제나 새롭게 행하시는 하나님을 경험하길 원하시기 때문이다. 인간이 하나님의 형상으로 만들어졌다는 표현에 함의된 사실은 하나님을 이미지 형태로 인식할 수 있다는 사실과 또한 인간은 하나님의 새로운 행위를 기대하며 살아갈 것을 함의한다. 왜냐하면 하나님은 언제나 새롭게 행하시는 분이기 때문이다. 변함이 없는 분이라도 결코 이전 것에 매어둘 수 없는 분이다. 따라서 하나님은 비록 이미지로 인식되고 또한 아무리 강력한 힘을 발휘하는 이미지라 할지라도 그것을 절대화시켜 하나님과 동일시하는 일을 금하신다.

그밖에 인간이 "돕는 배필"이라는 것과 "복을 받은 자로서 또한 복으로 부름을 받은 자"라는 의미에서 인간 이해를 말할 수 있는데, 이것에 관해서는 이미 필자의 다른 책『대중문화 영성과 기독교 영성』(글누리, 2010, 234-239)에 수록되어 있기에 지면 관계상 생략한다. 관심 있는 독자는 이 책을 참조하길 바란다.

4. 영혼불멸과 죽은 자의 부활

하나님과의 관계에서 혹은 신비적인 현상을 매개로 인간을 이해할 때 자주 사용되는 말은 영혼이며 또한 그것이 불멸하다는 것이다. 소위 영혼불멸설이다. 영혼불멸설은 인간이 죽은 후에도 영혼은 죽지 않고 계속해서 존재한다는 주장이다. 이원론적인 인간 이해에 기반을 두고 있다. 이에 따르면, 죽음은 육체와 영혼이 분리되는 것이고, 육체는 썩어도 영혼은 죽지 않고 영원히 지속한다. 여기에서 영혼은 육체와 더불어 인간을 구성하는 것으로 육체와 무관하게 독립적으로 존재하는 실체로 이해된다. 영혼불멸설은 히브리적인 사고가 그리스 사상과 만나 형성된 것으로 성경의 기본 사상에 맞지 않는다는 이유로 현대의 많은 신학자들에 의해 부정되고 있다. 그럼에도 불구하고 아직까지 영혼불멸사상은 개신교 안에서 큰 영향력을 행사하고 있다. 물론 가톨릭은 영혼불멸설을 공식 교리로 인정하고 있다. 아마도 가톨릭 고유의 연옥설(일종의 중간상태를 말하며, 죽음 후에 모든 영혼이 천국에 이르기 전에 정화의 과정을 거친다는 주장, 정화가 이뤄지는 곳을 가리켜 연옥이라 함)의 신빙성을 위해 불가피한 조치가 아닐까 생각한다. 그러나 연옥설을 더 이상 받아들이지 않는 개신교에게도 영혼불멸에 대한 신앙은 필요할까?

영혼불멸설이 안고 있는 가장 큰 문제는 죽지 않는 실체가 인간에게 주어져 있다는 사실이다. 육체만 죽고 영혼은 살아 있다면, 성경에서 말하고 또 사도신경을 통해 우리가 고백하는 "몸의 부활"은 무의미해진다. 왜냐하면 부활은 '육체'의 부활을 의미하지 않고 몸의 부활을 의미하며, 몸은 육체와 영혼이 더 이상 분리할 수 없이 결합된 상태이고, 부활은 몸의 완전한 죽음을 전제하기 때문이다. 죽지 않는 것에 대해 부활을 말할 수 없다. 또한 사후에 남아 있는 영혼을 인정한다면, 그 영혼이 머물러 있을 공간에 대한 생각을 할 수밖에 없다. 이렇게 되면 중간상태에 대한 생각을 하지 않을 수 없다. 그러나 영혼은 정의상(by definition) 공간을 점유하는 그런 존재가 아니기 때문에 가능하지 않은 생각이다. 그리고 사후에도 영혼이 지속된다는 주장은 엄밀히 말해서 구약의 전통에도 맞지 않는다. 구약에는 영혼불멸 사상이 나타나 있지 않기 때문이다. 구약 시대, 특히 고대 유대교에서는 자손을 통해 생명이 지속된다고 보았다. 유대교 후기에 묵시사상이 등장하는데, 사후에 지속하는 생명에 천착하여 몸의 부활을 생각하였다. 그러나 육체와 분리된 영혼만의 부활은 아니었다.

그렇다면 신약은 어떨까? 먼저 신약의 저자들이 살던 시대는 로마에 의한 식민통치기지만, 문화적으로는 헬라문화가 지배적인 시기였다. 초대교회 성도들은 살아서 예수 그리스도의 재림을 맞이할 수 있길 기대했다. 다시 올 것이라는 예수님의 말씀을 그대로 믿었기 때문이다. 그런데 성도들 가운데 먼저 죽은 자들이 생기고, 예수 그리스도의 재림은 거듭 지연되었다. 오순절 성령 강림을 재림으로 이해하는 사람도 생기고, 목회서신에 종종 나타나 있듯이, 이런 현실에서 성도들 가운데 일부는 재림을 의심하는 자도 생겼다. 심지어 부활을 의심하기도 했다. 이런 이유로 외부로부터 재림과 부활의 신빙성에 대해 공격을 받기도 했다. 물론 배교하는 자도 속출했다. 이에 비해 재림을 기다리며 부활신앙을 포기하지 않은 성도들은 죽은 자들이 언제 또 어떤 모습으로 부활할 것인지를 궁금해 했다. 사도들은 이 문제를 해결하려고 노력했는데, 어느 정도 당대의 언어와 사고의 틀에 머물러 있을 수밖에 없었다. 인간이 육체와 영혼으로 구성되어 있다는 이분설과 영혼불멸설은 대표적이었다. 신약 성경에 인간이 육체와 영혼으로 구성되어 있고, 죽음은 육체와 영혼의 분리이며, 육체는 썩어도 영혼은 영원히 지속한다는 식의 표현은 모두 그리스 사상과 문화의 영향을 반영하는 부분이다.

그런데 성경은 육체와 영혼이 결합되어 있는 몸으로서 인간을 말하고 있다. 부활은 온전한 죽음을 전제한다. 그래서 몸의 부활을 말한다. 이분법 혹은 이원론은 성경적이 아니다. 인간은 영혼과 육체(혹은 영과 혼과 육체)가 분리되는 형태로 존재하지 않는다. 인간은 전인(全人)으로서 존재한다.

예컨대 영혼을 말하는 대표적인 본문으로 흔히 창세기 2장을 드는데, 창조 과정에서 흙으로 인간을 빚으시고 하나님이 코에 생기(루아흐, 프뉴마)를 불어넣어 생령이 되게 하셨다는 말씀이다. 영혼의 존재를 주장하는 사람들은 코에 생기를 불어넣어 생령이 되게 하셨다는 말을 인간에게 영혼을 주입하신 것으로 이해한다. 생기는 하나님의 영이다. 그것은 하나님으로서 결코 인간의 영혼과 동일시할 수 없다. 하나님의 영은 생명의 원리이며 피조물인 인간이 생명 있는 존재로 살아가도록 한다. 살아 있다는 말은 하나님의 영이 함께 하고 계시기 때문이다. 그러니까 믿지 않는 자에게도 생명의 영은 계신다. 다만 이 사실, 곧 은혜를 인정하지 않는 것뿐이다. 이에 비해 그리스도인은 인정할 뿐만 아니라 하나님의 뜻이 자신을 통해 더욱 분명해지도록 부름을 받았다. 죽음은 하나님의 영이 떠난 것이다. 여하튼 하나님의 영은 생명의 원리를 말한 것이지 결코 영혼을 가리켜 말한 것이 아니다.

흔히 뇌 과학이라 불리는 신경생리학적인 연구가 진척되면서 영혼의 존재는 더욱 많은 의심에 노출되었다. 왜냐하면 인간의 생각과 행위가 뇌 작용과 그 결과임이 입증되고 있기 때문이다. 뇌의 손상이 인간의 행동에 장애를 일으키고 또한 인간의 정신 현상을 무력화시키는 사실이 밝혀지면서 영혼이란 단지 말에 불과할 뿐 실재하지 않는다는 주장은 더욱 설득력을 얻고 있다. 기독교에서 성령의 역사로 인간에 형성된다고 말하는 소위 '영성'도 뇌 과학자들은 뇌 전체에 흐르고 있는 전류로 통합하는 작용을 가리키는 것으로 설명하고 있다. 임상경험을 통해 확인된 증거들이 쏟아지고 있다. 뇌 과학에서 나오는 연구 결과들을 무조건 받아들이는 것은 아니지만, 그동안 영혼의 기능이라고 여겼던 현상들이 뇌 기능과 무관하지 않다는 사실만은 인정할 필요가 있다. 그러니 영혼의 독립적인 실체를 말할 수 있는 근거는 점점 약화되고 있다.

무엇보다 인간은 육체와 영혼(혹은 영과 혼)으로 분리되는 존재가 아니라 전인이다. 육체와 영혼을 구분하여 말하는 까닭은 문화의 영향이고 또 언어 관습에 따른 것이다. 영혼을 차용하여 사용한 까닭은 인간과 하나님과의 관계 곧 보이지 않는 하나님의 영과의 관계를 말할 때 주체로서의 의미를 강조하고 싶었기 때문이다. 하나님과 관계에서 인간의 중심에 해당하는 것을 영혼이라 불렀다. 이에 비해 인간이 죄에 대해 말할 때는 보통 '육체'란 말을 많이 사용했다. 영혼은 성령의 권세에 사로잡힌 인간을 말할 때 사용하고, 육체는 죽음의 권세에 사로잡힌 인간을 말할 때 사용하였다.

부활은 몸이 다시 사는 것을 말한다. 약속에 따르면 종말에 일어날 일인데 예수 그리스도에게서 앞서 일어났다. 이를 두고 선취(先取)하였다고 한다. 다시 말해서 부활체의 모형은 예수 그리스도이다. 예수 그리스도의 부활은 몸의 부활이었다. 영혼과 육체의 결합이라는 표현이 없다. 몸이 부활하였고, 그 몸으로 40여 일을 제자들과 함께 보내셨고, 그 몸으로 하나님의 영광으로 들어가셨다. 우리의 부활은 예수님에게 일어난 것처럼 일어날 것이다. 다시 말해서 몸의 부활을 경험할 것이다. 따라서 부활은 불멸하는 영혼과 썩은 육체와의 만남이 아니라 죽은 자의 부활, 곧 몸의 부활인 것이다. 그 몸을 가리켜 부활체라고 하는데, 보통은 영화의 몸(glorified body)이라고 한다.

그렇다면 죽은 자들은 어떻게 될까? 바울은 죽은 자들이 예수 그리스도의 재림 때까지 존재하는 모양을 말하면서 '잠자는 상태'라고 했다. 예수께서 재림하실 때까지 잠자고 있다가 재림과 함께 깨어난다는 말이다. 초대교회 성도들은 어렵지 않게 이해했을 표현이지만, 오랜 시간이 흐르면서 잠자는 상태가 지나치게 길어지게 되었다. 루터 역시 바울의 견해를 따라 잠자는 상태로 이해한다. 이에 비해 칼뱅은 영혼불멸을 믿고 있던 터라 죽은 후에도 하나님과의 관계는 계속 이어진다고 했다. 루터와 칼뱅의 설명에 불만을 품은 사람들이 많아졌는데, 양자의 견해를 종합할 필요성이 강하게 제기되었다. 오스카 쿨만(Oscar Culmann)은 잠자는 시간은 깨어있는 사람의 시간과 다르다고 말한다. 죽은 후에 잠자고 재림때 깨어나기까지 지속하는 시간은 깨어있는 사람에게는 아무리 길게 여겨진다 해도 잠자는 당사자에게는 순간에 불과하다.

그렇다면 죽은 자의 부활, 곧 몸의 부활은 언제 일어날까? 이와 관련해서 죽음의 순간에 불완전한 상태로 부활하고 재림과 함께 온전한 몸의 부활을 한다는 주장이 있고, 잠자는 상태에 있다가 재림과 함께 온전한 몸의 부활이 일어난다는 주장이 있다. 물론 전통적으로 영혼과 육체의 만남으로 일어난다는 주장도 있지만, 마지막 주장은 인간을 전인으로 생각한다면 더는 받아들이기 어렵다.

여하튼 첫 번째와 두 번째 주장의 진리성을 두고 평가하기는 쉽지 않다. 둘의 차이는 사실 우리가 검증할 수 있는 수준에서 벗어나 있다. 왜냐하면 성경은 두 경우 모두를 지지하기 때문이다. 따라서 보다 실용적인 맥락에서 선택되는 것이 좋다고 생각한다. 잠자는 상태로 이해하는 것도 성경적이기 때문에 버릴 이유는 없으나, 목회상담적인 관점에서 볼 때, 죽음 후 불완전하지만 즉시 부활하여 영화의 몸의 형태로 하나님 곁에 있게 된다는 주장이 더욱 적합하다. 이미 죽은 후에 하나님 곁에 있다는 표현이 성경에 나타나 있고, 또 그것이 남아 있는 자에게 큰 위로가 될 뿐 아니라 고인을 애도하는 중에도 기쁨으로 부활의 소망을 가질 수 있기 때문이다. 칼뱅이 말했듯이 죽은 후에도 하나님과의 관계가 계속된다는 것과도 잘 부합한다. 다시 말해서 죽은 후 성도는 다소 불완전한 상태의 몸으로 부활하여 하나님 곁에 머물러 있고, 예수 그리스도의 재림 때에는 잠자는 상태에서 깨어나 온전한 몸으로서 영생에 참여한다.

이렇게 이해하는 것은 부활의 현재적인 의미를 이해하는 데에도 유용하다. 믿음으로 그리스도 안에 있는 자 곧 성령 안에 있는 자는 이미 새로운 피조물로서, 하나님의 새로운 창조에 따른 몸을 갖고, 곧 부활체로 살아간다는 말을 할 수 있기 때문이다. 우리는 더 이상 영혼불멸이 아니라 죽은 자의 부활, 곧 전인으로서 몸의 부활을 믿는다.

5. 영혼불멸이냐 영생이냐

이번에는 영혼불멸과 연관해서 제기되는 영생의 문제를 생각해보자. 주제가 서로 겹치기 때문에 내용도 어느 정도 반복되는 것을 피할 수 없다. 영혼불멸과 영생의 상관관계를 이해하기 위해 먼저 인공지능에 관한 언급으로 시작해보겠다.

이세돌과의 바둑 대결로 인공지능 "알파고"가 세상에 알려지면서 인공지능에 관한 관심은 대중화되었고, 그 후 중국의 바둑 기사 커제와의 대국으로 인공지능의 위력을 더욱 분명하게 실감할 수 있었다. 일부에선 미래에 전개될 인간과 인공지능의 대결구도를 부각하면서 그리고 일부에선 장차 인공지능에 의해 대체될 직업을 나열하면서 사람들로 하여금 미래의 생존에 관한 염려를 불러일으켰다. 인공지능으로 세상은 유토피아가 될 것인가 디스토피아가 될 것인가? 이런 질문을 의식하여 인공지능의 시대를 낙관적으로 보면서도 안전한 인공지능을 추구하는 학자들이 있다(맥스 태그마크 등).

인공지능이란 artificial intelligence를 번역한 말이다. 인간의 뇌가 하는 기능을 수행할 수 있도록 만든 컴퓨터 기계다. 이미 공상과학 소설이나 SF 영화를 통해 그 존재와 기능은 많이 알려져 있지만, 바둑대국을 통해 전 세계 대중에 모습을 드러낸 '알파고'는 그야말로 혜성같이 나타난 스타였다. 그간에는 상상할 수 있을 뿐이었고 또 소문으로만 들어 알게 된 것들을 직접 눈으로 볼 수 있는 순간이었다.

인공지능에는 약인공지능과 강인공지능이 있다. 전자는 입력에 따라 출력을 내도록 설정되어 있지만, 후자는 기계학습(machine learning)이

가능하여 입력만으로는 출력을 결코 예측할 수 없는 결과를 산출한다.

인공지능의 대중화 추세에 따라 인류의 미래와 관련해서 수많은 질문이 제기되었지만, 가장 의미심장한 질문은 '인공지능은 인간 개념을 어떻게 수정해나갈까?', '앞으로 인간지능이 보편화된 때에도 살아남을 수 있는 직업은 무엇일까?'이고, 특히 생명과 관련한 것은 이렇다. '인간이나 동물 혹은 생태계와 관련해서 말하는 생명을 인공지능에 대해서도 말할 수 있을까?' 전자의 물음은 인간의 비지성적인 측면, 곧 감성적인 특성에 주목하게 하고, 후자는 인간 생명의 고유성에 주목하게 한다.

인공지능은 지적인 능력을 가진 기계이기 때문에 감성을 갖지 않는다. 감성적인 기능까지도 어느 정도는 수행할 수 있다. 감정 역시 뇌의 호르몬에 따라 일어나는 것임이 밝혀졌기 때문에 표정을 인식하게 하고 또그에 따라 호르몬 반응이 일어나도록 기능을 입력하면 된다. 우는 자와 슬픔을 당한 사람의 표정을 보고 반응하도록 해서 위로해 준다거나, 기쁨과 슬픔 그리고 분노를 표현할 수는 있다. <아이 로봇>, <A.I.>는 이것을 상상하여 영화적으로 표현하였다.

그러나 강인공지능이 아무리 보편화된다 해도 인간의 감성적인 측면은 결코 대체하지 못한다. 그 이유는 감성의 자의적이고 우발적인 속성 때문이다. 동일한 사건에 대한 감정적인 반응은 사람에 따라 다르며 또한 상황에 따라서도 다르다. 사건에 대해 일괄적인 반응을 기대한다면, 그것은 기계적인 반응일 뿐이지 진정한 의미의 감성적인 것은 아니다.

감성은 아니라도 혹시 인공지능에 대해서 생명을 말할 수 있을까? 이질문은 생명을 어떻게 이해하느냐에 따라 달라진다. 만일 생명을 유기체의 활동을 가능하게 하는 에너지로만 이해한다면, 인공지능에 대해서도 생명을 말할 수 있다. 왜냐하면 인공지능 역시 일정 기능을 수행할 수 있는 체계를 갖추고 있고, 또 그 기능을 수행할 수 있게 하는 에너지 공급 장치가 있기 때문이다. 에너지를 공급받지 않으면 모든 활동이 정지된다. 그렇다고 해서 유기체와 기계 사이에 차이가 없어지진 않는다. 유기체의 생명은 한번 멈추면 더 이상 회복이 불가능하지만, 인공지능은 다시금 에너지를 공급하면 기능을 회복한다. 만일 에너지의 무한 공급이 가능하다면 영생을 말할 수 있을까?

만일 생명을 뇌의 작용으로 이해한다면(뇌사란 뇌 기능의 정지에 따라 생명도 멈춘다고 보는 관점으로 장기의 활용을 위한 기회를 얻을 수 있다), 인공지능에 대해서도 생명과 죽음을 말할 수 있다. 인공지능은 그 자체가 인간의 뇌 기능을 본떠서 만든 것이기 때문이다. 인간이 뇌의 작용에 따라 움직이듯이, 인공지능은 컴퓨터 알고리즘에 따라 움직인다. 뇌가 멈추면 뇌사 판정을 받듯이, 인공지능 역시 기능이 멈추면 모든 기능이 멈춘다. 여기에도 유기체와 인공지능 사이에 차이가 있는데, 뇌사 판정을 받으면 (극히 드문 경우에 회복되는 경우를 제외하면) 더 이상 회복이 가능하지 않고, 설령 복제기술이 발달한다 해도 뇌사인 경우에는 다만 대체할 뿐이지 재생은 아니다. 인공지능이 계산을 멈추면, 복구를 위한 수리를 통해 회복할 수 있다.

이처럼 인공지능과 유기체 사이에서 나타나는 차이는 생태질서에서 차지하는 위치의 차이에서 비롯한다. 곧 죽은 뇌 기능을 회복할 수 있는 주체는 존재하지 않으나, 인공지능은 기능을 회복해줄 '인간' 혹은 또 다른 기계가 있다. 인간이 기계에 의존해 있다 해도 인간은 기계보다 상위에 위치하기 때문에 가능하다. 만일 죽은 유기체의 뇌 기능을 회복할 수 있다면, 생태질서에서 인간 위에 위치한 존재이어야 할 것이다. 인간의 단계에서 진화된 상태로서 포스트휴먼 혹은 포스트휴머니즘 개념은 바로 이런 상황에서 나타난다.

만일 생명을 유기체의 활동을 가능하게 하는 에너지나 혹은 유기체의 활동과 함께 존재하는 그 무엇으로만 이해한다면, 기계론적으로 생명을 이해하는 것이다. 기계론적인 생명 이해를 받아들인다면, 생명은 너무 지성적이고 기능적인 능력에 제한된다. 지성적인 측면은 어느 정도 수긍할 수 있을지 몰라도 가장 큰 거부감을 주는 부분은 의지와 감정을 전혀 고려하지 못하는 것이다. 인공지능에서 충동적인 감정 표현은 완전히 배제되어 있다. 인공지능에 있어서 이런 것들은 오류로 취급될 뿐이다.

또한 기계론적인 생명 이해는 생명의 일회성의 의미와 가치를 고려하지 않는다. 생명은 그저 유기적 생명체의 유효기간과 운명을 같이 할 뿐이다. 어떻게 살았고, 어떻게 살고, 또 앞으로 어떻게 살 것인지에 관해서는 관심을 보이고, 그래서 살면서 정상적인 기능을 수행하고 기대 이상의 성과를 내는 일에 관심을 보일 수 있다. 그러나 산다는 것이 무엇을 의미하는지, 의식의 문제나 죽음(망가진) 이후의 세계에 대해서는 전혀 관심을 기울이지 않는다. 그럴 필요가 전혀 없기 때문이다.

그럼에도 기계에 대해서도 생명을 말할 수 있을까? 아니면 유기체의 생명은 기계의 원리와 다른 걸까? 긍정할 수 없다거나 또는 양자가 엄연히 다르다고 생각한다면, 유기체의 생명은 단순히 기능을 수행하도록 하는 원리나 힘만으로 설명할 수 없는 무엇이 있기 때문이다. 부정할 수 없는 사실은 생명이 멈추면 유기체의 기능도 멈추고 죽는다는 것이다. 따라서 만일 기계론적인 생명 이해에 동의하지 않는다면, 생명의 문제를 죽음의 문제와 분리해서 생각해서는 안 된다. 왜냐하면 유기체의 생명은 기능의 멈춤으로 설명할 수 없는 무엇으로 계속 남아 있는데, 그것은 '죽음'의 문제와 결합되어 있다고 생각하기 때문이다. 생명은 '죽음'과 함께 고려되어야 한다.

생명은 죽음 혹은 죽음 이후에 계속되는 무엇과 서로 어떤 관계에 있는 것일까? 일단 생명을 죽음과 함께 고려해야 한다는 말은, 생명이 일단은 유기체와의 관계에서 생각할 수밖에 없지만, 그렇다고 반드시 유기체와의 관계에서만 생각해야 하는 것은 아니라는 의미다. 예컨대 인간은 비록 유기체로서는 더 이상 기능을 수행하지 않는다 해도(전신마비나 코마 상태) '인간'으로서 고유한 면까지 잃는 것은 아니다. 호모 사피엔스는 이미 원시시대부터 죽음 후의 지속을 생각해왔다. 이점이 기계인 인공지능과 구별되는 점이다. 이것을 표현하기 위해 사람들은 '영혼'을 말했다. 죽음 이후의 지속을 말하면서 영혼이라는 말이 어떤 과정을 통해 형성되었는지는 살펴보아야 할 일이지만, 사람들은 영혼을 말함으로써 비록 살아있는 동안에는 육체와 분리할 수 없다 해도 죽어서는 육체의 수명과 운명을 같이하지 않는 무엇에 관해 말할 수 있었다. 그것을 다른 생명체나 기계로부터 인간을 구별시켜주는 고유한 것으로 보았다.

　문제는 사후에 육체와 운명을 같이 하지 않는 영혼을 말하면서 그것이 독립적인 존재형태를 가졌고, 불멸하며 그리고 인간의 출생과 함께 육체와 결합하여 지내다가 육체가 죽으면 영혼의 세계로 돌아간다는 식으로 생각한 것이다. 그동안 고대 희랍 문화에서 신화적인 방식으로 회자되던 영혼에 대한 속설들을 플라톤은 철학적으로 설명했다. 그의 책 『파이돈』은 영혼과 육체의 관계는 물론이고, 영혼불멸을 증명하는 내용을 담고 있다. 인간의 생명이 살아있는 동안에만 존재하는 것으로서 유기적인 활동에 따라 생겨난 것이라고 말하지 않기 위해, 다시 말해 기계론적인 설명으로 만족하지 않는 사람들에게 영혼은 인간을 다른 생명체와 구분 짓는 원리이며, 생명의 원리이고, 영혼의 존재는 죽음 이후의 삶의 주체와 사후 세계까지도 설명할 수 있는 기제로 작용하였다.

　그러나 초기 기독교가 이 땅에서의 삶과 사후의 삶을 말하면서 희랍 사상과 동일한 방식을 채택한 것은 첫 단추를 잘못 꿰는 일이었다. 각종 신화와 이교적인 요소가 기독교에 스며드는 이유가 되었다. 일종의 트로이 목마다.

　예컨대, 영혼의 존재는 영혼의 기원에 관한 질문을 유발한다. 불멸이 영원을 의미한다면, 그것은 어떠한 시작도 가질 수 없는 것인데, 도대체 하나님 이외에 누가 시작이 없는 존재가 있을 수 있을까? 비록 시작이 있다는 것을 인정한다 해도 인간의 영혼은 어떻게 생겨나는 걸까? 설령 태초의 인간에게 하나님이 주셨다 해도, 그 뒤에 이어지는 세대는 어떤 방식으로 영혼이 생기는 걸까? 유전되는 걸까? 정자와 난자가 만나 수정되는 순간에 하나님이 주입하시는 걸까? 출생과 함께 만들어지는 걸까? 아니면 영혼의 세계에 있던 것이(先在論) 태어나면서 육체와 결합하는 걸까? 게다가 이런 황당한 질문도 가능해진다. 생명과학기술에 의해 복제된 인간(다만 법적으로 막혀 있을 뿐 가능성은 충분하다)에게 영혼은 있는 걸까?

문제는 출생에만 그치지 않는다. 만일 영혼이 불멸하다면, 죽은 후에 다시 산다는 의미를 가진 부활이란 말 자체가 성립되지 않는다. 영혼불멸을 말하는 사람들은 흔히 성경이 영혼과 분리되어 있는 육체(몸)의 부활을 이야기하고 있다고 말하면서 부활을 육체(몸)의 부활을 말하는 것으로 말하는데, 성경은 몸과 육체를 구분하여 사용하고 있고, 부활의 대상은 육체가 아니라 몸이다. 부활은 죽은 몸이 다시 살아날 뿐만 아니라 —죽은 자가 다시 살아났다가 또 다시 죽은 사람의 경우가 아니라— 예수님의 경우처럼 변화된 상태가 되어야 한다. 이것이 부활의 진정한 의미다. 죽지 않는 것에 대해서는 결코 부활을 말할 수 없다. 그것은 영혼과 분리되어 죽었던 육체에 죽지 않았던 영혼이 다시 돌아오는 현상을 말하는 환생일 뿐이다.

영혼이 불멸하다면 믿지 않고 죽은 자의 영혼은 어떻게 될까? 믿지 않는 자에게는 영혼이 없는가? 그렇지 않다면, 죽은 후에도 살아남은 영혼이 믿지 않음으로 하나님에게 가지 못하면, 그것이 머무는 곳이 어디일까? 무속적인 의미에서 말하는 귀신, 곧 구천에 떠도는 귀신은 결국 믿지 않는 영혼들을 말하는가?

또한 영혼불멸 사상은 가톨릭에서 교리로 삼고 있는데, 이는 중간상태인 연옥의 존재는 물론이고 모든 영혼은 천국에 이르기까지 정화되어야 한다는 교리를 설명할 수 있기 때문이다. 살아 있을 때 믿음을 중시하는 개신교는 종교개혁 후에 연옥설을 더는 교리로 받아들이지 않고 있다.

아무리 종교적인 인간이라도 언어문화적인 환경을 극복하기 쉽지 않다는 점은 충분히 인정할 수 있고, 그래서 당시 희랍 사상의 영향권 아래 있었던 시기에 영혼이란 말을 사용하여 기계론적인 설명을 피하고 또 죽음 이후의 세계에 대한 문제를 해결하려 했다는 사실은 어렵지 않게 이해할 수 있다. 그러나 이제는 달라져야 한다. 비록 시간이 걸리더라도 실체로서 '영혼'을 전제하지 않고도 생명은 물론이고 죽음 이후의 생명에 관해서 말할 수 있는 가능성을 찾는 것이 오히려 건강한 기독교 미래에 도움을 준다. 그러나 '영혼'이란 말은, 만일 이것을 실체로만 보지 않는다면, 기독교 언어에서 다양한 기능을 수행하기 때문에 존속하고 또 사용하는 것이 바람직하다.

관건은 생명을 유기체의 활동에서 파생된 것이나 혹은 유기체의 활동을 가능하게 하는 힘으로 이해하는 기계론적인 설명으로는 결코 다 커버할 수 없는 일, 곧 죽음과의 관계에서 생명을 이해하는 것이겠다. 이 일을 설명하기 위해 굳이 당대의 표현인 영혼을 오늘날까지 유지할 필요는 없다고 말했다. 게다가 그것이 가져오는 문제가 그것을 받아들이는 경우보다 더 크다면 당연히 피해야 한다. 설령 성경에 나오는 말이고 또한 언어 관습상 영혼이란 말을 사용한다 해도 그것은 몸과 분리되어 독립적으로 존재하는 것이 아니며, 그렇기 때문에 몸과 운명을 같이한다. 곧, 불멸한다고 생각하지 말아야 한다.

이제는 영혼을 말하지 않고도 죽은 후의 생명을 말할 수 있기 위한 가능성을 찾아보도록 하자. 문제 해결의 단서는 하나님의 생명, 곧 영생을 어떻게 이해하느냐에 있다. 하나님의 생명은 인간의 생명과 질적으로 다르다. 생명을 살아있음 혹은 유기적인 활동을 가능하게 하는 무엇으로만 이해하면 하나님의 생명을 제대로 이해하는 것은 아니다.

'하나님의 생명'은 성경에서 많이 사용되지 않는 표현이지만, 하나님을 하나님 되게 하는 것 가운데 하나이다. 없는 것을 있게 하시며, 죽은 것을 살리실 뿐 아니라 살아 있는 것도 죽이실 수 있는 하나님을 표현한다. 인간의 언어로 감히 표현할 수 없는 것이며, 그것은 인간이 말하는 죽음까지도 포함한다. 왜냐하면 하나님은 살아 있는 자와 죽은 자의 하나님이시기 때문이다.

다시 말해서 비록 생명의 반대가 인간에게는 '죽음'으로 표현되지만, 하나님에게는 결코 동일한 의미로 작용하지 않는다. 인간에게 죽음은 더 이상 유기적인 반응을 할 수 없는 상태이고, 인간의 삶의 영역에서 벗어나는 일이라도, 죽음은 하나님의 통치에서 결코 배제되지 않는다. 하나님의 다스림은 스올(음부)에까지도 미치기 때문이다. 하나님은 삶과 죽음을 지배하시며, 빛과 어둠을 모두 다스리신다.

죽음은 하나님의 생명을 통해 충분히 설명될 수 있다. 곧 죽음은 하나님의 통치를 받아들이길 거절하도록 하는 힘이다. 그렇다고 하나님의 통치를 막을 수는 없다. 다만 인간으로 하여금 그것을 거절하도록 해서 스스로 어둠 속에 머물게 한다. 죄는 하나님의 통치가 자신에게 일어나지 않게 하는 일이며, 죄의 결과로서 나타나는 죽음, 곧 죄를 짓게 하는 힘에 사로잡힌 상태는 하나님의 통치를 스스로 거부하였기 때문에 일어난다. 죄의 삯은 스스로 원한 것에 따라 주어지는 것이며, 그것은 죽음, 곧 하나님을 대적하는 힘에 사로잡히는 것이다.

만일 죽음과 관계에서 생명을 말할 수 있는 가능성 때문에 영혼을 말해야 한다면, 굳이 영혼을 말하지 않고도 기독교는 죽음과 관련해서 생명을 말할 수 있다. 다시 말해서 죽음까지도 다스리시는 하나님의 생명을 매개로 말할 수 있다. 생명이 유기체의 활동과 운명을 같이 하면서도 또한 결코 그것에 제한하지 않는 이유는 그것이 하나님의 생명에서 비롯한 생명이기 때문이다. 인간은 다른 피조물과 달리 하나님이 불어넣으신 생기를 통해 살아 있는 존재가 되었다. 하나님의 생명을 받은 자로서 모든 인간은 하나님의 생명에 불완전하게 참여한다.

　인간은 예외 없이 하나님의 통치가 온전히 자신에게 이뤄지도록 부르심을 받았지만, 욕망에 이끌려 부르심에 합당하게 살지 않기 때문에 죄인으로서 불완전한 생명을 살다 죽지만, 믿음을 가진 자는 믿음을 통해 은혜로 온전함을 허락받으며, 은혜로 하나님의 생명에 합당한 삶을 산다. 믿지 않고 죽은 자는 더 이상 하나님의 생명에 참여하지 못하는 자로서 불신에 합당한 방식으로 하나님의 다스림을 받지만, 믿음을 가진 자는 부활하여 하나님의 생명에 참여하는 자로서, 곧 영화의 몸(glorified body)으로 부활하여 영생을 얻은 자로서 은혜에 합당한 방식으로 하나님의 다스림을 받는다. 영혼이 불멸하여 영생을 사는 것이 아니라 하나님의 생명으로서 사는 것이 영생이다. 이 땅에서 예수 그리스도를 믿고 새롭게 변화를 받음으로 누리는 은혜이며 또한 죽은 후 영화의 몸으로 누리게 될 생명이다.

　살아있는 동안 인간은 전인의 모습으로 하나님과 관계를 갖는다. 영혼으로만 관계를 갖는 것이 아니라 전인으로서 하나님과 관계를 갖는다. 지성과 감성과 의지, 오감과 오장육부, 중추신경에서 말초신경에 이르기까지 모든 것을 매개로 하나님과 관계를 갖는다. 하나님과의 관계는 모든 피조물도 갖고 있지만, 인간에게는 성령을 통해 특별히 구별하여 주신 은혜이다. 그렇다고 별도의 기관이 존재해야 가능해지는 것은 아니다. 우리 안에 성령이 임하심으로 가능해진다. 예수 그리스도는 이 은혜가 하나님의 사랑으로 주어지고 또 믿음을 통해 하나님과 그분의 행위를 받아들임으로써 인간에게 주어진다는 것을 보여주셨다.

III. 포스트휴머니즘은 네오휴머니즘인가
— 포스트휴먼 이해에 대한 기독교 인간학적인 고찰의 필요성

앞서 인공지능 시대의 인간 이해가 하나의 과제이며 신학적으로 성찰할 이유가 충분하다고 언급하였다. 글을 마무리하는 이곳에선 그것의 필요성과 관련해서 인공지능 시대에 따른 기독교 인간학의 과제에 대해 성찰해보도록 하겠다.

인간 향상의 가능성을 충분히 활용해야 한다고 보는 사람들은 호모 사피엔스가 진화의 종착지가 아님을 주장한다. 새로운 진화 환경이 도래하면 그에 맞는 새로운 형태의 종이 나타날 수도 있다는 것이다. 그렇다면 21세기 현실에서 전통적인 인간 중심주의적인 사고는 중세의 천동설에 해당할까? 만일 그렇다면 코페르니쿠스적인 전환에 해당하는 건 과학기술 중심적인 사고일까? 혹시 과학기술 중심적인 사고는 코페르니쿠스적인 전환과 달리 단순히 세계관(관점)의 변화가 아니라 현생인류의 존재를 위협하는 우려할 만한 재앙의 단초는 아닐까? 인간이 기술을 목적에 맞게 사용하기보다 스스로를 기술에 맞추며 살아가는 경향이 농후한 현실을 우려하여 제기하는 질문이다. 현대는 인간과 기계(혹은 생물과 무생물)의 혼종을 의미하는 사이보그, 곧 이미 트랜스휴먼의 단계로 진입해 있는 상태이며,[1] 심지어 새로운 종으로 인지되는 포스트휴먼 시대를

---

[1] 현재는 옷과 같이 착용이 가능한 웨어러블(wearable) 컴퓨터 개발을 넘어 신체 이식까지도 가능한 기술이 사용되고 있다. "우리 모두 사이보그다. 사이보그는 우리의 존재론이다"라

넘보고 있다.

트랜스휴머니즘과 포스트휴머니즘이 현실이 되는 시대를 사는 인간이라면 누구나 제기할 것 같은 질문은 이렇다. '기계가 인간을 대체할 수 있을까?' 과거 제1차 산업혁명의 시기에 영국에서 일어난 기계파괴운동, 곧 러다이트운동은 전통적인 기계를 옹호하고 새롭게 발명된 방직기계에 저항하는 운동이었지만, 엄밀히 말해서 그것은 인간의 노동력을 기계로 대체하는 것에 대한 저항이었지, 인간 자신을 대체하려는 시도에 저항하는 건 아니었다. 그 후 이어지는 산업혁명에도 과거의 러다이트 운동과 같은 일이 다시 일어나지 않은 이유는 기술의 유익함이 충분히 인지되었고 또 3차례 산업혁명을 겪으면서 일자리 상실에 이어서 더 많은 새로운 일자리가 창출되는 경험을 했기 때문이다. 이런 현상이 제4차산업혁명의 시기에도 계속 될지는 아직 확실치 않다. 제4차산업혁명을 이끄는 동력을 어떻게 대처하느냐에 따라 달라질 것임은 분명하다. 제4차산업혁명의 시기와 더불어 각 나라에서 기본소득의 필요성이 제기되는 이유는 바로 노동력을 대체할 기계의 출현이 충분히 예상되기 때문이다.

일단 인공지능 기반의 제4차산업혁명과 더불어 회자하는 포스트휴먼의 등장과 함께 일어날 양상은 과거와는 상당히 다르다. 과거와 마찬가지로 인간의 일자리가 기계로 대체되는 현상과 시간이 지나면서 새로운 일자리가 생겨날 것에 대한 기대에는 변함이 없다. 그러나 포스트휴먼은 단순히 노동력의 대체가 아니라 인간의 생물학적인 조건이 기계적인 조건으로 바뀌게 되는 것이다. 인공지능 시대에는 몸 밖에 위치해 있

는 '사이보그 선언(A Manifesto for Cyborgs)'(1985)으로 유명한 미국의 생물학자 다나 해러웨이(Donna Haraway)는 기존의 사회적인 관습에서 벗어나 자유로운 인간의 존재를 상상하길 시도하고 있고, 특히 스스로 사이보그가 되고 있는 케빈 워릭(Kevin Warwick)은 1998년 8월 24일 실제로 실리콘 칩을 자신과 아내의 신체에 이식하는 수술을 받아 스스로 트랜스휴머니즘을 실천하였다. 이와 관련해서 그는 다음의 책에서 자세하게 기술하였다.『나는 왜 사이보그가 되었는가』(정은영 옮김, 김영사, 2004). 사람이 사이보그로 바뀌는 제반 현상들은 다음의 책에서 살펴볼 수 있다. Chris Hable Gray, *Cyborg Citizen*, 석기용 옮김,『사이보그 시티즌』(파주: 김영사, 2016).

으면서 기능적인 도움을 주었던 기술이 몸을 대체하고, 심지어 생명과학 기술의 도움으로 유전자에 변형을 가해 선천적인 기능 향상을 가능하게 한다. 그러므로 앞에서 던진 질문을 더욱 구체화해서 이런 질문이 제기 되는 건 당연한 일이다. 인간이 기계에 의해 대체되어 트랜스휴먼의 단계를 지나 포스트휴먼으로 진행할 수 있을까? 그렇다면 현대적인 의미에서 '러다이트운동'이 일어날까? 여러 SF 영화에서 볼 수 있는 디스토피아 (dystopia) 환경에서 인간이 지하 세계에서 저항군으로 활약하는 모습은 러다이트 운동의 현대적인 재현이라 볼 수 있다. 러다이트운동처럼 파괴 운동은 아니라도 <가타카>에서 볼 수 있는 것과 비슷하게 인간의 기계 화에 대한 저항운동은 가능하지 않을지 싶다.

한편, 제4차산업혁명의 동력인 인공지능 기술을 신학적으로 성찰하는 이유는 기술의 윤리와 전개 방향에 대해 과학은 아무런 대답을 해주지 않기 때문이다. 그동안 기독교는 과학기술의 혜택을 복음 전도를 위해 활용하는 일에 급급했을 뿐 3차까지 진행된 산업혁명에 적절하게 반응하지 못했다. 기술의 윤리를 제공하지 못했고, 기술 때문에 나타나는 인간의 고통의 문제를 해결하는 데 앞서지 못했다. 이에 비해 인본주의와 사회주의는 인간의 존엄과 가치를 내세우며 사람들로부터 큰 반향을 얻을 수 있었다. 이런 뼈아픈 경험을 생각한다면 4차산업혁명과 그것을 이끄는 동력인 인공지능 기술 개발과 관련해서 현실화되는 인간 이해에 대한 신학적인 성찰은 절실하다.

현대는 인간과 기계(혹은 생물과 무생물)의 혼종을 의미하는 사이보그 (cyborg=cybernetic organism), 곧 이미 트랜스휴먼의 단계로 진입해 있는 상태이며, 심지어 새로운 종으로 인지되는 포스트휴먼(post- human) 시대를 넘보고 있다. 맥스 테그마크는 "라이프 3.0"을 통해 그런 사회를 전제하고 필요한 안전망 구축을 위한 작업의 필요성을 역설했다. 신상규는 "포스트휴먼의 시대가 온다"2는 제목의 글에서 포스트휴먼을 위한 인간

향상 기술과 구체적인 현상들을 나열하였다.

독일 하이델베르크 대학 영문학 교수로서 문화비평가로 활동 중인 슈테판 헤어브레히터(Stefan Herbrechter)가 『포스트휴머니즘』에서 서술한 바에 따르면, '포스트휴먼'은 현재 두 방향의 의미로 사용되고 있다. 하나는 로지 브라이도티(Rosi Braidotti)가 『포스트휴먼』에서 주장하고 있는 소위 비판적 포스트휴머니즘으로, 이것은 주로 근대의 인간 이해에 대한 비판을 겨냥한다. 근대 인간 이해가 간과했던 인간의 또 다른 모습을 부각시킴으로써 온전한 휴머니즘의 실현을 위해 노력한다. 다른 하나는 영국 옥스퍼드 대학 교수인 보스트롬(Nick Bostrom)에 의해 대표되는 견해인데, 인간 향상 기술(나노기술, 생명공학기술, 정보통신기술, 사이버네틱스와 같은 인지과학)에 의지해서 기능적인 측면에서 호모 사피엔스를 능가하는 새로운 종의 인간을 말한다. 이와 관련해서 함께 고려되는 트랜스휴먼은 호모사피엔스에서 포스트휴먼으로 이행하는 과정에서 중간단계의 혼종 형태를 의미한다. 이것은 유발 하라리의 글 『사피엔스』에서 언급된 인간과 전혀 다르며 또 새로운 종의 출현을 전제하고 사용하는 말이다. 포스트휴먼은 아직 현실이 아니지만 논의의 필요에 따라 인간이라 말할 뿐임을 명심하는 것이 좋겠다. 유발 하라리는 곧 이어 『호모 데우스』를 집필했는데, 인간 이상을 꿈꾸는 포스트휴머니즘에 대한 경각심을 불러 일으켰다.

신학적인 관점에서는 트랜스휴머니즘과 포스트휴머니즘의 가능성을 실현할 단초인 인공지능과 관련해서 크게 세 가지 질문이 제기된다. 하나는 영지주의의 새로운 출현은 아닌지를 의심하는 질문이고3, 다른 하나는 인간중심적인 사고에 대한 도전으로 이해하며 오히려 새로운 가

---

2 이상규, 『호모사피엔스의 미래』 (서울:아카넷, 2014), 58-101.
3 박일준, "사이보그에게 묻다: 테크노-영지주의인가 체현된 주체인가?," 한국교회환경연구소, 『포스트휴먼 시대, 생명·신학·교회를 돌아보다』 (서울: 동연, 2017), 150-174.

능성을 열어주지는 않을지를 기대하는 질문이다.4 마지막 하나는 인간의 정신과 육체적인 한계를 극복하기 위해 도움을 줄 요량으로 시작하여 개발한 인공지능은 인간을 돕는 존재로 알려진 하나님을 기계로 대체하는 운동의 단초가 될 것을 염려하는 질문이 있다.5 사실 인류 사상사를 일별해 보면 인간이 뛰어난 지적인 능력에 근거하여 하나님을 인간의 지성이나 인류의 집단지성적인 활동으로 대체하려는 시도가 끊이지 않았다는 점을 생각한다면, 인간이 자신보다 더 나은 인공지능 개발을 통해 인간향상을 시도함으로써 인간을 넘어 심지어 하나님마저 대체하려고 할 것이라는 점은 충분히 예상할 수 있다. 하나님의 형상을 따라 만들어진 인간은 자신의 형상을 따라 새로운 형태의 '종'을 만들어낼까?

이런 상상은 인류가 아직 포스트휴먼의 실현 단계에까지 진입하지 않았기 때문에 그야말로 상상에 불과하겠지만, 트랜스휴머니즘을 넘어 포스트휴머니즘이 하나의 인류문명의 지향점으로 여겨지고 있고 또 4차 산업혁명을 일으키며 시대의 흐름으로 여겨지는 현실에서 결코 철없는 상상으로 치부할 일만은 아니다. 과학기술의 한계로 비록 지금은 상상의 힘을 빌려야 하지만, 얼마 되지 않아 현실이 될 것이라는 전망이 지배적이다. 그래서 포스트휴먼의 시대를 주저 없이 말할 수 있었던 것은 아닐지 싶다. 그리고 이미 1968년에 제작된 영화 <2001 스페이스 오딧세이>(스탠리 큐브릭)는 인류 문명의 종착점이 인공지능임을 예견하고 있다. 그 이후 제작되는 수많은 영화에서 등장한 인공지능은 더 이상 영화적인 상상력의 산물만이 아니라 산업현장은 물론이고 우리 생활 곳곳에서 현실로 나타나고 있다. 이에 반해 리들리 스콧 감독은 영화 <에일리언 커버넌트>(2017)를 통해 인공지능 시대를 경고하였는데, 기술 개발 뒤에 잠재

---

4 전현식, "포스트휴먼 시대와 환경운동의 좌표," 『포스트휴먼 시대, 생명·신학·교회를 돌아보다』, 앞의 같은 책, 125-149; 장윤재, "포스트휴먼 신학을 향하여: 생태신학과 포스트휴머니즘의 만남," 『포스트휴먼 시대, 생명·신학·교회를 돌아보다』, 앞의 같은 책, 200-232,
5 유발 하라리, 프란스시 후쿠야마, 마이클 샌델 등

해 있는 인간의 욕망을 보았기 때문이라고 생각한다. 영국의 천체물리학자 스티븐 호킹은 강한 인공지능 시대가 오면 인류는 재앙을 맞이할 것이라고 말한 바 있다.

포스트휴먼 시대의 인간은 더 이상 하나님의 형상에 따라 창조된 존재로서 그 자체로 존엄한 존재 혹은 진화의 정점에 있는 존재가 아니라 기술적으로 얼마든지 변형이 가능하며 또한 계속해서 진화의 가능성을 가지고 있는 존재이다. 기술은 인간의 지적인 측면은 물론이고, 신체적이고 심리적인 능력을 크게 향상시킬 수 있으며, 인간이 가진 생물학적인 한계를 극복하게 하여 현재보다 훨씬 더 오래 살 수 있는 조건을 만들수 있다.

인간의 기능적인 향상을 전제하는 트랜스 혹은 포스트휴머니즘에 대한 찬반 논쟁은 각 분야에서 뜨겁게 진행되고 있는데,[6] 신학에서도 인간학적인 관점에서 볼 때 매우 흥미롭다. 예컨대 이런 질문이 제기된다. 인간의 기능적인 향상을 위해 기계의 도움을 받아 인간향상이 이뤄진다면, 과연 인간의 정신을 다운로드 받아 다시금 기계로 업로드 된 포스트휴먼을 하나님의 형상으로 말할 수 있을까? 아니면 그것은 인간의 형상일 뿐인 걸까? 포스트휴먼은 하나님과 관계를 가지게 될까, 곧 하나님과의 관계에서 자신이 누구인지를 생각할 수 있을까? 아니면 포스트휴먼에게 신의 존재는 더 이상 의미가 없는 것일까, 그래서 포스트휴먼은 하나님과의 관계가 아닌 인간과의 관계에서 자기 자신을 생각하게 될까? 필자 개인적인 판단에 따르면, 이런 회의적인 질문이 앞선다. 기계로 인간을 대체하려는 노력은 하나님이 자기의 형상대로 만든 인간이 창조주 하나님을 과학기술로 입증된 인간의 능력과 또한—몇몇 과학자들의 무신론적인 주장에서 볼 수 있듯이— 그 한계를 알 수 없는 잠재해 있는 능력을

---

6 『포스트휴먼의 미래』, 『포스트휴먼 시대의 휴먼』, 『인간과 포스트휴머니즘』, 『호모사피엔스의 미래』, 『포스트휴머니즘』, 『생명의 윤리를 말하다』, 『부자의 유전자와 가난한 자의 유전자』.

바탕으로 하나님의 존재와 의미를 무력화시킬 뿐 아니라 심지어 하나님의 행위를 대체하려는 시도와 무엇이 다를까?

이 질문을 좀 더 깊이 들어가 유비적인 관계에서 생각해보면, 인간과 기계의 갈등 국면은 결국 하나님과 인간의 갈등 국면과 크게 다르지 않음을 알 수 있다. 단적인 예로 <블레이드 러너>에서 이런 문제의식을 찾아볼 수 있다. 이 영화는 인간의 필요에 의해 만든 기계인간이 자신의 수명이 시간적으로 제한되어 있다는 사실에 불만을 품고 창조주인 인간을 공격한다는 이야기를 담고 있다. 다시 말해서 인간이 스스로 신처럼 되려는 욕망을 배제하지 않는 한, 학습능력을 가진 기계 역시 인간은 물론이고 신마저도 대체하려는 욕망을 반드시 실현하려 할 것이다. 왜냐하면 기계는 곧 인간 욕망의 투사물이기 때문이다. 기계는 아무리 휴머노이드(인간의) 형태를 갖추고 있다 해도 결코 하나님의 형상이 될 수 없으며 하나님과의 관계에서 자신을 생각할 수 없다고 보는 건 오해에서 비롯한다. 구체적인 하나님 경험이 없이도 신앙생활이 가능하고, 특히 모태신앙인에게서 종종 하나님의 계시로 알려진 현실에 대해 관습적인 반응을 볼 수 있다면, 기계에 대해서도 그렇게 반응하도록 입력이 가능하다. 이는 이미 1927년에 프리츠 랑 감독의 <메트로 폴리스>에서 표현된 바다.

기계가 인간을 대체하려는 시도가 불합리하고 또 부당하다고 생각해서 누군가 이런 경향을 막기 위해 그 어떤 윤리적인 원칙과 법적인 규제를 만든다 해도 그것만으로는 충분하지 못하다. 포스트휴먼을 중심으로 전개되는 논쟁에서 통제 가능한 법적 윤리적 조건들을 마련하는 일이 주요 관심사로 등장하고 있고 또 실제로 그 작업을 진행하고 있지만, 인간의 욕망에 비례하는 인간향상 기술 개발을 완전하게 차단할 수 있는 방법은 없다. 그동안 생명공학의 가능성들을 규제하는 윤리적인 논쟁과 법적인 규정들이 어떻게 확장되었는지를 살펴보면 쉽게 알 수 있다. 인간향상 기술이 벌어들일 경제적인 이익을 생각하면 인간은 포스트휴먼의 출현을 가능하게 하는 기술 개발을 결코 포기하지 않을 것이다. 이제 얼마 있으면 인간 복제도 가능한 시기가 올 것이다. 따라서 윤리나 법적인 규제만으로는 부족하다.

이런 현실을 생각해볼 때, 나는 무엇보다 종교적인 노력이 우선되어야 한다고 생각한다. 특히 인간이 스스로 신이 되려는 노력을 포기하도록 해야 한다고 생각한다. 누구의 도움도 받을 필요가 없을 정도로 모든 것을 할 수 있어야 하는 부담감에서 벗어나고, 모든 것을 알아야 한다는 억압에서도 벗어나야 하는데, 이것을 실현할 방법은 오직 종교적인 노력밖에 없다. 실제로 기독교는 하나님의 전능과 전지를 고백하고 있는데, 이것을 통해 인간은 굳이 모든 것을 할 수 있어야 한다거나 혹은 모든 것을 알아야만 한다는 부담감에서 스스로를 해방시킬 수 있다. 인간은 다만 하나님의 도움을 필요로 하는 존재로서 자리매김되며, 하나님의 도움을 함께 기다리는 공동체는 서로가 서로에 대해 하나님의 도움이 자신을 통해 나타나도록 노력할 수 있다. 윤리적인 논쟁과 더불어 종교적인 노력이 없으면 인간의 욕망은 결코 제어할 수 없다. 예컨대 성경이 제시하는 에덴동산에서 아담과 하와에게 일어난 사건과 바벨탑 이야기는 인간의 욕망을 제어하기 위해서는 단순한 윤리적이고 법적인 제재보다 무엇보다 종교적인 노력이 우선되어야 함을 강조한다.

아담과 하와의 이야기를 통해 알 수 있듯이, 성경은 더 나아지려는 욕망을 하나의 유혹으로 보고, 그것에 손을 뻗어 실현하려는 노력을 경고한다. 그것이 궁극적으로 하나님처럼 되려는 시도로 평가한다. 그 결과 인간은 죄를 범하게 되었고 마침내 에덴에서 쫓겨나 비참한 삶의 현실을 경험하며 살아야 했다. 하나님이 아담과 하와를 에덴동산에서 추방할 것을 결정함에 있어서 작용한 핵심 이유는 하나님처럼 판단능력을 가진 그들이 생명나무의 열매를 따먹고 영생하는 것을 막기 위함이었다. 이 이야기는 인간이 왜 하나님의 구원을 필요로 하게 되었는지를 보여주면서 동시에 구속사적인 세계관을 제시한다.

바벨탑 사건은 과학기술의 발달을 전제한다. 높은 탑을 쌓아올리는 일은 과학적인 사고와 그것을 현실로 옮겨놓을 고도의 기술력이 없으면 가능하지 않기 때문이다. 인간은 당시로서는 새로운 과학기술 능력을 바탕으로 바벨탑을 세워 또 다시 하나님을 대체할 새로운 가능성을 시도했지만, 하나님은 그것을 좋게 보지 않았다. 바벨탑을 쌓는 것 자체를 싫어했다기보다 바벨탑 건설의 동기가 되는 것을 그냥 놓아두면 장차 어떤 일이 일어날지 모른다고 보았기 때문에 그들의 언어를 혼잡하게 하여 결국 바벨탑 건설을 중단시키셨다. 그들의 동기는 무엇일까? 4절에 보면 이런 말이 나온다.

또 말하되 자, 성읍과 탑을 건설하여 그 탑 꼭대기를 하늘에 닿게 하여 우리 이름을 내고 온 지면에 흩어짐을 면하자….

성읍을 건설하고 탑을 쌓는 목적은 하늘에 닿게 하여 그들의 이름을 내고 또 온 지면에 흩어짐을 면하기 위함이었다. 하나님은 그들의 안중에 없었고 그들은 오직 자신의 영광을 나타내기 위하여 성읍과 탑을 건설하려고 했다. 그들의 발달된 과학기술은 자신의 영광을 나타내기 위한 주요 수단이 되었다.

성경의 이야기는 치료 목적이 아님에도 불구하고 더 나은 기능을 갖고 살려 하고, 더 건강한 삶을 살고, 더 오래 살려 하며, 심지어 기능적으로 더 나은 존재가 되려는 오늘날의 인간에게 무엇을 의미할까? 만일 기계가 인간을 대체하는 것이 부조리하고 또 부당하다고 생각한다면, 그래서 인간의 새로운 종으로의 인위적인 진화를 막아야 한다면, 인간은 결핍된 존재로서 서로가 서로를 필요로 하는 존재로 남아 있어야 한다. 부족함과 필요를 스스로 해결할 수 있도록 해 누구의 도움도 필요로 하지 않는 기계적인 환경을 만드는 것은 비록 그 자체는 잘못이 아닐지 모르지만, 그것이 어떤 결과로 이어질지는 알 수 없는 일이다. 그러므로 비록 겉보기에는 좋아보일지 모르고, 그것이 당장에 위협적으로 보이지 않을지 모르지만, 이런 욕망의 흐름을 막지 않으면, 언젠가는 기계가 인간을 대체하는 순간이 와도 더 이상 거부할 수 없는 상태가 될 것이다.

자연에 대한 인간의 개입은 인간의 필요에 따라 이뤄진 일이었다. 처음에 어떤 의도로 시작되었든 또 인간에게 얼마나 좋은 결과를 가져왔든 결과적으로 생태계 파괴로 이어졌다는 사실은 자연환경에 대한 인간의 개입에는 인간 스스로가 막을 수 없는 무엇이 발생하고 있음을 환기한다. 만일 인간의 필요와 요청에 따라 인간이 기술을 통해 생물학적 조건에 개입하게 될 경우, 이런 시도가 어떤 결과로 이어질지는 누구도 쉽게 예측할 수 없다. 만일 인간의 욕망이 강압적인 방식이 아니라 자율적으로 통제할 수 있다면, 그래서 인간의 생물학적인 조건에 대한 인위적인 개입을 주장하려고 한다면, 무엇보다 먼저 생태환경과 관련해서 그 가능성을 입증해야 할 것이다. 생태환경의 복원력을 회복하지도 않은 채 인간 향상 기술을 통해 트랜스휴먼 혹은 포스트휴먼을 실현하려 한다면, 이것은 인류를 예측할 수 없는 위기로 몰아넣을 뿐이다.

인공지능 시대에 인간 본질의 양면성(지성과 감성)을 간과하면 지성 만능주의로 이어질 가능성이 크다. 지성 만능주의라 함은 구체적인 의미에 있어서 물질 만능주의와 대척점에 서있으며, 직관과 감성과 상상력 같은 인간의 다양한 인식능력 중에 지성에 최고의 가치를 부여하는 신념과 태도를 일컫는다. 일정한 상황에서 감정이나 직관에 의존하지 않고 이성적으로 사유하길 선호하며 또한 합리적으로만 문제를 해결하려는 태도를 가리킨다. 지적 능력이 탁월하거나 이해 능력이 뛰어난 사람을 가리킬 때도 지성적이라고 한다. 지성은 특히 사고력과 판단력과 그리고 계산능력과 이해능력을 기준으로 평가한다. 지성은 타고난 지능과 꾸준한 학습 및 지적인 훈련을 통해 갖춰지는 것이다. 인공지능은 인간의 지성을 어느 정도 대신하여 지적인 기능을 수행하는 기계이다. 인간은 자신의 지적인 작업을 인공지능이 대신 수행하도록 함으로써 지적 노동력을 줄일 수 있을 뿐만 아니라 피로감에 따른 지적 능력의 손실을 막을 수 있어 더욱 효율적인 작업 결과를 얻을 수 있게 되었다.

인공지능은 단순히 '새로운 미래'를 특징 짓는 아이콘을 넘어 인류의 생존을 염려할 정도로 위협적인 존재로 성큼 다가서고 있다. 인공지능이 지배하는 사회가 단순한 염려로만 그치게 될지 아니면 인류에 유익을 주는 현실이 될지는, 인공지능보다 더 뛰어난 지적 능력을 개발하는 데에 있지 않은 것 같다. 인간의 지적 능력이 발달하는 속도보다 인공지능의 성장 속도가 더 빠르기 때문이다. 오히려 인공지능에 대한 경쟁의식에 기반을 둔 가치 평가가 아니라 인류가 앞으로 계속 지성 기반의 삶을 살 것인지, 아니면 새로운 토대를 발굴하며 살 것인지에 달렸다. 다시 말해서 감성과 직관과 상상력 그리고 영성에 얼마나 더 큰 가치를 부여하느냐에 달렸다.

과거 계몽주의 시대에 이성이 지배적인 가치로 등극하면서 종교마저 주지주의적인 경향으로 경도된 사실을 기억한다면, 이런 잘못이 반복되지 않기 위한 적합한 반응은 무엇일까? 다가올 새로운 미래에 어떻게 대처해야 할까? 그렇다고 신비적인 세계로 침잠할 이유는 없다. 과거의 사례를 통해서 배울 가능성을 생각해보자.

예컨대, 자본의 능력이 확인되고, 그 위력이 세계적으로 인정되면서 물질 만능주의가 세계를 지배했다. 경제력으로 모든 것을 할 수 있다는 신념과 태도를 말한다. 자본이 인간의 욕망을 깨우고, 욕망은 인간으로 하여금 물질을 소유하고 또 소비하도록 부추겼다. 물질을 통해 권력을 얻고 또 영향력을 획득하는 것이 물질만능주의에 대한 대안이 될 수 없음을 한국교회는 지금 뼈저리게 경험하고 있다. 오직 자본과 물질에 대한 욕구를 대체할 만한 새로운 가치를 발견하고 새로운 가치에 대한 욕망을 깨우는 수밖에 없다. 전국 곳곳에서 전개되고 있는 작은 교회 운동에서 볼 수 있듯이, 최근의 한국교회가 이점을 조금씩이나마 깨달아가고 있는 것은 다행이라고 생각한다. 마찬가지로 지성만능주의에 대한 대안은 새로운 지성 혹은 더욱 강화된 지성 능력을 개발하는 데에 있지 않고, 오히려 지성이 보장해주는 것과 차별된 새로운 가치를 발견하고 그것을 구체화시키는 데에 있다.

인공지능시대가 도래할수록 지성 만능주의는 더욱 큰 전성기를 누릴 것으로 예상된다. 사회 각 분야에서 아무런 대책을 마련하지 않는다면, 기계에 의해 일자리를 빼앗기고, 기계에 의존적이 되고, 심지어 기계의 통제를 받는 날이 올 것이다. 이럴 때일수록 지성보다 감성과 직관과 상상력 그리고 영성을 개발하는 노력이 필요하다. 그리고 모든 것을 할 수 있는 가능성을 실현하기보다 인간의 한계를 인정하고 서로 협력하며 살 수 있는 방법을 모색하는 것, 바로 이것이 기계와 상호협력하면서 생존할 수 있는 길로 인도하지 않을지 싶다.

시편 8편의 기자는 인간은 무엇인가란 질문을 자기 자신으로부터 제기하지 않았다. 하늘과 달과 별을 보면서 하나님을 생각하고, 그 하나님과의 관계에서 자신의 존재를 보았다. 얼마나 부족한지, 얼마나 연약한지 그리고 어떤 죄인인지 등. 이런 현실을 인정하면서 하나님이 자신에게, 인간에게 위임해 주신 것들에 대해 감사하였다.

인공지능 시대를 살아가는 우리가 만일 전능하신 하나님만을 생각하며 인간을 생각한다면, 그건 인공지능에 의한 지배를 피할 수 없는 상태가 된다. 오히려 우리 가운데 거하면서 우리의 도움을 필요로 하는 약한 자들과 함께 계시는 하나님을 생각하며 인간을 생각한다면, 인간은 하나님의 도움을 필요로 하는 존재임을 알게 된다. 그리고 이 도움은 이웃하는 인간을 통해 온다는 사실을 알게 된다. 하나님이 돕는 분이라는 사실은 우리가 모든 것을 할 필요가 없다는 것을 의미하며, 우리가 서로를 도우며 살아가야 한다는 사실을 환기한다. 모든 것을 할 수 있는 상태가 되려는 것, 그것은 현대판 선악과가 아닐지 싶다.

참 고 문 헌

강원돈 외, 『생명문화와 기독교』. 한들출판사, 1999.

김균진. 『생태학의 위기와 신학』. 대한기독교서회, 1991.

_____. 『죽음의 신학』. 대한기독교서회, 2002.

김기석. "인공지능과 신학적 인간학". 2016년 한국기독교교육학회추계학술대회("인공지능 시대의 기독교교육") 자료집 중, 13-32.

김기숙. 『코메니우스의 인간성 교육론과 기독교 대학』. 한들출판사, 2002.

김대식. 『김대식의 인간 vs 기계』. 동아시아, 2006.

김동환. "테크놀로지 시대의 인간에 대한 신학적 비평". 「Canon & Culture」10(2), 2016. 10, 91-125.

_____. "AI(인공지능)에 대한 신학적 담론의 형성 및 방향 모색". 「신학연구」68, 2016.6, 35-60.

김산춘. "그리스도교 동방의 영적 감각론," 「미학예술학연구」 vol. 14(2001), 83-120.

김영훈. 『문화와 영상』. 일조각, 2002.

김용석. 『깊이와 넓이 4막 16장』. 휴머니스트, 2002.

김용준. "자연에 대한 인간의 책임," 「기독교사상」 Vol. 393(1991.9), 17-25.

김재인. 『인공지능의 시대, 인간을 다시 묻다』. 동아시아, 2017.

김현강. 『이미지』. 연세대학교 대학문화출판원, 2015.

김호영, 『영화 이미지학』. 문학동네, 2014.

생명신학협의회 생명신학연구소 『오늘의 생명신학 1, 2』. 서울: 신앙과 지성사.

서정남. 『영화 서사학』. 생각의 나무, 2004.

선순화. "생명의 위기와 기독교적 생명운동," 숭실대기독교사회연구소, 「기독교와 한국사회」 5권(1997), 50-94.

성석환. "공공신학적 영화비평의 가능성 연구," 「장신논단」 Vol. 47-1(2015.3), 151-176.

신광철. "영화의 종교적 구조에 대한 성찰," 「종교문화연구」 제4호(2002. 10), 15-28.

신상규, 『호모 사피엔스의 미래』. 서울: 아카넷, 2014.

오영석. "칼 바르트의 인간 이해," 「신학연구」 Vol.41(2000), 178-262.

우성주. 『호모 이마고』. 한언, 2013.

원종홍. "기독교적 인간관: 바르트를 중심한," 「인문과학연구논총」 Vol. 4(1987), 157-176.

윤철호. 『인간: 인간의 본성과 운명에 관한 학제간 대화』. 새물결출판사, 2017.

이기중.『렌즈 속의 인류』. 눌민, 2014.

이길용.『뇌 과학과 종교연구』. 늘품플러스, 2013.

이남인.『지각의 현상학』. 한길사, 2013.

이상면. "영상철학의 기초-베르그송, 발라즈, 벤야민의 영상이론에 대해,"「미학」제47
    집(2006년 9월), 105-136.

이어령.『생명이 자본이다』. 마로니에북스, 2014.

_____.『지성에서 영성으로』. 열림원, 2015.

이정배. "생태학적 신학의 과제,"「기독교사상」Vol. 393(1991.9), 26-41.

이진락. "조나단 에드워즈의 영적인 감각과 영적인 지식,"「역사신학논총」Vol.
    20(2010), 148-180.

이화인문과학연구(편).『인간과 포스트휴머니즘』. 서울: 이화여자대학교 출판부, 2013.

_____.『포스트휴먼의 무대』. 서울: 아카넷, 2015.

인수형. "영화 속 인공지능의 역할 변화에 대한 연구: <로맨틱 컴퓨터>와 <그녀>를 중심으
    로".「영화연구」72, 2017. 75-103.

임희국. "생명위기 시대의 생명신학-생명의 근원이신 예수 그리스도에 대한 블룸하르
    트(아들)의 이해를 중심으로,"「장신논단」제38집(2010.9), 65-89.

장영엽, "사랑의 조력자들: 미국 동성결혼 합헌 판결이 있기까지 엔터테인먼트 산업은
    어떤 역할을 했나,"「씨네21」No. 1013(2015.7.14.-21), 72-73.

전성용. "칼 바르트의 인간 이해,"「기독교와 교육」Vo;. 2(1989), 26-31.

정용, "환경과 생명-21세기 환경보전 패러다임,"「신학논단」제37집(2004), 5-38.

최성수.『대중문화 영성과 기독교 영성』. 대전: 글누리, 2010.

_____. "기독교적 영화보기의 강적(폭력과 섹스)에 어떻게 대처해야 하나?,"『영화 속
    기독교』. 대전: 글누리, 2007, 89-115.

_____. "인간 이해와 내러티브 그리고 영화-포괄적인 인간 이해의 필요성과 가능성으
    로서 영화 내러티브,"「長神論壇」제43집(2011), 157-182.

_____.『기독교와 영화』. 고양: 도서출판 자우터, 2012.

_____. "말할 수 없는 것은 보여 주도록 한다-매체 및 지각방식의 변화에 따른 영화적
    인간 이해의 필요성,"「長神論壇」제47집(2015.12), 123-151.

한국포스트휴먼연구소(편).『포스트휴먼시대의 휴먼』. 서울: 아카넷, 2016.

함석헌. "씨알교육,"『들사람 얼』(함석헌 전집 2). 파주: 한길사, 2009.

Albera, François/Tortajada, Maria(eds.). *Cinema Beyond Film: Media Epistemology in
    the Modern Era*. Amsterdam: University of Amsterdam Press, 2010.

Altmann, Rick. "장르영화," 제프리 노웰·스미스 편집/이순호 외 옮김,『옥스퍼드 세계

영화사』, 열린책들, 2005, 338-348.

Andrew, Dudley. *Concepts in Film Theory*. 김시무 외 옮김,『영화의 이론』. 시각과 언어, 1995.

Babin, Dominique. *PH1: Manuel d'usage et d'entretien du post-humain*. 양영란 옮김, 『포스트휴먼과의 만남』, 궁리, 2007

Balázs, Béla. *Theory of the Film*. 이형식 옮김,『영화의 이론』. 동문선, 2003.

_____. *Der sichtbare Mensch oder Kultur des Films*, Deutsch-Österreichischer Verlag, Wien u. a. 1924. 재출간 Mit einem Nachwort von Helmut H. Diederichs und zeit-genössischen Rezensionen von Robert Musil, Andor Kraszna-Krausz, Siegfried Kracauer und Erich Kästner. Suhrkamp, Frankfurt am Main 2001.

Balthasar. Hans Urs von. *Herrlichkeit. Eine Theologische Ästhetik, Bd. I. Schau der Gestalt*. Einsiedeln: Johannes Verlag, 1962.

Barbara, Renaud. *La perception*, 공정아 옮김,『지각(감각에 관하여)』. 동문선, 2003.

Basin, Andre. "Ontologie de l'image photographique". 박상규 옮김, "사진적 영상의 존재론," *Qu'est Ce Que Le Cinema*.『영화란 무엇인가?』. 서울: 시각과언어, 1998, 2판은 2001. 13-24.

Baudrillard, Jean. *Simulation*. 하태완 옮김,『시뮬라시옹』. 민음사, 2001.

Beauvoir, Simone de. *La Vieillesse*. 홍상희/박혜영 옮김,『노년』. 책세상, 2002.

Benjamin, Walter. *Das Kunswerk im Zeitalter seiner technischen Reproduzierbarkeit*. 최성만 옮김,『기술복제시대의 예술작품』. 도서출판 길, 2007.

_____. *Ursprung des deutschen Trauerspiels*. 최성만/김유동 옮김,『독일 비애극의 원천』. 한길사, 2009.

_____. "Einbahnstraße/Denkbilder," 최성만 옮김,『일방통행로/사유이미지』. 도서출판 길, 2007.

Berger, John. *About Looking*. 박범수 옮김,『본다는 것의 의미』. 동문선, 1980.

Bergson, Henri. *Essai sur les données immédiates de la conscience*. 최화 옮김,『의식에 직접 주어진 것들에 관한 이론』. 아카넷, 2001.

_____. *Matière et mémoire*. 박종원 옮김,『물질과 기억』. 아카넷, 2005.

_____. *L'Évolution créatrice*. 황수영 옮김,『창조적 진화』. 아카넷, 2005.

Boehm, Gottfried. "Die Wiederkehr der Bilder," in: G. Boehm(Hrsg.), *Was ist ein Bild?*. München: Wilhelm Fink Verlag, 1994, 11-38.

Booth, Eric. *The Everyday Work of Art. Awakening the Extraordinary in Your Daily Life*. 강주헌 옮김,『일상 그 매혹적인 예술』. 에코의 서재, 2009.

Bresson, Robert. *Note sur le cinématogrphe*. 오일환/김경은 옮김,『시네마토그래프에 대한 단상』. 동문선, 2003.

Bruner, Jerome. "The Narrative Construction of Reality," in: *Critical Inquiry*. Autumn 1991, 1-21.

_____. "Narrative and Paradigmatic Modes of Thought," in: E. Eisner(ed.), *Learning and Teaching the Way of Knowing*. The National Society for the Study of Education(NSSE vol. 84), Chicago: University of Chicago Press, 1985, 97-115.

_____. "Two Modes of Thought," in: *Actual Minds, Possible World*. Havard University Press, 1986, 1-43.

Brynjolfsson, Erik/McAfee, Andrew. *The Second Machine Age Work, Progress, and Prosperity in a Time of Brilliant Technologies*. 이한음 옮김,『제2의 기계시대: 인간과 기계의 공생이 시작된다』. 청림출판사, 2014.

Buechner, Frederick. *Secrets in the Darks*. 홍정록 옮김,『어둠 속의 비밀』. 포이에마, 2016.

Carrel, Alexis. *Man, The Unknown*. 류지호 옮김,『인간 그 미지의 존재』. 문학사상사, 1998.

Cassirer, Ernst. *Philosophie der Symbolischen Formen, Zweiter Teil: das Mythische Denken*. 박찬국 옮김,『상징형식의 철학. 제2권: 신화적 사유』. 아카넷, 2014.

Churchland, Patricia S.. *Neurophilosophy: Toward a Unified Science of the Mind-Brain*. 박제윤 옮김,『뇌 과학과 철학-마음 뇌 통합과학을 위하여』. 철학과 현실사, 2006.

Coakley, Sara. "Gregory of Nyssa," in Paul L. Gavrilyuk and Sarah Coakley, *The Spiritual Senses: Perceiving God in Western Christianity*, Cambridge: Cambridge University Press, 2012, 36-55.

Crary, Jonathan. *Techniken des Betrachters. Sehen und Moderne im 19. Jahrhundert*. Dresden: Verlag der Kunst 1996.

Dawkins, Richard. *The Selfish Gene*. 홍영남 옮김,『이기적 유전자』. 을유문화사, 1993.

Dissanayake, Ellen. *Homo Aestheticus*. 김한영 옮김,『미학적 인간』. 예담, 2009.

Dworkin, Gerald. *Euthanasia and Physician-Assisted Suicide*. 석기용/정기도 옮김,『안락사논쟁』. 책세상, 1999.

Durand, Gilbert. *Les Structures Anthropologiques De L'imaginaire*. 진형준 옮김,『상상계의 인류학적 구조들』. 문학동네, 2007.

Eliade, Mircea. *The Sacred and the Profane: The Nature of Religion*. New York: harcourt Brace & World, Inc., 1959.

Foucault, Michel. *Surveiller et Punir: Naissance de la prison*. 오생근 옮김,『감시와 처벌: 감옥의 역사』. 나남, 2003.

_____. *Anthropologie d'un point de vue pragmatique: precede de Michel Foucault*. 김 광철 옮김,『칸트의 인간학에 관하여-실용적 관점에서 본 인간학 서설』. 문학과 지성사, 2012.

Fink, Daniel. *A Whole New Mind*. 김명철 옮김,『새로운 미래가 온다』. 한국경제신문.

Frei, Hans W.. *The Eclipse of Biblical Narrative*, 이종록 옮김,『성경의 서사성 상실』. 한 국장로교출판사, 1996.

Fuhs, Hans Ferdinand. Art. râ'âh sehen, schauen. In: *Theologisches Wörterbuch zum Alten Testament* VII. Göttingen: Kohlhammer Verlag, 1993, 225-266.

_____. *Sehen und Schauen. Die Wurzeln hzh im Alten Orient und im Alten Testament. Ein Beitrag zum prophetischen Offenbarungsemphang*. Würzburg: Echter Verlag, 1978.

Fukuyama, Francis. *Our posthuman future: consequences of the biotechnology revolution*. 송정화 옮김,『부자의 유전자 가난한 자의 유전자』. 한국경제신문사, 2003.

Gadner, Howard. *Multiple Intelligences*. 문용린, 김경재 공역,『다중지능』. 웅진지식하 우스, 2007.

Gazzaniga, Michael S.. *Human: The Science Behind What Makes Us Unique*. 박인규, 정 재승 공역,『왜 인간인가』. 파주: 추수밭, 2009.

Goldman, Daniel. *Emotional Intelligence*. 한창호 옮김,『EQ 감성지능』. 웅진지식하우 스, 2008.

Goldstein, Bruce. *Sensation and Perception*. 곽호완 외 옮김,『감각 및 지각 심리학』. 박 학사, 2015.

Hartenstein, Friedhelm. "Vom Sehen und Schauen Gottes. Überlegungen zu einer theo-logischen Ästhetik aus der Sicht des Alten Testaments," Elisabeth Gräb-Schmidt, Reiner Preul(Hrsg.), *Marburger Jahrbuch Theologie XXII. Ästhetik*. Leipzig 2010), 15-37.

Hauerwas, Stanley. *Community of Character*. 문시영 옮김,『교회됨』. 북코리아, 2010.

Hegel, Friedrich. *Hegels Vorlesungen über die Philosophie der Geschichte*, Bd. 12. Theorie-Werkausgabe von Eva Moldenhauer und Karl Markus Michel in zwan-zig Bänden, Frankfurt am Main: Suhrkamp, 1970.

Herbrechter, Stefan. *Posthumanismus*. 김연순/김응준 옮김.『포스트휴머니즘. 인간 이

후의 인간에 관한 문화철학적 담론』. 성균관대학교출판부, 2012.

Hoopes, James. "Jonathan Edwards's Religious Psychology". Journal of American History 69(1983), 849-865.

Horx, Matthias. *Technolution: Wie unsere Zukunft sich entwickelt*. 배영자 옮김,『테크놀로지의 종말』. 21세기북스, 2009.

Hughes, Thomas Parke. *Human-built world: how to think about technology and cultur*. 김정미 옮김,『테크놀로지, 창조와 욕망의 역사』. 플래닛미디어, 2008.

Jeeves, Malcolm. *Minds, Brains, Souls and Gods*. 홍종락 옮김,『마음 뇌 영혼 신』. IVP, 2015.

Jonas, Hans. "Homo Pictor: Von der Freiheit des Bildens," in: Gottfried Boehm, *Was ist ein Bild?*(3. Aufl.). München 2001, 105-124.

_____. "Homo pictor und die Differentia des Menschens," *Zeitschrift für Philosophische Forschung* XV/2(1961). 161-171.

_____. *Das Prinzip Leben*. 한선정 옮김,『생명의 원리』. 아카넷, 2001.

_____. *Technik, Medizin und Ethik — Zur Praxis des Prinzips Verantwortung*. 이유택 옮김,『기술 의학 윤리』. 솔, 2005.

Kagan, Shelly. *Death*. 박세연 옮김,『죽음이란 무엇인가』. 엘도라도, 2012.

Kant, Immanuel. *Anthropologie in pragmatischer Hinsicht*. 백종현 옮김,『실용적 관점에서의 인간학』. 아카넷, 2014.

Kierkegaard, Søren. *Fear and Trembling*. 임규정 옮김,『두려움과 떨림: 변증법적 서정시』. 지만지, 2009.

Kraus, Hans Joachim. "Hören und Sehen in der althebräischen Tradition," in: H. J. Kraus, *Biblisch-theologische Aufsätze*. Neukirchen-Vluyn: Neukirchner Verlag, 1972, 84-101.

Kurzweil, Ray. *The Singularity Is Near*. 김명남 옮김,『특이점이 온다』. 김영사, 2007.

Lammer, Klaus. *Hören, Sehen und Glauben im Neuen Testament*. Stuttgart: Katholischer Bibelwerk, 1966.

"Leben," Art. in: *Theologische Realenzyklopädie* Bd. XX. Berlin/New York: Walter de Gruyter, 1990., 514-566.

Leeds, Dorothy. *The 7 Powers of Questions: secrets to successful communication in life and at work*. 노혜숙 옮김,『질문의 7가지 힘』. 더난 출판사, 2002.

Lévi-Strauss, Claude. *Myth and Meaning: Cracking the Code of Culture*. 임옥희 옮김,『신화와 의미』. 이끌리오, 2000.

Lovelock, James. *Gaia: A New Look at Life on Earth*. 홍욱희 옮김, 『가이아: 살아 있는 생명체로서의 지구』. 갈라파고스, 2004.

Lyotard, Jean-François. *La condition postmoderne: rapport sur le savoir*. 유정완 외 옮김, 『포스트모던의 조건』. 민음사, 1984.

MacIntyre, Alasdair C.. *After Virtue*. 이진우 옮김, 『덕의 상실』. 문예출판사, 1997.

McInroy, Mark J.. "Origen of Alexandria," in Paul L. Gavrilyuk and Sarah Coakley(edit.), *The Spiritual Senses: Perceiving God in Western Christianity*. 앞의 책, 20-35.

McClymond, Michael J.. "Spiritual perception in Jonathan Edwards," Journal of Religion Vol.77(April. 1997), 195-216.

McLuhan, Marshall. *Understanding Media*. 김상호 옮김, 『미디어의 이해』. 커뮤니케이션북스, 2012.

Mensch, Art. in: *Historisches Wörterbuch der Philosophie*, Bd. 5. Basel: Schwabe & Co. Ag. Verlag, 1980, 1059-1106.

Merleau-Ponty, Maurice. *Phenomenologie de la perception*, 류의근 옮김, 『지각의 현상학』. 지성사, 2002.

Michaelis, Wilhelm. Art. 'οραω, in: *Theologisches Wörterbuch zum Neuen Testament* V. Göttingen: Kohlhammer, 1954, 315-381.

Miller, Arthur I.. *Insights of Genius*. 김희봉 옮김, 『천재성의 비밀』. 사이언스북스, 2001.

_____. *Imagery in Scientific Thought: Creating 20th-century Physics*. Boston: Birkhauser, 1984.

Miller, John H.. *A Crude Look at the Whole*/정형채/최화정 옮김, 『전체를 보는 방법』. 에이도스, 2017.

Miller, Perry. "Jonathan Edwards on the Sense of the Heart," Havard Theological Review (1948), 123-145.

Moine, Raphaelle. *Les Genres du Cinéma*. 유민희 옮김, 『영화장르』. 동문선, 2009.

Moravec, Hans. *Mind Children*. 박우석 옮김, 『마음의 아이들. 로봇과 인공지능의 미래』. 김영사, 2011.

Noe, Alva. *Out of Our Heads*. 김미선 옮김, 『뇌과학의 함정-인간에 관한 가장 위험한 착각에 대하여』. 갤리온, 2009.

Origenes. *The Song of Songs*, Interpreted by Early Christian and Medieval Commentators, trans. and ed. by Richard Norris, Grand Rapids, MI: William B. Eerdmans Publishing Co., 2003.

Polany, Michael. *Tacit Knowledge*. 김정래 옮김, 『암묵적 영역』. 박영사, 2015.

_____. *Personal Knowledge: Towards a Post-Critical Philosophy*. 표재명/김봉미 옮김, 『개인적 지식』. 아카넷, 2001.

Polkinghorne, Donald E.. *Narrative Knowing and the Human Sciences*. 강현석 외 옮김, 『내러티브, 인문과학을 만나다: 인문과학연구의 새 지평』. 학지사, 2009.

Propp, Vladimir. *Morphology of the Folktale*. 유영대 옮김, 『민담형태론』. 새문사, 2007.

Ricoeur, Paul. "Narrative Time," in: *On Narrative*. Critical Inquiry Vol. 7, No. 1, ed. by W. J. Thomas Mitchel. Chicago: University of Chicago Press, 1981, 169-190.

Rifkin, Jeremy. *The Third Industrial Revolution*. 안진환 옮김, 『제3차 산업혁명』. 민음사, 2012.

Ringgren, Helmer. Art. japhah, G. Johannes Botterweck und Helmer Ringgren(Hrsg.), *ThWAT* III, Göttingen: Kohlhammer Verlag, 1982, 787-790.

Rothy, Richard. "The Decline of Redemptive Truth and The Rise of a Literary Culture(구원의 쇠퇴와 문학문화의 발흥)". 신중섭 옮김, 『구원적 진리, 문학문화 그리고 도덕철학』. 2001 봄 석학연속강좌 특별강연. 아카넷, 2001, 5-40.

Rorty, Richard(Hg.). *The Linguistic Turn. Recent Essays in Philosophical Method*. Chicago: University of Chicago Press, 1967.

Saliers, Dan E.. *Worship als Theology*. 김운용 옮김, 『거룩한 예배』. WPA, 2010.

Sandel, Adam. *The Place of Prejudice*. 이재석 옮김, 『편견이란 무엇인가』. 서울: 와이즈베리, 2015.

Sandel, Michael. *The Case Against Perfection*. 강명신 옮김, 『생명의 윤리를 말하다』. 서울: 동녘, 2010.

Sauter, Gerhard. *Zugänge zur Dogmatik*. Göttingen: Vandenhoeck und Ruprecht, 1998.

_____. *Das verborgene Leben. Eine theologische Anthropologie*. Gütersloh: Gütersloher Verlaghaus, 2011.

Schmemann, Alexander. *For the Life of the World*. 이종태 옮김, 『세상에 생명을 주는 예배』. 복있는 사람, 2008.

Schmidt, Victoria Lynn. *45 Master Characters*. 남길영 옮김, 『캐릭터의 탄생』. 바다출판사, 2017.

Schmidt, W. H.. *Exodus, Sinai und Mose*. Darmstadt: WBG, 1990.

Schnell, Ralf. *Zu Geschichte und Theorie audiovisueller Wahrnehmungsformen*. 강호진 외 옮김, 『미디어 미학-시청각 지각형식들의 역사와 이론에 대하여』. 이론과실천, 2005.

Schwab, Klaus. *The Fourth Industrial Revolution*. 송경진 옮김, 『제4차 산업혁명』. 새로

운현재, 2016.

"Sehen," Art. in: hrg. von Joachim Ritter und Karlfried Gründer, *Historisches Wörterbuch der Philosophie* Bd. 9. Basel: Schwabe & Co. Ag., 1995, 121-161.

Sider, Ronald J.. *Rich Christians in an Age of Hunger. Movin from Affluence to Generosity.* 한화룡 옮김, 『가난한 시대를 사는 부유한 그리스도인』. IVP, 2009.

Singer, Peter. *Animal Liberation.* 김성한 옮김, 『동물해방』. 연암서가, 2012.

Smith, James. *Desiring the Kingdom.* 박세혁 옮김, 『하나님 나라를 욕망하라』. 서울: IVP, 2016.

Stierle, K.. Art. Narrativ, Narrativität, in: *Historisches Wörterbuch der Philosophie* Bd. 6, 398-401.

Stott, John. *Issues Facing Christians Today.* 정옥배 옮김, 『현대사회 문제와 기독교인의 책임』. IVP, 2011, 개정4판.

Strehl, Samuel. "Hans Belting: 'Bild-Anthropologie' als Kulturtheorie der Bilder," in: Stephan Moebius/Dirk Qwadflieg(hrsg.), *Kultur. Theorien der Gegenwart.* 2.erweiterte und aktualisierte Auflage. Wiesbaden: VS Verlag, 2011, 507-518.

Tegmark, Max. *Life 3.0. Being in the Age of Artificial Intelligence.* 백우진 옮김, 『Life 3.0』. 동아시아, 2017.

Tatarkiewicz, Wladyslaw. *History of Aesthetics II. Medieval Aesthetics,* 손효주 옮김, 『미학사 2: 중세미학』. 서울: 미술문화, 2006.

Taylor, Barry. *Entertainment Theology: New-Edge Spirituality in a Digital Democracy.* Grand Rapids: Baker Akademy, 2008.

Thornton, Davi Johnson. *Brain Culture: Neuroscience and Popular Media.* New Brunswick: Rutgers University Press, 2011.

Todorov, Tzvetan. *Les genres du Discours.* 송덕호/조명원 옮김, 『담론의 장르』. 예림기회, 2004.

Toffler, Alvin. *The Third Wave.* 홍갑순 외 옮김, 『제3의 물결』. 대일서관, 1981.

Tournier, Paul. *Apprendre A Vieillir.* 강주헌 옮김, 『노년의 의미』. 포이에마, 2015.

Trigg, Roger. *Ideas of Human Nature.* 최용철 옮김, 『인간 본성에 관한 10가지 철학적 성찰』. 자작나무, 1996.

Tyson, Lois. *Critical Theory Today.* 윤동구 옮김, 『비평이론의 모든 것』. 앨피, 2012.

Vetter, Dieter. Art. r'h sehen, Ernst Jenni/Claus Westermann(Hrsg.), *ThWAT* Bd. II. Zürich: Theologischer Verlag, 1994, 692-701.

Weigel, Sigrid. *Body- and Image-Space: Re-reading Walter Benjamin,* Boutledge:

London, 1996.

Weizäcker, Carl Friedrich von.. *The Relevance of Science*. 송병옥 옮김, 『과학의 한계』. 민음사, 1996.

Willson, Edward. *On Human Nature*. 이한음 옮김, 『인간 본성에 대하여』. 사이언스북스, 2000.

_____. *Sociobiology*, 이병훈, 박시룡 옮김, 『사회생물학: 새로운 종합』. 민음사, 1992.

Wittgenstein, Ludwig. *Tractatus Logico-Philosophicus*. London: Routledge&Kegan Paul LTD, 1922.

_____. *Philosophische Untersuchungen*. 이영철 옮김, 『철학적 탐구』. 책세상, 2006.

Zacks, Jeffrey. *Flicker: Your Brain on Movies*. Oxford: Oxford Uni. Press, 2015.

Zohar, Donah/Marshall, Jan. *SQ-Spiritual Intelligence. The Ultimate Intelligence*. 조혜정 옮김, 『SQ 영성지능』. 룩스, 2000.

인 용 된 영 화 목 록 (연 대 순)

1900~1950년대
  <달나라 여행> (조르주 멜리에스, 1902)
  <메트로 폴리스> (프리츠 랑, 1927)
  <Sieg des Glaubens(믿음의 승리)> (레니 리펜슈탈, 1933)
  <모던 타임즈> (찰리 채플린, 1936)
  <오즈의 마법사> (빅터 플레밍, 1939)
  <자전거 도둑> (비토리오 데시카, 1948)
  <동경 이야기> (오즈 야스지로, 1953, 2014년에 디지털로 복원되어 개봉)
1974년
  <별들의 고향> (이장호)
1975년
  <영자의 전성시대> (김호선)
1977년
  <겨울여자> (김호선)
1982년
  <E.T.> (스티븐 스필버그); <블레이드 러너> (리들리 스콧)
1983년
  <바보선언> (이장호); <로맨틱 컴퓨터> (스티브 배런)
1985년
  <개같은 인생> (라세 할스트룀); <백 투 더 퓨처> (로버트 저메키스)
1987년
  <로보캅> (폴 베호벤); <베를린 천사의 시> (빔 벤더스)
1989년
  <나의 왼발> (짐 쉐리단)
1993년
  <길버트 그레이프> (라세 할스트룀)

1997년

<미지와의 조우> (스티븐 스필버그); <콘택트> (로버트 저메키스); <오픈 유어 아이즈> (알레한드로 아메나바르)

1998년

<시티 오브 엔젤> (브래드 실버링)

1999년

<존 말코비치 되기> (스파이크 존스); <사이더 하우스> (라세 할스트룀); <로제 타> (장 피에르 다르덴/뤽 다르덴); <비밀> (타키타 요지로); <글루미 선데이> (롤프 슈벨); <바이센터니얼 맨> (크리스 콜럼버스)

2000년

<메멘토> (크리스토퍼 놀란); <여섯 번째 날> (로저 스포티스우드); <동감> (김 정권); <박하사탕> (이창동); <프리퀀시> (그레고리 호블릿)

2001년

<A.I.> (스티븐 스필버그); <2001 스페이스 오딧세이> (스탠리 큐브릭); <디 아더 스> (알레한드로 아메나바르)

2002년

<마이너리티 리포트> (스티븐 스필버그); <어댑테이션> (스파이크 존스); <이퀼 리브리엄> (커트 위머); <오아시스> (이창동); <죽어도 좋아> (박진표)

2003년

<실미도> (강우석); <21 그램> (알레한드로 곤잘레츠 이냐리투); <브루스 올마 이티> (톰 새디악)

2004년

<내 머리 속의 지우개> (이재한); <씨 인사이드> (알레한드로 아메나바르); <밀 리언달러 베이비> (클린트 이스트우드); <나비효과> (에릭 브레스); <구름의 저 편, 약속의 장소> (신카이 마코토); <아이, 로봇> (알렉스 프로야스, 2004)

2005년

<채피> (닐 블롬캠프); <엑스 마키나> (알렉스 갈랜드); <아일랜드> (마이클 베 이); <우주전쟁> (스티븐 스필버그); <마파도> (추창민)

2006년

<내일의 기억> (츠츠미 유키히코); <행복한 엠마, 행복한 돼지 그리고 남자> (스 벤 타딕켄); <시간을 달리는 소녀> (호소다 마모루)

2007년

<노인을 위한 나라는 없다> (에단 코엔/조엘 코엔); <주노> (제이슨 라이트먼); <4개월 3주 그리고 2일> (크리스티안 문쥬); <버킷 리스트> (롭 라이너); <밀양> (이창동); <초속 5센티미터> (신카이 마코토); <언어의 정원> (신카이 마코토)

2008년

<내 남자의 아내도 좋아> (우디 앨런); <사람을 찾습니다> (이서); <영화는 영화다> (장훈); <눈먼 자들의 도시> (페르난도 메이렐레스); <크로싱> (김태균); <바보> (김정권); <워낭소리> (이충렬); <그랜토리노> (클린트 이스트우드)

2009년

<아바타(Avatar)> (제임스 카메론); <낮술> (노영석); <디스트릭트 9> (닐 브로캠프); <똥파리> (양익준); <마더> (봉준호); <스플라이스> (빈센조 나탈리); <사랑 후에 남겨진 것들> (도리스 되리); <시간여행자의 아내> (로베르트 슈벤트케); <더 로드> (존 힐코트)

2010년

<공기인형> (고레다 히로카즈); <인셉션> (크리스토퍼 놀란); <어둠의 아이들> (사카모토 준지); <황해> (나홍진); <아저씨> (이정범); <디어 존> (라세 할스트룀); <악마를 보았다> (김지운); <그대를 사랑합니다> (추창민)

2011년

<도가니> (황동혁); <소스 코드> (던칸 존슨); <월드 인베이젼> (조나단 리브스만); <트리 오브 라이프> (테렌스 맬릭); <언터처블: 1%의 우정> (올리비에르 나카체/에릭 톨레다노); <자전거를 탄 소년> (장 피에르 다르덴/뤽 다르덴); <트랜스포머 3> (마이클 베이); <무산(茂山)일기> (박정범); <뷰티 인사이드> (백종렬); <상실의 시대> (트란 안 홍); <혹성탈출:진화의 시작> (루퍼트 와이어트); <무산(茂山)일기> (박정범); <리얼 스틸> (숀 레비); <헬프> (테이트 테일러); <미드나잇 인 파리> (우디 앨런)

2012년

<로마 위드 러브> (우디 앨런); <이웃사람> (김휘); <프로메테우스> (리들리 스콧); <2012> (롤란드 에머리히); <이웃사람> (김휘 감독); <26년> (조근현); <은교> (정지우); <아무르> (미하엘 하네케)

2013년

<엘리시움> (닐 블롬캠프); <그래비티> (알폰소 쿠아론); <송 포 유> (폴 A. 윌리

엄스); <어바웃 타임> (리차드 커티스)

2014년

    <수상한 그녀> (황동혁); <동경가족> (야마다 요지); <클라우즈 오브 실스마리아> (올리비에 아싸야스); <님아, 그 강을 건너지 마오> (진모영); <Her(그녀)> (스파이크 존즈); <흑성탈출: 반격의 서막> (맷 리브스); <꾸뻬 씨의 행복여행> (피터 첼섬); <내일을 위한 시간> (장 피에르 다르덴 / 뤽 다르덴); <트랜센덴스> (월리 피스터);

2015년

    <엑스 마키나> (알렉스 갈렌드); <인사이드 아웃> (피트 닥터); <채피> (닐 블롬캠프); <더 랍스터> (요르고스 란티모스); <미 비포 유> (티아 샤록); <마션> (리들리 스콧); <셀프/리스> (타셈 싱); <더 폰> (김봉주)

2016년

    <기억> (박찬홍); <워크래프트> (던칸 존슨); <스노든> (올리버 스톤); <드롭 박스> (브라이언 아이비); <인터스텔라> (크리스토퍼 놀란); <히든 피겨스> (테오도어 멜피); <죽여주는 여자> (이재용); <계춘할망> (창); <가려진 시간> (엄태화); <패신저스> (모튼 틸덤); <당신, 거기 있어줄래요> (홍지영) <카페 소사이어티> (우디 앨런)

2017년

    <트랜스포머: 최후의 기사> (마이클 베이); <공각기동대: 고스트 인 더 쉘> (루퍼트 샌더스); <에이리언: 커버넌트> (리들리 스콧); <로건> (제임스 맨골드); <컨택트(Arrival)> (드니 빌뇌브); <언노운 걸> (장 피에르 다르덴 / 뤽 다르덴); <하루> (조선호); <너의 이름은> (신카이 마코토); <파리로 가는 길> (엘레노어 코플라)